TRAITÉ
DES
CHEMINS DE FER

PAR

A. CARPENTIER	G. MAURY
AGRÉGÉ DES FACULTÉS DE DROIT	DOCTEUR EN DROIT
AVOCAT A LA COUR D'APPEL DE PARIS	CONSEILLER A LA COUR D'APPEL
MEMBRE DU COMITÉ DE CONTENTIEUX	DE PAU
ET D'ÉTUDES JURIDIQUES	
AU MINISTÈRE DES TRAVAUX PUBLICS	

(Extrait du *Répertoire général alphabétique du droit français*)

Vient de paraître :
LE DIXIÈME VOLUME
Finissant par le mot Chenille
DU RÉPERTOIRE GÉNÉRAL ALPHABÉTIQUE
DU DROIT FRANÇAIS

Contenant
SUR TOUTES LES MATIÈRES DE LA SCIENCE ET DE LA PRATIQUE JURIDIQUES
l'Exposé de la Législation
l'Analyse critique de la Doctrine et les Solutions de la Jurisprudence
et augmenté sous les mots les plus importants
DE NOTIONS ÉTENDUES DE DROIT ÉTRANGER COMPARÉ
ET DE DROIT INTERNATIONAL PRIVÉ
PUBLIÉ SOUS LA DIRECTION DE
ED. FUZIER-HERMAN, ancien Magistrat
Par MM.

A. CARPENTIER, | **G. FRÈREJOUAN DU SAINT**
AGRÉGÉ DES FACULTÉS DE DROIT, | DOCTEUR EN DROIT, ANCIEN
AVOCAT A LA COUR DE PARIS, | AVOCAT

Avec la collaboration de

TRAITÉ

DES

CHEMINS DE FER

I

OUVRAGES DE M. A. CARPENTIER.

Traité théorique et pratique du divorce.
Explication de la loi du 27 juillet 1884, in-8°.

La loi du 18 avril 1886 et la jurisprudence en matière de divorce, avec formules. 1888, 1 vol. grand in-8°.................................... **7 fr.** »

    Ces deux ouvrages ensemble................. **15 fr.** »

Essai sur le régime des canaux. 1892, 1 vol. in-8°.. **7 fr.** »

Loi du 4 mars 1889 portant modification à la législation des faillites, annotée et commentée. 1889, une brochure grand in-8°................... **1 fr. 50**

TRAITÉ

DES

CHEMINS DE FER

PAR

A. CARPENTIER
AGRÉGÉ DES FACULTÉS DE DROIT
AVOCAT A LA COUR D'APPEL DE PARIS
MEMBRE DU COMITÉ DE CONTENTIEUX
ET D'ÉTUDES JURIDIQUES
AU MINISTÈRE DES TRAVAUX PUBLICS

G. MAURY
DOCTEUR EN DROIT
CONSEILLER A LA COUR D'APPEL
DE PAU

(Extrait du *Répertoire général alphabétique du droit français*)

TOME PREMIER

PARIS
LIBRAIRIE
DU RECUEIL GÉNÉRAL DES LOIS ET DES ARRÊTS
ET DU JOURNAL DU PALAIS
L. LAROSE, ÉDITEUR
22, RUE SOUFFLOT, 22
1894

IMPRIMERIE
CONTANT-LAGUERRE

BAR-LE-DUC

EXPLICATIONS DES PRINCIPALES ABRÉVIATIONS.

Bull. ann. chem. fer = Bulletin annoté des chemins de fer en exploitation, par Lamé Fleury. Le premier chiffre indique l'année, le second la page.

Bull. min. Trav. publ. = Bulletin du ministère des Travaux publics. Le premier chiffre indique l'année, le second le semestre, le troisième la page.

Cass. = Cour de cassation.

Circ. = Circulaire.

C. civ. = Code civil.

D. = Jurisprudence générale de Dalloz; recueil périodique (mêmes observations que pour le recueil Sirey).

Dauv. = Jurisprudence des conseils de préfecture, par Dauvert et Garnier. Le premier chiffre indique l'année, le second la page.

Déc. min. Trav. publ. = Décision du ministre des Travaux publics.

Leb. chr. = Recueil des arrêts du Conseil d'Etat (ordre chronologique) fondé par Lebon, continué par MM. Hallays-Dabot et Panhard.

Loc. cit. = Loco citato.

P. = Journal du Palais. — Lorsque le renvoi comprend trois chiffres, le premier indique l'année, le second (1 ou 2) indique soit le tome — la collection comprenant deux volumes jusqu'en 1856 — soit, la partie, chaque volume se trouvant, depuis 1881, divisé en deux parties; le troisième chiffre indique la page; ainsi (P. 53.2.125) signifie (Journal du Palais, année 1853, tome 2, page 125); (P. 83.1.464) signifie (Journal du Palais, année 1883, 1re partie, p. 464). Les renvois aux années n'ayant qu'un volume, ne comprennent naturellement que deux chiffres.

P. adm. chr. = Journal du Palais. Partie administrative. Ordre chronologique.

P. chr. = Collection chronologique du Journal du Palais, refondue jusqu'en 1835 inclusivement pour la jurisprudence des cours et tribunaux, et continuée jusqu'à ce jour pour la jurisprudence administrative.

Pand. Belg. = Pandectes belges. Répertoire alphabétique de la jurisprudence belge sous la direction de MM. E. Picard et d'Hoffschmidt.

Pot. = Recueil des lois, décrets, règlements, etc., concernant le service des ponts et chaussées, par Potiquet, 5 volumes in-8°, 1881. Le chiffre indique le numéro cité.

Rec. Lois, Déc., Ord. = Recueil des lois, décrets, ordonnances, etc., concernant le ministère des Travaux publics, 6 volumes en 2 séries. Le premier chiffre indique la série, le second le volume, le troisième la page.

S. = Recueil général des lois et arrêts fondé par J.-B. Sirey. Le premier chiffre indique l'année, le second la partie, le troisième la page; ainsi (S. 75.1.477) veut dire Sirey, année 1875, 1re partie, page 477.

S. chr. = Collection du même recueil refondue jusqu'en 1830 inclusivement par ordre chronologique : chaque arrêt se trouve donc à sa date.

Ire PARTIE

Par M. A. CARPENTIER.

―

Notions historiques. Établissement des chemins de fer d'intérêt général. Concession. Expropriation. Construction. Domaine. Règles de police et de sûreté. Contrôle et surveillance. Caractères généraux des compagnies de chemins de fer.

AVANT-PROPOS.

En publiant ce Traité des chemins de fer, nous n'avons pas eu la prétention de faire œuvre nouvelle.

Les beaux travaux de MM. Aucoc, Picard, Féraud-Giraud, Sarrut, etc., sur la matière (pour ne citer que les principaux), l'avaient déjà mise en pleine lumière, et nous avons été trop heureux de nous en inspirer.

Notre but a été beaucoup plus modeste.

Nous nous sommes proposé simplement de réunir dans un ordre méthodique des documents épars çà et là, et d'éviter à nos lecteurs l'ennui de longues recherches auxquelles nous avons dû nous-mêmes procéder.

Le caractère exclusivement juridique du Recueil dans lequel cette étude a commencé par prendre place explique suffisamment qu'on n'y rencontre qu'un petit nombre de renseignements statistiques ou économiques.

En se reportant à notre bibliographie, on pourra facilement combler cette lacune.

Pour traiter avec plus de sécurité un sujet qui touche à tant de points, nous avons dû avoir souvent recours aux conseils d'hommes spéciaux : M. Michelot, chef de bureau au Ministère des Travaux publics pour ses renseignements sur le contrôle; M. Sicot, commis principal au mouvement général des fonds, qui a bien voulu revoir la partie relative au concours financier de l'Etat; MM. Fravaton, inspecteur de l'enregistrement et Poulard, adjoint à l'intendance, qui ont traité la partie fiscale et militaire, ont droit en particulier à tous nos remerciements.

5 août 1893.

ERRATA.

N° 91 et s. V. *Appendices.*

N° 2239 *bis.* V. *Appendices.*

INDEX ALPHABÉTIQUE.

Abandon d'animaux, 1350, 1359, 1374, 2011.
Abandon de poste, 1499.
Abonnement, 1579, 1595, 4253 et s.
Abonnement au timbre, 4533.
Abri, 3730, 4898, 6570.
Abris à lunettes, 4510.
Abrogation, 141.
Acceptation, 2975.
Accès, 663, 736, 926, 981, 1329, 5647, 5793. — V. *Avenue d'accès*.
Accès (difficulté d'), 5791, 6015.
Accès (droit d'), 843, 878.
Accès (modification d'), 5798, 5931, 5949, 6063.
Accessoires, 588, 2273, 6250.
Accidents, 626, 1464, 1747, 1881, 2012, 2075, 2193, 2216, 2217, 2410, 2429, 2469, 3212, 3660, 3812, 3890 et s., 4288, 4298, 4546, 5289, 5727, 6036, 6156, 6201, 6255, 6411, 6414 et s.
Accidents (annonce des), 2066, 2222 et s.
Accidents (mesures préventives contre les), 1676, 4800.
Accident de construction, 542.
Accotement, 78, 710, 6813, 6854.
Accrochage des wagons, 1779.
Accusés, 4866.

Acheteur, 4002.
Achèvement des travaux (retard dans l'), 6915.
Acides, 2753.
Acompte, 6245.
Acqueducs, 683, 775, 1116, 1425, 4510, 4937, 5036, 5114, 5747, 6004.
Acquisition amiable, 5267.
Acquisition des terrains, 98, 241, 432, 6226.
Acquit, 5323.
Acquit-à-caution, 3110, 3113, 3114, 3117 et s., 3140, 3880, 3881, 5389, 5504.
Acquittement, 1984.
Acte administratif, 206, 5270, 5731, 6123, 6345.
Acte civil, 291, 6345.
Acte d'administration publique, 5300.
Acte d'appel, 6435.
Acte de commerce, 2247, 2483, 3600, 6236, 6239.
Acte de concession, 6905.
Acte extrajudiciaire, 4122, 4125.
Actes innommés, 5260, 5366.
Acte législatif, 206.
Acte sous seing privé, 5263, 5282, 5353.
Actif, 5619.

INDEX ALPHABÉTIQUE.

Actions, 329, 657, 954, 2278, 4403, 4997, 5299, 5510, 6266.
Actions (coupures d'), 318.
Actions (cession d'), 275.
Actions (promesse d'), 275.
Action civile, 1585.
Action *de in rem verso*, 3985 et 3986.
Action directe, 3510.
Action en garantie, 6203.
Action en répétition, 6381.
Action en résolution, 341.
Action mixte, 6368 et 6369.
Action personnelle, 6368.
Action possessoire, 833, 860.
Action principale, 4043.
Action récursoire, 4135, 4150.
Action réelle, 833, 6366.
Adjoints, 1489, 1920.
Adjudication, 186, 188, 192 et s., 256 et s., 400, 615, 687, 5518, 5594, 6528, 6690.
Adjudication (forme de l'), 256.
Adjudication de travaux, 575.
Adjudication publique, 593.
Adjudication restreinte, 593.
Administrateur, 314. — V. *Conseil d'administration*.
Administrateur délégué, 428.
Administration, 3531, 5001.
Administration des domaines, 3500, 3507, 3533.
Administration locale, 786.
Administration publique, 2316, 3732, 4321.
Administration publique (règlement d'), 248.
Admission, 2391.
Admission du public, 6881.
Admission sur les quais, 1487.
Adresse, 3580, 4337.
Affiches, 118, 441, 1472, 1884, 2534, 2534 *bis*, 2538 *bis*, 2539, 2543, 2560, 2915, 2983, 3070, 3233, 4203, 4204, 4279, 4562, 6880, 6889.
Affiche des jugements, 1559.
Affiche des règlements, 1911.
Agents, 1471, 2426, 3221, 3628, 3765, 4294.
Agents (infidélité des), 3646-4144.
Agents (transport gratuit des), 6899.
Agents assermentés, 515, 2336, 6884.
Agents commissionnés, 5301.
Agents de change, 317.
Agents de la salubrité, 5080.
Agents de l'autorité publique, 2330 *bis* et s.
Agents de l'Etat, 5385.
Agents des contributions indirectes, 5423.
Agents de section, 6481.
Agents des vivres, 4728 *bis*.
Agents du gouvernement, 1986, 2334.
Agents forestiers, 704.
Agents locaux, 6472.
Agents secondaires, 6479, 6485.
Agents supérieurs, 6479, 6484.
Agents-voyers, 760.
Agiotage, 38.
Agrès, 1881, 6873.
Agression, 4327.
Aiguilles, 1672, 1676, 1799, 1819, 2129.
Aiguilles (groupe d'), 1676.
Aiguilleurs, 1497, 4294, 6299.
Air (privation d'), 5960.
Ajournement, 6246, 6367, 6408, 6435, 6464.
Ajournement (nullité de l'), 6408.
Alcool, 3111, 3701.
Algérie, 134, 4274, 6642.
Aliénation, 838.
Aliéné, 4277.
Alignement, 579, 712, 717, 857, 927, 933, 1095, 1223, 1242.
Alignements des docks, 431.

Aller et retour, 1555. — V. *Billet d'aller et retour.*
Allongement de parcours, 5933, 6022.
Allumettes, 1626.
Amandes (coquilles d'), 2862 et 2863.
Amandes sèches, 2658 *bis,* 2660.
Ambulances, 6488.
Amende, 1008, 1269, 1456, 1464, 1972, 1974, 2026, 2030, 3156, 3598, 5353, 5374, 5464, 5473, 5474, 5477 et s.
Amende (attribution de l'), 5482.
Amendes (pluralité des), 5478.
Amidon, 2886.
Amnistie, 1983.
Amortissement, 341, 5548.
Amortissement du capital, 4420.
Anciens marins, 4735.
Anciens militaires, 4735.
Ancien réseau, 46.
Animaux, 1344, 2012, 2759, 2791, 3087, 3092, 3215, 3238, 3318, 3319, 3443, 3446, 3660, 3704, 6876. — V. *Bestiaux, Chevaux, Chiens.*
Animaux (introduction d'), 915, 1349, 1358, 2020.
Animaux dangereux, 2749, 2754.
Animaux de prix, 2759.
Annales, 4838.
Annuité, 4420, 4429, 5554, 5576, 6638.
Annulation (demande en), 153.
Anticipation, 2010.
Appareil avertisseur, 4521.
Appareil d'alimentation, 588.
Appareils de chauffage, 5035.
Appareil de contre-vapeur, 4510.
Appareils de sécurité, 697.
Appareils télégraphiques, 697, 6612.
Appel, 1981, 1999, 5680, 6435. — V. aussi *Acte d'appel.*
Application, 6177.

Appréciation souveraine, 324, 403, 2682 et s., 2832, 2855, 2881, 2932, 2962, 2998, 3617, 3904, 3913, 3959, 4020, 4027, 4386, 6419.
Approbation administrative, 6144, 6210, 6532.
Approbation ministérielle, 429, 1026, 6804.
Approvisionnement, 4517, 4620, 4650, 5547, 6539, 6911.
Aptitude, 279.
Arbitrage, 5560, 6582.
Arbres, 1135, 1141.
Arbres (abattage d'), 1140.
Arbres (essence des), 1142.
Arbres (mutilation d'), 92.
Arcade, 919.
Arche marinière, 765.
Argent, 2760, 2761, 3354, 4184. — V. *Finances, Group d'argent.*
Arme, 2453.
Armes à feu, 1622, 6878.
Armée territoriale, 4739.
Armement, 4780.
Arrestation, 2452 et 2453.
Arrêt, 1782, 1830, 1869, 6733, 6823.
Arrêt en pleine voie, 1783.
Arrêt immédiat, 1834.
Arrêté de cessibilité, 78, 473, 483, 513, 536, 892.
Arrêtés ministériels, 4795, 6447.
Arrêtés municipaux, 1043.
Arrêtés préfectoraux, 253, 1010, 1631 et s., 1919, 3050, 5628, 5274, 6193, 6596, 6697.
Arrimage, 3051, 3797, 3816, 3842.
Arrivages, 5432.
Arrivée, 3449, 3460, 3543, 3545, 3550, 3555, 3855, 3865, 4355.
Arrondissement, 119, 6782.
Articulation, 3802.
Ascendant, 4318.
Assainissement, 772.
Assassinat, 4326.
Assemblée des actionnaires, 280.

Assemblée des créanciers, 394.
Assignation. — V. *Ajournement.*
Association syndicale, 4878, 5239.
Associé, 3370, 4320.
Assurance, 3077 et s., 3753 et 3754.
Ateliers, 1233, 4409, 4898, 4947, 5002, 5161, 5166, 5214, 5545.
Ateliers d'ajustage, 947.
Ateliers de construction, 5229.
Ateliers de créosotage des traverses, 4510.
Ateliers de réparations, 2219, 4898, 6861.
Atlas, 803, 6831.
Attache, 1765.
Attaque, 1471.
Attelage, 1713, 6733.
Attentat aux mœurs, 2328.
Auberge, 2329 *ter.*
Aumônier, 4727.
Auteur principal, 1538.
Autorisation, 1282, 1443, 1967, 3537.
Autorisation administrative, 384, 2544, 2550, 2649, 3069, 3586.
Autorisation du directeur, 1877.
Autorisation de retrait, 5506 et s.
Autorisation de travaux, 550, 6216, 6515.
Autorisation du gouvernement, 286, 393.
Autorisation préfectorale, 1729, 1893.
Autorité administrative, 2780, 2781, 2965, 5713, 5727, 5732, 6244, 6341.
Autorité judiciaire, 3209, 3558, 3630, 3895, 3906, 4302, 5712, 5728, 5730, 5731, 5851, 6176, 6341.
Autorité supérieure, 3631.
Autriche, 3436.
Auxiliaire, 3349.
Avances, 2771, 3402, 3627, 4405, 4459, 6635.

Avances (recouvrement des), 6852.
Avances (remboursement des), 171, 4442, 4450, 4472, 6623.
Avant-projet, 78, 87, 95, 680, 6508, 6780.
Avantages particuliers, 2633, 2635.
Avarie, 2780, 3410, 3456, 3522, 3602, 3683 et s., 3776, 3847, 3929, 3934, 3942, 3952, 3976, 3989 et s., 4075, 4080, 4082, 4134, 4139, 4166, 4353, 4366, 4397, 4619.
Avaries (dissimulation des), 4089.
Avaries (étendues des), 3792.
Avarie antérieure, 3948.
Avarie apparente, 3940, 4084.
Avarie occulte, 3941, 4084.
Avenue d'accès, 927, 990, 1113, 1234, 1327.
Avertissement, 270, 2376, 2380, 2956, 3029, 3184, 3346, 3411, 4291, 4308, 6734.
Aveu, 2661, 3851, 3877, 5481.
Avis, 3412 et s., 3427, 3454, 3461, 3469, 3484, 3487, 3563, 3566, 3632, 3869, 4165, 4217.
Avis du conseil général, 6700.
Avis préalable, 2059.
Avoine, 3684.
Bac, 414.
Bâchage, 1721, 3771.
Bâche, 3055, 3604, 3684, 3770, 4564.
Bagages, 3443, 4240 et s., 4267, 4335 et s., 4399, 4715, 5338 et s., 5446.
Bagages (bulletin de), 1595, 1596, 1636, 4190 et s., 4370.
Bagages (distribution des), 4349.
Bagages (enregistrement des), 4221, 4225, 4339, 4340, 5531.
Bagages (excédant des), 1598, 4197.
Bagages (franchise des), 1589, 1600, 4750.
Bagages (perte des), 4353, 4360 et s., 4377 et s., 4396 et s.
Bagages (porteur de), 4190, 4192.

Bagages (remise des), 4347 et s., 4369, 4371.
Bagages (rétention des), 4218.
Bagages (service des), 1633.
Bail, 180, 5286, 6140, 6369.
Bail à ferme, 18, 166, 178, 2002.
Balayage, 4878, 5235 et s.
Balcons, 1313.
Ballast, 36, 98, 710, 4409, 5222, 6461.
Bandage, 4304.
Bandage (rupture de), 3214 *bis*.
Banque de France, 321.
Banquette, 710, 1710, 6561, 6592, 6857.
Banquier, 5359.
Barrage, 5863.
Barrières, 98, 729, 779, 1168, 1427, 5184, 5216, 5545, 5829, 6570, 6583.
Barrières (manœuvre des), 1354.
Barrières en bois, 1402.
Barrière mobile, 796.
Barrière ouverte, 1384.
Bascule, 3105.
Bateau, 6037.
Bâtiments, 808, 945, 4884, 5000, 6824.
Bâtiment-abri, 4898.— V. *Abris*.
Bâtiment de gare, 4409.
Bâton pilote, 1822.
Bénéfices excessifs, 314.
Berges, 5785.
Bestiaux, 915, 1344 et s., 1373 et s., 1393 et s., 1492, 1730, 3230, 3237, 3303, 3304, 3659, 3661 et s., 3702, 3830, 3922, 6857, 6876. — V. *Animaux*.
Bestiaux (écrasement de), 1398.
Bêtes de somme, 1388.
Bêtes de trait, 1388.
Beurres, 2864, 3126.
Bibliothèques 371.
Bifurcation, 1676, 4283.
Bijoux, 2760, 2761, 4384, 4387.

Bilan, 4484.
Billard, 3829.
Billets, 358, 1042, 1516, 1525, 5306.
Billets (délivrance des), 4221.
Billet (emprunt de), 1591, 4343.
Billet (falsification de), 1524.
Billets (perte de), 1521.
Billets (présentation des), 4247.
Billets (série de), 4224.
Billet circulaire, 1582, 4174.
Billets collectifs, 5312.
Billets d'aller et retour, 1554 et s., 4172, 4200, 4201, 4244 et s., 5311, 6936.
Billet de banque, 4388.
Billet de circulation, 4242.
Billets de correspondance, 6936.
Billets supplémentaires, 5318.
Billettes, 2893.
Billon, 2764.
Blanchisseur, 4727.
Blé, 3617.
Blessure, 1468, 1495, 4292, 4303, 5722, 6255.
Block system, 1677, 1821.
Bœufs, 2785 et s. — V. *Bestiaux et animaux*.
Bois, 704, 5211, 5214, 6821.
Bois communaux, 471.
Bois en grume, 4780.
Bois et forêts, 704.
Boîte aux lettres, 6611, 6900.
Boîte de secours, 1900, 1902.
Bon, 403.
Bon du Trésor, 6525.
Bonbonne, 3701.
Bonne foi, 1964, 3380.
Bordereau, 577, 4636, 5323, 5462 et s.
Bornage, 565, 784, 803 et s., 857, 892, 1098, 6578, 6831.
Bornage (procès-verbal de), 810.
Bornages supplémentaires, 6831.
Bornes, 805.
Bouchage, 3694.

Boudins, 6815.
Boullottes, 5051.
Boulon (rupture de), 4305.
Bourg, 1039, 1095.
Bourse, 291.
Bouteille, 3694.
Boutisses, 6821.
Brevet, 4728.
Brigadiers, 2360.
Briques réfractaires, 2576, 2865.
Bris, 3675, 3805, 3813, 3817.
Broderies, 2762, 2856, 2891.
Brouillard, 1837.
Bruit des locomotives, 5972.
Budget, 123, 4594, 4611, 4623.
Budget (projet de), 4614.
Budget du ministère des Travaux publics, 4577.
Budget ordinaire, 4462.
Buffet, 1042, 1478, 4228, 5074, 5170, 5174, 5288.
Buffets (recettes des), 4562.
Bulletin, 1596, 4190 et s., 4350, 4370.
Bulletin (perte de), 4347.
Bulletin de bagages. —V. *Bagages*.
Bulletin de déclaration, 1064.
Bulletin de garantie, 3786 et s., 3939, 3940, 3948, 4337.
Bulletin de garantie (nullité de), 3791.
Bulletin d'expédition, 2978, 5429.
Bulletin périodique, 4838.
Bulletin-récépissé, 5388.
Bureau, 2327, 3349, 4388, 4943, 5170, 5228, 6387 et s.
Bureaux centraux, 2924 et 5202.
Bureaux d'attente, 6808.
Bureaux d'ingénieur, 573, 638.
Bureaux de recette, 5005.
Bureaux de ville, 3556 et s., 3567 et s., 3587, 4225, 5488.
Bureaux des objets perdus, 5077.
Bureaux spéciaux, 3125, 3149, 4264.

Bureaux télégraphiques, 4853, 5075.
Buvette, 844, 1478.
Cabinets d'aisance, 5025.
Cadre, 2744, 3818.
Cadre auxiliaire, 571.
Cadres à claire-voie, 736.
Cadres pleins, 737.
Café, 3679.
Cahier des charges, 18, 196, 242, 451 et s., 460, 527, 539 et s., 895, 2548, 2621, 3161 et s., 4168, 4194 et s., 5521, 5699, 5834, 6064, 6162, 6167, 6168, 6180, 6451, 6452, 6772, 6791.
Cahiers des charges (force obligatoire des), 209.
Cahiers des charges (interprétation des), 232 et s., 745, 5707, 5732.
Cahiers des charges (modification aux), 203.
Cahiers des charges (rédaction des), 249.
Cahier des charges-type, 200, 6499, 6793.
Caisse, 2752, 2909, 3539, 3693, 3831, 4823, 6569.
Caisse de prévoyance, 4552.
Caisse de prolonge, 4781.
Caisse de secours, 4552, 6172.
Caisse des dépôts et consignations, 256, 4489, 6525, 6919.
Caisse des retraites, 2383, 2384, 2387 et s., 2391, 2398 et 2399.
Caissier, 2302, 4625, 4628.
Calcul, 2396.
Calcul du délai, 3242.
Camion, 1341.
Camionnage, 373, 2076, 2751, 2775, 3315, 3336, 3343, 3345 et s., 3355, 3503, 3540 et s., 3550, 3853, 3978 et s., 4036, 5376, 6170.
Camionnage (entreprise de), 3553 et s.
Camionnage de la compagnie, 5497.

Camionnage d'office, 3563 et 3564.
Camionneur, 2103 et s., 3557, 3590, 3591, 3650, 3976, 3977, 4070, 4097, 4116, 5489, 5498.
Canaux, 538, 720, 820, 1432, 5393, 6833.
Candélabres, 5098.
Canivaux, 6779.
Cantinier, 4727, 4747.
Cantiniers (voiture des), 4776.
Cantonnement, 326.
Cantonnier, 98, 1492, 1897, 2360, 5082.
Capacité, 4657.
Capital social, 257, 6539.
Capsules, 2750.
Carnet, 2507, 3045.
Carnet d'expédition, 5487, 5488, 5501.
Carreaux en terre cuite, 2576, 2865.
Carrières, 776, 1153, 1155, 1188, 1191, 4409, 5791, 6063, 6827.
Carrières (dommages causés aux), 6313.
Carrières (interdiction d'exploitation des), 5918 et s.
Carrières à ciel ouvert, 1166.
Carrosserie, 2910.
Cartes, 6807.
Carte (perte de), 4258.
Carte (présentation de), 4266.
Carte d'abonnement, 1522, 5312.
Carte de faveur, 4262, 4265.
Cartes de parcours, 5323.
Cartouches, 2750.
Casernier, 4728.
Casier judiciaire, 2350.
Cas fortuit, 3720 et s., 3886, 3890 et s., 4179, 4288, 4291, 4293, 4309, 4321, 4365, 5891.
Cassation, 689, 1467, 2682 et s., 2832, 3727, 3744, 3854, 3859 et s., 3871, 3950, 4066.
Casse, 3675, 3805, 3813, 3817.

Cause, 2388.
Caution, 453.
Cautionnement, 562, 2306, 4628, 4629, 5594, 6525, 6539, 6683.
Cavalier, 909, 1331.
Cavalier de conduite, 4738.
Centre, 6412.
Centimes facultatifs, 4653.
Cendriers, 1698.
Cerclage des roues, 1706.
Cercle, 3825 et 3826.
Cercueils, 2793, 2794, 3087, 3443.
Certificat de capacité, 1751.
Céréales, 2568, 2959.
Cession, 6533, 6941.
Cession amiable, 78.
Cession d'actions, 289.
Cession d'avances, 342.
Cession de concession, 378, 5258.
Cession de réseau, 343, 6660.
Cession forcée, 386.
Chaînage, 6602.
Chaises de postes, 1730, 5108.
Châles de l'Inde, 2857 *bis*.
Chambres consultatives des arts et manufactures, 118, 441.
Chambres de commerce, 118, 441, 2074, 5760.
Chambres d'emprunt, 437, 769, 5957.
Change, 4213.
Changement de voie, 1672, 5178, 5545.
Changement d'itinéraire, 3034.
Chantier, 2447, 4908.
Chanvre, 2897.
Chapelain, 4727.
Charbon, 2645, 2744, 2753, 3615, 5110.
Charbon de terre, 5203.
Charbonniers, 5132.
Chargement, 253, 588, 2740, 2754, 2849, 2850, 3049 et s., 3061, 3183, 3582, 3626, 3757, 3797, 3842, 4759, 4823, 5674, 6732.

Chargement (délai de), 3056 et 3057.
Charpentes à toitures, 5033.
Charpentes en fer, 2907.
Charrette anglaise, 2908.
Charriot, 5062.
Charriots circulaires, 4941.
Charrue, 4336.
Chasse indivisible, 3581.
Châssis, 1306, 1733, 4822, 4823.
Châteaux d'eau, 4947, 5049.
Chaudière, 1686.
Chaudronnerie, 2874, 2906.
Chauffage, 4619.
Chauffages des wagons, 1721.
Chauffeur, 722, 1749, 5132, 6867.
Chaussée, 1439, 6820.
Chaussées pavées, 5120.
Chef de bureau de la grande vitesse, 5089.
Chef de convoi, 2220.
Chef de dépôt, 5012.
Chef du dépôt des machines, 5132.
Chef de district, 1923.
Chef de famille, 1347.
Chef de gare, 1497, 1503, 2219, 2222, 2460, 2970, 3064, 3169, 3539, 3632, 3851, 4005, 4158, 4159, 4264, 4294, 4356, 6409, 6424, 6428, 6444.
Chef d'équipe, 2427 et 2428.
Chef de section, 6441.
Chef de station, 2335.
Chef d'état-major, 6459.
Chef d'exploitation, 2300.
Chef du pouvoir exécutif, 123.
Chef lampiste, 5015, 5140.
Chemins, 2, 1973.
Chemins (conservation des), 1283, 1318.
Chemins (déviation des), 768, 5795.
Chemins classés, 6131.
Chemins d'accès. — V. Accès.
Chemins de communication (raccordement du), 552.
Chemins de défruitement, 5743.
Chemin de fer à voie normale, 711.

Chemin de fer de ceinture, 3249, 3277, 4787.
Chemin de fer de l'Etat, 54, 817, 2251, 2267, 2280, 2313, 3016 et s., 5158, 5290, 6029.
Chemins de fer départementaux, 3981.
Chemin de fer d'intérêt général, 15, 35, 6653.
Chemin de fer d'intérêt local, 16, 50, 59, 3100, 5635, 6493 et s.
Chemins de fer étrangers, 2309.
Chemins de fer industriels, 6693 et s.
Chemins de fer miniers, 60, 487, 6693 et s.
Chemins de fer privés, 6710.
Chemins de fer stratégiques, 7, 717.
Chemin de halage, 826.
Chemins déviés. — V. Chemins (déviation de).
Chemin d'exploitation, 755, 5953, 6350.
Chemins latéraux, 808, 895, 923, 1114, 1380, 5654, 5663, 5937.
Chemins percés, 246.
Chemin public, 2320.
Chemins ruraux, 522, 6033, 6055.
Chemins vicinaux, 521, 551, 619, 625, 938, 1431, 5651, 5715, 6014, 6570, 6758.
Chemins vicinaux (dégradation aux), 619.
Chemins vicinaux (déplacement de), 551.
Chemins vicinaux ordinaires, 589.
Chenaux en tôle, 2907.
Chèque, 1866.
Chevaux, 1344 et s., 1730, 2785, 3659, 4715, 6733, 6778, 6857, 6876.
— V. Animaux.
Chevaux de remonte, 4805.
Chiens, 1073, 1627, 2783, 2784, 3443, 3831, 3832, 4341, 5339 et s.
— V. Animaux.

Chiffons, 1506, 2879 et s.
Choc, 3913.
Chose jugée, 1181, 3968, 3969, 4448, 6045 et 6046.
Chronomètre, 5099.
Circonstances atténuantes, 1916, 1957 et 1958.
Circulaire, 1024.
Circulaire ministérielle, 2079.
Circulation, 762.
Circulation (obstacle à la), 550.
Circulation prohibée, 1474, 1482.
Circulation sur la voie, 1676, 5422.
Citerne, 5054.
Citoyen investi d'un service public, 2338.
Classe, 6592, 6857. — V. *Wagons*.
Classe (changement de), 1575, 1746.
Classe inférieure, 1576.
Classe supérieure, 1576.
Classement, 139, 873, 980, 6503, 6761.
Classement (arrêté de), 854.
Classement (indemnité de), 6624.
Clause de style, 200.
Clause pénale, 221, 3918, 3919, 6085, 6688.
Clause spéciale, 3774, 3775, 3834.
Clef, 737.
Cloches, 1812, 1857, 6867.
Cloches allemandes, 1677.
Cloches électriques, 1677, 1865.
Cloches *Lépoold*, 1677.
Cloches *Siémens*, 1677.
Clôtures, 98, 779, 894, 925, 927, 1102, 1944, 1995, 4409, 5545, 5825, 6040, 6289, 6297, 6583, 6703, 6744.
Clôture (absence de), 1405.
Clôture (brèche dans une), 1377.
Clôture (bris de), 910, 1339, 1361, 1387.
Clôture (dispense de), 795.
Clôtures (extraction des), 789.
Clôture (insuffisance de), 1362.
Clôture (mauvais état de), 1363.

Clôture (mur de), 881, 1218, 1302. 1334.
Clôture conventionnelle, 1378.
Clôture continue, 1375.
Clôture réglementaire, 1369.
Clous dorés, 2868.
Cocher, 4335, 6889.
Cocons, 2882.
Code de justice militaire, 4732.
Cokes, 3615, 5106, 5204, 5209.
Colement de gare, 98.
Colis, 3682.
Colis (nature des), 3042.
Colis (nombre des), 2994.
Colis égarés, 4155.
Colis postaux, 2776 et s., 3528. 3529, 4865, 4877, 5429, 5440, 6107 et 6108.
Collisions, 1036, 2436.
Combustible, 2279, 5211, 5212, 5547, 6449, 6911. — V. *Charbons, Cokes*.
Combustion spontanée, 3705, 3716.
Comestibles, 2279.
Comités, 2080.
Comité consultatif des chemins de fer, 267, 331, 2089, 2095, 2097, 2101.
Comité de l'exploitation technique, 2110.
Comité de réseau, 2113, 4595.
Comité général du contrôle, 2100, 4595.
Commandement, 2056.
Commandement de gare, 6472.
Commerçant, 118, 2245, 3956, 4141, 4142, 6253, 6294 et 6295.
Commerce, 4314.
Commerce de charbon de terre, 353.
Commettant, 3643 et 3644.
Commissaire de la marine, 4728 *bis* et 4729.
Commissaire de police, 1489, 1787, 1920, 4005.

Commissaires de surveillance, 1479, 1951, 2159, 2210 et s., 2467 et s., 2558, 3138, 3530, 3531, 3607, 3642, 3836, 3995, 5302.
Commissaires généraux, 330.
Commissaires royaux, 2149.
Commissaires spéciaux de police, 1790, 2119, 2169, 2190.
Commissaires techniques, 6470.
Commission, 118, 696, 2080, 3630, 4728, 6651.
Commission administrative de statistique, 2085.
Commission centrale de chemin de fer, 2087, 2093.
Commission de chemins de fer de campagne, 6468, 6469, 6471.
Commission de contrôle, 2200, 6636.
Commission d'enquête, 6782.
Commission départementale, 6624.
Commission de réforme, 4753.
Commission de réseau, 6468.
Commission de réserve, 6461.
Commission d'inventions, 2099.
Commission générale des ponts et chaussées, 2086.
Commission militaire, 6458 et s., 6470, 6472.
Commissionnaire, 2925, 2929, 2984, 3008, 3040, 3041, 3077, 3344, 3383, 3587, 3954 et 3955.
Commissionnaires intermédiaires, 3356, 3388, 3389, 3939, 4067, 4085, 4117, 4162.
Commissionnaires successifs, 3406.
Commis-voyageur, 4362 et s., 6296.
Communes, 14, 118, 768, 2164, 3128, 4651, 5153, 6455, 6496, 6535, 6001 et s.
Communication, 6566.
Communication (droit de), 5484.
Communications (rétablissement des), 6838.
Communications (interruption des), 1437.
Communication (maintien des), 467.
Compagnies (fusion de), 3271.
Compagnies (pluralité des), 3413.
Compagnie d'omnibus, 6938.
Compagnie étrangère, 2165, 3389, 3909, 3943, 4976, 6417.
Compagnie expéditrice, 3932.
Compagnies françaises, 3389, 3908.
Compagnie intermédiaire, 3932, 3937, 3938, 3967.
Compagnie transatlantique, 5379.
Compartiments à cloison, 1676.
Compartiments des postes, 4863.
Compartiment réservé, 1077, 1586.
Compartiments spéciaux, 6603.
Compétence, 232, 254, 407, 509, 3209, 3513, 3895, 4302, 5627, 6257, 6258, 6264, 6289, 6369, 6417, 6920, 6922.
Compétence administrative, 232 et s., 745, 5991, 6193, 6350, 6921.
Compétence civile, 6109 et s., 6188.
Compétence commerciale, 2258.
Compétence exceptionnelle, 2343.
Compétence judiciaire, 232 et s., 6935 et s.
Compétence *ratione loci*, 6384.
Compétence *ratione personæ*, 2015, 6366, 6435.
Complice, 1538, 1546.
Complicité, 1065, 1569, 1960.
Comptabilité, 573, 4545, 4632, 5336, 5432.
Comptables des matières, 4728 *bis* et 4729.
Comptes, 1578.
Comptage, 3656 et 3657.
Comptes (clôture des), 4585.
Comptes (liquidation des), 4796.
Compte (règlement de), 4603.
Compte additionnel, 4439.
Compte-courant, 4644.
Compte de caisse, 4484.

INDEX ALPHABÉTIQUE.

Compte définitif, 4586.
Comptes de gestion, 4641.
Compte de partage des bénéfices, 4604.
Compte de premier établissement, 47, 4439, 4492, 5548, 6626.
Compte de travaux complémentaires, 4574.
Compte d'exploitation, 4456, 4540, 4584.
Compte d'exploitation générale, 4475.
Compte d'exploitation partielle, 4527.
Compte d'inventaire, 4508.
Comptes mensuels, 4627.
Comptes moraux, 576, 636.
Compte provisoire, 4586.
Concentration, 2144.
Concession, 18, 155 et s., 6533, 6738, 6790, 6909 et s.
Concession (acte de). — V. *Acte de concession*.
Concession (cession de), 378, 5258.
Concession (décret de), 6152.
Concession (durée de la), 183.
Concession (fin de la), 5542 et s., 5633, 6647.
Concession (forme de la), 188 et s.
Concession (interprétation de la), 5702 et s.
Concession (objet de la), 284.
Concession (prorogation de la), 187.
Concession directe, 189.
Concession éventuelle, 158, 269.
Concession perpétuelle, 28.
Concessionnaire (droits du), 6522.
Concessionnaire (obligations du), 6522.
Concierge, 5016, 5140.
Concours, 2159.
Concours agricole, 2791 et 2792.
Concours financier de l'Etat, 33, 6531. — V. *Garantie d'intérêts*.
Concurrence déloyale, 3633.

Condition, 2817.
Conditions (inexécution des), 4674.
Condition suspensive, 321.
Conducteur, 1918, 1929, 1952.
Conducteur de convoi, 4844.
Conducteur de la voie, 5081.
Conducteur des travaux, 5088.
Conducteurs des ponts et chaussées, 2119.
Conducteur du train de l'artillerie, 4744.
Conduites d'eau, 4906, 5036, 5058, 5114.
Conduites de gaz, 4907, 4952, 5035.
Conférences, 101, 680, 6510, 6547.
Conférences civiles, 436.
Conférences mixtes, 501.
Confiscation, 2035.
Congé, 2373, 2376, 3110, 4715.
Connaissement, 5379, 5395, 5460.
Conseil d'administration, 321, 2295, 4276, 4613, 4624, 6486.
Conseil de préfecture, 745, 2015, 2781, 5689, 5733, 6258, 6611, 6921 et s. — V. *Compétence administrative*.
Conseil de préfecture (pouvoirs du), 6079.
Conseil de préfecture de la Seine, 5725, 6371.
Conseil d'Etat, 5627, 6651, 6918.
Conseil général, 142, 986, 4694, 5210, 5635, 6509, 6527, 6535, 6630, 6755, 6758, 6777.
Conseil général des ponts et chaussées, 117, 706, 2083, 2134.
Conseils municipaux, 120, 443, 2164, 4664, 6509, 6535, 6755.
Conservateur des hypothèques, 5275.
Conservation du chemin de fer, 1089.
Consignataire, 3509 et s., 3515, 5476.
Consigne, 4351.

Consolidation (travaux de), 1111.
Constatations, 3117, 3688.
Contre-rails, 1682, 2129, 6813.
Construction, 29, 69 et s., 198, 241, 412, 602, 755, 1092, 1218 et s., 1236, 6496.
Constructions (défauts de), 5580.
Constructions (exhaussement des), 1229.
Construction (réparations des), 1229.
Constructions (suppression des), 1287, 2033.
Constructions anciennes, 1266.
Construction par l'Etat, 539.
Construction par les compagnies, 539.
Contenance, 2993, 3653.
Contrainte, 767, 5780.
Contrainte administrative, 2031, 2055.
Contrat, 228, 2382, 2395, 2480, 2481, 2485, 2494, 2495, 2498, 3117, 3458, 3962, 3965, 4251, 6134, 6253.
Contrat (caractères du), 2482 et s.
Contrat (cessation du), 2365.
Contrat (durée du), 2365.
Contrat (formes du), 2487.
Contrat (projet de), 272.
Contrat à titre onéreux, 5244.
Contrat commercial, 6143.
Contrat d'entreprise, 477.
Contrat de transport, 5308, 5389, 6234.
Contrats distincts, 3944.
Contrat judiciaire, 6289.
Contrats successifs, 3404.
Contrat synallagmatique, 265, 5244.
Contrat unique, 3268, 3405, 3945, 3966, 4024, 4110, 4355.
Contravention, 1741, 1963, 1974, 1997, 2075, 2180, 5303, 5423, 6890.
Contraventions commises par les concessionnaires, 225 et s., 1416 et s., 1985, 2029.
Contravention de grande voirie, 733, 798, 853, 1209, 1917, 1985, 2029, 6105, 6321, 6892, 6923.
Contraventions de grande voirie (poursuite des), 1987.
Contravention *in committendo*, 800.
Contributions directes, 6597.
Contributions directes (recouvrement des), 767.
Contribution foncière, 6907.
Contributions indirectes, 1729, 3880, 4877, 5386, 6608.
Contribution kilométrique, 4410.
Contributions publiques, 247.
Contrôle, 28, 47, 68, 83, 686, 1520, 1791, 2307, 2446 et s., 3757, 4284, 6594, 6707, 6808, 6873, 6885.
Contrôle (agents de), 1491, 1922.
Contrôle (appareil de), 1786.
Contrôle (frais de), 637, 2049.
Contrôle (organisation du), 2037.
Contrôle administratif, 2265.
Contrôle commercial, 2148.
Contrôle du chemin de fer de l'Etat, 2240.
Contrôle financier, 2197, 4580.
Contrôle financier des chemins de fer de l'Etat, 4610.
Contrôle technique, 2122.
Contrôleurs, 1817.
Contrôleur ambulant, 5090, 5130.
Contrôleur surveillant, 2440, 5017.
Convention, 26, 167, 281, 602, 653, 2638 et s., 2650, 2651, 2659, 2813, 3016 et s., 3064, 3187 et s., 4538, 5309, 6180.—V. aussi *Contrats*.
Convention (interprétation des), 4792. — V. aussi *Contrats*.
Conventions de 1859, 5567.
Conventions de 1883, 61, 426, 5566, 5761.

INDEX ALPHABÉTIQUE.

Convention internationale, 2076, 2046, 3017.
Conventions particulières, 2653, 2658.
Convocation de troupes, 4734.
Convois (composition des), 1737.
Convois (nombre des), 1036.
Convois (retard des), 1788.
Convois de jour, 4821.
Convois de nuit, 4821.
Convois extraordinaires, 1787.
Convoyeur, 6900.
Copie certifiée, 4639.
Coquilles, 2658 bis, 2660.
Corbeilles, 3125 et 3126.
Cordonnet de soie, 1506.
Cornet, 6734.
Correspondance, 1631 et s., 3562, 4058, 4283, 4840, 5448, 5450, 5452, 6631.
Correspondance (service de), 238, 416, 1635, 2164, 2967, 3584, 4986.
Correspondances (traités de), 4553.
Corrosions, 5785, 5826.
Costume, 1899, 2228.
Cotes, 433, 1910.
Cotons, 2753, 2866, 2867, 2899.
Coucher du soleil, 6862.
Coulage, 2964, 3607, 3697, 3698, 3810, 3826, 3835.
Coupons, 2860, 5310, 5408.
Coupon de retour, 1555.
Courbes, 712, 717, 4828, 6022.
Courbes (rayon des), 431, 680.
Cour de cassation, 5711, 6229, 6283. — V. aussi *Cassation*.
Cour des comptes, 4628, 4641.
Cours, 3501, 4908.
Cours d'eau, 720, 760, 1092, 1973, 2014, 5746, 6540.
Cours d'eau (déplacement des), 6800.
Cours de route, 3708.

Cours des gares (police des), 1045, 1631 et s.
Cours des voyageurs, 5101.
Cours intérieures, 1233.
Cours vitrées, 5227.
Courtiers, 2929.
Coussins, 5382.
Coussinet, 4510.
Couverture, 5382.
Couvertures en chaume, 1258, 1290.
Créancier, 3425, 3428, 3431.
Créancier chirographaire, 338.
Crédits (vote de), 141.
Crédits extraordinaires, 4615.
Crédits supplémentaires, 4615.
Crieur, 1893.
Crimes, 1448, 2180.
Crin, 1050, 2863.
Crin végétal, 2872.
Cris, 1045.
Crochet de traction, 1713.
Croisements, 588, 728, 1672, 1775, 2129.
Crues, 609.
Cuirs, 2758, 2876.
Cuirs corroyés, 2896.
Cuirs tannés, 2896.
Cuivre ouvré, 2875.
Culées, 719.
Cumul des peines, 1969, 1971, 1974, 1978, 2036.
Curage, 4878, 5237, 5784, 5828.
Dallage, 4510.
Dames seules, 1076, 1587, 1717 et 1718.
Damier, 1814, 1842.
Date, 2979.
Déballage, 3804 et s.
Débarquement, 4784.
Débits de boisson (fermeture des), 1042.
Déblai, 894, 1219, 1272, 5790.
Déblaiement, 3211.
Débours, 2765 et s., 2771, 3116, 3390, 5500.

Décentralisation, 2144.
Décharge. 2964, 3454, 4879, 5307, 5344, 5351, 5392, 5485.
Décharge (timbre de la), 5373.
Décharge de garantie, 3399.
Déchargement, 253, 2740, 2754, 3095, 3096, 3131, 3183, 3309, 3309 *bis*, 3472 et s., 3582, 3832, 3842, 3853, 4759, 5674, 6161, 6195, 6732, 6739.
Déchargement (délai de), 3463 et s.
Déchéance. 402, 528, 652, 655, 4055, 5591, 6113, 6359, 6657, 6658, 6662, 6680, 6683, 6686, 6916 et s.
Déchéance du terme, 5587.
Déchets, 2753, 2882, 2897, 4083.
Déchet de charbon, 2997.
Déchets de coton, 1506.
Déchets de route, 2996, 3609, 3614 et s., 3653, 3655, 3746.
Décision ministérielle, 1919, 4135, 6596.
Déclaration, 2976, 2977, 3009, 3115, 3123, 3127 et s., 3133, 3142, 3148, 3638, 3664, 3668, 3669, 3676 et s., 3681, 3734, 3864, 4241, 4339, 4384.
Déclaration d'utilité publique, 122, 128, 273, 423, 480, 535, 873, 5271, 6509, 6529, 6548, 6755.
Déclaration estimative, 5248.
Déclaration fausse, 1071, 1515, 1601, 1693, 2757, 2982 et s., 3126, 3648, 3665 et s., 3679 et 3680.
Déclassement, 500, 510, 530, 531, 632, 4217, 4218, 4255.
Déclinatoire, 6334.
Déclivités, 441, 712, 717, 6563, 6812.
Décomptes, 673.
Décret, 280, 6513, 6596, 6651.
Décret rendu en Conseil d'Etat, 126, 5293.
Décrochage des wagons, 1624, 1779.
Dédouanement, 3151 et s.

Défendeur, 4138.
Défense nationale, 23.
Déficit, 2995, 3844.
Déficit (constatation du), 4159.
Dégradations, 619, 1488
Degrés de juridiction, 5748.
Délais, 645, 659, 2490, 2491, 2541, 2565, 2745, 2916, 2990, 3047, 3113, 3114, 3150, 3160, 3166 et s., 3174 et s., 3187 et s., 3218 et s., 3223 et s., 3239, 3240, 3247, 3250, 3252 et s., 3263 et s., 3281 et s., 3305, 3313, 3320, 3395, 3461, 3481, 3567 et s., 3572 et s., 3608, 3663, 3703, 3728, 3729, 3776, 3856, 3859, 3868, 3869, 3871, 3906, 3962, 3994, 4022, 4023, 4073 et s., 4244.
Délai (abréviation de), 3173, 3177.
Délai (augmentation de), 3139, 3280.
Délais (calcul des), 3858, 3870.
Délais (cumul des), 3268.
Délais (fraction de), 3269.
Délai (point de départ du), 4147 et 4148.
Délai (supplément de), 3103.
Délais (suppression des), 3203, 3205.
Délai (totalisation des), 3193, 3264 et s.
Délai d'exécution, 270.
Délai franc, 3240.
Délimitation (arrêté de), 964.
Délinquants, 6610.
Délit, 2180, 2943, 5303, 6417.
Délit de chasse, 2342.
Délit de droit commun, 1913.
Délivrance de billet, 2952.
Demande, 2803, 2831, 3031.
Demande expresse, 2818 et 2819.
Demande incidente, 6342.
Demande indéterminée, 4019.
Demande principale, 6342.
Demande reconventionnelle, 4043.
Démarrage des trains, 580.

Démarches amiables, 4154.
Démembrement de territoire, 5626.
Déménagement, 2911.
Demi-caniveau, 6815.
Demi-pavés, 6821.
Dénomination, 2395.
Denrées, 2798, 3215, 3238, 3299, 3575, 4780, 4798.
Denrées falsifiées, 2330.
Dentelles, 2762, 2857 bis, 3665, 3671, 4380.
Départ des trains, 1781, 3445, 3448, 3460, 3543 et s., 3549, 3551, 3555, 3567, 3964.
Départ (signal du), 1776.
Département, 14, 118, 4651, 6496, 6535, 6792, 6901 et s.
Dépêche, 6611.
Dépêches (échange des), 4833.
Dépêche privée, 4329.
Dépendances du chemin de fer, 665, 890, 1112, 1402, 2345, 4230, 4996, 5266, 6450.
Dépens, 1953, 1997, 1999, 4071.
Dépenses (estimation des), 434.
Dépenses (objet des), 4502.
Dépenses communes, 4554.
Dépenses complémentaires (remboursement des), 5554, 5574.
Dépenses d'entretien, 4509, 4530, 4537, 4594.
Dépenses de premier établissement, 6626.
Dépenses d'exploitation, 6902.
Dépenses effectives, 4484.
Dépenses éventuelles, 4484.
Dépenses extraordinaires, 4619.
Dépenses imprévues, 4619.
Dépenses utiles, 4543.
Dépérissement, 4887.
Dépositaire, 3453.
Dépositaire de la force publique, 2330 bis et s.
Dépossession, 5991.
Dépossession (indemnité de), 968.

Dépôt, 733, 1273, 2010, 2443, 2560, 3731, 3732, 4857, 5545, 6739, 6817.
Dépôt (lieu du), 2349 ter.
Dépôts (roulement des), 1754.
Dépôts (suppression de), 1290.
Dépôt aux marchandises, 5038.
Dépôt d'approvisionnement, 5043.
Dépôt de bois, 1274, 1414, 1442.
Dépôt de cendres, 1415.
Dépôt de fumier, 1221.
Dépôt de garantie, 256, 6690.
Dépôt des marchandises, 366, 5486.
Dépôt de la guerre, 4735.
Dépôt de matériel, 4951.
Dépôt de pierres, 1277.
Dépôts de rails, 5125.
Dépôt de terre, 1279, 1409.
Dépôts de marchandises, 366, 5486 et s.
Dépôt d'objets non inflammables, 1277.
Dépôt nécessaire, 4359, 4367, 4368, 4399.
Dépôt public, 3496 et 3497.
Dépression, 6813.
Déraillement, 1230, 1450, 2017, 3763, 4297.
Descellement, 3607, 3836.
Descente de wagons, 1779.
Désinfection, 2789.
Destinataire, 2480, 2495 et s., 2740, 2930, 2960, 2970, 2991, 3083, 3119 et s, 3143, 3148, 3152, 3154, 3332 et s., 3342, 3363 et s., 3374 et s., 3384, 3385, 3390 et s., 3399, 3407 et s., 3416, 3424, 3428, 3430 et s., 3439, 3441, 3443, 3478 et s., 3487, 3517 et s., 3563, 3576, 3577, 3588 et s., 3613, 3621, 3627, 3647, 3711 et s., 3736, 3778, 3793 et s., 3869, 3879, 3889, 3910, 3931, 3936, 3953, 3963, 3968 et s., 3974, 3978 et s., 3993 et s., 4049, 4065, 4069, 4081, 4083, 4089, 4102 et s., 4111, 4116, 4132, 4163, 5493, 5502.

Destinataire (adresse du), 2972, 2980.
Destinataire (changement de), 3433.
Destinataires (pluralité de), 3386.
Destinataire (refus du), 3410 et 3411.
Destination, 2999, 3708, 3883, 4231, 5830, 6383.
Désuétude, 141.
Détachement, 4772.
Détail estimatif, 434, 586, 6772.
Détaxes, 2921, 4049, 4073, 4075, 4629.
Détérioration, 3226.
Dettes (exigibilité des), 5569.
Deuxième classe, 1710.
Déviation, 6032, 6760, 6818.
Devis, 614.
Devis descriptif, 433, 586, 6807.
Diffamation, 246.
Digue, 5784.
Dimanches, 685, 3451.
Directeur de compagnie de chemin de fer, 112, 428, 2295, 2338, 3598, 4276, 4625, 5434, 5684, 6466.
Directeur (autorisation du), 1481.
Directeur (faute du), 1743.
Directeur des chemins de fer aux armées, 6465.
Directeur général, 6444, 6465.
Direction, 1830, 2666.
Direction (changement de), 3029, 3030, 3658, 3935.
Direction des chemins de fer, 2068.
Directions d'établissements hors des ports, 4729.
Direction fausse, 3195, 3196, 4359.
Discernement, 1984.
Dispenses, 3325.
Disponibilité, 4728.
Disposition réglementaire, 255, 4013 et s.
Disques, 1811, 5216.

Disque de ralentissement, 1845.
Disque effacé, 1840.
Disque fermé, 1840.
Distance, 1219, 2630, 3253.
Distances (calcul des), 1271.
Distances (tableaux des), 6897.
Distance kilométrique, 433.
Distribution des billets, 5027.
Division des chemins de fer, 2069.
Dol, 3639, 3915 et s., 3928.
Domaine, 5341, 6832.
Domaine public, 20, 382, 488, 560, 814 et s., 927, 1005, 5270, 5785, 6323.
Domaine public (dépendance du). — V. *Dépendances*.
Domaine public communal, 508.
Domaine public de l'Etat, 6651, 6758.
Domaine public départemental, 508, 6651.
Domanialité (durée de la), 872.
Domestique, 4740.
Domicile, 244, 3286, 3323 et s., 3329 et s., 3344 et s., 3370, 3443, 3470, 3565, 3566, 3568, 3569, 3572 et s., 3729, 3978 et s., 4079, 4138, 6398.
Domicile (élection de), 6435.
Dommages, 242, 420, 3598, 3914, 3966, 6159, 6161 et 6162.
Dommages d'entretien, 5849.
Dommage d'exploitation, 5865 et s., 6200.
Dommage direct, 4314, 4315, 5882.
Dommage éventuel, 4378, 6315, 6356.
Dommages-intérêts, 221, 361, 380, 403, 788, 1541, 2371 et s., 2378, 2405, 2407, 2408, 2540, 2543 et s., 2565, 2575, 2659, 2757, 2780, 2850, 2926 et s., 2942 et s., 2982, 2983, 2993, 2999, 3053, 3054, 3079, 3082,

INDEX ALPHABÉTIQUE.

3211, 3212, 3252, 3285, 3300, 3322, 3323, 3340, 3344, 3407, 3411, 3426, 3440, 3482, 3483, 3529, 3534, 3537, 3538, 3544, 3548, 3586, 3634 et s., 3645, 3647, 3669, 3670, 3692, 3798, 3856, 3950, 3961, 4042, 4183, 4231, 4236, 4257, 4279, 4287, 4704, 4708, 4709, 5597.

Dommages-intérêts (étendue des), 3637 et s.

Dommages-intérêts (répartition des), 3640 et 3641.

Dommage matériel, 5882.

Dommage permanent, 1180, 5994, 6100, 6285.

Dommages résultant de travaux publics, 233, 414 ter, 618, 5666, 5679, 5771 et s., 5991, 6925.

Donation, 5289.

Dortoirs, 5228.

Dossiers, 577, 6592.

Douane, 3132, 3340, 3439, 3491 et s., 3680, 3999, 4100, 4101, 4878, 5047, 5056, 5070, 5416, 5423. — V. aussi *Dédouanement*.

Douaniers, 1489.

Double camionnage, 3580, 3593.

Double du récépissé, 5371.

Double exemplaire, 5357.

Double expédition, 429.

Double machine, 6866.

Double voie, 1232, 1822, 4412, 4529, 5762, 6556, 6626, 6779.

Dragages, 1421.

Drain, 1336.

Drapeau, 1810, 1832, 1833, 6734.

Drapeau rouge, 1834.

Drapeau vert, 1835.

Droguerie, 1626.

Droits (complément de), 5330.

Droits (demande en restitution de), 5294, 6185.

Droits (exemption de), 5269, 5384.

Droit (exigibilité du), 5248, 5438.

Droit (paiement du), 5365.

Droits (perception des), 1493.

Droits (versement des), 5331.

Droits de magasinage, 5672.

Droit de manutention, 3089.

Droit de marché, 5246.

Droit de transmission, 4879.

Droits de transmission entre-vifs, 5189.

Droit des gens, 6482.

Droit fixe, 5245, 5251.

Droits gradués, 5245, 5250, 5279.

Droit immobilier, 865.

Droit incorporel, 849.

Droit mobilier, 835, 848, 865, 5254, 5281.

Droit personnel, 865.

Droit proportionnel, 4963, 4981, 5153, 5245, 5250.

Droit réel, 865.

Dynamite, 1511, 2750, 2948, 4877.

Eaux (captation d'), 5995.

Eaux (écoulement des), 467, 710, 769, 914, 1116, 1312, 1330, 1433, 5766, 5883, 5957, 6041.

Eaux (privation d'), 4710.

Eaux (villes d'), 4263.

Eau de cerises, 3701.

Eau-de-vie, 3844.

Eaux minérales, 1157.

Eaux thermales, 4735.

Eboulement, 1430, 1432, 3201, 3208, 3209, 3763, 3894, 3895, 5790, 5870, 5910, 5929.

Ebranlement, 4512, 5779, 5873, 5909, 5968, 5971.

Echalas, 1367.

Echantillon, 4361 et s.

Echéance, 3310.

Eclairage, 989, 1683, 1771, 4619, 6576, 6857.

Eclairage au gaz, 4510.

Eclissage des rails, 4510.

Ecluses, 1670.

Ecole de la marine, 4735.

Ecole de médecine et de pharmacie militaire, 4728 *bis*.
Ecoles d'enfants de troupe, 4735.
Ecole navale, 4727.
Ecole polytechnique, 4727.
Ecriture, 4511.
Ecurie, 5079.
Effets d'armement, 6485.
Effets de campement, 6485.
Effets d'habillement, 6485.
Effets militaires, 2887.
Effets publics, 3648.
Effet rétroactif, 2400, 2403, 2662.
Effet suspensif, 1982.
Egout, 1310, 4510, 4938, 5036, 6808.
Egout (droit d'), 841.
Election de domicile, 6920.
Electro-sémaphore, 1822.
Elément intentionnel, 1963.
Emargement, 4094, 5343.
Emballage, 2763, 2777, 2851, 2852, 2904, 2905, 2962, 2963, 3358, 3399, 3693, 3786, 3790, 3811.
Emballeur, 3144.
Embarcadère, 1225, 4917, 5122.
Embranchement, 130, 374, 397, 486, 992 et s., 1868, 2061, 2636 et s., 3065, 3091, 3099, 4784, 4802, 5517, 5713, 6142, 6198, 6513, 6541, 6582.
Embranchement industriel, 6847.
Emphythéose, 178, 182, 867.
Empierrement, 4510.
Emplacement de gare, 422, 451, 460, 666, 4691, 4702, 5642.
Emploi des fonds, 5588.
Employés, 2360, 2423, 2450, 2452 et s., 2659, 3598, 3599, 3604, 3630, 3633, 3650, 3874, 3876, 3904, 4031, 4032, 4044, 4045, 4191, 4276, 4321, 4335, 4552, 5391, 6197, 6299, 6477.
Employés (infidélité des), 4086.
Employés (nomination des), 2296.
Employés (révocation d'), 2364, 2333, 2368 et s., 2372 et s., 2378 et s., 2387 et s., 2404, 2405, 2407 et 2408.
Employés (salaire des), 6251, 6440.
Employés des postes et télégraphes, 1491, 4807, 4829, 4854.
Employés militaires, 4358.
Employés supérieurs, 3649, 4294.
Emprise, 482, 898.
Emprisonnement, 1456, 1464.
Emprunts, 329, 452, 6614.
Encaissement, 2767, 5406.
Enceinte fortifiée, 102, 6803.
Enclanchement, 1676, 1826.
Enclos, 1217.
Encombrement, 1650, 2951 et s., 3314, 3452, 3488, 3887, 3889, 4222, 4223, 4302, 6207, 6870.
Encre en bouteilles, 2877.
Encre en fût, 2877.
Endossement, 287.
Enfant, 4208, 4234, 4270, 4316, 4318.
Enfant âgé de plus de trois ans, 1517.
Engagement, 3875.
Engrais, 2878, 2879, 2880 *bis*.
Engrais non dénommé, 2878 et s.
Enquête, 87, 117, 137, 422, 538, 668, 2193, 2363, 6247, 6509, 6544, 6564, 6761, 6781.
Enquête (commission d'), 472.
Enquête (délai de l'), 442.
Enquête (durée de l'), 119.
Enquête (prorogation d'), 145.
Enquête administrative, 130.
Enquête *de commodo* et *incommodo*, 1286.
Enquête pour la création et l'emplacement des stations, 78.
Enquête d'utilité publique, 78, 118.
Enquête nouvelle, 747.
Enquête parcellaire, 78, 422.
Enquête supplémentaire, 472.
Enregistrement, 262, 266, 388, 855, 4878.

Enregistrement (agent de l'), 1491.
Enregistrement (délai d'), 5363.
Enregistrement (formalité de l'), 5292.
Enregistrement des marchandises, 3222, 3251.
Enregistrement des colis, 3041, 3044, 3045, 3084, 3085, 3221, 6881.
Enregistrement en débet, 5305.
Entraves à la marche des convois, 1448.
Entrepositaire, 3508.
Entrepôt, 2330, 3129, 3130, 3439, 5215, 6228.
Entrepreneur, 543, 560, 612, 619, 2249, 2437 et s., 3560, 4276, 6168.
Entrepreneur de constructions, 2253.
Entrepreneur de messageries, 5441 et s.
Entreprises, 2939 et s., 4354.
Entreprise commerciale, 6253.
Entreprise de transport, 1660, 1950, 2933, 5490, 6158, 6281.
Entre-rails, 6815, 6853.
Entretien, 198, 240, 603, 971, 973, 1664, 1735, 1791, 4977, 5645, 5767, 6851.
Entretien (frais d'), 759.
Entretien (obligation d'), 5592.
Entre-voie, 710, 5102, 6562.
Enveloppe, 2852, 2895.
Enveloppe de papier, 4809.
Enveloppe de toile, 4809.
Envois collectifs, 5447.
Envois contre remboursement, 5397.
Envois successifs, 4110.
Epidémie, 1903.
Epines vinettes, 792.
Epizootie, 1903.
Epreuves, 1686.
Equipage militaire, 4744.
Equité, 2372.

Erreur, 2652, 2657, 2661, 2664, 2673, 2909, 3378, 3380, 3381, 3383, 3580, 3628 et s., 3846, 3927, 4029 et s., 4034, 4037, 4038, 4041, 4042, 4067, 4044 et s., 4052 et s., 4231, 4334, 4393, 5329, 5435.
Escalier, 881, 6592.
Escarbilles, 6856.
Escroquerie, 1524, 1533, 1547, 1592, 1599.
Espèces (expédition d'), 1062. — V. aussi *Argent, Finances*.
Essences, 2753.
Essieux, 1703, 1719, 3213, 3891, 4289.
Essieux (écartement des), 1713.
Essieux (rupture d'), 1705.
Estampille, 1729, 1733.
Etablissements dangereux, incommodes ou insalubres, 1046.
Etablissement industriel, 6782.
Etablissement national, 2312, 2317.
Etablissement public, 2312, 2314.
Etang, 5781.
Etat, 14, 2314, 2404, 2405, 2407, 2408, 2483, 3600, 3601, 3900, 4293, 4324, 5434, 5503, 5733, 6237, 6238, 6244 et s., 6792, 6911.
Etat de répartition, 308.
Etat de services, 1704.
Etat descriptif, 803, 6831.
Etat de lieux, 1364.
Etats détaillés, 5435.
Etat-major général, 4728.
Etaiement, 1139.
Etincelle, 1230.
Etiquette, 2980, 5451.
Etranger, 216, 1931, 2937, 2944, 3197, 3198, 3516, 3942, 3969, 4138, 4273.
Etudes (frais d'), 6664.
Etudes préalables, 88.
Etudes préparatoires, 6461.
Etuve, 5177.
Eviction, 6005, 6651.

Excavation, 777, 1282, 2010, 6827.
Excédant, 2995, 4345 et 4346.
Excédants disponibles, 4629.
Exceptions, 3396, 3947, 4043.
Excès de pouvoir, 465, 927, 3081, 3082, 5627, 5649, 6836.
Exemplaires (nombre des), 750.
Exemption de droits. — V. *Droits, Timbre*.
Exercice (clôture d'un), 4487.
Exercice financier, 4448.
Expéditeur, 244, 2480, 2481, 2484, 2500, 2740, 2991, 3113, 3119 et s., 3154, 3164, 336 et s., 33364, 3374 et s., 3378, 3382, 3390, 3393, 3395, 3402, 3411 et s., 3415 et s., 3422, 3424, 3428, 3430 et s., 3439, 3478, 3517 et s., 3525, 3527, 3565, 3599, 3627, 3648, 3712 et s., 3741, 3793, 3795, 3797, 3856, 3869, 3878, 3881, 3883, 3936, 3937, 3955, 3963, 3964, 3980 et s., 4011, 4035, 4049, 4059 et s., 4065, 4068, 4106, 4163, 4275, 6169.
Expédition, 2491, 2507 *bis,* 2773, 2967, 2976, 2981, 2986, 3459, 3542, 3867, 3923.
Expédition antérieure, 2813.
Expédition contre remboursement. 2508 *bis,* 2949, 3495, 5351, 5360.
Expéditions multiples, 3285.
Expédition unique, 3309 *bis*.
Experts, 6911.
Experts (nomination d'), 4152.
Expertise, 616, 617, 1364, 2990, 3523, 3527, 3689, 3710 et s., 3777 et s., 3823, 3879, 3996 et s., 4064, 4089, 4115, 4120, 4132, 5559, 5801, 6073, 6074, 6432, 6845.
Explosion, 6879.
Exploit, 5423, 6394.
Exploitation, 198, 875, 4613, 4623, 6851.
Exploitation (interruption de l'), 5595, 5620.
Exploitation (mise en), 5574, 6260.
Exploitation (réglementation de l'), 1055.
Exploitation technique, 6881.
Exportation, 2567, 2899, 4073.
Exprès, 3328, 3467 et s.
Expropriation pour cause d'utilité publique, 12, 386, 422, 473, 480, 514, 858, 862, 1178, 2272, 4653, 5264, 5759 et s., 5990, 6435.
Expropriation (délai d'), 144.
Expropriation (indemnité d'), 4709, 6058, 6119. — V. *Indemnité*.
Expropriation forcée, 845.
Extraction de matériaux, 475.
Fabricant, 5453.
Fabrique, 4888.
Factage, 373, 2076, 3540 et s., 5376, 5394.
Facteur de la gare, 5023.
Factures, 3385, 3638, 4011, 6246.
Fagots, 1270.
Faïence, 2743.
Faillite, 341, 394, 395, 849, 3437, 3439, 5616, 6667, 6933.
Fait du prince, 5590.
Fait matériel, 1963.
Fait personnel des entrepreneurs, 5774.
Famille, 4343.
Famille (voyage de), 4752.
Farine, 2885.
Fausse application, 3361.
Fausse déclaration. — V. *Déclaration*.
Fausse qualité, 1545.
Faute, 402, 2415 et s., 2424, 2426, 2434, 2440 et s., 2450, 2490, 2506, 2575, 3001, 3052, 3053, 3057, 3058, 3083, 3154, 3155, 3212, 3293, 3340, 3378, 3381, 3384, 3440, 3482, 3490, 3526, 3529, 3532, 3537, 3538, 3547, 3559, 3613, 3634, 3645, 3658, 3667, 3688, 3722, 3733, 3736 et s., 3744, 3745, 3747 et s., 3754, 3756, 3760

INDEX ALPHABÉTIQUE.

et s., 3766, 3767, 3769, 3787, 3796 et s., 3807 et s., 3854, 3878, 3881, 3882, 3967, 3971, 3990 et s., 4020, 4052, 4088, 4280, 4281, 4293, 4306, et s., 4325, 4332, 4679, 5755, 6159, 6247.

Faute commune, 2433, 3053, 3640, 3641, 4322.
Faute lourde, 3755, 3765, 3927.
Faute personnelle, 3949.
Faux billet, 1539.
Faux en écriture de commerce, 2264.
Faux nom, 1545.
Fécule, 288.
Femmes, 3385.
Fenêtre, 1237.
Fer, 5211, 5214, 6821.
Fers (vente de), 563.
Fer ouvré, 2874.
Fer rouge, 1834.
Fermentation, 3788.
Fermeture des wagons, 1722.
Fête, 685.
Feu, 1473, 1801, 1844, 6734, 6740, 6952.
Feu blanc, 1832, 1833, 1836, 1840, 1844.
Feu d'arrêt, 1811.
Feu de couleur, 1810.
Feu supplémentaires, 1855.
Feu vert, 1852, 6862.
Feuille de route, 4763, 5421.
Feuille d'expédition, 2507 *bis*, 3005, 3876, 4928, 5346, 5436.
Ficelle, 2863.
Fièvre, 5957.
Filasse, 2872.
Fils, 2866.
Fils télégraphiques, 4853, 6612.
Fin de non-recevoir, 3001, 4074 et s., 4401, 6006 et s.
Finances, 2765, 2768.
Finances (expédition de), 1061.
Finances (transport de), 5397.

Flagrant délit, 2189.
Flammèches, 1697.
Fleuves, 828.
Flottage, 763.
Flotte, 4780.
Foin, 1258, 2753.
Foire, 3229.
Fonctionnaire, 2330 *bis* et s., 4229.
Fonds de roulement, 4534, 4564, 4650.
Fonds supérieurs, 1120.
Fondateurs de sociétés, 257, 314.
Fondations, 4936.
Fontaine, 6328.
Fonte, 3912.
Force majeure, 608, 1747, 1966, 2652 et s., 2653 *bis*, 2655 *bis*, 2665, 2951 et s., 3026, 3027, 3029, 3032, 3034, 3201 et s., 3212 et s., 3293, 3314, 3376, 3485, 3488, 3490, 3595, 3596, 3652, 3659, 3660, 3683, 3716, 3720 et s., 3772, 3812, 3886, 3889, 3902, 4179, 4222, 4223, 4279, 4288, 4289, 4291, 4293. 4309, 4321, 4365, 4392, 5596, 5891. 6210, 6918.
Force obligatoire, 3161 et s., 3455, 3456, 3571, 3604, 3611, 3782, 3877, 4028.
Forêt, 1372.
Forêt nationale, 471.
Forfait, 221, 615, 626, 688, 4394, 4606, 4672, 4977, 6627.
Forges, 947, 4888, 5028, 5186.
Formalités, 3142, 3146 et s., 3423, 5304.
Forme, 2673, 3458.
Formules, 4594, 5466.
Formule imprimée, 5352.
Formule sacramentelle, 2802 et s.
Formule-type, 587.
Forum contractus, 6393.
Forum rei, 6393.
Fossés, 710, 779, 913, 925, 1097, 1116, 1241, 1319, 1413.
Fossés à chariots, 4903, 5061.

Fossés à piquer le feu, 4904, 5061.
Fouille, 1321.
Fourgon, 1577, 6717.
Fourgon à bagages, 1757.
Fourgon à messageries, 1757.
Fourgon de guerre, 1734.
Fourgon de tête, 1734.
Fournitures, 6243.
Fournitures de bois, 575.
Fournitures de matériel, 641.
Fournitures métalliques, 575.
Fourrière, 1995, 3443, 3446.
Fractionnement, 3405.
Frais, 113, 2005, 2074, 2765 et s., 2771, 3030, 3125, 3134, 3402, 3478, 3483, 3485, 3520, 4115, 6885.
Frais accessoires, 1891, 3084, 3089, 3401.
Frais d'administration, 4564.
Frais de bureau, 247.
Frais de constitution des sociétés, 4561.
Frais de contrôle, 4550.
Frais d'entretien, 6627.
Frais d'étude, 306.
Frais de manutention, 3052, 4562.
Frais de transport, 5500.
Frais généraux, 4517, 4524.
Frais négatifs, 799.
Franchise de bagages, 1074.
Franchise de transport, 4342.
Fraude, 1967, 3639, 3734, 3852, 3915 et s., 3928, 4086, 4134, 4144, 4521.
Freins, 1727, 1758, 2890, 6735, 6856, 6867.
Friperie, 2887 et 2888.
Frontière, 3340, 4803.
Fruits, 504, 3296.
Fulminate, 2750.
Fumée, 1685, 5670, 5871 et s., 5972, 6162, 6856.
Fumeurs, 1614.
Fumier, 1321.
Fusion, 5624.

Fûts, 3655, 3693, 3695 et s., 3718.
Gabarit, 716, 1724, 3052, 5052, 6587, 6779, 6855.
Gadoue, 1044.
Gage, 839.
Garages, 2420, 4689, 6030, 6572, 6779.
Garantie, 295, 594, 596, 602, 3559, 3855.
Garantie (action en), 3126, 3133, 3650, 6075.
Garantie (clause de non), 3764 et s., 3946
Garantie (décharge de), 3785.
Garantie (délai de la), 4441.
Garantie (taux de la), 4440.
Garantie d'intérêts, 29, 34, 45, 195, 262, 558, 559, 4434, 4533, 4673, 5769.
Garantie d'intérêts (limitation de la), 4444.
Garde, 1347.
Garde aiguilles, 1803.
Garde barrières, 1492, 1679, 1897, 5024.
Garde champêtre, 1920.
Garde chantier, 2423.
Garde corps, 6592.
Garde forestier, 1920.
Garde-frein, 1749, 6889.
Garde magasins, 5014.
Garde-mines, 1416, 1878, 1918, 1929, 1952, 2119.
Garde nationale, 2347.
Garde sémaphore, 5083.
Gardiens, 1427, 1672, 4870.
Gardiennage, 6744.
Gares, 422, 453, 538, 697, 876, 954, 1233, 1325, 2951 et s., 2965, 2966, 2971, 3247, 3286, 3329, 3332 et s., 3342 et s., 3437, 3452, 3501, 3511, 3550, 3552, 3570, 3572, 3575, 3576, 3584, 3708, 3843, 3887, 3924, 4079, 4181, 4302, 4333, 5545, 6241, 6430.

Gare (agrandissement de), 5194, 5653, 5823.
Gares (dépendances des). — V. *Dépendances*.
Gares (emplacement des), 442, 451, 460, 666, 4691, 4702, 5642. — V. aussi *Enquête*.
Gares (fermeture des), 3182, 3183, 3235, 3241, 3245.
Gares (indication des), 4220.
Gares (nombre des), 5643.
Gares (ouverture des), 3182, 3234, 3235, 3241, 3289, 3549.
Gares (police des), 5668, 5676.
Gare commune, 3270, 4481, 4517, 4554, 4559, 4980, 5280, 5762.
Gare d'eau, 4997, 5029.
Gare de jonction, 6558.
Gare de marchandises, 464.
Gare dénommée, 2829 et 2830.
Gares d'évitement, 692, 6556.
Gare de voyageurs, 464.
Gare expéditrice, 3414.
Gare frontière, 5418.
Gare intermédiaire, 2832, 3487 et 3488.
Gare non dénommée, 2829 et 2830.
Gaz, 5051.
Gendarmes, 1489, 4870.
Général commandant de corps d'armée, 4734.
Génie, 4744.
Gerbes, 1263.
Glaces, 1710, 6592.
Glycérine, 2750.
Graisse, 5211.
Grande remise, 4940.
Grandes routes, 17.
Grande vitesse, 2621, 2622, 2798, 3071 et s., 3178, 3179, 3186, 3189, 3243, 3329, 3350, 3442, 3540, 3592, 3864, 3867, 3905, 4078, 4612, 4749, 4879, 5130, 5370, 5444, 5533.
Grande voirie, 368, 873, 1003, 5685.
Grand voyer, 742, 6031.

Gratification, 4619, 4735, 5482.
Gratuité, 2290.
Greffe, 1928.
Greniers, 5173.
Grilles, 5118.
Grosses réparations, 5152.
Group d'argent, 3681, 4007, 4241 et s. — V. *Finances*.
Groupage, 2508, 2787, 3035, 3038, 3039, 3041, 3042, 5428, 5441, 5499.
Groupage couvert, 3036, 3040, 3043, 5469.
Groupage à découvert, 3036, 5470.
Grues, 5055, 5764 *bis*.
Grues à pivot, 4928.
Grues hydrauliques, 722, 5545.
Grues *Nepveu*, 5055.
Grue roulante, 2892.
Guadeloupe, 4137.
Guérites, 5173.
Guérites d'aiguilleurs, 4924, 5116.
Guerre, 2215, 3027, 3181, 3201 et s., 3489, 3490, 3503, 3632, 3756 et s., 3839 et s., 4145, 4164, 4306, 4309, 6241.
Guerre (état de), 6457 et s.
Guerre (ministère de la), 4792.
Guichet, 4215.
Guichet (fermeture du), 4338.
Guidon, 1810, 1832.
Guidon vert, 1835.
Guipures, 2856.
Habits, 2887.
Habitants (nombre des), 100.
Hachettes, 2889.
Haies, 782, 908, 1135, 1238, 5829, 6584.
Haie d'épines, 1353, 1373.
Haie sèche, 1370.
Haie vive, 1367.
Halage, 765, 2276.
Halles, 448, 3301, 4689, 6564, 6779, 6825.
Halles aux marchandises, 1391, 4909, 4943, 5042, 5161, 5188.

INDEX ALPHABÉTIQUE.

Halles centrales, 3297.
Halle couverte, 5031.
Halles internationales, 4918, 5033, 5159.
Hangar, 884, 1269, 5026, 5163, 5186.
Hauteur sous clef, 718.
Herbes, 1260.
Héritier, 4317.
Heure, 3223, 3224, 3236, 3237, 3240, 3245, 3289, 3290, 3296, 3303, 3304, 3578, 3579, 3857, 3862, 3865, 3866.
Heure de départ, 6, 4814.
Heure fixe, 3221 *bis,* 3232.
Heures réglementaires, 3556 et s.
Homme d'équipe, 2451, 5018, 5140.
Homologation, 259, 289, 317, 367, 1072, 2540, 2552, 2572, 2669, 3084, 3143, 3907, 4038, 4194 et s., 5732, 6178, 6600, 6894.
Hôpitaux, 6488.
Horloges, 3185.
Horlogerie, 2861, 3670.
Hôtel, 358, 4225, 4506.
Hôtelier, 1649.
Houilles, 3050, 4016, 5209.
Huile, 2751, 3810, 3826, 5209, 5211.
Huissier, 3991.
Humidité, 3502, 5966.
Hydraulique agricole, 538.
Hypothèques, 182, 830, 869, 6942.
Identité, 3372, 3384.
Ignorance, 4087.
Immatriculation, 4755.
Immeuble, 6121.
Immeuble par destination, 946.
Immunités, 198.
Impôts, 949, 4551, 6223.
Impôt (calcul de l'), 4956.
Impôt (quotité de l'), 5521.
Impôt des portes et fenêtres, 4878.
Impôt des patentes.—V. *Patentes.*
Impôt du dixième, 5515, 5530.
Impôt foncier, 852, 4878, 4883 et s.
— V. aussi *Contributions.*

Impôt sur le prix des transports, 5511.
Impôt sur le revenu, 4879.
Impôt sur les voitures, 5243.
Imprescriptibilité, 869.
Impression, 6128.
Imprévoyance, 3912.
Imprudence, 1464, 2444, 3625, 4391, 6220. — V. *Négligence.*
Imputation, 4602.
Incendie, 1230, 1275, 1473, 1505, 1701, 1720, 3564, 3716, 3731 et s., 3747 et s., 3755, 3775, 3833, 3834, 5884, 6863, 6879.
Indemnité, 242, 564, 743, 1191, 1207, 1290, 2377, 2396, 2397, 2401 et s., 2419, 3076, 3598, 4619, 5289, 6079, 6451, 6671.
Indemnité (étendue de l'), 3668.
Indemnité annuelle, 6099.
Indemnité de dépossession, 536.
Indemnité de logement, 6488.
Indemnité d'équipement, 6484.
Indemnité d'expropriation, 4709, 6058, 6119.
Indemnité préalable, 1295.
Indicateurs de bifurcation, 1839, 1846.
Indigents, 4272, 4273, 4872.
Indu (répétition de l'), 3987, 4054, 4360.
Industrie. — V. *Liberté.*
Infiltration, 581.
Infrastructure, 36, 57, 98, 642, 4408, 4409, 4621.
Ingénieur, 542, 556, 573, 1952, 3067, 4276, 4294, 4300, 5085, 6435, 6461, 6466, 6471, 6477.
Ingénieur des mines, 106, 1416, 1690, 1876, 1918, 2119, 2146.
Ingénieur des ponts et chaussées, 106, 441, 1416, 1876, 1918, 2119.
Ingénieur du contrôle, 443 et s., 764.
Ingénieur en chef, 116, 616, 617, 697, 6542.

Ingénieurs en chef régionaux, 2141.
Injures, 1045, 2326, 2336.
Inondation, 2215, 3027, 3201, 3210, 3735 et s., 3846, 3896, 5786, 5896, 5928, 6039, 6326.
Inscription de faux, 1942.
Insertion, 1542.
Insignes, 1489.
Inspecteur de la traction, 5086.
Inspecteur de l'exploitation commerciale, 2152.
Inspecteur des finances, 2115, 4605.
Inspecteur des ponts et chaussées, 1184, 2133, 6636.
Inspecteur général, 116.
Inspecteur général des chemins de fer, 2157, 2198.
Inspecteur général des ponts et chaussées, 2133.
Inspecteur général du contrôle, 697, 2137, 2158.
Inspecteur-ingénieur, 6612.
Inspecteur particulier, 2156.
Inspecteur principal, 2156.
Inspecteur technique, 2123.
Inspecteur télégraphique, 4854.
Instructions, 2814, 3414, 3419, 6781.
Instructions nouvelles, 2499, 2500, 2981.
Instruments, 2791.
Insuffisance d'exploitation, 4526, 4560, 4593.
Insurrection, 3902.
Intendance militaire, 6486.
Intendant, 4728.
Intention, 1967.
Intercommunications, 1724, 1769.
Intérêts, 341, 384, 558, 3962, 4420, 6625. — V. *Garantie d'intérêts*.
Intérêts (paiement des), 5588.
Intérêt local. — V. *Chemin de fer*.
Intermédiaire, 3040.

Interprétation, 2063, 2639 et s., 2652 et s., 2672, 2676 *bis*, 2850, 3776, 3925, 4021, 4792, 5679, 5699, 6124, 6166 et s., 6177, 6283, 6336, 6355, 6844. — V. aussi *Marché de travaux publics*.
Interprétation (pouvoir d'), 6103.
Interprétation des actes administratifs, 232 et s., 5692.
Interprétation du cahier des charges, 232 et s., 6932 et 6933.
Interprète, 4727.
Interruption de service, 4163 et 4164.
Intervention, 869, 1990, 1991, 2000.
Intuitus personæ, 388.
Invasion, 3201, 3756, 3899.
Inventaire, 6453.
Itinéraire, 6, 3000, 3001, 4047, 4764, 6596.
Ivresse, 1622, 2454, 6878.
Jardins, 944, 5102.
Jet, 1230, 1474.
Jet de pierre, 1478.
Jeu, 295 et s.
Jour, 736, 981, 1237, 1298, 1329, 3857, 3870.
Jour (privation de), 5961.
Jour férié, 3241, 3307, 3451, 3579, 4122, 4123, 4244.
Jour franc, 3240.
Journaux, 1542, 4838, 6128.
Juge-commissaire, 394.
Juge de paix, 4005, 6221, 6251, 6269 et s.
Juge d'instruction, 1920.
Jugement, 2983.
Jugement (affichage du), 1559.
Jugement par défaut, 3480.
Jurés (convocation des), 476.
Juridiction, 2346. — V. *Privilège*.
Juridiction administrative, 381.
Jury d'expropriation, 968, 5999, 6124, 6304, 6346, 6350, 6355, 6671.

Jury d'expropriation (formation du), 478.
Jury d'expropriation (pouvoirs du), 6310.
Justification, 4556, 4596, 4641.
Kilométrage, 100.
Lanterne, 1337, 1801, 1812, 1832.
Laissé pour compte, 3690, 3691, 3885, 4019, 4366.
Latrines, 5025.
Légendes, 680.
Légumes, 2869.
Lettre, 1025, 4122 et s., 4841, 6611.
Lettre d'avis, 3312, 3315 et s., 3368, 3381, 3382, 3384, 3449, 3451, 3462 et s., 3476, 3481.
Lettre de voiture, 1606, 2487 et s., 2494, 2499, 2501, 2503, 2656, 3127, 3373, 3656, 3657, 3680, 3687, 3857, 4030, 4058, 4090, 4879, 5345, 5472, 6265.
Lettre de voiture (date de la), 2489.
Lettre ministérielle, 2547.
Lettre recommandée, 4122, 4124 et s.
Levée des boîtes, 6612.
Lever du soleil, 6862.
Lézardes, 5971.
Liberté du commerce et de l'industrie, 348, 1070, 1083, 1643, 3558.
Librairie, 366.
Lieu de destination, 6403.
Lieu de paiement, 6374, 6379.
Lieu d'expédition, 6403.
Lieux habités, 6584.
Lieux publics, 2327.
Lignes, 5712.
Ligne (ouverture de la), 252, 2651.
Ligne à double voie. — V. *Double voie.*
Ligne à voie unique, 1822.
Lignes différentes, 3267.
Ligne d'intérêt local. — V. *Chemin de fer.*
Lignes électriques, 591.
Lignes en communication, 1799.
Lignes inexploitées, 5572.
Ligne télégraphique, 4853.
Lingerie, 2888, 2891.
Liquidation, 295, 4460.
Liquide, 3655.
Lithographies, 2858, 3674.
Livraison, 595, 635, 2268, 2491, 2504, 2773, 2960, 3187 et s., 3195 et s., 3223, 3224, 3308 et s., 3312, 3313, 3321, 3373, 3395, 3420, 3421, 3481, 3489, 3511, 3573 et s., 3588, 3613, 3647, 3686, 3689, 3704, 3728, 3729, 3731, 3733, 3865, 3867, 3947, 3952, 3953, 3996, 4040, 4055, 4096, 4106, 4163, 6374.
Livraison (délai de), 3286 et s.
Livraison (lieu de), 6374.
Livraison (refus de), 3407 et s.
Livraisons échelonnées, 3311.
Livraison effective, 4095.
Livraison partielle, 3379.
Livraison unique, 3309 *bis* et 3310.
Livres, 371, 4632, 5336.
Livres de commerce, 2264.
Livre d'entrées, 3044 et 3045.
Livre de sorties, 4094.
Livret militaire, 4766.
Locataire, 6140.
Location, 884, 4562. — V. *Bail; Louage.*
Locomobiles, 2742, 4032.
Locomotives, 31, 697, 936, 1684, 1733, 2834, 3214, 4289, 4562, 4940.
— V. aussi *Machines.*
Locomotives (chauffage des), 1041.
Locomotives (départ spontané des), 1695.
Locomotives (fumée des). — V. *Fumée.*
Locomotives (grilles des), 1697.
Locomotives (largeur des), 6810.
Locomotives (nombre des), 1761.
Locomotive (place sur la), 1759, 1876.
Locomotives routières, 1687, 6943.

Logement, 2185, 2372.
Logement des employés, 537, 4941, 5007.
Logement des piqueurs de la voie, 5022.
Logement d'ouvrier, 4505.
Logement des facteurs, 5078.
Loi, 130, 280, 5549, 6513, 6673.
Loi de finances, 6616.
Loqueteau, 1723.
Lots, 615.
Louage de services, 65, 2366, 2367, 2394, 2400 et s., 6441.
Louage de wagon, 5445.
Louage d'industrie, 5280.
Louage d'ouvrage, 614, 6155.
Lumière (privation de), 5960. — V. aussi *Jour*.
Machines, 1684, 2443, 2892, 6856.
— V. aussi *Locomotives*.
Machines à feu, 1258.
Machines à vapeur, 4947.
Machines de renfort, 1760.
Machines de réserve, 1879.
Machines de secours, 1879.
Machines élévatoires, 4939.
Machines fixes, 5545.
Machines isolées, 1853.
Magasins, 1233, 3298, 3437, 3778, 4099, 4884, 5026, 5169.
Magasins de bagages, 4943.
Magasins généraux, 4111.
Magasin public, 3498 et 3499.
Magasinage, 3066, 3084, 3157, 3320, 3355, 3408, 3409, 3417, 3442 et s., 3525, 3563, 3737, 4115, 4351, 6743.
Magasinage (droits de), 6188.
Magistrat, 4229.
Maires, 761, 1489, 1920, 1945, 4005, 4664, 6778.
Maire (pouvoirs du), 1043.
Main armée, 4392.
Main-d'œuvre, 4513, 6248.
Mainmorte, 850, 4878, 5158, 5189 et s., 6644. — V. *Taxe*.

Maison de commerce, 4363 et 4364.
Maisons de garde, 36, 98, 585, 597, 680, 744, 4409, 4945, 5545, 6570.
Maître, 2411.
Maîtres de poste, 416, 420.
Maîtres d'hôtel, 1031.
Maîtres ouvriers, 4728.
Major général, 6465.
Malfaçons, 607.
Malles-postes, 4825, 4830.
Mandat, 297, 618, 2451, 2497, 3008, 3341, 3387, 3882, 4627.
Mandat général, 3341.
Mandat spécial, 3341.
Mandataire, 3054, 3148, 3367 et s., 3409, 4069, 4102, 4106, 4116, 4215.
Mandatement des dépenses, 2142.
Manipulation, 3620.
Manœuvres, 1779, 2445, 6731.
Manœuvres frauduleuses, 1550.
Manœuvres prohibées, 2430 et 2431.
Manquants, 3379, 3953, 4090, 4099, 4157.
Manufactures, 2748, 4888, 5156.
Manutention, 3081 et s., 3086 et s., 3100, 3582, 3623, 4341.
Marbres, 2743.
Marchand de bois, 4929.
Marchandises, 2576, 2678, 2857 *bis*, 3215, 3238, 3522, 6418.
Marchandises (chargement des), 5674.
Marchandises (congélation des), 3740.
Marchandises (corruption des), 3528.
Marchandises (décomposition des), 3219, 3232.
Marchandises (dépérissement des), 3246.
Marchandises (désignation des), 2678.
Marchandises (détérioration des), 3219, 3415, 3521, 3528, 3538, 3911.

INDEX ALPHABÉTIQUE.

Marchandises (enlèvement des), 3046.
Marchandises (expédition des), 3046 et s.
Marchandises (garde des), 3453, 3485.
Marchandises (identité des), 4025.
Marchandises (nature des), 2679.
Marchandises (perte de), 3626, 3658, 3776, 3935, 3990, 3992, 3996, 4075, 4134, 4135, 4139, 4184.
Marchandises (poids des), 2746 et s.
Marchandises (réception des), 2945 et s., 3184, 3187, 3308 et s., 3954, 4074, 4079, 4085, 4094, 4096.
Marchandises (refus des), 2945 et s., 3189, 3379, 3479, 3518, 3519, 3580, 3869.
Marchandises (remise de), 3651.
Marchandises (retour des), 3417 et 3418.
Marchandises (soins donnés aux), 3824, 3912.
Marchandises (substitution des), 4108.
Marchandises (transport des), 8, 1060.
Marchandises (valeur des), 3494. 3914.
Marchandises avariées, 2964, 3523.
Marchandises dangereuses, 2749, 2756 et 2757.
Marche (mise en), 6733.
Marche des trains, 1889, 1890, 4814, 6596.
Marchepieds, 722.
Marché, 3229, 3292, 3297 et s., 3300 et s., 3922, 5609.
Marché à terme, 304.
Marché d'acquisition de terrain, 5264.
Marché de fournitures d'impressions, 2269.
Marchés de travaux publics, 5278, 5658, 5677, 6146, 6930 et 6931.
Marchés de travaux publics (interprétation des), 5709.
Marée, 3170, 3226, 3291, 3873.
Margelle, 721.
Marins, 4715, 6809.
Marques, 5451.
Marquise, 4917.
Martinique, 4137.
Masses indivisibles, 2740 et s., 4032.
Massiaux d'acier, 2893.
Matériel, 950, 2958, 2959, 3213, 3436, 3620, 3622, 3847 bis, 3849, 3900, 4288, 4304, 4613, 4759, 5205, 5547, 5712, 6142, 6248, 6449, 6453.
Matériel (augmentation du), 3548.
Matériel (construction du), 5669.
Matériel (dépréciation du), 4558.
Matériel (entretien du), 3890.
Matériel (extraction du), 1213.
Matériel (insuffisance du), 3888, 4017.
Matériel (renouvellement du), 4558.
Matériel (revente du), 4564.
Matériel (transport du), 4779.
Matériel (usure du), 4558.
Matériel de la voie courante, 586.
Matériel d'exploitation, 1735.
Matériel fixe, 586, 941.
Matériel militaire ou naval, 4609, 4715.
Matériel roulant, 36, 945, 959, 1730, 3093, 4517, 4554, 5115, 5221, 5547, 5607, 6559, 6881.
Matériel roulant (largeur du), 6559.
Matière commerciale, 3327, 3991.
Matières dangereuses, 1509.
Matières explosibles, 1505, 2076, 2749.
Matières infectes, 1903, 2758.
Matières inflammables, 1258, 1505, 2076, 2749.
Matières précieuses, 2760 et 2761.
Matières premières, 586, 5215.
Mauvaise foi, 4072, 4393.

INDEX ALPHABÉTIQUE.

Mécanicien, 683, 1496, 1499, 1502, 1701, 1749, 1751, 1867, 2256, 2442, 5011, 6857, 6889.
Mécanisme, 1343.
Mèches pour mines, 1508.
Médecin inspecteur, 4728.
Médicaments, 1900, 6873.
Mémoire, 433, 4838, 5323, 6780, 6807.
Mémoire descriptif, 95.
Mémoire explicatif, 6772.
Menace, 1456.
Menaces conditionnelles, 1456.
Menaces verbales, 1460.
Mendicité, 1045.
Mercerie, 3671.
Mercure, 2762.
Messageries, 2795 et s., 4256, 6107.
Mesures conservatrices, 5586.
Mesures préparatoires, 6456 et s.
Mesures provisoires, 5618.
Meubles, 2748, 2871 *bis*, 3429.
Meules, 1263.
Meules de paille, 1258.
Militaire, 4208, 4592, 4715, 6609.
Militaires isolés, 4719 et s., 4772.
Militaires voyageant en corps, 4777.
Mines, 13, 776, 1092, 1153, 1154, 1186, 2923, 5993, 6575, 6826.
Mines (coups de), 1173.
Mines (interdiction d'exploitation des), 1176, 5918, 5992.
Mineur, 1984.
Minières, 1153, 1154, 1163.
Minimum des trains (nombre du), 6780.
Ministère public, 1920.
Ministre, 2781, 5688, 5699, 6582.
Ministre de l'Agriculture, 538.
Ministre de la Guerre, 7, 435, 4714, 6467, 6476, 6490.
Ministre de l'Intérieur, 7, 4866.
Ministre des Finances, 329, 506, 564, 4600, 4897, 5602.
Ministre des Postes et Télégraphes, 4814.
Ministre des Travaux publics, 7, 251, 332, 443, 538, 753, 2067, 4194 et s., 4814.
Mise à prix, 6690.
Mise en demeure, 658, 4149, 5604, 6687.
Mise en exploitation, 5574, 6260.
Mise en service, 1704.
Mise en vente, 2330.
Mitoyenneté, 1315.
Mobilier, 960, 2848.
Mobilier des gares, 4561, 4619, 5547, 6669.
Mobilisation, 4728, 6492.
Moëllons, 5207.
Monnaies, 2764, 4213, 5380.
Monopole, 364, 410, 1637, 1659, 3147, 3149, 3151, 3153, 3158, 4394.
Montres, 3185, 3670.
Moteur, 6717.
Moteurs mécaniques, 6757.
Motifs, 3726, 3860 et s.
Motifs de jugement, 4018.
Motifs insuffisants, 3726.
Motifs légitimes, 2947, 2950.
Moulins, 4888.
Moutons, 2785 et 2786.
Moyens de communication (rétablissement des), 727.
Moyen nouveau, 4026.
Mulets, 2785.
Munitions, 1508, 4797.
Murette, 4510.
Mur, 782, 6289, 6584.
Murs de clôture, 5117.
Mur d'enceinte, 5004.
Mur de soutènement, 4935, 5119.
Musiciens gagistes, 4728 *bis*.
Mutation, 4640.
Mutation (droit de), 848.
Mutation de cote, 4953 et 4954.
Nantissement, 296, 3403.
Nationalité, 2308.
Naufrage, 3944.
Navigation, 411, 2014.

Navigation (interruption de la), 763.
Navigation (service de la), 5959.
Négligence, 1464, 2427, 3764, 3803, 3815, 3841, 3893, 3904, 4296, 4303, 4325, 4327, 6220. — V. *Imprudence*.
Négociant, 2484, 5359.
Neige, 3211, 3848.
Neiges (amoncellement des), 1698.
Nitrate de soude, 2752.
Niveau d'eau, 1689.
Niveau moyen, 433.
Nivellement, 95, 6214.
Noir animal, 2758.
Noisettes, 2894.
Noix, 2894.
Non bis in idem, 6097.
Non-commerçant, 6236, 6265, 6295.
Notes d'expédition, 2816.
Notification, 595, 639, 2558, 4099, 6920.
Nouveau réseau, 46.
Nouveautés, 3673.
Noyaux concassés, 2894.
Nullité, 315, 402, 3167, 3423, 3431, 5728, 6408.
Nullité d'ordre public, 301.
Numéraire, 327.
Numéro des trains, 1734.
Numéro d'ordre, 1704, 3111.
Objets abandonnés, 3507, 4400, 5341, 5672, 6187.
Objets d'art, 2762, 2855, 3676.
Objets dorés, 2853.
Objets égarés, 3533, 3554, 3539.
Objets encombrants, 2871 *bis*.
Objets manufacturés, 2870, 2871, 2910.
Objets mobiliers, 5547, 6649. — V. aussi *Mobilier*.
Objets non réclamés, 6188.
Objets ouvrés, 2870.
Objets perdus, 1912, 3500, 3758, 4400.
Objets plaqués, 2853.
Objets précieux, 2763.
Obligataire, 839.
Obligation, 262, 329, 2625, 2860, 3496, 3524, 3541, 3543, 3545, 4510, 5299, 5585, 6134, 6288, 6666.
Obligations (prix moyen des), 4431.
Obligations (remboursement des), 5589.
Obligation conventionnelle, 228.
Obligation facultative, 271.
Obligation indéterminée, 6154.
Obligation naturelle, 295.
Obstacle à la circulation, 1448.
Occupation, 633.
Occupation de terrains, 93, 5738 et s.
Occupation temporaire, 78, 879, 1122 et s., 5268, 6062, 6217.
Octroi, 239, 3119 et s., 3128, 3339, 3541, 3565, 3566, 3582, 3734, 4850, 4878, 5069.
Octroi (permission de l'), 5208.
Odeurs incommodes, 1903, 1041, 2758, 6878.
Officier, 4773.
Officier de gendarmerie, 1920.
Officier de police judiciaire, 1491, 1951, 2341.
Officier général, 4728, 6464, 6465.
Officier ministériel, 3536.
Officier supérieur, 6461, 6464, 6471.
Offres légales, 78.
Omission, 5329, 5435.
Omnibus, 1029, 1059, 1631 et s., 1637, 2076, 4987, 6938, 6940.
Opposition, 561, 1999, 2773, 6668.
Or, 2760, 2761, 3672, 4185, 4260. — V. aussi *Argent, Finances, Group d'argent, Objets précieux*.
Ordonnance, 3535, 4627, 4740, 6596.
Ordonnance du juge, 3689.
Ordonnance royale, 130.
Ordre, 2497, 2503.

Ordre de l'autorité, 1067.
Ordre de route, 4764.
Ordre de service, 1036, 3070.
Ordre nouveau, 2498.
Ordre public, 1244, 2403, 2669, 6176, 6383, 6384.
Oreillers, 5382.
Orfèvre, 4387.
Outils, 1881, 6873. — V. aussi *Instrument*.
Outils non dénommés, 2889.
Outillage, 959, 5048.
Outillage (achat d'), 5147.
Outillage des ateliers, 5547.
Outrage public à la pudeur, 2328.
Ouvrages, 6083.
Ouvrages (construction d'), 6079.
Ouvrages (démolition d'), 6079.
Ouvrages (emplacement des), 5749.
Ouvrages (suppression d'), 2033.
Ouvrages d'art, 98, 584, 595, 692, 697, 716, 918, 1319, 4406, 4409, 5064, 5645, 5767, 6779, 6881.
Ouvrages d'art (conservation des), 1001.
Ouvrages de raccordement, 1670.
Ouvrages provisoires, 763.
Ouvrier, 2415, 2434, 2437, 4265, 5091, 5727, 6298, 6477.
Ouvriers selliers, 4728.
Paiement, 3119 et s., 3393, 3396, 3397, 4054, 4074, 4094, 4157, 6668.
Pailles, 2753.
Paliers, 717, 722.
Palissades, 911, 1371, 5829.
Paniers, 3125, 3126, 3801.
l'apeterie, 2858, 2895, 3674.
Papier, 2852, 2895, 2897, 4837.
Papiers (perte de), 4376.
Papier à cigarettes, 2896.
Papier de dimension, 5354.
Paquet, 4837.
Parapets, 718, 720, 6567, 6572.
Paraphe, 1910.
Parcs aux wagons, 5060.

Parcs de la voie, 4913.
Parcours, 1525, 3019, 3020, 3028.
Parcours (abréviation du), 1584, 4249 et 4250.
Parcours (allongement du), 1526 et s., 3003 et s., 3013 et s., 3031 et s., 4248, 4250.
Parcours déterminé, 2833, 2834, 3935.
Parcours gratuit, 6607.
Parcours sans billet, 1557.
Parcours sur plusieurs réseaux, 5378.
Pari, 296.
Paris (ville de), 3296 et s., 3301 et s.
Partage de bénéfices, 2155, 4427, 4463.
Parties civiles, 2007.
Parties courbes, 433, 6813.
Parties droites, 433, 6113.
Passage, 1291, 1333, 6283.
Passages à niveau, 36, 98, 433, 503, 519, 589, 680, 697, 729, 758, 1337, 1371, 1678, 2077, 2129, 4409, 5216, 5829, 5951, 5991, 6138, 6584, 6586.
Passages à niveau (barrières des), 739.
Passage sous rail, 433, 5799.
Passage sur rail, 433, 756.
Passavants, 3110, 3123.
Passementeries, 2859, 3672.
Passerelle, 741.
Passif, 4619.
Patente, 4193, 4878, 4962 et s.
Patente (exemption de la), 4972.
Pâtres, 1347.
Pavage, 98, 589, 1348, 4409, 4610, 4878, 5234, 6814.
Pavage (taxe de), 856.
Pays étrangers, 5458, 5459, 5461, 5475.
Péage, 385, 835, 4196, 5513, 6540, 6581.
Peine, 221.
Peine (maximum de la), 1466.

Peine (minimum de la), 1466.
Peine de mort, 1451.
Pensions de retraite.—V. *Retraite*.
Pente, 433, 712, 4828.
Perception à l'abonnement, 5525.
Perception à l'effectif, 5525.
Perceptions illicites, 3559.
Père, 1347.
Père naturel, 4319.
Péremption, 146, 3141.
Péril imminent, 1177, 1264.
Permis de circulation, 1544, 4275, 6856.
Permission, 4715.
Permission de bâtir, 1101, 1110.
Permission de voirie, 676.
Permission militaire, 1552.
Personne incertaine, 219.
Personne morale, 279.
Personnel, 4017, 6448, 6462, 6466, 6470, 6477 et s.
Personnel naviguant de la marine, 4729.
Perte, 2780, 3140, 4109, 4110, 4619, 6418, 6917. — V. aussi *Bagages*.
Perte d'accès, 5954. — V. *Accès*.
Pesage, 2986, 2987, 2992, 2993, 3060, 3084, 3104 et s., 3134, 3357, 3781, 3814, 4340.
Pesage extraordinaire, 2989 et s., 3105 et s.
Pesage particulier, 2995.
Pétard, 1812, 1832, 1837.
Petite vitesse, 2621, 2622, 3075, 3088, 3178, 3179, 3186, 3190, 3238 et s., 3329, 3330, 3444, 3540, 3905, 4078, 4612, 4879, 5392, 5540, 6604.
Petite voirie, 1039.
Petits colis, 3073, 3217, 3592, 3682.
Pétrole, 2751, 3564.
Pharmacien-inspecteur, 4728.
Photographies, 2896, 4260.
Pièces, 256, 3112, 3132, 3141.
Pièces comptables, 2806, 4588.
Pièces d'administration, 5398.

Pièces de dépense, 5336.
Pièces de recette, 5336.
Pièces régulières, 4145.
Pieds-droits, 721, 6573.
Pierres, 1450.
Pierres brutes, 3829.
Pierres façonnées, 3829.
Pieux, 5913.
Pillage, 1454, 3759 et s.
Pilotage, 2276.
Pilotage (frais de), 5746.
Piqueurs, 1416, 4300.
Piqueurs assermentés, 1929.
Pistons creux, 1693.
Placards, 2560.
Places, 942, 4182 et 4183.
Places (dimension des), 1051.
Places (nombre des), 1711, 1731, 1744.
Places (prix des), 4196 et s.
Places de guerre, 4803.
Places de luxe, 4207 et s., 4261, 5321.
Place inoccupée, 4236.
Place marquée, 4235.
Plaintes, 1036, 1908.
Plan, 6772, 6774.
Plan cadastral, 803, 6831.
Plan général, 433, 6779, 6807.
Plan incliné, 1784.
Plan parcellaire, 466, 647.
Plantations, 1092, 1135, 1273, 1353, 6797.
Plantations (distance des), 1138.
Plantations (suppression de), 1290, 2033.
Plaque, 1077, 1689.
Plaque indicative, 1734.
Plaque tournante, 588, 4902, 4912, 4931, 5044, 5113, 5216, 5545.
Plaqués, 2762.
Plateau, 2744.
Plate-forme, 583, 604, 1730, 4866, 6503, 6779, 6814.
Platine, 2760, 2854.

INDEX ALPHABÉTIQUE.   xxxiij

Plombs, 2763, 2902, 3135 et s., 3156.
Plus-value, 5944.
Poids, 2774, 2775, 2782, 2993 et s., 3039, 3051, 3175, 3176, 3357, 3653 et s., 3687, 4822, 6580.
Poids et mesures (vérification des), 2989.
Poinçon, 1704.
Poisson, 3226 et s., 3292, 3875.
Police, 39, 68, 1001, 1446, 2167, 5303, 6874.
Police (règlement de), 226.
Police des gares, 2075.
Police des-ports, 6742.
Police du roulage, 1639, 6954.
Pollicitation, 219.
Pommes de terre, 3730.
Pompe à incendie, 5173.
Ponceaux, 683, 1333.
Pont, 414, 683, 763, 917, 5659, 5764 bis, 5765, 5784, 6087, 6733.
Pont (rupture d'un), 2667.
Pont (suppression d'un), 6215.
Pont à bascule, 5911.
Pont à péage, 242, 414 ter, 5967.
Ponts métalliques, 706.
Ponts mobiles, 5940.
Pont-viaduc, 414.
Pontonnier, 4744.
Porcs, 2786.
Port, 3795.
Port payé, 3438, 4059 et s., 4120 et 4121.
Port maritime ou fluvial, 22.
Port sec, 2648, 3638.
Porte charretière, 5167, 6817.
Portes et fenêtres, 5155 et s., 5172. — V. *Impôt*.
Porteur, 3373, 4350.
Portières, 1723.
Portillon, 1679.
Pose de la voie, 36, 98, 4409.
Possession, 754, 866, 6115, 6121.
P oste, 4806, 6611.

Poste (abandon de), 2435 et s. — V. aussi *Mandat*.
Postes (administration des), 5735.
Postes (convois spéciaux des), 1785.
Postes (monopole des), 4845.
Postes et télégraphes, 110, 6547.
Poteaux, 4833, 5184, 6612.
Poteaux de couleur, 1813.
Poteaux kilométriques, 98, 808, 4409.
Poteries, 2898.
Poudres, 1511, 2750.
Poudres (transport de), 4797, 4801.
Poudres et salpêtres, 4727.
Poudres et salpêtres (commissaires des), 4727.
Pourvoi dans l'intérêt de la loi, 1997.
Pouvoir discrétionnaire, 742.
Pouvoir exécutif, 32, 41, 140, 6512.
Pouvoir législatif, 28, 32, 140.
Pouvoirs réglementaires, 6194.
Précautions, 2413, 2438, 2444, 4298 et 4299.
Précautions extraordinaires, 3597.
Préemption (droit de), 858.
Préfecture de police, 2041.
Préfet, 116, 157, 371, 443, 538, 854, 927, 1491, 1836, 2211, 2935, 4665, 6241, 6548, 6552, 6582, 6630, 6728, 6778, 6784, 6916.
Préfet centralisateur, 2207.
Préjudice, 1395, 3635 et s., 3889, 3885, 4286, 4287, 4357, 4361, 4372, 5776. — V. *Dommages-intérêts*.
Préjudice (calcul du), 4312.
Préjudice éventuel, 5778.
Préjudice réel, 5778.
Prélèvement, 4552.
Première classe, 1710. — V. aussi *Classe*.
Préposé, 4191.
Préposés aux contributions indirectes, 1489. — V. *Contributions*.

INDEX ALPHABÉTIQUE.

Prescription, 1916, 1961, 1981, 2931, 2932, 2943, 3397, 4055, 4092, 4134 et s., 4323.
Prescription (interruption de la), 4151 et s.
Président du tribunal, 3535.
Présomption, 2255, 3225, 3644, 3990, 3992, 4370.
Prêt du Trésor, 34, 4404.
Preuve, 2262, 2415 et s., 2440, 2441, 2485, 2486, 2489 *bis*, 2507, 2772, 3066, 3225, 3311, 3317, 3368, 3595, 3596, 3651, 3652, 3706, 3707, 3709, 3710, 3714, 3725, 3748 et s., 3752, 3766, 3767, 3777, 3780, 3789, 3796, 3800, 3801, 3808 et s., 3852, 3877, 3886, 3893, 3913, 3956, 3989 et s., 4039, 4048, 4058, 4129, 4132, 4310, 4347, 4348, 4369, 4371, 4374, 4395, 5483.
Preuve par écrit (commencement de), 2485.
Preuve testimoniale, 2255, 2485, 2486, 3066, 4006, 4007, 6236.
Prévenus, 4866.
Primes, 4619.
Prise d'eau, 717, 5053, 5782, 5833, 5838.
Privilège, 339, 340, 539, 558, 560, 563, 830, 3401 et s., 3594, 6942.
Privilège de juridiction, 2346. — V. aussi *Juridiction.*
Prix, 2489, 2492, 3396, 3406, 4094, 4268.
Prix (abaissement des), 4033.
Prix (détail des), 4057.
Prix (indication des), 4220.
Prix (réduction des), 4269 et s.
Prix (supplément de), 4244.
Prix de transport, 3002, 4879.
Prix unique, 2632, 3094, 6073.
Procès-verbaux, 107, 441, 515, 596, 680, 752, 803, 1941, 1942, 3642, 3724, 3725, 3995, 4005, 5302, 5303, 5481, 5482, 6051, 6602, 6743.

Procès-verbaux (affirmation des), 1947, 2230.
Procès-verbaux (clôture des), 1935.
Procès-verbaux (irrégularité des), 1946.
Procès-verbaux (notification des), 1940.
Procès-verbaux (réception des), 1937.
Procès-verbaux (rédaction des), 1938.
Procès-verbaux (transmission des), 1932.
Procès-verbaux de bornage, 5812.
Procès-verbaux de contravention, 1925.
Procès-verbaux de reconnaissance, 578.
Procuration en blanc, 293.
Procureur de la République, 2181.
Production, 4065.
Produits des capitaux disponibles, 4562.
Produit du domaine, 4618.
Produit net moyen, 5553.
Profil, 95, 2206, 6774.
Profil en long, 433, 6772, 6807.
Profils en travers, 431, 433, 697, 6772, 6807.
Profil en travers types, 6807.
Projets, 425, 538, 5818.
Projets (approbation des), 647, 673.
Projets (exemplaires des), 675.
Projets modifications aux), 660.
Projets (présentation des), 428.
Projets de détail, 6546.
Projet d'ensemble, 433.
Projets d'exécution, 422, 534, 6544, 6807.
Projet de terrassement, 78.
Projet de tracé, 78, 680.
Projet de traité, 268.
Projets types, 729.
Promesses, 282, 2559, 3169, 4033, 4158, 6274.

INDEX ALPHABÉTIQUE. XXXV

Propriété, 118, 174, 3363, 3421, 3422, 3425, 4347, 6109, 6150, 6288, 6325, 6942.
Propriété (démembrement de), 868, 6109.
Propriété immobilière (produit de). 4536.
Protestation, 4074, 4099, 4100, 4113.
Protestation (délai de la), 4122 et s.
Protestation (forme de la), 4125 et s.
Provocation, 1454.
Prud'homme, 1669, 2356, 4299, 6298.
Prytanée militaire, 4728 *bis*, 4735.
Publication, 118, 317, 2983, 3636.
Publicité, 262, 2543, 2570 *bis*, 2574, 3536, 3930, 6128, 6178.
Punitions, 6197.
Puits, 4510.
Puits d'aérage, 721.
Pupille, 4876.
Quais, 447, 3192, 3501, 3502, 4227, 4230, 4231, 5038, 5102, 6824.
Quais aux bestiaux, 4922.
Quais au coke, 4923.
Quais aux marchandises, 4921.
Quais aux voyageurs, 4921.
Quais découverts, 4914, 5093.
Qualification pénale, 1962.
Qualité, 3407.
Qualité pour agir, 3589, 4070, 5681 et s., 6052 et s.
Quart de place, 1551, 4714.
Quasi-contrat, 3962, 6253.
Quasi-délit, 216, 2931, 2932, 3962, 6254.
Question préjudicielle, 6319.
Quincaillerie, 2868, 3806.
Quinze-vingts, 4874.
Quittances, 4879, 5318.
Rabais, 192.
Raccordement, 126, 977, 5640.
Raccordement (travaux de), 5741.
Rachat, 40, 58, 178, 198, 376, 403, 959, 4579, 5551 et s., 6071, 6650, 6652 et s., 6915.

Rachat (calcul du prix de), 5564.
Rachat (défaut de stipulation du), 5557.
Rachat (distribution du prix de), 5581.
Rachat (causes d'ouverture du), 5556, 5561.
Rachat (prix de), 5555.
Rachat partiel, 5562.
Rails, 98, 692, 710, 715, 738, 4409, 4901, 5044, 5222, 6580.
Rails (poids des), 6822.
Rail extérieur, 1219, 1227.
Rails noyés, 6813, 6816, 6853.
Rails saillants, 6779.
Ralentissement, 1798, 1830, 6733.
Rampes, 431, 580, 712, 935, 1337, 5065.
Rampes (déclivité des), 6780.
Rampes (rehaussement des), 6016.
Rampes d'accès, 1413.
Rapport, 116, 2204.
Rapports avec le personnel, 2385, 2386, 2390, 2392, 2409, 2425, 2429, 2432, 2449, 2460, 2463, 2469.
Rapport mensuel, 2166.
Ratification, 302.
Rayon des courbes, 582.
Réadjudication, 5606.
Rébellion, 1454, 1471, 4229.
Rebroussement, 126.
Rebut, 2888.
Récépissés, 317, 2501, 2502 *bis*, 2503, 2507, 2508 *bis*, 2772, 2791, 2792, 2816, 3373 et s., 3627, 3651, 3857, 3972, 3973, 4059 et s., 4065, 4124, 4879, 5345, 5349, 5485 et s.
Récépissé (délivrance du), 2505 et 2506.
Récépissé (forme du), 5405.
Récépissé (transfert du), 2504.
Récépissé collectif, 2508.
Récépissé de souscriptions, 287.
Réception, 3380, 3707.

INDEX ALPHABÉTIQUE.

Réception définitive, 607, 695, 4118, 6577.
Réception provisoire, 695, 6829.
Recettes brutes, 6902.
Recettes effectives, 4484.
Recettes éventuelles, 4484.
Recettes kilométriques, 4559.
Receveurs, 4629, 5020, 6889.
Receveur de l'enregistrement, 5247.
Receveur-distributeur de billets, 5092.
Receveur principal, 5087.
Récidive, 1916, 1970, 1975, 5477, 5480.
Réclamation, 4153.
Réclusion, 1448.
Récolement, 749, 969.
Récoltes (dépôts de), 1261.
Reconnaissance, 4090, 4153.
Reconnaissance de titre, 5283.
Reconstruction, 1251, 1265.
Recours, 2455, 2984, 3120, 4324.
Recours dans l'intérêt de la loi, 2001.
Recours en grâce, 2075.
Recouvrement, 4625, 4636.
Rectification, 4030, 4040, 4056.
Reçu, 4879, 5343, 5358.
Recueil Chaix, 2564.
Redevance, 164, 1185, 4562, 5531, 6781, 6841, 6905.
Redressement, 3023.
Réduction d'actions, 311.
Réemballage, 3134.
Réexpédition, 2970, 3022, 3023, 3124, 3366, 3409, 3438, 3476, 3562, 4107, 5457.
Référé, 93, 6384 et s., 6289, 6424, 6428, 6435.
Refoulement, 6734.
Régie, 178, 686, 3734.
Régie (mise en), 6063.
Régie intéressée, 165.
Régie simple, 165.

Régime des eaux, 5786. — V. *Eaux*.
Registre, 117, 1704, 1762, 1882, 2264, 2915, 3044, 3127, 3308, 4008 et s., 4284, 4588, 4632, 5336, 5343, 5359, 6631, 6785, 6887.
Registres (communication de), 3631.
Registre à souche, 5371, 5411.
Registre de factage, 5462, 5467, 5473, 5484.
Registre de réception, 4967.
Registre de réclamation, 1907.
Registre des dépenses et des recettes, 2151.
Registre d'essieux, 1719.
Registre d'expédition, 4967.
Règlement, 2063, 2381, 2382, 2384, 2398, 2399, 2430, 2431, 3067, 4298, 4311, 4325, 6246.
Règlement amiable, 4060.
Règlement d'administration publique, 985, 1014.
Règlement de service, 2058.
Règlements de service intérieur, 6883.
Réglementation, 4175.
Réhabilitation, 2350.
Relaxe, 2002.
Remblai, 437, 1219, 1254, 1272.
Remboursement, 2768 et s., 2778, 3324, 3391, 3430, 3432, 3433, 4331, 4375.
Remboursement (expédition contre), 2508 *bis*, 2949, 3495, 5351, 5360.
Remisage des wagons, 5030.
Remise, 78, 3225, 5026, 5046, 5079, 5545.
Remise (procès-verbal de), 955.
Remise au bois, 4929.
Remise aux locomotives, 5180.
Remise de sciage, 4929.
Remise en gare, 921.
Remorquage, 2276.
Rémunération, 3587, 3610.

Rencontres, 1036.
Renonciation, 2401 et s., 3166, 3171, 3779 et s., 4092, 4093, 4146.
Renseignements, 3628, 3633, 3874, 3876, 4031, 4044 et s.
Rentes, 431.
Rentes sur l'Etat, 327, 4628, 6525.
Réparations, 1251, 1265, 1791, 3717.
Réparations d'entretien, 5152.
Répétition de l'indû, 3987, 4054, 4360. — V. *Indû.*
Reproche, 2363.
Requête, 3535, 4152.
Réquisition, 2817, 3965, 4145, 4306, 4309, 6241, 6447 et s.
Réquisition (droit de), 4835.
Réquisition (notification de la), 6447.
Réquisition militaire, 3632.
Réseau, 2849, 3085, 3243, 3248, 3251, 3275, 3281 et s., 3387, 3625, 4047, 4115.
Réseaux (changement de), 3008 et s., 3097, 3244.
Réseaux (jonction de), 2968, 3931.
Réseaux (pluralité de), 4516.
Réseaux d'intérêt général, 137.
Réseau réservé, 48.
Réserves, 3360 et s., 3408, 3477, 3686 et s., 3706, 3707, 3780, 3804 et s., 3960, 3989, 4039, 4112, 4113, 4125, 4130, 4131, 4156, 4728, 5177.
Réservoir, 516, 4905, 4948, 5049, 5179, 5545, 5838 5840.
Résidus, 2882.
Résiliation, 3547, 5612.
Résiliation (cause de), 415.
Résolution, 5587.
Responsabilité, 305, 539, 541 et s., 556, 601, 618, 626, 1444, 1497, 1515, 1721, 2410, 2411, 2426, 2429, 2499, 2506 *bis,* 2755, 2788, 2792, 2952, 2992, 3083, 3114, 3140, 3141, 3204, 3206, 3358, 3365, 3375, 3378, 3381 et s., 3418, 3454, 3560, 3561, 3595 et s., 3643, 3645, 3649, 3722, 3723, 3920, 3976, 4000, 4041, 4184, 4186, 4223, 4243, 4279 et s., 4352, 4370, 4378, 4396 et s., 6056 et s., 6238.
Responsabilité (action en), 6199.
Responsabilité contractuelle, 2416 et s., 2456 et s.
Responsabilité délictuelle, 2412, 2456, 4186, 6219.
Ressort, 6414, 6416, 6418 et 6419.
Restaurant, 1478.
Reste à payer, 2615.
Reste à recouvrer, 4638.
Restitution, 2389, 2921, 3345, 3589 et 3590.
Retard, 635, 644, 3141, 3191, 3285, 3300, 3305, 3322, 3323, 3361, 3362, 3369, 3410, 3416, 3475, 3525, 3704, 3855 et s., 3925, 3926, 3929, 3933, 3943, 4075, 4134, 4139, 4179, 4279 et s., 4330, 4357 et s., 4619, 6142, 6210.
Retenues, 2389, 5584.
Retour, 1555, 2778, 3030. — *V. Billet.*
Retrait, 959.
Retraite, 2391.
Retraite (mise à la), 2162, 2179.
Retraite (pension de), 2162, 4541.
Rétribution kilométrique, 4816.
Rétribution spéciale, 3142 et 3143.
Rétrocession, 175, 403, 5259, 6770, 6934.
Rétrocession de terrains, 533.
Réunion (Ile de la), 1087, 4137.
Réunion séditieuse, 1454.
Revendication, 3437 et s.
Revenu cadastral, 4895.
Revenu kilométrique, 6556.
Revêtements, 4510.
Révocation, 2314. — V. *Employé.*
Rideaux, 1710, 6592.
Rigoles, 710.
Risque de mer, 3080.

Riverains, 1002, 6161. — V. Servitude, Voisinage.
Rivières, 720, 5393.
Rivières navigables, 828, 1439.
Rixes, 1045.
Rôle exécutoire, 6597, 6852, 6885.
Rotonde, 5217.
Rotondes de locomotives, 5059, 5747.
Roue, 3892, 4304, 4823.
Roues (bandage des), 1708.
Roues en fonte, 1706.
Rouenneries, 2199.
Roulage, 1340, 1639, 2018. — V. Police.
Rouleaux compresseurs, 1687, 2874.
Routes, 2, 411, 5393.
Routes (changement de), 5394.
Routes communales, 412.
Routes départementales, 17, 412, 718.
Routes nationales, 412, 520, 588, 718, 6570, 6833.
Rues, 6775.
Ruolz, 2853.
Rupture, 3156, 3891. — V. Attelage, Bandage.
Sablières, 1153, 1155, 1694.
Sabre, 1897.
Sacs, 2752, 2904.
Sacs d'argent, 3681, 4007, 4241 et s. — V. Finances.
Sacs de dépêches, 6900.
Sacs vides, 3768, 3783.
Saillie, 729, 738, 1313, 1423, 6813.
Saisie, 846, 3427, 3484, 3512 et s., 5481.
Saisie-arrêt, 3420 et s., 3484, 3521.
Saisie conservatoire, 3435.
Saisie exécution, 3434, 3436.
Salaires, 4619, 5275.
Salles d'attente, 1893, 2322, 4226 et s., 4943, 5006, 5153, 5176.
Salles de bains, 5228.
Salubrité, 1041, 1157, 2758, 5959.
Santé publique, 1040.
Santé (service de), 4728.
Sapeur, 6473.
Sapins, 5105.
Savons, 2901.
Secours, 6866.
Secrétaire, 257, 310, 2305, 4613, 5073, 6630.
Section, 595, 2327, 2824, 2837, 2845, 4893, 5084.
Section de chemins de fer de campagne, 6474.
Section en rampe, 1760. — V. Rampe.
Section technique des chemins de fer, 2084.
Seine (département de la), 1038.
Sémaphores, 1839, 1844.
Séquestre, 343, 2332, 3512 et s., 5586, 5601, 5618, 5619, 5727, 6556.
Série, 2913, 2955, 3042.
Série de billets, 5314.
Série de prix, 615.
Serment, 1493, 1926, 2187, 2900.
Serre, 3825.
Service d'été, 1888.
Service d'hiver, 1888.
Service extraordinaire, 1889 et 1890.
Service facultatif, 3555.
Service militaire, 63, 2179, 6482.
Service obligatoire, 3555.
Service ordinaire, 1889 et 1890.
Serviteur, 2360.
Servitude, 840, 6112, 6698.
Servitude de passage, 5656, 6114.
Servitude d'utilité publique, 1178.
Servitude légale, 1119.
Servitude *non ædificandi*, 1220, 1239.
Siège social, 5337, 5407, 6385, 6387 et s., 6395, 6436.

Sifflets, 1770, 1812, 1856, 1870 et s., 6867.
Signature, 112, 428, 2979, 3367, 5465.
Signature (défaut de), 5474.
Signature fausse, 3382.
Signaux, 590, 697, 1496, 1776, 1804 et s., 1817, 4409, 4856, 5216, 6612, 6734. — V. *Disques, Drapeaux, Feux, Sémaphores.*
Signaux (code des), 1829.
Signaux (manœuvres des), 1817 et 1818.
Signaux (transmission des), 1789.
Signaux acoustiques, 1808.
Signaux à la main, 1810.
Signaux avertisseurs, 1677.
Signaux automatiques, 1818.
Signaux d'alarme, 1618, 1724.
Signaux d'arrêt, 1792, 1839, 1842, 2428.
Signaux de bifurcation, 1825.
Signaux de départ, 1859.
Signaux de direction, 1847.
Signaux de passage, 1825.
Signaux de position, 1847.
Signaux de queue, 1849.
Signaux de ralentissement, 1831, 1839.
Signaux de souterrain, 1825.
Signaux fixes, 1808, 1814.
Signaux indicateurs de direction des aiguilles, 1839, 1847.
Signaux mixtes, 1808.
Signaux mobiles, 1808, 1830.
Signaux optiques, 1805, 1837.
Signaux protecteurs, 1680.
Signaux ronds, 1839.
Signaux télégraphiques, 5218.
Signification, 3535, 6394, 6435, 6920.
Société, 190, 4271, 6244 et 6245.
Société (dissolution de la), 322.
Société (formation de), 5631.
Société chorale, 1553.
Société commerciale, 274, 2259, 6261.
Société en commandite, 274.
Société en nom collectif, 274.
Société par actions, 274.
Soins, 3597, 3606 et s., 3612, 3661 et s., 3566 et s., 3709, 3717 et 3718, 3745, 3840. — V. aussi *Précautions.*
Soins exceptionnels, 3610.
Soldat, 4721, 4773.
Solde, 6491.
Solidarité, 3951.
Somme d'argent, 4385.
Soudure, 879, 2835 et s., 2842 et s., 3014 et 3015.
Soumission, 256, 614, 5594, 6528, 6690.
Soumission directe, 188.
Soupape de sûreté, 1689.
Sources, 1157, 6329.
Source (captation de), 5862, 5975, 6117.
Sous-chef, 5138.
Sous-chef de gare, 2339, 5008.
Sous-commission de réseau, 6468.
Sous-concession, 5260.
Souscription, 279.
Souscription d'actions, 34, 313. — V. *Actions.*
Sous-intendant, 4728.
Sous-officiers, 4721, 4773.
Sous-préfet, 2211, 4666, 6784.
Soustraction, 3560.
Sous-traitant, 689, 2028, 2248, 3546, 3561.
Souterrain, 518, 581, 692, 721, 1784.
Souterrain (percement de), 5975.
Spéculation, 2250, 2279.
Stations, 36, 431, 443, 553, 579, 614, 697, 1325, 2965, 4254, 5545, 6564, 6584, 6779, 6825. — V. *Gares.*
Stations (emplacement des), 415, 725.

Stations (enquête des), 443.
Stations (nom des), 462.
Stations (suppression des), 461.
Stations (surface des), 460.
Stations dénommées, 4206.
Station de voiture, 6928 et 6929.
Stationnement, 1041, 1631 et s., 1645, 1782, 3115, 3473, 3474, 3486, 3488, 4050, 4281, 6732, 6741, 6746, 6816, 6876.
Stationnement prohibé, 1474.
Statistique, 2071, 4292.
Statue, 3675, 3819.
Statuts, 257, 340, 6166.
Stipulation, 2490.
Stipulation pour autrui, 2496, 3982 et s.
Strapontin, 1696.
Submersions, 6039.
Subrogation, 546, 5616.
Subsistances, 4780.
Substitution, 2497, 2498, 3386, 3966, 4024.
Subvention, 34, 171, 193, 558, 561, 3586, 4188, 4531, 4687, 5247, 5530, 5636, 5768, 6504, 6519, 6613, 6616, 6617, 6633.
Subvention (cession de), 5285, 6457.
Subvention communale, 4651.
Subvention conditionnelle, 4668.
Subvention départementale, 4651, 4706, 5770.
Subvention en argent, 262, 4426, 4661.
Subvention en terrain, 4661, 4707.
Subvention en travaux, 4405.
Subvention facultative, 4651.
Subvention kilométrique, 653, 4680, 4683.
Subvention obligatoire, 4651.
Subvention spéciale, 620.
Succession, 387.
Succursale, 6395, 6400, 6411, 6412, 6414 et s., 6441.

Sucre, 3685, 3739.
Sucre candi, 2903.
Sucre raffiné, 2903.
Suif, 5206.
Sulfate de plomb, 2902.
Superficie, 518, 826.
Superstructure, 36, 57, 98, 642, 4409, 4621, 5716.
Support, 98, 4409.
Surcharges, 5479.
Surenchère, 192, 196.
Sûretés, 5586.
Sûreté des voyageurs, 1724.
Sûreté publique, 1283, 4326.
Sursis, 6325, 6332, 6341.
Surtaxe, 2741, 2745, 2759, 2871 bis, 4956.
Surveillance, 686, 1393, 1789, 2451, 2645, 3757.
Surveillance administrative, 114, 2265.
Surveillance de la haute police, 1456.
Surveillance de la voie, 1789.
Surveillant, 1897.
Surveillant pompier, 5019, 5140.
Syndic, 3441, 5616.
Tabac, 3718.
Tableau de service, 6870.
Taillanderie, 2889.
Talon, 5372.
Talus, 916, 935, 1227, 1240, 1255, 1272, 1319, 1327, 4510, 5790.
Tampons (hauteur des), 1713.
Tampons à ressort, 1765.
Tarifs, 28, 195, 1891, 2074, 2523, 2534 bis, 2538 bis, 2550, 2560, 2567, 2621, 2622, 2630, 2636, 2649, 2653 bis, 2655 bis, 2676 bis, 2844, 2880 bis, 2881 bis, 2913, 3347, 3361, 3362, 3455, 3456, 3504, 3505, 3508, 3516, 3571, 3611, 3612, 3636, 3687, 3782, 3785, 3925, 4172, 4176, 4177, 4194 et s., 5354, 5671, 5727,

INDEX ALPHABÉTIQUE. xlj

5728, 5730, 6166, 6176, 6177, 6180, 6183, 6188, 6451 et s.
Tarifs (abaissement des), 2541, 2542, 2544, 2570 bis, 2572 bis, 2573, 2634, 2635, 3585, 3586, 3975, 4030 et s., 4205 et 4206.
Tarifs (approbation des), 2547, 2550, 2567, 2568, 2573, 2579, 3583 et s.
Tarifs (application des), 4050.
Tarifs (augmentation des), 3585.
Tarifs (catégories de), 2585 et s.
Tarifs (complément de), 2989, 3032, 4042, 4046.
Tarifs (division des), 37.
Tarifs (extension des), 2675.
Tarifs (force obligatoire des), 217 et 218.
Tarifs (homologation des), 1072, 2540, 2552, 2572, 2669, 3143, 3907, 4038, 4194 et s.
Tarifs (interprétation de), 4021.
Tarifs (modification de), 184, 2539, 2540, 2543, 2546, 2555, 2565, 3163, 3584 et s., 4024.
Tarifs (notification des), 2558.
Tarifs (perception des), 2056, 2573.
Tarifs (publications des), 2564.
Tarifs (réduction des), 2675, 3706, 4066, 4714, 6186.
Tarifs (relèvement des), 2570 bis.
Tarifs ad valorem, 2760, 2856 et s., 3042, 3677, 3678, 4373, 4379 et s., 4389.
Tarifs d'abonnement, 2595.
Tarifs de détournement, 2617.
Tarifs de raccordement, 2643.
Tarifs de faveur, 5261.
Tarifs de transit, 2607.
Tarifs des frais accessoires, 2631.
Tarifs combinés, 2600.
Tarifs communs, 2492, 2600, 2663, 2667, 2810, 2811, 2818, 2819, 2831, 2840 et s., 3014, 3015, 3274, 3279, 3284, 4066, 6600.

Tarifs différentiels, 2616.
Tarifs étrangers, 3910, 3921.
Tarifs généraux, 3680, 3799 et s., 4037.
Tarifs irréguliers, 2546 et s.
Tarifs internationaux, 2831, 3770, 3911, 3926, 6383.
Tarif maximum, 2542.
Tarif minimum, 4775.
Tarif nouveau, 2644, 2761, 2784, 2786, 2796 et s., 4198 et s., 4346.
Tarif particulier, 2548.
Tarif réduit, 6606.
Tarifs spéciaux, 2552, 2633, 2683, 2799, 2801 et s., 2820, 2825 et s., 2831, 2834, 2846, 2848 bis, 2868 bis, 3031, 3063, 3150, 3222, 3279 et s., 3300, 3318, 3946, 4037, 4266.
Tarif supplémentaire, 3108, 3400.
Taxe, 198, 247, 695, 1891, 2657, 2658, 2685, 2774, 2779, 2794, 2844, 3023, 3026 et s., 3106 et s., 3581, 3588, 6894. — V. Tarifs.
Taxe accessoire, 4562.
Taxes de curage, 5238.
Taxe de mainmorte, 850, 952.
Taxe kilométrique, 4432.
Taxe municipale, 4180.
Taxe spéciale, 2948.
Télégrammes, 3629, 3630, 6612.
Télégraphe, 98, 1491, 2981, 3328, 3412, 4329 et s., 4333, 4409, 5388, 6450. — V. aussi Postes.
Témoin, 2363.
Tender, 1703, 1733, 3755.
Tentative criminelle, 2226.
Tenue militaire, 4773.
Terrains (acquisition de), 951.
Terrains délaissés, 6174.
Terrains pavés, 4908, 4950.
Terrains retranchés, 5706, 6174.
Terrains vagues, 5123.
Terrassement, 36, 98, 422, 535, 595, 680, 697, 4408, 4409, 4537, 5222, 6881.

Terres (transport des), 475.
Tête de ligne, 6438.
Ticket, 5310, 5313. — V. *Billet.*
Tiers, 2654, 2926 et s., 3371, 3424, 3504 et s., 3510, 3546, 3559, 3591, 3593, 3883, 3972, 3973, 3977, 4267, 4320.
Tiers expert, 616 et 617.
Timbre, 1857, 4124, 4533, 4878, 4879, 5297, 5342, 5354, 5359, 5507.
Timbre (dispense de), 5385.
Timbre (exigibilité du droit de), 5317.
Timbre (paiement du droit de), 5410.
Timbre à l'extraordinaire, 5328, 5348, 5352.
Timbre de la débite, 5356.
Timbre de dimension, 5308.
Timbre des actions, 4561.
Timbre mobile, 5326, 5327, 5356, 5416, 5475.
Tirage au sort, 5589.
Tissu, 3665.
Titres, 3648, 5336.
Titres (bureau des), 6443.
Titre de perception, 4625. — V. *Perception.*
Toiles, 2904 et 2905.
Toiles écrues, 2905.
Toiture, 1236, 5122, 5174.
Tolérance, 2674, 4034.
Tolérance (possession à titre de), 844.
Tôles, 2906.
Tôles ouvrées, 2906.
Torches, 1810.
Tourbières, 1153, 1154, 1165.
Tournées d'inspection, 2138.
Tourniquet, 737.
Tourteaux, 2883 et 2884.
Tracé, 891, 5266, 6214.
Tracé (approbation de), 4678.
Tracé (modification de), 345, 4690, 4705.

Traction, 4613, 4623.
Traction (mode de), 6780.
Traction par chevaux, 9.
Train, 2423, 2424, 3067, 3070, 3643, 4175, 4214, 4238.
Trains (couverture des), 1797.
Trains (définition des), 1794.
Trains (espacement des), 1820.
Trains (marche des), 6878.
Trains (nombre des), 6872.
Trains (suppression de), 243, 3068 et 3069.
Trains (vitesse des), 1018, 1036, 3073.
Trains de banlieue, 4172.
Trains de marchandises, 1773, 3071.
Trains de plaisir, 4173, 4252, 4354.
Trains de voyageurs, 3071 et 3072.
Trains directs, 4170.
Trains éclairs, 4169.
Trains en marche, 1486, 1609, 1621, 2446 et s.
Trains express, 3216, 3217, 4169, 4281, 5536.
Trains extraordinaires militaires, 4782.
Trains facultatifs militaires, 4782.
Trains légers, 64, 6711 et s.
Trains militaires, 1773, 4782.
Trains mixtes, 1724, 1768, 3071, 3075, 4169, 4171, 4280.
Trains obligatoires, 3220, 3222 et 3223.
Trains omnibus, 4169, 4170, 4281.
Trains poste, 3216 et 3217.
Trains rapides, 3074, 4169, 4245, 5536.
Trains réglementaires, 3226 et s., 3243, 3248, 3923.
Trains spéciaux, 4176 et 4177.
Trains supplémentaires, 4290.
Traité, 2644 et s., 6245.
Traité (approbation de), 2640, 2935.

Traité (interprétation de), 4692. —
V. *Interprétation*.
Traités de correspondances, 2934 et 2935.
Traité de faveur, 215, 2572 *bis*, 3635.
Traité d'exploitation, 389, 839, 2076, 5249, 6141, 6524, 6766.
Traité particulier, 1445, 2914 et s., 2936 et s., 3166, 3326, 3554, 3585, 3628, 4027, 4187, 4205, 6231.
Traité pour les transports de la guerre, 4785.
Traitement, 248, 2203, 2304, 4619.
Traitement des employés, 4485.
Trajet (durée du), 6596.
Trajet parcouru, 3002.
Tramways, 10, 2912, 5252, 5443, 6750 et s., 6875, 6940.
Tranchées, 525.
Tranchées (ouverture des), 6820.
Tranquillité publique, 1291.
Transaction, 1602, 3155, 4629.
Transbordement, 3272, 3625, 3957, 5185, 6558.
Transcription, 5275 et 5276.
Transfert, 3499.
Transit, 2567, 2824 et s., 3098, 3135 et s., 3278.
Transmission, 3244, 3247 et s., 3270 et s.
Transmission (droit de), 3097 et s.
Transport, 2480, 2491, 2649, 2650, 2655, 3609, 6291, 6293.
Transport (délai de), 3061 et s., 3068.
Transport (mode de), 3611.
Transport (obligation du), 1742.
Transport (prix de), 2502 *bis*.
Transport (refus de), 2493, 2949.
Transport antérieur, 3168.
Transports de la guerre, 4716, 5383.
Transports de la marine, 5383.
Transport de papier timbré, 5503.
Transport de valeurs, 5495.
Transport des troupes, 1728.
Transports commerciaux, 6294, 6454.
Transports fictifs, 5399.
Transports gratuits, 5391.
Transports internationaux, 3273, 5374.
Transports maritimes, 2936, 3080, 4166, 5383, 5395, 5459 et 5460.
Transports stratégiques, 6460.
Transports successifs, 3404, 3958.
Transports terrestres, 5442.
Travaux (acceptation de), 752, 5646, 5817.
Travaux (commencement des), 5593.
Travaux (démolition de), 672.
Travaux (direction des), 2439.
Travaux (reconnaissance des), 695, 749.
Travaux (remise des), 753.
Travaux complémentaires, 127, 434, 662, 956, 4421, 4495, 5637, 5811, 6028, 6626.
Travaux dangereux, 2414, 2422.
Travaux définitifs, 4508.
Travaux de premier établissement, 6028.
Travaux de terrassement, 2249.
Travaux forcés à perpétuité, 1454.
Travaux forcés à temps, 1451.
Travaux mixtes, 703, 6788, 6803.
Travaux neufs, 4621.
Travaux provisoires, 4508.
Travaux publics, 908, 1690, 5666, 5802 et s., 5851, 6257, 6258, 6925.
Traverses, 98, 715, 1713, 4409, 5125, 5222.
Treillis, 894.
Treillis de fer, 1306.
Trépidation, 3840, 5566.
Trésoriers-payeurs généraux, 4577, 4642, 6897, 6919.
Tribunaux, 3574, 3727.
Tribunaux civils, 6109 et s.

Tribunaux correctionnels, 6273 et s.
Tribunaux de commerce, 394, 2256, 6232, 6291, 6295, 6296, 6299.
Tribunaux de répression, 6273.
Troisième classe, 1710. — V. *Classes*.
Trompes, 1812, 6867.
Trottoirs, 4932, 5033, 6779, 6816.
Troupes, 6609.
Troupe de la marine, 4735.
Trucks à équipage, 1757, 1766, 4826.
Tubes calorifères, 1694.
Tunnel, 518, 581, 5994 et s., 6303. — V. *Souterrains*.
Tunnel (percement d'un), 5975.
Tunnel (restauration de), 4510.
Tuyaux, 1335, 2906, 3813.
Ultra petita, 6098.
Uniformes, 1489, 1897, 6484.
Urgence, 6428.
Usage, 2379, 3168, 3170, 3180, 3230, 3304, 3571, 3593, 4080.
Usages commerciaux, 2676, 2815.
Usages publics, 823, 900.
Usines, 4888, 4947, 5832, 5835.
Usine (chômage d'), 5917.
Usufruitier, 865.
Usurpation de terrains, 630.
Utilité publique, 6509. — V. *Expropriation*.
Vache, 1360, 3703. — V. *Bestiaux*.
Vagabondage, 4229.
Valeurs, 3664, 5380.
Valeurs du Trésor, 327.
Valeur locative, 4887, 5145.
Vantail, 1338.
Vapeur (épuisement de la), 1793.
Veau, 2057, 2786. — V. *Bestiaux*.
Vendeur, 1893.
Vente, 3415, 3417, 3419, 3495, 3500, 3520 et s., 3759, 3951, 4019, 6065, 6123.
Vente (prix de), 341.
Vente directe, 3532.
Vente immobilière, 396.
Vente mobilière, 396, 2985, 3351 et s., 3372, 3408, 3477, 3609, 3681, 3689, 3806, 3879, 3994, 4093, 4095, 4098, 4100 et 4101.
Vérification, 3144, 4097.
Verres dormants, 1305.
Verrerie, 2868 *bis*.
Versement, 313.
Versement (refus de), 657.
Veuve, 4316, 4318.
Viabilité, 1416, 6912.
Viaducs, 683, 718, 917, 5657, 5855, 6567, 6572.
Vices, 981, 1198.
Vice d'emballage, 3706, 3709.
Vice propre, 3596, 3616, 3652, 3659, 3683, 3790, 4018, 4091.
Vicinalité, 519.
Vidanges, 2911.
Vieux matériaux, 2913, 6821.
Vignobles, 2900.
Villages, 1095.
Villes, 1039, 1095, 3125, 6758.
Violence, 1471, 2454.
Visa pour timbre, 5305.
Visite, 6597.
Visite des lieux, 4012.
Vitesse, 1739, 1749, 1757, 1784, 2443, 4202, 6866. — V. *Trains*.
Vitesse (amortissement de la), 1868.
Vitesse (ralentissement de), 1793.
Vitesse moyenne, 2621.
Vitrages, 5175.
Vitrages fixes, 5165.
Vivandière, 4727.
Voie, 1231, 3730, 3895, 4900, 4910, 5545, 6183, 6824.
Voie (assiette de la), 269, 484, 6893.
Voie (conservation de la), 1011.
Voies (croisement de), 717, 1871.
Voie (déblaiement de la), 3897.
Voie (dérangement de la), 1455.
Voie (destruction de la), 1455.

Voie (double). — V. *Double voie.*
Voie (doublement de), 1677.
Voie (élargissement de la), 1242.
Voie (largeur de la), 6810.
Voie (pente de la), 6780.
Voie (réfection de la), 3208, 3890.
Voie (rupture de la), 2666.
Voie charretière, 741.
Voies d'accès, 5066. — V. *Accès.*
Voies de communication, 240, 5652. — V. *Chemin, Communication.*
Voies de communication (déplacement des), 535, 668.
Voies de communication (déviation des), 526, 899.
Voies de communication (modification des), 740.
Voies de communication (rétablissement des), 5737, 5765.
Voies de fait, 1472.
Voie de garage, 717, 4933.
Voies de raccordement, 5112.
Voie de terre, 3180.
Voies d'exécution, 6227.
Voie directe, 3003 et 3004.
Voie ferrée des quais, des ports, 921, 1414, 5218, 6723 et s.
Voie libre, 1833.
Voie maritime, 921, 953, 3062, 6745.
Voie publique, 2, 666, 6869.
Voies publiques (accotement des), 6780.
Voies publiques (emplacement des), 668.
Voirie, 5991.
Voisinage, 1191, 6116, 6159.
Voitures, 1733, 2848, 2908 et s., 3087, 3092, 3443, 3445, 4759, 4781.
Voiture (changement de), 6508.
Voitures (circulation des), 5794.
Voitures (classe des), 1710, 1738, 4169. — V. *Classes.*
Voitures (construction des), 1709.
Voitures (décrochage des), 1624.
Voitures (emplacement des), 1652.
Voitures (entrée dans les), 1607.
Voitures (fermeture des), 1777.
Voitures (nombre des), 1057, 1740, 1750, 6872, 6896.
Voitures (sortie des), 1607.
Voitures cellulaires, 6610.
Voitures démontées, 2908.
Voiture de tampon, 1761.
Voitures publiques, 1631 et s., 1637.
Voitures spéciales, 4822.
Voiturier, 416, 2480, 2481, 4077, 4087, 4139, 6269.
Voix délibérative, 614.
Voix prépondérante, 6630.
Vol, 864, 2194, 2324, 2452, 3078, 3762, 3816, 4368, 4391, 4392, 4398.
Volaille, 3296.
Voyage. — V. *Parcours.*
Voyageur, 2450, 3964, 4181, 4182, 4306 et s., 4396, 6214 et s., 6292.
Voyageurs (commodité des), 1048, 1052.
Voyageurs (nombre des), 1748.
Voyageurs (sécurité des), 1408, 1724. — V. *Sûreté.*
Voyageurs oubliés, 4285.
Voyageurs tués, 4292.
Vrac, 2576, 2868 *bis*, 3055, 3784.
Vue (diminution de), 5964. — V. *Jour.*
Vue (droit de), 841.
Vues droites, 1304.
Wagon, 1473, 2322, 2912, 2919, 3061 et s., 3065, 3251, 3446, 3753, 3820, 4210, 4326, 6169. — V. *Voiture.*
Wagons (classe des), 1058, 1710, 1738, 4169.
Wagons (construction des), 4805.
Wagon (décrochage des), 2445.
Wagons (fabrique des), 563, 1050.
Wagons (largeur des), 1051.
Wagons (stationnement de), 3457.

Wagons à bestiaux, 2788 et 2789.
Wagons-caisse, 1757.
Wagon complet, 2847 et s., 2963, 3051, 3056, 3058 et s., 3090, 3328, 3447 et s., 3472 et s., 3784.
Wagons découverts, 3602, 3603, 3605, 3684, 3743, 3772.
Wagon de marchandises, 1728.
Wagons démontés, 2912.
Wagon-écurie, 1763, 3059, 3755.
Wagons en bois, 1757.
Wagon isolé, 1794.
Wagons-lits, 2329 et s., 4211, 4398 et 4399.
Wagon loué, 1082.
Wagons particuliers, 4212.
Wagon plombé, 3607, 3835 et s.
Wagons spéciaux, 3059.
Wagons vides, 3064.
Water-closets, 1726.
Zône frontière, 102, 703.

FIN DE L'INDEX ALPHABÉTIQUE.

TABLE ANALYTIQUE.

TITRE I. — NOTIONS PRÉLIMINAIRES ET HISTORIQUES (n. 1 à 68).

TITRE II. — DES CHEMINS DE FER D'INTÉRÊT GÉNÉRAL.

CHAP. I. — DE L'ÉTABLISSEMENT DES CHEMINS DE FER D'INTÉRÊT GÉNÉRAL.

Sect. I. — **Généralités** (n. 69 à 86).

Sect. II. — **De l'instruction préalable à la déclaration d'utilité publique.**
§ 1. — *De l'avant-projet* (n. 87 à 117).
§ 2. — *De l'enquête d'utilité publique* (n. 118 à 127).

Sect. III. — **De la déclaration d'utilité publique.**
§ 1. — *Qui peut déclarer l'utilité publique* (n. 128 à 134).
§ 2. — *Des effets de la déclaration d'utilité publique* (n. 135 à 148).
§ 3. — *Des recours possibles contre la déclaration d'utilité publique* (n. 149 à 154).

Sect. IV. — **De la concession.**
§ 1. — *De qui peut émaner la concession* (n. 155 à 158).
§ 2. — *Des différentes sortes de concessions : leurs caractères juridiques.*
1° Règles générales (n. 159 à 173).
2° Objet de la concession (n. 174 à 183).
3° Durée de la concession (n. 184 à 187).

4° Formes des concessions.
  I. Notions générales (n. 188 à 191).
  II. De l'adjudication.
   A. Des différentes sortes d'adjudication (n. 192 à 196).
   B. Du cahier des charges (n. 197 à 255).
   C. Des formes de l'adjudication (n. 256 à 260).
  III. De la concession proprement dite (n. 261 à 273).

§ 3. — *A qui peut être faite la concession.*
  1° Règles générales (n. 274 à 280).
  2° Règles spéciales aux concessions faites à des sociétés (n. 281 à 343).

§ 4. — *Des effets de la concession* (n. 344 à 420).

§ 5. — *Recours contre les actes de concession* (n. 421).

Sect. V. — **Des mesures préalables à l'expropriation.**

§ 1. — *Notions générales* (n. 422 à 424).

§ 2. — *De l'instruction des projets.*
  1° Principes généraux (n. 425 à 427).
  2° Présentation des projets.
   I. Par les compagnies (n. 429 à 437).
   II. Par l'Etat (n. 438).

§ 3. — *Règles spéciales à la détermination des gares et stations.*
  I. Principes généraux (n. 439 à 443).
  II. Construction par l'Etat (n. 444).
  III. Construction par les compagnies (n. 445 à 465).

§ 4. — *Confection des plans parcellaires et enquêtes* (n. 466 à 472).

Sect. VI. — **Arrêté de cessibilité et expropriation** (n. 473 à 533).

Sect. VII. — **Projets d'exécution et construction proprement dite.**

§ 1. — *Remarques préliminaires. — Différences entre la construction par l'État et par les compagnies* (n. 534 à 565).

§ 2. — *Construction par l'État* (n. 566 à 610).

§ 3. — *Construction par les compagnies.*
  1° Observations générales (n. 611 à 634).
  2° Obligations résultant de décisions de l'administration (n. 635 à 643).

3° Obligations résultant du cahier des charges.
  I. Retard dans l'exécution des travaux (n. 644 à 659).
  II. Nécessité d'une autorisation pour construire (n. 660 à 676).
  III. Communication des projets (n. 677 à 680).
  IV. Clauses diverses (n. 681 à 685).
  V. Contrôle de l'administration (n. 686 à 691).
  VI. Doublement des voies (n. 692 à 694).
  VII. Reception des travaux (n. 695 à 700).

§ 4. — *Règles communes.*
  1° Prescriptions diverses (n. 701 à 726).
  2° Rétablissement des voies de communication. — Passages à niveau (n. 727 à 768).
  3° Écoulement des eaux (n. 769 à 775).
  4° Voisinage des mines (n. 776 à 778).
  5° Clôture (n. 779 à 802).
  6° Bornage (n. 803 à 813).

CHAP. II. — Du domaine des chemins de fer.

Sect. I. — Les chemins de fer font partie du domaine public. — Principe et intérêts de la question (n. 814 à 871).

Sect. II. — Durée de la domanialité (n. 872 à 889).

Sect. III. — Ce qu'il faut comprendre dans la domanialité des chemins de fer. — Du chemin de fer proprement dit et de ses dépendances (n. 890 à 963).

Sect. IV. — A qui appartient la délimitation du domaine public (n. 964 à 968).

Sect. V. — Du régime des chemins divers et plus spécialement des chemins d'accès (n. 969 à 991).

Sect. VI. — Des embranchements privés (n. 992 à 1000).

CHAP. III. — De la police, de la sûreté et de l'exploitation des chemins de fer.

Sect. I. — Règles générales (n. 1001 à 1088).
Sect. II. — Règles concernant la voirie.
  § 1. — *Régime des propriétés riveraines.*
    1° Notions générales (n. 1089 à 1092).

2° Alignement (n. 1093 à 1114).
3° Écoulement des eaux (n. 1115 à 1121).
4° Occupation temporaire (n. 1122 à 1133).
5° Arbres et plantations (n. 1134 à 1152).
6° Mines, minières, tourbières, carrières, etc. (n. 1153 à 1212).
7° Extraction de matériaux (n. 1213 à 1217).
8° Constructions (n. 1218 à 1253).
9° Excavations (n. 1254 et 1255).
10° Couvertures en chaume. — Meules de paille ou de foin. — Dépôt de matières inflammables (n. 1256 à 1276).
11° Dépôts d'objets non inflammables (n. 1277 à 1282).
12° Exceptions aux règles précédentes (n. 1283 à 1296).
13° Servitudes qui ne sont pas visées par la loi (n. 1297).
14° Vues et jours (n. 1298 à 1309).
15° Egouts des toits (n. 1310 à 1312).
16° Saillies, balcons (n. 1313).
17° Mitoyenneté (n. 1314 et 1315).
18° Sanction (n. 1316).

§ 2. — *De la conservation des chemins de fer et des ouvrages d'art.* — *Obligation des tiers.*

1° Dégradation des chemins de fer ou de leurs dépendances proprement dites (n. 1317 à 1343).

2° Introduction ou pacage de bestiaux (n. 1344 à 1408).

3° Dépôts de matériaux (n. 1409 à 1415).

§ 3. — *Des contraventions de voirie commises par les concessionnaires ou fermiers des chemins de fer* (n. 1416 à 1445).

Sect. III. — **Règles concernant la police, la sûreté et l'exploitation des chemins de fer** (n. 1446 et 1447).

§ 1. — *Infractions commises par les tiers* (n. 1448 à 1493).

§ 2. — *Infractions commises par les agents des compagnies* (n. 1494 à 1504).

§ 3. — *Infractions commises par les voyageurs* (n. 1505 à 1629).

§ 4. — *Infractions commises par les compagnies.* — *Règles générales concernant l'exploitation des chemins de fer* (n. 1630).

1° Des stations (n. 1631 à 1663).

2° Du matériel employé à l'exploitation (n. 1664 à 1736).
3° De la composition des convois (n. 1737 à 1774)
4° Du départ, de la circulation et de l'arrivée des convois (n. 1775 à 1890).
5° De la perception des taxes et des frais accessoires (n. 1891).
6° Dispositions diverses (n. 1892 à 1912).

Sect. IV. — **Sanction des dispositions concernant la voirie, la police, la sûreté et l'exploitation des chemins de fer.**

§ 1. — *Notions générales* (n. 1913 à 1916).

§ 2. — *Règles communes.*

1° Constatation des contraventions (n. 1917 à 1954).

2° Circonstances atténuantes. — Bonne foi. — Cumul. — Récidive. — Prescription. — Responsabilité civile (n. 1955 à 1986).

§ 3. — *Règles particulières.*

1° De la poursuite des contraventions (n. 1987 à 2008).
2° De la compétence (n. 2009 à 2023).
3° Pénalités (n. 2024 à 2036).

CHAP. IV. — Contrôle et surveillance des chemins de fer.

Sect. I. — **Règles générales** (n. 2037 à 2066).

Sect. II. — **Organisation du service des chemins de fer au ministère des Travaux publics** (n. 2067 à 2079).

Sect. III. — **Organes du contrôle** (n. 2080).

§ 1. — *Organes délibérants.* — *Comités et commissions* (n. 2081 et 2081 *bis*).

1° Commissions centrales (n. 2082).

I. Notions générales et historiques (n. 2083 à 2100).
II. Comité consultatif des chemins de fer (n. 2101 à 2109).
III. Comité de l'exploitation technique (n. 2110 à 2112).

2° Comités de réseau (n. 2113 à 2117).

§ 2. — *Agents d'exécution.*

1° Généralités (n. 2118 à 2121).
2° Contrôle technique (n. 2122 à 2147).
3° Contrôle commercial (n. 2148 à 2166).
4° Contrôle de police (n. 2167 à 2196).

5° Contrôle financier (n. 2197 à 2205).

6° Agents locaux ordinaires. — Préfets (n. 2206 à 2209).

7° Agents ressortissant de l'ensemble des services (n. 2210 à 2235).

§ 3. — *Projets de réforme* (n. 2236 à 2239 *bis*).

§ 4. — *Règles spéciales au chemin de fer de l'État* (n. 2240 à 2244).

CHAP. V. — CARACTÈRES GÉNÉRAUX DES COMPAGNIES DE CHEMINS DE FER ET DE LEURS AGENTS.

Sect. I. — Les compagnies envisagées au point de vue commercial (n. 2245 à 2279).

Sect. II. — Organisation des compagnies et des chemins de fer de l'État (n. 2280 à 2307).

Sect. III. — Les compagnies envisagées au point de vue de la nationalité (n. 2308 à 2311).

Sect. IV. — Les compagnies envisagées comme établissements publics (n. 2312 à 2319).

Sect. V. — Les chemins de fer envisagés comme des lieux publics. — Diffamation. — Vol. — Attentat à la pudeur. — Hôtellerie. — Dépôt nécessaire (n. 2320 à 2329 *ter*).

Sect. VI. — Les compagnies envisagées comme entrepôts (n. 2330).

Sect. VII. — Caractère public des agents de chemins de fer. — Rapports des compagnies avec les douanes et les octrois (n. 2331 à 2349).

CHAP. VI. — RAPPORTS DES COMPAGNIES AVEC LEUR PERSONNEL.

Sect. I. — Caractères du contrat qui existe entre les compagnies de chemins de fer et leurs employés (n. 2350 à 2363).

Sect. II. — Révocation des employés. — Caisse des retraites (n. 2364 à 2409).

Sect. III. — De la responsabilité des compagnies de chemins de fer à raison des accidents dont leurs employés ont été victimes (n. 2410 à 2458).

Sect. IV. — De la représentation des compagnies par leurs employés (n. 2459 à 2470).

CHAP. VII. — Exploitation des chemins de fer par les compagnies envisagées comme sociétés de transport.

Sect. I. — **De l'exploitation par l'État ou par les compagnies** (n. 2471 à 2478).

Sect. II. — **Caractères généraux du contrat de transport** (n. 2479 à 2509 *bis*).

Sect. III. — **Des tarifs de chemins de fer.**

§ 1. — *Notions générales* (n. 2510 à 2530).

§ 2. — *Confection et publication des tarifs* (n. 2531 à 2584).

§ 3. — *Division des tarifs* (n. 2585 à 2635).

§ 4. — *Tarifs sur les annexes. — Embranchement. — Ports secs* (n. 2636 à 2648).

§ 5. — *Absence de tarifs. — Conventions particulières* (n. 2649 à 2651).

§ 6. — *Interprétation et application des tarifs* (n. 2652 à 2685).

Sect. IV. — **Du transport des marchandises.**

§ 1. — *Division des transports. — Notions générales* (n. 2686 à 2694).

§ 2. — *Des tarifs en matière des transports de marchandises.*

1° Règles générales concernant les tarifs généraux dans le transport des marchandises (n. 2695 à 2722).

2° Application de certaines règles spéciales aux tarifs généraux dans le transport des marchandises (n. 2723 à 2798).

3° Règles principales concernant les tarifs spéciaux dans les transports de marchandises (n. 2799 à 2819).

4° Application de certaines règles particulières aux tarifs spéciaux dans le transport des marchandises (n. 2820 à 2853).

5° Assimilation des marchandises non classées à celles nommément tarifées (n. 2854 à 2913).

6° Traités de faveur (n. 2914 à 2944).

§ 3. — *Réception des marchandises par les compagnies. — Chargement. — Expédition. — Douane. — Acquit-à-caution.*

1° Réception des marchandises.

I. Caractère obligatoire ou facultatif de cette réception (n. 2945 à 2976).

II. Déclaration d'expédition et moyens de contrôle auxquels elle est soumise (n. 2977 à 2999).

III. De l'itinéraire à suivre (n. 3000 à 3034).

IV. Du groupement des colis (n. 3035 à 3045).

2° Chargement. — Expédition.

I. Conditions dans lesquelles doit s'opérer le chargement (n. 3046 à 3083).

II. Frais accessoires (n. 3084 à 3109).

3° Contributions indirectes. — Octrois. — Douanes (n. 3110 à 3159).

§ 4. — *Délais d'expédition, de transport, de livraison.*

1° Notions générales (n. 3160 à 3216).

2° Délais d'expédition.

I. Grande vitesse (n. 3217 à 3237).

II. Petite vitesse (n. 3238 à 3241).

3° Délais de transport (n. 3242).

I. Grande vitesse (n. 3243 à 3252).

II. Petite vitesse (n. 3253 à 3285).

4° Délais de livraison (n. 3286 à 3288).

I. Grande vitesse (n. 3289 à 3305).

II. Petite vitesse (n. 3306 et 3307).

§ 5. — *Livraison. — Saisie-arrêt. — Revendication. — Vente. — Magasinage.*

1° Livraison.

I. Opération de la livraison (n. 3308 à 3328).
II. Du lieu où doit se faire la livraison (n. 3329 à 3350).
III. Vérification de l'objet transporté (n. 3351 à 3362).
IV. A qui doit être faite la livraison (n. 3363 à 3386).
V. Paiement du prix (n. 3387 à 3399).
VI. Privilège du transporteur (n. 3400 à 3406).
VII. Refus de livrer ou de prendre livraison (n. 3407 à 3419).

2° Saisie-arrêt (n. 3420 à 3436).

3° Revendication (n. 3437 à 3441).

4° Magasinage (n. 3442 à 3519).

5° Vente (n. 3520 à 3539).

§ 6. — *Factage et camionnage* (n. 3540 à 3594).

§ 7. — *Causes de responsabilité de la compagnie à raison du transport des marchandises.*

1° Pertes. — Avaries.
 I. Causes de responsabilité (n. 3595 à 3641).
 II. Vols et détournements (n. 3642 à 3650).
 III. Pertes et manquants (n. 3651 à 3682).
 IV. Avaries (n. 3683 à 3692).
 V. Vice propre (n. 3693 à 3719).
 VI. Force majeure (n. 3720 à 3763).
 VII. Clause de non-garantie. — Décharge de garantie (n. 3764 à 3854).

2° Retard.
 I. Causes de la responsabilité (n. 3855 à 3906).
 II. Clauses de non-garantie (n. 3906 *bis*).

3° Limitation de la garantie. — Forfait.
 I. Perte et avarie (n. 3907 à 3917).
 II. Retard (n. 3918 à 3930).

4° De la responsabilité lorsqu'il existe plusieurs compagnies ayant participé au transport (n. 3931 à 3961).

§ 8. — *Des actions auxquelles peut donner naissance le contrat de transport et des fins de non-recevoir à ces actions.*

1° Notions générales et procédure.
 I. Par qui et contre qui ces actions peuvent être intentées (n. 3962 à 3988).
 II. Preuves.
  A. De la preuve en général (n. 3989 à 3993).
  B. Vérification. — Expertise (n. 3994 à 4005).
  C. Enquête (n. 4006 et 4007).
  D. Livres de commerce. — Visite des lieux (n. 4008 à 4012).
 III. Jugements et arrêts (n. 4013 à 4019).
 IV. Pourvoi et contrôle de la Cour de cassation (n. 4020 à 4027).

2° Règles spéciales aux actions en surtaxe et en détaxe.
 I. Action en surtaxe (n. 4028 à 4048).
 II. Action en détaxe (n. 4049 à 4073).

3° Fins de non-recevoir.
 I. Fin de non-recevoir tirée de l'art. 105.
  A. Règles générales (n. 4074 à 4093).

B. Réception (n. 4094 à 4115).

C. Paiement du prix de transport (n. 4116 à 4121).

D. Délai pour protester (n. 4122 à 4133).

II. Prescription (n. 4134 à 4167).

Sect. V. — **Du transport des voyageurs.**

§ 1. — *Dispositions générales* (n. 4168 à 4177).

§ 2. — *Services d'omnibus et de correspondances* (n. 4178 à 4193).

§ 3. — *Tarifs* (n. 4194 à 4212).

§ 4. — *Billets* (n. 4213 à 4268).

§ 5. — *Transport à prix réduit ou gratuit.*

1° Voyageurs civils (n. 4269 à 4277).

2° Voyageurs militaires ou transports effectués pour le compte des administrations publiques (n. 4278).

§ 6. — *Responsabilité relativement au transport des voyageurs.*

1° Retards (n. 4279 à 4291).

2° Accidents.

I. Principe de responsabilité (n. 4292 à 4311).

II. Dommages-intérêts (n. 4312 à 4324).

3° Attentats sur les voyageurs (n. 4325 à 4327).

4° Télégraphie (n. 4328 à 4334).

§ 7. — *Bagages.*

1° Franchise. — Remise des bagages (n. 4335 à 4352).

2° Responsabilité.

I. Dispositions générales (n. 4353 à 4356).

II. Retards (n. 4357 à 4364).

III. Avaries (n. 4365 et 4366).

IV. Perte (n. 4367 à 4400).

V. Fin de non-recevoir (n. 4401).

CHAP. VIII. — Rapports financiers des compagnies avec l'État, les départements, les communes et les particuliers.

Sect. I. — **Rapports financiers avec l'État** (n. 4402).

§ 1. — *Des différentes formes de concours fourni par l'État.*

1° Souscription d'actions (n. 4403).

2° Prêts (n. 4404).

3° Subventions en travaux (n. 4405 à 4425 *bis*).

4° Subventions en argent (n. 4426 à 4433 *bis*).

5° Garantie d'intérêts (n. 4434 à 4462 *ter*).

6° Clause de partage des bénéfices (n. 4463 à 4477).

§ 2. — *Des comptes des compagnies.*

1° Compagnies privées.

I. Notions générales (n. 4478 à 4491).
II. Compte d'établissement (n. 4492 à 4539).
III. Compte d'exploitation (n. 4540 à 4565).
IV. Compte d'exploitation partielle (n. 4566 à 4575).

2° Chemins de fer de l'État (n. 4576 à 4579).

§ 3. — *Contrôle financier de l'État.*

1° Contrôle des compagnies (n. 4580 à 4607).

2° Contrôle des chemins de fer de l'État (n. 4608 à 4650).

Sect. II. — **Concours financier des localités et des intéressés** (n. 4651 à 4711).

CHAP. IX. — RAPPORTS DES COMPAGNIES DE CHEMINS DE FER AVEC LES ADMINISTRATIONS PUBLIQUES.

Sect. I. — **Notions générales** (n. 4712 et 4713).

Sect. II. — **Ministère de la Guerre** (n. 4714 à 4718).

§ 1. — *Transport des militaires isolés* (n. 4719 à 4776 *bis*).

§ 2. — *Transport des militaires voyageant en corps* (n. 4777 à 4784).

§ 3. — *Traités pour les transports de la guerre* (n. 4785 à 4805).

Sect. III. — **Direction des postes et télégraphes.**

§ 1. — *Obligations des compagnies envers l'État* (n. 4806 à 4835).

§ 2. — *Monopole des postes* (n. 4836 à 4865).

Sect. IV. — **Ministère de l'Intérieur** (n. 4866 à 4876).

Sect. V. — **Ministère des Finances** (n. 4877 et 4877 *bis*).

CHAP. X. — Des impôts auxquels sont assujettis ou que perçoivent les chemins de fer.

Sect. I. — **Des impôts auxquels sont assujetties les compagnies.**

§ 1. — *Notions générales* (n. 4878 à 4882).

§ 2. — *Impôt foncier* (n. 4883 à 4961).

§ 3. — *Patentes* (n. 4962 à 5154).

§ 4. — *Portes et fenêtres* (5155 à 5188 bis).

§ 5. — *Mainmorte* (n. 5189 à 5194).

§ 6. — *Douanes* (n. 5195 à 5200).

§ 7. — *Octrois* (n. 5201 à 5233).

§ 8. — *Taxes de pavage* (n. 5234 et 5234 bis).

§ 9. — *Taxes de balayage* (n. 5235 et 5236).

§ 10. — *Taxes de curage* (n. 5237 et 5238).

§ 11. — *Taxes d'associations syndicales* (n. 5239 à 5242).

§ 12. — *Impôt sur les voitures* (n. 5243).

§ 13. — *Enregistrement et timbre.*

1° Concession (n. 5244 à 5253).

2° Cession et rétrocession de concession (n. 5254 à 5262).

3° Marchés et autres actes (n. 5263 à 5289).

4° Chemin de fer de l'État (n. 5290 et 5291).

5° Formalité de l'enregistrement (n. 5292 à 5296).

6° Timbre (n. 5297 et 5298).

7° Actions et obligations (n. 5299).

8° Commissions des agents des chemins de fer (n. 5300 à 5305).

9° Transport des voyageurs (n. 5306 à 5337).

10° Transport des marchandises.

I. Bagages et chiens (n. 5338 à 5344).

II. Marchandises transportées en grande ou en petite vitesse (n. 5345 à 5369).

A. Grande vitesse (n. 5370 à 5391).

B. Petite vitesse (n. 5392 à 5396).

III. Envois contre remboursement (n. 5397 à 5409).

IV. Paiement du droit de timbre (n. 5410 à 5439).

V. Colis postaux (n. 5440).

VI. Groupage (n. 5441 à 5484).
VII. Reçus et décharges (n. 5485 à 5508).

Sect. II. — **Impôts perçus par les compagnies au profit de l'État.**

§ 1. — *Droits de transmission sur les actions et obligations* (n. 5509).

§ 2. — *Impôt sur le revenu des actions et obligations* (n. 5510).

§ 3. — *Impôt sur le prix des transports en grande vitesse* (n. 5511 à 5538).

§ 4. — *Droit sur le prix des transports en petite vitesse* (n. 5539 et 5540).

CHAP. XI. — Des divers modes par lesquels la concession prend fin (n. 5541).

Sect. I. — **Expiration de la concession** (n. 5542 à 5550).

Sect. II. — **Rachat** (n. 5551 à 5590).

Sect. III. — **Déchéance** (n. 5591 à 5611).

Sect. IV. — **Résiliation du contrat** (n. 5612 à 5615).

Sect. V. — **Faillite de la compagnie** (n. 5616 à 5618).

Sect. VI. — **Du séquestre** (n. 5619 à 5623).

Sect. VII. — **Fusion** (n. 5624 à 5626).

CHAP. XII. — Procédure et compétence.

Sect. I. — **Compétence ratione materiæ**.

§ 1. — *Compétence des juridictions administratives.*

1° Compétence du Conseil d'État.

I. Recours pour excès de pouvoir (n. 5627 à 5679).
II. Appel des décisions du conseil de préfecture (n. 5680).
III. Qui peut agir devant le Conseil d'Etat (n. 5681 à 5687).

2° Compétence ministérielle (n. 5688).

3° Compétence des conseils de préfecture.

I. Notions générales (n. 5689 à 5692).
II. Interprétation des actes administratifs (n. 5693 à 5773).
III. Dommages résultant des travaux publics.

A. Notions générales (n. 5774 et 5775).
B. Conditions requises pour qu'il y ait dommage résultant des travaux publics (n. 5776).

a) Dommage préjudiciable (n. 5777 à 5801).

b) Dommage résultant d'un travail public (n. 5802 à 5881).

c) Dommage direct et matériel (n. 5882 à 5988).

d) Dommage causé aux personnes ou aux propriétés (n. 5989).

e) Dommage n'allant pas jusqu'à la dépossession (n. 5990 à 6005).

C. Fins de non-recevoir contre l'action en indemnité (n. 6006 à 6051).

D. Qui a qualité pour demander la réparation du dommage (n. 6052 à 6055).

E. Contre qui la réparation peut être demandée (n. 6056 à 6072).

F. Procédure. — Actions en garantie (n. 6073 à 6078).

G. Ce que peut ordonner le conseil de préfecture (n. 6079 à 6102).

H. Compétence du Conseil d'État (n. 6103 et 6104).

IV. Contraventions de grande voirie (n. 6105).

V. Caractère exceptionnel de la juridiction du conseil de préfecture (n. 6106 à 6108).

§ 2. — *Compétence des tribunaux de droit commun.*

1° Compétence des tribunaux de droit civil (n. 6109 à 6231).

2° Compétence des tribunaux de commerce (n. 6232 à 6272 *bis*).

3° Compétence des tribunaux de répression (n. 6273 à 6282 *bis*).

4° Compétence de la Cour de cassation (n. 6283).

5° Compétence du juge des référés (n. 6284 à 6290 *bis*).

6° Compétence du juge de paix (n. 6291 à 6299).

7° Compétence du jury d'expropriation (n. 6300 à 6318).

§ 3. — *Compétence respective des tribunaux administratifs et judiciaires* (n. 6319 à 6365).

Sect. II. — Compétence ratione personæ (n. 6366 à 6385 *bis*).

Sect. III. — Compétence ratione loci (n. 6386 à 6445).

TITRE III. — DES CHEMINS DE FER DE CAMPAGNE.

CHAP. I. — DROITS DE L'ADMINISTRATION EN TEMPS DE GUERRE (n. 6446 à 6455).

CHAP. II. — Mesures préparatoires prises en temps de paix (n. 6456 à 6462).

CHAP. III. — Organisation et fonctionnement du service en campagne (n. 6463 à 6473).

CHAP. IV. — Organisation spéciale des sections de chemins de fer de campagne (n. 6474 à 6492).

TITRE IV. — DES CHEMINS DE FER D'INTÉRÊT LOCAL.

CHAP. I. — Notions générales et historiques (n. 6493 à 6503).

CHAP. II. — Instruction. — Concession. — Déclaration d'utilité publique et construction (n. 6504 à 6582).

CHAP. III. — Police (n. 6583 à 6592).

CHAP. IV. — Contrôle et surveillance (n. 6593 à 6597).

CHAP. V. — Exploitation. — Transport. — Tarifs (n. 6598 à 6605).

CHAP. VI. — Rapports des chemins de fer d'intérêt local avec les services publics (n. 6606 à 6612).

CHAP. VII. — Régime financier (n. 6613 à 6643 *bis*).

CHAP. VIII. — Impôts (n. 6644 à 6645 *ter*).

CHAP. IX. — Fin de la concession (n. 6646 à 6691).

CHAP. X. — Compétence (n. 6691 *bis*).

CHAP. XI. — Des chemins de fer d'intérêt local empruntant les voies publiques (n. 6692).

TITRE V. — CHEMINS DE FER MINIERS ET INDUSTRIELS (n. 6693 à 6710).

TITRE VI. — TRAINS LÉGERS (n. 6711 à 6722).

TITRE VII. — VOIES FERRÉES DES QUAIS DES PORTS (n. 6723 à 6749).

TITRE VIII. — TRAMWAYS.

CHAP. I. — NOTIONS GÉNÉRALES (n. 6750 et 6751).

CHAP. II. — INSTRUCTION. — CONCESSION. — DÉCLARATION D'UTILITÉ PUBLIQUE ET CONSTRUCTION (n. 6752 à 6831).

CHAP. III. — DOMAINE ET VOIRIE (n. 6832 à 6850).

CHAP. IV. — ORGANISATION DU MATÉRIEL ET ENTRETIEN (n. 6851 à 6873).

CHAP. V. — POLICE ET CONTRÔLE (n. 6874 à 6893).

CHAP. VI. — EXPLOITATION (n. 6894 à 6898).

CHAP. VII. — STIPULATIONS RELATIVES A DIVERS SERVICES PUBLICS (n. 6899 et 6900).

CHAP. VIII. — RAPPORTS FINANCIERS AVEC L'ETAT, LES DÉPARTEMENTS, LES COMMUNES (n. 6901 à 6904).

CHAP. IX. — IMPÔTS ET CONTRIBUTIONS (n. 6905 à 6908 bis).

CHAP. X. — FIN DE LA CONCESSION (n. 6909 à 6919).

CHAP. XI. — EXERCICE DES ACTIONS EN JUSTICE ET COMPÉTENCE (n. 6920 à 6942).

TITRE IX. — LOCOMOTIVES ROUTIÈRES (n. 6943 à 6961).

TITRE X. — LÉGISLATION COMPARÉE (n. 6962 à 7953).

§ 1. — *Allemagne* (n. 6962 bis à 7070).

§ 2. — *Alsace-Lorraine* (n. 7071 et 7072).

§ 3. — *Autriche-Hongrie* (n. 7073 à 7205).

§ 4. — *Belgique* (n. 7206 à 7277).

§ 5. — *Espagne* (n. 7278 à 7351).

§ 6. — *États-Unis* (n. 7352 à 7446).

§ 7. — *Grande-Bretagne* (n. 7447 à 7522).

§ 8. — *Hollande* (n. 7523 à 7586).

§ 9. — *Italie* (n. 7587 à 7638).

§ 10. — *Prusse* (n. 7639 à 7708).

§ 11. — *Russie* (n. 7709 à 7798).

§ 12. — *Suisse* (n. 7799 à 7953).

TITRE XI. — DROIT INTERNATIONAL PRIVÉ (n. 7954 à 8100).

APPENDICES (n. 8101).

FIN DE LA TABLE ANALYTIQUE.

LÉGISLATION.

C. comm., art. 96 et s.

Ord. 28 févr. 1831 (*portant que toute proposition de travaux publics concernant les routes et canaux devra être l'objet d'une enquête préalable*); — Ord. 18 févr. 1834 (*portant règlement sur les formalités des enquêtes relatives aux travaux publics*); — Ord. 23 déc. 1838 (*concernant le service des ponts et chaussées*), art. 5; — L. 9 août 1839 (*sur les modifications à apporter dans les cahiers de charges annexés aux concessions de chemins de fer*); — L. 3 mai 1841 (*sur l'expropriation pour cause d'utilité publique*); — L. 11 juin 1842 (*relative à l'établissement de grandes lignes de chemins de fer*); — Ord. 22 juin 1842 (*portant que le territoire du royaume, en ce qui concerne le service des chemins de fer, sera divisé en cinq inspections*); — Ord. 22 juin 1842 (*qui prescrit la formation d'une commission administrative pour la révision et le contrôle des documents statistiques sur les chemins de fer*); — L. 15 juill. 1845 (*sur la police des chemins de fer*); — L. 19 juill. 1845 (*qui abroge une disposition de l'art. 3, L. 11 juin 1842, sur les chemins de fer*); — Ord. 15 nov. 1846 (*portant règlement sur la police, la sûreté et l'exploitation des chemins de fer*); — L. 6 juin 1847 (*relative à la restitution des cautionnements des compagnies de chemin de fer*); — Ord. 29 juill. 1848 (*portant création d'une commission centrale des chemins de fer en remplacement de la commission générale instituée par l'ordonnance du 6 avr. 1847*); — Arr. 29 juill. 1848 (*portant suppression des commissaires de police et agents préposés à la surveillance des chemins de fer);* — L. 27 nov.-5 déc. 1849 et 27 févr. 1850 (*relative aux commissaires et sous-commissaires préposés à la surveillance des chemins de fer);* — Décr. 27 mars 1851 (*concernant les commissaires et sous-commissaires de surveillance administrative des chemins de fer);* — Décr. 27 mars 1852 (*qui soumet à la surveillance de l'administration publique le personnel actif employé par les compagnies de chemins de fer);* — Décr. 26 juill. 1852 (*concernant les inspecteurs de l'exploitation commerciale des chemins de fer);* — L. 10 juin 1853 (*qui approuve les art. 4 et 6 du cahier des charges de la concession du chemin de fer de Lyon à la frontière de Genève avec embranchement sur Bourg et Mâcon, et contient des dispositions applicables à tous les chemins de fer);* — Décr. 17 juin 1854 (*qui institue des inspecteurs généraux pour la surveillance de l'exploitation commerciale et le contrôle de la gestion financière des compagnies de chemins de fer);* — Décr. 22 févr. 1855 (*qui crée un service spécial de surveillance des chemins de fer);* — Décr. 28 mars 1855 (*qui crée, à Paris, un commissariat entral de police des chemins de fer);* — L. 14 juill. 1855 (*qui autorise l'établissement de divers impôts*), art. 3 et 4; — L. 11 juin 1859 (*portant ratification des conventions passées avec les grandes compagnies);* — Décr. 26 avr. 1862 (*relatif au transport, par chemins de fer, des marchandises de transit et d'exportation);* — Décr. 14 juill. 1862 (*qui rend exécutoire en Algérie la loi du 15 juill. 1845 sur la police des chemins de fer);* — Décr. 27 juill. 1862 (*qui rend exécutoire en Algérie l'ordonnance du 15 nov. 1846, la loi du 27 févr. 1850 et les décrets des 26 juill. 1852 et 22 févr. 1855 sur la police, la sûreté et l'exploitation des chemins de fer);* — Décr. 1er sept. 1862 (*relatif au service de surveillance des chemins de fer);* — Décr. 11 août 1862, 11 juin et 6 juill. 1863 (*qui approuvent les conventions passées avec les grandes compagnies de chemins de fer);* — Décr. 15 avr. 1863 (*concernant le service de la police des chemins de fer dans les localités où il n'existe pas de commissaire spécial);* — L. 13 mai 1863 (*portant fixation du budget général des dépenses et des recettes ordinaires de l'exercice 1864*), art. 10; — Décr. 22 juin 1863 (*concernant : 1º les inspecteurs généraux des chemins de fer; 2º les inspecteurs principaux de l'exploitation commerciale des chemins de fer, les inspecteurs particuliers et les commissaires de surveillance administrative*); — Décr. 1ᵉʳ août 1864 (*qui modifie celui du 26 avr. 1862 relatif au transport, par chemin de fer, des marchandises de transit et d'exportation*); — L. 12 juill. 1865 (*relative aux chemins de fer d'intérêt local*); — Décr. 21 nov. 1866 (*sur la mise à la retraite des inspecteurs généraux, des inspecteurs principaux, des inspecteurs particuliers et des commissaires de surveillance administrative des chemins de fer*); — Décr. 15 févr. 1868 (*qui place le service du contrôle et de la surveillance des chemins de fer sous la direction d'inspecteurs généraux des ponts et chaussées ou des mines*); — Décr. 12 mars 1869 (*qui modifie l'art. 42 du cahier des charges des compagnies*); — Décr. 19 mai 1869 (*portant modification du tarif du 12 juin 1867, sur les frais de route des militaires isolés*); — L. 27 juill. 1870 (*concernant les grands travaux publics*); — L. 16 sept. 1871 (*portant rectification à la loi de finances pour 1871*), art. 12; — L. 30 mars 1872 (*concernant : 1° l'élévation du droit de timbre des récépissés des expéditions faites par chemins de fer en petite vitesse; 2° la perception du droit de timbre des récépissés des expéditions faites par tous autres modes de transport; 3° la perception du droit de timbre des connaissements*), art. 1 et 2; — L. 24 juill. 1873 (*relative à l'organisation générale de l'armée*), art. 26; — Décr. 14 sept. 1873 (*concernant les compagnies de chemins de fer qui abaisseront leurs tarifs pour le transport des céréales*); — L. 21 mars 1874 (*relative à des augmentations d'impôts et à l'établissement d'impôts nouveaux*), art. 4, 5, 6; — Décr. 2 avr. 1874 (*sur le mode d'intervention du ministre de la Guerre dans la question de création des chemins de fer en dehors de la zône frontière*); — Décr. 22 mai 1874 (*qui détermine les conditions d'exemption prononcées par l'art. 6, L. 21 mars 1874, en ce qui concerne la taxe de 5 p. 0/0 sur les transports effectués à petite vitesse par les chemins de fer*); — Décr. 1ᵉʳ juill. 1874 (*portant règlement général sur les transports militaires par chemins de fer*); — Décr. 6 mars 1875 (*qui crée des inspecteurs de police auxiliaires spécialement attachés au service de la surveillance des chemins de fer*); — L. 13 mars 1875 (*relative à la constitution des cadres et des effectifs de l'armée active et de l'ar-*

mée territoriale), art. 22 à 27 ; — L. 3 juill. 1877 (*relative aux réquisitions militaires*), tit. VI ; — Décr. 2 août 1877 (*portant règlement d'administration publique pour l'exécution de la loi du 3 juill. 1877, relative aux réquisitions militaires*); — Décr. 2 janv. 1878 (*relatif à l'institution de commissions régionales en vue de compléter le réseau des chemins de fer d'intérêt général*); — Décr. 31 janv. 1878 (*qui institue un comité consultatif des chemins de fer*); — Décr. 31 janv. 1878 (*portant création d'un conseil supérieur des voies de communication*); — Décr. 8 mars 1878 (*qui : 1° crée parmi les services spéciaux du Trésor un compte intitulé* : séquestre administratif des chemins de fer, *etc.*; — L. 26 mars 1878 (*portant fixation du budget des recettes de l'exercice 1878*), art. 2 et 3 ; — Décr. 25 mai 1878 (*portant organisation administrative des chemins de fer rachetés et provisoirement exploités par l'Etat*); — Décr. 25 mai 1878 (*portant organisation du service financier des chemins de fer rachetés et provisoirement exploités par l'Etat*); — Décr. 11 juin 1878 (*relatif aux indemnités à allouer aux administrations des chemins de fer de l'Etat*); — Décr. 2 août 1878 (*sur le classement des chemins de fer d'intérêt général*); — Décr. 8 sept. 1878 (*portant règlement d'administration publique sur la délimitation de la zône frontière et la réglementation des travaux mixtes*); — Arr. 25 janv. 1879 (*instituant un comité de l'exploitation technique des chemins de fer*); — Arr. 31 mars 1879 (*fixant les bases d'un comité technique des voies et matériel des chemins de fer, conformément aux dispositions adoptées par la conférence internationale de Berne*); — Décr. 1er avr. 1879 (*relatif à l'affectation des cautionnements des préposés des chemins de fer de l'Etat et à l'inscription de ces cautionnements*); — Décr. 21 mai 1879 (*plaçant dans les attributions des inspecteurs généraux appartenant soit au corps des ponts et chaussées, soit au corps des mines, l'inspection du service du contrôle et de la surveillance des chemins de fer en exploitation*); — Arr. 12 juin 1879 (*fixant la composition des commissions de vérification des comptes des compagnies de chemins de fer*); — Décr. 20 juin 1879 (*concernant les inspecteurs généraux des ponts et chaussées et des mines chargés de l'inspection des services du contrôle et de la surveillance des chemins de fer en exploitation*);

— L. 11 juill. 1879 (*qui modifie l'impôt sur les voitures de terre et d'eau en service régulier et sur les chemins de fer*); — Décr. 30 avr. 1880 (*sur les générateurs à vapeur*); — Décr. 20 mai 1880 (*concernant la mise en circulation à titre d'essai, sur les chemins de fer de l'Etat, de voitures à vapeur portant leurs moteurs et de locomotives-tenders de faible poids remorquant une ou plusieurs voitures sans interposition de fourgon*); — L. 11 juin 1880 (*relative aux chemins de fer d'intérêt local et aux tramways*); — L. 27 juill. 1880 (*relative à l'exploitation provisoire de divers chemins de fer construits par l'Etat et non concédés*); — L. 27 juill. 1880 (*sur les chemins de fer miniers*); — L. 29 juill. 1880 (*autorisant le ministre des Travaux publics à entreprendre l'exécution des travaux de superstructure des chemins de fer déclarés d'utilité publique construits par l'Etat*); — Décr. 24 nov. 1880 (*qui reconstitue le comité consultatif des chemins de fer*); — L. 27 déc. 1880 (*qui autorise, en ce qui concerne les clôtures et les barrières, une dérogation à l'art. 4, L. 15 juill. 1845, sur la police des chemins de fer*); — L. 7 janv. 1881 (*relative à l'exploitation de divers chemins de fer construits par l'Etat et non concédés*); — Décr. 18 mai 1881 (*portant règlement d'administration publique pour l'exécution des art. 3 et 29, L. 11 juin 1880, relative aux chemins de fer d'intérêt local et aux tramways*); — Décr. 21 mai 1881 (*relatif à la perception de l'impôt établi sur les entreprises de transport par chemin de fer par les art. 3 et 5, L. 14 juill. 1855 et par l'art. 12, L. 16 sept. 1871*); — Décr. 6 août 1881 (*portant règlement d'administration publique pour l'exécution de l'art. 38, L. 11 juin 1880, relativement à la construction, l'entretien, l'exploitation, la police et la surveillance des voies ferrées sur le sol des voies publiques*); — Décr. 6 août 1881 (*qui approuve le cahier des charges-type pour la concession de chemins de fer d'intérêt local*); — Décr. 6 août 1881 (*contenant un cahier des charges-type pour la concession de tramways*); — Décr. 9 août 1881 (*relatif à l'établissement et à l'exploitation des voies ferrées sur le sol des voies publiques*); — L. 22 août 1881 (*relative à l'exploitation provisoire de divers chemins de fer construits par l'Etat et non concédés*); — Arr. 12 sept. 1881 (*réglant les conditions à remplir pour obtenir l'autorisation de se servir de la mine dans le voisinage des chemins de fer*); — Décr. 24 déc. 1881 (*qui rend exécutoire à la Réunion l'ordonnance du 25 nov. 1846 sur la police, la sûreté et l'exploitation des chemins de fer*); — Décr. 29 déc. 1881 (*portant suppression de la direction générale des chemins de fer et en conférant les attributions à un sous-secrétaire d'Etat*); — Décr. 24 janv. 1882 (*qui augmente le nombre des membres du conseil d'administration des chemins de fer de l'Etat*); — Décr. 7 févr. 1882 (*portant rétablissement d'une direction unique des chemins de fer au ministère des Travaux publics*); — Arr. 13 févr. 1882 (*qui modifie les art. 2 et 4, Arr. 25 janv. 1879*); — Décr. 18 févr. 1882 (*relatif à la composition du conseil d'administration des chemins de fer de l'Etat*); — Décr. 20 mars 1882 (*portant règlement d'administration publique pour l'exécution de la loi du 11 juin 1880 relative aux chemins de fer d'intérêt local et aux tramways*); — Décr. 20 mars 1882 (*qui modifie celui du 24 nov. 1880 portant organisation du comité consultatif des chemins de fer*); — Décr. 28 mars 1882 (*qui substitue aux commissions mixtes nommées par chaque compagnie une commission unique de contrôle pour toutes au point de vue de la garantie d'intérêt*); — L. 22 juin 1882 (*relative à l'exploitation provisoire de diverses lignes de chemins de fer construites ou rachetées par l'Etat et non concédées*); — Décr. 24 août 1882 (*sur le contrôle financier des chemins de fer de l'Est algérien*); — Décr. 7 oct. 1882 (*portant création d'une commission pour résoudre les questions se rapportant au régime des chemins de fer*); — Décr. 8 déc. 1882 (*qui affranchit du droit d'octroi les matières destinées à la construction et à l'exploitation des chemins de fer et des lignes télégraphiques*); — Décr. 13 janv. 1883 (*portant institution d'une caisse de retraites en faveur des agents et employés commissionnés de tous les services du réseau des chemins de fer de l'Etat*); — Décr. 28 mars 1883 (*qui remplace par une commission unique les diverses commissions instituées pour la vérification des comptes des compagnies de chemins de fer*); — Décr. 28 avr. 1883 (*relatif à la composition du conseil d'administration des chemins de fer de l'Etat*); — L. 17 juill. 1883 (*qui rend exécutoire en Algérie la loi du 11 juin 1880 sur les chemins de fer d'intérêt local et les tramways*); — Décr. 11 août 1883 (*qui modifie l'ordonnance du 15 nov. 1846 sur la police, la sûreté et l'exploitation des chemins de fer*); — L. 20 nov. 1883 (*portant approbation d'un certain nombre de conventions passées avec les grandes compagnies*); — Décr. 31 déc. 1883 (*constituant une direction unique des chemins de fer*); — Décr. 7 juin 1884 (*qui institue des commissaires généraux chargés de surveiller, dans l'intérêt de l'Etat, tous les actes de la gestion financière des compagnies de chemins de fer*); — Décr. 26 juin 1884 (*qui fixe le traitement des commissaires généraux des chemins de fer*); — Décr. 26 juin 1884 (*concernant les inspecteurs des finances nommés commissaires généraux des chemins de fer*); — Décr. 7 juill. 1884 (*créant une direction générale des chemins de fer et des étapes*); — Décr. 30 juill. 1884 (*relatif à l'organisation d'un service de surveillance médicale dans les gares de chemins de fer*); — Décr. 29 oct. 1884 (*portant règlement général sur les transports militaires par chemins de fer*); — Décr. 21 févr. 1885 (*portant que le ministère du commerce aura deux représentants dans le comité consultatif de chemins de fer*); — Décr. 25 mars 1885 (*portant abrogation du décret du 20 déc. 1878 instituant un cadre auxiliaire d'ingénieurs, de chefs et de sous-chefs de travaux de l'Etat*); — Décr. 7 juill. 1885 (*relatif au paiement des frais généraux et de l'intérêt des avances de fonds des compagnies*); — Décr. 23 déc. 1885 (*modifiant l'art. 8, Décr. 20 mars 1882, portant règlement d'administration publique pour l'exécution de la loi du 11 juin 1880, relative aux chemins de fer d'intérêt local et aux tramways*); — Décr. 10 févr. 1886 (*portant que le comité consultatif des chemins de fer aura deux vice-présidents*); — Décr. 10 févr. 1886 (*portant que les fonctionnaires des diverses administrations appelées à faire partie du comité consultatif des chemins de fer cesseront d'appartenir à ce comité lors de leur admission à la retraite*); — Décr. 28 mars 1886 (*portant que le directeur général des domaines fera partie de droit du comité consultatif des chemins de fer*); — Décr. 30 mars 1886 (*réorganisant la commission militaire supérieure des chemins de fer*); — Décr. 16 août 1886 (*qui étend à diverses lignes de chemins de fer les attributions des commissaires généraux telles qu'elles ont été définies par le décret du 7 juin 1884*); — Décr. 28 oct. 1886 (*portant que le direc-*

teur général des douanes fera partie de droit du comité consultatif des chemins de fer); — Décr. 29 janv. 1887 (répartissant en trois services distincts les approvisionnements de l'administration des chemins de fer de l'Etat); — Décr. 7 sept. 1887 (portant réorganisation du comité consultatif des chemins de fer); — Décr. 19 sept. 1887 (qui modifie l'art. 2, Décr. 20 mai 1880, relatif à la mise en circulation, pour le service des voyageurs, de voitures portant leur moteur avec elles ou de locomotives-tenders de faible poids remorquant une ou plusieurs voitures, sans interposition de fourgon); — Décr. 29 oct. 1887 (qui modifie celui du 7 sept. 1887, portant réorganisation du comité consultatif des chemins de fer); — Décr. 4 janv. 1888 (relatif à la composition du comité consultatif des chemins de fer); — L. 11 avr. 1888 (qui modifie les art. 105 et 108, C. comm.); — Décr. 9 juill. 1888 (qui modifie le règlement relatif à l'institution d'une caisse des retraites en faveur des agents et employés commissionnés de tous les services du réseau des chemins de fer de l'Etat); — Décr. 14 août 1888 (portant augmentation du nombre des membres du comité consultatif des chemins de fer); — L. 28 déc. 1888 (modifiant les art. 22 à 27, L. 13 mars 1875, relative à la constitution des cadres et des effectifs de l'armée active et de l'armée territoriale); — Décr. 23 janv. 1889 (qui modifie l'art. 10, Ord. 15 nov. 1846, portant réglementation sur la police, la sûreté et l'exploitation des chemins de fer); — Décr. 5 févr. 1889 (organisant le service militaire des chemins de fer); — Décr. 5 févr. 1889 (portant organisation des sections des chemins de fer de campagne); — Décr. 5 févr. 1889 (réglant la composition et les attributions de la commission supérieure militaire des chemins de fer); — Décr. 9 mars 1889 (qui autorise la mise en circulation de trains dits légers); — L. 11 juill. 1889 (relative à la création d'un 5e régiment du génie dit régiment de sapeurs de chemins de fer); — Décr. 10 oct. 1889 (sur l'organisation et le fonctionnement du service des chemins de fer); — Décr. 19 déc. 1889 (portant réorganisation du comité consultatif des chemins de fer); — L. 7 févr. 1890 (portant approbation de conventions passées avec la compagnie du chemin de fer du Nord); — L. 10 févr. 1890 (réglant la composition de la commission mixte des travaux publics); — Décr. 18 juill. 1890 (*relatif aux mesures générales à prendre pour le transport des matières dangereuses*); — L. 2 juill. 1890 (*relative à la convocation, en temps de paix, des hommes de la réserve de l'armée territoriale affectés à la garde des voies de communication*); — Décr. 5 juill. 1890 (*organisant la garde des voies de communication*); — L. 27 déc. 1890 (*sur le contrat de louage et sur les rapports des agents de chemins de fer avec les compagnies*); — Décr. 11 juin 1891 (*qui modifie l'art. 2 du règlement annexé au décret du 13 janv. 1883, portant création d'une caisse de retraites en faveur des agents et employés commissionnés des chemins de fer de l'Etat*); — Décr. 17 oct. 1891 (*portant réorganisation du comité de l'exploitation technique des chemins de fer*); — L. 26 janv. 1892 (*portant fixation du budget des dépenses et des recettes de l'exercice 1892*), art. 26, 27 et 28; — Décr. 12 avr. 1892 (*concernant le service des colis postaux*); — L. 10 mars 1892 (*qui porte à cinq le nombre des membres de droit du comité consultatif des chemins de fer*); — Décr. 27 juin 1892 (*portant exécution des lois des 12 et 13 avr. 1892 concernant les colis postaux*); — Décr. 25 nov. 1892 (*qui prescrit la promulgation de la convention internationale sur le transport de marchandises par chemins de fer signée, le 14 oct. 1890, entre la France, l'Allemagne, l'Autriche-Hongrie, la Belgique, l'Italie, le Luxembourg, les Pays-Bas, la Russie et la Suisse*); — L. 27 déc. 1892 (*concernant l'assimilation aux récépissés de chemins de fer des lettres de voiture internationales créées en vertu de la convention signée à Berne le 14 oct. 1890 pour le transport des marchandises par chemins de fer*).

BIBLIOGRAPHIE.

Addenet, Les Codes annotés des circulaires, 1859, 1 vol. in-8°, p. 263 et s. — Alauzet, Commentaire du Code de commerce et de la législation commerciale, 1879, 3e édit., 8 vol. in-8°, t. 3, n. 1109 et s. — Allard, Personnalité civile du département, 1891, 1 vol. in-8°, p. 175 et s. — Archambault et Senly, Dictionnaire pratique des actions possessoires et du bornage, 1889-1890, 2 vol. gr. in-8°, v° Chemin de fer. — Arnauld de Praneuf, Traité des juridictions administratives, 1868, 1 vol. in-8°, p. 81, 239. — Aubry et Rau, Cours de droit civil français, 1869-1879, 4e édit., 8 vol. in-8°, t. 2, p. 38, § 169; t. 3, p. 5, § 239. — Aucher, Code du contentieux des contributions directes, 1864, Le Mans, 1 vol. in-8°, n. 816, 847, 987, 1041, 1042. — Aucoc, Conférences sur l'administration et le droit administratif, 1885-1886, 2e édit., 3 vol. in-8° parus, t. 1, n. 31, 77, 292, 313, 315; t. 2, n. 452; t. 3, n. 1205 et s. — Barbier, Traité du budget départemental, 1873, 1 vol. in-8°, p. 163, 169, 232, 578. — Batbie, Traité théorique et pratique de droit public et administratif, 1885, 2e édit., 8 vol. in-8°, t. 1, p. 128; t. 5, n. 378 et s.; t. 6, n. 55 et s. — Beaugé, Manuel de législation, d'administration et de comptabilité militaires, 1891, 8e édit., 2 vol. in-8°, t. 1, n. 399 et s. — Bertheau, Répertoire raisonné de la pratique des affaires (en cours de publication), vis Chemin de fer d'intérêt général, Chemin de fer d'intérêt local, Chemin de fer de l'Etat, Chemins de fer industriels, Chemins de fer internationaux, Chemin de fer métropolitain, Chemin de fer transsaharien, Chemin de fer transcaspien,

Chemin de fer transsibérien. — Bioche, *Dictionnaire des justices de paix et de simple police*, 1866-1867, 2ᵉ édit., 3 vol. in-8°, v° *Chemin de fer* (supplément); — *Dictionnaire de procédure civile et commerciale*, 1867, 5ᵉ édit., 6 vol. in-8°, vⁱˢ *Compétence des tribunaux de commerce*, n. 19, 48, 184, 312, *Compétence des tribunaux de paix*, n. 110 et s., 430, 449, *Expropriation* (utilité publique), n. 11, 17, 140 et s., 410, 419. — Blanche, *Dictionnaire général d'administration*, 1878, 2ᵉ édit., 2 vol. gr. in-8°, avec 2 suppl., 1884-1889, v° *Chemin de fer*. — Blanche et Dutruc, *Etudes sur le Code pénal*, 1888-1891, 2ᵉ édit., 7 vol. in-8°, t. 5, n. 533. — Block, *Dictionnaire de l'administration française*, 1891, 3ᵉ édit., 1 vol. gr. in-8°, vⁱˢ *Chemins de fer, Voitures publiques*, n. 61 et s. — Bost, *Encyclopédie des justices de paix et des tribunaux de simple police*, 1854, 2ᵉ édit., 2 vol. in-8°, v° *Chemin de fer*. — Brayer, *Procédure administrative des bureaux de police*, 1866, 1 vol. in-8°, p. 463 et s. — Carré, *Compétence judiciaire des juges de paix en matière civile et pénale*, 1888, 2ᵉ édit., 2 vol. in-8°, t. 2, n. 1198 et s. — Cauwès, *Cours d'économie politique*, 1893, 3ᵉ édit., 3 vol. in-8° parus, t. 1, n. 380 et s. — De Champagny, *Traité de la police municipale*, 1844-1863, 4 vol. in-8°, t. 4, n. 229 et s. — Chauveau, F. Hélie et Villey, *Théorie du Code pénal*, 1887-1888, 6ᵉ édit., 6 vol. in-8°, t. 4, n. 1424. — Christophle et Auger, *Traité théorique et pratique des travaux publics*, 1889-1890, 2 vol. in-8°, t. 1, n. 34, 67, 74 et s., 126 et s., 154 et s., 199 et s., 284 et s., 431, 1409; t. 2, n. 1466, 1467, 1474 et s., 1530, 1547 et s., 1714, 1730 et s., 1821 et s., 1925, 1976 et s., 2120, 2123, 2182, 2378 et s. — Clamageran, *Du louage d'industrie, du mandat et de la commission*, 1856, 1 vol. in-8°, n. 238 et s. — Cochet de Savigny, Perrève, Kerchiner et Ruffet, *Dictionnaire de la gendarmerie*, 1885, 3ᵉ édit., 1 vol. in-8°, v° *Chemin de fer*. — Cotelle, *Cours de droit administratif appliqué aux travaux publics*, 1862, 3ᵉ édit., 4 vol. in-8°, t. 4, p. 2 et s. — Crépon, *Code annoté de l'expropriation pour cause d'utilité publique*, 1885, 1 vol. in-8°, p. 396; — *Du pourvoi en cassation en matière civile*, 1892, 3 vol. in-8°, t. 2, n. 1018, 1634; t. 3, n. 1740 et s. — Daffry de la Monnoye, *Théorie et pratique de l'expropriation pour cause d'utilité publique*,

1879, 2 édit., 2 vol. in-8°, t. 1, p. 11, 130; t. 2, p. 209, 564. — Derouin et Worms, *Traité des autorisations de plaider nécessaires aux communes et aux établissements publics*, 1891, 1 vol. in-8°, p. 263, 335. — Devilleneuve, Massé et Dutruc, *Dictionnaire du contentieux commercial et industriel*, 1875, 6ᵉ édit., 2 vol. gr. in-8°, vⁱˢ *Chemin de fer, Lettre de voiture*, n. 38 et s. — Ducrocq, *Cours de droit administratif*, 1881-1886, 6ᵉ édit., 3 vol. in-8°, t. 1, n. 341; t. 2, n. 814, 920, 945 et s., 1223, 1249, 1343, 1344, 1399. — Dufour, *Traité général de droit administratif appliqué*, 1869-1870, 3ᵉ édit., 8 vol. in-8°, t. 3, n. 212 et s.; t. 4, n. 156, 193, 194; t. 8, n. 391, al. 2, note. — Durand, *Des conseils généraux des départements*, 1871, 1 vol. in-8°, p. 86 et s. — Dutruc, *Mémorial du ministère public*, 1871, 2 vol. in-8°, v° *Chemin de fer;* — *Supplément aux lois de la procédure civile et commerciale*, 1888, 2ᵉ édit., 4 vol. in-8°, vⁱˢ *Ajournement*, n. 57 et s., 351, 352, 361; *Saisie immobilière*, n. 126 et s., *Tribunal de commerce*, n. 75, 83, 85, 116, 118, 121, 146. — Féraud-Giraud, *Servitudes de voirie*, 1850, 2 vol. in-8°, t. 2, n. 520. — Garbourleau, *Du domaine public*, 1859, 1 vol. in-8°, p. 279 et s. — Garraud, *Traité théorique et pratique du droit pénal français* (en cours de publication), t. 4, n. 429. — Gaudry, *Traité du domaine*, 1862, 3 vol. in-8°, t. 1, p. 570 et s.; t. 2, p. 598 et s. — Gautier, *Précis des matières administratives dans leurs rapports avec les matières civiles et judiciaires*, 1879, 1 vol. in-8°, p. 245 et s. — Guillouard, *Traité du contrat de louage*, 1891, 3 édit., 2 vol. in-8°, t. 2, n. 723, 725, 734, 736 et s., 903. — Husson, *Traité de la législation des travaux publics et de la voirie*, 1851, 2ᵉ édit., 1 vol. in-8°, p. 560 et s., 588, 1006 et s. — Jay, *Dictionnaire général et raisonné des justices de paix*, 1859, 2 édit., 4 vol. in-8°, v° *Chemins de fer;* — *Traité de la compétence générale des juges de paix*, 1864, 2ᵉ édit., 1 vol. in-8°, p. 60, 61, 72. — Jousselin, *Traité des servitudes d'utilité publique*, 1850, 2 vol. in-8°, t. 2, p. 373 et s. — Laferrière, *Traité de la juridiction administrative et des recours contentieux*, 1887-1888, 2 vol. gr. in-8°, t. 1, p. 639; t. 2, p. 120, 125, 179. — Lansel et Didio, *Encyclopédie du notariat et de l'enregistrement* (20 vol. parus), v° *Chemin de fer*. — Laurent, *Principes du droit civil français*, 1869-

1878, 3e édit., 33 vol. in-8°, t. 5, n. 410; t. 6, n. 34; t. 7, n. 467; t. 20, n. 390, 597, 598; t. 25, n. 535 et s.; — *Le droit civil international*, 1880-1882, 8 vol. in-8°, t. 8, n. 171 et s. — Lautour, *Code usuel d'audience*, 1887-1890, 2e édit., 2 vol. in-8°, t. 2, v° *Chemin de fer*. — Leloir, *Code des parquets*, 1889, 2 vol. in-18, t. 1, n. 197, 198; t. 2, n. 6, 19, 20, 27, 33, 66, 68. — Le Poittevin, *Dictionnaire formulaire des parquets*, 1884-1886, 3 vol. in-8°, v° *Chemin de fer*. — Lyon-Caen et Renault, *Précis de droit commercial*, 2 vol. in-8°, t. 1, n. 939 et s.; — *Traité de droit commercial*, 1888-1891, 2 édit., 3 vol. in-8° parus, t. 1. p. 191, note 1; t. 3, n. 720 et s., 838, 842 et s. — Malapert, *Histoire de la législation des travaux publics*, 1880, 1 vol. in-8°, p. 270, 271, 312, 342, 343, 360, 370, 418, 430, 434, 436, 467 et s. — Marc Deffaux, Harel et Dutruc, *Encyclopédie des huissiers*, 1888-1892, 4e édit., 6 vol. in-8°, v° *Chemin de fer*. — Marie, *Des conseils généraux*, 1882, 1 vol. in-8°, p. 151 et s. — Massé, *Le droit commercial dans ses rapports avec le droit des gens et le droit civil*, 1874, 3e édit., 4 vol. in-8°, t. 2, n. 1376, 1385; t. 3, n. 1549. — Morin, *Répertoire universel et raisonné de droit criminel*, 1851, 2 vol. in-4°, v° *Chemin de fer*. — Olibo, *Code des contributions indirectes et des octrois*, 3 vol. in-8°, passim. — Orillard, *Code des conseils de préfecture et des conseils généraux de département*, 1871, 2e édit., 1 vol. in-8°, p. 167, 187 et s. — Périer, *Traité de l'organisation et de la compétence des conseils de préfecture*, 1884, 2 vol. in-8°, t. 1, n. 75, 81, 101, 141, 169, 186, 262, 276, 305 et s., 320, 326, 339, 346; t. 2, n. 392 et s., 398 et s. — Perrin, Rendu et Sirey, *Dictionnaire des constructions et de la contiguité*, 1892, 7e édit., 1 vol. in-8°, v° *Chemin de fer*. — Perriquet, *Traité théorique et pratique des travaux publics*, 1883, 2 vol. in-8°. — Pouget, *Des droits et des obligations des divers commissionnaires*, 1872, 4 vol. in-8°, t. 4, n. 726 et s.; — *Transport par eau et par terre*, 1859, 2 vol. in-8°, t. 2, n. 238 et s. — Ravon et Collet-Corbinière, *Dictionnaire juridique et pratique de la propriété bâtie*, 1885-1891, 3 vol. gr. in-8°, v° *Chemin de fer*. — Rivière, *Répétitions écrites sur le Code de commerce*, 1882, 8e édit., 1 vol. in-8°, p. 305 et s. — Rolland de Villargues, *Les Codes criminels*, 1877, 5e édit., 2 vol. gr. in-8°, t. 2, v° *Chemin de fer*. — Rousseau et Laisney, *Dictionnaire théorique et pratique de procédure civile, commerciale, etc.*, 1885, 2ᵉ édit., 9 vol. in-8°, v° *Action possessoire*, n. 54, 284, 423, 453, 458, 476, 573. — Ruben de Couder, Goujet et Merger, *Dictionnaire de droit commercial*, 1877-1881, 3 édit., 6 vol. in-8°, vⁱˢ *Chemin de fer, Tramway*. — Sanlaville, *De l'occupation définitive sans expropriation*, 1890, 1 vol. in-8°, p. 26 et s., 32, 34, 42 et s., 67, 81, 150, 154 et s., 182. — Say, Foyot et Lanjalley, *Dictionnaire des finances* (en cours de publication), v° *Chemin de fer*. — Sentupéry, *Manuel pratique d'administration*, 1887, 2 vol. in-8°, t. 1, n. 732 et s., 838; t. 2, n. 2807, 3695 et s., 3717. — Simonet, *Traité élémentaire de droit public et administratif*, 1884, 1 vol. in-8°, n. 1117 et s. — Teissier et Chapsal, *Traité de la procédure devant les conseils de préfecture*, 1891, 1 vol. in-8°, p. 91, 93, 95, 96, 103, note 1. — Trescaze, *Dictionnaire général des contributions indirectes*, 1884, Poitiers, 3ᵉ édit. avec suppl., 1 vol. in-4°, vⁱˢ *Chemin de fer, Responsabilité civile*, n. 36 et s., *Voitures publiques*, n. 511 et s. — Vallet et Montagnon, *Manuel des magistrats du parquet*, 1890, 2 vol. in-8°, t. 1, n. 111 et s., 148, 218, 219, 393; t. 2, n. 1246. — Villey, *Du rôle de l'Etat dans l'ordre économique*, 1882, 1 vol. in-8°, p. 266 et s.

Andelle, *Considérations sur l'essor à donner en France aux chemins de fer, les avantages qu'ils présentent, etc.*, 1832, in-4°. — Anizon, *Etude sur les transports par chemins de fer*, 1874, 1 vol. in-8°. — *Annuaire officiel des chemins de fer* (paraît annuellement depuis 1847), in-12. — Ch. Assolant, *De la nécessité et des avantages du rachat des chemins de fer français par l'Etat*, 1881-1882, in-8°. — L. Aucoc, *Des moyens employés pour constituer le réseau des chemins de fer français et en particulier des conventions relatives à la garantie d'intérêt et au partage des bénéfices*, 1875, in-8°; — *L'inauguration des chemins de fer en France*, 1887, broch. in-4°. — Audiganne, *Les chemins de fer aujourd'hui et dans cent ans chez tous les peuples*, 1858, 2 vol. in-8°. — Averous, *Les tarifs des chemins de fer en France et à l'étranger*, 1881, 3ᵉ édit., in-8°. — A. Bacqua de Labaille, *Code annoté des chemins de fer*, 1847, in-8°. — Bacqua, *Législation des chemins de fer*, 1847, in-8°. — F. Bartholoni, *Du meilleur système à adopter pour l'exécution des travaux publics en France et notamment des grandes lignes de chemins de fer*, 1839, 2° édit., in-8°; — *Résultats économiques des chemins de fer*, 1844, broch. in-8°. — Batailler, *Notes sur les chemins de fer économiques*, Périgueux, 1879, in-8°. — Ch. Baum, *Etude sur les chemins de fer d'intérêt local*, 1878, in-8°; — *Les chemins de fer de l'Etat et les chemins de fer concédés à des compagnies privées*, 1877, in-8°; — *Etude économique sur les résultats de l'exploitation des chemins de fer français*, 1877, in-8°; — *Le relèvement des tarifs de chemins de fer*, 1877, in-8°. — *Mémoire sur le prix de revient des transports par chemin de fer*, 1876, in-8°; — *Résultat de l'exploitation des chemins de fer français*, 1877, in-8°. — D. Bazaine, *Chemins de fer. De l'impôt sur le prix des places et des prix de péage et de transport qui composent les tarifs*, 1850, 1 broch. in-4°. — Bédarride et Rivière, *Des chemins de fer au point de vue du transport des voyageurs et des marchandises*, 1891, 3° édit., 3 vol. in-8°. — Bertrand, *Organisation militaire des chemins de fer*, 1875, in-8°. — Bert, *Loi du 11 avr. 1888 concernant les transports de marchandises par chemin de fer. Responsabilité des compagnies*, etc., 1888, in-8°. — Berthault-Ducreux, *Exposé des faits et des principes sur lesquels repose la solution des principales questions que soulèvent les chemins de fer*, 1845, in-8°. — Besson, *Accidents de chemins de fer*, 1865, in-8°. — L. Beuf, *Etude sur les chemins de fer d'intérêt local*, 1885, in-8°. — Blanche, *Contentieux des chemins de fer*, 1861, 1 vol. in-8°; — *Des transports par chemins de fer et de la responsabilité des compagnies*, 1866, 2 vol. in-8°. — Michel Body, *Les chemins de fer dans leurs applications militaires*, 1868, in-8°. — Boinvilliers, *Des transports à prix réduit sur les chemins de fer*, 1859, 1 vol. in-8°; — *Les chemins de fer désastreux*, 1880, in-12. — Boistel, *Commentaire des lois du 11 avr. 1888 et du 4 mars 1889 sur les transports et la liquidation judiciaire*, 1 vol. in-8°. — P. Boiteau, *Le régime des chemins de fer français, Principe et application*, 1875, in-8°. — J. Bornecque, *Les locomotives routières considérées au point de vue militaire*, 1878, in-8°. — P. Boubec, *Des chemins de fer économiques*, 1870, in-

8°. — R. Boudon, *La vérité sur les chemins de fer en France*, 1866, in-8°. — Bouet, *Etude sur les chemins de fer départementaux économiques à voie étroite*, 1878, in-8°. — Bouffet, *Etude sur les chemins de fer d'intérêt local et la loi du 12 juill. 1865*, Carcassonne, 1874, in-8°. — Boulan, *Les chemins de fer d'intérêt local*, 1879, in-8°. — De Boureuille, Dufaure et Lechatellier, *Rapport sur l'application des tarifs différentiels*, 1850, 1 cah. in-4°. — Bourgeois, *Essai d'analyse des dépenses d'exploitation de chemin de fer de l'Etat*, 1869, in-8°; — *Les chemins de fer à voie étroite*, 1878, in-8°. — Boutillier, *Traité pratique des attributions des commissaires de surveillance administrative des chemins de fer*, 1865, in-8°. — Braërt, *Les accidents de chemins de fer*, 1883, 1 vol. in-8°. — A. Brière, *Quelques notions sur les tarifs de chemin de fer*, 1881, in-8°. — Buffeteau, *Le voyageur et ses bagages*, 1885, 2ᵉ édit., 1 vol. in-8°. — *Bulletin des chemins de fer*. — De Calonne, *Les chemins de fer de l'Etat*, 1882, in-12. — Cambier, *Guide pratique sur les études, les expropriations et la construction d'un chemin de fer*, 1879, in-8°. — Carré, *Etudes sur les accidents de chemin de fer*, 1857, in-8°. — A. Cazeneuve, *Le réseau d'intérêt local et les chemins de fer sur route*, 1880, in-8°; — *Les chemins de fer français*, 1877, in-8°. — Cerclet, *Code des chemins de fer*, 1843, 1 vol. in-8°. — E. Chabrier, *Les chemins de fer d'intérêt local sur les routes*, 1879, in-8°; — *Les chemins de fer ruraux*, 1875, in-8°. — Chaix, *Répertoire de la législation des chemins de fer*, 1855, 1 vol. in-12. — Challot, *Tramways et chemins de fer sur routes; Historique, jurisprudence, réglementation*, 1878, 2ᵉ édit., in-18. — Charié-Marsaines, *Mémoire sur les chemins de fer considérés au point de vue militaire*, 1862, 1 broch. in-8°. — Chaugaison, *Guide pratique et raisonné en matière de transports par chemin de fer*, 1886, 1 vol. in-8°. — Chauveau des Roches, *Voies de communication intérieures. Législation nouvelle. Chemins de fer d'intérêt local*, 1869, in-8°. — Chauvet, *Traité sur les transports par chemin de fer, par terre et par eau*, Reims, 1870, 1 vol. in-8°. — O. Chemin, *Collection de documents sur les tramways*, 1878-1879, 1 dossier, in-4°. — *Chemins de fer de l'Etat. Conseil d'administration. Recueil des conventions, sentences arbitrales, lois de rachat, décrets d'organisation, arrêtés ministé-*

riels et cahiers de charges relatifs aux chemins de fer de l'Etat, lois de finances réglant le rachat de ces chemins, etc., 1889. — A. Chérot, *De la concurrence en matière de chemins de fer et nos grands ports de commerce*, 1878, in-8°; — *Les grandes compagnies de chemins de fer en 1877*, 1877, in-8°; — *Les grandes voies de communication internationales*, 1875, in-8°; — *Du rachat général des chemins de fer et d'une organisation régionale du réseau français*, 1878, in-8°. — Chérot, de Labry et Garnier, *Discussion sur un plan de réorganisation des chemins de fer français*, 1880, in-8°. — M. Chevallier, *Enquête sur l'exploitation et la construction des chemins de fer*, 1863, gr. in-4°. — Choppard, *Des chemins de fer industriels*, 1880, 1 vol. in-8°; — *Du régime légal des chemins de fer*, 1878, 1 vol. in-8°. — Choron, *Etude sur le régime général des chemins de fer*, 1881, 1 vol. in-8°. — A Christophle, *Ordre général concernant le transport des matières dangereuses sur les voies ferrées*, 1876, in-4°. — Ch. Collignon, *Du concours des canaux et des chemins de fer au point de vue de l'utilité publique*, 1845, in-8°. — Conseil d'Etat. *Enquête sur l'application des tarifs des chemins de fer*, 1850, 1 vol. in-4°. — Raymond de Coynan, *Note sur les conditions générales des transports de troupes par les chemins de fer*, 1856, in-8°. — Cordier, *Considérations sur les chemins de fer*, 1830, in-8°. — Cotelle, *Législation française des chemins de fer et de la télégraphie électrique*, 1867, 2° édit., 2 vol. in-8°. — Ch. Couche, *Des mesures propres à prévenir les accidents sur les chemins de fer*, 1853, in-8°. — Cousy de Fageolles, *Dictionnaire des chemins de fer*, 1861, in-12. — Cramer, *De la responsabilité des chemins de fer*, 1877, 1 vol. in-8°. — Cronier, *Précis sur les chemins de fer de la France. Moyens financiers d'achever sans retard l'établissement du réseau*, 1847, in-8°. — Dagail, *Des chemins de fer d'intérêt local ou chemins à faible trafic. Chemins à voie étroite*, 1871, in-8°. — Daru, *Des chemins de fer et de l'application de la loi du 11 juin 1842*, 1843, in-8° — P. David, *Le transport des marchandises par chemin de fer remis à l'industrie privée*, 1871, in-8°. — Delambre, *Emploi militaire des chemins de fer*, 1872, in-12; — *Etude sur les chemins de fer au point de vue militaire*, 1854, in-12; — *Petites et grandes compagnies de chemins de fer*, 1878, in-8°. — L. Delattre, *Tribulations des voyageurs et des expéditeurs en chemin de fer*, 1858, in-12. — Delaunay, *Revue des questions les plus importantes sur l'établissement des chemins de fer en France*, 1835, 1 vol. in-4°. — Deslignières, *Petit code du voyageur en chemin de fer*, 1869, 1 vol. in-18. — Demeur, *Les chemins de fer français en 1860*, 1860, in-12. — Deniol, *De la construction et de l'exploitation des chemins de fer en France*, 1845, in-8°. — Dordan, *Questions litigieuses concernant les transports par chemins de fer. De la lettre d'avis*, 1883, 1 vol. in-8°. — F. Dubus, *Les chemins de fer devant les pouvoirs publics*, 1877, gr. in-8°; — *Les conventions de l'Etat avec les six grandes compagnies de chemin de fer*, 1883, in-8°. — Dulin et Fousset, *Etat actuel des chemins de fer. Construction et exploitation économiques des nouvelles lignes complémentaires*, 1874, 1 broch. in-12. — Dumay, *Les concessions de chemins de fer*, 1878, 1 vol. in-8°. — Dunoyer, *Esprit et méthodes comparées de l'Angleterre et de la France dans les entreprises de travaux publics et en particulier de chemins de fer*, 1840, in-8°. — Duparcq, *Loi du 11 avr. 1888 portant modification des art. 105 et 108, C. comm.*, 1888, 1 vol. gr. in-8°. — Duplay, *Note sur l'emploi des recettes provenant des frais de magasinage dans les gares de chemins de fer*, Lille, 1878, in-8°. — Duverdy, *Traité du contrat de transport par terre en général et spécialement par chemins de fer*, 1874, 2ᵉ édit., 1 vol. in-18; — *Traité pratique et juridique de l'application des tarifs des chemins de fer*, 1866, 1 vol. in-8°. — Duverger, *Le régime des chemins de fer français devant le Parlement* (1871-1886). — E..., *Etude sur les chemins de fer et les télégraphes électriques considérés au point de vue de la défense du territoire*, 1874, 2 vol. in-8°. — W. Eddy, *L'employé de chemin de fer. Sa condition en France et en Angleterre*, 1883, in-8°. — Eger, *Le contrat de transport considéré spécialement au point de vue des transports par chemins de fer*, 1879-1883; — Emion, *Manuel pratique ou traité de l'exploitation des chemins de fer*, 1864-1865, 1 vol. in-18. — H. Entz, *Les chemins de fer et les transports militaires*, 1881, in-8°. — Eon, *Législation des transports (étude sur les projets de réforme des art. 105 et 108, C. comm.)*, 1882, 1 vol. in-12. — A. Fabiani, *Les chemins de fer de la Corse*, 1875, in-

32. — J. Fabre, *Manuel à l'usage des candidats aux fonctions de commissaire de police ou d'inspecteur spécial de la police des chemins de fer*, 1889, 1 vol. in-8°. — V. Fabre, *Notions économiques. Application aux tarifs et à la gestion des chemins de fer*, 1862, in-8°. — Fairlie, *Aurons-nous des chemins de fer ou n'en aurons-nous pas?* 1872, in-12. — A. Faliès, *Le nouveau projet de loi des chemins de fer d'intérêt local*, 1879, in-8°; — *Etude théorique et pratique sur les chemins de fer à traction de locomotives sur route*, 1878, in-8°. — Féolde, *Des transports par chemin de fer; voyageurs et marchandises*, 1890, 1 vol. in-8°. — Féraud-Giraud, *Code des transports de marchandises et de voyageurs par chemin de fer*, 1889, 2ᵉ édit., 3 vol. in-18; — *Législation des chemins de fer par rapport aux propriétés riveraines*, 1853, 1 vol. in-8°; — *Les voies publiques et privées modifiées, détruites ou créées par suite de l'exécution des chemins de fer*, 1878, 1 vol. in-8°. — M. Fernandez de Castro, *Description et examen de tous les systèmes proposés pour éviter les accidents sur les chemins de fer au moyen de l'électricité*, 1859, 2 vol. in-16. — Ficquet, *Question des transports. Note sur les inconvénients que présentent les tarifs actuels des chemins de fer et sur les moyens de remédier à ces inconvénients*, Le Hâvre, 1878, in-18. — Fisquet, *Histoire générale des chemins de fer*, 1882, 1 vol. in-4°. — E. Flachat, *Les chemins de fer, les charbonnages, les prix différentiels de transport et les prix différentiels de vente*, 1859, 1 broch. in-8°; — *La batellerie, les charbonnages français, les chemins de fer*, 1858, 1 broch. in-8°; — *Les chemins de fer en 1862-1863*, 1863, in-8°. — Flamache et Hubert, *Traité d'exploitation des chemins de fer*, 1892, in-8°. — De Foville, *La transformation des moyens de transport et ses conséquences économiques et sociales*, 1880, in-8°. — Galopin, *Des voituriers par terre, par eau et par chemin de fer, ou Traité théorique et pratique des transports*, 1866, 1 vol. in-8°. — N. Gand, *Traité de la police et de la voirie des chemins de fer et de la législation des locomotives qui les desservent*, 1846, in-8°. — Gastineau, *Histoire des chemins de fer*, 1863, 1 broch, in-12. — Gavey, *Questions du jour entre les compagnies de chemins de fer et le commerce; responsabilité; magasinage*, 1875, 1 vol. in-8°. — Gillieron, *De la res-*

ponsabilité des compagnies de chemins de fer, 1875, 1 vol. in-8°.
— Girard, *Considérations générales sur les chemins de fer et l'esprit d'association*, 1832, in-4°. — Gisclard, *Code des chemins de fer d'intérêt local*, 1882, 1 vol. in-18. — Ch. Goschler, *Les chemins de fer nécessaires*, 1873, in-8°; — *Traité pratique de l'entretien et de l'exploitation des chemins de fer*, 1871, 2e édit., 4 vol. in-8°. — Goudin, *La vigie des transports par chemins de fer*, 1886, 1 vol. in-8°. — J. de la Gournerie, *Etude économique sur l'exploitation des chemins de fer*, 1880, in-8°; — *Le produit brut dans les concessions de chemins de fer*, 1878, in-8°; — *Note sur les chemins de fer rachetés*, 1878, in-8°. — Grandvallet, *Les chemins de fer français au point de vue de la guerre*, 1889, in-8°.
— Grandvaux, *Législation des transports par terre et par eau*, 1855, 2e édit., 1 vol. in-8°. — Granger-Fabre, *Manuel du commissaire de surveillance administrative des chemins de fer*, 1882, 1 vol. in-18. — G. Graux, *Les conventions avec les grandes compagnies*, 1883, in-8°. — Guégan et Cambuzat, *Etude sommaire de la législation usuelle des octrois relative aux chemins de fer*, 1870, 1 vol. in-8°. — Guillaume, *De la législation des rails, routes et chemins de fer en Angleterre et en France*, 1838, 1 vol. in-8°.
— Guillemain, *Des transports successifs; répartition des droits, obligations et responsabilités*, 1886, 1 vol. in-8°. — A. Guillemin, *Les chemins de fer*, 1884, in-12. — Guimbert, *De la sécurité des voyageurs sur les chemins de fer*, 1879, in-8°. — Hadley, *Le transport par les chemins de fer* (trad. par Raffalowich), 1887, 1 vol. in-8°. — Hilpert, *Le messagiste ou Traité théorique, pratique et législatif de la messagerie*, 1849, 1 vol. in-8°; — *Manuel du voyageur et de l'expéditeur en France et à l'étranger*. — Max Hoffmann, *Le trafic des chemins de fer*, 1869, in-8°. — Hoffmann, *Les tarifs des chemins de fer*, 1889, 1 vol. in-8°. —Hoslin, *Les limites de l'intérêt public dans l'établissement des chemins de fer*, Marseille, 1878, in-8°. — Hubert, *Traité de comptabilité du matériel des chemins de fer*, 1854, 1 vol. in-12. — Huet, *Des moyens d'éviter les accidents de chemins de fer*, 1885, 2 vol. in-8° et un atlas. — Humbert, *Traité complet des chemins de fer*, 1892, 3 vol. in-8°. — Hymans, *Les chemins de fer*, 1847, in-12. — D'Ingremard, *Les concessionnaires de chemins de fer et*

la propriété, 1860, 1 vol. in-18. — F. Jacqmin, *De l'exploitation des chemins de fer. Leçons faites en 1867 à l'école des ponts et chaussées*, 1867, 2 vol. in-8°; — *Les chemins de fer pendant la guerre de 1870-1871. Leçons faites en 1872 à l'école des ponts et chaussées*, 1874, 2ᵉ édit., in-12; — *Etude sur l'exploitation des chemins de fer par l'État*, 1878, 1 broch. in-8°; — *Des obligations et de la responsabilité des chemins de fer en matière de transports*, 1880, 1 vol. in-8°. — L. Jourdan, *Critiques sur l'exploitation des chemins de fer*, 1869, in-12. — *Le Journal des transports*, passim. — Kerchner, *Loi sur la police des chemins de fer du 15 juill. 1845*, 1881, 5ᵉ édit., 1 vol. in-8°. — Kowalski, *Etat actuel des chemins de fer en Algérie*, 1880, broch. in-4°. — Krantz, *Observations au sujet des prix de transport, de tarifs et de rachat des chemins de fer*, 1882, in-8°; — *Observations au sujet des chemins de fer d'intérêt général et local et des lois des 10 juill. 1865 et 12 août 1871*, 1875, in-8°; — *Observations sur les chemins de fer économiques à voie normale et à voie réduite*, 1875, in-8°. — P. Labrouche, *D'une réforme du matériel roulant*, 1869, in-16. — De Labry, *Rapport financier des chemins de fer*, 1875, in-8°; — *Surveillance par l'État de la gestion financière des chemins de fer en France*, 1876, in-8°. — J. Ladame, *Les compagnies secondaires de chemin de fer devant le Parlement*, 1877, in-8° — Lafargue, *Nouveau Code voiturin*, 1827, 1 vol. in-8°. — Lamane, *La question des chemins de fer (le rachat)*, 1880, in-8°. — Lamé et Clapeyron, *Mémoire sur les chemins de fer considérés sous le point de vue de la défense des territoires*, 1832, in-8°. — Lamé-Fleury, *Bulletin annoté des chemins de fer en exploitation* (recueil périodique paraissant annuellement depuis 1868); — *Code annoté des chemins de fer en exploitation*, 1872, 3ᵉ édit., 1 vol. gr. in-8°; — *Recueil méthodique et chronologique des lois, décrets, etc., concernant le service du contrôle des chemins de fer en exploitation*, 1858, in-8°. — J. Lan, *Les chemins de fer français devant leurs juges naturels. Traité de la jurisprudence des chemins de fer mis à la portée des gens du monde*, 1867, in-12. — A. Laplaiche, *Manuel du candidat au commissariat de surveillance administrative des chemins de fer*, 1886, in-12. — Laurens, *Le rachat des chemins de fer par l'Etat et les transports à bon marché*, 1880, in-8°. — Lavollée, *Les chemins de fer en France. Constitution du réseau; exploitation; résultat*, 1866, in-8°; — *Le dimanche et les chemins de fer*, 1889; — *Les chemins de fer et l'enquête parlementaire*, 1872, in-8°. — E. de Laveleye, *La crise économique et les chemins de fer vicinaux*, 1879, in-8°; — *Notes pour servir à l'histoire financière des chemins de fer*, 1850, 1 broch. in-4°; — *Histoire financière des chemins de fer français*, 1860, in-4°. — Lazerges, *Chemins de fer exécutés par l'Etat. Guide pratique des expropriations*, 1882, in-8°. — Le Clercq, *Etude sur le rachat des chemins de fer*, 1879, in-8°. — Le Cordier, *Chemins de fer d'intérêt local*, 1871, in-8°. — J. le Courtois, *Le remboursement anticipé des obligations des compagnies de chemins de fer et la loi du 3 sept. 1807*, 1880, in-8°. — Lecot, *Code du voyageur en chemin de fer*, Saint-Etienne, 1867, 1 vol. in-16. — *La législation des chemins de fer d'intérêt local*, 1875, 1 vol. in-8°. — Legoyt, *Le livre des chemins de fer construits... ou Statistique générale de ces voies de communication en France*, 1845, in-12. — Ch. Lejeune, *La question des chemins de fer devant le Parlement*, 1882, gr. in-8°. — Leris, *Essai administratif sur l'exploitation pratique des chemins de fer français*, 1848, 1 vol. in-12. — Leroy, *Cours pratique des chemins de fer*, 1881, in-12. — *Lettre des compagnies de chemins de fer à M. le ministre des Travaux publics au sujet du projet de règlement sur la police des chemins de fer*, 1850, 1 vol. in-4°. — F. Levacher, *Les chemins de fer agricoles ou populaires*, 1864, in-8°. — E. Level, *De la construction et de l'exploitation des chemins de fer d'intérêt local*, 1870, in-8°; — *Les chemins de fer devant le Parlement. L'exploitation par l'Etat et par l'industrie privée*, 1880, in-8°; — *Les chemins de fer devant le Parlement. Les grands classements*, 1880, in-8°; — *De l'association des grandes compagnies et des sociétés locales*, etc., 1875, in-8°. — Ch. Limousin, *Le commerce et les chemins de fer*, 1883, in-12; — *L'organisation générale des chemins de fer français*, 1886, 1 vol. in-8°; — *La théorie commerciale des tarifs de chemins de fer*, 1886. — Du Lin et Fousset, *Etat actuel des chemins de fer*, 1874, in-8°. — Lobet, *Des chemins de fer en France et des différents principes appliqués à leur tracé*, *à leur construction et à leur exploitation*, 1846, 1 vol. in-12. — *Loi sur la police des chemins de fer du 15 nov. 1845, suivie du rapport au Roi et de l'ordonnance du Roi du 15 nov. 1846, portant règlement d'administration publique sur la police, la sûreté et l'exploitation des chemins de fer*, 1852, 1 vol. in-8°. — Loisel, *Chemins de fer de l'Etat; droits et obligations des voyageurs, expéditeurs, destinataires*, 1885, 1 vol. in-8°; — Lombard, *La question du Dimanche et les employés de chemin de fer*, 1875, in-8°. — Loubat, *Construction économique des chemins de fer d'intérêt local*, 1866, in-8°. — Mahault, *Etude sur les tarifs de transport en général*, Roanne, 1879, in-8°. — Malo, *La sécurité dans les chemins de fer*, 1883, 2ᵉ édit., 1 vol. in-18; — *Le rachat des chemins de fer, ses dangers pour les intérêts publics*, Lyon, 1880, in-8°. — J. Malou, *Chemins de fer. Tarifs des voyageurs. Etude statistique*, 1869, in-8°. — Amédée Marc, *Recueil de jurisprudence sur les tarifs différentiels appliqués aux transports de chemins de fer*, 1872, 1 vol. in-8°. — Marcille, *Etude sur l'emploi des chemins de fer avant et pendant la guerre*, 1874, in-12. — V. Marchand, *Les chemins de fer. Historique, rachat, exploitation par l'Etat*, 1878, in-8°. — E. Marche, *Le poids mort dans les transports sur chemin de fer et son influence sur le prix de revient des transports*, 1871, in-8°. — Mareschal, *Des fusions et des grandes compagnies de chemins de fer*, 1855, 1 broch. in-8°. — G. Marqfoy, *De l'abaissement des tarifs de chemin de fer*, 1863, in-8°; — *De l'exécution des chemins de fer départementaux par l'Etat*, 1859, in-8°; — *La réforme des tarifs de chemins de fer*, 1864, in-8°. — L. Marsigny, *Les chemins de fer en temps de guerre considérés au point de vue de leur destruction et de leur rétablissement*, 1883, in-12. — Marteau, *Le rachat des grands réseaux de chemins de fer*, Hâvre, 1880, 1 broch. in-12. — Mathieu, *Manuel du commissaire de surveillance administrative des chemins de fer*, 1884, 1 vol. in-8°. — Mayer, *Les chemins de fer*, 1 vol. in-32. — Mermod, *Législation des chemins de fer d'intérêt local*, 1877, in-8°. — Du Mesnil, *Rapport sur la réglementation des transports des matières infectes*, 1886, 1 vol. in-8°. — Michel, *Les chemins de fer d'intérêt local*, 1866, in-8°. — Minard, *Des conséquences du voisinage des chemins de fer et des voies navigables*, 1844, in-8°. — Miquel, *De la responsabilité des compagnies de chemins de fer dans le transport des marchandises*, 1880, 1 vol. in-8°. — Molinos et Cronnier, *Etude sur l'utilisation des routes pour l'établissement de chemins de fer économiques*, 1861, in-8°. — Morandière, *Observations sur les chemins de fer à bon marché*, 1868, broch. in-4°; — *Note sur les dépenses de construction et sur les résultats économiques à attendre des chemins de fer à construire dans des conditions faciles*, 1870, broch. in-4°. — A. Moreau, *Les chemins de fer d'intérêt local. Avantages de la voie étroite*, 1885, in-8°. — Motet, *Chemins de fer et canaux. Etude sur le prix de revient des transports par voie ferrée et par voie navigable*, 1888, in-8°. — Nadault de Buffon, *Considérations élémentaires sur les trois systèmes de communication intérieure au moyen des routes, des chemins de fer et des canaux*, 1840, in-4°. — Nancy, *Législation et police des chemins de fer*, 1854, 1 vol. in-8°. — A. Neymarck, *Les chemins de fer devant le Parlement*, 1880, in-8°. — O. Noël, *L'achèvement du réseau et les conventions avec les grandes compagnies*, 1883, in-8°; — *Les chemins de fer en France et à l'étranger. Etude financière et statistique*, 1888; — *Les chemins de fer d'intérêt local*, 1884, in-8°; — *Les chemins de fer seront ruineux pour la France*, 1842, in-8°; — *Conséquences financières et économiques des conventions de 1859*, 1882, in-8°; — *Les nouvelles conventions avec l'Etat et les grandes compagnies*, 1883, in-8°; — *La question sociale et le rachat des chemins de fer*, 1881; — *La question des tarifs de chemin de fer*, 1884, in-8°; — *Le réseau de l'Etat et le budget*, 1884, in-8°; — *Le réseau de l'Etat et le déficit*, 1884, in-8°. — Nogent Saint-Laurens, *Traité de la législation et de la jurisprudence des chemins de fer*, 1841, 1 vol. in-8°. — Nouette-Delorme, *La question des chemins de fer*, 1872, broch. in-8°. — Oppermann, *Traité complet des chemins de fer économiques et d'intérêt local, départementaux, vicinaux, industriels*, 1873, gr. in-8°. — Paignon, *Traité juridique de la construction, de l'exploitation et de la police des chemins de fer*, 1853, 1 vol. in-12. — G. Palaa, *Dictionnaire législatif et réglementaire des chemins de fer*, 1887, 3e édit., 2 vol. in-8°. — Paquerée, *Des accidents sur les chemins de fer et les moyens de les prévenir*, Bordeaux, 1856, in-4°. — L. Partiot, *Instruction pour la prépa-*

ration des projets et la surveillance des travaux de construction de la plate-forme des chemins de fer, 1884, in-4°. — C. Pecqueur, De la législation et du mode d'exploitation des chemins de fer, 1840, 2 vol. in-8°. — Léon Pillore, Les chemins de fer économiques, 1871, in-8°. — Pendrié, Nos chemins de fer et leur réforme radicale. Les abus des grandes compagnies. Suppression de leur monopole. Rachat et nouvelle division des réseaux. — A. Perdonnet, Les chemins de fer, 1867, in-18; — Des chemins de fer vicinaux à bon marché, 1868, in-8°; — Notions générales sur les chemins de fer, 1859, in-8°; — Traité élémentaire des chemins de fer, 3ᵉ édit., 4 vol. in-8°. — Pereire, La question des chemins de fer, 1879, in-8°. — Petit de Coupray, Manuel des transports sur les chemins de fer, 1861, 1 vol. in-18. — Peut, Des chemins de fer et des tarifs différentiels, 1858, 1 broch. in-8°. — Picard, Les chemins de fer français. Etude historique sur la constitution et le régime du réseau, 1886, 6 vol. in-8°; — Traité des chemins de fer : économie politique, commerce, finances, administration, droits, études comparées sur les chemins de fer étrangers, 1887, 4 vol. in-8°. — Pichon, Les chemins de fer et l'art. 105 du Code de commerce, Bayonne, 1879, in-18. — Pinel, Jurisprudence des chemins de fer, 1868, 1 vol. in-12. — Pommier, Des litiges en matière de transport par les chemins de fer, 1860, 1 vol. in-18. — Porten de la Morandière, Des chemins de fer en France, de l'administration des grandes compagnies et de eurs rapports avec les actionnaires, Rennes, in-8°. — Poulle, Commentaire théorique et pratique de la loi du 11 avr. 1888, 1891, 1 broch. in-8°. — De Pontzen, Note sur l'application des chemins de fer économiques à l'achèvement du réseau des chemins de fer français, 1883, in-8°. — Poujard'hieu, Les chemins de fer et le crédit en France, 1862, in-12; — Les chemins de fer d'intérêt local et les petites compagnies. Abaissement des tarifs, 1866, in-8°; — Solution de la question des chemins de fer. De l'extension des réseaux et des nouvelles conventions, 1859, in-8°. — Protat, Litiges et réclamations en matière de transports. Commentaire pratique de la loi du 11 avr. 1888 modifiant les art. 105 et 108, C. comm., 1889, 1 vol. in-8°. — Proudhon, De la concurrence entre les chemins de fer et les voies navigables, 1845, broch. in-8°; — Des réformes *à opérer dans l'exploitation des chemins de fer*, 1855, in-12. — Raffalowich, *Le transport par les chemins de fer; histoire, législation.* — Rebel et Juge, *Traité théorique et pratique de la législation et de la jurisprudence des chemins de fer*, 1847, 1 vol. in-8º. — *Recueil général des tarifs des chemins de fer*, in-4º. — *Réglement pour le service de l'exploitation des chemins de fer*, Lille, 1877, 1 broch. in-12. — *Répertoire méthodique de la législation des chemins de fer*, 1871, 1873, 1879, 1883, 4 vol. in-4º. — *Revue générale des chemins de fer* (depuis juillet 1878). — Reyre, *Chemins de fer. Tarifs différentiels*, Lyon, 1858, 1 broch. in-8º. — Richard, *Législation des chemins de fer d'intérêt local*, 1875, in-8º. — Ch. Ropiquet, *Les conventions de 1868*, 1868, in-8º; — *Les tarifs de chemins de fer devant l'opinion publique*, 1870, 1 vol. in-8º; — *Les chemins de fer d'intérêt local et l'épargne publique*, 1870, in-8º. — Rovel, *Etude sur les chemins de fer au point de vue militaire*, 1874, in-8º. — Roy, *Les chemins de fer d'intérêt local*, 1878, in-12. — Ruelle, *Les chemins de fer vicinaux ou d'intérêt local au point de vue de leur exécution*, 1865, gr. in-8º; — *Note relative aux chemins de fer à bon marché et d'intérêt local*, 1868, in-8º. — Ch. Sainctelette, *De la responsabilité et de la garantie; accidents de transport et de travail*, 1884. — Saint-Léon, *Manuel pratique des chemins de fer*, 1845, 1 vol. in-18. — Sarrut, *Législation et jurisprudence sur le transport des marchandises par chemins de fer*, 1874, 1 vol. in-8º. — Sartiaux, *Les chemins de fer au point de vue civil et militaire*, Senlis, 1874, 1 broch. in-12; — *Les chemins de fer d'intérêt local*, 1876, in-8º. — Savidan, *Etude sur le contrat de transport, spécialement sur le transport par chemins de fer*, 1881. — Schaffhauser, Labori et Gompertz, *Commentaire de la loi sur le contrat de louage et sur les rapports des agents des chemins de fer avec les compagnies*, 1891, 1 broch. in-8º. — Schillings, *Traité pratique du service de l'exploitation des chemins de fer*, 1848, in-8º. — Schœndœrffer, *De l'utilité des chemins de fer au point de vue de l'économie des frais de transport*, Vesoul, 1878, in-8º. — F. de Sérafon, *Etude sur les chemins de fer, les tramways et les moyens de transport en commun à Paris et à Londres, suivie d'une notice sur la construction et l'exploitation des tramways*, 1872, in-8º. — L.

Siebecker, *Physiologie des chemins de fer*, 1867, in-12. — Técheney, *Le guide du voyageur en chemin de fer*, 1886, 1 vol. in-12. — Teisserenc, *Etudes sur les voies de communications perfectionnées et sur les lois économiques de la production du transport*, 1847, 2 vol. in-8°; — *De la politique des chemins de fer*, 1842, in-8°. — *Des principes généraux qui doivent présider au choix des tracés de chemins de fer*, 1843, 1 broch. in-4°; — *Examen critique du mode de concession des chemins de fer*, 1844, 1 broch. in-8°; — *De la perception des tarifs sur les chemins de fer*, 1859, in-12. — Ch. Tellier, *Les chemins de fer départementaux ou d'intérêt local à bon marché*, 1867, in-8°. — H. Tellier, *La question des chemins de fer d'après l'enquête parlementaire*, 1883, in-8°. — Thérion, *Des chemins de fer d'intérêt local. Recueil de documents législatifs et administratifs*, 1872, 1 vol. gr. in-8°. — Thélard, *Du progrès dans les chemins de fer ou de l'abaissement des tarifs sans préjudice pour les compagnies*, 1860, in-8°. — Thirion et Bertera, *Observations sur le projet de loi relatif aux chemins de fer départementaux*, 1865, in-4°. — Thoviste, *Etude sur les conventions financières conclues entre l'Etat et les compagnies de chemins de fer*, 1886, 1 vol. in-8°. — Tomyar, *Aperçu de l'organisation militaire des chemins de fer en France et à l'étranger*, 1881, in-12; — *L'Etat et les chemins de fer. L'Etat doit-il racheter les chemins de fer dans un intérêt purement militaire?* 1882, in-8°. — Tourrette, *Tracé des chemins de fer, routes et canaux. Solutions théoriques et pratiques de toutes les opérations du tracé*, 1858, in-8°. — Tourneux, *Chemins de fer. Du concours de l'Etat*, 1840, 1 vol. in-8°; — *Encyclopédie des chemins de fer et des machines à vapeur*, 1844, 1 vol. in-12. — L. de Tromeneuc, *Etude sur le réseau des chemins de fer français considérés comme moyen stratégique*, 1873, in-8°. — Vallée, *Les impôts et les chemins de fer*, 1880, 1 vol. in-8°; — *Les départements et les chemins de fer*, 1874, in-8°; — *Notions pratiques sur les opérations de tracé d'un avant-projet de chemin de fer*, 1877, in-8°. Vallette, *Les transports à bon marché. Lettres sur l'exploitation des chemins de fer*, 1869, in-8°. — Van de Velde, *Etude sur la défense des Etats et sur l'emploi des chemins de fer à la guerre*, 1858, in-8°. — Vanhuffel, *Manuel des maîtres de poste et entre-*

preneurs de voitures publiques, 1839, 1 vol. in-8°. — Vatimesnil, *Opinion sur les tarifs d'abonnement proposés par les compagnies de chemins de fer*, Rouen, 1857, 1 broch. in-8°. — Vauthier, *Base d'un projet de loi sur la réorganisation des chemins de fer*, 1878, in-8°; — *Le programme de M. de Freycinet. Projet de réorganisation des chemins de fer français*, 1879, in-8°; — *Projet de loi de rachat et de réorganisation des chemins de fer français*, 1879, in-8°. — Vibert, *Etude médico-légale sur les blessures produites par les accidents de chemin de fer*, 1 vol. in-8°. — Vidard, *L'Etat et les compagnies de chemin de fer*, 1868, in-8°. — Vigouroux, *Législation et jurisprudence des chemins de fer et des tramways*, 1885, 1 vol. in-8°. — E. Villevert, *Achèvement de nos chemins de fer. Défense du pays*, 1878, in-8°; — *Les chemins de fer économiques à voie étroite et sur route*, 1878, in-8°. — Wehrenpfennig, *Conventions techniques de l'union des administrations des chemins de fer*, 1872, in-8°. — E. With, *Les accidents sur les chemins de fer; leurs causes, les règles à suivre pour les éviter*, 1854, in-12. — L. Wolowski, *Histoire financière des chemins de fer français et étrangers dont les actions se négocient à la Bourse de Paris*, 1869, in-8°; — *Tableaux synoptiques des chemins de fer du globe et des principales sociétés par actions*, 1858, in-8°. — Wood, *Traité pratique des chemins de fer* (trad. de Franqueville), 1859, in-4°. — X..., *Les chemins de fer au point de vue militaire* (trad. de l'allemand par le capitaine Costa de Serda), 1868, in-8°. — X..., *Les chemins de fer stratégiques*, 1883, in-12. — X..., *Considérations sur le rachat des chemins de fer*, 1882, in-8°. — X..., *De l'emploi des chemins de fer en temps de guerre* (trad. de l'allemand), 1868, in-8°. — X..., *La question des chemins de fer et des travaux publics*, 1876, in-8°. — X..., *Résultats à attendre de l'exploitation des nouveaux chemins de fer*, 1869, in-8°. — X..., *De la mesure de l'utilité des chemins de fer*, 1879, in-8°. — X..., *Les tarifs des chemins de fer et l'intérêt public*, 1859, in-8°; — X..., *La question des nouveaux chemins de fer et des travaux publics*, 1876, in-8°. — X..., *Le repos du dimanche et les compagnies de chemins de fer. Fermeture des gares aux marchandises de petite vitesse*, 1875, in-12.

Annales de droit commercial. — *Les nouveaux art. 105 et 108, C. comm.* (Péronne) : t. 2, p. 125.

Annales des mines. — *Rapport fait au nom de la commission spéciale chargée de rechercher les mesures de sûreté applicables aux chemins de fer* (de Boureuille) : 4ᵉ série, t. 8, p. 531. — 7ᵉ série. *Note sur le chauffage des voitures de toutes classes sur les chemins de fer* (Clérault) : t. 11, p. 129. — *Note sur l'emploi des électro-sémaphores de MM. Lartigue, Tesse et Prudhomme pour la réalisation du block-system (protection des trains de chemin de fer par la distance)* (Clérault) : t. 12, p. 165. — *Note sur la modification apportée aux électro-sémaphores de MM. Lartigue et Tesse dans le type adopté par la compagnie d'Orléans* (Zeiller) : t. 12, p. 225. — *Note sur le signal avertisseur, système Moreaux, employé sur les chemins de fer* (Moreaux) : t. 14, p. 5. — *Rapport sur les divers systèmes de signaux en usage sur les chemins de fer et l'application des appareils d'enclanchement pour la protection des bifurcations* (Heurteau) : t. 18, p. 59. — *Note sur les signaux électriques des chemins de fer désignés sous le nom de cloches autrichiennes* (de Castelnau) : t. 18, p. 509.

Annales des ponts et chaussées. — 1ʳᵉ série. *Mouvements commerciaux* (Emmery) : t. 2, p. 230. — *Canaux et chemins de fer* (Huerne) : t. 7, p. 364. — *Rapport des chemins de fer avec la population en différents pays* : t. 16, p. 320. — *Comment les chemins de fer augmentent la richesse publique* : t. 17, p. 244. — *Exemple de l'évaluation de l'utilité d'un chemin de fer* : t. 19, p. 32.

2ᵉ série. *Des accidents sur les chemins de fer, de leurs causes, et des moyens de les prévenir* (Locart) : t. 5, p. 274, 339. — *Comparaison des voies de communication entre elles* : t. 6, p. 259 ; t. 10, p. 181 ; t. 13, p. 329 ; t. 14, p. 189. — *Du prix des transports* (Jullien) : t. 8, p. 168. — *De la concurrence des canaux et des chemins de fer* : t. 9, p. 73, 163. — *Sur les dépenses qu'a nécessitées ou que nécessitera la construction des chemins de fer en Angleterre, en Belgique et en France* (Jullien) : t. 9, p. 147, 166. —

Des tarifs adoptés et des recettes brutes opérées en Angleterre, en Belgique et en France (Jullien) : t. 9, p. 157, 166. — *Des produits nets de quelques chemins de fer existants et des bases à admettre pour évaluer approximativement le produit futur ou les recettes nettes probables d'un chemin de fer à ouvrir* (Jullien) : t. 9, p. 200. — *Etablissement de lignes parallèles de chemins de fer* : t. 10, p. 258. — *Extrait d'un rapport de M. Doyat sur le projet d'un chemin de fer allant de Rouen à Dieppe en ce qui concerne la base à adopter pour les tarifs de tous les chemins de fer* : t. 11, p. 129. — *Des chemins de fer dont l'exécution peut être confiée à des compagnies de travaux publics* : t. 11, p. 132. — *Mesures de sûreté applicables aux chemins de fer; rapport d'une commission spéciale* : t. 12, p. 261. — *De la concurrence d'un canal et d'un chemin de fer appartenant à la même compagnie* : t. 12, p. 328. — *Note pour servir à l'examen de la question de la concurrence des chemins de fer et des voies navigables* (Lambrecht) : t. 12, p. 328, 358. — *Avantages que présentent les chemins de fer pour la fortune publique* : t. 17, p. 244. — *De la tendance à relier entre elles les voies de fer et les voies maritimes* : t. 17, p. 257. — *Un chemin de fer peut être exploité concurremment par plusieurs compagnies* : t. 18, p. 121. — *Des compagnies de chemins de fer. Utilité du contrôle de l'Etat* : t. 18, p. 126. — *De l'exécution des travaux publics par les compagnies* : t. 19, p. 86. — *Des concessions perpétuelles ou temporaires* : t. 19, p. 89 et s. — *Concurrence des routes et des chemins de fer* : t. 19, p. 102. — *Note sur les clôtures des chemins de fer* (Bazaine) : t. 19, p. 357.

3ᵉ série. *Chemins de fer. Routes nationales* (Vallès) : t. 1, p. 51. — *Concurrence des chemins de fer et des voies navigables* : t. 1, p. 374; t. 5, p. 184; t. 8, p. 341, 350, 355, 361.

4ᵉ série. *Les chemins de fer au point de vue militaire* (Charié Marsaines) : t. 4, p. 1. — *Les chemins de fer et l'agriculture* (Jacqmin) : t. 10, p. 324. — *Sur le trafic probable des chemins de fer d'intérêt local* (Michel Jules) : t. 15, p. 145. — *Des chemins de fer à bon marché et d'intérêt local* (Ruelle) : t. 16, p. 66. —

Note sur l'avantage de l'exécution des chemins de fer par l'Etat suivant la loi du 11 juin 1842 (Surelle) : t. 16, p. 58. — *Résultats économiques à attendre des chemins de fer à construire dans des conditions faciles* : t. 20, p. 218.

5e série. *Rapports annuels de MM. les inspecteurs généraux du contrôle de l'exploitation des chemins de fer* (Mamil) : t. 3, p. 1. — *Chemins de fer d'intérêt local et voies de terre. Observations présentées au conseil général de la Manche* (Dufresne) : t. 3, p. 329. — *Résultats à attendre de l'exploitation d'une partie des nouveaux chemins de fer* : t. 5, p. 243. — *Chemins de fer d'intérêt général. Le nouveau réseau des six principales compagnies françaises* : t. 5, p. 499. — *Contrôle de l'exploitation des chemins de fer* (X...) : t. 5, p. 388. — *Chemins de fer. Etude financière* (de Labry) : t. 10, p. 56, 299. — *Rapports financiers établis pour la construction de chemins de fer entre l'Etat et les compagnies* : t. 10, p. 56. — *Prix des transports par chemins de fer* (Ch. Baum) : t. 10, p. 422. — *Note sur les sommes déversées par les six grandes compagnies de chemins de fer au profit du nouveau réseau de 1864 à 1875* (Aucoc) : t. 11, p. 109. — *Les gares de triage pour le classement des wagons de marchandises* (Jules Michel) : t. 12, p. 531. — *Chemins de fer français. Recettes de l'exploitation* (X...) : t. 12, p. 596. — *Situation financière des chemins de fer français* (X...) : t. 14, p. 122. — *Etablissement des chemins de fer à petit trafic* (Lechalas) : t. 14, p. 602. — *Recettes de l'exploitation des chemins de fer français* : t. 16, p. 96. — *Nouveaux documents à consulter pour l'évaluation d'un trafic probable de chemins de fer* (Michel) : t. 17, p. 53. — *De l'influence des rampes sur les prix de transport par chemins de fer* (Menche de Loisne) : t. 17, p. 283.

6e série. *Tableaux graphiques des marchés de fournitures* (Debray) : t. 4, p. 591. — *Décision de la conférence de Berne sur l'unité technique des chemins de fer* (Baum) : t. 5, p. 71. — *Recettes des chemins de fer français en 1881-1882* (X...) : t. 5, p. 664; t. 6, p. 76. — *Notice sur la répartition du trafic des chemins de fer français et sur les prix de revient des transports*

(Ricour) : t. 7, p. 43. — *Note sur l'organisation des mouvements de trains* (Radin) : t. 7, p. 389. — *Le prix de revient sur les chemins de fer et la répartition du trafic* (Noblemaire) : t. 7, p. 682. — *La garantie d'intérêt et son application en France à l'exécution des travaux publics* (Colson) : t. 8, p. 601. — *Note sur les chemins de fer départementaux* (Noblemaire) : t. 9, p. 655. — *Rectification à la note sur les chemins de fer départementaux par M. Noblemaire* (Etienne) : t. 10, p. 438.

BULLETIN DU MINISTÈRE DES TRAVAUX PUBLICS. — *Note sur la définition des diverses natures de tarifs de chemins de fer* : 1880, 2ᵉ sem., p. 129. — *Modification à la législation des transports par voie ferrée* : 1880, 2ᵉ sem., p. 374. — *Rembourrage des banquettes des wagons de 3ᵉ classe* : 1880, 2ᵉ sem., p. 410. — *Transport à prix réduit des indigents* : 1881, 2ᵉ sem., p. 330. — *Les transports militaires par voie ferrée* : 1884, 1ᵉʳ sem., p. 155. — *La mise en culture des dépendances des chemins de fer* : 1884, 1ᵉʳ sem., p. 496. — *Valeur du matériel roulant nécessaire à l'exploitation des lignes secondaires* : 1884, 2ᵉ sem., p. 296. — *Le développement actuel des tramways* : 1885, 2ᵉ sem., p. 487. — *Les premiers chemins de fer français* : 1886, 1ᵉʳ sem., p. 548. — *Historique des petits paquets et des colis postaux* : 1887, 2ᵉ sem., p. 573.

CORRESPONDANT DES JUSTICES DE PAIX. — *Pour que les entrepreneurs de voitures publiques, et spécialement les compagnies de chemins de fer, soient responsables de la perte des caisses, paquets et ballots ou effets, faut-il qu'au préalable les objets aient été présentés au bureau et enregistrés ?* 1853, p. 131. — *Obligations et responsabilité des compagnies, en matière de transport de voyageurs et de marchandises* : 1853, p. 243. — *L'action en responsabilité pour perte ou avarie d'objets accompagnant un voyageur sur un chemin de fer est-elle de la compétence du juge de paix à l'exclusion du tribunal de commerce ?* 1855, p. 284. — *Lorsqu'il s'agit non d'effets accompagnant les voyageurs, mais de colis expédiés par la voie d'un chemin de fer, et qu'ils ont été avariés ou perdus, l'action en remise ou en indemnité doit-elle être exercée devant le tribunal de commerce du lieu où devait se faire la délivrance des marchandises, ou devant le tribunal de commerce du domicile social de la compagnie?* 1855, p. 286. — *Un chef de gare est-il personnellement responsable de toute immixtion dans le transport des lettres dans la partie du service dont il est chef?* 1856, p. 36. — *Quelles sont, en matière de dégâts commis sur une propriété particulière, pour étude de chemin de fer et de règlement des indemnités y afférentes, les limites de la compétence des juges de paix?* 1858, p. 222. — *Une compagnie de chemin de fer qui a perdu, détérioré ou bien est en retard de livrer les effets d'un voyageur, doit-elle être assignée en remise de ces effets, ou en paiement de leur valeur, ou en dommages-intérêts, devant le juge de paix du domicile social de cette compagnie, ou devant le juge de paix du lieu de l'arrivée du voyageur?* 1859, p. 220. — *1° Chaque voyageur doit être placé. 2° Droit des membres d'une même famille à se faire placer dans un même compartiment. 3° Des voisinages incommodes :* 1859, p. 361. — *Les juges de paix sont-ils compétents pour connaître d'un dommage aux champs qui est la conséquence directe d'un remblai construit par une compagnie de chemin de fer?* 1859, p. 289. — *Bagages égarés. Bagages avariés. Pesage des bagages. Groupage des bagages. Bagages perdus* (Galletier) : 1860, p. 9. — *Les voyageurs ont-ils le droit de faire transporter dans leurs bagages des objets soumis au tarif des marchandises?* 1860, p. 126. — *L'art. 2, L. 25 mai 1838, attribue-t-il compétence aux juges de paix, à l'exclusion des tribunaux de commerce, pour statuer sur une demande en dommages-intérêts formée contre une compagnie de chemin de fer, pour retards, frais de route, perte ou avarie d'effets accompagnant le voyageur?* (Deschamps) : 1871, p. 50. — *Les compagnies de chemins de fer sont-elles obligées de fournir, dans un seul et même compartiment, le nombre de places nécessaires à plusieurs personnes voyageant ensemble?* (Nœuvéglise) : 1877, p. 237.

L'ÉCONOMISTE FRANÇAIS. — 1873. *Etude sur le régime des voies ferrées : les tarifs différentiels* (Leroy-Beaulieu), p. 113. — *Les tarifs et les délais,* p. 141. — *Lettre des membres de la chambre de commerce de Bordeaux sur le transport des marchandises par voie ferrée*, p. 238. — *Les chemins de fer et le système de la garantie d'intérêt* (Leroy-Beaulieu), p. 253. — *De la construction et de l'exploitation des chemins de fer d'intérêt local* (Letort), p. 451. — *Le chemin de fer sous la Manche* (Michel Chevalier), p. 479. — *Lettre de la chambre de commerce de Honfleur sur les chemins de fer*, p. 492. — *La construction de nouveaux chemins de fer* (Leroy-Beaulieu), p. 505. — *Les chemins de fer d'intérêt local* (Leroy-Beaulieu), p. 533. — *Les chemins de fer d'intérêt local dans le nord de la France* (Dubac), p. 565. — *La question des chemins de fer* (Michel Chevalier), p. 599. — *Du transport des marchandises par voie ferrée. Les tarifs français et les tarifs appliqués en Alsace-Lorraine depuis 1871*, p. 849. — *Le bénéfice que l'Etat retire des chemins de fer* (Leroy-Beaulieu), p. 941. — *Les tarifs de chemins de fer français* (Max Hoffmann), p. 990. — *Le régime des chemins de fer de l'Alsace-Lorraine et des chemins de fer français* (Dietz Monnin), p. 1019.

1874, 1er sem. *Les lois sur la construction des chemins de fer* (P. Leroy-Beaulieu), p. 113. — *La situation financière respective des chemins de fer et l'Etat* (P. Leroy-Beaulieu), p. 169. — *Les nouveaux projets de lois du gouvernement pour la construction des chemins de fer* (P. Leroy-Beaulieu), p. 225. — *L'industrie des Vosges et les tarifs de chemins de fer*, p. 266. — *Une complication imprévue dans l'application de l'impôt sur la petite vitesse*, p. 281. — *Les tarifs des compagnies de chemins de fer et le transit par l'Alsace-Lorraine*, p. 411. — *L'exemption d'impôt sur la petite vitesse pour les marchandises en transit*, p. 620. — *Les chemins de fer d'intérêt local* (P. Leroy-Beaulieu), p. 605, 637. — *Prorogation des tarifs temporaires pour le transport des céréales*, p. 646.

1874, 2e sem. *La prorogation du tarif commun temporaire appliqué au transport des céréales par chemins de fer*, p. 7. — *Des caisses de retraites instituées par les compagnies de chemins de fer*, p. 11. — *De la valeur économique des chemins de fer d'intérêt local*, p. 13. — *L'enquête sur les chemins de fer : les tarifs de trans-*

port (Charles Letort), p. 32, 61, 119. — *Le Trésor et les chemins de fer d'intérêt local* (P. Leroy-Beaulieu), p. 85. — *Une solution du problème des chemins de fer d'intérêt local* (Blaise), p. 124. — *Des frais d'exploitation des chemins de fer* (P. Leroy-Beaulieu), p. 405, 437. — *Les tarifs de chemins de fer : la commission de permanence*, p. 614. — *La longueur des lignes de chemins de fer français*, p. 645. — *Les frais accessoires sur les chemins de fer*, p. 665. — *Les augmentations des tarifs de chemins de fer et les chambres de commerce*, p. 674. — *La question des chemins de fer* (Delahante), p. 676. — *La chambre de commerce de Limoges et l'augmentation des tarifs de transport sur les chemins de fer*, p. 738. — *La chambre de commerce du Hâvre et l'augmentation des tarifs des frais accessoires de chemins de fer*, p. 739. — *La chambre de commerce de Nevers et la question du magasinage dans les gares de chemins de fer*, p. 739. — *L'augmentation des tarifs de chemins de fer*, p. 771. — *La chambre de commerce de Douai et le projet d'élévation sur les droits accessoires perçus par les compagnies de chemins de fer*, p. 771. — *La chambre de commerce de Rouen et l'augmentation des tarifs de chemins de fer*, p. 772.

1875, 1er sem. *Les chemins de fers anglais et les chemins de fer français. Service des marchandises. Concurrence et monopole*, p. 3, 67. — *Les chemins de fer français en 1873-1874*, p. 197. — *Les chemins de fer d'intérêt local et les sociétés commerciales. Réformes des lois de 1865 et 1867*, p. 457. — *La commission extraparlementaire des chemins de fer*, p. 461. — *Les chemins de fer français et les chemins de fer anglais à propos d'un livre de M. de Franqueville*, p. 515. — *Les conseils généraux et les nouveaux chemins de fer*, p. 625. — *La question des chemins de fer au point de vue économique et au point de vue financier* (P. Leroy-Beaulieu), p. 641, 673. — *La question des chemins de fer*, p. 658. — *Le conseil général de l'Indre et les chemins de fer d'intérêt local*, p. 689. — *La discussion sur le régime des chemins de fer à l'Assemblée nationale*, p. 707. — *Des moyens de diminuer le monopole des chemins de fer* (A. Mangin), p. 745. — *La question des chemins de fer*, p. 809.

1875, 2ᵉ sem. *Nécessité d'une enquête sur les chemins de fer*, p. 3.
— *La question des chemins de fer en France* (A. Marteau), p. 35.
— *De l'utilité d'une enquête sur les chemins de fer*, p. 42. — *Les chemins de fer en Algérie* (M. Letort), p. 203. — *Le ministère des travaux publics et la question des chemins de fer*, p. 420. — *La crise des chemins de fer d'intérêt local*, p. 515, 547. — *La sidérurgie et les chemins de fer*, p. 655. — *L'enquête sur l'exploitation des chemins de fer*, p. 687. — *Réformes libérales dans l'exploitation des chemins de fer*, p. 690. — *Les chemins de fer d'intérêt local*, p. 721. — *L'exploitation des chemins de fer en France et en Angleterre*, p. 748. — *L'admission des voyageurs de toutes classes dans les express*, p. 803, 812.

1876, 1ᵉʳ sem. *La lettre de voiture selon la loi* (Couthon), p. 8.
— *Les rapports entre compagnies de chemins de fer : les gares communes et la réciprocité du droit de circulation*, p. 15. — *De la pénalité à appliquer dans les cas d'infractions, par les compagnies de chemins de fer, aux lois et règlements*, p. 68. — *Observations sur les chemins de fer économiques à voie normale et à voie étroite*, p. 242. — *Les travaux de la société des ingénieurs civils : les gares de marchandises, les chemins de fer à voie étroite*, p. 333.
— *Le commerce du Hâvre et les tarifs de chemins de fer*, p. 566.
— *Les produits des chemins de fer d'intérêt local*, p. 629. — *Le chauffage des wagons sur les lignes de l'Ouest*, p. 630.

1876, 2ᵉ sem. *Les chemins de fer d'intérêt local et les conseils généraux*, p. 6. — *Le chemin de fer métropolitain à l'intérieur de Paris*, p. 207. — *Le chemin de fer métropolitain à Londres et à Paris*, p. 239, 335. — *Les subventions des départements aux chemins de fer*, p. 281. — *Les nouvelles voies de transport intérieur*, p. 287. — *La mort de M. de Franqueville et le système des chemins de fer*, p. 367. — *Les transports par chemins de fer*, p. 473. — *Les compagnies de chemins de fer et leurs réformes*, p. 559. — *Les tarifs de chemins de fer et les familles*, p. 602. — *Les fusions des grandes et des petites compagnies de chemins de fer* (P. Leroy-Beaulieu); p. 621, 653. — *Les variations des prix en France depuis un demi-siècle : le prix des voyages, les tarifs des chemins de fer* (de Foville), p. 624, 753. — *Le chemin de fer de Grande-Ceinture*, p. 638. — *Les fusions des grandes et des petites compagnies*, p. 666. — *Le ministère des travaux publics et les chemins de fer*, p. 668. — *Les discussions parlementaires sur la construction des nouveaux chemins de fer*, p. 751. — *Le régime des chemins de fer* (A. Mangin), p. 756. — *Du stationnement des marchandises dans les gares de chemins de fer*, p. 783. — *Les grandes et les petites compagnies de chemins de fer* (P. Leroy-Beaulieu), p. 813, 845. — *Le rachat des petites compagnies par l'Etat*, p. 857.

1877, 1ᵉʳ sem. *Le futur chemin de fer métropolitain*, p. 82. — *La vraie solution de la question des chemins de fer* (P. Leroy-Beaulieu), p. 193. — *Compagnies fermières pour les chemins de fer*, p. 299, 330. — *La question des chemins de fer : le système du déversoir, le rôle des grandes et des petites lignes. Le rachat par l'Etat* (P. Leroy-Beaulieu), p. 353. — *Les délais de transport par petite vitesse*, p. 371. — *La situation des chauffeurs et des mécaniciens et les compagnies de chemins de fer*, p. 372. — *L'exploitation des chemins de fer*, p. 387. — *Le questionnaire de la commission d'enquête sur les chemins de fer*, p. 496. — *La houille et les chemins de fer* (Toussaint Loua), p. 583. — *Les tarifs de transport par les voies d'eau et les voies ferrées*, p. 626. — *La chambre de commerce de Limoges et le régime des chemins de fer*, p. 752. — *Le rachat des chemins de fer par l'Etat* (P. Leroy-Beaulieu), p. 769. — *Les faillites des petites lignes de chemins de fer*, p. 803.

1877, 2ᵉ sem. *L'Etat et le personnel des grandes compagnies de chemins de fer*, p. 72. — *Le régime des chemins de fer et les intérêts industriels*, p 240. — *La commission centrale des chemins de fer*, p. 273. — *Un moyen d'éviter les accidents de chemins de fer*, p. 338. — *La question des chemins de fer*, p. 401. — *L'éclairage des voitures sur les chemins de fer* (Delahodde), p. 464. — *Les chemins de fer d'intérêt local : leur coût d'établissement et leur productivité* (P. Leroy-Beaulieu), p. 673. — *Les conditions d'existence des chemins de fer d'intérêt local* (A. Mangin), p. 805.

1878, 1ᵉʳ sem. *L'achèvement de notre réseau de chemins de fer* (P. Leroy-Beaulieu), p. 182. — *La chambre de commerce de Lyon et le délai de déchargement des wagons de marchandises*, p. 112. — *Du rachat et de l'exploitation des petites lignes de chemins de fer par l'Etat* (P. Leroy-Beaulieu), p. 193. — *L'impôt sur la grande vitesse et le commerce des denrées alimentaires* (Omer Decugis), p. 207, 797. — *L'achèvement du réseau algérien*, p. 211. — *Le rachat des petites compagnies de chemins de fer*, p. 234. — *Des effets économiques de l'achèvement du réseau de chemins de fer* (Francis Laur), p. 262. — *Les compagnies de chemins de fer et le public*, p. 302. — *La commission des chemins de fer*, p. 370. — *Quelques mots sur les chemins de fer*, p. 397. — *Le timbre des récépissés de chemins de fer*, p. 402. — *L'emmagasinage dans les gares*, p. 434. — *Les chemins de fer d'intérêt local*, p. 434. — *Le projet ministériel sur les chemins de fer d'intérêt local* (P. Leroy-Beaulieu), p. 449. — *La question des chemins de fer* (A. Mangin), p. 588. — *L'exploitation des chemins de fer par l'Etat* (Limousin), p. 630. — *Les voies ferrées sur les routes et les chemins d'intérêt local*, p. 631. — *Les lignes secondaires et l'exploitation par l'Etat* (P. Leroy-Beaulieu), p. 681. — *De la productivité du réseau tertiaire de chemins de fer* (P. Leroy-Beaulieu), p. 713. — *Les travaux du conseil supérieur des voies de communication : le service des chemins de fer* (P. Leroy-Beaulieu), p. 740. — *Le rachat des chemins de fer et le 3 p. 0/0 amortissable*, p. 765.

1878, 2ᵉ sem. *L'épargne française et les chemins de fer romains*, p. 13. — *Une conférence sur les chemins de fer*, p. 50. — *Les recettes des chemins de fer d'intérêt local*, p. 78, 785. — *Un projet d'organisation rationnelle des chemins de fer* (A. Mercier), p. 106. — *La question des chemins de fer* (A. Mangin), p. 111. — *Les chemins de fer et le Trésor public* (Toussaint Loua), p. 204. — *De l'exploitation des chemins de fer* (P. Leroy-Beaulieu), p. 289. — *Les frais accessoires des compagnies de chemins de fer*, p. 590. — *Les projets de convention avec les grandes compagnies de chemins de fer* (P. Leroy-Beaulieu), p. 737. — *Les lenteurs de la poste et les chemins de fer*, p. 752.

1879, 1er sem. *Les accidents de chemins de fer*, p. 174. — *La question des chemins de fer*, p. 236. — *La question des chemins de fer*, p. 639. — *Les tarifs des chemins de fer*, p. 733.

1879, 2e sem. *Le rachat des chemins de fer par l'Etat* (P. Leroy-Beaulieu), p. 125. — *Le projet d'un chemin de fer transsaharien*, p. 102. — *Les accidents de chemins de fer en France*, p. 294. — *Le délai de livraison à domicile des marchandises expédiées par chemin de fer en grande vitesse* (Omer Decugis), p. 571. — *La situation des chemins de fer français*, p. 573. — *L'exploitation des chemins de fer par l'Etat* (E. de Laveleye), p. 726. — *L'acquisition des chemins de fer privés par l'Etat* (Maurice Block), p. 749. — *Le chemin de fer transsaharien*, p. 761.

1880, 1er sem. *Le chauffage des wagons de chemins de fer*, p. 15. — *Le projet de rachat de la compagnie des chemins de fer d'Orléans* (P. Leroy-Beaulieu), p. 185, 217, 249. — *La situation des chemins de fer déclarés d'utilité publique et non livrés à l'exploitation*, p. 200. — *La convention entre l'Etat et la compagnie des chemins de fer d'Orléans*, p. 231. — *La construction et l'exploitation des chemins de fer en France et à l'étranger*, p. 321. — *Les chemins de fer d'Etat*, p. 387. — *Le rachat du réseau d'Orléans*, p. 390. — *Quelques nouveaux arguments contre le rachat des chemins de fer* (P. Leroy-Beaulieu), p. 405. — *Des rapports financiers de l'Etat et des compagnies de chemins de fer* (P. Leroy-Beaulieu), p. 433. — *La question du rachat des chemins de fer*, p. 666, 697. — *Les nouveaux tarifs des chemins de fer de l'Etat*, p. 668. — *La réforme des chemins de fer*, p. 723. — *Le chemin de fer transsaharien*, p. 728. — *La chambre syndicale du commerce d'exportation et l'exploitation des chemins de fer*, p. 728.

1880, 2e sem. *L'exploitation des chemins de fer par l'Etat et la chambre de commerce de Nancy*, p. 75. — *Les chemins de fer industriels* (P. Robiquet), p. 158. — *La question du rachat des chemins de fer devant les chambres de commerce*, p. 198, 231. — *Les tarifs de chemins de fer et la responsabilité des compagnies* (Max Hoffmann), p. 201. — *Le rachat des chemins de fer, la question des tarifs* (A. Mangin), p. 286. — *Le régime de la garantie d'intérêt et les prochains remboursements* (P. Leroy-Beaulieu), p. 341. — *Les tarifs de chemins de fer*, p. 358. — *Le chemin de fer transsaharien*, p. 442. — *L'album de statistique graphique du ministère des Travaux publics* (P. Leroy-Beaulieu), p. 569. — *Le rapport de M. Richard Waddington sur le régime des chemins de fer* (H. Lamane), p. 691. — *L'encombrement des voies ferrées*, p. 735.

1881, 1er sem. *Le trafic des voyageurs sur les chemins de fer français*, p. 45. — *Les compagnies de chemins de fer et leurs agents commissionnés* (A. Mangin), p. 219, 285. — *Les cartes d'abonnements aux chemins de fer*, p. 233. — *Le chemin de fer transsaharien et le rôle de la France en Afrique* (A. Duponchel), p. 609.

1881, 2e sem. *Le personnel des chemins de fer* (Toussaint Loua), p. 3. — *Le nouveau chemin de fer de l'Etat*, p. 17. — *Les accidents de chemin de fer*, p. 360, 548. — *La question des chemins de fer : la réapparition des projets de rachat* (P. Leroy-Beaulieu), p. 437. — *Les anomalies du régime des chemins de fer français* (A. Bonnet), p. 449. — *Les chemins de fer français depuis 1841* (Toussaint Loua), p. 595. — *Le ministère des travaux publics et le régime des chemins de fer* (A. Bonnet), p. 604. — *Le tarif général commun des grandes compagnies de chemins de fer*, p. 606. — *Le programme du nouveau ministère : le projet de rachat des chemins de fer ou de révision des tarifs* (P. Leroy-Beaulieu), p. 625, 657. — *De la valeur des différentes actions de chemins de fer en cas de rachat*, p. 632. — *Les mesures préventives contre les accidents de chemins de fer*, p. 639. — *L'unité de tarif et le tarif général commun des chemins de fer*, p. 670. — *Les tarifs de chemins de fer, l'uniformité et la diversité* (P. Leroy-Beaulieu), p. 689. — *Les tarifs de chemins de fer de gare en gare* (Max Hoffmann), p. 730. — *Le personnel des chemins de fer en France et en Allemagne*, p. 752.

1882, 1er sem. *Le conseil d'administration des chemins de fer de l'Etat*, p. 140, 232. — *Le rendement des chemins de fer d'intérêt local* (P. Leroy-Beaulieu), p. 204. — *Les travaux de construction des chemins de fer d'intérêt général*, p. 235. — *Les projets de nouvelles conventions entre l'État et les grandes compagnies de chemins de fer* (P. Leroy-Beaulieu), p. 253. — *La convention entre le gouvernement et la compagnie d'Orléans*, p. 265, 644. — *Les lenteurs administratives et les chemins de fer de l'Etat*, p. 982. — *Les conventions des compagnies de chemins de fer* (P. Leroy-Beaulieu), p. 313. — *L'encombrement des gares*, p. 326. — *Les recettes des chemins de fer algériens*, p. 329. — *Le régime des chemins de fer en France et à l'étranger* (A. Mangin), p. 379, 407. — *Les tramways et chemins de fer urbains et le conseil municipal de Paris*, p. 512. — *Les nouveaux projets relatifs aux voies ferrées : la convention entre l'Etat et la compagnie d'Orléans* (P. Leroy-Beaulieu), p. 629.

1882, 2ᵉ sem. *Le protectionnisme et les chemins de fer* (Louis Pauleau), p. 12. — *Les méthodes de tarification pour les transports par chemins de fer* (Max Jacob), p. 14. — *Les tarifs de chemins de fer*, p. 126. — *Le tunnel sous-marin entre la France et l'Angleterre* (Simonin), p. 165. — *Du rachat et de l'exploitation des chemins de fer par l'Etat* (P. Leroy-Beaulieu), p. 477, 509. — *La nouvelle commission des chemins de fer et les chemins de fer de l'Etat*, p. 489. — *La mission Flatters et le chemin de fer transsaharien*, p. 548, 648. — *Les tarifs pour marchandises sur les chemins de fer en France et en Angleterre* (Max Hoffmann), p. 742. — *Les tarifs des chemins de fer de l'Etat* (Max Hoffmann), p. 768. — *Les chemins de fer concédés et projetés en France*, p. 777. — *Le socialisme parlementaire; les projets de loi sur les rapports des compagnies de chemins de fer avec leurs agents commissionnés* (A. Mangin), p. 827. — *L'exploitation des chemins de fer de l'Etat* (G. Michel), p. 834.

1883, 1ᵉʳ sem. *Le chemin de fer métropolitain à Paris* (E. Brelay), p. 12. — *L'administration des chemins de fer de l'Etat et ses agents commissionnés* (Dufrénoy), p. 67. — *Les tarifs des chemins de fer de l'Etat* (Max Hoffmann), p. 109. — *La situation générale du réseau des chemins de fer français et algériens au 31 déc. 1882* (P. Leroy-Beaulieu), p. 129. — *Le chemin de fer métropoli-*

tain, p. 174. — *Le budget extraordinaire et les conventions avec les compagnies de chemins de fer* (P. Leroy-Beaulieu), p. 301. — *Le tunnel sous-marin et l'opinion publique en Angleterre* (P. Leroy-Beaulieu), p. 437. — *Le chemin de fer du Sénégal au Soudan* (de Fontpertuis), p. 510. — *Les négociations avec les compagnies de chemins de fer*, p. 549. — *La condition des employés de chemins de fer en France et en Angleterre* (A. Mangin), p. 604. — *Les transports par chemins de fer* (Max Hoffmann), p. 672. — *Le matériel roulant des grandes compagnies de chemins de fer*, p. 673. — *De l'influence que peuvent exercer sur le commerce français les grands percements réalisés ou projetés, comme ceux de l'Arlberg, du Saint-Gothard, du Simplon, du Mont-Cenis et du Mont-Blanc*, p. 694. — *Les conventions avec les compagnies de chemins de fer : l'Etat et les actionnaires* (P. Leroy-Beaulieu), p. 721. — *Des chemins de fer d'intérêt local et des chemins de fer à voie étroite* (H. Vergé), p. 729.

1883, 2ᵉ sem. *Les chemins de fer allemands et les chemins de fer français*, p. 324. — *Les chemins de fer français, progression de leurs recettes depuis vingt ans*, p. 405, 437. — *Les chemins de fer ne constituent-ils pas un monopole naturel et n'y a-t-il pas lieu de déroger à leur égard à la loi économique?* p. 568.

1884, 1ᵉʳ sem. *Les commandes de matériel de chemins de fer*, p. 14. — *Les conventions avec les compagnies de chemins de fer*, p. 14. — *Les tarifs de chemins de fer devant le Sénat* (Max Hoffmann), p. 106. — *Les tarifs de chemins de fer en Allemagne et en France* (Max Hoffmann), p. 230. — *La colonisation française et les voies ferrées dans le nord de l'Afrique* (P. Leroy-Beaulieu), p. 281. — *Les tarifs de chemins de fer devant la commission d'enquête* (Max Hoffmann), p. 578. — *Le commerce de marée et les tarifs des chemins de fer* (Max Hoffmann), p. 769.

1884, 2ᵉ sem. *Les dépenses pour les nouvelles constructions de chemins de fer*, p. 80. — *Les projets de chemins de fer nouveaux à travers les Pyrénées* (P. Leroy-Beaulieu), p. 129.

1885, 1ᵉʳ sem. *Le réseau de l'Etat* (G. Michel), p. 195. — *L'autonomie du chemin de fer métropolitain à Paris*, p. 204. — *Des gages spéciaux pour les obligations de chemins de fer* (P. Leroy-Beaulieu), p. 449. — *Les obligations de chemins de fer et les hypothèques spéciales* (J. Gauthier), p. 495. — *Les chemins de fer français d'intérêt général en 1884*, p. 591.

1885, 2ᵉ sem. *Les nouveaux tarifs de la compagnie de Paris à Lyon et à la Méditerranée*, p. 639. — *Les frais de construction des lignes secondaires de chemins de fer en France*, p. 732.

1886, 1ᵉʳ sem. *Les chemins de fer algériens*, p. 12. —*Les discussions sur les tarifs des chemins de fer* (P. Leroy-Beaulieu), p. 253. — *Les tarifs de transport de coke sur les lignes du Nord et de l'Est*, p. 516.

1886, 2ᵉ sem. *Le chemin de fer métropolitain de Paris*, p. 169. — *Le chemin de fer métropolitain*, p. 438. — *Les chemins de fer algériens*, p. 477. — *Le métropolitain* (E. Brelay), p. 531.

1887, 1ᵉʳ sem. *La concurrence de la navigation intérieure et le trafic des chemins de fer* (P. Leroy-Beaulieu), p. 33. — *L'exploitation et le rendement des chemins de fer de l'Etat*, p. 141. — *La construction des chemins de fer et la situation budgétaire*, p. 143. — *Le cinquantenaire des chemins de fer français*, p. 144. — *L'inauguration de chemins de fer en France, sa véritable date*, p. 235. — *Les chemins de fer de l'Etat et le budget* (M. Vergé), p. 375. — *De la nécessité de modifier et de ralentir les travaux de chemins de fer* (G. Michel), p. 501.

1887, 2ᵉ sem. *Nouveau vote du conseil municipal de Paris favorable au métropolitain*, p. 9. — *La crise des transports et les économies des compagnies de chemins de fer* (Ch. Gomel), p. 40. — *La concurrence des chemins de fer de l'Etat et les compagnies privées*, p. 206. — *Les lignes ferrées algériennes*, p. 207. — *Des différentes concurrences faites aux chemins de fer* (G. Michel), p. 258. *Les projets de chemins de fer au Tonkin*, p. 325. — *Le prix de revient, les produits et la valeur des chemins de fer de l'Etat* (Ch. Gomel), p. 591. — *La compagnie de chemins de fer de Bône à Guelma et la colonisation*, p. 817.

1888, 1ᵉʳ sem. *Les compagnies de chemins de fer pendant la crise commerciale* (M. Vergé), p. 77. — *Les chemins de fer fixes et portatifs*, p. 303. — *Le développement des chemins de fer à voie étroite et l'achèvement du réseau français* (Ch. Gomel), p. 359.

1888, 2ᵉ sem. *Expérience de chemin de fer métropolitain*, p. 11. — *Le chemin de fer du Médoc et la concurrence abusive de l'Etat*, p. 14. — *Un chemin de fer souterrain tubulaire et électrique et le conseil municipal de Paris*, p. 106. — *Le chemin de fer aérien et le conseil municipal de Paris*, p. 166. — *Le rendement des nouvelles lignes des chemins de fer et la diminution possible des nouvelles lignes de l'Etat* (Ch. Gomel), p. 187. — *La concurrence des lignes de l'Etat*, p. 229. — *La division du capital-actions des chemins de fer*, p. 381. — *Le trafic des chemins de fer du canal de Panama*, p. 411. — *L'expérience des chemins de fer d'Etat prouve-t-elle que l'Etat soit capable d'être industriel*, p. 438. — *Les houilles françaises et étrangères, la batellerie et les chemins de fer*, p. 510. — *Le régime des chemins de fer et les conventions de 1883* (Duvergier), p. 764.

1889, 1ᵉʳ sem. *Le tunnel sous la Manche*, p. 10. — *La compagnie du Médoc et le réseau de l'Etat*, p. 15. — *Les chemins de fer d'Europe*, p. 654.

1889, 2ᵉ sem. *Le métropolitain de Paris*, p. 50. — *Les méthodes de classification pour les transports des voyageurs* (P. Leroy-Beaulieu), p. 105. — *L'amélioration des recettes des chemins de fer et le compte d'exploitation partielle* (Ch. Gomel), p. 139. — *Nouveau projet de chemin de fer métropolitain à Paris*, p. 234. — *Les chemins de fer à petite voie et sur route*, p. 609. — *Les chemins de fer à voie étroite*, p. 642. — *L'île de la Réunion : le chemin de fer et le port*, p. 805.

1890, 1ᵉʳ sem. *La pénétration et le développement des voies ferrées dans Paris*, p. 8. — *Le commerce français et les chemins de fer turques et bulgares* (Romuald Coste), p. 12. — *Les profits procurés à l'Etat par les chemins de fer*, p. 335. — *La statistique des accidents de chemins de fer en 1889*, p. 718. — *La colonisation française-africaine et le transsaharien* (P. Leroy-Beaulieu), p. 737. — *Les compagnies de chemins de fer et la garantie d'intérêt*, p. 749. — *Les voies de communication de la France de 1837 à 1887*, p. 818.

1890, 2ᵉ sem. *Les tarifs des chemins de fer et l'initiative parlementaire* (Ch. Gomel), p. 103. — *Le transsaharien*, p. 240. — *L'exploitation et la construction des chemins de fer français en 1889* (Ch. Gomel), p. 291. — *Le chemin de fer transsaharien*, p. 490, 494. — *Le métropolitain à Paris*, p. 520. — *Les économies dans l'exploitation des chemins de fer*, p. 781.

1891, 1ᵉʳ sem. *Le trafic du transsaharien* (G. Rolland), p. 3, 39, 78. — *Les chemins de fer économiques* (H. Vergé), p. 107. — *Les chemins de fer, la garantie d'intérêt, les insuffisances d'exploitation et les dividendes* (P. Leroy-Beaulieu), p. 129. — *Le budget de 1892, les garanties aux chemins de fer, le dégrèvement de la grande vitesse, l'amortissement* (P. Leroy-Beaulieu), p. 257. — *La réduction du prix des transports des marchandises en grande vitesse*, p. 333. — *De la nomination par le gouvernement ou par les municipalités des administrateurs de toutes les sociétés subventionnées ou concessionnaires de services publics, chemins de fer, etc.* (P. Leroy-Beaulieu), p. 641. — *Les concessions des chemins de fer en 1890*, p. 654. — *Le trafic et les tarifs du transsaharien* (G. Rolland), p. 683, 746.

1891, 2ᵉ sem. *Les recettes, les dépenses et les charges des chemins de fer français en 1890* (Ch. Gomel), p. 67. — *La distribution des titres d'actions et d'obligations des chemins de fer français*, p. 78. — *La loi sur les rapports des agents de chemins de fer avec les compagnies* (Hubert Valleroux), p. 195. — *Les accidents de chemins de fer* (D. Bellet), p. 323. — *La construction des lignes de chemins de fer et de tramways en France et dans le prochain avenir* (P. Leroy-Beaulieu), p. 353. — *Le transsaharien au congrès pour l'avancement des sciences à Marseille*, p. 461. — *Le chemin de fer métropolitain à Paris* (E. Brelay), p. 486,

521. — *L'abaissement des taxes sur les transports par grande vitesse* (G. Michel), p. 550.

France judiciaire. — *Le remboursement anticipé des obligations des compagnies de chemins de fer* (Le Courtois) : 4ᵉ année, p. 225, 441 ; 5ᵉ année, p. 361, 569. — *Les tarifs spéciaux des chemins de fer et la chambre de commerce de Paris* (Baron Ernouf) : 6ᵉ année, p. 53. — *Du rachat des chemins de fer* (Baron Ernouf) : 6ᵉ année, p. 141. — *De la réforme des tarifs de chemins de fer* : 8ᵉ année, p. 408. — *Les compagnies de chemins de fer et les conventions de 1883* (Baron Ernouf) : 10ᵉ année, p. 114.

Gazette du Palais. — *Le transport en commun des voyageurs et la liberté commerciale* (Neubourg) : 22 juin 1889.

Journal de droit administratif. — *Études des projets de chemins de fer ; — Obligations des propriétaires* (Batbie) : t. 1, p. 207. — *Transport des voyageurs indigents* (Champrosé) : t. 34, p. 316.

Journal du droit criminel. — *De la responsabilité de l'expéditeur de fonds ou billets de banque par chemin de fer* (Morin) : 1872, p. 225.

Journal du droit international privé. — *Des transports internationaux par chemin de fer* (Poinsard) : 1892, p. 33.

Journal le Droit. — *Considération sur la législation industrielle. Questions sur les chemins de fer* (de Vatimesnil) : 4 déc. 1835. — *Chemins de fer. Réponse à la lettre de M. Teste* (Baud) : 2 avr. 1836. — *Des six projets de loi relatifs à l'établissement des chemins de fer* (J.-F.) : 18 mai, 4 et 5 juill. 1837. — *Les postes. Les chemins de fer. Indemnité* : 13 mai 1847. — *Des transports par chemins de fer* (F. Malapert) : 17 nov. 1880. — *Une difficulté pénale de la législation des chemins de fer* (E. Lamé-Fleury) : 21 févr. 1883. — *Les compagnies de chemin de fer et la défense du territoire* (F. Malapert) : 29 juin 1884. — *Chemins de fer. Transport de personnes. Accident. Responsabilité. Preuve* (Observ. de P. Benon, sous Trib. Bordeaux, 16 déc. 1885) : 3-4 mai 1886. — *De la nomination des administrateurs des compagnies de chemins de fer* (A. Vavasseur) : 4 juin 1891.

JOURNAL DES ÉCONOMISTES. — 1re série. *Les chemins de fer en France, au 1er décembre 1841* (H. Dussard), t. 1, p. 67. — *Les chemins de fer devant la Chambre des pairs*, t. 6, p. 91. — *Du système de la garantie d'un minimum d'intérêt*, t. 7, p. 99. — *Du rachat des chemins de fer par l'Etat*, t. 7, p. 99. — *Abaissement des tarifs*, t. 7, p. 310. — *Police et concession des tarifs* (A. Blaise), t. 7, p. 349. — *Etat de la question des tarifs en France, en Belgique, en Angleterre* (A. Blaise), t. 8, p. 153. — *Accidents sur les chemins de fer*, t. 8, p. 191. — *Procès intenté à la compagnie par les concessionnaires de roulage de Rouen*, t. 8, p. 98. — *Nombre, classement, dépenses de concession et capital demandé en 1843*, t. 9, p. 382. — *Comment se procurera-t-on le fer nécessaire à l'exécution des nouvelles lignes concédées*, t. 12, p. 260. — *Accidents survenus sur les chemins de fer pendant leur exploitation depuis 1841 jusqu'à 1845*, t. 14, p. 182. — *Détails historiques sur les chemins de fer*, t. 12, p. 446. — *Concurrence des voies navigables et des chemins de fer* (J. Proudhon), t. 11, p. 157. — *Premier symptôme de la crise financière en 1845*, t. 12, p. 265. — *Nouveau système de chemins de fer*, t. 12, p. 247. — *Les chemins de fer et le crédit public* (Léon Faucher), t. 14, p. 10. — *Le progrès des chemins de fer paralysé par le monopole des fers*, t. 14, p. 314. — *Faux principes desquels on est parti en France pour multiplier les chemins de fer et les faire construire aux frais de l'Etat*, t. 23, p. 217. — *Le congrès agricole veut imposer l'obligation de transporter à bas prix les engrais et les amendements*, t. 26, p. 55. — *La crise de 1850-1851, son origine, ses conséquences; le remède qu'il convient de lui appliquer* (Teisserenc), t. 28, p. 225, 237. — *Recherches statistiques sur les chemins de fer de France pendant l'année 1850* (Hentsch), t. 31, p. 50. — *Réflexions sur les concessions faites du 2 déc. 1851 au 29 mars 1852* (Courtois), t. 31, p. 452. — *Les chemins de fer français en 1852* (A. Dumont), t. 34, p. 20, 309. — *Caractères économiques des chemins de fer* (Binat), t. 34, p. 203. — *Les chemins de fer sont un fléau selon un archevêque cardinal,* t. 34, p. 319. — *Accidents arrivés sur les chemins de fer du 1ᵉʳ juillet au 31 déc. 1851 et longueur des chemins exploités,* t. 35, p. 139. — *Discussions à la société d'économie politique sur le monopole des chemins de fer,* t. 35, p. 148. — *Du contrôle et de la surveillance des chemins de fer* (Binat), t. 35, p. 161. — *Quelques réflexions sur les tarifs des chemins de fer* (E. Thomas), t. 37, p. 187.

2ᵉ série. *Impôt sur les chemins de fer,* t. 7, p. 156. — *De la perception des tarifs sur les chemins de fer* (Ed. Teisserenc), t. 12, p. 5. — *De la fusion générale des chemins de fer* (F. de Conink), t. 17, p. 306. — *Des accidents sur les chemins de fer* (M. Block), t. 17, p. 445. — *De la batellerie et des chemins de fer,* t. 20, p. 471. — *Des nouvelles conventions de l'Etat avec les compagnies de chemins de fer* (E. Horn), t. 23, p. 330. — *Les compagnies de chemins de fer et les voyageurs sans bagages* (Lamé-Fleury), t. 34, p. 92. — *De l'organisation financière du réseau des chemins de fer français* (Lamé-Fleury), t. 24, p. 161 ; t. 25, p. 180. — *Les traités particuliers et les traités spéciaux des compagnies de chemins de fer* (Lamé-Fleury), t. 34, p. 237. — *De l'influence des compagnies de chemins de fer sur l'accroissement de la valeur des propriétés rurales et de leur rôle dans l'approvisionnement des grandes capitales* (A. Lasseau), t. 35, p. 19. — *Des conditions réglementaires du transit de l'exportation par chemins de fer* (Lamé-Fleury), t. 35, p. 55. — *Les tarifs proportionnels et les tarifs différentiels des compagnies de chemins de fer* (E. Lamé-Fleury), t. 37, p. 412. — *Lettre de M. Blaise des Vosges sur les chemins de fer de l'Etat,* t. 38, p. 289. — *Le commerce et les chemins de fer* (V. Emion), t. 38, p. 302. — *Enquête sur les chemins de fer* (P. Boiteau), t. 38, p. 274.

3ᵉ série. *Délais de transport des marchandises par les chemins de fer* (Lamé-Fleury), t. 3, p. 92. — *Les chemins de fer français et l'épargne* (Coq), t. 7, p. 62. — *Les compagnies de chemins de fer hors de chez elles* (Lamé-Fleury), t. 8, p. 244. — *Du tarif temporaire spécial commun aux compagnies de chemins de fer pour le transport des céréales* (Lamé-Fleury), t. 10, p. 117. — *Les chemins de fer au Corps législatif en juin 1868* (Lamé-Fleury), t. 11, p. 63. — *Les chemins de fer et les opérations militaires* (Lamé-Fleury), t. 20, p. 59. — *Influence des chemins de fer d'après les leçons de M. Jacqmin* (Boiteau), t. 21, p. 66. — *La ceinture de Paris* (Boinay), t. 14, p. 420. — *La question des chemins de fer au congrès de Lille* (Renaud et Demongin), t. 37, p. 422; t. 38, p. 119. — *Le monopole et les fusions en 1852* (Bartholony et Clapier), t. 38, p. 142. — *Le régime français et le régime anglais en matière de chemins de fer* (Lamé-Fleury), t. 38, p. 193. — *De quelques erreurs ayant cours en matière de chemins de fer. Rachat, monopole, multiplication des lignes, tarifs* (Lamé-Fleury), t. 42, p. 5. — *Les chemins de fer d'intérêt local* (Sartiaux), t. 42, p. 199. — *Surveillance par l'Etat de la gestion financière des chemins de fer en France* (de Labry), t. 42, p. 250. — *Les grandes compagnies de chemins de fer contraires à la division du travail et à la libre concurrence* (Chérot), t. 44, p. 68. — *L'art. 26 de la loi de finances et les chemins de fer* (Chérot), t. 44, p. 267. — *Les grandes compagnies de chemins de fer et les compagnies régionales secondaires* (Chérot), t. 45, p. 50. — *La situation des chemins de fer d'intérêt local* (E. Petit), t. 45, p. 120. — *Les grandes compagnies en 1877* (Chérot), t. 45, p. 382; t. 47, p. 73. — *Solution de la question des chemins de fer par le compte de liquidation* (P. Leroy-Beaulieu), t. 45, p. 439. — *Résumé de la discussion sur la question des chemins de fer à la Chambre des députés* (J. Clément), t. 46, p. 211. — *Résultats des chemins de fer de l'Etat et des compagnies* (Ch. Baum), t. 47, p. 259. — *Le relèvement des tarifs de chemins de fer* (Ch. Baum), t. 47, p. 382.

4e série. *La concurrence en matière de chemins de fer et l'intérêt des ports* (A. Chérot), t. 1, p. 248. — *Concours de l'Etat et des compagnies pour le troisième réseau de chemins de fer français* (E. Brame), t. 1, p. 260. — *Dialogue avec un législateur sur la réorganisation des chemins de fer* (Chérot), t. 1, p. 346. — *Les bons de chemins de fer* (de Girardin), t. 1, p. 437. — *A propos du rachat et de la réorganisation des grandes lignes de chemins de fer* (Blaise), t. 2, p. 127. — *Les chemins de fer de*

l'Etat (Jacqmin), t. 2, p. 130. — *Réponse de A. Chérot*, t. 2, p. 261.
— *Le produit brut dans les concessions de chemins de fer* (J. de la Gournerie), t. 3, p. 29. — *Contrôle de l'Etat sur les tarifs de chemins de fer. Monopole et concurrence* (Paixhans), t. 7, p. 201.
— *Les chemins de fer exceptionnels* (Boissay), t. 8, p. 90; t. 12, p. 226. — *De la mesure de l'utilité des chemins de fer* (M. S.), t. 8, p. 231. — *Les compagnies de chemins de fer et l'Etat* (Paixhans), t. 11, p. 188. — *Garantie d'intérêt due aux chemins de fer*, t. 12, p. 3. — *Progrès à obtenir dans l'exploitation des chemins de fer en France* (Michel Chevalier), t. 12, p. 157. — *Le rachat des chemins de fer* (L. Say), t. 16, p. 329. — *Les prix de transport* (P. Muller), t. 30, p. 90. — *De la réforme de l'administration des chemins de fer de l'Etat* (Duverger), t. 31, p. 184, 349. — *Un deuxième pas dans la voie d'une révision des tarifs des chemins de fer* (Lamé-Fleury), t. 32, p. 21. — *Le chemin de fer métropolitain de Paris* (H. de Beaumont), t. 36, p. 400. — *Les chemins de fer et les voies navigables* (Muller], t. 42, p. 63. — *Considérations économiques sur les tarifs de chemins de fer* (A. Rousseau), t. 42, p. 161. — *Les taxes, surtaxes et détaxes dans l'industrie des chemins de fer* (Lamé-Fleury), t. 45, p. 346.

5e série. *La garantie d'intérêt des chemins de fer algériens* (J. Courau), t. 6, p. 396. — *Tarifs de chemins de fer. Un projet de loi, une solution pratique* (Duverger), t. 8, p. 340.

JOURNAL LA LOI. — *Les compagnies de chemins de fer sont-elles tenues d'accepter comme bagage tout objet qu'il plaît à un voyageur de transporter avec lui, ou bien sont-elles en droit de se limiter à la prise en charge des colis affectés à l'usage personnel des voyageurs?* 29 déc. 1882. — *Impôt sur la grande vitesse :* 8-9 sept. 1890.

LE MONDE ÉCONOMIQUE. — *La législation comparée et l'autorité de l'Etat sur les tarifs de chemins de fer* (L. Aucoc) : 1891, 1er sem., p. 269. — *La rapidité des transports et le régime économique* (J. Noirot) : 1891, 1er sem., p. 413. — *Les sociétés anonymes et les propositions de MM. Trouillot et Maurice Faure* (J. Noirot) : 1891,

1er sem., p. 483. — *Les tarifs de chemin de fer. Le dégrèvement des transports à grande vitesse* (A. Liesse) : 1891, 2e sem., p. 595.

Recueil de l'académie de législation de Toulouse. — *Sur la lettre d'avis des compagnies de chemins de fer* (Diffre) : 1882-1883, p. 220.

Recueil périodique de procédure. — *Compétence. Chemins de fer de l'Etat. Colis perdus, action en paiement de la valeur, préfet, tribunal civil* (Rousseau et Laisney) : 1881, p. 8.

Revue critique. — *Si les chemins de fer ou canaux concédés sont assujettis à raison du sol et dépendances à la taxe représentative des droits de transmission créés par la loi du 20 févr. 1849* : t. 1, p. 477. — *Examen doctrinal de la jurisprudence. Faillite. Déchéance du bénéfice du terme. Suspension à l'égard de la masse du cours des intérêts. Application aux obligations des compagnies de chemins de fer* (Ch. Roland) : t. 24, p. 193. — *Des procédés employés pour constituer le réseau des chemins de fer français* (Aucoc) : 1873-1874, p. 738, 797. — *De la condition des employés dans les chemins de fer* (Lespinasse) : 1879, p. 81. — *Observations sur un arrêt de la chambre des requêtes* (Planiol) : 1883, p. 670.

Revue des Deux-Mondes. — *Les chemins de fer comparés aux voies navigables* (Michel Chevalier) : 15 mars 1838. — *Du réseau des chemins de fer tel qu'il pourrait être établi en France* (Michel Chevalier) : 15 avr. 1838. — *Les chemins de fer, l'Etat et les compagnies* (Charlier) : 1er janv. 1839. — *D'un réseau complet de chemins de fer pour la France* (Morandière) : 1er févr. 1842. — *Les projets de loi sur les chemins de fer* (Léon Faucher) : 1er mai 1843. — *De la crise des chemins de fer* (Cochut) : 1er juin 1847. (De L'espee) : 13-15 août 1849. — *De l'achèvement des chemins de fer et des canaux* (Collignon) : 1er déc. 1849. — *Les voyages et les voyageurs en chemin de fer* (Lamé-Fleury) : 1er oct. 1858. — *La question des tarifs de chemins de fer* (Lamé-Fleury) :

1ᵉʳ févr. 1860. — *De la transformation des chemins de fer. Le régime actuel et le renouvellement du matériel* (Gaudry) : 15 juill. 1863. — *Les chemins de fer en Europe et en Amérique* (Audiganne) : 15 janv., 15 févr., 15 mai 1855, 15 août 1856, 15 sept. 1862, 15 août, 1ᵉʳ déc. 1863. — *Les chemins de fer et les canaux* (Coquelin) : 15 juill. et 15 sept. 1865. — *Les chemins de fer français en 1866* (Lavollée) : 1ᵉʳ janv. 1866. — *Les chemins de fer vicinaux* (Blerzy) : 15 janv. 1866. — *Du crédit des chemins de fer et des moyens d'achever le réseau* (Bonnet) : 1ᵉʳ avr. 1866. — *De la sécurité dans l'exploitation* (Gaudry) : 15 juin 1866. — *La guerre, les télégraphes et les chemins de fer* (Grégory) : 1ᵉʳ sept. 1866. — *Du rachat des chemins de fer par l'Etat* (Poujard'hieu) : 15 oct. 1866. — *Le patronage dans les compagnies de chemins de fer* (Bailleux de Marisy) : 1ᵉʳ oct. 1867. — *Les chemins de fer à Paris* (Maxime Ducamp) : 1ᵉʳ mai 1868. — *Les chemins de fer pendant la guerre de 1870* (Lavollée) : 15 oct. 1871. — *Les chemins de fer depuis la guerre et l'enquête parlementaire* (Lavollée) : 15 févr. 1872. — *La statistique des chemins de fer français* (Lavollée) : 15 juin 1872. — *Les transports militaires et les voies ferrées* (Blerzy) : 1ᵉʳ déc. 1872. — *La question des chemins de fer en 1875* (Lavollée) : 15 juill. 1875. — *L'avenir des chemins de fer français* (Laugel) : 1ᵉʳ août 1875. — *L'exploitation des chemins de fer par l'Etat et les grandes compagnies* (Jacqmin) : 15 mars 1878. — *Le chemin de fer transsaharien* (Blerzy) : 1ᵉʳ mai 1879. — *Les tarifs des chemins de fer* (Brière) : 1ᵉʳ mars et 1ᵉʳ avr. 1880. — *Le chemin de fer du Sénégal au Niger* (P. Bourde) : 1ᵉʳ déc. 1880. — *Le chemin de fer transsaharien* (P. Bourde) : 1ᵉʳ févr. 1881. — *La question des chemins de fer en 1882* (Ch. Lavollée) : 1ᵉʳ mars 1882. — *Les chemins de fer et le budget* (Ch. Lavollée) : 15 févr. 1883. — *Les chemins de fer du Soudan* (Valbert) : 1ᵉʳ oct. 1883. — *Les chemins de fer et l'Etat. Les conventions* (Ch. Lavollée) : 15 nov. 1883.

REVUE FŒLIX. — *Examen des phases diverses de la législation française relative aux chemins de fer. Des unions et coalitions de capitalistes et de compagnies financières ayant pour but de soumissionner l'exploitation de ces chemins* (Duplan) : t. 13, p. 1, 81.

Revue générale. — *Concessions de chemins de fer* (Vigouroux) : t. 9, p. 28. — *Conditions des contrats de transports* (Vigouroux) : 1886.

Revue générale d'administration. — *Les rachats de chemins de fer et l'exploitation par l'Etat* (Octave Noël) : 1878, t. 1, p. 378. — *Conclusions d'un mémoire de MM. Beral et de Basire sur les chemins de fer d'intérêt local* : 1878, t. 3, p. 109. — *Observations sur les dispositions financières du projet de loi relatif aux chemins de fer d'intérêt local* (Jacqmin) : 1879, t. 3, p. 114. — *Résumé du rapport de l'enquête faite sur les moyens de prévenir les accidents de chemin de fer* : 1880, t. 3, p. 107. — *Des réformes de la législation sur les pensions civiles et de leur application au personnel de l'administration des chemins de fer de l'Etat* (Lebour) : 1883, t. 3, p. 129. — *Statistique des chemins de fer d'intérêt général* : 1885, t. 3, p. 112. — *Les chemins de fer économiques et les tramways à vapeur* : 1887, t. 2, p. 367.

Revue de législation des mines. — *Commentaire de la loi du 27 déc. 1890, sur le contrat de louage et sur les rapports des agents des chemins de fer avec les compagnies* (E. Delacroix) : septembre-octobre 1891.

Revue pratique. — *Des actions en détaxe contre les compagnies de chemins de fer* (Pascaud) : t. 53, p. 59. — *Les tarifs spéciaux et la jurisprudence* (Rambaud) : t. 55, p. 173.

Revue Wolowski. — *L'art. 439, C. pén., s'applique-t-il à l'industrie des transports?* t. 10, p. 387.

Enregistrement et timbre. — Castillon, *Manuel formulaire de l'enregistrement, des domaines et du timbre*, 1892, 3e éd., 1 vol. in-8°, p. 148. — Dujardin, *Des droits d'enregistrement, de timbre et de greffe*, 1881, 1 vol. in-8°, p. 218. — Fessard, *Dictionnaire de l'enregistrement et des domaines*, 1844, 2 vol. in-4°, v° Chemin de fer. — *Dictionnaire des droits d'enregistrement, de timbre, de greffe et d'hypothèque*, 1874-1885, 6 vol. in-4°, v°

Chemin de fer. — Garnier, *Répertoire général et raisonné de l'enregistrement*, 1879, 6ᵉ éd., 5 vol. in-4°, v° *Chemin de fer*. — Masson-Delongpré, *Code annoté de l'enregistrement*, 1858, 4ᵉ éd., 2 vol. in-8°, n. 2408, 3668, 7743, 7859. — *Doivent être visés pour timbre et enregistrés gratis, les actes portant autorisation pour une compagnie de chemin de fer, d'occuper des terrains, temporairement et moyennant indemnité* (Bioche) : J. de proc. civ. et comm., 1848, t. 14, p. 317.

Législation comparée.

De Bourgoing, *Tableau de l'état actuel et des progrès probables des chemins de fer de l'Allemagne et du continent européen comparé avec ce qui existe et ce qui se prépare en France à cet égard*, 1842, in-8°. — Hauchecorne, *Tableaux statistiques des chemins de fer de l'Allemagne, de la Suisse, de la France, de la Belgique, des Pays-Bas et de la Russie en exploitation pendant l'exercice 1862*, in-4°, 1864. — Hochsteyer, *Les chemins de fer de l'Europe en exploitation*, 1876, in-8°. — Max Jacob, *Le rachat et les tarifs de chemins de fer en France et à l'étranger*, 1882, in-8°. — Jardot, *Des chemins de fer de l'Europe considérés comme lignes stratégiques*, 1842, in-8°. — Jouhaud, *Les chemins de fer et les postes dans leurs rapports comparés de progrès et de conservation en France et à l'étranger*, 1841, in-8°. — W. de Nordling, *Le prix de revient des transports par chemins de fer et la question des voies navigables en France, en Prusse et en Autriche*, 1887; — *Le prix de revient des transports par chemin de fer et la question des voies navigables. Réplique aux observations présentées sur son mémoire par l'auteur*, 1887. — Smith, *Lois européennes et américaines sur les chemins de fer*, Saint-Etienne, 1837, in-4°.

Annales des ponts et chaussées. — *Des rapports financiers de l'Etat avec les compagnies de chemins de fer dans différents Etats* : 2ᵉ série, t. 10, p. 262, 279, 314, 321, 356, 367, 383, 393 et s., 401, 418, 425. — *Chemins de fer du globe : données diverses :* 5ᵉ série, t. 15, p. 250.

L'Économiste français. — *Les chemins de fer en France, en Angleterre et en Allemagne* : 1873, p. 573. — *La diminution du trafic sur les chemins de fer étrangers* : 1874, 1er sem., p. 662. — *La statistique des chemins de fer en Europe pendant les années 1867 et 1868*, 1874, 2e sem., p. 468. — *Les chemins de fer en Amérique et dans le reste du monde*, 1876, 2e sem., p. 736. — *L'exploitation des chemins de fer dans les principaux Etats* (Toussaint-Loua), 1877, 1er sem., p. 424. — *De quelques leçons de chemins de fer étrangers* (P. Leroy-Beaulieu), 1877, 1er sem., p. 649. — *Les chemins de fer du monde entier*, 1877, 2e sem., p. 753. — *Les chemins de fer et leur état de développement dans les Deux Mondes* (de Fontpertuis), 1879, 2e sem., p. 660. — *Les tarifs de chemins de fer en Europe* : 1880, 1er sem., p. 233. — *Le réseau ferré des différents pays du globe*, 1880, 2e sem., p. 577. — *Le cinquantenaire des chemins de fer anglais : le développement kilométrique des voies ferrées en Europe et aux Etats-Unis, leurs progrès spéciaux dans le Far-West et leur situation financière*, 1880, 2e sem., p. 730. — *Les chemins de fer en Europe*, 1882, 2e sem., p. 365. — *Une conférence des compagnies de chemins de fer à Prague* : 1883, 1er sem., p. 80. — *Les chemins de fer en Europe* : 1883, 2e sem., p. 518. — *La responsabilité du transporteur dans les différents pays* (Max Hoffmann) : 1884, 2e sem., p. 168. — *Le développement des chemins de fer dans le monde entier de 1879 à 1883* (P. Leroy-Beaulieu) : 1885, 1er sem., p. 65. — *De la situation des divers pays civilisés au point de vue du réseau des chemins de fer* (P. Leroy-Beaulieu) : 1885, 1er sem., p. 97. — *Les chemins de fer à voie étroite dans les différents pays du monde* (P. Leroy-Beaulieu), 1885, 1er sem., p. 673. — *Les résultats comparés de l'exploitation des chemins de fer dans les principaux pays*, 1885, 1er sem., p. 437, 469. — *Des taxes de transport sur les chemins de fer français et étrangers* (G. Michel) : 1887, 1er sem., p. 290. — *Les réseaux des chemins de fer d'Europe et les constructions récentes* (P. Leroy-Beaulieu), 1887, 2e sem., p. 7. — *Les chemins de fer en Europe; leur situation au 30 déc. 1886*, 1888, 1er sem., p. 46. — *Les chemins de fer d'Europe*, 1889, 1er sem., p. 654.

Journal des Économistes. — *Réunion d'une commission mixte des transports internationaux en France, Belgique, Prusse, pour*

faciliter le transit par les chemins de fer : 1ʳᵉ série, t. 26, p. 216.
— *Importance et situation des chemins de fer en Europe* (A. Dumont) : 1ʳᵉ série, t. 35, p. 344. — *Les chemins de fer de l'Europe; recettes comparatives des années 1861 et 1862* (Lamé-Fleury) : 2ᵉ série, t. 43, p. 442. — *Les chemins de fer européens*, 3ᵉ série, t. 44, p. 470. — *Les chemins de fer du globe* (Kerilles) : 3ᵉ série, t. 44, p. 5, 275. — *Les chemins de fer de l'Etat. Solution dans divers pays* (Jacqmin) : 3ᵉ série, t. 46, p. 297. — *Le prix des transports par chemins de fer en Europe* : 4ᵉ série, t. 47, p. 94.

Allemagne.

Archiv für Eisenbahnwesen. Herausgegeben im Ministerium der öffentlichen Arbeiten, Berlin, 1881-1882, in-8°. — Ch. Baum, *La question des chemins de fer en Allemagne*, 1878, in-8°. — *Les systèmes de tarifs de chemins de fer en Allemagne et en Autriche-Hongrie*, 1878, Lille, in-8°. — *Commission d'enquête sur les chemins de fer. Rapport de la mission en Angleterre et de la mission en Allemagne*, 1862, in-4°. — *Conventions techniques de l'Union des administrations des chemins de fer allemands rédigées depuis les résolutions de l'Assemblée tenue à Breslau en 1876, à Graz en 1882, 1877 à 1883*, in-8°. — G. Eger, *Das Reichs-Haftpflichtgesetz betreffend die Verbindlichkeit zum Schadenersatz...*, 1879, Breslau, 2ᵉ édit., 1 vol. in-8°. — *Die gegenwärtige Lage der Eisenbahnfrage in Deutschland, Frankreich und der Schweiz*, Strasbourg, 1879, 1 vol. in-8°. — C. Heuser, *Canäle und Eisenbahnen in ihrer wirthschaftlichen Bedeutung*, 1880, Berlin, 1 broch. in-8°. — W. Koch, *Handbuch für den Eisenbahngüterverkehr*, 1882, Berlin, 2 vol. in-8°. — Lechatelier, *Chemins de fer d'Allemagne*, 1845, in-8°. — *Die Eisenbahnen und deren Aktionäre in ihrem Verhältnisse zum Staat*, Leipzig, 1837. — Edouard Engel, *Der Zonentarif*, 1891, Iéna, 1 broch. in-8°. — J. Lehr, *Eisenbahntarifwesen und Eisenbahn-Monopol*, 1882, Berlin, 1 vol. in-8°. — Meili, *Internationale Eisenbahnverträge und speciell die Berner Convention über das internationale Eisenbahn-Frachtrecht*, Hambourg, 1887. — Michaeles, *Deutschlands Eisenbahnen*. — De Reden, *Législation des chemins de fer en Allemagne* (traduit de l'allemand par P. Tourneux), 1845, in-8°. — W.-R. Rowan, *Zur Frage über Bau, Anlage, sowie Betriebsmittel von secundären Strassenbahnen*, etc., Berlin, 1877, in-8°. — *Sammlung von Eisenbahn-Verordnungen für das deutsche Reich*, Berlin, 1878, in-12. — W.-F. Carl Schmeidler, *Geschichte des deutschen Eisenbahnwesens*, 1871, Leipzig, 1 vol. in-8°; — *Theorie und Praxis des Eisenbahnwesens*, 1875, Breslau, 1 vol. in-8°. — A. Schubler, *Ueber Eisenbahnen von localem Interesse, insbesondere Vizinal-und Industribahnen*, Stuttgart, 1872, in-8°. — Ulrich, *Traité général des tarifs de chemins de fer*. — Weber, *Das Telegraphen und Signalwesen der Eisenbahnen*, Weimar, 1867, in-8°.

ANNALES DES PONTS ET CHAUSSÉES. — *Note sur l'état des chemins de fer allemands* (Baumgarten) : 2ᵉ série, t. 10, p. 257. — *De la garantie d'intérêt dans les chemins de fer allemands* : 2ᵉ série, t. 10, p. 262, 314, 356, 367, 383, 393, 396, 400, 401, 426, 434, 437. — *Réponses faites en 1870 au questionnaire de l'Union des chemins de fer d'Allemagne* : 5ᵉ série, t. 3, p. 206. — *La question des transports en Allemagne* (Krafft) : 5ᵉ série, t. 3, p. 476. — *L'Union des chemins de fer allemands* : 5ᵉ série, t. 17, p. 132. — *Note sur la concurrence entre la navigation fluviale et les chemins de fer en Allemagne* (Baum) : 6ᵉ série, t. 3, p. 79. — *Les tarifs de chemins de fer de l'Etat en Allemagne* (Baum) : 6ᵉ série, t. 7, p. 45.

ANNUAIRE DE LÉGISLATION ÉTRANGÈRE DE LA SOCIÉTÉ DE LÉGISLATION COMPARÉE. — *Loi du 13 juin 1873 sur les prestations de guerre* (réquisition des chemins de fer, tit. 6), annotée par M. Demarest) : 1874, p. 116. — *Loi du 27 juin 1873 instituant une direction des chemins de fer de l'Empire* (annotée par M. Demarest) : 1874, p. 118.

BULLETIN DU MINISTÈRE DES TRAVAUX PUBLICS. — *Le régiment des chemins de fer* : 1880, 2ᵉ sem., p. 380. — *Le rachat des chemins de fer de Hanovre à Altenbeken* : 1881, 1ᵉʳ sem., p. 399. — *Délais accordés aux destinataires pour déchargement des mar-*

chandises sur les chemins de fer allemands : 1882, 2ᵉ sem., p. 85. — *Les tarifs de chemins de fer :* 1882, 2ᵉ sem., p. 308. — *La direction du « Verein » des chemins de fer allemands :* 1884, 2ᵉ sem., p. 94. — *Loi relative à la reprise des chemins de fer par l'Etat :* 1885, 1ᵉʳ sem., p. 285. — *Règlement sur la police des chemins de fer du 30 nov. 1885 :* 1886, 1ᵉʳ sem., p. 327. — *Réglement du 30 nov. 1885 sur les signaux :* 1886, 1ᵉʳ sem., p. 352. — *Réglement du 30 nov. 1885 pour la construction et l'armement des chemins de fer :* 1886, 1ᵉʳ sem., p. 362. — *Règlement du 12 juin 1878 sur les chemins de fer d'intérêt local :* 1886, 2ᵉ sem., p. 251. — *Loi du 3 mai 1886 ayant pour objet d'affranchir de la saisie le matériel roulant des chemins de fer :* 1886, 2ᵉ sem., p. 439, et Ann. de lég. étr. de la soc. de lég. comp., 1887, p. 109. — *Note sur l'organisation militaire des chemins de fer allemands :* 1887, 1ᵉʳ sem., p. 92. — *Arrêté du 4 juill. 1383 (Hambourg) relatif au transport des matières explosibles :* 1887, 1ᵉʳ sem., p. 359. — *Règlement du 25 mars 1888 relatif aux conditions à appliquer pour les soumissions de travaux ou de fournitures pour le compte de l'administration générale des constructions des chemins de fer de l'Etat :* 1888, 1ᵉʳ sem., p. 15. — *Résumé de la situation générale de chacun des chemins de fer allemands :* 1892, 1ᵉʳ sem., p. 51, 167, 222, 303. — *Tarifs d'exportation du charbon allemand :* 1892, 1ᵉʳ sem., p. 131.

Chrislichsociale Blaetter. — *Zur Reform des Eisenbahn-Personen-Tarifs :* année 1891, p. 49 et s.

L'Economiste français. — *Les nouveaux tarifs de chemins de fer en Allemagne* (Max Hoffmann), 1874, 1ᵉʳ sem., p. 320. — *Les chemins de fer allemands et le projet d'élévation des tarifs,* 1874, 1ᵉʳ sem., p. 652. — *La situation des chemins de fer de l'Allemagne en 1873,* 1874, 2ᵉ sem., p. 478. — *La chambre de commerce de Brême et l'élévation des tarifs des chemins de fer allemands,* 1874, 2ᵉ sem., p. 512. — *Le nouveau projet de loi des chemins de fer allemands et sa portée,* 1875, 1ᵉʳ sem., p. 771. — *Les chemins de fer en Allemagne et les tarifs de transit,* 1875, 2ᵉ sem., p. 771. — *Le rachat des chemins de fer allemands,* 1876, 1ᵉʳ sem.,

p. 171. — *Statistique des chemins de fer allemands*, 1876, 1ᵉʳ sem., p. 337. — *Le rachat des chemins de fer allemands* (M. Block), 1876, 1ᵉʳ sem., p. 420, 452, 487, 522. — *Les chemins de fer de l'empire d'Allemagne*, 1876, 1ᵉʳ sem., p. 599. — *Le mouvement des chemins de fer allemands*, 1876, 2ᵉ sem., p. 607. — *La vente des billets de chemin de fer dans l'intérieur des villes en Allemagne*, 1877, 1ᵉʳ sem., p. 307. — *Le nouveau tarif des chemins de fer en Allemagne* (M. Block), 1877, 1ᵉʳ sem., p. 358. — *Les canaux et les chemins de fer en Allemagne*, 1877, 2ᵉ sem., p. 357. — *Le mouvement financier et économique en Allemagne* (M. Block), 1878, 1ᵉʳ sem., p. 485. — *Les tarifs des chemins de fer de l'Allemagne et la chambre de commerce de Mulhouse* (Dietz-Monnin), 1878, 1ᵉʳ sem., p. 832. — *Les projets de loi sur le rachat des chemins de fer en Allemagne*, 1879, 2ᵉ sem., p. 591. — *Les vicissitudes du tarif des chemins de fer allemands*, 1879, 2ᵉ sem., p. 563. — *Les résultats du rachat des chemins de fer en Allemagne* (G. Michel), 1881, 2ᵉ sem., p. 790. — *L'unification du tarif sur les chemins de fer allemands et les tarifs des chemins de fer entre l'Italie, la Suisse, l'Autriche et l'Allemagne* (Max Jacob), 1882, 2ᵉ sem., p. 331, 362. — *Le tarif uniforme des chemins de fer en Allemagne pour le transport des voyageurs et ses conséquences*, 1882, 2ᵉ sem., p. 351. — *Les chemins de fer allemands*, 1883, 1ᵉʳ sem., p. 112. — *Les résultats de l'exploitation du réseau des chemins de fer allemands en 1886-1887*, 1888, 1ᵉʳ sem., p. 655. — *Les passeports allemands et les communications ferrées internationales*, 1888, 1ᵉʳ sem., p. 673. — *Résultat général d'exploitation des chemins de fer allemands pour l'exercice 1887-1888*, 1889, 1ᵉʳ sem., p. 683. — *La réforme des tarifs de voyageurs sur les chemins de fer en Allemagne et en Hongrie* (A. Raffalowich), 1889, 1ᵉʳ sem., p. 41. — *Une réforme des tarifs de chemins de fer en Allemagne*, 1891, 1ᵉʳ sem., p. 4.

Eisenbahn Verordnungs Blatt : *passim*.

Gesetz Sammlung : *passim*.

Jahrbücher für Nationalœkonomie und Statistik. — *Die fortschreitende Ermaessigung der Eisenbahngütertarife* (Ulrich) : 1891,

3ᵉ série, t. 1, 1ᵉʳ fasc., p. 53 et s. — *Gleiche oder verschiedene Tarifierung von Getreide und Mehl im deutschen Eisenbahnverkehr* (Hampke) : 3ᵉ série, t. 4, p. 784 et s.

JOURNAL DES ECONOMISTES. — *La question des chemins de fer en Allemagne* (Ch. Baum) : 4ᵉ série, t. 2, p. 29. — *Les tarifs actuels des chemins de fer en Allemagne et leur origine* (Ch. Baum) : 4ᵉ série, t. 10, p. 376. — *Les chemins de fer de l'Allemagne* (P. Muller) : 4ᵉ série, t. 22, p. 405.

Dʳ PERROT'S MONATSCHRIFT. — *Ein Reichs-Verkehrs-Amt an Stelle des Reichs Eisenbahnamtes* (Dʳ Perrot) : janv. 1891.

UNSERE ZEIT. — *Die Verbilligung der Eisenbahnfahrt und ihre Folgen* (J. Supra) : 1891, 4ᵉ fasc., p. 343 et s.

ZEITSCHRIFT FÜR DIE GESAMMTE STAATSWISSENSCHAFT. — *Die Anfänge des deutschen Eisenbahnwesens* (Gustave Colin) : 1891, 47ᵉ année, p. 655 et s.

REVUE DES DEUX-MONDES. — *Le rachat des chemins de fer en Allemagne* (Valbert) : 1ᵉʳ avr. 1876.

REVUE GÉNÉRALE D'ADMINISTRATION. — *Les chemins de fer de l'Etat prussien :* 1885, t. 1, p. 452. — *Le transport des cadavres par la voie ferrée :* 1888, t. 2, p. 232.

ALSACE-LORRAINE.

L'ECONOMISTE FRANÇAIS. — V. *suprà, Partie française :* 1873, p. 849; 1874, 1ᵉʳ sem., p. 411. — *Les chemins de fer d'Alsace-Lorraine et leur exploitation* (Charles Grad) : 1874, 2ᵉ sem., p. 727. — *Les voies de communication de l'Alsace et leur influence économique* (Charles Grad) : 1875, 1ᵉʳ sem., p. 422. — *Les chemins de fer d'Alsace-Lorraine en 1880*, 1883, 2ᵉ sem., p. 546. — *Les chemins de fer routiers en Alsace-Lorraine* (Paul Muller) : 1887, 1ᵉʳ sem., p. 67. — *Les chemins de fer d'Alsace-Lorraine*, 1890, 1ᵉʳ sem., p. 717.

Journal des Economistes. — *Les chemins de fer d'Alsace-Lorraine* (P. Muller) : 4ᵉ série, t. 25, p. 260.

Bade (Grand-Duché de).

Nachweisungen über den Betrieb der grossh.-badischen Staats-Eisenbahnen : 1886-1887, 15 vol. in-8°.

Bavière.

Le service des chemins de fer dans l'armée bavaroise : Ann. des ponts et chauss., 5ᵉ sér., t. 5, p. 329.

Hanovre.

Funk et Debo, *Die Eisenbahnen im Königreich Hannover mit Einschluss der unter Hannover'scher*, etc., Vienne, 1852, in-4°.

Hesse (Grand-Duché de).

Loi du 29 mai 1884 sur les chemins de fer accessoires, analysée par Paul Baillière : Ann. de lég. étr. de la soc. de lég. comp., 1885, p. 246, et Bull. du min. des Trav. publ., 1886, 2ᵉ sem., p. 549. — *Règlement du 13 juin 1885 concernant le contrôle et l'exploitation des chemins de fer accessoires* : Bull. du min. des Trav. publ., 1888, 1ᵉʳ sem., p. 239, et Ann. de lég. étr. de la soc. de lég. comp., 1886, p. 159.

Prusse.

Ch. Baum, *Un chemin de fer militaire en Prusse*, 1877, in-8°. — Hœper, *Die preussische Eisenbahnfinanz Gesetzgebung*. — H. Kosub, *Die Verwaltung der preussischen Staats Eisenbahnen, und der unter Staatsverwaltung stehenden Privatbahnen...*, Berlin, 1881, 2ᵉ édit., 1 vol. in-8°. — J.-A. Schrœtter, *Das preussische Eisenbahnrecht*, 1883, Berlin, 1 vol. in-8°. — *Statistische Nachrichten von den preussischen Eisenbahnen*, Berlin, 1855-1879, 28 vol. in-4°. — *Die Verwaltung der preussischen Staats-Eisenbahnen durch die Provinzen*, Leipzig, 1880, 1 broch. in-18.

ANNALES DES PONTS ET CHAUSSÉES. — *Impôt sur les chemins de fer prussiens* : 2ᵉ série, t. 10, p. 260, 323, 326, 364. — *Note sur le prix de revient des transports sur les chemins de fer en Prusse* (Baum) : 6ᵉ série, t. 3, p. 543.

ANNUAIRE DE LÉGISLATION ÉTRANGÈRE DE LA SOCIÉTÉ DE LÉGISLATION COMPARÉE. — *Loi du 4 juin 1876 concernant la transmission à l'empire d'Allemagne de la propriété et des autres droits de l'Etat sur les chemins de fer* (annotée par M. Louis Thévenet) : 1877, p. 211.

BULLETIN DU MINISTÈRE DES TRAVAUX PUBLICS. — *Emploi du produit net des chemins de fer de l'Etat prussiens* : 1882, 2ᵉ sem., p. 305. — *Lois de rachat des chemins de fer en 1882* : 1884, 1ᵉʳ sem., p. 375. — *Les conseils de district et le conseil central des chemins de fer de l'Etat* : 1884, 1ᵉʳ sem., p. 376. — *Loi du 7 mai 1885 relative à l'extension du réseau d'Etat* : 1885, 2ᵉ sem., p. 71. — *Les adjudicataires pour les chemins de fer de l'Etat en Prusse* : 1885, 2ᵉ sem., p. 224. — *Les chemins de fer de l'Etat prussiens au point de vue financier* : 1885, 2ᵉ sem., p. 326. — *Les nouveaux tarifs prussiens pour 1891* : 1891, 1ᵉʳ sem., p. 287. — *Statistique du personnel de l'exploitation des chemins de fer de l'Etat en 1891* : 1892, 1ᵉʳ sem., p. 120.

L'ÉCONOMISTE FRANÇAIS. — *La discussion sur les chemins de fer au Parlement prussien* (Block) : 1878, 2ᵉ sem., p. 285, 315, 348. — *L'organisation des chemins de fer d'Etat prussiens* : 1879, 2ᵉ sem., p. 202. — *Les tarifs des chemins de fer en Prusse* : 1881, 2ᵉ sem., p. 517. — *La discussion sur les chemins de fer au Parlement prussien* (Block) : 1883, 1ᵉʳ sem., p. 351. — *Les chemins de fer de l'Etat prussien pendant l'exercice 1882-1883* (Block) : 1884, 1ᵉʳ sem., p. 187. — *Les chemins de fer à la Chambre haute en Prusse* : 1884, 1ᵉʳ sem., p. 450. — *Les tarifs des chemins de fer en Prusse* (Max Hoffmann) : 1884, 2ᵉ sem., p. 315. — *Les chemins de fer prussiens en 1886-1887* (Block) : 1888, 1ᵉʳ sem., p. 227. — *Le budget et l'exploitation des chemins de fer par l'Etat en Prusse* (A. Raffalowich) : 1888, 1ᵉʳ sem., p. 365, 721. — *Les doléances contre l'administration des chemins de fer de l'Etat en Prusse* (A. Raffalowich): 1889, 1er sem., p. 450. — *Les chemins de fer et l'Etat prussien :* 1890, 1er sem., p. 142. — *La réforme du tarif des voyageurs en Prusse :* 1891, 1er sem., p. 238.

Journal des Economistes. — *Le rachat des chemins de fer en Prusse :* 4e série, t. 17, p. 133. — *Les chemins de fer du royaume de Prusse* (Muller) : 4e série, t. 36, p. 423.

Revue Fœlix. — *Législation des chemins de fer en Prusse et en Autriche* (Fœlix) : t. 6, p. 532, 572. — *Ordonnance du roi de Prusse sur la police des chemins de fer* (1840) : t. 8, p. 350.

Saxe.

Geschichte der Königlich-sächsischen Staatseisenbahnen, Dresde, 1889, 1 vol. pet. in-8°. — *Statistischer Bericht uber den Betrieb der unter königlichsächsischer Staatsverwaltung stehenden Staats- und-Privat-Eisenbahnen*, 1877-1890, 14 vol. pet. in-4°.

Ordonnance du 9 janv. 1881 sur le conseil des chemins de fer : Bull. du min. des Trav. publ., 1884, 1er sem., p. 377.

Argentine (République).

Bulletin du ministère des Travaux publics. — *Les chemins de fer concédés dans la République Argentine en 1887 :* 1888, 2e sem., p. 702. — *Les chemins de fer de la République Argentine :* 1889, 1er sem., p. 350.

L'Economiste français. — *Les tramways à la Plata :* 1874, 1er sem., p. 400.

Autriche-Hongrie.

Ch. Baum, *Les systèmes des tarifs de chemins de fer en Allemagne et en Autriche-Hongrie*, 1878, in-8°. — *Beitrag zur Beleuchtung der allgemeinen Verhältnisse der osterreichischen Ei-*

senbahnen, Vienne, 1879, in-4°. — E. Collignon, *Etude sur les chemins de fer de l'Autriche*, 1865, in-8°. — Etzel, *OEsterreichische Eisenbahnen entworfen und ausgeführt in den Jahren 1857 bis 1867*, 2 vol. in-4°. — Jantzen et Kastner, *Handbuch für den gesammten Eisenbahn Dampfschiffahrt und Telegraphen-Dienst im Kaiserthum OEsterreich*, Vienne, 1853, 1 vol. in-4°. — J. Kaserer, *OEsterreichische Gesetze mit Materialien*, Vienne, 44 fasc., t. 31. — Pontzen, *Vorschläge zur Förderung des Eisenbahnbanes*, Vienne, 1874, in-12. — *Réglement pour les transports militaires par chemins de fer dans l'empire austro-hongrois*, 1874, 1 vol. in-8°. — *Statistische Nachrichten von den österreichisch- ungarischen Eisenbahnen*, Vienne, 1872-1876, 2 vol. in-8°. — *Taschenausgabe der œsterreichischen Gesetze*, 1870-1876, Vienne, 19 vol. in-18, t. 17 (Lois sur les chemins de fer). — Winkler, *Vorträge über Eisenbahnbau*, Prague, 1869, in-4°.

ANNALES DES PONTS ET CHAUSSÉES. — *Détails historiques et statistiques sur quelques chemins de fer d'Autriche et de Bavière* (Ducros) : 2ᵉ série, t. 9, p. 273, 358. — *Concessions de chemins de fer aux compagnies : clauses et conditions auxquelles elles sont faites en Autriche, en Prusse, en Bavière, en Danemark, à Cracovie* : 2ᵉ série, t. 10, p. 258 et s.

ANNUAIRE DE LÉGISLATION ÉTRANGÈRE DE LA SOCIÉTÉ DE LÉGISLATION COMPARÉE. — *Loi du 19 mai 1874 sur la création de registres fonciers de chemins de fer, ainsi que sur l'effet des hypothèques constituées sur un chemin de fer et sur la garantie hypothécaire des créances des possesseurs d'obligations de priorité de chemins de fer* (annotée par M. L. Lyon-Caen) : 1875, p. 286. — *Loi du 14 déc. 1877 sur les chemins de fer garantis* (annotée par M. L. Lyon-Caen) : 1878, p. 221. — *Loi du 18 févr. 1878 sur l'expropriation pour l'établissement et l'exploitation des chemins de fer* (annotée par M. Jules Challamel) : 1879, p. 228. — *Loi du 17 juin 1887 relative à l'établissement et à l'exploitation des chemins de fer d'intérêt local* (annotée par M. Ch. Lyon-Caen) : 1888, p. 428 et Bull. du min. des Trav. publ., 1888, 1ᵉʳ sem., p. 547.

Bulletin du ministère des Travaux publics. — *La politique des chemins de fer en Autriche* (de Neumann Spallart) : 1880, 1er sem., p. 150. — *Les chemins de fer en Autriche-Hongrie* : 1880, 2e sem., p. 72. — *Loi du 25 mai 1880 sur les chemins de fer d'intérêt local en Autriche* : 1882, 1er sem., p. 400. — *Les trains secondaires à personnel restreint en Autriche* : 1882, 2e sem., p. 86. — *Régime des chemins de fer de campagne en Autriche* : 1882, 2e sem., p. 493. — *Loi du 25 mai 1880 sur les chemins de fer d'intérêt local* : 1884, 1er sem., p. 278. — *La nouvelle organisation des chemins de fer de l'Etat* : 1884, 2e sem., p. 377. — *Décret impérial du 19 sept. 1886 ayant pour objet d'affranchir de la saisie le matériel roulant des chemins de fer étrangers* : 1886, 2e sem., p. 442. — *Union d'assurance mutuelle des chemins de fer hongrois et autrichiens* : 1887, 1er sem., p. 286. — *Les chemins de fer vicinaux de l'Autriche-Hongrie* : 1887, 2e sem., p. 326. — *Abonnements à prix réduits proportionnels à la distance* : 1888, 1er sem., p. 127. — *Loi du 13 juin 1880 complétée par celle du 24 févr. 1888 sur les chemins de fer vicinaux et d'intérêt local* : 1888, 2e sem., p. 545.

L'Economiste français. — *La question des chemins de fer en Autriche* : 1874, 2e sem., p. 709. — *Les chemins de fer autrichiens* : 1874, 2e sem., p. 594. — *Recettes des chemins de fer austro-hongrois* : 1876, 1er sem., p. 822. — *Les chemins de fer en Autriche et l'Etat* (de Neumann Spallart) : 1877, 1er sem., p. 489. — *Le système des chemins de fer de l'Etat en Autriche* : 1877, 1er sem., p. 808. — *Lettres d'Autriche* (de Neumann Spallart) : 1878, 1er sem., p. 326. — *Les chemins de fer en Autriche* (de Neumann Spallart) : 1880, 1er sem., p. 66. — *Lettres d'Autriche : le système des chemins de fer de l'Etat* (de Neumann Spollart) : 1880, 1er sem., p. 166. — *Les chemins de fer en Autriche-Hongrie* : 1881, 1er sem., p. 506. — *Les chemins de fer en Autriche et la garantie d'intérêt* : 1881, 2e sem., p. 672. — *Le produit du réseau de l'Etat autrichien* : 1885, 1er sem., p. 197. — *La construction des chemins de fer en Autriche pendant l'année 1885* : 1886, 1er sem., p. 329. — *Les accidents de chemins de fer en Autriche-Hongrie* : 1886, 2e sem., p. 384. — *Le réseau d'Etat en Autriche* : 1886, 2e sem.,

p. 568. — *Les chemins de fer autrichiens :* 1889, 2ᵉ sem., p. 15. — *Le nouveau tarif par zône en Autriche :* 1889, 2ᵉ sem., p. 428, 618. — *Les nouveaux tarifs de chemins de fer par zône en Autriche* (P. Leroy-Beaulieu) : 1889, 2ᵉ sem., p. 641, 673. — *Le rachat des chemins de fer en Autriche :* 1891, 1ᵉʳ sem., p. 41.

JOURNAL DES ECONOMISTES. — *Les chemins de fer autrichiens* (Ch. Vogel), 2ᵉ série, t. 6, p. 134.

LE MONDE ÉCONOMIQUE. — *Le tarif par zône sur les chemins de fer austro-hongrois :* 1891, 1ᵉʳ sem., p. 270.

OESTERREICHISCHE OEKONÖMIST. — *Das localbahnwesen in OEsterreich :* 25 déc. 1892.

REVUE DES DEUX-MONDES. — *Les chemins de fer autrichiens* (Cochut) : 1ᵉʳ mars 1855. — *Les chemins de fer de l'Etat en Autriche* (Bailleux de Marisy) : 1ᵉʳ avr. 1879.

REVUE DE DROIT INTERNATIONAL ET DE LÉGISLATION COMPARÉE. — *Loi du 5 mars 1869 concernant la responsabilité des compagnies de chemins de fer du chef des accidents ayant causé des blessures ou la mort à des voyageurs :* 1870, p. 493. — *Responsabilité. Loi du 5 mars 1869 :* 1871, p. 77.

REVUE GÉNÉRALE D'ADMINISTRATION. — *Les chemins de fer en Autriche :* 1883, t. 3, p. 406. — *Statistique comparée des chemins de fer allemands et austro-hongrois :* 1884, t. 3, p. 92. — *Les tarifs de transports uniformes sur les voies ferrées :* 1889, t. 2, p. 484; 1890, t. 1, p. 227.

HONGRIE.

Uzlet- Szabályzat érvényes a Magyar korona területen levó összeg vasutakra, Buda-Pesth, 1874, 1 broch. in-8°. — *Vasuti okmánytar*, Budan, 1871, 4 vol. in-8°.

ANNALES DES PONTS ET CHAUSSÉES. — *Prix de revient et construction des chemins de fer hongrois* (Fournier) : 5ᵉ série, t. 11, p. 603.

Annuaire de législation étrangère de la société de législation comparée. — *Loi LXI modificative et complémentaire de la loi I de 1868, sur les registres fonciers spéciaux des chemins de fer et canaux* (analysée par M. Nagy) : 1882, p. 369.

Bulletin du ministère des Travaux publics. — *Les grands travaux publics en Hongrie :* 1880, 2ᵉ sem., p. 71. — *Loi du 14 juin 1880 sur les chemins de fer d'intérêt local en Hongrie :* 1882, 1ᵉʳ sem., p. 400. — *Barème des prix de transport en Hongrie :* 1892, 1ᵉʳ sem., p. 133.

L'Economiste français. — *Les chemins de fer hongrois :* 1877, 2ᵉ sem., p. 10; 1878, 1ᵉʳ sem., p. 493, 561. — *Les chemins de fer en Hongrie et en Roumanie :* 1878, 2ᵉ sem., p. 396; 1879, 1ᵉʳ sem., p. 730; 1879, 2ᵉ sem., p. 40. — *Les chemins de fer de l'Etat en Hongrie* (Hégedin) : 1880, 1ᵉʳ sem., p. 105; 1881, 1ᵉʳ sem., p. 574. — *Les chemins de fer en Hongrie :* 1882, 1ᵉʳ sem., p. 603. — *Le revirement dans le régime des chemins de fer de l'Etat en Hongrie :* 1886, 1ᵉʳ s., p. 315. — *Le tarif des chemins de fer par zône en Hongrie :* 1889, 1ᵉʳ sem., p. 109. — *Les nouveaux tarifs hongrois :* 1889, 2ᵉ sem., p. 239. — *Les tarifs des chemins de fer hongrois :* 1889, 2ᵉ sem., p. 303.

Journal des Economistes. — *Les tarifs par zône pour le transport des voyageurs sur le réseau des chemins de fer en Hongrie* (Ch. Baum) : 2ᵉ série, t. 1, p. 178.

Revue d'Economie politique. — *La politique de la Hongrie par rapport aux chemins de fer* (A. Néméniyi) : 1891, p. 569.

Moravie.

Bulletin du ministère des Travaux publics. — *Loi du 9 août 1887 relative à la participation aux frais d'acquisition et d'entretien des chemins de fer :* 1890, 1ᵉʳ sem., p. 182.

Belgique.

Aulagnier, *Recherches sur l'administration des chemins de fer belges, suivies de comparaisons pratiques sur l'économie des trans-*

ports par le chemin de fer et par la voie navigable, 1851, Bruxelles et Paris, 1 vol. gr. in-4°. — Belpaire, *Traité des dépenses d'exploitation des chemins de fer belges*, 1847, Bruxelles, in-8°. — A. de Formanoir, *Conférences militaires belges. Les chemins de fer en temps de guerre*, 1872, Bruxelles, in-18. — Gendebien, *Législation et jurisprudence des chemins de fer de la Belgique*, 1878, 1 vol. in-8°. — J. L'Hoest, *Législation de police des chemins de fer belges, des postes et des télégraphes*, 1873, Liège, 1 vol. in-8°. — Jullien, *Du prix des transports sur les chemins de fer de la Belgique en 1842 et en 1843*, 1844, 1 vol. in-8°. — J.-B. Lanckmann, *Traité des transports par chemin de fer en Belgique*, 1876, 1 vol. in-8°. — A. de Laveleye, *Histoire des vingt-cinq premières années des chemins de fer belges*, 1862, in-8°. — L'Hoest, *Du régime légal des plantations de chemins de fer*. — Loisel, *Annuaire spécial des chemins de fer belges, jurisprudence, législation, statistique* (1 vol. par an depuis 1867); — *Législation et jurisprudence des chemins de fer belges*, 1 vol. in-8°. — J. Malou, *Quinze lettres sur les chemins de fer de l'Etat belge*, 1867, Bruxelles, 2 broch. in-8°. — Minard, *Des voyageurs internationaux sur les chemins de fer entre la Belgique et la Prusse*, 1846, in-8°. — L. Molinos, *Les chemins de fer de l'Etat en Belgique. Lettre*, 1880, 1 broch. in-8°. — Perrot, *Des chemins de fer belges*, Bruxelles, 1844, in-4°. — *Recueil spécial des instructions concernant le ministère des chemins de fer* (périodique). — *Royaume de Belgique. Chemins de fer, postes, télégraphes, marine. Compte rendu des opérations*, 1867-1889, 10 vol. in-4°. — Picard et d'Hoffschmidt, *Pandectes belges* (en cours de publication), v^{is} *Chef de station, Chemin de fer, Chemin de fer concédé, Chemin de fer de l'Etat, Chemin de fer industriel, Chemin de fer vicinal, Chemins de fer* (police des).

ANNALES DES PONTS ET CHAUSSÉES. — *Les chemins de fer en Belgique en 1877* : 5e série, t. 18, p. 134. — *Les tarifs de petite vitesse des chemins de fer de l'Etat belge* (Baum) : 6e série, t. 3, p. 243.

BELGIQUE JUDICIAIRE. — *Etude sur le cahier des charges des chemins de fer concédés* (Gendebien) : 1863, p. 1494. — *Légis-*

lation de police des chemins de fer (L'Hoest) : 1876, p. 1281. — Du contrat de transport (Ch. Sainctelette) : 1883-1884. Etudes sur les concessions de chemins de fer (Slosse) : 1884, p. 721.

Bulletin du ministère des Travaux publics. — *Rachat du chemin de fer d'Ostende à la frontière :* 1880, 1ᵉʳ sem., p. 146. — *Arrêté du 25 oct. 1880 réglant la construction et l'exploitation des embranchements aux stations des chemins de fer de l'Etat :* 1881, 1ᵉʳ sem., p. 74. — *Analyse du projet de loi sur les chemins de fer vicinaux :* 1882, 2ᵉ sem., p. 43. — *Le déficit du budget et les chemins de fer :* 1882, 2ᵉ sem., p. 158. — *Désinfection des wagons affectés en Belgique au transport des bestiaux :* 1882, 2ᵉ sem., p. 247. — *Emploi des femmes dans les chemins de fer :* 1882, 2ᵉ sem., p. 401. — *Tarifs d'abonnement pour les voyageurs sur les chemins de fer de l'Etat :* 1882, 2ᵉ sem., p. 461. — *Les tracés de tramways :* 1883, 1ᵉʳ sem., p. 531. — *Loi du 24 mai 1882 sur les dérogations au cahier des charges des chemins de fer.* — *Loi du 28 mai 1884 approuvant les statuts de la société nationale pour la construction et l'exploitation des chemins de fer vicinaux :* 1884, 1ᵉʳ sem., p. 539. — *Loi du 25 juin 1885 sur les chemins de fer vicinaux révisée et amendée :* 1885, 2ᵉ sem., p. 185. — *Le Congrès du cinquantenaire des chemins de fer belges :* 1885, 2ᵉ sem., p. 426. — *Règlement de police du 30 avr. 1886 sur l'exploitation des chemins de fer vicinaux concédés ou à concéder par le gouvernement :* 1886, 2ᵉ sem., p. 552. — *L'organisation de trains légers en Belgique :* 1887, 1ᵉʳ sem., p. 385. — *Cahier général des charges de la société nationale des chemins de fer vicinaux :* 1887, 1ᵉʳ sem., p. 467. — *Arrêté royal du 13 avr. 1887 organisant le service des transports par chemins de fer et le service des postes et des télégraphes à l'armée en campagne :* 1887, 2ᵉ sem., p. 65. — *Règlement du 3 août 1887 concernant les mesures à observer pour le transport des voyageurs sur les chemins de fer de l'Etat belge :* 1887, 2ᵉ sem., p. 301. — *Loi du 15 oct. 1881 sur les dépôts, débits et transports de la poudre à tirer, de la dynamite et de toutes autres substances explosibles :* 1889, 1ᵉʳ sem., p. 189. — *Arrêté royal du 26 oct. 1881 portant règlement sur les dépôts, le débit et le transport des substances explosibles :* 1889, 1ᵉʳ sem., p. 190. — *Loi du 22 mai 1888 portant révision de la loi du 15 oct. 1881 sur les matières explosibles :* 1889, 1ᵉʳ sem., p. 196. — *Arrêté royal du 20 oct. 1888 modifiant l'art. 19 de l'arrêté du 26 oct. 1881 :* 1889, 1ᵉʳ sem., p. 197. — *Loi du 25 juill. 1891 révisant celle du 15 août 1843 sur la police des chemins de fer :* 1891, 1ᵉʳ sem., p. 355. — *Loi du 25 août 1891 portant révision du titre du Code de commerce concernant les contrats de transports :* 1891, 1ᵉʳ sem., p. 360.

L'Economiste français. — *Les chemins de fer belges et allemands et l'augmentation du prix d'exploitation :* 1874, 1ᵉʳ sem., p. 400. — *Des chemins de fer de l'Etat en Belgique :* 1878, 1ᵉʳ sem., p. 179. — *Les chemins de fer en Belgique :* 1878, 2ᵉ sem., p. 423. — *Les chemins de fer en Belgique et leur exploitation* (Henri Maréchal) : 1879, 1ᵉʳ sem., p. 660. — *Les chemins de fer en Belgique :* 1880, 1ᵉʳ sem., p. 225. — *Les chemins de fer de la Belgique en 1880* (Henri Maréchal) : 1881, 2ᵉ sem., p. 753. — *Les chemins de fer d'Etat en Belgique :* 1882, 2ᵉ sem., p. 430. — *Les rachats de chemins de fer en Belgique* (Henri Maréchal) : 1883, 1ᵉʳ sem., p. 166. — *Le tarif des chemins de fer belges* (Max Hoffmann) : 1883, 1ᵉʳ sem., p. 764. — *Les chemins de fer belges :* 1883, 2ᵉ sem., p. 699. — *L'exploitation des chemins de fer en Belgique :* 1887, 1ᵉʳ sem., p. 664. — *Les chemins de fer vicinaux belges en 1887 :* 1888, 2ᵉ sem., p. 640. — *Les chemins de fer de l'Etat en Belgique pendant l'année 1888 :* 1889, 1ᵉʳ sem., p. 241.

Journal des Economistes. — *Résultats de l'exploitation des chemins de fer belges pendant l'année 1844 et 1845 :* 1ˣᵉ série, t. 2, p. 432; t. 14, p. 189. — *Loi sur la fixation du prix des transports en Belgique :* 1ʳᵉ série, t. 29, p. 71. — *Expérience des chemins de fer de l'Etat en Belgique* (de Beaulieu) : 4ᵉ série, t. 11, p. 125. — *Chemins de fer de l'Etat belge* (Véron Duvergier) : 4ᵉ série, t. 34, p. 31, 191, 247.

Revue générale d'administration. — *Résumé de la situation financière des chemins de fer belges :* 1880, t. 2, p. 93. — *Les chemins de fer belges et le budget* : 1882, t. 2, p. 229; 1883, t. 2, p. 350; 1885, t. 1, p. 102; 1889, t. 1, p. 353. — *Dispositions prises à l'égard des électeurs* : 1884, t. 3, p. 92.

Brésil.

Bulletin du ministère des Travaux publics. — *Les tarifs des chemins de fer au Brésil* : 1883, 1ᵉʳ sem., p. 80; 2ᵉ sem., p. 168. — *Note sur la législation des chemins de fer au Brésil* : 1886, 2ᵉ sem., p. 572. — *Situation des chemins de fer brésiliens au 31 déc. 1886* : 1887, 2ᵉ sem., p. 327. — *Le développement des chemins de fer au Brésil* : 1888, 2ᵉ sem., p. 574. — *Concessions de chemins de fer au Brésil* : 1891, 1ᵉʳ sem., p. 568.

L'Économiste français. — *Les chemins de fer brésiliens* : 1888, 1ᵉʳ sem., p. 177. — *Le développement des chemins de fer au Brésil* : 1889, 1ᵉʳ sem., p. 143.

Canada.

Annuaire de législation étrangère de la société de législation comparée. — *Acte de 1879 contenant la législation coordonnée des chemins de fer* (annoté par A. Duverger) : 1880, p. 896. — *Acte modifiant de nouveau l'acte refondu des chemins de fer de 1879 et les actes qui le modifient* (analysé par Christian Daguin) : 1885, p. 803. — *Acte du 22 mai 1888 concernant les chemins de fer* (annoté par Christian Daguin) : 1889, p. 956.

Bulletin du ministère des Travaux publics. — *Loi du 24 juill. 1880 concernant le régime de concession des chemins de fer dans la province de Québec* : 1882, 1ᵉʳ sem., p. 230. — *Acte modifiant l'acte refondu des chemins de fer de 1879 et déclarant que certaines lignes de chemins de fer sont des travaux à l'avantage général du Canada (25 mai 1883)* : 1886, 1ᵉʳ sem., p. 267, et Ann. de lég. étr. de la soc. de lég. comp., 1884, p. 852. — *Acte du 19 avr. 1884 modifiant l'acte refondu des chemins de fer de 1879* : 1887, 1ᵉʳ sem., p. 165.

L'Economiste français. — *Le Canada et ses voies ferrées* (de Fontpertuis) : 1878, 2ᵉ sem., p. 493. — *Les voies ferrées au Dominion* : 1881, 1ᵉʳ sem., p. 669. — *L'agriculture, le bétail et les chemins de fer du Canada* : 1881, 1ᵉʳ sem., p. 169. — *Les chemins de fer canadiens en 1879-1880* : 1881, 2ᵉ sem., p. 143. — *Les canaux et chemins de fer au Canada* : 1882, 2ᵉ sem., p. 138, 674. — *Les chemins de fer du Nord-Ouest. Le Pacifique canadien* : 1883, 1ᵉʳ sem., p. 227 ; 1885, 1ᵉʳ sem., p. 362, 745. — *Les chemins de fer au Canada* : 1884, 1ᵉʳ sem., p. 703. — *Les finances et les chemins de fer canadiens* : 1884, 1ᵉʳ sem., p. 75. — *Le premier parcours total du grand Pacifique canadien* : 1886, 1ᵉʳ sem., p. 104. — *Les chemins de fer du Pacifique canadien et son parcours* : 1887, 2ᵉ sem., p. 8. — *Les nouveaux territoires et les chemins de fer au Canada* : 1888, 1ᵉʳ sem., p. 167. — *Les Anglais et les chemins de fer canadiens* : 1888, 1ᵉʳ sem., p. 564. — *Les chemins de fer du Pacifique canadien : historique, construction, exploitation* (G. Kohn) : 1889, 1ᵉʳ sem., p. 701, 767.

Chili.

Lei sobre ferro carriles, Valparaiso, 1862, 1 broch. in-12.

Chine.

Correspondant. — *Les chemins de fer chinois* (A. Perquer) : du 25 mai 1890.

Danemark.

Les chemins de fer de Danemark en 1886 : Bull. du min. des Trav. publ., 1887, 1ᵉʳ sem., p. 584.

Egypte.

Delorme-Nouette, *Etude sur les chemins de fer égyptiens*, 1871, in-8°.

L'Economiste français. — *La situation économique de l'Egypte* (de Fontpertuis) : 1875, 2ᵉ sem., p. 78. — *Les chemins de fer :*

1877, 1er sem., p. 238. — *Les chemins de fer égyptiens* (Laffon) : 1877, 2e sem., p. 466. — *Les chemins de fer égyptiens* : 1886, 1er sem., p. 143.

Espagne.

Arnao, *Memoria sobre los medios de reducir de los gastos de primer establecimiento de los ferro carriles secundarios*, 1869, Madrid, in-4°. — E. Barrault, *Le chemin de fer du Nord en Espagne*, 1858, in-8°. — *Legislacion de caminos de hierro*, 1859, Madrid, 2e éd., 1 vol. in-8°. — *Memoria presentada al Gobierno por la comision especial encargada de proponer el plan general de ferro-carriles*, 1867, Madrid, in-4°. — J. Perez, *Les chemins de fer espagnols et la garantie d'intérêt*, 1865, in-8°. — José Rogi y Dinars, *Considérations sur l'importance et l'utilité des chemins de fer au point de vue de la défense des nations particulièrement dans la péninsule espagnole* (trad. Franquet), 1866, in-8°.

Annuaire de législation étrangère de la société de législation comparée. — *Loi du 30 nov. 1877 sur les chemins de fer* (annotée par M. Castonnet-Desfosses) : 1878, p. 471.

Bulletin du ministère des travaux publics. — *Loi du 21 nov. 1881 relative au chemin de fer transpyrénéen de Huesca à la frontière française* (Lanfranc) : 1882, 1er sem., p. 227. — *Profits et économies réalisés par l'Etat espagnol en échange de la subvention aux compagnies de chemins de fer concédés. Les chemins de fer espagnols et la révision des tarifs* : 1883, 1er sem., p. 271. — *Ordre royal du 1er févr. 1887 relatif à la tarification des chemins de fer* : 1887, 2e sem., p. 173. — *Projet de loi sur les chemins de fer secondaires* : 1889, 2e sem., p. 424.

L'Economiste français. — *Les progrès et économies réalisés par l'Etat espagnol en échange de ses subventions aux compagnies de chemins de fer concédés* : 1882, 2e sem., p. 841.

Journal des Economistes. — *La viabilité et les chemins de fer en Espagne* : 1re série, t. 35, p. 68. — *Les chemins de fer et la question politique en Espagne* : 1re série, t. 35, p. 317.

Revue des Deux-Mondes. — *Les chemins de fer et les finances en Espagne* (Bailleux de Marisy) : 15 avr. 1857. — *Les chemins de fer espagnols et la traversée des Pyrénées* (Valentin de Mazade): 1ᵉʳ juin 1861. — *Les finances de l'Espagne et les chemins de fer espagnols* (Bailleux de Marisy): 1ᵉʳ mai 1875.

Etats-Unis.

Ch. F. Adam, *The Railroad Problem*, New-York, 1875, in-8º. — *American railroad journal and advocate of internal improvement:* New-York, 1833-1839, 1854-1867, 1 vol. in-4º par an. — H. Bartels, *Betriebs-Einrichtungen auf amerikanischen Eisenbahnen :* Berlin, 1879, in-8º. — D.-C. Callum, *United States Military Railroad. Report of bol. brig. gen. D. C. M. Callum, Director and General Manager, from 1886 to 1866,* Washington, 1866, 1 broch. in-8º. — A. Fink, *Cost of Railroad Transportation, Railroad accounts and Governemental Regulation of Railroad Tariffs,* Louisville, 1875, in-8º. — Flint, *The Railroalds of the United States : History and Statistics,* Philadelphia, 1868, in-12. — *Foreign railways of the world* (en cours de publication), Saint-Louis, 1884. — E. Frignet, *Essai sur l'organisation des chemins de fer du Pacifique,* 1869, 1 broch. in-8º; — *Etudes financières sur les chemins de fer américains,* 1873, 1 broch. in-8º. — Holley, *American and European Railway Practice in the economical generation of steam,* New-York, 1867, in-fº. — Kirkman, *Railway service. Trains and Stations,* New-York, 1878, in-12. — Lavoinne et Pontzen, *Les chemins de fer en Amérique,* 1880-1882, 2 vol. in-8º et 2 atlas. — Edw.-L. Pierce, *A treatise on the law of railroads,* 1881, Boston, 1 vol. in-8º. — H.-V. Poor, *Manual of the railroads of the United States,* New-York, 1880, 1 vol. in-8º. — Poussin, *Chemins de fer américains. Historique de leur construction ; prix de revient et produit, mode d'administration adopté,* etc., 1836, in-4º. — *The Railroad Gazette. A Journal of Transportation, Engineering and Railroad News,* Philadelphie, 1876, 1 vol. in-fº par an. — Edwin Seligman, *Railway tariffs and the interstate commerce law,* New-York. — Wellington, *The economic theory of the location of Railways,* New-York, 1877, in-12.

Annales des ponts et chaussées. — *Concurrence des chemins de fer et des canaux pour le transport de la houille. Un exemple emprunté aux Etats-Unis d'Amérique* (Note par E. Pontzen) : 5ᵉ série, t. 12, p. 213. — *Les chemins de fer aux Etats-Unis :* 5ᵉ série, t. 17, p. 135. — *Note sur les chemins de fer d'Amérique* (Le Rond) : 6ᵉ série, t. 8, p. 581.

Annuaire de législation étrangère de la société de législation comparée. — *Proposition de loi sur les tarifs de chemins de fer* (analysée par M. R. Nicolas) : 1886, p. 593. — *Loi sur les concessions de terres publiques aux compagnies de chemins de fer* (analysée par M. R. Nicolas) : 1888, p. 837. — *Loi prescrivant la nomination de trois commissaires chargés d'une enquête sur les agissements financiers des compagnies* (analysée par M. R. Nicolas) : 1888, p. 840. — *Loi sur les tarifs des chemins de fer* (analysée par M. R. Nicolas) : 1888, p. 847.

Bulletin du ministère des Travaux publics. — *Tendances des chemins de fer des Etats-Unis à augmenter la capacité de chargement de leurs wagons de marchandises :* 1883, 1ᵉʳ sem., p. 176. — *Admission des voyageurs dans les wagons de marchandises :* 1883, 1ᵉʳ sem., p. 367. — *La commission des chemins de fer de New-York et les tarifs :* 1885, 1ᵉʳ sem., p. 304. — *Les travaux publics, les subventions des Etats et les concessions des terres aux Etats-Unis :* 1885, 2ᵉ sem., p. 91. — *Mesures législatives en matière de chemins de fer :* 1885, 2ᵉ sem., p. 515. — *Mesures législatives adoptées aux Etats-Unis pendant la session de 1884-1885 :* 1886, 1ᵉʳ sem., p. 551. — *Interstate Commerce Bill portant réglementation de l'industrie des transports. Loi sur le transport du bétail aux Etats-Unis* (sect. 4386 et s.) : 1886, 1ᵉʳ sem., p. 262. — *Les chemins de fer et les constitutions des Etats :* 1888, 1ᵉʳ sem., p. 345. — *L'Interstate Commerce Railway Association :* 1889, 1ᵉʳ sem., p. 223. — *Lois du 6 mai et du 10 juill. 1886 relatives aux terres publiques :* 1889, 1ᵉʳ sem., p. 525. — *Rapport de la commission fédérale du contrôle des chemins de fer :* 1889, 1ᵉʳ sem., p. 638. — *Loi du 25 mai 1887 réglementant les heures de travail dans les chemins de fer et tramways :* 1890, 1ᵉʳ sem., p. 637. — *Loi du 24 mars 1887 sur la limitation des heures de travail des conducteurs, cochers et autres employés de railways à traction de chevaux, de câble et électricité :* 1890, 2ᵉ sem., p. 384.

L'Economiste français. — *Les chemins de fer aux Etats-Unis* (Clément Juglar) : 1873, p. 903. — *Statistique des chemins de fer américains :* 1874, 2ᵉ sem., p. 133. — *Les chemins de fer aux Etats-Unis. L'exploitation :* 1875, 1ᵉʳ sem., p. 259, 323, 367, 451. — *Faillite de chemins de fer aux Etats-Unis :* 1875, 1ᵉʳ sem., p. 338. — *La situation des chemins de fer aux Etats-Unis :* 1875, 1ᵉʳ sem., p. 713. — *Les chemins de fer aux Etats-Unis en 1874 :* 1875, 2ᵉ sem., p. 77. — *Les chemins de fer en faillite aux Etats-Unis :* 1876, 1ᵉʳ sem., p. 238; 1871, 1ᵉʳ sem., p. 367. — *Les chemins de fer aux Etats-Unis :* 1877, 1ᵉʳ sem., p. 202. — *La grève des chemins de fer aux Etats-Unis* (L. Mangin) : 1877, 2ᵉ sem., p. 114, 138, 168, 206. — *Les chemins de fer aux Etats-Unis :* 1877, 2ᵉ sem., p. 301. — *Les chemins de fer et la question ouvrière aux Etats-Unis* (A. Mangin) : 1877, 2ᵉ sem., p. 425. — *Les chemins de fer aux Etats-Unis :* 1877, 2ᵉ sem., p. 465. — *La construction des chemins de fer aux Etats-Unis :* 1878, 1ᵉʳ sem., p. 338. — *Les chemins de fer américains :* 1878, 2ᵉ sem., p. 368. — *L'agriculture et les chemins de fer aux Etats-Unis :* 1879, 1ᵉʳ sem., p. 672. — *Les chemins de fer aux Etats-Unis :* 1879, 2ᵉ sem., p. 31. — *Les nouveaux chemins de fer aux Etats-Unis :* 1879, 2ᵉ sem., p. 105. — *Les chemins de fer aux Etats-Unis, leur développement, leurs ressources, leurs recettes :* 1879, 2ᵉ sem., p. 222. — *Le commerce intérieur et les voies ferrées aux Etats-Unis :* 1880, 1ᵉʳ sem., p. 67. — *Les nouvelles constructions de voies ferrées aux Etats-Unis :* 1880, 1ᵉʳ sem., p. 192. — *Les chemins de fer et l'entassement des céréales à Chicago :* 1880, 1ᵉʳ sem., p. 192. — *Le régime des chemins de fer aux Etats-Unis, les syndicats de compagnies et le partage du trafic* (de Fontpertuis) : 1880, 1ᵉʳ sem., p. 289. — *Le droit sur les rails et les directeurs de voies ferrées. Le bill pour la réglementation des transports d'Etat à Etat : les concessions domaniales de chemins de fer aux Etats-Unis :* 1880, 1ᵉʳ sem., p. 350. — *Les chemins de fer de M. Jay Gould aux Etats-Unis :* 1880, 1ᵉʳ sem.,

p. 471. — *Les recettes des chemins de fer américains et les nouvelles constructions* : 1880, 1er sem., p. 535. — *Les dotations territoriales et les voies ferrées aux Etats-Unis* : 1880, 2e sem., p. 226. — *Les chemins de fer américains* : 1880, 2e sem., p. 250. — *Un second chemin de fer transcontinental aux Etats-Unis* : 1881, 1er sem., p. 669. — *Les chemins de fer en Amérique* : 1881, 2e sem., p. 669. — *Les nouveaux chemins de fer aux Etats-Unis et au Mexique* : 1881, 2e sem., p. 226. — *Le développement des chemins de fer américains* : 1881, 2e sem., p. 762. — *La construction des chemins de fer aux Etats-Unis* : 1882, 1er sem., p. 206. — *Le réseau ferré américain et ses développements annuels* : 1882, 1er sem., p. 163. — *Les chemins de fer aux Etats-Unis* (L. Simonin) : 1882, 2e sem., p. 546, 765. — *La première statistique officielle des chemins de fer aux Etats-Unis* : 1883, 1er sem., p. 310. — *Les chemins de fer en 1883 aux Etats-Unis à l'exposition de Chicago et le projet d'un hospice général pour les blessés et les invalides du service des voies ferrées* : 1883, 1er sem., p. 601. — *Le tarif des chemins de fer aux Etats-Unis* : 1883, 1er sem., p. 697. — *Les chemins de fer anglais et les chemins de fer américains* : 1884, 1er sem., p. 221. — *La dernière campagne des voies ferrées américaines* : 1884, 1er sem., p. 226. — *Les voies ferrées devant le Congrès aux Etats-Unis* : 1884, 1er sem., p. 639. — *Les chemins de fer aux Etats-Unis et les émissions italiennes* : 1884, 1er sem., p. 703. — *Les chemins de fer aux Etats-Unis* : 1884, 1er sem., p. 415. — *Un nouveau chemin de fer aux Etats-Unis* : 1884, 1er sem., p. 476. — *M. Marshall Kirkmann et la question des chemins de fer aux Etats-Unis* : 1885, 1er sem., p. 681. — *L'enquête sur le régime des voies ferrées aux Etats-Unis. La largeur des voies ferrées aux Etats-Unis* : 1885, 2e sem., p. 268, 292. — *Les chemins de fer aux Etats-Unis, leur organisation, leur fonctionnement et leur rendement* : 1885, 2e sem., p. 789. — *Les chemins de fer aux Etats-Unis pendant l'année 1885* : 1886, 1er sem., p. 230. — *Les compagnies de chemins de fer aux Etats-Unis en 1885* : 1886, 1er sem., p. 293. — *Les chemins de fer aux Etats-Unis* : 1886, 1er sem., p. 418. — *Les premiers chemins de fer construits aux Etats-Unis* : 1886, 1er sem., p. 473. — *La construction des chemins de fer aux Etats-Unis en*

1886 : 1887, 1ᵉʳ sem., p. 134. — *La loi sur les chemins de fer aux Etats-Unis* : 1887, 1ᵉʳ sem., p. 260. — *La loi sur les chemins de fer aux Etats-Unis et la commission chargée d'en assurer l'exécution. Les chemins de fer américains* : 1887, 1ᵉʳ sem., p. 733. — *Le régime des chemins de fer et la législation récente aux Etats-Unis* : 1887, 2ᵉ sem., p. 7. — *L'Economiste londonais et les chemins de fer américains* : 1887, 2ᵉ sem., p. 355. — *Les chemins de fer anglais et les chemins de fer américains* : 1887, 2ᵉ sem., p. 536. — *La concurrence entre lignes rivales de chemins de fer, le réseau américain*, etc., 1887, 2ᵉ sem., p. 817. — *Les chemins de fer aux Etats-Unis pendant l'année 1887* : 1888, 1ᵉʳ sem., p. 104. — *Forme de tarifs de chemins de fer aux Etats-Unis* : 1888, 1ᵉʳ sem., p. 364. — *Une décision de l'Interstate commerce act : les sociétés industrielles propriétaires du matériel roulant et les compagnies de chemins de fer aux Etats-Unis* : 1888, 1ᵉʳ sem., p. 424. — *Une proposition de loi aux Etats-Unis sur l'expropriation des administrations des chemins de fer en cas de grève* : 1888, 1ᵉʳ sem., p. 806. — *Statistique sommaire des chemins de fer aux Etats-Unis* : 1888, 2ᵉ sem., p. 97. — *Les chemins de fer aux Etats-Unis : classification et tarif unique* : 1888, 2ᵉ sem., p. 696. — *Le moyen de prévenir les grèves de chemins de fer aux Etats-Unis* : 1889, 1ᵉʳ sem., p. 679. — *Les chemins de fer transcontinentaux et les canaux devant l'Inter State common law commission aux Etats-Unis* : 1889, 1ᵉʳ sem., p. 107. — *Le développement des chemins de fer aux Etats-Unis* : 1889, 1ᵉʳ sem., p. 218. — *Les chemins de fer aux Etats-Unis* : 1889, 1ᵉʳ sem., p. 450. — *Importance des capitaux employés, comparaison avec les résultats, les tarifs américains et la concurrence canadienne* : 1889, 1ᵉʳ sem., p. 595. — *Liquidation forcée de chemins de fer aux Etats-Unis* : 1889, 2ᵉ sem., p. 230. — *Les chemins de fer aux Etats-Unis* : 1889, 2ᵉ sem., p. 239. — *La dépopulation des campagnes et les chemins de fer aux Etats-Unis* : 1889, 3ᵉ sem., p. 359. — *Les tarifs moyens sur les chemins de fer américains* : 1889, 2ᵉ sem., p. 818. — *Les grandes compagnies de chemins de fer aux Etats-Unis* : 1890, 1ᵉʳ sem., p. 38. — *Une décision de l'Interstate commerce commission aux Etats-Unis* : 1890, 1ᵉʳ sem., p. 106. — *La grève sur le New-York central* : 1890, 1ᵉʳ sem., p. 293.

— *Le transport des marchandises par les chemins de fer en Angleterre et aux Etats-Unis :* 1890, 1er sem., p. 779. — *Les augmentations de salaires promis, la situation des compagnies de chemins de fer aux Etats-Unis :* 1890, 2e sem., p. 103. — *L'attitude des employés de chemins de fer en présence des lois dirigées contre les compagnies aux Etats-Unis :* 1890, 2e sem., p. 424. — *L'intervention de l'Etat en matière de tarifs de chemins de fer aux Etats-Unis* (Ch. Gomel) : 1890, 2e sem., p. 579. — *Une nouvelle méthode des compagnies de chemins de fer aux Etats-Unis dans l'apport des capitaux :* 1890, 2e sem., p. 805. — *La hausse sur les chemins de fer américains :* 1891, 1er sem., p. 305.

JOURNAL DES ECONOMISTES. — *La nouvelle loi fédérale sur l'exploitation et les tarifs des chemins de fer aux Etats-Unis* (A. Raffalowich) : 4e série, t. 43, p. 371.

REVUE DES DEUX-MONDES. — *Les chemins de fer aux Etats-Unis, la guerre des compagnies* (Blerzy) : 1er avr. 1872. — *Les chemins de fer aux Etats-Unis* (Louis Simonin) : 15 janv. 1876.

REVUE GÉNÉRALE. — *Organisation financière des chemins de fer aux Etats-Unis :* t. 8, p. 208.

ALABAMA.

Loi de 1887 sur le Daltonisme : Bull. du min. des Trav. publ., 1888, 1er sem., p. 105.

CAROLINE DU SUD.

Loi sur les tarifs pour le transport des voyageurs dans la Caroline du Sud : Bull. du min. des Trav. publ., 1886, 1er sem., p. 265.

KENTUCKY.

L'impôt foncier dû par les chemins de fer dans le Kentucky : Bull. du min. des Trav. publ., 1885, 1er sem., p. 400.

Louisiane.

Bulletin du ministère des Travaux publics. — *Loi du 28 janv. 1886 fixant une taxe spéciale au profit d'entreprises de chemins de fer :* 1889, 1ᵉʳ sem., p. 525. — *Loi du 8 juill. 1886 modifiant l'art. 918 des statuts révisés de 1870 :* 1889, 1ᵉʳ sem., p. 525. — *Loi du 8 juill. 1886 relative à la responsabilité des compagnies de chemins de fer :* 1889, 1ᵉʳ sem., p. 525.

Massachusett.

Annuaire de législation étrangère de la société de législation comparée. — *Acte du 28 févr. 1872 pour autoriser la formation des compagnies de chemins de fer* (annoté par M. Lamé-Fleury) : 1873, p. 132. — *Acte du 28 juin 1874 contenant la révision et la codification des dispositions concernant les lignes ferrées* (annoté par M. Masson de Montalivet) : 1876, p. 857.

Bulletin du ministère des Travaux publics. — *Loi sur l'attelage des wagons dans le Massachusett :* 1886, 1ᵉʳ sem., p. 266. — *Loi du 28 janv. 1886 relative aux tramways funiculaires :* 1889, 1ᵉʳ sem., p. 525. — *Acte du 3 mars 1889 amendant l'Interstate commerce Act du 4 févr. 1887 :* 1889, 1ᵉʳ sem., p. 631.

L'Economiste français. — *Les chemins de fer et les tramways dans le Massachusett :* 1876, 1ᵉʳ sem., p. 758.

Minnesota.

Les chemins de fer du Minnesota : Bull. du min. des Trav. publ., 1882, 1ᵉʳ sem., p. 175.

Missouri.

Loi du 5 juill. 1887 sur les chemins de fer et leur exploitation : Bull. du min. des Trav. publ., 1888, 1ᵉʳ sem., p. 5.

New-York.

Annuaire de législation étrangère de la société de législation comparée. — *Loi du 7 juin 1890 sur les compagnies de chemins de fer* (traduite par M. Lucien Guérin) : 1891, p. 832.

Bulletin du ministère des Travaux publics. — *Loi du 31 mars 1884 pour la protection plus efficace de la vie et de la propriété sur les chemins de fer de l'Etat de New-York* : 1886, 1ᵉʳ sem., p. 263. — *Lois des 19 mai et 8 juin 1886 relatives aux chemins de fer* : 1889, 1ᵉʳ sem., p. 525.

Ohio.

Mesures prises dans l'Ohio contre les voyageurs en chemin de fer sans billet : Bull. du min. des Trav. publ., 1884, 1ᵉʳ sem., p. 400.

Pennsylvanie.

Bulletin du ministère des Travaux publics. — *Loi du 22 mars 1887 sur la constitution et la réglementation des sociétés de transport de voyageurs au moyen de chemins de fer funiculaires* : 1890, 2ᵉ sem., p. 383.

L'Economiste français. — *Les mines et les chemins de fer en Pennsylvanie* (de Fonpertuis) : 1878, 2ᵉ sem., p. 103. — *Le Pennsylvania railroad et l'encombrement des marchandises* : 1879, 2ᵉ sem., p. 685.

Virginie.

Loi sur les chemins de fer en Virginie : Bull. du min. des Trav. publ., 1886, 1ᵉʳ sem., p. 265.

Grande-Bretagne.

J.-H. Balfour-Browne et H.-S. Theobald, *The law of railway companies*, 1881, Londres, 1 vol. in-8°. — Bazaine, *Etude sur le monopole et la concurrence dans les chemins de fer d'Angleterre et contrôle de l'exploitation technique des chemins de fer anglais*, 1874, 2 broch. in-8°. — Bergeron, *Rapport à la commission d'enquête des chemins de fer sur sa mission d'Angleterre. Chemins de fer économiques*, 1862, in-4°. — Bineau, *Les chemins de fer d'Angleterre ; leur état actuel; législation qui les régit*, 1840, in-8°. — Cavaignac, *Note sur les rapports de l'Etat avec les compagnies de chemins de fer en Angleterre*, 1879, 1 broch. in-8°. — A. Chevalier, *Mémoire sur l'exploitation des chemins de fer anglais*, 1847, in-8°. — De Coène, *Les chemins de fer en Angleterre*, 1877, gr. in-8° ; — *A collection of the public general acts relating to railways in Scotland, England and Ireland passed from 1838 to 1846*, Londres, 1847-1848, 2 vol. in-12. — Dowson, *Tramways : Their Construction and Working*, Londres, 1875, in-12. — J. Francis, *A history of the english railways. Its social relations and revelations, 1820-1845*, Londres, 1851, 2 vol. in-8°. — Ch. de Franqueville, *L'Etat et les chemins de fer en Angleterre*, 1880, 1 broch. in-8° ; — *Du régime des travaux publics en Angleterre*, 1875, 4 vol. in-8° ; — *La commission des chemins de fer en Angleterre. Réponse*, 1881, 1 broch. in-18. — De Gallois, *Des chemins de fer en Angleterre, et notamment à Newcastle*, 1818, 1 broch. in-8°. — Gaudry, *Notes sur les railways et la marine de la Grande-Bretagne*, 1877, broch. in-8°. — *Herapath's railway and commercial journal, established in 1835 as the railway magazine*, Londres, 1843-1867, 26 vol. (1845 en 2 vol.). — W. Hodges, *A treatise of the law of railways, railways companies and railway investments*, 1876, Londres, 6ᵉ édit., par J. Lévy, 1 vol. in-8°. — Kleinschrod, *Législation anglaise sur les manufactures, le commerce et les voies de communication intérieures.* — Lardner, *Railway economy. A treatise on the new art of transport*, Londres, 1850, in-8°. — Lecount, *A practical treatise on railways*, Edimbourg, 1839, in-8°. — Malézieux, *Les chemins de fer anglais en 1873*, 1874, 1 vol. in-4° ; — *Deux notes relatives à l'exploitation des chemins de fer anglais*, 1875, in-8°. — W. de Nördling, *Eisenbahn-Konkurrenz und Eisenbahn-Fusionen in England*, Vienne, 1875, 1 broch. in-8°. — Poussin, *Notice sur les chemins de fer anglais*, 1840, in-8° ; — *Railway reform ou Considérations sur la nécessité de réformer les bases du système qui a créé et qui dirige les chemins de fer de la Grande-Bretagne et des moyens à employer pour atteindre ce but*, 1843, Londres, 2ᵉ édit., 1 vol. in-8°. — J.-H. Redman, *Treatise on the law affecting railway companies*, 1880, Londres, 1 vol. in-8°; — *Report on the condition of the labourers employed in the construction of railway*, Londres, 1846, in-f°. — Schwabe, *Etude sur les chemins de fer anglais* (traduit de l'allemand par Huberti et Habets), 1872, in-8°. — R. Souttar, *On Street Tramways*, Londres, 1877, in-8°. — Tardieu, *Etudes sur les systèmes de signaux employés en Angleterre*, 1869, in-8°. — Tredgold, *A practical treatise on railroads and carriages*, Londres, 1825, in-8°. — Wehrmann, *Etude sur les installations et l'organisation des chemins de fer anglais, particulièrement en ce qui concerne le trafic des marchandises et la tarification*, 1878, in-8°.

ANNALES DES MINES. — *Statistique des accidents de chemins de fer dans la Grande-Bretagne et l'Irlande en 1876* (Sauvage) : 7ᵉ série, t. 11, p. 583.

ANNALES DES PONTS ET CHAUSSÉES. — *Produits des chemins de fer anglais et allemands en 1843* (Mac Kett) : 2ᵉ série, t. 9, p. 271. — *Observation sur les chemins de fer anglais* (MM. Paul Michelot et Aug. Bousson) : 2ᵉ série, t. 10, p. 107. — *De l'intervention de l'Etat dans l'exploitation des chemins de fer anglais* (traduit de l'anglais par M. Menard) : 2ᵉ série, t. 18, p. 117 et 128. — *Tableaux des canaux et des chemins de fer anglais établis en concurrence les uns des autres :* 2ᵉ série, t. 19, p. 122. — *Exploitation des chemins de fer anglais* (Malézieux) : 5ᵉ série, t. 9, p. 399. — *Note sur les rapports de l'Etat avec les compagnies de chemins de fer en Angleterre* (Cavaignac) : 5ᵉ série, t. 18, p. 106 ; t. 20, p. 88. — *La commission des chemins de fer en Angleterre* (Cavaignac) : 5ᵉ série, t. 20, p. 88. — *Réponse au mémoire de M. Cavaignac* (de Franqueville) : 6ᵉ série, t. 5, p. 243.

ANNUAIRE DE LÉGISLATION ÉTRANGÈRE DE LA SOCIÉTÉ DE LÉGISLATION COMPARÉE. — *Loi du 20 août 1883 portant modification de la législation relative à l'impôt sur le transport des voyageurs par chemin de fer, et aussi portant confirmation, sauf changement, de la législation relative au transport des forces militaires et navales de la reine sur les chemins de fer* (annotée par le comte L. Hugo) : 1884, p. 46 et Bull. du min. des Trav. publ., 1885, 2ᵉ sem., p. 509. — *Loi du 10 août 1888 modifiant la législation relative au trafic des chemins de fer et canaux* (annotée par M. E. d'Eichtal) : 1889, p. 25 et Bull. du min. des Trav. publ., 1889, 1ᵉʳ sem., p. 315. — *Loi du 30 août 1889 pour amener la réglementation prévue par les lois sur les chemins de fer et pour d'autres objets* (annotée par M. E. d'Eichtal) : 1890, p. 153 et Bull. du min. des Trav. publ., 1890, 1ᵉʳ sem., p. 507.

Bulletin du ministère des Travaux publics. — *Le transport des voyageurs sur les chemins de fer de la Grande-Bretagne :* 1883, 1ᵉʳ sem., p. 533. — *Dégrèvement de l'impôt sur les voyageurs en chemin de fer :* 1883, 2ᵉ sem., p. 341. — *Combinaison financière pour l'extension des chemins de fer aux Indes anglaises :* 1885, 2ᵉ sem. — *Les chemins de fer de l'Australie et de la Nouvelle-Zélande :* 1887, 2ᵉ sem., p. 192. — *Chemins de fer mis en liquidation ou vendus pour cause de faillite en 1890 :* 1891, 2ᵉ sem., p. 188. — *Acte de 1891 portant approbation des tarifs de la compagnie du chemin de fer de Londres et Sout-Western :* 1892, 2ᵉ sem., p. 178.

Chamber of commerce Journal. — *Railways rates and charges :* 10 déc. 1892.

The commercial and financial chronicle. — *Railroad employes in defense of their interest :* 7 mars 1891.

The Economist. — *English railway in the past half year :* 15 août 1891. — *The revision of railway rates :* 25 avr. 1891. — *English criticism upon american railway management :* 15 août 1891. — *Railway consolidation in the United States :* 17 oct. 1891. — *The traders and the new-railways rates :* 14 janv. 1893.

L'Economiste français. — *Le développement des chemins de fer dans la Grande-Bretagne et dans l'Inde :* 1873, p. 630. — *Le transport des voyageurs et les innovations sur les chemins de fer anglais* (Murray) : 1874, 2e sem., p. 538. — *Les chemins de fer anglais :* 1874, 2e sem., p. 567. — *Les chemins de fer anglais comparés aux chemins de fer français :* 1874, 2e sem., p. 599, 631, 695, 759. — *Les chemins de fer anglais. Service des marchandises :* 1875, 1er sem., p. 367. — *Les progrès des chemins de fer anglais de 1870 à 1874 :* 1875, 1er sem., p. 338. — *Le personnel des chemins de fer du Royaume-Uni :* 1875, 1er sem., p. 785. — *Les chemins de fer en Angleterre. S'il est vrai que le monopole se constitue comme en France :* 1875, 2e sem., p. 163, 227. — *Les chemins de fer de l'Inde Britannique* (de Fontpertuis) : 1876, 1er sem., p. 326. — *Les chemins de fer anglais, leur trafic et leur situation financière :* 1876, 1er sem., p. 363. — *Les accidents de chemin de fer en Angleterre :* 1876, 1er sem., p. 726; 1876, 2e sem., p. 702; 1877, 1er sem., p. 753; 1879, 2e sem., p. 202. — *La situation des chemins de fer anglais :* 1876, 2e sem., p. 79. — *Les compagnies de chemin de fer anglais et l'Etat* (de Fontpertuis) : 1877, 1er sem., p. 364. — *La question des chemins de fer indiens en 1876-1877* (de Fontpertuis) : 1877, 2e sem., p. 463. — *Les chemins de fer anglais en 1877 :* 1878, 2e sem., p. 210. — *Les chemins de fer de l'Inde Britannique :* 1878, 2e sem., p. 686. — *Les chemins de fer et les canaux dans l'Inde anglaise :* 1879, 2e sem., p. 446. — *La proportion des voyageurs des trois classes sur les chemins de fer anglais :* 1881, 1er sem., p. 109. — *Les accidents de chemins de fer dans le Royaume-Uni :* 1881, 2e sem., p. 485. — *Les tarifs de chemins de fer dans le Royaume-Uni :* 1881, 2e sem., p. 729. — *Les projets de voies ferrées entre l'Europe et les Indes :* 1882, 2e sem., p. 355. — *Les chemins de fer et le mouvement commercial des Indes anglaises en 1881 :* 1882, 2e sem., p. 582. — *Les chemins de fer du Royaume-Uni :* 1883, 1er sem., p. 235. — *Les chemins de fer de la Grande-Bretagne et les transports des voyageurs :* 1883, 2e sem., p. 205. — *Le blé et les chemins de fer dans l'Inde anglaise* (A. Raffalowich) : 1883, 2e sem., p. 386. — *Les chemins de fer de l'Inde :* 1884, 2e sem., p. 108. — *L'exploitation des chemins de fer en Angleterre :* 1884, 2e sem., p. 167. — *Le budget, les impôts, les chemins de fer et le change dans l'Inde anglaise :* 1884, 2e sem., p. 231. — *Les voies ferrées aux Indes et la culture du blé* : 1885, 1er sem., p. 680. — *Les chemins de fer en Grande-Bretagne* : 1885, 2e sem., p. 75. — *Les chemins de fer dans l'Inde* : 1885, 2e sem., p. 175. — *Les voies ferrées dans l'Indo-Chine et le commerce extérieur de l'Angleterre* : 1885, 2e sem., p. 475. — *Les compagnies de chemins de fer indiens et le transport des marchandises dans l'Hindoustan* : 1885, 2e sem., p. 791. — *Les chemins de fer indiens et les ports de Calcutta et de Bombay* : 1886, 2e sem., p. 41. — *Le tarif des chemins de fer en Angleterre et la concurrence des voies maritimes* : 1886, 1er sem., p. 154. — *Les projets de chemins de fer et de tramways en Angleterre pour l'exercice 1886-1887. Le railway and canal bill et les grandes compagnies de chemins de fer en Angleterre* : 1886, 1er sem., p. 416. — *Le canal maritime de Manchester et les compagnies de chemins de fer* : 1886, 1er sem., p. 733. — *Un article de la Fornigthly Review et l'organisation des chemins de fer en Angleterre* : 1886, 1er sem., p. 796. — *Le développement des chemins de fer dans les colonies anglaises* : 1886, 2e sem., p. 172. — *La spéculation sur les chemins de fer américains et le stock exchange londonnais* : 1886, p. 467. — *M. Guerson du great western railway et la question des tarifs de chemins de fer en Angleterre* : 1886, 2e sem., p. 782. — *Les voies ferrées de l'Australasie et les redevances* : 1887, 1er sem., p. 105. — *La constitution et les produits des réseaux ferrés de l'Inde anglaise* : 1887, 1er sem., p. 171. — *Le transport des paquets, la poste et les compagnies de chemins de fer en Angleterre* : 1887, 1er sem., p. 227. — *La chambre de commerce de Londres et les tarifs des chemins de fer* : 1887, 1er sem., p. 292. — *Le projet de loi sur les tarifs des chemins de fer en Angleterre* : 1887, 1er sem., p. 342. — *Les chemins de fer dans les colonies anglaises* (A. Raffalowich) : 1887, 1er sem., p. 445. — *Les chemins de fer de l'Australie* : 1887, 1er sem., p. 445. — *Le bill sur les tarifs de chemins de fer et les charbons à destination de Liverpool* : 1887, 1er sem., p. 475. — *Les chemins de fer métropolitains et le mouvement de la circulation à Londres* : 1887, 2e sem., p. 21. — *L'exploitation des chemins de fer en Angleterre pendant les années 1884 et 1886* : 1887, 2e sem., p. 201. — *L'association des chambres de commerce du Royaume-Uni et les tarifs des che-*

mins de fer : 1887, 2ᵉ sem., p. 294. — *La réforme des tarifs des chemins de fer et la suppression des tarifs différentiels en Angleterre* : 1878, 2ᵉ sem., p. 329. — *Le rachat des chemins de fer par l'Etat en Angleterre:* 1888, 1ᵉʳ sem., p. 588. — *Les accidents sur les chemins de fer en Angleterre :* 1888, 1ᵉʳ sem., p. 686.— *La vitesse des trains sur les chemins de fer anglais* : 1888, 2ᵉ sem., p. 136. — *L'exploitation des chemins de fer anglais en 1887 :* 1888, 2ᵉ sem., p. 193. — *La nouvelle loi anglaise sur les tarifs de chemins de fer* : 1888, 2ᵉ scm., p. 193. — *Les traités et l'opinion publique pendant la campagne présidentielle aux Etats-Unis; les chemins de fer* : 1888, 2ᵉ sem., p. 410. — *Les voies ferrées aux Indes et leur développement* : 1888, 2ᵉ sem., p. 762. — *La répartition des dividendes de chemins de fer en Angleterre entre deux natures de titre* : 1888, 2ᵉ sem., p. 762. — *Les chemins de fer de la Grande-Bretagne pendant l'année 1887:* 1888, 2ᵉ sem., p. 708. — *L'augmentation des recettes des chemins de fer anglais depuis le 1ᵉʳ janv. 1889 :* 1889, 1ᵉʳ sem., p. 395. — *Les dividendes des chemins de fer anglais :* 1889, 1ᵉʳ sem., p. 143. — *La révision des tarifs de chemins de fer en Angleterre* : 1889, 1ᵉʳ sem., p. 262. — *L'exploitation des chemins de fer indiens en 1886, 1887 et 1888* : 1889, 1ᵉʳ sem., p. 262. — *Les résultats des chemins de fer anglais en 1889 :* 1889, 2ᵉ sem., p. 265. — *La conversion des titres représentatifs des capitaux des chemins de fer anglais :* 1889, 2ᵉ sem., p. 777. — *Les chemins de fer en Angleterre et le nouveau tarif général :* 1890, 1ᵉʳ sem., p. 203. — *L'exploitation des chemins de fer dans le Royaume-Uni en 1889:* 1890, 1ᵉʳ sem., p. 268. — *Les compagnies des chemins de fer en Angleterre et le nouveau tarif général du Board of Trade :* 1890, 1ᵉʳ sem., p. 585. — *Le transport des marchandises par les chemins de fer en Angleterre et aux Etats-Unis :* 1890, 1ᵉʳ sem., p. 779. — *Le nouveau tarif général des chemins de fer en Angleterre et les intérêts agricoles* : 1890, 2ᵉ sem., p. 139. — *Les pouvoirs du Parlement anglais sur les tarifs de chemins de fer* (Ch. Gomel): 1890, 2ᵉ sem., p. 227. — *Les heures de travail des employés de chemins de fer en Angleterre* : 1890, 2ᵉ sem., p. 331. — *Le nouveau tarif général des chemins de fer en Angleterre* : 1890, 2ᵉ sem., p. 331, 480, 524. — *Le rapport du Board of Trade sur les chemins de fer en Angleterre pendant l'année 1890* : 1891, 2ᵉ sem., p. 395.

Journal des Économistes. — *Tableaux de la dépense et du produit des chemins de fer en Angleterre :* 1ʳᵉ sér., t. 3, p. 91. — *Nouvelles lois sur les chemins de fer : ressources financières de l'Angleterre :* 1ʳᵉ sér., t. 14, p. 153. — *Discussions au Parlement anglais sur l'intervention de l'Etat en matière de chemins de fer à propos de la crise de 1847* (A. Blaise) : 1ʳᵉ sér., t. 19, p. 89. — *Sûretés des obligations des compagnies de chemins de fer en Grande-Bretagne :* 3ᵉ sér., t. 4, p. 292. — *Les billets des voyageurs et les tarifs de marchandises sur les chemins de fer anglais* (Parslae) : t. 34, p. 369.

Political science quarterly. — *Railroad problems in the west* (A.-C. Warner) : mai 1891. — *Railroad stock watering* (Th.-L. Greene) : sept. 1891. — *Railway acconting* (Th.-L. Greene) : janv. 1893.

Quarterly Journal of economies. — *The theory of railway rates* (F. Tanssig) : juill. 1891.

Revue Fœlix. — *Législation des chemins de fer en Angleterre :* t. 3, p. 636.

Revue générale d'administration. — *Chronique. Des tarifs de chemin de fer en Angleterre :* 1882, t. 2, p. 349. — *Les chemins de fer anglais :* 1882, t. 3, p. 459. — *Statistique du Board of Trade :* 1883, t. 3, p. 220. — *Chemins de fer et canaux. Projet de loi sur les tarifs :* 1888, t. 2, p. 222. — *Les chemins de fer anglais :* 1891, t. 3, p. 455.

Irlande.

Revue des Deux-Mondes. — *Le métropolitan railway de Londres* (A. Esquiros) : 1ᵉʳ mars 1863.

Bulletin du ministère des Travaux publics. — *Loi du 25 janv. 1886 relative à l'établissement des tramways :* 1887, 2ᵉ sem., p. 443.

L'Economiste français. — *Le projet de rachat des chemins de fer irlandais*, 1873, p. 156.

Grèce.

Loi du 23 févr. 1891 pour l'estimation de propriétés à occuper pour la construction des chemins de fer : Bull. du min. des Trav. publ., 1891, 2e sem., p. 459.

Italie.

C. Agmonino, *Considérations militaires sur les chemins de fer italiens* (trad. de Malifaud), 1874, in-12. — *Atti della commissione d'inchiesta sull' esercizio delle ferrovie italiane*, 1881, Rome, 7 vol. in-4°. — Bertolini, *Le vie consolari e le strade ferrate della provincia di Venezia*, 1879, 2 broch. in-8°. — Ercole Braschi, *Le tariffe delle strade ferrate*, 1882, Milan, 1 vol. in-8°. — *Collection de documents parlementaires sur la construction et l'exploitation des chemins de fer italiens*, 1849-1851, 14 vol. in-4°. — Carotti, *Il progetto di Berna per una convenzione internazionale sui transporti di merci per ferrovia*, 1881, Florence. — A. Demedio, *Il problema ferroviario in Italia*, 1879, Palerme, 1 broch. in-8°. — *Disposizioni e studi sulla esecuzione della lege 29 luglio 1879*, 1880, Rome, 1 broch. in-4°. — *Ferrovie. Capitolati per la concessione di linee*, Rome, 1874, in-4°. — Ladame, *Note sur la situation et l'avenir des chemins de fer romains*, 1873, 1 broch. in-8°. — Stanislas Mancini, *Questions de droit. IIe question : si les chemins de fer en Italie peuvent être hypothéqués au profit des compagnies concessionnaires*, 1878, Naples, 1 vol. in-8°. — C. Nani, *Della responsabilita delle amministrazioni ferroviare relativamente ai trasporti*, Turin, 1874, 1 vol. in-8°. — Petitti, *Des chemins de fer en Italie*. — *Prodotti delle ferrovie*, Rome, 1875-1890, 15 vol. in-8°. — *Raccolta delle leggi e decreti relativi alla costruzione delle strade ferrate governative e di quelle concesse all'industria privata del regno d'Italia*, Turin, 1862, in-8°. — *Relazione della commissione intorno al reordinamento e ampliazione delle reti ferroviarie del regno*, 1863-1864, 1 vol.

in-8°. — G. Sécard, *Les chemins de fer en Italie considérés comme une propriété de l'Etat*, 1867, in-8°. — H. Tellier, *Les chemins de fer complémentaires en Italie et leur législation*, 1881, Bruxelles, 1 broch. in-4°. — Ercole Vidari, *Il contratto di Trasporto terrestre. Trattazione sistematica secondo il diritto vigente*, 1890, Milan, 1 vol. in-8°. — X..., *Les chemins de fer en Italie aujourd'hui et dans dix ans*, 1863, in-8°.

ANNUAIRE DE LÉGISLATION ÉTRANGÈRE DE LA SOCIÉTÉ DE LÉGISLATION COMPARÉE. — *Loi du 8 juill. 1878 ordonnant une enquête et confiant à l'Etat l'exploitation du réseau de la Haute-Italie* (analysée par M. Lallement) : 1879, p. 301.

BULLETIN DU MINISTÈRE DES TRAVAUX PUBLICS. — *Les tramways en Italie* : 1880, 2ᵉ sem., p. 382. — *Loi relative au classement du réseau complémentaire. Exposé des motifs et texte* : 1881, 1ᵉʳ sem., p. 66. — *Loi du 26 déc. 1881 relative à l'exploitation provisoire des chemins de fer de la Haute-Italie et des chemins romains pour le compte de l'Etat* : 1882, 1ᵉʳ sem., p. 55. — *Loi des 24 déc. 1882 et 25 déc. 1884 relatives à la prorogation de l'exploitation par l'Etat des chemins de fer de la Haute-Italie et de chemins de fer romains* : 1883, 1ᵉʳ sem., p. 39; 1884, 1ᵉʳ sem. p. 66. — *Régime actuel des chemins de fer* : 1884, 1ᵉʳ sem., p. 160. — *Loi du 30 juin 1884 contenant une nouvelle prorogation de l'exploitation par l'Etat des chemins de fer de la Haute-Italie* : 1884, 2ᵉ sem., p. 75. — *Les conventions de chemins de fer en Italie* : 1885, 1ᵉʳ sem., p. 302. — *Loi du 27 avr. 1885 portant approbation des conventions intervenues avec les compagnies de chemin de fer* : 1885, 2ᵉ sem., p. 288. — *Arrêté du 28 mai 1885 relatif à la défense de circuler ou de stationner sur la voie* : 1885, 2ᵉ sem., p. 409. — *Décret royal du 16 juin 1885 approuvant les statuts des sociétés d'exploitation du réseau de la Méditerranée et du réseau de la Sicile* : 1885, 2ᵉ sem., p. 409. — *Décret royal du 22 oct. 1885 portant organisation de l'inspection générale des chemins de fer* : 2ᵉ sem., p. 417. — *Décret ministériel du 28 nov. 1885 sur le fonctionnement du service des tramways* : 1885, 2ᵉ sem., p. 613. — *Décret instituant une commission pour la répar-*

tition des 1,000 kilom. de chemin de fer de quatrième catégorie concédés par la loi du 27 avr. 1885 : 1885, 2ᵉ sem., p. 613. — *Règlement du 17 janv. 1886 pour la construction des lignes concédées aux compagnies de chemins de fer de la Méditerranée, de l'Adriatique et de la Sicile :* 1887, 1ᵉʳ sem., p. 67. — *Convention du 22 mars 1888 pour la construction de certaines lignes ferrées :* 1888, 1ᵉʳ sem., p. 623. — *Situation des tramways à vapeur au 1ᵉʳ oct. 1888 :* 1888, 2ᵉ sem., p. 709. — *Loi du 20 juill. 1888 approuvant les conventions intervenues entre les sociétés de chemins de fer méridionaux, de l'Adriatique et de la Sicile pour la concession de la construction et de l'exploitation de lignes ferrées, autorisant les dépenses pour la construction de voies ferrées pour le compte de l'Etat et arrêtant d'autres mesures pour la concession et la construction d'autres lignes :* 1889, 1ᵉʳ sem., p. 417. — *Convention du 20 juill. 1888 avec la société des chemins de fer méridionaux :* 1889, 1ᵉʳ sem., p. 423.

L'Economiste français. — *Le commerce des chemins de fer en Italie pendant l'année 1874 :* 1875, 2ᵉ sem., p. 365. — *Les recettes des chemins de fer italiens :* 1875, 2ᵉ sem., p. 594. — *Le rachat des chemins de fer italiens :* 1875, 2ᵉ sem., p. 744. — *M. Luzzati et les chemins de fer italiens :* 1875, 2ᵉ sem., p. 783. — *La question des chemins de fer en Italie :* 1876, 1ᵉʳ sem., p. 166. — *Le rachat des chemins de fer en Italie* (Bérard Varagnac) : 1876, 2ᵉ sem., p. 713. — *Les chemins de fer à la Chambre italienne :* 1876, 2ᵉ sem., p. 73. — *La conférence des chemins de fer à Rome :* 1877, 2ᵉ sem., p. 623. — *Lettres d'Italie. Le complément du réseau des chemins de fer en Italie :* 1878, 2ᵉ sem., p. 39. — *Les chemins de fer en Italie :* 1879, 2ᵉ sem., p. 257. — *Le nouveau réseau des chemins de fer en Italie :* 1880, 2ᵉ sem., p. 470. — *L'enquête en Italie sur l'exploitation des chemins de fer :* 1881, 2ᵉ sem., p. 587. — *Le régime des chemins de fer italiens :* 1885, 2ᵉ sem., p. 285. — *La situation des tramways à vapeur italiens en 1888 :* 1889, 1ᵉʳ sem., p. 246.

Journal des Economistes. — *Détails statistiques sur les chemins de fer italiens :* 1ʳᵉ série, 12, p. 274; t. 14, p. 249.

Revue des Deux-Mondes. — *Le Piémont et ses chemins de fer* (Bailleux de Marisy) : 15 oct. 1857. — *La traversée du Mont Cenis et les nouveaux chemins de fer* (J. Clave) : 1er nov. 1869. — *Les chemins de fer italiens* (Cucheval-Clarigny) : 1er et 15 juill. 1884.

Revue de droit international et de législation comparée. — *Revue de jurisprudence italienne en matière de droit international. Des chemins de fer en particulier* (C. Norsa) : 1876, p. 442.

Revue Fœlix. — *Loi sur les chemins de fer dans les Etats sardes, par un jurisconsulte sarde* : t. 12, p. 311.

Revue générale d'administration. — *Régime des chemins de fer italiens* : 1885, t. 2, p. 107.

Japon.

Bulletin du ministère des Travaux publics. — *Situation des chemins de fer en 1888-1889 et 1889-1890* : 1891, 1er sem., p. 472.

L'Economiste français. — *Les chemins de fer au Japon* : 1885, p. 296 ; 1890, 1er sem., p. 110. — *Le progrès des moyens de communication au Japon* : 1er sem., p. 808.

Luxembourg.

Loi du 3 sept. 1879 relative aux cessions ou aliénations de chemins de fer (annotée par M. Fernand Daguin) : Ann. de lég. étr. de la soc. de lég. comp., 1880, p. 603, et Bull. du min. des Trav. publ., 1881, 2e sem., p. 77.

Mexique.

Annuaire de législation étrangère de la société de législation comparée. — *Concessions de chemins de fer ; privilèges des compagnies* (Velasco et J. David) : 1881, p. 707.

L'Économiste français. — *Les chemins de fer mexicains* : 1880, 2ᵉ sem., p. 226. — *Les chemins de fer mexicains, les voies ferrées et l'industrie minérale aux Etats-Unis* : 1880, 2ᵉ sem., p. 407. — *L'achèvement du chemin de fer central du Mexique et ses conséquences* : 1884, 1ᵉʳ sem., p. 441.

Norwège. — V. Danemark.

Historique des chemins de fer de Norwège : Bull du min. des Trav. publ., 1890, 1ʳᵉ série, p. 94.

Pays-Bas.

J.-F. Boogaard, *Wetten, decreten, besluiten en tractaten op den waterstaat en de spoorwegen in Nederland, 1669 à 1887*, La Haye, 1858-1888, 22 vol. in-8°. — Jacqmin, *Etude sur les chemins de fer des Pays-Bas*, 1878, 1 broch. in-8°. — Van der Brugghen, *Législation et jurisprudence des chemins de fer dans les Pays-Bas*, 1865, in-8°.

Annales des ponts et chaussées. — *Exploitation des chemins de fer hollandais* : 2ᵉ sér., t. 4, p. 391 à 393. — *Note sur la convention de fermage de l'exploitation du chemin de fer central néerlandais* (Baum) : 6ᵉ sér., t. 2, p. 602.

Annuaire de législation étrangère de la Société de législation comparée. — *Loi du 9 avr. 1875 sur le service et l'exploitation des chemins de fer* (annotée par M. Godefroi) : 1876, p. 657.

Bulletin du ministère des Travaux publics. — *Les tracés secondaires des chemins de fer hollandais* : 1884, 2ᵉ sem., p. 563. — *Les tramways en Hollande* : 1889, 1ᵉʳ sem., p. 114.

L'Économiste français. — *Les chemins de fer hollandais et leur mode de concession* : 1877, 1ᵉʳ sem., p. 109.

Journal des Economistes. — *Etendue, tarif et produits des chemins de fer en Hollande* : 1ʳᵉ sér., t. 9, p. 305.

Pérou.

L'Economiste français. — *Les chemins de fer du Pérou en 1873* (de Libessard) : 1874, 1er sem., p. 94.

Perse.

L'Economiste français. — *Le chemin de fer de Bagdad :* 1875, 2e sem., p. 357.

Portugal.

L'Economiste français. — *Les chemins de fer et les lignes télégraphiques du Portugal :* 1875, 2e sem., p. 360. — *Les chemins de fer portugais du Nord et leur rôle probable dans le commerce transatlantique* (Rodrigues de Frietos) : 1877, 2e sem., p. 591. — *Les nouveaux chemins de fer du Portugal* (Carlos Lesboa) : 1882, 2e sem., t. 19, p. 328. — *Les chemins de fer du Portugal au 1er janv. 1884* (Carlos Lesboa) : 1884, 1er sem., p. 302. — *La solvabilité ou l'insolvabilité du Portugal : un projet d'attentat du gouvernement portugais contre les compagnies de chemins de fer portugaises* (P. Leroy-Beaulieu) : 1891, 1er sem., p. 97.

Roumanie.

Développement du réseau roumain depuis l'origine : Bull. du min. des Trav. publ., 1888, 1er sem., p. 479.

Russie.

Ch. Baum, *Les trains sanitaires en Russie et en Autriche-Hongrie*, 1879, in-f°. — E. Collignon, *Les chemins de fer russes de 1857 à 1862. Etudes sur la Russie*, 1868, 2 vol. in-4° avec atlas. — Hovyn de Tronchère, *Statistique des chemins de fer russes au 1er/13 janv. 1869*, 1869, in-4°. — Lessar, *De la construction des chemins de fer en temps de guerre. Lignes construites par l'armée russe pendant la campagne 1877-1878* (traduit du russe par N. Avril), 1879, 1 vol. in-8°. — Olguerdowitch, *Des chemins de fer* russes, 1859, in-18. — Pégot Ogier, *La Russie et les chemins de fer russes*, 1857, in-12. — *Recueil des documents sur les chemins de fer en Russie*. — *Recueil statistique du ministère des voies de communication*. — *Renseignements mensuels du ministère des voies de communication*. — *Recueil systématique des ordonnances et des dispositions du gouvernement qui régissent les chemins de fer russes*. — *Recueil de documents sur les chemins de fer russes*, Saint-Pétersbourg, 1867-1872, 7 vol. in-8°. — Schedo Ferrote, *Lettres sur les chemins de fer en Russie*, 1858, in-8°.

ANNUAIRE DE LÉGISLATION ÉTRANGÈRE DE LA SOCIÉTÉ DE LÉGISLATION COMPARÉE. — *Loi du 30 mars 1873 pour autoriser la construction de chemins de fer et la formation de sociétés par actions :* 1874, p. 483. — *Loi édictant des peines contre les individus coupables d'avoir attenté à la sécurité des communications par chemins de fer, et réglant les indemnités dues par suite de mort ou de blessure* (annotée par le comte Kapnist) : 1879, p. 649. — *Avis du Conseil de l'Empire sanctionné par S. M. l'Empereur le 12 juin 1885 ayant trait à la création d'un conseil pour les affaires relatives aux chemins de fer et établissant des statuts généraux pour tous les chemins de fer de l'Empire* (analysé par le comte Kapnist) : 1886, p. 555.

ANNALES DES PONTS ET CHAUSSÉES. — *Les écoles de chemins de fer en Russie :* 5ᵉ sér., t. 17, p. 135.

BULLETIN DU MINISTÈRE DES TRAVAUX PUBLICS. — *Les chemins de fer en Russie :* 1881, 1ᵉʳ sem., p. 160. — *Les chemins de fer de la Finlande :* 1887, 1ᵉʳ sem., p. 376. — *Ukase du 15/27 janvier qui place l'établissement des tarifs de chemins de fer sous l'autorité immédiate de l'Etat :* 1887, 2ᵉ sem., p. 612. — *Règlement du 14 avr. 1887 relatif à l'établissement des voies de communication desservant les chemins de fer :* 1889, 2ᵉ sem., p. 537, et Ann. de lég. étr. de la soc. de lég. comp., 1888, p. 746. — *Avis du Conseil de l'Empire approuvé le 15 juin 1887 reconnaissant à l'Etat le droit de contrôler les actes des compagnies de chemins de fer en matière de tarifs :* 1889, 2ᵉ sem., p. 538.

L'Economiste français. — *Les chemins de fer de la Russie et l'Inde* (de Fontpertuis) : 1873, p. 228. — *Les chemins de fer russes* (Witold) : 1874, 2ᵉ sem., p. 250. — *Les chemins de fer de la Russie* : 1876, 1ᵉʳ sem., p. 271. — *Recettes des chemins de fer russes* : 1876, 1ᵉʳ sem., p. 337, 692. — *La Russie économique : les chemins de fer* (Mercier) : 1877, 1ᵉʳ sem., p. 486. — *Les chemins de fer russes* : 1877, 2ᵉ sem., p. 465 ; t. 11, p. 243. — *Les accidents de chemins de fer en Russie* : t. 14, p. 265. — *Les résultats de l'exploitation des chemins de fer russes* : 1881, 2ᵉ sem., p. 79. — *Les chemins de fer transcaspiens* : 1885, 2ᵉ sem., p. 237. — *Les chemins de fer en Russie* (A. Raffalowich) : 1888, 1ᵉʳ sem., p. 586. — *Le commerce européen en Sibérie et les nouvelles voies de pénétration* (J. Chailley) : 1890, 1ᵉʳ sem., p. 204, 325. — *Le transsibérien, son tracé, son utilité, son influence* (J. Chailley) : 1890, 2ᵉ sem., p. 646.

Revue des Deux-Mondes. — *La Russie et les chemins de fer* (Barrault) : 1ᵉʳ mai 1857. — *Les chemins de fer en Russie* (Blerzy) : 1ᵉʳ janv. 1873.

Suède.

Annuaire de législation étrangère de la société de législation comparée. — *Loi du 12 mars 1886 sur la responsabilité du dommage résultant de l'exploitation d'un chemin de fer* (traduite par M. L. Beauchet) : 1887, p. 588.

L'Economiste français. — *Les chemins de fer en Suède* : 1874, 1ᵉʳ sem., p. 68.

Suisse.

Ch. Goschler, *Notes sur les chemins de fer suisses*, 1857, in-8°. — *Recueil des pièces officielles relatives aux chemins de fer suisses de 1850 à 1875*, Berne, 1859-1875, 11 vol. in-12. — E. Risler, *Rapport sur les influences économiques des chemins de fer en Suisse*, 1864, in-8°. — *Statistique des chemins de fer suisses*, 1868-1889, 7 vol. in-4°. — H. Stüssi, *Strassenbahnen. Einiges über deren Conzession und Gesetzgebung*, Zurich, 1877, in-8°.

Annales des ponts et chaussées. — *Chemins de fer suisses. Minimum kilométrique :* 5ᵉ série, t. 11, p. 400. *Situation financière du chemin de fer de Saint-Gothard* (Chatouy) : 5ᵉ sér., t. 13, p. 46.

Annuaire de législation étrangère de la Société de législation comparée. — *Loi fédérale du 23 déc. 1872 concernant l'établissement et l'exploitation des chemins de fer sur le territoire de la Confédération suisse* (annotée par M. Paul Jozon) : 1874, p. 382. — *Loi fédérale du 24 juin 1874 concernant les hypothèques sur les chemins de fer dans le territoire de la Confédération suisse et la liquidation forcée de ces entreprises* (annotée par M. Ch. Vergé) : 1875, p. 480. — *Loi fédérale du 20 mars 1875 sur les transports par chemin de fer* (annotée par M. Edm. Cortot) : 1876, p. 731. — *Loi fédérale du 1ᵉʳ juill. 1875 sur la responsabilité des entreprises de chemins de fer et de bateaux à vapeur en cas d'accidents entraînant mort d'homme ou lésions corporelles* (analysée par M. Edm. Cortot) : 1876, p. 739. — *Loi du 22 août 1878 accordant des subventions aux chemins de fer des Alpes* (annotée par M. Raphaël Gonse) : 1879, p. 566. — *Loi du 15 oct. 1880 sur l'enregistrement, l'hypothèque et la saisie des chemins de fer, et l'administration des chemins de fer en cas de faillite* (analysée par M. P. Dareste) : 1881, p. 550.

Bulletin du ministère des Travaux publics. — *Conférence de Berne pour l'unité technique des chemins de fer* : 1882, 2ᵉ sem., p. 476. — *Conférence internationale de Berne pour l'unification du droit en matière de transport par chemins de fer* : 1885, 1ᵉʳ sem., p. 90. — *Ordonnance du 8 mars 1887 sur le service territorial, le service des étapes et l'exploitation des chemins de fer en temps de guerre* : 1887, 2ᵉ sem., p. 70. — *Arrêté du Conseil fédéral du 12 mars 1888 concernant les prescriptions de police pour le transport du bétail sur les chemins de fer suisses* : 1888, 1ᵉʳ sem., p. 629. — *Ordonnance du 17 janv. 1888 concernant la construction des lignes télégraphiques sur le territoire des chemins de fer* : 1888, 2ᵉ sem., p. 74. — *Arrêté du 21 juill. 1888 sur la manière d'établir le chiffre du produit net des chemins de fer* : 1889, 1ᵉʳ sem., p. 522. — *Loi fédérale du 28 juin 1889 concernant les caisses de secours des compagnies de chemin de fer et des bateaux à vapeur* : 1889, 2ᵉ sem., p. 227. — *Arrêté du Conseil fédéral du 1ᵉʳ juill. 1889 concernant le chauffage uniforme des voitures de voyageurs sur les chemins de fer* : 1889, 2ᵉ sem., p. 329. — *Loi fédérale du 27 juin 1890 concernant la durée du travail dans l'exploitation des chemins de fer et des autres entreprises de transport*: 1890, 2ᵉ sem., p. 263. — *Règlement du 30 janv. 1891 concernant le chauffage des voitures de chemins de fer et des salles d'attente* : 1891, 1ᵉʳ sem., p. 331. — *Circulaire du 21 juill. 1891 aux principales compagnies de chemins de fer suisses concernant l'éclairage des gares* : 1891, 2ᵉ sem., p. 261.

L'Economiste français. — *Les chemins de fer en Suisse* : 1874, 2ᵉ sem., p. 323. — *Le chemin de fer du Saint-Gothard* (M. Block) : 1876, 1ᵉʳ sem., p. 649, 684. — *Recettes des chemins de fer suisses* : 1876, 1ᵉʳ sem., p. 693. — *Les chemins de fer de la Suisse* : 1878, ᵉʳ sem., p. 697. — *Lettres de Suisse* (Dameth) : 1878, 2ᵉ sem., p. 10. — *Les chemins de fer en Suisse* : 1880, 2ᵉ sem., p. 221; 1881, 1ᵉʳ sem., p. 160. — *Les accidents de chemins de fer en Suisse* : 1881, 2ᵉ sem., p. 739. — *Les conséquences du tunnel de Saint-Gothard, organisation de réseaux confluents* : 1882, 2ᵉ sem., p. 330. — *Les chemins de fer du Saint-Gothard et les intérêts français* : 1882, 1ᵉʳ sem., p. 664. — *Le chemin de fer du Saint-Gothard* : 1882, 2ᵉ sem., p. 319. — *Le chemin de fer du Saint-Gothard* (Ch. Grad) : 1882, 2ᵉ sem., p. 450. — *Les chemins de fer de la Suisse en 1881* : 1883, 1ᵉʳ sem., p. 262. — *Projets de loi relativement au rachat des chemins de fer en Suisse* : 1883, 1ᵉʳ sem., p. 569. — *Les chemins de fer en Suisse et la loi projetée* : 1883, 2ᵉ sem., p. 280. — *La loi suisse sur la surveillance de la comptabilité des compagnies de chemins de fer* : 1884, 1ᵉʳ sem., p. 67. — *Les chemins de fer suisses en 1884* : 1884, 2ᵉ sem., p. 393. — *L'ouverture de la ligne de l'Arlberg et des chemins de fer serbes* (P. Leroy-Beaulieu) : 1884, 2ᵉ sem., p. 377. — *L'ouverture des chemins de fer de l'Arlberg au point de vue économique* (Max Hoffmann) : 1884, 2ᵉ sem., p. 515. — *Les che-*

mins de fer en Suisse : 1885, 2ᵉ sem., p. 516. — *L'influence de la ligne du Saint-Gothard sur le mouvement des marchandises entre l'Allemagne et l'Italie :* 1887, 2ᵉ sem., p. 14. — *La situation du chemin de fer du Saint-Gothard :* 1888, 2ᵉ sem., p. 698. — *Les chemins de fer suisses :* 1889, 1ᵉʳ sem., p. 489. — *Les chemins de fer à voie étroite, leur développement en Suisse :* 1890, 1ᵉʳ sem., p. 681. — *Le rachat du chemin de fer central suisse :* 1891, 1ᵉʳ sem., p. 489.

JOURNAL DES ÉCONOMISTES. — *La fusion des chemins de fer suisses* (Paul Muller) : 4ᵉ série, t. 48, p. 241.

MONITEUR DES INTÉRÊTS MATÉRIELS. — *La nationalisation des chemins de fer suisses :* 5 avr. 1891.

REVUE DES DEUX-MONDES. — *Les chemins de fer et les douanes en Suisse* (Bonnet) : 15 mars 1852. — *Les chemins de fer alpestres et le Saint-Gothard* (Feer Herzog) : 15 nov. 1865.

REVUE GÉNÉRALE. — *Responsabilité des entreprises de bateaux à vapeur et de chemins de fer en cas d'accident d'après la législation suisse* (Soldan) : t. 4, p. 531.

TRANSVAAL.

Les chemins de fer du Transvaal : Bull. du min. des Trav. publ., 1892, 1ʳᵉ série, p. 136.

TURQUIE.

A. Dumont, *Les chemins de fer en Orient,* 1868, in-8°.

BULLETIN DU MINISTÈRE DES TRAVAUX PUBLICS. — *Chemins de fer de la Turquie d'Asie :* 1889, 1ᵉʳ sem., p. 218.

L'ÉCONOMISTE FRANÇAIS. — *La Turquie d'Asie et les projets de chemins de fer* (Eschbach) : 1874, 2ᵉ sem., t. 3, p. 165. — *De la construction des chemins de fer en Turquie d'Europe* (Eschbach) : 1874, 2ᵉ sem., p. 667 ; 1875, 1ᵉʳ sem., p. 117. — *Les che-*

mins de fer en Turquie : 1875, 2ᵉ sem., p. 518; 1876, 2ᵉ sem., t. 7, p. 607; 1884, 1ᵉʳ sem., p. 481. — *Les chemins de fer turcs :* 1884, 1ᵉʳ sem., p. 77. — *La fonction des chemins de fer turcs et des chemins de fer occidentaux* (P. Leroy-Beaulieu) : 1888, 1ᵉʳ sem., p. 641. — *Les chemins de fer orientaux et les petits Etats des Balkans* (P. Leroy-Beaulieu) : 1889, 1ᵉʳ sem., p. 795.

ROUMÉLIE.

L'ECONOMISTE FRANÇAIS. — *Les chemins de fer de Roumélie :* 1875, 2ᵉ sem., p. 616.

URUGUAY.

BULLETIN DU MINISTÈRE DES TRAVAUX PUBLICS. — *Relevé des concessions de chemins de fer en vigueur en 1889 :* 1890, 2ᵉ sem., p. 308.

DROIT INTERNATIONAL.

Asser, *Le transport international des marchandises par chemin de fer. La convention de Berne de 1886*, Amsterdam, 1887. — Eger, *La législation internationale sur les transports par chemin de fer* (trad. par Van Muyden) : 1877, in-8°. — Lanckmann, *Les tarifs internationaux des chemins de fer, expliqués et commentés au point de vue du contentieux*, 1878, 2ᵉ édit., 1 vol. in-8°. — L. Olivier, *Des chemins de fer en droit international*, 1885, in-8°. — De Seigneux, *Commentaire du projet de convention internationale sur le transport des marchandises par chemin de fer*, 1882, in-8°. — De Seigneux et Christ, *De l'unification du droit concernant les transports internationaux par chemin de fer*, 1875, in-8°. — Vincent et Pénaud, *Dictionnaire de droit international privé*, 1887-1889, 1 vol. in-8° avec 2 suppl., v° *Transport par terre*. — X..., *Procès-verbaux des délibérations de la conférence internationale de Berne de 1881*, Berne, 1881.

ANNALES DE DROIT COMMERCIAL. — *Du transport en droit international et d'un projet de convention diplomatique* (Thaller) :

t. 1, p. 30, 141, 244, 304. — *Droit international. Convention du 14 oct. 1890 sur les transports par chemins de fer* : t. 5, p. 39.

Annales des mines. — *Rapport sur les travaux du 4ᵉ Congrès international des chemins de fer* (Worms de Romilly) : 1893, 2ᵉ sem., p. 203 et s.

Bulletin annoté des chemins de fer. — *Les tarifs internationaux* (E. L.-F.) : 1885, p. 178.

Bulletin du ministère des Travaux publics. — *Le droit international des chemins de fer* : 1886, 2ᵉ sem., p. 376.

Economiste français. — *La conférence internationale des chemins de fer en Europe* : 1874, 2ᵉ sem., p. 422, 615. — *Statistique internationale des chemins de fer* : 1877, 2ᵉ sem., p. 585. — *Un projet de convention internationale sur les transports par chemins de fer* (Octave Noël) : 1878, 1ᵉʳ sem., p. 554. — *Le Congrès international des voies de transport* : 1878, 2ᵉ sem., p. 82, 138. — *L'œuvre du Congrès international des voies de transport* (P. Leroy-Beaulieu) : 1878, 2ᵉ sem., p. 129. — *Le service postal international et le service des chemins de fer* : 1879, 1ᵉʳ sem., t. 12, p. 639. — *La conférence diplomatique pour le raccordement des chemins de fer* : 1879, 1ᵉʳ sem., p. 508. — *La législation internationale des transports* : 1881, 1ᵉʳ sem., p. 508. — *La conférence internationale de Berne relative au transport des marchandises par chemin de fer* : 1881, 2ᵉ sem., p. 633. — *Le projet de législation internationale sur les transports des marchandises par chemins de fer* : 1882, 2ᵉ sem., p. 608. — *La situation économique des voies ferrées* (de Fontpertuis) : 1886, 1ᵉʳ sem., p. 326. — *Le congrès international des chemins de fer* (A. Chailly) : 1887, 2ᵉ sem., p. 408. — *Compte-rendu du Congrès des chemins de fer à Milan* : 1887, 2ᵉ sem., p. 435. — *Une nouvelle union internationale : la convention sur le transport des marchandises par chemin de fer, son histoire, ses avantages, son organisation* : 1890, 2ᵉ sem., p. 169.

Journal des Économistes. — *Réunion d'une commission mixte des transports internationaux, France, Belgique, Prusse, pour faciliter le transit par les chemins de fer :* 1re série, t. 26, p. 216. — *Congrès international des chemins de fer :* 4e série, t. 48, p. 70.

Moniteur des intérêts matériels. — *Congrès international des chemins de fer :* 18 oct. 1891.

Revue de droit commercial et industriel des chemins de fer. — *Projet de législation internationale sur les transports par chemin de fer :* Bruxelles, 1881, n. 38.

Revue de droit international et de législation comparée. — *Quelques observations sur les concessions de chemins de fer au point de vue international* (G. Rolin-Jacquemyns) : 1869, p. 287. — *Réglementation internationale des transports par chemins de fer :* 1877, p. 291. — *Quelques observations sur l'urgence d'un règlement international au sujet des transports de marchandises par chemin de fer* (J. Hory) : 1877, p. 380. — *Négociations entamées en vue d'un règlement international des transports par chemin de fer. Lettre de la chancellerie de la Confédération suisse :* 1877, p. 384. — *Règlement international des transports par chemins de fer* (Bulmerincq) : 1878, p. 83. — *Règlement international des transports par chemins de fer* (Asser) : 1878, p. 101. — *Conférence internationale pour les transports par chemins de fer* (Rivier) : 1881, p. 631. — *Le droit international des chemins de fer en cas de guerre* (L. de Stein) : 1885, p. 332. — *Les chemins de fer en temps de guerre. Etude critique sur le rapport présenté par M. L. de Stein à l'Institut de droit international* (J. C. Buzzati) : 1888, p. 383. — *Droit international des chemins de fer en cas de guerre. Rapport présenté à l'Institut de droit international (section de Lausanne) par M. Moynier :* juillet-août 1888.

Revue générale d'administration. — *Le Congrès international des chemins de fer :* 1887, t. 3, p. 465.

TITRE I.

NOTIONS PRÉLIMINAIRES ET HISTORIQUES (1).

1. — Les chemins de fer sont des voies de communication présentant cette double particularité : 1° que la circulation y est exercée, en principe, par un mode déterminé de locomotion; 2° réservé lui-même à un exploitant unique.

2. — La circulation sans doute y est publique comme sur les autres routes ou chemins, mais on ne peut en obtenir l'accès que par l'intermédiaire du préposé à l'exploitation.

3. — Ces différences entre les voies de communication ordinaires et les chemins de fer dérivent de l'essence même de ce dernier mode de transport, et par conséquent sont pour ainsi dire organiques.

4. — C'est parce que la voie est préconstituée pour l'usage tout à fait spécial à laquelle elle est destinée, et que cette destination se traduit par l'impossibilité de faire mouvoir deux ou plusieurs véhicules en sens inverses ou divergents sur le même espace de terrain et dans un intervalle de temps très-rapproché, que les chemins de fer se distinguent véritablement des autres routes ou chemins.

---

(1) On trouvera le texte des circulaires, arrêtés ministériels, etc., auxquels nous renvoyons, soit dans le *Recueil chronologique* qui en a été dressé par A. Potiquet (5 vol. in-8°, Paris, 1878), soit dans le *Recueil des lois*, *ordonnances*, *décrets*, etc., dressé par les soins du ministère des Travaux publics, en cours de publication (1ʳᵉ série, 1399 à 1830, 3 vol. in-8°; 2ᵉ série, 1880 à 1890, 3 vol. in-8°).

5. — De cette différence primordiale dérivent encore d'autres différences secondaires qu'il est bon de mettre en relief. Le service rendu par l'exploitant supposant un salaire, et la constitution spéciale de la voie et du matériel de transport ne pouvant exister qu'après des dépenses faites pour les mettre en état, le public qui veut voyager sur les voies ferrées ne peut le faire qu'en payant une rémunération représentative de ce salaire et de cette dépense.

6. — D'autre part ce public n'a droit de se faire transporter que dans les conditions où l'exploitant lui-même est autorisé à effectuer ce transport. Il est subordonné, notamment, pour les heures de départ et d'arrivée, ainsi que pour l'itinéraire à parcourir, aux dispositions légitimement prises par le préposé à l'exploitation.

7. — On peut se placer à différents points de vue pour étudier les chemins de fer.

1° *Au point de vue de l'usage auquel ils sont destinés.* La plupart des chemins de fer ont pour objet le transport des voyageurs ou des marchandises ; d'autres sont exclusivement réservés au transport de certains produits (V. *infrà*, n. 13).

8. — On paraissait disposé à distinguer autrefois, par rapport au droit de police et de surveillance de l'Etat, entre les chemins de fer établis pour l'usage des voyageurs et ceux réservés au transport des marchandises. Les premières concessions paraissaient limitées à ce dernier objet. Mais ces distinctions ont disparu de la pratique et ne se retrouvent plus dans aucun cahier des charges.

9. — 2° *Au point de vue du mode de locomotion qui s'y pratique.* Au début, les chemins de fer ne devaient comporter que la traction par chevaux. La substitution de la locomotive à vapeur aux chevaux, sur la ligne de Saint-Etienne à Lyon, au mois de juillet 1832, fut le signal d'une révolution générale qui tend aujourd'hui à réserver la dénomination des chemins de fer aux seules voies ferrées où la vapeur est en usage.

10. — Ce renversement des idées primitives s'accuse actuellement par une double législation, dont l'une est réservée aux chemins de fer proprement dits, tandis que l'autre régit spécialement les *tramways* c'est-à-dire les voitures sur rails, traînées par des chevaux (V. L. 11 juin 1880).

11. — Il faudrait bien se garder toutefois de pousser trop loin cette distinction, car la dénomination de tramways ou trains sur route convient également à des voitures traînées par des moyens mécaniques tels que la vapeur ou l'électricité, de telle façon que le point de départ des législations auxquelles nous faisons allusion repose en réalité sur d'autres bases que le mode de traction.

12. — 3° *Au point de vue des personnes qui les ont établis.* — La plupart des chemins de fer français ont été créés par des personnes morales; mais il est clair que des particuliers peuvent en constituer également, pour peu qu'ils n'aient pas à recourir à l'expropriation pour les établir.

13. — C'est ainsi que des établissements miniers peuvent, dans leur périmètre d'exploitation, organiser des voies ferrées pour les besoins de leur industrie : de là le nom de chemins de fer industriels donné à ces voies ferrées.

14. — Parmi les personnes morales chargées le plus communément d'établir des chemins de fer, il faut distinguer l'Etat, les départements, les communes et les compagnies concessionnaires.

15. — Les chemins de fer établis par l'Etat ou pour son compte par les sociétés concessionnaires sont désignés (V. LL. 31 déc. 1875, 17 juill. 1879) sous le nom de *chemins de fer d'intérêt général*. Ils forment le droit commun des chemins de fer. C'est pour eux qu'ont été faites pour ainsi dire toutes les lois spéciales ou générales.

16. — Les chemins de fer établis par les départements ou les communes et, pour leur compte portent le nom de *chemins de fer d'intérêt local*, et sont régis par des règles spéciales contenues actuellement dans la loi du 11 juin 1880.

17. — On a souvent comparé les chemins de fer d'intérêt général aux grandes routes, et les chemins de fer d'intérêt local aux routes départementales, et même aux chemins vicinaux. — Aucoc, *Conférences*, t. 3, n. 1206. — Cette comparaison a, sans doute, le mérite de faire bien saisir l'importance respective de ces différentes voies de communication, mais on ne saurait la pousser trop loin; nous verrons, en effet, que tous ces chemins de fer sont classés dans la grande voirie, et qu'à l'exception des règles qui président à leur établissement, ils sont soumis à un régime très-sensiblement équivalent.

18. — 4° *Au point de vue de la manière dont ils sont exploités.* — Certains chemins de fer sont exploités directement par la personne morale, l'Etat, le département, la commune ou la compagnie qui les a créés. D'autres le sont par des tiers détenant pour son compte. Parmi ces derniers, la plupart ont fait l'objet de concessions dont les clauses ont été réglées successivement par différents cahiers des charges. Quelques-uns ont été simplement donnés à bail.

19. — Cette division est de beaucoup la plus importante au point de vue pratique. Suivant qu'un chemin de fer se trouve rangé dans l'une ou l'autre de ces catégories, il obéit à des règles particulières qui dominent toute sa situation. Ce n'est pas le moment de les étudier encore, nous les retrouverons *infrà*, n. 159 et s.

20. — 5° *Au point de vue du domaine dont ils font partie.* — Tous les chemins de fer affectés au transport public des voyageurs ou des marchandises font partie du domaine public de l'Etat, des départements ou des communes. Quelques chemins de fer appartenant à des particuliers constituent, au contraire, des propriétés purement privées. Mais ne pourrait-on pas concevoir des chemins de fer d'intérêt général concédés par l'Etat à des compagnies ou à des particuliers en *toute propriété*? C'est une question qui a été vivement débattue et que nous examinerons *infrà*, n. 814 et s.

21. — 6° *Au point de vue des règles de police à l'observation desquelles ils sont assujettis.* — La plupart des chemins de fer sont régis par la même législation. Cependant il y a certaines règles spéciales aux chemins de fer d'intérêt local, aux voies ferrées des quais des ports, aux trains dits *légers*.

22. — 7° *Au point de vue de la façon dont ils sont établis.* — La largeur de la voie est la base d'une distinction spéciale entre deux catégories de chemins de fer : les chemins de fer à *voie normale* et les chemins de fer à *voie étroite*. Les unes et les autres sont soumises à des cahiers des charges qui diffèrent sur certains points.

23. — 8° *Au point de vue des autorités sous la surveillance desquelles ils sont placés.* — La plupart des chemins de fer sont placés sous l'autorité directe du ministre des Travaux publics. Le soin de la défense nationale a conféré, dans certains cas, au ministre de la Guerre, des pouvoirs spéciaux.

24. — Dans certains pays, croyons-nous, il y a des voies qui servent exclusivement au service de la guerre. Ce système ne paraît pas avoir été adopté chez nous.

25. — Bien que la matière des chemins de fer soit une des plus importantes et des plus délicates qu'on puisse rencontrer dans la pratique, il est à remarquer qu'elle est régie par une législation générale très-succincte (Aucoc, *op. cit.*, t. 3, n. 1286). Cela tient à cette considération que les rapports entre l'Etat et les différentes lignes qui composent le réseau ayant été déterminés successivement par des contrats particuliers, il ne restait pour ainsi dire plus de points à réglementer en dehors de ces contrats, sinon ceux qui pouvaient intéresser les tiers et plus particulièrement les propriétaires voisins ou le public.

26. — On ne saurait donc donner trop d'importance dans une étude de cette nature à l'examen des conventions ou des cahiers des charges. Nous aurons l'occasion de nous en préoccuper souvent dans ce travail.

27. — L'histoire des chemins de fer peut se ramener à l'examen des solutions successivement données à un certain nombre de problèmes dont les principaux sont les suivants. Quelles sont les meilleures règles à suivre dans l'établissement des tarifs pour qu'ils soient réellement proportionnés au service rendu et révisables suivant les circonstances? La construction et l'exploitation des chemins de fer doivent-elles être entièrement abandonnées à l'Etat ou aux particuliers? Ne doivent-elles pas plutôt être réparties entre eux et dans quelle mesure? — V. d'une façon générale, sur tous ces points, Audiganne, *Les chemins de fer aujourd'hui...*, etc.

28. — A l'origine, les concessions sont faites à perpétuité par ordonnance royale sans intervention du législateur. Les tarifs ne comprennent qu'un prix fixe pour toutes les marchandises. On ne se préoccupe pas du contrôle de l'Etat. — Picard, *Traité des chemins de fer*, t. 1, p. 4; Perriquet, *Traité théorique et pratique des travaux publics*, t. 2, n. 636.

29. — A cette époque, la construction se fait aux frais des concessionnaires, sans prêt ni garantie d'intérêts par l'Etat.

30. — Il n'y a pas encore de transport de voyageurs et la traction se fait à l'aide de chevaux (1823-1832).

31. — La première ligne créée pour le transport des voyageurs au moyen de locomotives est celle de Saint-Etienne à Lyon (1832).

32. — A partir de ce moment le pouvoir législatif se substitue au pouvoir exécutif pour la déclaration d'utilité publique, et le système des concessions temporaires apparaît. On se préoccupe aussi du point de savoir si l'Etat devra se faire constructeur et exploitant, ou s'il devra laisser ce double soin à l'industrie privée.

33. — Déjà (chemin de fer d'Alais à Beaucaire, 1837), l'Etat fournit des fonds à certaines compagnies. Il va bientôt être appelé à en accorder d'autres par suite des mécomptes que la construction des premières lignes a causés aux concessionnaires. — Aucoc, *op. cit.*, t. 3, n. 1211.

34. — Alors se pose la question de savoir comment l'Etat prêtera son concours à l'industrie privée : à l'aide de subventions — de prêt — de garantie d'intérêt — ou de participation à titre d'actionnaire. En fait, la compagnie de Paris à Orléans bénéficie d'une garantie d'intérêt (L. 15 juill. 1840).

35. — Cependant le grand problème de l'attribution à l'Etat ou aux particuliers de la construction et de l'exploitation des lignes n'est pas encore résolu. Une distinction est proposée qui rapprocherait dans une certaine mesure le réseau des voies ferrées du régime des voies de terre. Rentreraient seules dans le réseau de l'Etat les lignes d'intérêt général; les autres seraient abandonnées aux départements, aux communes ou à l'industrie privée.

36. — Le parti auquel on s'arrête (1842-1848) est un parti mixte. Même pour les lignes d'intérêt général, l'Etat n'exploitera pas et ne construira pas complètement. Mais il expropriera, sauf le concours financier des intéressés : il exécutera les terassements et les ouvrages d'art, y compris les frais de construction des stations et des maisons de garde des passages à niveau. Les compagnies ne conserveront que la superstructure, c'est-à-dire le ballastage et la pose de la voie, ainsi que la fourniture du matériel roulant. — Aucoc, *op. cit.*, t. 3, n. 1212 ; Cotelle, *Législation des chemins de fer*, t. 1, p. 29 et 30.

37. — Les concessions sont alors de courte durée afin de permettre des révisions plus fréquentes des tarifs.

38. — On ne s'était préoccupé jusque-là que de l'établissement même de la voie. Le côté financier des entreprises appelle bientôt l'attention du législateur. L'agiotage est tel que, dans des lois spéciales à certaines lignes, il faut prendre des mesures générales et réglementer la réalisation du capital social, les droits des fondateurs, etc.

39. — On doit signaler, à la même date, la loi du 25 juill. 1845 et le règlement du 15 nov. 1846, sur la police, la sûreté et l'exploitation des chemins de fer qui sont les textes législatifs et réglementaires capitaux de la matière, et une loi du 19 juill. 1845, qui revient sur quelques dispositions de lois antérieures relatives à l'établissement du réseau. Aux termes de cette loi, la partie de la loi du 11 juin 1842 qui mettait à la charge des départements et des communes les deux tiers des dépenses d'acquisition de terrains et bâtiments des chemins de fer construits par l'Etat, cesse d'être en vigueur.

40. — A partir de cette époque jusqu'en 1852, la question des chemins de fer ne fait pas un pas en avant. On discute bien au sein du Conseil d'Etat sur les tarifs, dans les assemblées législatives sur la nécessité du rachat par l'Etat de toutes les voies ferrées ; mais on ne passe pas du domaine de la spéculation dans celui de la pratique.

41. — Le second Empire se distingue, au contraire, par de sérieuses innovations. La durée des concessions est généralement portée jusqu'à 99 ans : les concessions sont faites par de simples décrets au lieu de l'être par des lois. On favorise la formation de grandes compagnies — Aucoc, *op. cit.*, n. 1218 et s.

42. — La fusion des lignes s'imposait par des considérations nombreuses et qu'on trouve fort exactement résumées dans un article du *Dictionnaire des finances*. « A l'origine des chemins de fer, y lit-on, l'Etat, pour répondre au sentiment de l'opinion publique et aux intérêts politiques du pays, avait naturellement commencé la construction du réseau par les lignes principales destinées à traverser le territoire du nord au sud et de l'est à l'ouest, en prenant Paris comme point central. Peu à peu, des lignes embryonnaires avaient été prolongées, afin de desservir des lignes importantes placées sur le tracé ou à sa portée; puis des concessions nouvelles avaient été faites en tous sens, soit pour réunir des cités populeuses, des contrées industrielles, des ports de commerce, placés en dehors du réseau primitif, soit pour se souder aux chemins étrangers, ou encore pour répondre à des nécessités stratégiques et à des besoins de trafic international. Ces diverses constructions de ligne s'étaient, en conséquence, effectuées lambeau par lambeau, et l'achèvement en avait été confié à un nombre considérable de sociétés ou d'entreprises étrangères les unes aux autres et n'ayant entre elles d'autres rapports que ceux qu'exigeait le transport des marchandises ou le trafic ordinaire d'un point quelconque de la France à l'autre. Les inconvénients de cette division du réseau n'avaient pas tardé à se faire jour : les dépenses d'exploitation, moindres sur les lignes importantes et de grand trafic, s'élevaient à des proportions souvent ruineuses pour les autres; les prix des transports et les *maxima* des tarifs n'offraient aucune homogénéité; le service se faisait mal, sans suite et sans règle, et les transbordements multipliés des voyageurs et des marchandises, en nuisant au développement des transactions, accroissaient sensiblement les frais d'administration, déjà trop considérables eu égard aux recettes réalisées ». — Say, Foyot et Lanjalley, *Dictionnaire des finances* (article de M. Noël), p. 958. — La fusion des compagnies avait pour objet et devait avoir pour résultat assez rapide de faire disparaître tous ces inconvénients. — V. aussi, sur ce point, Aucoc, *op. cit.*, t. 3, n. 1219.

43. — On peut assigner comme date de concentration des principaux réseaux l'année 1852 pour ceux du Nord, de Paris à Lyon et à la Méditerranée et d'Orléans, l'année 1853 pour les groupes de l'Est et du Midi, l'année 1855 pour les lignes de l'Ouest, concentration dont l'importance s'accrut encore en 1857 par le démembrement du réseau de la compagnie du Grand Central entre les réseaux voisins.

44. — Par le fait de ces fusions successives de 34 compagnies qui se partageaient le territoire de la France en 1846, il n'en restait plus que 6 en 1859. — Aucoc, *loc. cit.*, n. 1220.

45. — Mais les pouvoirs publics ont alors le tort de vouloir compenser les avantages considérables que les grandes compagnies ont reçus, par l'obligation qu'ils prétendent leur imposer de construire sans subvention ni garantie d'aucune sorte un grand nombre de kilomètres supplémentaires de voies ferrées. La charge est encore trop lourde pour les concessionnaires auxquels l'Etat est contraint d'accorder une protection nouvelle sous forme d'une généralisation de la garantie d'intérêt (L. 11 juin 1859).

46. — Le système auquel on s'arrête est le suivant : l'Etat fournira une garantie d'intérêts à 4 p. 0/0 pendant cinquante ans, ou plutôt à 4.6 p. 0/0 avec l'amortissement calculé au même taux. On en fait bénéficier, du moins, les lignes de création récente, ce qui amène une distinction entre le nouveau et l'ancien réseau. Pour atténuer cette distinction et sauvegarder les droits de l'Etat, on introduit toutefois cette stipulation que toute la portion du produit net de l'ancien réseau qui dépassera un certain chiffre se déversera sur le nouveau réseau et diminuera la garantie de l'Etat. Mais cette fraction du produit net de l'ancien réseau ne peut être déversée elle-même sur le nouveau qu'après 1° paiement aux actionnaires de l'ancien d'un dividende fixe basé sur le revenu des dernières années, 2° paiement aussi des intérêts des obligations et 3° mise en réserve d'un appoint de 1/10 nécessaire pour compléter, avec le taux soit 4.65 p. 0/0, l'intérêt et l'amortissement effectif des emprunts contractés pour l'exécution du nouveau réseau. « Les sommes que l'Etat pouvait être appelé à verser à titre de garantie, dit M. Picard, devaient lui être remboursées avec les intérêts à 4 p. 0/0 dès que les produits du nouveau réseau auraient dépassé l'intérêt garanti, et à quelque époque que cet excédant se produisît... En compensation des avantages qui leur étaient accordés, les compagnies s'engageaient à partager avec l'Etat, à partir de 1872, la partie de leurs revenus qui excéderait un chiffre déterminé. Ce chiffre correspondait, en général, à 6 p. 0/0 des dépenses du nouveau réseau et à 8 p. 0/0 des dépenses de l'ancien ». — Picard, *op. cit.*, t. 1, p. 20; Aucoc, *op. cit.*, t. 3, n. 1223; *Dictionnaire des Finances*, art. de M. Noel, p. 960.

47. — Ainsi que le fait remarquer M. Aucoc, et c'est un point qu'on ne saurait trop mettre en relief, « la conséquence de ce système a été d'obliger les compagnies à soumettre au contrôle de l'Etat le compte de premier établissement et le compte d'exploitation des lignes tant de l'ancien que du nouveau réseau. Les stipulations qui avaient été écrites à cet égard dans les conventions de la même nature furent étendues à l'ensemble des réseaux. D'après les conventions de 1859, le compte de premier établissement devait être clos dans le délai de cinq ans après la mise en exploitation des lignes ». — Aucoc, *op. cit.*, t. 3, n. 1224, p. 271.

48. — Nous arrivons ainsi à l'année 1863 où de nouvelles conventions furent passées avec les principales compagnies. Elles avaient pour objet de les amener à agrandir leur réseau par la concession de lignes nouvelles; et comme l'exploitation de ces lignes ne paraissait pas devoir être immédiatement rémunératrices, elles devaient entraîner par voie de compensation une nouvelle répartition des lignes entre l'ancien et le nouveau réseau, une élévation des *maxima* assignés, soit au capital garanti par l'Etat, soit au capital entrant en ligne de compte dans la fixation du revenu réservé, et une réduction du revenu attribué aux actionnaires avant déversement. — Picard, *loc. cit.;* Aucoc, *op. cit.*, t. 3, n. 1226.

49. — Sous l'empire des mêmes préoccupations, de nouveaux remaniements furent encore apportés en 1868 et en 1869 au régime des conventions passées avec les grandes compagnies. L'Etat leur attribuait en deniers comptants, ou sous forme de travaux, des subventions importantes, équivalentes pour la plupart à la somme des dépenses d'infrastructure; ou bien celles-ci faisaient à l'Etat pour l'établissement de la plate-forme des avances remboursables par voie d'annuités. On trouvait déjà d'ailleurs dans les conventions de 1863 des exemples de ces combinaisons. « On procédait aussi à un remaniement du classement des lignes entre l'ancien et le nouveau réseau, de façon à enlever aux compagnies tout intérêt à faire diminuer les recettes du nouveau réseau au profit de l'ancien ». — Aucoc, *op. cit.*, t. 3, n. 1228. — En même temps, les compagnies étaient autorisées à imputer au compte de premier établissement, mais à la condition de les faire autoriser préalablement par le Conseil d'Etat, des dépenses complémentaires pour augmentation du matériel roulant, extension des gares, doublement des voies, etc.

50. — Entre temps, une innovation législative importante avait marqué l'année 1865. Le gouvernement, grevé de lourdes charges par le fait même de la garantie d'intérêt et des promesses de subventions dont il vient d'être question, ne pouvait songer à doter les départements de réseaux particuliers; on pensa alors à autoriser les conseils généraux et les conseils municipaux à en créer avec les ressources dont ils disposaient. Ce fut l'origine de la loi du 12 juill. 1865 sur les chemins de fer d'intérêt local. Ces lignes, créées conformément à l'avis d'une commission d'enquête présidée par M. Michel Chevalier « devaient être de peu de longueur, relier exclusivement des localités secondaires aux grands réseaux, ne traverser ni faîtes ni grandes vallées, n'avoir qu'un trafic peu considérable, ne comporter qu'un petit nombre de trains, épouser la forme des terrains, être établies à voie étroite si le terrain présentait quelque difficulté, jouir d'une certaine liberté pour l'organisation du service ». — Picard, *op. cit.*, t. 1, p. 25.

51. — La loi du 12 juill. 1865 ne devait pas tarder d'ailleurs à être remplacée elle-même par une loi nouvelle (L. 11 juin 1880). Nous étudierons plus tard d'une façon complète le mécanisme de cette dernière. Qu'il nous suffise de dire pour le moment que les pouvoirs locaux ayant mal compris leur rôle, qui consistait surtout à établir un service de transport purement régional, et cherché à souder les lignes locales entre elles de manière à en former un réseau concurrent au réseau d'intérêt général, il importait, tout en favorisant le développement du réseau secondaire, de lui donner une direction plus utile. Ce fut précisément l'objet de la loi du 11 juin 1880 qui, en restituant au pouvoir central le droit de déclarer l'utilité publique, lui permit de s'opposer à toute combinaison de cette nature.

52. — En 1873, on retrouve un autre acte important relatif à la compagnie de l'Est. Par suite des stipulations du traité de Francfort, qui cédait à l'Allemagne l'Alsace et une partie de la Lorraine, la compagnie de l'Est se voyait dépouillée de 840 kilomètres de lignes, dont 464 appartenant à l'ancien réseau et 376 au nouveau. On se demanda à cette occasion, s'il ne convenait pas de procéder au rachat complet de son réseau, ou si, procédant seulement au rachat des lignes perdues, l'Etat ne devait pas reconstituer, sous une forme nouvelle, la concession. C'est à ce dernier parti que l'on s'arrêta. L'Etat fut subrogé à la compagnie de l'Est dans ses droits sur les lignes d'Alsace-Lorraine, ainsi que dans ses droits et obligations pour l'exploitation des chemins de fer Guillaume-Luxembourg, moyennant remise d'un titre inaliénable de rente de 20,500,000 francs représentant, au taux de l'emprunt du 2 juill. 1871, la somme de 325,000,000 de francs payés à la France par l'Allemagne : ce titre devait être restitué à l'Etat à la fin de la concession. D'autre part, la compagnie de l'Est se voyait concéder 358 kilomètres de lignes nouvelles comprises dans le second réseau, conformément aux distinctions établies par les conventions de 1859. — Aucoc, *op. cit.*, t. 3, n. 1231.

53. — Cependant, on n'avait pas complètement abandonné l'idée de créer des compagnies nouvelles : les chemins de fer du Nord-Est, de la Vendée, des Charentes, d'Orléans-Châlons, de Flandre suffisent à témoigner qu'on n'entendait pas monopoliser l'industrie des transports entre les mains des grandes compagnies. L'administration, d'autre part, en ce qui concerne les compagnies même, ne s'était pas assujettie à la nécessité d'une réglementation uniforme, et tandis que la plupart des lignes nouvelles étaient concédées, comme lignes du nouveau réseau, d'autres, notamment les lignes cédées en 1874 à la compagnie de Paris-Lyon-Méditerranée, étaient classées immédiatement dans l'ancien réseau; d'autres même, comme celles de Montreuil, d'Amiens et de Cambrai à la frontière belge, concédées à la ligne du Nord, n'étaient rangées dans aucun réseau.

54. — De cet état de choses devait résulter un fait capital dans l'histoire des chemins de fer. Quelques-unes des compagnies concessionnaires dont nous venons de parler s'étant trouvées dans l'impuissance de subvenir à leurs engagements, notamment les lignes de la Vendée et des Charentes, le gouvernement avait songé à les adjoindre au réseau d'Orléans ; mais les termes du traité ne paraissant pas satisfaisants aux Chambres, celles-ci invitèrent le ministre à racheter ces lignes pour le compte de l'Etat, et à les faire exploiter directement par l'Administration supérieure dans le cas où la compagnie d'Orléans ne lui soumettrait pas des conditions plus acceptables. Ce fut l'origine du réseau d'Etat. Des compagnies accessoires comme celles de Bressuire à Poitiers, de Saint-Nazaire au Croisic, d'Orléans à Châlons, d'Orléans à Rouen, de Clermont à Tulle, de Poitiers à Saumur, et les chemins de fer nantais, ayant été rachetées en même temps que les lignes de Vendée et des Charentes, conformément à l'art. 12, L. 23 mars 1874, c'est-à-dire eu égard à la somme des dépenses faites pour le premier établissement, toutes ces lignes furent placées sous une administration distincte du ministère des Travaux publics, quelque peu analogue à celle des compagnies concessionnaires, et constituèrent un réseau de plus de 2,500 kilomètres. Des lois en date du 27 juill. 1880, 7 janv. 1881, 21 août 1881, pour ne citer que les plus importantes, devaient donner une impulsion nouvelle à ces mesures en autorisant le ministre des Travaux publics à assurer l'exploitation provisoire des chemins désignés dans chacune de ces lois à l'aide de tels moyens qu'il jugerait le moins onéreux pour le Trésor, et à acquérir, si besoin était, le matériel roulant, le mobilier des gares, l'outillage et les approvisionnements nécessaires.

55. — Les procédés auxquels le ministre des Travaux publics eut recours à cet effet, nous dit M. Picard, furent les suivants : « La plupart des chemins mis en service en vertu de cette délégation furent confiés aux grandes compagnies dans le champ d'action desquelles ils étaient placés. Aux termes des conventions d'affermage conclues avec elles, ces compagnies exploitaient les lignes avec leur personnel et leur matériel en les traitant comme les chemins dont elles étaient concessionnaires. Elles étaient redevables des recettes envers le Trésor; d'autre part, elles étaient remboursées de leurs dépenses jusqu'à concurrence d'un maximum par train kilométrique, et recevaient, en outre, une annuité représentant les charges des dépenses d'acquisition du matériel roulant. Elles étaient intéressées à une bonne gestion par l'allocation d'une prime sur les concessions et d'une part des bénéfices. Elles exécutaient pour le compte de l'Etat les travaux de premier établissement. L'Etat restait maître des tarifs, les traités étant passés pour un délai relativement court. Ils étaient approuvés par décret..... 2° D'autres lignes qui se trouvaient dans la région du réseau des chemins de fer de l'Etat furent exploitées par l'administration préposée à ce réseau, tout en restant distinctes du groupe constitué par la loi et les décrets de 1878. 3° Enfin, le ministre fit un essai d'exploitation en régie pour le chemin de Perpignan à Prades et pour quelques chemins de la région de l'Ouest. La direction de cette exploitation était attribuée à un ingénieur en chef des ponts et chaussées ; les règles auxquelles elle était soumise étaient empruntées pour partie aux décrets de 1878, pour partie aux règlements en vigueur en ce qui concerne les travaux publics ». — Picard, *op. cit.*, t. 1, p. 43.

56. — Nous arrivons ainsi à l'acte connu sous le nom de *Programme Freycinet*. La reprise énergique des affaires après la guerre avait fait sentir la nécessité de compléter le réseau d'intérêt général : des commissions avaient été nommées à cet effet qui avaient ébauché des rapports : quelques-uns même de ces rapports seraient venus en discussion sans la dissolution des Chambres prononcée le 16 mai 1877, lorsque, au mois de janvier 1878, M. de Freycinet, alors ministre des Travaux publics, soumit à la chambre un projet de loi destiné à combler cette lacune. Ce projet devint la loi du 17 juill. 1879 qui classait dans le réseau complémentaire des chemins de fer d'intérêt général 181 lignes nouvelles d'une longueur de 8,827 kilomètres dont la dépense moyenne était évaluée à 200,000 fr. par kilomètre. Une loi analogue, en date du 18 juillet, classait également le réseau complémentaire des chemins de fer d'Algérie. Le projet comportait encore des lignes d'intérêt local à incorporer au réseau d'intérêt général. Mais la discussion en fut ajournée. — V. Aucoc, *op. cit.*, t. 3, n. 1241 ; Picard, *op. cit.*, t. 1, p. 39. — V. aussi le rapport qui a précédé le décret du 2 janv. 1878 et deux circulaires l'une du 3 juill. 1878 accompagnant l'envoi, pour avis au conseil général des ponts et chaussées, du projet de loi relatif au classement du réseau complémentaire, et l'autre du 12 sept. 1878 ayant pour objet d'obtenir de nouveaux renseignements sur l'utilité des lignes projetées. — Potiquet, n. 1033.

57. — La réalisation de ce plan eut pour conséquence de faire de nouveau de l'Etat un constructeur de chemins de fer. Les premières lois déclaratives d'utilité publique n'autorisaient, en réalité, le ministre des Travaux publics qu'à en entreprendre l'infrastructure ; il fallait une loi spéciale pour lui permettre d'en poursuivre la superstructure. Mais, plus tard, les deux autorisations se trouvèrent réunies dans la déclaration d'utilité publique. Nous avons fait connaître par avance l'esprit dans lequel on poursuivit l'exploitation de ce nouveau réseau (V. *suprà*, n. 54). Nous n'y reviendrons pas.

58. — Nous jugeons également inutile d'insister sur la méthode adoptée pour le rachat des lignes dont se composa primitivement le réseau d'Etat, ou qui en formèrent plus tard le complément. Il nous suffira de dire que l'indemnité payée par l'Etat était, en général, équivalente à la valeur actuelle des terrains et de la voie, que le matériel roulant était acheté à dire d'experts, et que l'administration, se bornant à remettre le prix d'acquisition entre les mains de la compagnie cédante, restait tout à fait étrangère à la répartition de ces sommes entre les différents intéressés.

59. — Nous avons déjà fait connaître le principal acte de la législature de 1880, la loi du 11 juin, relative aux chemins de fer d'intérêt local. Non contente d'assurer la véritable destination du réseau d'intérêt secondaire en confiant au pouvoir central le soin d'en déclarer l'utilité publique (V. *suprà*, n. 51), cette loi opposa un obstacle sérieux à la dilapidation des fonds de concours de l'Etat en décidant que les subventions ne pourraient plus se produire sous forme d'un capital une fois donné, mais seulement sous forme d'annuités. Ce ne fut pas là son seul objet. Elle réglementa aussi la matière des tramways, et décida notamment que la concession devrait en être faite par l'Etat, le département ou la commune, suivant qu'ils devraient circuler sur une voie nationale, départementale ou communale.

60. — Une autre loi promulguée le 27 juillet de la même année mérite également une mention. Elle est relative aux chemins de fer miniers, dont l'utilité publique n'avait été déclarée jusquelà que sous réserve d'une affectation publique. Désormais, il fut décidé qu'on devrait recourir pour les établir à l'obtention d'une autorisation toutes les fois qu'ils modifieraient le relief du sol ou excéderaient les limites du périmètre de la mine.

61. — Cependant, l'exécution du *programme Freycinet* avait entraîné de grosses dépenses et menaçait d'en entraîner de plus importantes encore, si on voulait en poursuivre la réalisation conformément au plan arrêté au début. Les ressources du Trésor paraissant insuffisantes pour y pourvoir, on songea à s'adresser, dans le but d'assurer la construction ou l'achèvement des lignes projetées, à l'industrie privée. Ce fut l'objet des conventions passées avec les grandes compagnies en 1883 et des lois du 20 novembre qui les sanctionnèrent. D'une façon générale, et sans entrer encore dans le détail de ces conventions, les grandes compagnies se voyaient investies de la mission de construire ou d'achever près de la moitié du réseau prévu, c'est-à-dire plus de 11,000 kilomètres de lignes ferrées. Financièrement, elles concouraient à la dépense dans une proportion qui variait de 1/6 à 1/9 de la dépense totale, et qui aboutissait à la prestation d'une somme d'environ 330 millions. Elles fournissaient le matériel roulant des chemins ajoutés à leur réseau, nouvelle dépense qui peut être évaluée à 277 millions. Les compagnies d'Orléans, du Midi, de l'Est et de l'Ouest remboursaient par le même acte les sommes par elles reçues au titre de la garantie d'intérêt, soit 540,000,000 de francs, déduction faite d'une remise de 80,000,000 de francs consentie à cette dernière ligne. La proportion du partage des bénéfices était modifiée au profit de l'Etat et portée de 1/2 à 2/3. Les compagnies s'engageaient d'ores et déjà à réduire de 10 p. 0/0 le tarif des places pour les voyageurs de 2ᵉ classe et de 20 p. 0/0 celui des voyageurs de 3ᵉ classe au cas où l'Etat renoncerait à la surtaxe de 10 p. 0/0 qui était venue augmenter, en 1871, l'impôt de grande vitesse ; elles s'engageaient en outre à opérer de nouvelles réductions équivalentes à celles que l'Etat viendrait à consentir par la suite au delà de cette surtaxe ; en même temps d'autres modifications dans les tarifs de petite vitesse, dans les barêmes, dans les prix fermes, étaient promises. Enfin, les compagnies assumaient les insuffisances de l'exploitation des lignes nouvelles. Par contre, l'Etat garantissait un minimum de dividende aux actionnaires de l'Orléans, du Midi, de l'Est et de l'Ouest; il consentait à la suppression presque absolue de la limitation des dépenses de premier établissement des différentes grandes compagnies : les dépenses complémentaires de premier établissement étaient admises à figurer au compte de construction, tant au point de vue de la garantie d'intérêt qu'au point de vue du partage des bénéfices; on continuait à faire figurer au même compte, en les partageant, les insuffisances d'exploitation : on réglementait d'une façon plus favorable aux compagnies la durée pendant laquelle les lignes nouvelles devaient, en cas de rachat, être reprises au prix de premier établissement; on assurait la situation des compagnies en les mettant en fait et en droit pour de longues années à l'abri du rachat. — V., sur tous ces points, Picard, t. 2, p. 54 et s.; Weiss, *Revue des lois nouvelles*, 1883, p. 91; Mayer, *Les chemins de fer*, p. 38.

62. — Depuis cette époque, un certain nombre de conventions sont venues compléter l'œuvre inaugurée par les conventions de 1883. On peut citer parmi les principales lois approbatives de ces conventions, celles des 14 avr., 20 août et 10 déc. 1885, 15 mars, 30 avr., 17 juill. et 2 août 1886, 18-29 juill. 1889, 7 janv., 7 févr. et 7 juin 1890, 27 mai 1891. Nous ne croyons pas utile d'entrer dès maintenant dans l'examen de leurs dispositions, qui n'ont pas modifié d'une façon sensible le régime antérieur.

63. — En dehors de ces conventions, on ne peut guère signaler, jusqu'en 1890, qu'un certain nombre de dispositions réglementaires relatives au service militaire du personnel des chemins de fer et à la garde des voies de communication.

64. — Notons, toutefois, en passant, un décret du 9 mars 1889, relatif à la mise en circulation de trains d'une composition nouvelle, connus sous le nom de *trains légers*.

65. — Le 27 déc. 1890, une loi importante fut votée sur le contrat de louage et les rapports des agents des chemins de fer avec les compagnies. C'est un point dont l'opinion publique s'était déjà préoccupée antérieurement : l'initiative en remonte à MM. Raynal, Waldeck-Rousseau, Lesguilliers, Martin-Feuillée et Margue, qui dès le 6 févr. 1882 avaient saisi la Chambre des députés d'une proposition y relative.

66. — Aujourd'hui, on paraît être à la veille d'une réforme plus importante. Il ne s'agirait de rien moins que de refondre en un texte unique, avec les modifications qu'elles comportent, les dispositions des lois des 11 juin 1842 et 15 juill. 1845, ainsi que celles de l'ordonnance du 15 nov. 1846, et les textes épars concernant la police, la sûreté et l'exploitation des chemins de fer. A la suite d'un rapport du ministre des Travaux publics adressé au président de la République, une commission de dix-huit membres a été nommée à cet effet le 10 août 1892, sous la présidence de M. Picard. Pour permettre d'apprécier complètement l'esprit dans lequel doit s'opérer cette réglementation, nous ne croyons pouvoir mieux faire que de donner un extrait du rapport précité.

67. — « La construction et l'exploitation des chemins de fer, y lit-on, sont entrées, depuis quelques années, dans une phase nouvelle; à côté des chemins de fer d'intérêt général, à voie normale et à grand trafic, dont l'exploitation, si complexe aujourd'hui, ne pouvait être prévue par l'ordonnance de 1846, nous voyons se développer tout un réseau secondaire de faible trafic, à voie normale ou de largeur réduite; il n'est pas rationnel que les mêmes règles générales président à la construction et à l'exploitation technique et commerciale de chemins répondant à des besoins si différents. Il serait désirable qu'un nouveau règlement pût édicter des règles spéciales à chacune de ces catégories de chemins de fer; peut-être même y aurait-il utilité à comprendre dans un même règlement les règles applicables aux chemins de fer d'intérêt général, d'intérêt local et aux tramways. Mais, alors même que cette étude serait limitée aux chemins de fer d'intérêt général, est-il besoin de rappeler que, depuis quarante ans, l'administration a édicté un grand nombre de règles de police et d'exploitation, d'un caractère tout aussi général que celles qui sont contenues dans l'ordonnance de 1846 et qui se trouvent éparses dans des documents divers :

décrets, arrêtés, circulaires, décisions; que certaines de ces règles paraissent tomber en désuétude; que d'autres devraient être amendées? Il serait de l'intérêt de l'administration et de l'intérêt des compagnies de chemins de fer que ces règles fussent revisées, refondues et codifiées dans un nouveau règlement d'administration publique. Enfin, et ce n'est pas le côté le moins délicat de ce travail, la révision de l'ordonnance de 1846 permettrait de préciser sur certains points, et par conséquent, de fortifier les droits que donnent à l'Etat les lois existantes en matière de chemins de fer. Tout en respectant les droits qui ont été conférés aux compagnies par les actes de concession, tout en maintenant les obligations qui leur sont imposées par les cahiers des charges, on ne doit pas perdre de vue qu'en dehors et au-dessus des actes de concession, en dehors et au-dessus des cahiers des charges, les lois du 11 juin 1842 et du 15 juill. 1845 ont donné tous pouvoirs à l'Etat pour réglementer l'usage et l'exploitation des chemins de fer; aucun acte de concession, aucun cahier des charges n'a pu aliéner les droits absolus de réglementation conférés à l'Etat par les lois de 1842 et 1845. Si on laisse de côté l'organisation même du corps du contrôle, toutes les questions qui se rattachent aux droits de police et de contrôle de l'Etat sur les chemins de fer peuvent se grouper sous l'un des titres ci-après :

1° Etat, entretien et surveillance de la voie et des stations;
2° Etat, entretien et surveillance du matériel roulant;
3° Exploitation technique;
4° Exploitation commerciale;
5° Dispositions concernant le public;
6° Dispositions concernant les agents;
7° Dispositions diverses.

Les règles applicables à la construction et à l'entretien de la voie et des stations seraient élaborées par le conseil général des ponts et chaussées; le comité de l'exploitation technique porterait son examen sur le matériel roulant, sur l'exploitation technique, ainsi que sur toutes les questions touchant directement à la sécurité de l'exploitation; enfin, le comité consultatif s'occuperait des règles d'exploitation commerciale. Les compagnies de chemins de fer seraient d'ailleurs appelées à donner leur avis et à présenter leurs observations. Ces études préliminaires terminées, une commission spéciale, dans laquelle entreraient les présidents des comités et du conseil général, coordonnerait tous ces travaux préparatoires et rédigerait un projet de règlement qui serait ensuite soumis au Conseil d'Etat. Cette marche serait analogue à celle qui a été suivie pour la rédaction de l'ordonnance de 1846. La nouvelle ordonnance ne renfermera, comme l'ancienne, que des règles générales applicables à l'exploitation des voies ferrées; mais les fonctionnaires du contrôle auxquels sera confiée la tâche difficile de préparer cette révision devront, avant tout, s'inspirer des principes qui ont présidé à l'élaboration de l'ordonnance de 1846 et que résumait si éloquemment le rapport annexé à ce règlement : « Les chemins de fer, qu'ils soient concédés ou non, font essentiellement partie du domaine public; ils ne peuvent, ils ne doivent être exploités que dans l'intérêt de tous, et c'est à l'autorité publique qu'il appartient d'en régler l'usage. »

68. — Nous diviserons notre étude en deux parties principales. Dans la première, nous étudierons tout ce qui concerne les chemins de fer d'intérêt général. Dans la seconde, nous réunirons les règles relatives aux réseaux secondaires, c'est-à-dire aux chemins de fer d'intérêt local, aux tramways, aux chemins de fer miniers ou industriels, etc.

TITRE II.

DES CHEMINS DE FER D'INTÉRÊT GÉNÉRAL.

CHAPITRE I.

DE L'ÉTABLISSEMENT DES CHEMINS DE FER D'INTÉRÊT GÉNÉRAL.

Section I.

Généralités.

69. — La construction des chemins de fer, ainsi que cela résulte du court exposé historique placé en tête de cette étude, a subi chez nous de nombreuses vicissitudes. Certains chemins de fer ont été construits directement par l'Etat, que l'exploitation lui en fût ou non réservée ; d'autres l'ont été, au contraire, par le concessionnaire ; d'autres, enfin, ont vu quelques-unes de leurs parties créées par l'Etat, et quelques autres effectuées par l'exploitant.

70. — Il nous paraît bien difficile de soutenir, d'une façon générale, que l'un de ces systèmes soit préférable aux autres. Nous croyons qu'ils ont tous également leurs avantages et leurs inconvénients. Ce qui est certain, en tous cas, c'est que, alors même qu'on parviendrait à attribuer à l'un quelconque d'entre eux, d'une façon absolue, la suprématie sur les autres, on n'aurait résolu qu'une question purement théorique, puisque la principale cause des variations de la pratique est due à un élément essentiellement mobile, l'état plus ou moins florissant du Trésor public.

71. — Quoi qu'il en soit de cette remarque, chacun de ces régimes compte des partisans ou des adversaires convaincus, et nous devons résumer en quelques mots les principaux arguments des uns et des autres.

72. — Pour combattre l'intervention de l'Etat dans la construction des chemins de fer, on fait valoir que l'administration, dans le but de satisfaire à des combinaisons politiques qui ne devraient jamais entrer en ligne de compte, est trop naturellement portée à créer des lignes inutiles ou improductives; que ses agents, également soumis à ces pressions politiques, ont, en outre, sur les agents des compagnies, cette infériorité de ne pas pouvoir disposer de crédits certains et invariables, et d'être constamment arrêtés dans la direction de leurs travaux par le respect d'une hiérarchie très-lourde et par la crainte ou l'espoir d'un déplacement personnel; que l'administration est assujettie, pour ses marchés de fournitures de matériel, à l'observation de règles qui l'exposent à des dépenses plus lourdes; que les emprunts des grandes compagnies sont en général moins onéreux que ceux du gouvernement, etc.

73. — En faveur de la thèse contraire on fait remarquer que, pour mieux rémunérer leur capital, actions et obligations, les compagnies concessionnaires se montrent trop souvent disposées, de leur côté, à restreindre leur réseau aux seules lignes productives et à négliger ainsi l'intérêt public de la circulation; que, dans l'achat des terrains nécessaires à l'assiette de la voie, l'Etat obtient souvent des conditions bien meilleures que les concessionnaires; que les départements et les communes, notamment, n'hésitent pas le plus souvent à lui faire les concessions les plus larges; que les agents des compagnies, loin d'être aussi libres qu'on le prétend, sont toujours assujettis à l'observation des règles prescrites tant par leurs supérieurs hiérarchiques que par les agents du contrôle de l'Etat, ce qui constitue une double entrave; que l'administration a plus d'autorité pour résister aux exigences des populations en ce qui concerne les travaux accessoires, tels que ceux du rétablissement des communications; qu'elle bénéficie de la juridiction du Conseil de préfecture et du Conseil d'Etat; que les compagnies imputent au compte de premier établissement des dépenses qui, à proprement parler, ne devraient pas en faire partie, notamment les insuffisances d'exploitation pendant un certain nombre d'années, et reportent ainsi sur l'avenir des charges souvent considérables, etc.

74. — Tous ces arguments et d'autres encore sur lesquels il nous est impossible d'insister ont été mis en relief d'une façon remarquable par M. Picard (*op. cit.*, t. 1, p. 461 et 540). Ceux qui s'y référeront y trouveront, à l'appui de chacune de ces thèses, des documents statistiques de premier ordre et de savants calculs. — V. aussi Perriquet, t. 2, n. 643.

75. — Pour nous, qui devons nous borner à rechercher les règles administratives et judiciaires qui président à la confection des chemins de fer, nous nous attacherons seulement à mettre en relief l'ordre successif des opérations nécessitées par ces travaux, et nous distinguerons, à l'occasion de chacune d'elles, les règles plus spécialement applicables au cas où la construction est l'œuvre d'une compagnie, ou au contraire à l'hypothèse où elle est l'œuvre de l'administration.

76. — A titre préliminaire nous indiquerons comme sources où l'on peut puiser des notions générales sur le côté technique et administratif de l'établissement des chemins de fer :

1º En ce qui concerne les compagnies, deux circulaires du 21 févr. 1877, et 28 juin 1879 (Potiquet, n. 958 et 1084) adressées par le ministre des Travaux publics aux préfets, et contenant toutes les indications relatives à l'instruction des projets;

2º En ce qui concerne plus spécialement la construction par les soins de l'Etat indépendamment de la même circulaire du 28 juin 1879, trois autres circulaires des 30 juill., 15 sept. 1879 et 26 avr. 1880 (Potiquet, n. 1091, 1097 et 1129), qui, sous le titre de *Recueil de formules pour l'étude et la construction des chemins de fer*, renferment toutes les règles relatives à l'établissement d'une ligne de chemin de fer et de ses dépendances.

77. — Ces formules, qui ont été rédigées par les soins d'une commission composée d'inspecteurs généraux et d'ingénieurs en chef et approuvées par le conseil général des ponts et chaussées, ont un caractère obligatoire. Elles sont divisées en quatre parties.

78. — La première partie comprend les pièces relatives :

1º Aux avant-projets, c'est-à-dire toutes les pièces exigées par une instruction du 14 mai 1850 ;

2º A l'enquête d'utilité publique, conformément à l'ordonnance royale du 18 févr. 1834, comprenant avec le dépôt qui doit être fait au chef-lieu de chaque arrondissement, les opérations de la commission d'enquête et la suite à leur donner ;

3º Au projet de tracé et de terrassement qui doit être dressé aussitôt après l'achèvement des études définitives ;

4º A la désignation des territoires traversés (art. 2, L. 3 mai 1841) ;

5º A l'enquête sur le nombre et l'emplacement des gares, conformément aux formalités édictées par les circulaires des 25 janv. 1854 et 9 août 1859 (Potiquet, n. 255, 336), enquête à laquelle il y a lieu de procéder immédiatement après l'approbation des projets de tracé et de terrassement.

6º A l'enquête parcellaire (art. 4, 5, 6, 7, 8, 9, 10, L. 3 mai 1841) ;

7º Aux projets d'exécution ;

8º A l'arrêté de cessibilité et à l'expropriation ;

9º A la prise de possession d'urgence des terrains non bâtis ;

10º Aux estimations et cessions amiables ;

11º Aux offres légales, à la constitution et aux opérations du jury ;

12º Au paiement des indemnités ;

13º Aux occupations temporaires de terrain ;

14º Au récolement, à la réception et à la remise des ouvrages aux services intéressés conformément aux principes contenus dans la circulaire du 21 févr. 1877 (Potiquet, n. 958) et qui doivent être appliqués aux chemins de fer construits par l'Etat, pour la remise aux intéressés des travaux dont l'entretien ne doit pas rester à la charge de la compagnie ou de l'administration appelée à exploiter le chemin de fer construit par l'Etat.

79. — Une annexe à cette première partie rappelle les principaux règlements ou circulaires qui doivent être consultés.

80. — Une seconde partie renferme des types de plans et de profils en long, de profils en travers, ainsi que des types d'ouvrages d'art.

81. — La troisième partie comprend un modèle de *Devis et de cahiers des charges*.

82. — Dans la quatrième partie, se trouvent les types des maisons de gardes, des stations et de leurs bâtiments (Circ. 26 avr. 1880; Potiquet, n. 1129). — M. Picard cite aussi une circulaire du 15 avr. 1880.

83. — Enfin, pour compléter cette énonciation, nous citerons encore, soit dans les rapports du service de contrôle avec la compagnie, soit dans les rapports réciproques et hiérarchiques des ingénieurs chargés pour l'Etat d'un service de construction, deux circulaires des 28 déc. 1878 et 9 janv. 1882 (Potiquet, n. 1051 et 1217).

84. — En règle générale, l'établissement de tout chemin de fer devrait passer successivement par les phases suivantes : étude, instruction et avant-projet — transmission de cet avant-projet au ministre — examen par les services compétents de l'administration centrale et approbation ministérielle de l'avant-projet — enquête d'utilité publique — déclaration d'utilité publique — cahier des charges — concession ou adjudication — projets de tracé et de terrassement — enquête sur l'emplacement des gares — plans parcellaires — transmission et approbation de ces projets et plans — projets d'exécution et approbation — désignation des territoires traversés — arrêté de cessibilité — expropriation proprement dite — construction.

85. — C'est ainsi que les choses se passent le plus habituellement. Parfois, cependant, certaines circonstances particulières intervertissent l'ordre de ces opérations : des concessions précèdent la rédaction des projets; une circulaire intervient qui en simplifie l'élaboration ou la transmission (V. notamment la circulaire du 28 avr. 1880, Potiquet, n. 1130); des règles spéciales sont édictées, parce qu'au lieu d'être confiée à une compagnie préexistante, la construction de la ligne est laissée aux soins d'une compagnie nouvelle ou de l'Etat. Il faut tenir compte en pratique de tous ces éléments.

86. — Nous ne nous occuperons en ce qui nous concerne que de ce qui se passe le plus communément, glissant très-rapidement sur les règles communes à l'exécution de tous les travaux publics, et ne nous attachant à exposer que les principes spéciaux à la matière des chemins de fer.

Section II.
De l'instruction préalable à la déclaration d'utilité publique.

§ 1. *De l'avant-projet.*

87. — L'établissement de tout chemin de fer débute par la présentation d'un avant-projet et la formation d'une enquête dont les résultats doivent être consignés dans un procès-verbal. Les études, quand il s'agit d'un projet émané du gouvernement sont faites sous la direction de l'inspecteur général des ponts et chaussées chargé de la circonscription où le chemin doit être établi, et préparées par les ingénieurs ordinaires ou en chef de cette circonscription. Lorsqu'il s'agit d'un chemin de fer dont la concession est demandée par un particulier ou une compagnie, elles sont poursuivies par l'impétrant sous le contrôle de l'administration. — Blanche, *Dictionnaire général d'administration*, v° *Chemin de fer*, p. 272.

88. — La rédaction de l'avant-projet suppose nécessairement des études préalables sur le terrain. Mais comme ces études elles-mêmes impliquent la possibilité d'entrer dans les propriétés privées, elles ne peuvent être poursuivies qu'après une autorisation administrative qui préalablement au décret du 8 février 1868, était donnée par le ministre des Travaux publics. — V. circ. min. Trav. publ. aux préf., 6 mars 1861 (Potiquet, n. 366).

89. — Cette autorisation était communiquée ordinairement aux intéressés par le préfet. On peut en trouver la preuve dans une autre circulaire aux préfets, du 22 mai 1847 (Potiquet, n. 155), aux termes de laquelle, lorsque les études d'un chemin de fer intéressent une forêt soumise au régime forestier, il suffit que le chef du service forestier dans le département soit avisé par une ampliation de l'arrêté préfectoral autorisant l'exécution des travaux d'étude pour qu'il soit considéré comme mis en mesure de veiller à ce que ces opérations se fassent avec le moins de dommages possible.

90. — Le décret du 8 février 1868 dont les termes ne distinguent pas et sont tout à fait compréhensifs, paraît avoir délégué directement au préfet le soin de donner l'autorisation nécessaire. On peut consulter à cet égard un certain nombre de modèles d'autorisations préfectorales. — Palaa, *Dictionnaire des chemins de fer*, v° *Etudes*, p. 739.

91. — En matière d'occupation temporaire pour la rédaction des avant-projets les ingénieurs sont tenus de respecter les propriétés et de ne leur demander que les sacrifices rigoureusement exigés par l'intérêt général. — V. notamment une circulaire du 24 octobre 1853 (Potiquet, n. 249) qui s'adresse indistinctement aux ingénieurs de l'Etat et aux concessionnaires. — V. aussi sur la réparation des dommages causés par les études préalables et le contentieux auquel ils peuvent donner lieu, Léchalas, *Manuel de dr. adm.*, t. 1, p. 344 et s.

92. — Jugé à cet égard, que les études des chemins de fer qui occasionnent des mutilations d'arbres dans un parc peuvent donner naissance à des dommages-intérêts. — Cons. d'Et., 5 juill. 1855, Achard, [Leb. chr., 55.508]

93. — La circonstance qu'une occupation de terrains aurait eu lieu sans avoir été précédée des formalités requises par le décret du 8 févr. 1868, ou que les limites de l'autorisation donnée par le préfet auraient été excédées, suffirait-elle pour transformer l'occupation en simple voie de fait et pour permettre au propriétaire de saisir par voie de référé l'autorité judiciaire à l'exclusion de l'autorité administrative? La question s'est posée devant le Conseil d'Etat, mais elle n'a pas été résolue, l'arrêté de conflit ayant été annulé pour vice de forme. — Cons. d'Et., 20 mai 1882, Douesnel, [Leb. chr., 82.530]

94. — On sait, et nous n'avons pas besoin d'insister sur ce point, que les indemnités relatives à ces sortes de dommages, lorsqu'elles ne sont pas fixées à l'amiable, le sont par le conseil de préfecture, conformément à la loi du 16 sept. 1807. — Christophle et Auger, *Traité théor. et prat. des trav. publ.*, t. 1, p. 140.

95. — Aux termes d'une ordonnance du 18 févr. 1834, l'avant-projet de tous travaux publics doit comprendre le tracé général de la ligne des travaux, les dispositions principales des ouvrages les plus importants, et l'approximation des dépenses. Il doit être accompagné, s'il s'agit d'un chemin de fer, d'un nivellement en longueur, et d'un certain nombre de profils transversaux. A l'avant-projet doivent être joints dans tous les cas un mémoire descriptif indiquant le but de l'entreprise, et les avantages qu'on peut en retirer, ainsi que le tarif des droits dont le produit sera destiné à couvrir les frais des travaux projetés, si ces travaux doivent devenir la matière d'une concession. — Dufour, *Traité gén. du dr. adm.*, t. 7, n. 44; Christophle et Auger, *op. cit.*, t. 1, n. 300.

96. — Nous croyons inutile d'insister sur le côté purement technique de ces dispositions. Il a été réglementé principalement par une instruction ministérielle du 14 janv. 1850 (Potiquet, n. 175), à laquelle il suffira de se référer. C'est là qu'on trouvera notamment tout ce qui concerne la façon dont doivent être figurés, tant sur le plan général que sur les profils en long ou en travers, les longueurs, hauteurs, nivellements, ouvrages d'art, etc. Cette circulaire n'est pas spéciale d'ailleurs aux avant-projets. Elle comprend aussi un certain nombre de prescriptions relatives aux projets définitifs. — V. Palaa, v° *Cartes et plans*, et Appendice, v° *Projets*.

97. — D'autres circulaires ont réglé la composition des dossiers d'instruction et les formes dans lesquelles ils doivent être transmis à l'administration. Certaines de ces règles sont communes au cas où la construction des lignes doit être poursuivie par l'Etat et au cas où elle doit l'être par les compagnies. D'autres sont plus particulières à chacune de ces hypothèses.

98. — Nous citerons parmi les premières une circulaire aux ingénieurs en chef du 7 août 1877 (V. Circ. 3 janv. 1881), qui a déterminé ce qu'il fallait entendre par travaux d'infrastructure et de superstructure en décidant qu'on doit ranger dans la première catégorie ce qui concerne : l'acquisition des terrains, les terrassements, les ouvrages d'art, les maisons de garde et de cantonnier, les passages à niveau, le pavage et les barrières, et dans les seconds, le ballast, les supports, les traverses, les rails, la pose de la voie, les clôtures de toute espèce, sous réserves d'exceptions dans les cas spéciaux qui seront justifiés, les constructions de toute nature se rattachant à l'exploitation; bâtiments de gare, ateliers, etc., les télégraphes, signaux, poteaux kilométriques.

99. — Mais les avant-projets ne sont pas nécessairement aussi détaillés, et il est aisé de voir, par l'énumération qui vient d'être donnée, que quelques-unes de ces prescriptions visent plutôt les projets définitifs ou d'exécution.

100. — La même circulaire indique qu'on doit joindre le kilométrage sur les cartes annexées aux projets, et faire figurer autour de chaque centre de population intéressé à la construction du chemin de fer, le nombre des habitants. — V. aussi, à cet égard, Circ. 12 févr. 1877 et 3 janv. 1881 (*Rec. lois, Ord.*, 2ᵉ s., t. 1, p. 1).

101. — Nous signalerons encore, dans le même ordre d'idées, toutes les circulaires relatives à la réunion des conférences nécessitées par ce fait que les travaux intéressent, en dehors de l'administration des travaux publics, d'autres services publics, tels que l'administration de la guerre, l'administration des postes et télégraphes, le ministère de la Marine, etc., pour les voies ferrées des quais des ports notamment, le ministère de l'Intérieur ou les services vicinaux.

102. — Pour les travaux à exécuter dans les limites de la zône frontière et dans le rayon des enceintes fortifiées, nous n'avons qu'à renvoyer, au point de vue des conférences avec l'autorité militaire, aux règles contenues dans la loi du 7 avr. 1851, les décrets des 16 août 1853, 8 sept. 1878 et 12 déc. 1884, dans les circulaires des 12 juin 1850 (Potiquet, n. 187), 21 févr. 1877 (Potiquet, n. 958) et 16 février 1885 (*Rec. Lois, Ord.*, 2ᵉ s., t. 2, p. 287), ainsi que dans la loi du 10 févr. 1890.

103. — Sans nous appesantir sur chacun de ces textes, nous ferons connaître les principaux. La réunion de conférences entre les ingénieurs des ponts et chaussées et l'administration de la guerre a été prescrite par les décrets réglementaires des 16 août 1853 et 8 sept. 1878 pour tous les cas où les travaux pénètrent dans la zône frontière ou dans le rayon des enceintes fortifiées (Potiquet, n. 1031).

104. — Un décret du 2 avr. 1874 a étendu l'utilité de ces conférences même au cas où le tracé serait en dehors de la zône frontière, si le ministre de la Guerre le considérait comme intéressant son département. Une circulaire du 1er févr. 1881 avait déjà prescrit de soumettre aux conférences les accessoires des voies ferrées qui intéressent plus directement l'exploitation militaire. Mais il y a, dans la tenue de ces différentes sortes de conférences, des distinctions que met en relief une circulaire du 6 déc. 1887 (*Rec. Lois, Ord.*, 2e s., t. 2, p. 328), notamment en ce qui concerne la présence des autorités civiles et de l'agent voyer.

105. — D'ailleurs, la réunion des conférences ne doit pas avoir lieu nécessairement, soit au point où doit être exécuté le travail, soit à la résidence du fonctionnaire qui l'a provoquée. — Circ. 16 août 1880 (Potiquet, n. 1161).

106. — Une circulaire du 26 sept. 1887 (*Rec. Lois, Ord.*, 2e s., t. 3, p. 288), rappelle toutes ces règles, ainsi que celles qui sont posées dans le décret précité du 12 déc. 1884, d'où il résulte que l'ingénieur des mines chargé du contrôle doit être assimilé à l'ingénieur des ponts sus-visé dans les décrets des 16 août 1853 et 8 sept. 1878.

107. — La circulaire précitée du 6 déc. 1887 dispense d'ailleurs de joindre aux avant-projets les procès-verbaux des conférences mixtes et prescrit qu'ils soient adressés directement et d'urgence par l'intermédiaire des préfets, dès que l'instruction locale au deuxième degré sera terminée. Une pareille dispense avait déjà été édictée par une circulaire du 28 avr. 1880 (Potiquet, n. 1130) que M. Picard (*op. cit.*, t. 2, p. 886), relate comme plus spécialement applicable à la construction par l'Etat, puis rapportée implicitement par une autre circulaire du 9 janv. 1882 (*Rec. Lois, Ord.*, 2e s , t. 1, p. 404) et explicitement par celle du 16 mars 1887 (*cod. loc.*, 2e s., t. 3, p. 170).

108. — Sur la composition de la commission mixte des travaux publics, V. la loi du 10 févr. 1890.

109. — C'est la circulaire du 12 juin 1850 (Potiquet, n. 187) qui réglemente les conférences pour le cas où le travail projeté intéresse d'autres services que le ministère de la Guerre, tels que les postes et télégraphes, la marine à l'occasion des voies ferrées des quais des ports notamment, ainsi que pour le service vicinal.

110. — Nous nous réservons d'exposer les règles qui les concernent lorsque nous nous occuperons des projets d'exécution proprement dits. Elles y sont, en effet, plus spécialement relatives. — V. d'ailleurs sur tous ces points, Léchalas, *op. cit.*, t. 1, p. 142 et s.

111. — Enfin, nous mentionnerons également une circulaire du 6 juin 1880 (Potiquet, n. 1138), d'où il résulte que les commissions parlementaires saisies des projets de loi relatifs aux grands travaux doivent recevoir communication des principales pièces de l'instruction à laquelle les avant-projets ont donné lieu, et que pendant toute la durée de l'examen de l'affaire par les Chambres, un dossier complet doit rester dans les bureaux du ministère.

112. — Parmi les instructions plus spécialement relatives aux compagnies, nous mentionnerons une circulaire du 20 mai 1856 (Potiquet, n. 284), dont les termes ont été reproduits depuis dans d'autres pièces administratives de même ordre, aux termes de laquelle les projets et pièces intéressant la construction des chemins de fer concédés doivent être signés non seulement par un ingénieur, mais par une personne ayant pouvoir d'engager la compagnie, directeur ou autre.

113. — Nous relèverons plus spécialement, parmi les documents intéressant les chemins de fer construits par l'Etat, une circulaire du 12 août 1880 (Potiquet, n. 1160), portant que les frais généraux des avant-projets doivent être compris dans l'estimation des dépenses, et une autre circulaire du 14 mai 1880 (Potiquet, n. 1135) qui recommande aux ingénieurs d'user de la plus grande réserve dans la communication des dossiers à l'occasion des chemins de fer qui peuvent faire l'objet d'une concession ultérieure.

114. — Inutile d'ajouter qu'il faut aussi ranger dans cette catégorie toutes celles qui sont relatives au contrôle et à la surveillance administrative.

115. — Signalons enfin, dans le même ordre d'idées, deux circulaires du 28 déc. 1878 (Potiquet, n. 1051) et du 9 janv. 1882

(*Rec. Lois, Ord.*, 1re s., t. 1, p. 404), qui contiennent les règles d'ordre à suivre pour l'instruction des projets et la transmission des dossiers aux différents degrés de la hiérarchie, règles qui ne sont pas spéciales d'ailleurs aux chemins de fer de l'Etat.

116. — Nous arrivons ainsi à la transmission des dossiers à l'administration centrale. La circulaire du 28 déc. 1878 avait fait, à cet égard, de l'inspecteur général l'intermédiaire obligé entre les rédacteurs des projets et l'administration centrale. Elle a été remplacée par la circulaire du 9 janv. 1882 qui prescrit, notamment, que les avant-projets soient dressés par l'ingénieur en chef et envoyés par lui au ministre, et lui enjoint d'informer de cet envoi le préfet, en lui transmettant une copie de son rapport accompagné d'une carte du tracé à 1/80,000, ou à 1/40,000, suivant les cas et d'un plan général, s'il y a lieu.

117. — L'approbation du projet appartient au ministre qui ne doit la donner qu'après avoir pris l'avis des ingénieurs et du conseil général des ponts et chaussées. Dès qu'elle est intervenue, il y a lieu, en principe, d'ouvrir une enquête d'utilité publique. Cette enquête est alors ordonnée, aux termes de la circulaire du 9 janv. 1882, par un arrêté du préfet sur les pièces qui lui ont été remises à cet effet par l'ingénieur en chef.

§ 2. *De l'enquête d'utilité publique.*

118. — L'enquête est menée conformément aux règles tracées par les ordonnances des 18 févr. 1834 et 15 févr. 1835. Elle se fait, suivant les cas, aux termes de ces ordonnances (qui visent, il ne faut pas l'oublier, non seulement les travaux entrepris par l'Etat, mais encore ceux des départements et des communes) aux chefs-lieux des départements traversés, au chef-lieu de l'arrondissement ou dans les communes intéressées : « Elle y est annoncée par voie d'affiches et de publications. Un registre reste ouvert pendant une durée qui varie de vingt jours à quatre mois pour recevoir les observations du public : les chambres de commerce, les chambres consultatives des arts et manufactures sont invitées à délibérer. Enfin, une commission composée de membres désignés par le préfet, parmi les propriétaires, commerçants, membres des corps élus du pays, ou un commissaire enquêteur, s'il ne s'agit que de travaux municipaux, examine le dossier, écoute les observations de tous ceux qui désirent être entendus et formule son avis ». — Colson, *Transports et tarifs*, p. 23. — Nous avons résumé rapidement ces instructions qui ne sont pas spéciales, nous le rappelons, aux chemins de fer d'intérêt général, pour n'y plus revenir.

119. — Signalons, à cet égard, un arrêt du Conseil d'Etat du 22 nov. 1878 qui, à l'occasion de travaux d'agrandissement d'ateliers affectés au service d'un chemin de fer, a décidé qu'aux termes des art. 9 et 10, Ord. 18 févr. 1834, pour les travaux pouvant être autorisés par décret et situés dans les limites d'un arrondissement, l'enquête peut n'être que de vingt jours et la commission d'enquête composée de sept membres seulement, et que sont inapplicables à ces travaux les dispositions des art. 4 et 5, qui exigent une commission de neuf à treize membres et un délai d'un mois à quatre mois. — Cons. d'Et., 22 nov. 1878, de l'Hôpital, [Leb. chr., p. 927]

120. — Toutes les pièces de l'enquête, les notes qui l'ont précédée, les avis des commissions, les délibérations des chambres de commerce et des conseils municipaux, les rapports dont elle a été l'objet sont au nombre des documents qui doivent demeurer au ministère pendant l'instruction de l'affaire par les Chambres (Circ. 6 juin 1880). — V. *suprà*, n. 111.

121. — Une circulaire du 7 mai 1885 (*Rec. Lois, Ord.*, 2ᵉ s., t. 2, p. 321) rappelle toutes ces formalités, et comme il paraît qu'elles n'avaient pas été toujours strictement observées, elle proclame de nouveau la nécessité d'y recourir. Mais nous croyons, néanmoins, avec M. Picard, que l'inaccomplissement de quelques-unes d'entre elles n'entraînerait pas nécessairement la nullité de l'opération. — Picard, *op. cit.*, t. 2, n. 2.

122. — Il a été jugé, en ce sens, que le défaut d'enquête ne serait pas suffisant pour attaquer un acte administratif intervenu pour l'exécution d'une loi déclarative de l'utilité publique. — Cons. d'Et., 20 mai 1843, Chem. de fer de Paris à Rouen, [Leb. chr., p. 235]

123. — Cependant, on conçoit qu'il puisse y avoir des distinctions à faire entre les différentes formalités, et on peut consulter, à cet égard, un certain nombre d'arrêts cités par M. Picard, *op. cit.*, p. 30. Jugé, en ce sens, qu'il faut tenir pour nul le jugement qui, à la suite de changement de tracé, ordonne l'expropriation d'un terrain clos alors qu'il n'a été préalablement procédé à aucune enquête, déposé aucun plan, ouvert aucun registre dans les mairies, et qu'aucune commission n'a été formée. — Cass., 28 juin 1853, Aufauvre, [P. 53.2.101]

124. — La loi elle-même, dans une hypothèse déterminée, paraît avoir apporté une sanction à l'inobservation de ses prescriptions. En investissant le tribunal chargé de prononcer l'expropriation du droit de vérifier si la déclaration d'utilité publique a été faite par l'autorité compétente, elle paraît, en effet, l'avoir autorisé à surseoir à cette décision jusqu'à ce que l'irrégularité commise, s'il y en a eu une, ait été couverte.

125. — Le tribunal, d'ailleurs, n'a compétence, aux termes de l'art. 14, L. 3 mai 1841, que pour constater l'accomplissement des formalités prescrites par l'art. 2, tit. 1 et par le tit. 2; on ne saurait donc lui reconnaître le droit de rechercher si l'enquête a eu lieu, et encore moins si elle a été régulière. — Picard, *op. cit.*, t. 2, p. 30.

126. — Encore faut-il, pour qu'il puisse être question de nullité attachée à l'inobservation des formes, qu'on se trouve en présence d'un véritable établissement de lignes. Jugé, en ce sens, que, dans le cas où le décret de concession d'un chemin de fer porte que ce chemin de fer devra se détacher d'une autre ligne en un point à déterminer par l'administration supérieure, le ministre peut, postérieurement à l'exécution d'une première ligne entrant dans la gare d'une ville et en sortant par voie de rebroussement, imposer à la compagnie concessionnaire l'exécution d'un projet de raccordement direct, conséquence nécessaire des travaux antérieurement autorisés, et ce, sans qu'il soit besoin d'un décret rendu en Conseil d'Etat et précédé d'une enquête. — Cons. d'Et., 24 mai 1889, Ville de Boulogne-sur-Mer, [S. 91.3.68, P. adm. chr., D. 90.3.95]

127. — Le Conseil d'Etat a considéré que les travaux de raccordement dans l'espèce constituaient de simples travaux complémentaires pouvant être exécutés sous la seule approbation du ministre, et non un embranchement nouveau, nécessitant pour être autorisé un décret après enquête, conformément à la loi du 27 juill. 1870. — V. à cet égard, les observations de M. Le Vavasseur de Précourt, *Rev. gén. d'admin.*, 1889, t. 2, p. 317.

Section III.
De la déclaration d'utilité publique.

§ 1. *Qui peut déclarer l'utilité publique.*

128. — La déclaration d'utilité publique est sollicitée, soit par les compagnies déjà investies d'une partie du réseau, soit par les personnes qui ont l'intention d'obtenir la concession.

129. — Jusqu'en 1833, l'utilité publique ne pouvait être déclarée que par le chef du pouvoir exécutif. Aux termes de la loi des finances du 21 avr. 1832, les travaux faits aux frais de l'Etat ne purent avoir lieu qu'en vertu d'une loi spéciale ou d'un crédit ouvert à un chapitre spécial du budget.

130. — L'art. 3, L. 7 juill. 1833, sur l'expropriation portait « que les chemins de fer entrepris par l'Etat ou par des compagnies particulières avec ou sans péage, avec ou sans subside du Trésor, avec ou sans aliénation du domaine public, ne pourraient être exécutés qu'en vertu d'une loi, qui ne serait rendue qu'après une enquête administrative, mais qu'une ordonnance royale suffirait pour les chemins de fer d'embranchement de moins de vingt kilomètres de longueur. »

131. — Cette distinction passa dans la loi du 3 mai 1841 où on la retrouve pour ainsi dire textuellement.

132. — Le sénatusconsulte du 25 déc. 1852 marqua une réaction dans le développement démocratique de ces idées, en confiant de nouveau à l'Empereur le soin de décréter l'utilité des travaux publics. Il est vrai que les Chambres devaient toujours être consultées quand l'exécution de ces travaux nécessitait des engagements du Trésor. Mais il pouvait se rencontrer des cas dans lesquels cette intervention n'était pas requise.

133. — La loi du 27 juill. 1870, qui nous régit encore aujourd'hui, restitua au pouvoir législatif le droit dont nous nous occupons. On retrouve d'ailleurs dans cette loi la distinction que nous avons signalée à propos des travaux de minime importance, c'est-à-dire à propos des chemins de fer d'embranchement de moins de vingt kilomètres. Encore faut-il toujours, s'il s'agit d'une dépense de nature à être supportée en tout ou en partie par le Trésor, qu'une loi préalable ait été votée créant les voies et moyens, ou qu'un crédit spécial ait été inscrit à l'un des chapitres du budget. — V. sur tous ces points, Aucoc, *op. cit.*, t. 3, n. 1284.

134. — En Algérie, c'est un décret rendu par le Président de la République qui déclare l'utilité publique. Le gouverneur général n'est pas compétent à cet effet. — Cons. d'Et., 15 févr. 1889, Lloyd, [S. 91.3.20, P. adm. chr., D. 90.3.37]

§ 2. *Effets de la déclaration d'utilité publique.*

135. — Si la déclaration d'utilité publique n'est pas le premier acte de la constitution de tout chemin de fer, au sens chronologique du mot, puisqu'elle n'intervient elle-même que sur le vu de plans, d'avant-projets, et de procès-verbaux d'enquête préalablement rédigés, c'est à coup sûr le premier au point de vue organique.

136. — Tout ce qui a pu intervenir précédemment, en effet, n'a qu'un caractère essentiellement provisoire, et il faut en dire autant même des actes législatifs par lesquels la ligne projetée *aurait été classée* dans tel ou tel réseau ou par lesquels il aurait été décidé « qu'il serait procédé à l'achèvement des études et à l'instruction prescrite par les lois et règlements pour cette déclaration d'utilité provisoire. »

137. — Aussi estimons-nous, contrairement à l'avis exprimé à cet égard par M. Picard que si une ligne ayant été classée dans le réseau d'intérêt général, venait à être reconnue nuisible à ce réseau, avant même d'avoir été déclarée d'utilité publique, il n'y aurait pas besoin d'une loi nouvelle pour en opérer le déclassement. — Picard, *op. cit.*, t. 2, n. 5.

138. — Il suffirait à cet égard que l'utilité publique n'en fût pas poursuivie et prononcée.

139. — On peut, par voie d'analogie, invoquer en ce sens un arrêt du Conseil d'Etat du 24 nov. 1882, Henry Michel et Cie, [Leb. chr., p. 944], qui a décidé que lorsqu'un chemin de fer a été concédé provisoirement par un département et qu'il a été classé dans le réseau d'intérêt général avant sa déclaration d'utilité publique au titre d'intérêt local, faute de droits acquis, il n'y a lieu à indemnité, ni pour le département, ni pour le concessionnaire.

140. — Que si l'utilité publique d'une ligne, au contraire, avait été prononcée, il n'est pas douteux que cette mesure en principe tout au moins devrait continuer à produire ses effets, aussi longtemps qu'une mesure inverse, c'est-à-dire émanée, suivant des distinctions que nous ferons connaître plus loin, du pouvoir législatif ou du pouvoir exécutif, ne serait pas intervenue.

141. — Mais encore convient-il de rien exagérer à cet égard, et bien que les lois chez nous ne s'abrogent pas par désuétude, il ne faut pas hésiter à décider que si la déclaration d'utilité publique n'avait été accompagnée ou suivie d'aucun vote de crédit ou de subvention départementale ou communale, d'aucune concession et d'aucune expropriation, personne (en dehors des concessionnaires) n'aurait qualité pour réclamer des pouvoirs publics l'exécution de la ligne.

142. — On peut invoquer, en ce sens, un arrêt du Conseil d'Etat du 30 nov. 1877, intervenu sur un recours en excès de pouvoir introduit au nom d'un certain nombre d'habitants d'une commune qui devait être desservie par un chemin de fer, contre une délibération du conseil général d'un département (il s'agissait, dans l'espèce, d'un chemin de fer d'intérêt local) qui déclassait un chemin de fer d'intérêt local antérieurement déclaré d'utilité publique. — Cons. d'Et., 30 nov. 1877, Richard, Gallois et autres, [Leb. chr., p. 947, D. 78.3.30]

143. — Mais si personne, en dehors des intéressés directs, c'est-à-dire des concessionnaires, ne peut provoquer les mesures relatives à la réalisation de l'opération visée par la déclaration d'utilité publique, est-ce à dire que les propriétaires dont l'héritage serait traversé par la voie demeureront indéfiniment sous le coup de la menace d'éviction qui résulte pour eux de cette décision?

144. — En général, les lois ou décrets déclaratifs d'utilité publique contiennent une disposition aux termes de laquelle ils sont considérés comme « nuls et non avenus si les expropriations nécessaires pour l'exécution des chemins de fer ne sont pas accomplies dans un délai de....., à partir de la date de la loi ou du décret. »

145. — Le délai peut, d'ailleurs, être prorogé, sans qu'il soit nécessaire, à moins de modifications profondes dans les conditions des travaux, de renouveler l'enquête préalable. — Picard, *op. cit.*, t. 2, p. 29.

146. — On a prétendu tirer d'un arrêt de la Cour de cassation l'idée que, même dans le cas où l'acte déclaratif d'utilité publique ne fixerait pas de délai pour les expropriations, il devrait être considéré comme périmé s'il remontait à une date trop éloignée (8 janv. 1873, de Champlagarde, [S. 73.1.185, P. 73.173]). Mais cet arrêt ne dit rien de semblable et se contente de poser en principe, qu'un jugement qui prononcerait l'expropriation à défaut d'une déclaration d'utilité publique manquerait de base légale.

147. — C'est simplement l'expression de ce principe contenu dans d'autres arrêts que les effets de l'expropriation sont limités à ceux de la déclaration d'utilité publique. — Cass., 25 juill. 1877, Roudières, [S. 78.1.79, P. 78.164, D. 77.1.671]

147 bis. — Aussi bien la même cour a-t-elle décidé dans une autre espèce qu'un jugement intervenu après les délais fixés dans la déclaration d'utilité publique ne serait pas pour ce fait sujet à cassation, ces délais n'étant impartis que dans l'intérêt de l'Etat. — Cass., 24 août 1880, de l'Hôpital, [S. 81.1.86] — Mais les intéressés ne seraient pas dépourvus pour ce motif de tout recours utile et pourraient, à la rigueur, se pourvoir contre l'arrêté de cessibilité.

148. — La question que nous venons d'examiner et qui se ramène à se demander si les propriétaires sur le terrain desquels la voie doit être établie ne sont pas recevables à provoquer l'expropriation, ne doit pas être confondue d'ailleurs avec celle tout à fait différente de savoir si, l'expropriation ayant été prononcée, ils ne peuvent pas demander la formation du jury. Cette dernière est expressément résolue par la loi du 3 mai 1841. — Nous nous contentons de ces indications sommaires. Pour plus de détail, V. Picard, *loc. cit.*

§ 3. *Des recours possibles contre la déclaration d'utilité publique.*

149. — La déclaration d'utilité publique est inattaquable lorsqu'elle est le fait du législateur.

150. — Ce n'est qu'autant qu'elle dérive d'un décret rendu conformément aux prescriptions de la loi du 27 juill. 1870 qu'elle peut être attaquée devant le Conseil d'Etat statuant au contentieux, par application de l'art. 9, L. 24 mai 1872. — Christophle et Auger, *op. cit.*, t. 1, n. 323; Perriquet, *op. cit.*, t. 2, n. 649.

151. — Nous aurons l'occasion de faire connaître *infrà*, n. 5727 et s., les motifs sur lesquels doit s'appuyer le recours formé pour excès de pouvoirs : omission des formalités substantielles, incompétence du pouvoir d'où émane la déclaration d'utilité publique. Sans insister sur ce point, nous nous bornerons à signaler quelques arrêts, d'où il résulte qu'en aucun cas l'administration n'a à justifier l'utilité des travaux.

152. — C'est ainsi qu'il a été jugé spécialement que, lorsqu'un décret, ayant pour objet de déclarer d'utilité publique l'agrandissement d'ateliers affectés au service d'un chemin de fer, a été précédé de toutes les formalités légales, les intéressés ne sont pas fondés à demander au Conseil d'Etat l'annulation de ce décret, pour excès de pouvoirs, en vertu des lois des 7-14 oct. 1790 et 24 mai 1872. — Cons. d'Et., 22 nov. 1878, de Lhopital, [S. 80.2.153, P. adm. chr.]

153. — ... Qu'en vain les réclamants soutiendraient : 1° qu'en réalité ce décret donnait satisfaction bien plutôt à l'intérêt privé et commercial de la compagnie qu'à l'utilité publique; 2° que l'enquête était entachée de nullité pour vice de formes. — Même arrêt.

154. — Et on peut encore trouver la trace de la même préoccupation dans une espèce où les juges étaient sollicités de déclarer si un particulier était recevable à demander l'annulation du décret déclaratif d'utilité publique par le motif que l'expropriation projetée aurait été faite non dans l'intérêt public, mais dans l'intérêt privé d'une compagnie de chemins de fer. — Cons. d'Et., 22 mai 1885, Fenaux et Chemin de fer de l'Est, [Leb. chr., p. 544]

SECTION IV.

De la concession.

§ 1. *De qui peut émaner la concession.*

155. — Lorsque la déclaration d'utilité publique est intervenue (V. cep. *suprà*, n. 85, et *infrà*, n. 168), il convient de déterminer à qui appartiendra l'établissement et l'exploitation du chemin de fer.

156. — C'est l'objet d'un acte connu sous le nom de *concession*, acte en général distinct du précédent, mais qui ne peut émaner que de la même autorité.

157. — L'histoire des concessions de chemins de fer fait apparaître des variations analogues à celles que nous avons rencontrées dans l'étude du régime de la déclaration publique elle-même. Tantôt c'est le pouvoir exécutif qui est investi du droit de l'attribuer, tantôt c'est le pouvoir législatif qui a seul qualité pour l'opérer. Mais en aucun cas l'autorité préfectorale ne jouit de cette prérogative. — Argument d'analogie tiré de Cass., 8 mars 1851, Dehaynin, [D. 53.3.1] — qui ne vise en réalité que l'établissement d'un chemin de fer minier.

158. — Cette succession de règles diverses a fait naître une question transitoire qu'il importe de résoudre d'un mot : on s'est demandé quelle serait l'autorité compétente pour conférer la concession, dans le cas où une convention n'ayant accordé, qu'à titre éventuel, une ligne à une compagnie, sous l'empire d'une législation qui réservait par exemple au pouvoir exécutif le droit de déclarer l'utilité publique, ce serait le pouvoir législatif qui se serait trouvé investi de ce droit au moment de vivifier cette convention. Un avis de la commission provisoire chargée de remplacer le Conseil d'Etat en date du 12 juill. 1871 a tranché la question en ce sens que la convention ne conférait pas un droit acquis au concessionnaire à être investi de sa concession dans les formes usitées au moment où elle était intervenue, et qu'il devait se soumettre aux dispositions en vigueur au moment de la déclaration d'utilité publique. — V. Lamé-Fleury, *Code annoté des chem. de fer*, 3ᵉ édit., p. 754; Dumay, *Concessions de chem. de fer*, p. 38.

§ 2. *Des différentes sortes de concession :
leurs caractères juridiques.*

1º *Règles générales.*

159. — Les concessions peuvent être faites : 1º soit à l'Etat lui-même dans la personne du ministre des Travaux publics qui le représente; 2º soit à des particuliers.

160. — Elles peuvent avoir pour objet tout à la fois l'établissement de la voie et son exploitation, ou son établissement seul, ou au contraire, sa seule exploitation.

161. — L'établissement de la voie n'étant pas nécessairement lié au fait de l'exploitation, il peut arriver de la sorte qu'une voie soit exploitée par l'Etat qui ait été construite par des particuliers, ou inversement.

162. — Bien mieux, il peut se faire qu'une voie qui est définitivement exploitée, soit par l'Etat, soit par des particuliers, ait été construite partie par l'Etat, partie par des concessionnaires.

163. — La concession de l'exploitation elle-même à des particuliers est loin d'être uniforme. On a pu s'en convaincre en parcourant les notions historiques placées en tête de cette étude.

164. — Quelques-uns des concessionnaires ne sont ou n'ont été que des fermiers de l'Etat, encaissant sans doute pour leur compte les bénéfices de l'exploitation, mais assujettis à lui donner en échange une redevance fixe ou proportionnelle : régime qui ne se conçoit guère que pour les lignes reçues toutes construites.

165. — D'autres sont placés sous un régime pour ainsi dire diamétralement opposé. Ils perçoivent pour le compte de l'Etat les excédents d'exploitation, s'il y en a, mais touchent, pour le soins qu'ils donnent à l'exploitation, une rémunération qui peut être elle-même fixe ou proportionnelle. C'est le régime connu sous les noms de *régie simple* ou de *régie intéressée*. Il convient également aux mêmes lignes.

166. — Nous ne nous attachons pour définir ces deux régimes qu'à l'élément qui nous paraît déterminant, c'est-à-dire à la perception de l'excédent du revenu. C'est ce qui les distingue en effet de tous les autres. Mais il est clair qu'entre eux ils se séparent par des différences assez nombreuses. Le système de la régie suppose notamment que c'est l'Etat ou, d'une façon plus générale, celui dont l'affaire est gérée qui supporte tous les frais d'exploitation et joue le rôle de financier. Dans l'affermage, au contraire, ces frais peuvent être partagés, soit conformément aux règles tracées par le Code civil pour la répartition des frais d'entretien et des frais de réparation, qu'il s'agisse de grosses ou de minimes réparations, soit de toute autre façon.

167. — Tous ces points sont, en général, réglés par des actes connus sous le nom de *conventions* qui ne se confondent pas eux-mêmes avec la déclaration d'utilité publique ou l'acte de concession, mais que ces derniers, en définitive, finissent par s'assimiler.

168. — Si la concession est faite à une personnalité qui ne détenait encore aucune parcelle de chemin, la convention peut être antérieure ou concomitante à la déclaration d'utilité publique ou à l'acte de concession. Le plus souvent cependant elle se place entre les formalités préliminaires de la déclaration et cette déclaration elle-même (Aucoc, *op. cit.*, t. 3, n. 1288). Dans le cas contraire, des conventions ayant pu avoir pour objet des concessions éventuelles, la déclaration d'utilité publique et la concession qui l'accompagnent peuvent n'apparaître que comme la ratification d'un engagement antérieurement pris.

169. — Les deux régimes auxquels nous venons de faire allusion ne sont en réalité que des régimes exceptionnels en France. Ce qui a été concédé à la plupart des concessionnaires, c'est le droit d'exploiter pour leur compte le réseau qu'ils avaient construit, ou qui leur était délivré en état d'exploitation. C'est à ces derniers contrats que paraît plutôt réservé, dans un sens restreint, le terme de « concession. »

170. — Les conventions qui ont accompagné ces concessions ont donc eu un caractère un peu différent des précédentes. Elles ont eu principalement pour objet de régler les rapports du constructeur et de l'exploitant. — Aucoc, t. 3, n. 1286.

171. — Cependant comme l'Etat s'est souvent intéressé à l'établissement de la voie autrement qu'en construisant, elles ont pu avoir également pour objet le remboursement des avances ou des subventions par lui consenties aux concessionnaires.

172. — Nous bornerons nos développements à l'étude des *concessions* proprement dites, abstraction faite des clauses essentiellement variables qui peuvent se rencontrer dans les *conventions;* nous commencerons par déterminer leurs différentes manières d'être et leurs caractères essentiels.

173. — On peut envisager les concessions à trois points de vue principaux : 1º au point de vue de leur objet; 2º au point de vue de leur durée; 3º au point de vue de la façon dont elles sont consenties.

2º *Objet de la concession.*

174. — Les premières concessions constituaient une véritable propriété entre les mains des concessionnaires. Le caractère public de l'entreprise ne se révélait guère que par le droit d'expropriation qui leur était délégué et qu'ils n'auraient pas pu exercer sans l'intervention de l'Etat.

175. — Il en résultait notamment que si le concessionnaire, pour une cause ou pour une autre, ne menait pas à bonne fin son entreprise, celle-ci ne faisait pas retour à l'Etat, mais que les propriétaires évincés par la pose de la voie rentraient en possession de leurs terrains.

176. — C'est le régime auquel se trouva soumise la première de toutes les concessions accordées en France, c'est-à-dire la concession de la ligne de la Loire au Rhône consentie par ordonnance du 26 févr. 1823. Il demeura en vigueur jusqu'en 1833, époque à laquelle il semble avoir été mis en pratique pour la dernière fois à l'occasion de la ligne d'Alais à Beaucaire.

177. — Inutile de dire que de pareilles concessions avaient nécessairement un caractère de perpétuité.

178. — Une perception plus nette du rôle considérable que semblaient appelés à jouer les chemins de fer dans la vie politique et sociale du pays conduisit l'Etat à ne plus accorder, à partir de cette date, que des concessions précaires, à titre de location, ainsi que nous l'avons vu, de régie ou d'emphytéose (V. *infrà*, n. 182), le droit de rachat se trouvant contenu en substance dans tous les contrats qui doivent prendre fin à une date déterminée.

179. — Dans le système préconisé par le gouvernement, et consacré par la loi du 11 juin 1842, le premier monument législatif ayant un caractère de généralité en la matière, les compagnies ne devaient être que locataires ou fermières. « Ce n'est pas une concession que l'Etat accorde, pouvait même dire à ce propos, non sans quelque exagération, M. Teste, alors ministre des Travaux publics, mais simplement un bail qu'il consent et dans lequel il est bien plus facile que dans un acte de concession de comprendre toutes les clauses que peut réclamer l'intérêt public. » — Audiganne, *op. cit.*, p. 256; Dumay, *op. cit.*, p. 32.

180. — Ce système, toutefois, n'entra pour ainsi dire pas en pratique; il n'y eut guère qu'une ligne qui fît l'objet d'un véritable bail, la ligne de Nîmes à Montpellier concédée par une loi du 12 juill. 1844.

181. — Toutes les autres lignes, au contraire, firent l'objet d'une concession véritable au sens restreint du mot, grâce à la faculté laissée au gouvernement par l'art. 2 de la loi précitée du

11 juin 1842 : « Néanmoins, ces lignes pourront être concédées en tout ou en partie à l'industrie privée en vertu de lois spéciales et aux conditions qui seront alors déterminées. »

182. — Que comprennent ces concessions? Quelles sortes d'actes constituent-elles au point de vue juridique? On a souvent cherché à définir les plus prolongées en les caractérisant d'emphytéoses. L'assimilation est contestable L'emphytéose est un contrat mélangé d'éléments réels et personnels, qui confère au teneur des droits étendus, le droit de démembrement, d'engagement, peut-être même d'hypothèque. Lorsque nous aurons déterminé le caractère essentiellement public des chemins de fer, nous aurons à nous demander s'il est conciliable avec ces différentes prérogatives.

183. — Sans se laisser guider par l'analogie apparente qui existe entre le terme ordinaire des tenures emphytéotiques et celui des concessions de chemin de fer (99 ans), ce qui paraît donc le plus exact de dire, c'est que ces concessions constituent des contrats *sui generis* qui comprennent *essentiellement* le droit de s'adresser au public, de lui réclamer un certain péage (Aucoc, *Conférences*, t. 3, n. 1286), et *naturellement* celui de transformer et de modifier, dans des proportions indiquées par le cahier des charges, le domaine public dont l'utilité seule est déléguée.

3° *Durée de la concession.*

184. — La durée des concessions a varié avec les régimes politiques qui se sont succédé et les besoins du moment. D'abord très-courtes pour permettre à l'Etat d'exercer une influence plus grande sur les compagnies, notamment au point de vue des modifications de tarifs, elles se sont peu à peu prolongées en compensation des sacrifices plus lourds qu'on demandait à ces compagnies dans l'établissement du réseau, et pour leur permettre de se récupérer des dépenses faites.

185. — La durée normale des concessions à laquelle on paraît s'être arrêté est de quatre-vingt-dix-neuf ans. — Sur les avantages et les inconvénients de cette fixation, V. notamment Picard, *op. cit.*, t. 2, p. 59.

186. — Comme point de départ de ces délais on a pris tantôt la date de l'acte législatif ou administratif homologuant la concession ou approuvant les résultats de l'adjudication; tantôt celle qui était déterminée par le cahier des charges pour l'achèvement des travaux. Parfois on s'est contenté d'indiquer purement et simplement l'année à laquelle finirait la concession.

187. — Sans entrer dans de plus amples développements sur ce point, et sans faire connaître les différentes dates auxquelles ont été successivement accordés des délais de prorogation pour les concessions primitivement effectuées au profit des grandes compagnies, nous nous contenterons d'indiquer les dates auxquelles les principales d'entre elles doivent prendre fin : Nord, 31 déc. 1950; Est, 26 nov. 1954; Ouest, 31 déc. 1958; Orléans, même date; Paris-Lyon-Méditerranée, même date; Midi, 31 déc. 1960.

4° *Formes des concessions.*

188. — I. *Notions générales.* — Les concessions de chemins de fer peuvent se faire de deux façons différentes : par voie de concession directe, ou par voie d'adjudication. Chacun de ces modes a ses avantages et ses inconvénients, et l'on conçoit qu'on ait eu recours successivement soit à l'un soit à l'autre.

189. — En général, cependant, celui qui l'a emporté chez nous, c'est le système de la concession directe. A l'exception des concessions qui eurent lieu pendant les années 1844, 1845 et 1851, on peut dire, en effet, que presque toutes celles qui furent consenties de 1838 à 1861 l'ont été par ce procédé, et que ce n'est guère qu'à partir de cette époque, à la suite d'un avis du Conseil d'Etat du 26 août 1861, que quelques concessions relativement peu importantes furent soumises au régime de l'adjudication. — Sur les concessions faites par voie d'adjudication, V. d'ailleurs pour plus de précision, Aucoc, *op. cit.*, n. 1287; Picard, *op. cit.*, t. 2, p. 1.

190. — On peut en donner cette raison que les travaux de chemins de fer impliquant des dépenses considérables, la concession suppose toujours la formation préalable de sociétés anonymes qui réunissent les principaux capitalistes du pays. — V.

le rapport de M. Joubert à la Chambre des députés, *Moniteur universel* du 17 juin 1837.

191. — Aujourd'hui que les grandes compagnies ont groupé entre leurs mains la presque totalité des chemins de fer français, on ne concevrait guère de concessions de lignes nouvelles qui ne pût rentrer à titre accessoire ou complémentaire dans leur réseau : ce qui équivaut à dire que le retour à un système de concession directe paraît s'imposer d'une façon presque absolue.

192. — II. *De l'adjudication.* — A. *Différentes sortes d'adjudication.* — L'adjudication peut avoir lieu au rabais ou sur une surenchère.

193. — Lorsque l'adjudication a lieu au rabais, le rabais peut porter sur le montant de la subvention ou sur la durée de la concession. C'est suivant ce dernier mode qu'ont été effectuées les adjudications consenties durant la période de 1836 à 1845, période pendant laquelle, il est vrai, l'intervention de l'Etat ne s'est point manifestée par des subsides pécuniaires, mais sous forme d'exécution partielle de travaux.

194. — La plupart ont eu lieu suivant le second système, c'est-à-dire avec un rabais portant sur la subvention.

195. — On concevrait également des rabais portant sur les tarifs ou sur la garantie d'intérêt, mais on n'en connaît pas d'exemples en France. M. Picard en donne les raisons suivantes : « En France, dit-il, on a toujours écarté le rabais sur les tarifs comme susceptible de compromettre le sort des compagnies et, par suite, celui des chemins de fer; il convient, d'ailleurs, d'observer que les concessionnaires sont presque toujours conduits à appliquer, en fait, des taxes inférieures aux maxima prévus par le cahier des charges, et que, dès lors, les offres de rabais, lors de l'adjudication, seraient plus fictives que réelles. Il n'existe pas non plus d'exemples de rabais sur la garantie d'intérêt. Du reste, toutes les concessions dotées d'une garantie ont été faites de gré à gré, sauf une exception en 1851. Ajoutons que l'ouverture d'un concours sur le taux de la garantie pourrait, en provoquant des réductions excessives, ébranler le crédit de la compagnie, lui créer des embarras pour ses emprunts, et nuire au succès définitif de l'entreprise ». — Picard, *op. cit.*, t. 2, p. 83. — V. cependant, Dumay, *op. cit.*, p. 58, relativement aux rabais sur les tarifs.

196. — On ne cite qu'un exemple d'adjudication sur surenchère, c'est celui de l'affermage des chemins de fer de Montpellier à Nîmes où la surenchère a porté sur le prix de la redevance annuelle à payer par le fermier.

197. — B. *Du cahier des charges.* — L'adjudication suppose la rédaction préalable d'un cahier des charges déterminant les droits et devoirs des concessionnaires. Régulièrement, ce cahier des charges devrait émaner du pouvoir investi du droit d'accorder la concession. En fait, jusqu'en 1851, le cahier des charges fut toujours soumis aux Chambres avant qu'il fût procédé à l'adjudication : sous l'Empire, cette adjudication fut toujours ordonnée par un simple décret auquel était joint le cahier des charges préparé par les soins de l'administration centrale; depuis 1870, la seule adjudication qui ait eu lieu l'a été en vertu d'une loi à laquelle a été annexé le cahier des charges.

198. — Le cahier des charges, ainsi que le fait remarquer M. Picard, a pour objet principal de déterminer « les conditions de construction, d'entretien et d'exploitation qui ne sont pas déjà édictées par les actes organiques; la durée de la concession, les clauses de rachat et de déchéance; les maxima et les conditions d'application des taxes pour les voyageurs et les marchandises; les immunités accordées à certains services publics; les droits de l'Etat pour l'exécution des nouvelles voies de communication; les rapports entre les compagnies et les concessionnaires d'embranchement, etc. » —. Picard, *op. cit.;* Aucoc, *op. cit.*, t. 3, n. 1286.

199. — Arrêté, ainsi que nous venons de le voir, par l'administration centrale, il est accepté explicitement ou implicitement par la compagnie par le fait de l'adjudication, ou en cas de concession directe par le fait de la signature de la convention.

200. — Il n'y a pas, pour les chemins de fer d'intérêt général, de cahier des charges-type (officiel) analogue à celui que nous rencontrerons dans les chemins de fer d'intérêt local. Mais, en fait, la plupart des compagnies sont régies par les mêmes règles, véritables clauses de style se retrouvant dans presque toutes les concessions. On n'a modifié, dans les plus récents cahiers des charges, que les articles dont l'expérience avait démontré les vices. Les principales dates à retenir pour la rédaction des cahiers des charges sont celles des années 1857, 1859, 1869, 1875 et 1883.

201. — Les cahiers des charges ne devraient comprendre, en principe, que l'énoncé des droits et des obligations réciproques des parties. On y a introduit malheureusement des clauses qui sont tout à fait inutiles en ce qu'elles ne sont que l'expression d'un principe de droit commun ou la répétition d'une prescription contenue dans un texte général. Cette pratique est souvent la cause de confusions regrettables sur la sanction des dispositions dont s'agit.

202. — Les cahiers des charges ne sont pas nécessairement immuables bien qu'on ait dit qu'ils participent de la nature de la loi qu'ils accompagnent. Principalement faits pour régler les rapports des deux parties, on comprend qu'ils puissent être, à leur gré réciproque, l'objet de modifications. La plupart de ces modifications sont introduites à la suite de concessions nouvelles, et comme conditions de ces concessions, par l'administration toujours soucieuse d'introduire les réformes qui lui paraissent conformes aux intérêts publics.

203. — En principe, il ne peut y avoir de dérogation au cahier des charges d'une compagnie que par l'effet d'un autre cahier des charges ou d'un acte analogue relatif à cette même compagnie. Par exception toutefois, ces dérogations peuvent être contenues dans des actes relatifs à d'autres compagnies. C'est ainsi notamment que des conventions passées avec les grandes compagnies postérieurement à la concession du chemin de fer de ceinture ont pu introduire des modifications au régime de ce chemin de fer. — Cons. d'Et., 6 janv. 1865, Chemin de fer de ceinture, [Leb. chr., 1865, p. 11]

204. — Il peut arriver aussi qu'une compagnie assujettisse par un même acte tout un réseau à un cahier des charges qui n'avait pas été fait pour lui au moment de la concession primitive. Les exemples les plus notables de ces modifications se rencontrent dans les conventions de 1883 qui ont soumis la plupart des réseaux nouvellement concédés aux obligations contenues dans les cahiers des charges préexistants.

205. — Nous ferons connaître (V. *infrà,* n. 5693 et s.) quelques-unes des interprétations données à l'occasion de conflits soulevés par l'application successive de deux ou plusieurs cahiers des charges.

206. — Quelle est l'autorité des clauses renfermées dans un cahier des charges? A cet égard on est loin d'être d'accord en pratique, ou plutôt on paraît s'être laissé aller à des confusions regrettables. Les uns s'attachant à cette considération que le cahier des charges est pour ainsi dire l'élément indispensable d'une loi de concession ont pensé le faire participer en tous points du caractère législatif. D'autres faisant prédominer cette idée que le cahier des charges n'a pour objet que de régler les droits et les devoirs respectifs des deux parties, ne lui ont reconnu d'autre autorité que celle d'un acte contractuel. A d'autres points de vue, c'est le caractère administratif des parties intéressées qui a paru l'emporter. A certains égards enfin, on s'est laissé guider par cette considération que certaines clauses du cahier des charges ne reproduisaient que des dispositions pénales contenues dans des lois répressives pour décider qu'elles devaient être revêtues, elles aussi, de la même force coercitive. La vérité est qu'on ne saurait poser aucun principe absolu à cet égard, et que, suivant qu'on l'examine sous un jour ou sous un autre, le cahier des charges peut apparaître comme un instrument législatif, comme un acte civil, ou comme un acte administratif. — V. à cet égard Picard, *op. cit.*, t. 2, p. 108; Aucoc, *op. cit.*, t. 3, p. 483; Lamé-Fleury, *Code annoté des chemins de fer*, p. 89; Dumay, *op. cit.*, p. 62.

207. — Ainsi, s'agit-il de se demander quelle sera l'autorité compétente pour introduire des modifications au cahier des charges, l'acte se présentera simultanément sous l'aspect d'un acte civil ou administratif et d'un acte législatif, puisqu'aucune de ces modifications ne serait valable si elle n'était admise tout à la fois par chacune des parties et de plus sanctionnée par le pouvoir législatif, dans le cas où c'est le Parlement qui a été investi du droit de faire la concession.

208. — Jugé, implicitement, en ce sens, qu'on peut introduire des modifications au cahier des charges d'une compagnie pourvu que l'autorité supérieure soit intervenue pour les sanctionner. — Cons. d'Et., 26 mai 1859, Chemin de fer de l'Ouest, [Leb. chr., p. 386]

209. — Jugé, également, que les dispositions des cahiers des charges et les arrêtés ministériels déterminant les conditions de transport sur les chemins de fer, ont force de loi pour tous les intéressés, et qu'il ne peut y être dérogé par une convention particulière expresse ou tacite. — Cass., 6 août 1879, Marot, [S. 80.1.130, et tous les arrêts cités *infrà*, n. 2632 et s.]; — 31 déc. 1879, Bournet, [S. 80.1.315, P. 80.748, D. 80.1.176] — V. aussi l'espèce citée *infrà*, n. 213.

210. — S'agit-il de déterminer quelles sont les personnes qui ont droit de se prévaloir des clauses du cahier des charges? On devra, suivant les cas et les espèces, reconnaître à cet acte tantôt la force législative, tantôt l'autorité d'un simple contrat. C'est l'élément contractuel qui l'emportera si c'est par l'une des parties en cause nommément ou implicitement désignée que la force obligatoire de l'instrument est invoquée. C'est, au contraire, l'élément législatif qui dominera si c'est un étranger au contrat qui s'en prévaut.

211. — Il est admis, en effet, d'une façon générale par la jurisprudence que ce ne sont pas seulement les parties contractantes, mais encore les tiers qui peuvent invoquer les clauses du cahier des charges, lorsque ces clauses ont un caractère général.

212. — On peut signaler en faveur de la première doctrine les arrêts qui ont décidé que lorsqu'une compagnie concessionnaire (dans l'espèce, concessionnaire de chemin de fer) est tenue envers l'Etat, d'après son cahier de charges, d'exécuter des travaux d'endiguement le long des rives d'un cours d'eau, et que ces travaux sont de nature à protéger la propriété d'un particulier, celui-ci n'est pas recevable à se plaindre par la voie contentieuse de l'inexécution des travaux parce que l'obligation résulte d'un contrat dans lequel il n'a pas été partie. — Cons. d'Et., 21 juill. 1869, Roquefort, [Leb. chr., p. 709]

213. — ... Que la compagnie concessionnaire qui a exécuté une décision ministérielle établissant un tarif particulier différent du tarif contenu au cahier des charges est recevable à se pourvoir devant le conseil de préfecture pour faire décider que ce tarif est contraire au cahier des charges, et, par suite, non obligatoire. — Cons. d'Et., 5 mars 1880, Chemins de fer du Midi, [S. 81.3.63, P. adm. chr., D. 80.3.110]

214. — Il est incontestable que dans ces décisions et dans toutes celles qui participent de la même nature, le cahier des charges n'est considéré que comme la source d'une obligation privée. C'est encore dans le même sens qu'on a pu décider que les juges du fait qui pour exclure le matériel roulant et le mobilier des choses à remettre par une compagnie à l'Etat en exécution des clauses du cahier des charges en ont interprété les clauses n'ont pu les envisager que comme la source d'un engagement contractuel, bien que ce cahier fût annexé à une loi. — Cass. belg., 28 juin 1883, Chemin de fer de Lierre à Turnhout, [S. 83.4.33, P. 83.2.52]

215. — C'est dans le sens de la dernière opinion, au contraire, qu'il a été jugé que l'action civile résultant d'un traité de faveur contraire à l'art. 45, L. 15 juill. 1845, appartient à tous ceux qui en éprouvent préjudice, étrangers comme français. — Cass., 20 juill. 1869, Robinson, [S. 69.1.382, P. 69.940]

216. — ... Qu'une compagnie de chemin de fer est tenue à l'observation de son cahier des charges vis-à-vis de tous ceux qui usent de la voie ferrée, quelle que soit leur nationalité; et que dès lors, un étranger est recevable à demander contre elle, devant les tribunaux de France, la réparation du préjudice qu'elle lui a causé par un quasi-délit commis sur le territoire français. — Paris, 17 janv. 1863, Lamarche et autres, [P. 63.22]

217. — Et nous pensons même dans l'hypothèse visée par l'arrêt que pour que la partie lésée par le fait de la compagnie de chemin de fer puisse demander la réparation du préjudice causé, il n'est pas nécessaire que cette partie fasse usage de la voie, bien que l'affirmative semble résulter du second considérant de l'arrêt; puisque l'obligation de réparer le préjudice causé à des tiers résultant du fait dommageable lui-même est nécessairement indépendante de toute autre circonstance.

218. — Nous retrouverons les mêmes principes affirmés d'une façon plus rigoureuse encore à propos des tarifs. Nous nous contenterons pour le moment de signaler un arrêt de principe, d'où il résulte que ces tarifs, lorsqu'ils sont dûment homologués et publiés ont force de loi pour ou contre les compagnies et sont réputés connus de tous ceux qui traiteront avec elles. — Cass., 5 nov. 1890, Lévy, [S. 91.1.227, P. 91.1.540] — V. encore *suprà*, n. 209, et *infrà*, n. 2652 et s.

219. — Il n'est pas douteux qu'en pareil cas l'acte a surtout le caractère législatif. Nous n'ignorons pas qu'on a souvent cherché à expliquer l'autorité qui lui est conférée *ergà omnes* par l'idée d'une stipulation pour autrui (art. 1121, V. notamment Picard, *op. cit.*, t. 2, p. 110; Dumay, *op. cit.*, p. 63). Mais cette explication ne nous satisfait qu'à moitié, car la stipulation que suppose l'art. 1121 est une stipulation déterminée en faveur d'une personne certaine et qui a généralement connaissance de l'avantage qui lui est conféré, tandis qu'il s'agit ici d'une pollicitation pour laquelle il n'est besoin d'aucune *acceptation*, qui s'adresse à des personnes dont l'existence est tout à fait incertaine, qui ne sont même peut-être pas conçues au moment ou elle intervient, et qui est cependant réputée portée à leur connaissance comme le serait une loi.

220. — Les règlements qui peuvent remplacer le cahier des charges participent de sa nature; c'est donc à l'aide des mêmes distinctions qu'on peut trancher la question de savoir qui pourra s'en prévaloir et dans quels cas ils seront légitimement rendus (V. *suprà*, n. 209 et 213). Encore faut-il, dans l'un et l'autre cas, qu'on justifie d'un intérêt ou d'un droit. Jugé, en ce sens, qu'une compagnie de chemins de fer ayant été autorisée par des décisions ministérielles à établir une gare de marchandises à peu de distance d'une station, et le ministre ayant en même temps imposé à la compagnie l'obligation de construire dans les meilleures conditions de viabilité un chemin longeant la voie ferrée et destiné à servir de communication entre les deux gares, une commune n'est pas recevable à se plaindre, devant la juridiction contentieuse, de ce que ledit chemin n'a pas été établi par la compagnie dans les conditions prescrites et à demander que la compagnie soit condamnée à donner au chemin plus de largeur et à le mettre en état de viabilité; alors surtout que le chemin n'étant pas destiné à remplacer un chemin vicinal supprimé, il n'a été exigé que dans l'intérêt général de la circulation entre les deux gares, et que c'est seulement vis-à-vis de l'administration que la compagnie a pris un engagement; que, de plus, les terrains ayant été acquis par la compagnie suivant les règles posées par la loi du 3 mai 1841 ont été englobés dans les emprises de la voie ferrée et font partie du domaine public. — Cons. d'Et., 4 août 1876, Cie des chemins de fer Paris-Lyon-Méditerranée, [D. 77.3.5, Leb. chr., p. 776] — V. Cons. d'Et., 12 juillet 1871, Thomas, [Leb. chr., p. 90]; — 23 févr. 1870, Chemin de fer d'Orléans, [S. 71.2.227, P. adm. chr.] et les conclusions de M. de Belbœuf.

221. — Mais ce ne sont pas les seuls points de vue auxquels on puisse se placer pour considérer le cahier des charges. Quelle sera la sanction de l'inobservation des clauses qu'il renferme, même *inter partes*? Sera-ce seulement la déchéance avec ou sans dommages-intérêts, ou bien la partie contrevenante n'encourra-t-elle pas encore une peine? Ici encore nous croyons qu'il est impossible de se prononcer d'une façon absolue. La violation de toute loi n'entraîne pas une peine; il n'y a que les lois répressives qui aboutissent à ce résultat. D'autre part, il faut se garder d'assimiler à une peine le forfait ou la clause pénale stipulés par les contractants. Ceci posé nous distinguerons et nous dirons : si la clause du cahier des charges qu'on invoque n'est que la reproduction de la disposition répressive contenue dans une loi, un décret, etc., ce sera moins la contravention au contrat que la contravention à la loi qui sera réprimée.

222. — Il en sera ainsi notamment des dérogations aux dispositions de l'ordonnance du 15 nov. 1846 reproduites dans le cahier des charges. Elles trouveront leur sanction dans l'art. 21 de la loi du 15 juill. 1845 ainsi conçu : « Toute contravention aux ordonnances royales portant règlement d'administration publique sur la police, la sûreté et l'exploitation des chemins de fer et aux arrêtés pris par les préfets, sous l'approbation du ministre des

Travaux publics, pour l'exécution desdites ordonnances sera punie d'une amende de seize à trois cents francs. En cas de récidive dans l'année, l'amende sera portée au double et le tribunal pourra selon les circonstances prononcer en outre un emprisonnement de trois jours à un mois. »

223. — Il en sera de même des contraventions aux dispositions relatives à la voirie prévues par les art. 12 et 15, L. 15 juill. 1845, et frappant d'une façon générale d'une amende de trois cents à trois mille francs les contraventions « aux clauses du cahier des charges ou aux décisions rendues en exécution de ces clauses en ce qui concerne le service de la navigation, des routes royales, départementales ou vicinales, ou le libre écoulement des eaux. »

224. — C'est en ce sens que paraît avoir été rendu, bien qu'il y ait une certaine indécision dans la jurisprudence, l'arrêt qui a décidé que les cahiers des charges et tarifs généraux des compagnies, régulièrement approuvés, ont force légale, et que l'exécution des obligations réciproques qu'ils créent entre la compagnie et ceux qui traitent avec elle, est garantie par la sanction pénale de l'art. 21, L. 15 juill. 1845, à laquelle se réfère l'art. 79, Ord. 15 nov. 1846. — Cass., 16 déc. 1882, Biscobi, [S. 83.1.433, P. 83.1.1077], et sur renvoi, Poitiers, 26 janv. 1883, Biscobi, [S. 84.2.8, P. 34.1.91, D. 83.2.96]

225. — Si la clause du cahier des charges qu'on prétend violée ne se réfère à aucune disposition de cette nature, il ne pourra être question que d'une sanction civile. — Picard, *loc. cit.;* Dumay, *op. cit.*, n. 65.

226. — M. Lamé-Fleury a soutenu, il est vrai, qu'on devait, pour les dispositions d'ordre réglementaire au moins, reconnaître au cahier des charges le caractère d'un règlement de police, légalement édicté dans l'intérêt général, et dont la violation était de nature, par suite, à entraîner l'application des art. 471, § 15, et 474, C. pén. — Lamé-Fleury, p. 89.

227. — Mais cette opinion, généralement repoussée par les auteurs, ne paraît pas avoir trouvé plus de crédit dans la jurisprudence, et avec raison, selon nous, car les règlements visés par ces deux dispositions sont avant tout des mesures prises par une autorité à laquelle la loi a concédé spécialement ce droit dans l'intérêt de tous, et sans aucun caractère contractuel. Le cahier des charges, au contraire, est avant tout un contrat. Or le seul fait d'annexer à un jugement un acte privé n'a pas pour effet de lui imprimer la même force obligatoire qu'à la décision de justice à laquelle il reste joint. On ne voit pas pourquoi il en serait autrement du fait de l'annexer à une loi ou à un décret.

228. — Nous avons dit que la jurisprudence était en ce sens. C'est ainsi qu'il a été décidé qu'un cahier des charges n'étant pas autre chose qu'un contrat, la violation des obligations conventionnelles qu'il impose n'est pas de nature à être réprimée par des condamnations pénales; qu'il n'en pourrait être ainsi que si la loi l'ordonnait expressément; spécialement que la loi du 15 juill. 1840, portant concession de la ligne de Rouen, loin de contenir aucune disposition de ce genre, s'était bornée à ordonner l'exécution du cahier des charges consenti par les concessionnaires, etc. — Cass., 10 mai 1844, Chemin de fer de Roüen, [S. 44.1.458, P. 44.2.98]

229. — ... Que le cahier des charges imposé à une compagnie de chemin de fer, loin d'être un règlement d'administration publique, n'est autre chose qu'un contrat intervenu entre l'Etat et la compagnie, et que la violation des obligations conventionnelles qu'il impose n'est pas dès lors de nature à être réprimée par des condamnations pénales, à moins que, par une disposition expresse, la loi n'en ait autrement disposé. — Cass., 2 mai 1873, Bisetzki, [S. 73.1 342, P. 73.826]

230. — ... Que si l'autorité administrative a le droit d'imposer aux concessionnaires de chemin de fer telles conditions qu'elle juge utiles aux voyageurs, et si, en cas d'infraction, elle a le pouvoir, soit de retirer les concessions, soit de prendre telle mesure administrative qu'elle juge convenable, les tribunaux de répression sont sans pouvoir pour prononcer des peines à ces infractions, lorsqu'elles ne sont pas prévues par la loi pénale. — Orléans, 7 juill. 1847, Chemin de fer d'Orléans à Bordeaux, [S. 47.2.450, P. 47.2.381, D. 47.2.152]

231. — ... Que la fraude que commet un voyageur, en se servant d'un billet qui ne lui appartient pas, pour faire admettre en franchise un excédent de bagages ne constituant pas une infraction aux règlements sur la police des chemins de fer, mais n'étant qu'une violation du contrat, ne tombe sous l'application d'aucune loi pénale. — Trib. corr. Mulhouse, 20 août 1864, Grumbach, [D. 64.3.913]

232. — Il resterait, pour être complet sur la question, un dernier point à examiner. A quelle juridiction appartient-il de statuer sur l'interprétation ou sur l'application du cahier des charges? On conçoit que la solution ait pu paraître ici plus délicate, car c'est vraiment à ce point de vue que l'incorporation d'un document quelconque à un acte administratif ou législatif paraît appelé à produire le plus d'effet. Sans chercher à résoudre dans ses détails ce problème qui sera examiné *infrà*, n. 5693 et s., nous nous bornerons à indiquer ici les grandes lignes de la controverse.

233. — Aux termes de la loi du 28 pluv. an VIII, les tribunaux administratifs sont seuls compétents pour statuer sur les difficultés qui s'élèvent entre les entrepreneurs de travaux publics et l'administration, concernant le sens ou l'exécution des clauses de leurs marchés. Quel que soit le caractère qu'on reconnaisse au cahier des charges, acte administratif ou législatif, il est clair qu'en vertu de ce texte explicite, toutes les fois que le débat sera limité entre le concessionnaire, qui n'est qu'un entrepreneur investi de droits plus étendus, et l'administration, et qu'il ne portera que sur le sens ou l'exécution des clauses qu'il renferme, il ne pourra pas être question de la compétence des tribunaux judiciaires. — V. l'espèce citée *supra*, n. 208.

234. — On ne pourra donc mettre en avant cette compétence qu'autant qu'il s'agira de l'exécution, pour ou contre la compagnie envisagée comme investie d'un monopole, de l'un de ces droits que le cahier des charges, comme pourrait le faire une loi, crée ou reconnaît au profit de la généralité des citoyens.

235. — Mais dans cette limite même, si l'interprétation du contrat passé entre cette compagnie et l'administration vient à surgir, la compétence doit revenir aux tribunaux administratifs, sans que les tribunaux de droit commun puissent se prévaloir du caractère purement accessoire de cette interprétation.

236. — Il en sera encore de même si la compagnie, cessant d'être envisagée comme le dispensateur nécessaire d'un service dont chacun, de droit naturel, aurait dû pouvoir user librement, ne l'est que comme représentant de l'administration, et en son lieu et place, par des faits dont la connaissance est encore exceptionnellement réservée aux conseils de préfecture.

237. — Le cahier des charges constituant la charte des obligations réciproques de la compagnie concessionnaire et de l'administration, on peut dire qu'en principe en dehors des charges qu'il contient, la compagnie ne devrait être tenue d'en supporter aucune autre.

238. — C'est en ce sens qu'on a pu décider que l'interdiction d'entreprendre ou d'organiser des services de transport faite à la compagnie du chemin de fer d'Orléans par la loi spéciale du 7 juill. 1838, n'ayant pas été reproduite dans la loi du 26 juill. 1844, spéciale à celle du chemin de fer du Nord, les services entrepris ou organisés par cette dernière compagnie ne peuvent motiver contre elle de demande en dommages-intérêts qu'autant qu'il en résulterait une infraction au cahier des charges. — Paris, 18 févr. 1856, Contet-Muiron, [S. 57.2.421, P. 57.239]

239. — ... Qu'une compagnie ne saurait être assujettie par le seul fait de sa pénétration dans les villes au paiement des frais nécessités par l'établissement d'un nouveau bureau d'octroi. — Cons. d'Et., 17 juill. 1843, Chemin de fer de Paris à Orléans, [S. 44.2.41, P. 43.369, D. 43.2.81]

240. — ... Que les compagnies de chemins de fer auxquelles l'autorité supérieure a imposé l'obligation d'exécuter en dehors de leur périmètre, dans l'intérêt des communes ou des particuliers, des ouvrages destinés à rétablir des voies de communications déplacées par suite de l'établissement du chemin de fer, ne sont point obligées à l'entretien permanent et aux réparations de ces ouvrages, à moins que cette obligation ne leur ait été formellement imposée. — Paris, 12 nov. 1853, Cie du chemin de fer d'Orléans, [S. 54.2.40, P. 54.2.518, D. 58.2.155]

241. — ... Qu'on ne peut mettre à la charge de la compagnie, comme acquisition de terrains et constructions, que ce qui est prévu par le cahier des charges. — Cons. d'Et., 20 sept. 1855, Chemin de fer de Dieppe à Fécamp, [Leb. chr., p. 773]

242. — ... Qu'on peut considérer comme de nature à nuire à un concessionnaire (privilège de pont à péage) l'établissement d'un viaduc de chemin de fer dans le périmètre fixé; mais que lorsque le cahier des charges de la compagnie de chemins de fer n'a pas mis à la charge de la compagnie concessionnaire les conséquences de l'inexécution de l'engagement pris par l'Etat envers le concessionnaire, que ce cahier des charges porte seulement la clause d'après laquelle « les indemnités pour tous dommages quelconques résultant des travaux doivent être payés par les compagnies », l'indemnité est à la charge de l'Etat et non de la compagnie; que cette clause ne s'applique qu'aux dommages directs et matériels de l'exécution des travaux. — Cons. d'Et., 16 juill. 1857, Pont de Rognonas, [Leb. chr., p. 551] — V. encore à cet égard, *infrà*, n. 6056 et s.

243. — ... Que les compagnies de chemins de fer ont le droit de modifier le service des transports et même de supprimer un train, lorsqu'elles n'ont pas contracté l'obligation de le maintenir à heure fixe et pendant un temps déterminé. — Paris, 7 avr. 1853, Schramm, [P. 53.2.584, D. 55.2.24]

244. — ... Qu'un service auquel son cahier des charges ne l'assujettit point, établi par une compagnie de chemins de fer pour le transport, depuis le domicile des expéditeurs jusqu'à la gare, des marchandises qui doivent être expédiées par la voie de fer, n'a pas le caractère obligatoire des mesures d'intérêt général : que ce service, purement facultatif, rentre dans la catégorie des entreprises ordinaires de transport, et est régi par les règles du droit commun. — Metz, 9 mars 1865, Poussin, [D. 65.2.83]

245. — Cependant, il y a des obligations qui dérivent de la destination même des chemins de fer et qui doivent être à la charge de la compagnie sans qu'il y ait besoin d'explications à cet égard. Jugé, en ce sens, que les concessionnaires de chemins de fer doivent supporter les dépenses qu'entraîne l'exécution des mesures nécessaires à la police, à la sûreté, à l'usage et à la conservation de ces chemins; par suite, qu'ils sont tenus du traitement et des frais de bureau des commissaires de police qui y sont attachés; et que les taxes imposées aux concessionnaires pour cet objet doivent être recouvrées comme en matière de contributions publiques. — Cons. d'Et., 3 sept. 1844, Cie du chemin de fer du Gard, [S. 45.2.122, P. adm. chr., D. 45.3.72]

246. — ... Qu'il en est ainsi alors même que la loi qui règle la concession ne s'en explique pas formellement comme le faisaient certaines conventions antérieures. — Même arrêt.

247. — ... Que c'est, en effet, dans leur intérêt, que ces commissaires sont institués. — Même arrêt.

248. — A plus forte raison, a-t-on pu décider que l'obligation imposée aux compagnies des chemins de fer de Paris à Saint-Germain et à Versailles (rive droite), par leurs cahiers des charges, de supporter les dépenses qu'entraîne l'exécution des mesures nécessaires à la police, à la sûreté, à l'usage et à la conservation des chemins dont elles sont concessionnaires, comprend celle de supporter également les frais de traitement des commissaires de police préposés par l'Etat à la surveillance desdits chemins, ainsi que ceux de leurs agents; et qu'il n'est pas nécessaire que les dépenses de cette nature soient déterminées par un règlement d'administration publique. — Cons. d'Et., 17 mai 1850, Cies des chemins de fer de Paris à Saint-Germain et à Versailles (rive droite), [Leb. chr., p. 453]

249. — On pourrait être tenté aussi de déduire des principes que nous avons posés, qu'après la rédaction du cahier des charges, l'autorité publique est impuissante à imposer à une compagnie des obligations qui ne s'y trouvent pas visées. Cette déduction cependant serait trop absolue. Elle n'est exacte, en réalité, que pour les obligations qui n'intéressent pas le bon ordre, la police, etc.

250. — Nous trouverons de nombreuses applications de ces principes en ce qui concerne la *construction* et l'*exploitation* des chemins de fer. On pourra remarquer à cet égard par la comparaison faite entre les différents articles des cahiers des charges et ceux de l'ordonnance du 15 nov. 1846 que les pouvoirs de l'administration sont beaucoup plus larges en ce qui concerne cette seconde partie que la première. — Picard, t. 2, p. 603.

251. — On comprend d'ailleurs que, dans le silence du cahier des charges sur des points essentiels, il puisse y avoir lieu pour l'administration de prendre des mesures au moins provisoires, bien qu'elles ne touchent pas directement la sécurité, le bon ordre, etc. Aussi a-t-on pu décider que lorsque ni le cahier des charges, ni la loi de concession d'un chemin de fer, n'ont fixé de tarif pour le transport des voyageurs, la compagnie concessionnaire ne peut opérer aucun transport, sans faire préalablement déterminer un tarif par l'autorité compétente. — Et que cette fixation d'un tarif peut être provisoirement faite par le ministre des Travaux publics. — Cons. d'Et., 10 janv. 1845, Cie du chemin de fer d'Alais à Beaucaire, [S. 45.2.311, P. adm. chr., D. 45.1.101]

252. — Le conseil de préfecture avait décidé qu'il suffisait qu'une ligne fût ouverte pour que tous les genres de transport y fussent autorisés, et dans l'espèce le transport des voyageurs aussi bien que le transport des houilles seul prévu au cahier des charges.

253. — Et le même principe a conduit également à juger que, dans le silence du cahier des charges d'un chemin de fer, un arrêté préfectoral, en imposant à une compagnie l'obligation de laisser charger et décharger certaines marchandises telles que des houilles dans les lieux de chargement ou de déchargement, avait pu mettre cette opération à la charge du propriétaire des houilles. — Cass., 1er déc. 1847, de Rochetaillé, [S. 48.1.235, P. 48.1.461, D. 48.1.28]

254. — En dehors de toute clause des cahiers des charges et de tout règlement qui en tienne lieu, c'est aux tribunaux de l'ordre administratif ou judiciaire qu'appartient, suivant les cas, le soin de déterminer quels sont les droits et obligations réciproques des parties.

255. — Mais les tribunaux eux-mêmes ne peuvent se substituer aux autorités compétentes pour réglementer, à défaut de cahier des charges, les obligations des compagnies. Par suite, il y a excès de pouvoirs et disposition par voie réglementaire dans l'arrêt qui fait défense à une compagnie de chemin de fer de transporter à l'avenir des marchandises en dehors de la ligne et des stations du chemin de fer, sur les routes latérales et incidentes qui se trouvent en dehors du chemin de fer, et ce sous peine de dommages-intérêts (C. civ., art. 5). — Cass., 7 juill. 1852, Chemin de fer de Strasbourg à Bâle, [S. 52.1.713, P. 54.2.520, D. 52.1.204]

256. — C. *Formes des adjudications*. — Les formes des adjudications sont réglementées par des arrêtés ministériels. L'un d'eux semble avoir servi de type à tous les autres. C'est l'arrêté ministériel du 19 avr. 1862 dont nous analysons les principales dispositions. Il doit être formé, en vue de l'adjudication des chemins de fer, au ministère des Travaux publics, une commission recrutée parmi certains fonctionnaires ou représentants du haut commerce. La mise au concours a lieu sur un avis émané du ministère et qui fait connaître avec les conditions de l'adjudication la ligne dont il s'agit. Pour pouvoir concourir à l'adjudication, il faut, indépendamment de l'agrément du ministre, justifier qu'on possède les ressources nécessaires pour remplir les engagements à contracter vis-à-vis de l'Etat. Un quart du capital à réaliser doit être souscrit avant l'adjudication. Les pièces produites par les soumissionnaires sont présentées à l'examen de la commission susmentionnée; elles lui servent à formuler un avis d'admission ou de rejet, et c'est sur cet avis que le ministre statue définitivement. Chaque soumissionnaire est avisé tant de la décision qui le concerne que du jour de l'adjudication. Un dépôt de garantie, qui ne peut être moindre du trentième de la dépense totale à effectuer par la compagnie, est exigé de chacun d'eux et doit être déposé, au préalable, à la Caisse des dépôts et consignations. Ces dépôts sont restitués aux concurrents qui n'ont pas été agréés le lendemain du jour de la soumission. Les soumissions sont reçues par la commission, au jour indiqué, sous plis cachetés, de la main de chacun des soumissionnaires; si deux ou plusieurs soumissions contiennent le même rabais, on procède à un nouveau concours dans la même forme. M. Picard, après M. Aucoc, cite comme exemples du même genre deux autres arrêtés ministériels, l'un du 21 juill. 1874 pour l'adjudication des chemins de fer de Besançon à Morteau, et l'autre du 21 avr. 1879 pour celles de Lagny aux carrières de Neufmoutiers et de Mortcerf après déchéance. — Aucoc, *op. cit.*, t. 3, n. 1289 *ad notam*.

257. — Un certain nombre de ces règles sont empruntées à la loi du 15 juill. 1845 qui dispose notamment dans son art. 7 : Nul ne sera admis à concourir à l'adjudication d'un chemin de fer, si préalablement il n'a été agréé par le ministre des Travaux publics, et s'il n'a déposé : 1° à la Caisse des dépôts et consignations la somme indiquée au cahier des charges ; 2° au secrétariat général du ministère du Commerce, en double exemplaire, le projet des statuts de la compagnie ; 3° au secrétariat du ministère des Travaux publics le registre à souche dont auront été détachés les titres délivrés aux souscripteurs, ou, pour les compagnies dont les souscriptions auront été ouvertes antérieurement à la présente loi, l'état appuyé des pièces justificatives constatant les engagements réciproques des fondateurs et des souscripteurs, les versements reçus et la répartition définitive du montant du capital social. A dater de la remise ci-dessus entre les mains du ministre des Travaux publics, toute stipulation par laquelle les fondateurs se seraient réservé la faculté de réduire le nombre des actions souscrites sera nulle et sans effet.

258. — Depuis cette époque, est intervenu le décret réglementaire du 18 nov. 1882, sur les adjudications de travaux, fournitures ou transports pour le compte de l'Etat, dont il importe de combiner les dispositions avec celles qui précèdent, *en tant que ces différentes prescriptions sont conciliables entre elles.* C'est ainsi que les art. 5 et s. de ce décret contiennent sur la nature et la forme du cautionnement des règles d'un caractère général.

259. — L'adjudication n'est définitive qu'autant qu'elle a été homologuée aux termes de la loi précitée du 15 juill. 1845, art. 9, par le chef de l'Etat (Aucoc, *op. cit.*, t. 3, n. 1289). Cette règle a toujours été suivie. Elle était pratiquée dès avant cette loi. On la retrouve formulée dans l'arrêté ministériel de 1862 et dans la loi du 23 mars 1874 relative à la concession de différents chemins de fer.

260. — Mais, chose singulière, sous l'Empire, c'est-à-dire à une époque où il suffisait d'un décret pour opérer la concession, on a quelquefois recouru à une loi pour homologuer l'adjudication. C'est ce qui eut lieu, notamment, pour les lignes de la Vendée (1863), des Charentes (1862), d'Orléans à Châlons (1870).

261. — III. *De la concession proprement dite*. — Lorsqu'il s'agit de concession proprement dite, c'est-à-dire d'attribution de gré à gré, la détermination de l'objet de la concession est faite alors dans les conventions auxquelles nous avons déjà fait allusion.

262. — M. Picard distingue très-justement en ces termes l'acte de concession de la convention proprement dite : « La loi ou le décret de concession doit approuver la convention provisoire passée entre le ministre, le préfet et le maire, d'une part (M. Picard, dans ce passage, ne s'occupe pas exclusivement, comme nous, des chemins de fer d'intérêt général), et la compagnie, d'autre part, et contenir toutes les dispositions d'ordre public que le législateur ou le gouvernement ont seuls capacité pour édicter. Parmi ces dispositions, nous citerons notamment les règles relatives à la constitution du capital et à l'émission des obligations, les prescriptions concernant la publicité à donner aux résultats de l'exploitation, la fixation du droit d'enregistrement à défaut de loi de principe à cet égard. Ce sont là des obligations que le concessionnaire doit subir et qui ne peuvent être subordonnées à son consentement contractuel. La convention définit l'objet de la concession, renferme les stipulations financières relatives au concours de l'autorité concédante sous forme de travaux, de subsides en argent ou de garanties d'intérêt, ainsi que les dispositions relatives au partage des bénéfices. Elle est signée par les deux parties contractantes. » — Picard, *loc. cit.*

263. — Ce n'est pas à dire, d'ailleurs, que la convention supprime le cahier des charges qui continue à coexister à côté d'elle et renferme plus spécialement les obligations et les droits du concessionnaire : la plupart du temps, la convention vise même le cahier des charges qui y demeure annexé, et où presque toujours se retrouvent, ainsi que nous l'avons vu *supra*, n. 200, des clauses semblables pour toutes les concessions.

264. — Souvent, du reste, on n'observe pas en pratique la distinction essentielle qui devrait exister entre ces deux instruments, et on trouve dans le cahier des charges des stipulations

qui ne devraient figurer que dans la convention ou inversement.
— V. à cet égard, Picard, *op. cit.*, t. 2, p. 107, et *suprà*,
n. 201.

265. — Les conventions sont, en général, l'œuvre du ministre des Travaux publics et de la partie intéressée. — Aucoc, *op. cit.*, t. 3, n. 1288. — A ce titre, elles constituent de véritables contrats synallagmatiques soumis, pour leur validité, aux règles du droit commun.

266. — Il ne faut pas perdre de vue, enfin, que ces contrats constituent des actes administratifs, ce qui est de nature à entraîner soit au point de vue de l'enregistrement, soit au point de vue de la compétence, etc., des immunités dont nous aurons à parler plus loin.

267. — Nous avons dit que la convention préalable à la concession est, d'ordinaire, l'œuvre du ministre des Travaux publics. Sous l'Empire, il devait prendre, à cet effet, l'avis du comité consultatif des chemins de fer et celui du Conseil d'Etat. Depuis 1870, l'avis du Conseil d'Etat n'est obligatoire que pour les travaux dans lesquels la concession se poursuit par voie de décret. — Aucoc, *eod. loc.*, n. 1288.

268. — Quel est à l'égard des conventions le rôle du Parlement? En pratique, elles lui sont toujours soumises avant que de statuer sur la concession. A certaines époques on avait proposé, il est vrai, de limiter son intervention à un examen sommaire du projet de traité, et de laisser à l'administration le soin d'en débattre plus minutieusement les clauses après coup. Mais on a pensé qu'il était préférable de faire porter le débat public sur l'ensemble du projet.

269. — Nous avons eu l'occasion *suprà*, n. 168, de faire allusion « à des concessions éventuelles » qu'on rencontre dans un certain nombre de conventions. La plupart du temps, l'éventualité ne porte que sur le délai dans lequel la concession devra être rendue définitive. L'assiette de la voie, sa longueur kilométrique, sont déterminées.

270. — En pareille hypothèse, l'indétermination qui pèse sur le délai d'exécution est limitée ou illimitée, en ce sens que celle des deux parties contractantes à qui on laisse le droit de vivifier la convention, se trouve enfermée ou non dans un certain terme passé lequel la concession deviendra caduque.

271. — Ce droit appartient le plus souvent au créancier, c'est-à-dire à l'Etat; mais il peut le partager également avec la compagnie débitrice. Par contre, nous ne connaissons pas de cas dans lequel il ait été abandonné complètement à cette dernière. On pourrait, d'ailleurs, se demander si une pareille clause serait valable et si elle ne serait pas contraire à cette règle qu'il ne peut pas y avoir d'obligation purement facultative de la part du débiteur.

272. — Dans certaines conventions, l'éventualité n'a pas porté seulement sur le délai d'exécution, elle a eu pour objet la détermination même de l'assiette de la voie, sa longueur, la direction du chemin : c'est ce qui a eu lieu, notamment, en 1883. Les lignes concédées éventuellement devaient être déterminées par l'administration, la compagnie entendue. On ne peut s'empêcher de reconnaître qu'il y a là une pratique quelque peu contraire aux principes du pur droit qui veut que l'objet de tout contrat soit déterminé, ou que la détermination, tout au moins, n'en soit pas laissée à l'une des parties contractantes.

273. — Quelle que soit l'éventualité qui frappe la concession, elle ne peut, d'ailleurs, jamais devenir définitive que par l'accomplissement de toutes les formalités qui conduisent à la déclaration d'utilité publique, et par cette déclaration elle-même.

§ 3. *A qui peut être faite la concession.*

1º *Règles générales.*

274. — Les concessions sont faites ordinairement soit à des sociétés anonymes déjà constituées, soit à des particuliers qui s'engagent à former une société de cette nature dès que la concession leur aura été faite d'une façon définitive, et à lui en transférer le bénéfice. Mais on conçoit très-bien qu'elles puissent être consenties également à d'autres sociétés, en nom collectif, par exemple, ou en commandite simple ou par actions. — Dumay, p. 49; Aucoc, *op. cit.*, t. 3, n. 1290.

275. — Il est vrai que la loi du 15 juill. 1845 paraît se référer exclusivement, dans ses prévisions, à l'hypothèse d'une société anonyme. Mais cette rédaction s'explique suffisamment soit par le *id quod plerumque fit*, soit par la crainte de dangers spéciaux aux sociétés anonymes. Ainsi se justifie, notamment, l'art. 10 de cette loi qui prohibe l'émission d'actions ou de promesses d'actions négociables *avant* la constitution régulière de la société anonyme. — V. cep. en sens contraire, Dalloz, *Rép.*, v° *Voirie par chemin de fer*, n. 68.

276. — On peut même dire que le principe d'après lequel les concessionnaires ne peuvent céder leur droit sans l'agrément du concédant, impliquerait que, dans tout contrat de concession, il y a un élément personnel, moins conciliable avec l'existence d'une société anonyme qu'avec toute autre. S'il est vrai, en effet, comme le fait observer M. Dumay, que la raison pour laquelle les concessions de chemins de fer sont plutôt faites à des sociétés anonymes tient à ce que les sociétés de capitaux sont les seules dont l'existence ne soit pas affectée par les accidents de la vie humaine, il ne faut pas perdre de vue, d'autre part, qu'une obligation de faire aussi importante se comprendrait peu sans un certain *intuitus personæ*.

277. — Rien n'empêcherait même, croyons-nous, que la concession fût faite directement et définitivement à de simples particuliers en dehors de toute association. On ne trouve nulle part, en effet, de causes formelles d'exclusion édictées contre cette catégorie de concessionnaires.

278. — Enfin, l'extranéité des parties ne serait pas non plus un obstacle à ce qu'elles fussent investies du bénéfice d'un semblable contrat.

279. — Partant de ce principe, et remarquant en outre que la loi n'exige d'autres conditions d'aptitude des candidats à la concession que l'agrément du gouvernement ainsi que la souscription et le versement d'une certaine somme représentative d'une quote-part du capital réputé nécessaire à la construction de la ligne, on pourrait être tenté de conclure que les personnes morales publiques, comme les particuliers eux-mêmes, peuvent être admises à des concessions. Cependant, M. Picard rappelle qu'à l'occasion de la construction du Métropolitain, le Conseil d'Etat a émis l'avis qu'il ne pouvait être fait de concession de chemin de fer d'intérêt général aux communes. — Picard, *op. cit.*, t. 2, p. 89.

2° *Règles spéciales aux concessions faites à des sociétés.*

280. — Supposons désormais, comme cela a lieu le plus généralement, que la concession soit faite en faveur d'une compagnie. Si on ne peut exiger que cette compagnie soit régulièrement constituée avant l'acte de concession (V. *suprà*, n. 274), *à fortiori* ne saurait-on demander que la convention sur laquelle elle repose réunisse (s'il s'agit d'une société anonyme) l'agrément de l'assemblée des actionnaires avant l'approbation du Parlement.

281. — Mais, à raison même de son objet, ne devra-t-on pas exiger de la société créée pour l'établissement ou l'exploitation d'un chemin de fer certaines sûretés particulières, ou bien suffira-t-il qu'elle réunisse les conditions requises de toute autre société? Il convient, à cet égard, de rappeler les prescriptions contenues dans la loi du 15 juill. 1845 sur les concessions du chemin de fer de Paris à la frontière belge, et de les rapprocher des dispositions de la loi du 24 juill. 1867.

282. — L'art. 10 de la loi de 1845 portait : « La compagnie adjudicataire ne pourra émettre d'actions ou promesses d'actions négociables avant de s'être constituée en société anonyme *dûment autorisée*, conformément à l'art. 37, C. comm. ». Cette disposition, qui se trouvait déjà insérée dans plusieurs lois précédentes sur les chemins de fer, notamment dans la loi du 26 juill. 1844, art. 7, et dans celle du 11 juin 1842, art. 9, a perdu incontestablement toute autorité depuis que la loi du 24 juill. 1867, art. 20 et 46, a permis aux sociétés par actions de se fonder librement.

283. — Mais il n'en faudrait pas conclure que les pouvoirs publics ne puissent désormais subordonner à une autorisation préalable la constitution d'une société anonyme pour l'établissement ou l'exploitation d'un chemin de fer. Il leur suffit, à cet égard, d'introduire cette condition dans les lois ou décrets de concession. — *Sic*, Aucoc, *op. cit.*, t. 3, n. 1291; Dumay, p. 50

et s., et M. Picard (t. 2, p. 87), qui cite même un certain nombre de décrets conçus en ce sens.

284. — Cette précaution peut être nécessaire pour empêcher « que la compagnie ne se livre à des opérations étrangères et assurer qu'elle mènera son œuvre à bien et qu'elle y consacrera tous ses efforts ». — Picard, *loc. cit.*

285. — C'est ce qui nous explique que dans certains cas, ainsi que nous le fait savoir le même auteur, lorsque la concession est faite à une société anonyme déjà constituée, l'acte qui la renferme porte que celle-ci devra se substituer dans un délai donné une société anonyme distincte. — Picard, *loc. cit.*, p. 88.

286. — M. Aucoc, tout en reconnaissant qu'il ne saurait plus être question d'une façon absolue, et sans clause spéciale de l'acte de concession, d'une autorisation des pouvoirs publics pour l'établissement d'une compagnie de chemins de fer, déclare que la disposition de l'art. 10, L. 15 juill. 1845, est toujours en vigueur en ce sens que les actions des compagnies de chemins de fer ne peuvent être négociées si ces compagnies *ne sont constituées sous la forme anonyme* (Aucoc, *op. cit.*, t. 3, n. 1291). Cette assertion est-elle bien en harmonie avec l'opinion que le même auteur exprime (*eod. loc.*, n. 1290) et que nous avons fait connaître *suprà*, n. 274? Nous en doutons beaucoup pour notre part. Aussi pensons-nous qu'il suffit que les formalités constitutives de toute société anonyme ou en commandite par actions aient été remplies pour que les actions en soient négociables, conformément au droit commun.

287. — Aux termes de l'art. 8, L. 15 juill. 1845, « les récépissés de souscription ne sont point négociables ». Cette disposition, qui se rattache à celles des art. 10 et 13 de la même loi, a eu pour objet de parer autant que possible à l'abus de l'agiotage sur les promesses d'actions dans les sociétés non encore régulièrement formées, sans pourtant mettre obstacle aux réunions ou agrégations préalables des capitaux nécessaires pour trouver plus tard des adjudicataires. Il a été entendu d'ailleurs, dans la discussion, qu'il ne s'agissait ici d'empêcher que les négociations commerciales par voie d'endossement, mais que l'article ne faisait nul obstacle aux ventes ou cessions ordinaires. — « Quant aux souscripteurs, dit à cet égard M. Muret de Bort, rapporteur de la commission à la Chambre des députés, qu'on ne leur ouvre pas de nouveaux droits, qu'on ne crée pas pour leurs récépissés l'immunité de la négociation, mais au moins qu'on les laisse dans le droit commun; qu'on leur laisse une pleine et entière liberté, dont ils useront à leurs périls et risques; qu'ils puissent faire de leur chose ce que bon leur semblera, la céder par engagement verbal, par correspondance, par acte sous seing privé, par transfert devant notaire, comme ils l'entendront : c'est affaire à vider entre eux et leurs concessionnaires, suivant le degré de confiance qu'ils s'inspireront mutuellement. »

288. — La jurisprudence a eu l'occasion de faire de nombreuses applications de ce principe. C'est ainsi qu'il a été décidé par la cour d'Orléans, dans un premier arrêt, que la prohibition de négocier les promesses d'actions de chemins de fer, contenue dans l'art. 8, L. 15 juill. 1845, ne s'applique qu'à la négociation par voie d'endossement : la cession des promesses d'actions par les voies ordinaires demeurant permise. — Orléans, 19 févr. 1848, Paillet, [S. 48.2.666, P. 48.1.564, D. 48.2.54]

289. — ... Qu'il en est ainsi surtout des cessions d'actions ou de promesses d'actions émises après l'adjudication définitive du chemin de fer, quoique avant l'homologation des statuts de la compagnie concessionnaire. — Même arrêt.

290. — Et la même solution se retrouve dans un second arrêt qui explique le premier, et aux termes duquel la prohibition de négocier les promesses d'actions de chemins de fer, contenue dans l'art. 8, L. 15 juill. 1845, ne s'entend pas seulement de la négociation par voie d'endossement, mais encore de toute négociation par la voie commerciale : la cession de ces promesses d'actions par un acte civil ordinaire étant seule permise. — Orléans, 17 août 1848, Caillet, [S. 49.2.561, P. 49.2.54, D. 49.2.1]; — 16 nov. 1848, Lysnienski, [S. 49.2.562, P. 49.2.57, D. 49.2.3]

291. — ... Et la vente de promesses d'actions de chemins de fer, faite à la Bourse ou dans les coulisses de la Bourse, se trouvant par suite prohibée. — Mêmes arrêts.

292. — Doctrine extensive qui a été consacrée depuis par la Cour de cassation. — Cass., 12 août 1851, Caillet, [S. 51.1.650,

P. 51.1.433, D. 51.1.235] — et la cour de Paris, 31 juill. 1852, Syndic Larade, [S. 52.2.690, P. 53.1.370, D. 55.5.67]

293. — C'est donc en vain que le titulaire des promesses d'actions non négociables signait une procuration en blanc, donnant pouvoir de régulariser les promesses, de les convertir en titres définitifs, de les retirer de la compagnie, en un mot, de remplacer le titulaire dans toutes les circonstances, et même de faire mettre les titres au nom que le mandataire jugerait convenable. C'est en vain que cette procuration, jointe aux promesses, passait de main en main, et que le dernier porteur y mettait son nom et se faisait délivrer les titres; cette pratique, mise en vigueur à la Bourse de Paris pour tourner la loi, se trouvait ainsi condamnée.

294. — Encore la cour de Paris ne s'en est-elle pas tenue là, et a-t-elle cru pouvoir décider que la doctrine consacrée par la cour d'Orléans n'était admissible qu'autant que la souscription était faite dans la compagnie adjudicataire, mais qu'on devait tenir pour nulle, comme prohibée par la loi du 15 juill. 1845, la vente d'actions de chemin de fer, par le souscripteur de récépissés de souscription, dans une compagnie autre que celle qui était devenue adjudicataire, alors même que cette compagnie se serait ultérieurement fondue dans la compagnie adjudicataire, et que le vendeur offrirait de livrer des actions définitives de cette compagnie; qu'il importait peu, dans ce cas, que la vente eût eu lieu par voie de cession ordinaire, et non par voie d'endossement. — Paris, 20 nov. 1848, Vexel, [S. 48.2.739, P. 49.1.178, D. 49.2.201]

295. — Elle est même allée plus loin et a jugé encore que la nullité de la négociation des promesses d'actions de chemins de fer devait s'étendre également aux conventions accessoires ayant pour objet la garantie d'une telle négociation; que, dans le cas même où, par une convention postérieure à la vente des promesses d'actions, l'acheteur avait autorisé le vendeur à vendre les objets donnés en garantie à celui-ci, et à en appliquer le produit à la liquidation de leur marché, l'acheteur n'en était pas moins en droit de réclamer du vendeur la restitution de ces mêmes objets : qu'il n'y avait pas dans ce cas paiement d'une dette ou obligation naturelle contre lequel le débiteur ne peut être restitué. — Paris,

14 mars 1849, Syndic Larade, [S. 50.2.316, P. 51.1.140, D. 50. 2.179]

296. — ... Doctrine également consacrée et fortifiée par la Cour de cassation qui a pu proclamer à deux reprises, en écartant l'application de l'art. 1967 que la cour de Paris avait cru pouvoir faire à la cause, que la loi du 15 juill. 1845, ayant interdit d'une manière absolue la négociation des récépissés de souscription et toute émission d'actions ou promesses d'actions négociables par les compagnies adjudicataires, avant leur constitution en sociétés anonymes, toute négociation de cette nature était radicalement nulle et rendait nul aussi le nantissement en autres valeurs intervenu à son occasion; qu'on ne saurait, dès lors, considérer le dépôt de ces valeurs en mains tierces, à titre de garantie, comme *un paiement anticipé* du prix des actions ou promesses d'actions, objet du marché, ni appliquer à une telle opération, formellement interdite par la loi, le principe d'après lequel, en matière de jeu ou de pari les sommes qui ont été volontairement payées ne sont pas sujettes à répétition. — Cass., 21 févr. 1853, Battarel et Larade, [S. 54.1.305, P. 53.2.346, D. 53.1.58]; — 17 juill. 1854, Battarel et Larade, [S. 54.1.561, P. 54.2.261, D. 54.1.304]

297. — Il est vrai que la Cour de cassation, postérieurement à cet arrêt, a décidé que celui qui, après avoir donné mandat à un tiers (un agent de change) de faire pour lui des opérations de bourse ayant le caractère de jeu, sur des titres de promesses d'actions de chemins de fer, dont la loi du 15 juill. 1845, art. 8, interdit même la négociation réelle, a payé à son mandataire les différences en perte qui sont résultées pour lui de ces opérations, n'a pas d'action en justice pour se faire rembourser par son mandataire les sommes qu'il lui a ainsi payées; qu'à ce cas s'appliquent les dispositions des art. 1965 et 1967, C. civ., sur les jeux ou paris. — Cass., 19 juin 1855, Weiss, [S. 56.1.162, P. 55.2.409, D. 55.1.292]

298. — ... Solution qui semble contradictoire avec la décision précédente; mais au fond, la doctrine de l'arrêt de 1853, circonscrite comme elle doit l'être dans les limites de son dispositif, s'explique par une raison tirée du caractère du nantissement; cet acte, en effet, n'étant qu'une garantie de paiement, il n'y a pas lieu de lui appliquer une règle qui n'a d'autre objet que d'empêcher la révocation d'un paiement consommé. Et cette doctrine ainsi entendue a été de nouveau et plus nettement formulée par la Cour de cassation dans les motifs d'un arrêt subséquent, du 17 juill. 1854, précité, contenant une décision identique à celle de l'arrêt de 1853. D'où l'on voit que ces deux arrêts, loin de préjuger, dans le sens de l'affirmative, la question de la nullité ou de la révocabilité du paiement des dettes résultant des opérations de bourse sur les promesses d'actions de chemins de fer, sont tout à fait étrangers à cette question. Du reste, dans les motifs de l'arrêt ci-dessus, la Cour de cassation résume avec clarté sa doctrine sur ces divers points, et fait ressortir la différence à établir, sous le rapport de l'application de l'art. 1967, C. civ., entre un nantissement donné en garantie d'une dette de jeu, un cautionnement ou tout autre contrat accessoire en pareille matière, et le paiement consommé d'une dette de cette nature.

299. — Aussi a-t-on pu juger, conformément à ces principes, que la nullité de la négociation des récépissés doit entraîner celle du nantissement consenti par l'acheteur pour en assurer l'exécution. — Paris, 7 avr. 1853, Schramm, [P. 53.2.584, D. 55. 2.24]

300. — ... Que toute négociation de titre faite antérieurement à la constitution définitive de la société, est frappée d'une nullité d'ordre public qui entraîne la nullité du nantissement fourni pour en assurer l'exécution. — Rouen, 8 févr. 1854, Larade, [P. 54. 2.603, D. 54.2.133]

301. — ... Sauf, s'il y a doute sur la nature de l'acte intervenu, le devoir pour les juges de rechercher s'il n'y a pas là une véritable négociation commerciale.

302. — Mais on a pu décider d'autre part, que la nullité de la négociation de promesses d'actions de chemins de fer est couverte par la ratification des parties, donnée postérieurement à l'émission régulière des actions; qu'en conséquence, dans le cas où une négociation de cette espèce a été faite par l'entremise d'un mandataire, la ratification ultérieure du mandant met la négociation aux risques de celui-ci. — Paris, 5 déc. 1849, Vaneck, [S. 50.2.661, P. 50.1.217, D. 52.2.94]

303. — Décision qu'il faudrait bien se garder de généraliser et qui n'aurait certainement pas été la même à l'époque où elle a été rendue si, au lieu d'une opération sérieuse, il se fût agi d'une négociation ayant simplement le caractère de jeux de bourse prohibés. — V. Cass., 11 août 1824, Forbin-Janson, [S. chr.]

304. — Ces règles doivent-elles être considérées encore comme en vigueur aujourd'hui? Abstraction faite des considérations spéciales tirées du jeu et du pari qui sont en dehors de notre sujet et qui ne seraient applicables qu'avec les modifications qui y ont été introduites par la loi du 28 mars 1885, il ne nous paraît pas douteux que ces prescriptions n'ont rien perdu de leur autorité. Aussi bien, la loi du 24 juill. 1867 suffirait-elle peut-être à elle seule à conduire aux mêmes résultats. — V. encore *infrà*, n. 312.

305. — La loi du 15 juill. 1845 contient encore d'autres dispositions relatives aux sociétés concessionnaires de chemins de fer. « Les souscripteurs, porte le second alinéa du même art. 8, seront responsables jusqu'à concurrence des cinq dixièmes du versement du montant des actions qu'ils auront souscrites ». Contrairement à la disposition qui précède, on peut considérer cette disposition comme une disposition de faveur, puisqu'aux termes du droit commun on est responsable *in infinitum* des engagements qu'on a souscrits.

306. — Elle ne nous paraîtrait applicable aujourd'hui que dans l'hypothèse où la société qu'on se proposait de former n'ayant pu se constituer, il y aurait lieu de désintéresser les créanciers pour frais d'études, d'avant-projet, etc.

307. — Dans le cas contraire, si le montant des actions souscrites avait permis d'allouer à chaque souscripteur le nombre des actions qu'il s'était engagé à prendre, nous pensons que la responsabilité encourue s'étendrait jusqu'à la libération intégrale, avec faculté pour la société, en cas d'appel de fonds, de faire vendre les titres, conformément aux règles contenues dans la loi du 24 juill. 1867 pour les titres nominatifs. L'impossibilité de mettre les titres au porteur avant la libération de moitié assure, au surplus, le même minimum de garantie.

308. — Signalons, en passant, une décision d'où il résulte qu'il faut bien se garder de voir dans toute promesse faite indistinctement de prendre des actions une souscription véritable, et que la souscription d'actions pour un chemin de fer qui n'est pas encore concédé peut, d'après les circonstances, n'être considérée que comme établissant l'intention seule de former un contrat qui ne deviendra définitif que sous la condition que certaines obligations seront exécutées, par exemple, qu'il y aura versement de fonds. — Paris, 10 oct. 1845, Barbeaux, [P. chr.]

309. — « Chaque souscripteur, poursuit l'art. 8, aura le droit d'exiger de la compagnie adjudicataire la remise de toutes les actions pour lesquelles il aura été porté sur l'état définitif de répartition déposé au secrétariat général du ministère des Travaux publics ». Cette prescription n'appelle aucune observation.

310. — « Ces conditions, lisons-nous encore dans le dernier paragraphe du même article, seront mentionnées sur les registres ouverts et sur les récépissés émis postérieurement à la promulgation de la présente loi. »

311. — Nous ne voyons rien dans la loi du 24 juill. 1867, qui s'oppose à l'application de ces dispositions. Elles aboutiront seulement à ce résultat, qu'en pratique, lorsque les souscriptions dépasseront le montant des sommes présumées nécessaires, on commencera par faire la réduction entre les souscripteurs avant de les porter sur l'état définitif de répartition déposé au secrétariat général du ministère des Travaux publics.

312. — Nous avons déjà fait connaître la disposition de l'art. 10 qui interdit l'émission et la négociation d'actions par la compagnie adjudicataire avant la régularisation absolue de la formation de la société (V. *suprà*, n. 282). « Pour donner une sanction plus énergique à cette prescription, ainsi que le fait remarquer M. Aucoc, les décrets qui approuvaient les concessions ont, à partir de 1852, interdit la négociation des actions avant le versement des deux premiers cinquièmes, et la loi du 10 juin 1853 relative au chemin de fer de Lyon à Genève a, dans ses art. 2 et 3, applicables à tous les chemins de fer, puni des peines prononcées par l'art. 13 de la loi de 1845, tout agent de change qui se prête à une négociation d'actions interdite par le décret de concession d'un chemin de fer et toute personne qui publie la valeur de ces actions ». — Aucoc, t. 3, n. 1293.

313. — Ces dispositions doivent être combinées avec celles de la loi de 1867 qui se réfèrent à la négociation des actions dans les sociétés anonymes. On sait qu'aux termes de l'art. 2 de cette loi, les actions ne peuvent être négociées qu'après libération du quart. Nous estimons que cette prescription n'a pas modifié la proportion fixée par la loi de 1845. Mais la mise au porteur ne pouvant être réalisée, d'autre part, qu'après versement de moitié, nous pensons que, même dans le cas où le titre aurait été libéré des deux cinquièmes, il ne pourrait être aliéné que par les modes réservés aux titres nominatifs.

314. — L'art. 11 portait : « Les fondateurs de la compagnie n'auront droit qu'au remboursement de leurs avances, dont le compte, appuyé des pièces justificatives, aura été accepté par l'assemblée générale des actionnaires. L'indemnité qui pourra être attribuée aux administrateurs, à raison de leurs fonctions, sera réglée par l'assemblée générale des actionnaires ». Le second paragraphe est évidemment toujours en vigueur. Nous pensons qu'on n'en saurait dire autant du premier qui avait pour objet d'empêcher les fondateurs de sociétés de s'attribuer des bénéfices excessifs au détriment des souscripteurs d'actions. Faute du maintien de l'autorisation préalable, on n'en pourrait plus surveiller l'exécution, et comme aucune disposition ne prononce la nullité des sociétés formées en contravention de cette règle, on ne voit pas trop de quelle sanction elle est susceptible.

315. — M. Aucoc cite toutefois un jugement du tribunal civil de la Seine du 18 juin 1879 confirmé par un arrêt de la cour de Paris du 29 juill. 1881, Chemin de fer de Clermont à Tulle, [*Gaz. des trib.*, 7 août 1881], qui aurait fait de l'inobservation de cette règle une cause de nullité. — V. aussi en sens contraire, Picard, *op. cit.*, t. 2, p. 137, qui considère que la loi de 1867, n'ayant abrogé expressément que les art. 31, 37 et 40, C. comm., la loi du 15 juill. 1845 est toujours en vigueur.

316. — En tous cas, et contrairement à l'avis du même auteur, cette disposition nous semblerait devoir être complètement inapplicable, si, au lieu de l'apport d'une concession, il s'agissait de l'apport d'une compagnie en pleine exploitation. En pareil cas, en effet, l'idée d'agiotage n'a rien à faire.

317. — Nous retrouverons, lorsque nous aurons à nous occuper de l'administration des compagnies de chemins de fer, la règle contenue dans l'art. 12.

318. — « Toute publication quelconque de la valeur des actions, avant l'homologation de l'adjudication, porte de son côté l'art. 13, sera punie d'une amende de 500 à 3,000 fr. Sera puni de la même peine tout agent de change qui, avant la constitution de la société anonyme, se serait prêté à la négociation de récépissés ou promesses d'actions. »

319. — La première disposition ne fait pas allusion à la coupure des actions qui ne pouvait jamais présenter qu'une incertitude relative même avant les prescriptions édictées par la loi de 1867 (art. 1), mais aux fluctuations que l'offre et la demande, que l'état du marché, en d'autres termes, peut leur faire subir. A ce titre, on peut considérer qu'elle a conservé toute sa valeur.

320. — Il convient de rapprocher du second paragraphe relatif à la responsabilité des agents de change les dispositions contenues dans l'art. 45, L. 24 juill. 1867.

321. — Est-il besoin d'ajouter que la construction et l'exploitation des chemins de fer devant faire l'unique objet des sociétés qui se forment à cet effet, si la concession se trouve refusée, il n'y a pas en réalité de société? Jugé, en ce sens, qu'une société anonyme formée pour l'exploitation d'un chemin de fer d'intérêt local dont les statuts régulièrement publiés portent que le montant du premier versement des actions sera déposé à la Banque de France, pour être mis à la disposition du conseil d'administration le jour de la déclaration d'utilité publique, doit être réputée n'avoir été constituée que sous une condition suspensive; et que lorsque la condition ne s'est pas réalisée par suite du refus de déclaration d'utilité publique, le contrat de société doit être considéré comme n'ayant jamais existé. — Toulouse, 5 juill. 1887, Profit, [D. 88.2.231]

322. — ... Que, par suite, s'il devient impossible d'obtenir ultérieurement pour une ligne déterminée la déclaration d'utilité publique et l'autorisation législative de construire, l'assemblée générale des actionnaires peut prononcer la dissolution de la société en raison de ce que la condition à laquelle son existence était subordonnée ne s'est pas réalisée et n'est pas susceptible de l'être. — Cass., 20 déc. 1887, Chanal, [D. 88.1.377]

323. — Sur le point de savoir quelle peut être la responsabilité des souscripteurs dans ce cas, V. *suprà*, n. 306.

324. — C'est au juge du fond qu'il appartient d'ailleurs, en définitive, de déterminer l'objet véritable de la société. Décidé, en ce sens, que bien qu'une société anonyme, en se constituant, se soit donné pour but d'exploiter toutes les concessions de lignes de chemin de fer qu'elle pourrait éventuellement obtenir, les juges du fond peuvent décider, par une appréciation souveraine des statuts et des circonstances de la cause, que la concession d'une ligne déterminée constitue l'objet principal et essentiel de ladite société. — Cass., 20 déc. 1887, précité.

325. — En dehors des règles que nous venons de parcourir, on en rencontre un certain nombre d'autres qui ne dérivent d'aucun texte, mais qui, se trouvant reproduites dans tous les instruments de concession, n'en ont pas moins un véritable caractère de généralité.

326. — La principale est relative au cautionnement que les concessionnaires doivent verser au Trésor. En principe, il doit être versé antérieurement à la concession. Il est remboursé, par cinquième, au fur et à mesure de l'exécution des travaux; mais le *quantum* n'en est fixé par aucune loi.

327. — Il peut consister, au choix des soumissionnaires et adjudicataires, en numéraire, en rentes sur l'Etat au porteur, nominatives ou mixtes, et en valeurs du Trésor (Décr. 18 nov. 1882, art. 5). — Pour plus de détails, Picard, *Tr. des chemins de fer*, t. 2, p. 135.

328. — A l'occasion de l'administration et de l'exploitation par les compagnies, nous aurons également l'occasion de parler de certaines dispositions spéciales au contrôle de l'Etat et à sa représentation dans les assemblées d'actionnaires. — V. sur ce point, Picard, *op. cit.*, t. 2, p. 146.

329. — Nous terminerons ces observations relatives aux sociétés qui ont pour objet la construction et l'exploitation des chemins de fer, en faisant remarquer qu'une clause qu'on retrouve généralement dans la plupart des actes de concessions, les place dans une sorte de tutelle par rapport aux emprunts par voie d'obligations. En principe, en effet, toute émission d'obligations de leur part est subordonnée à l'autorisation du ministre des Travaux publics après avis du ministre des Finances. Le ministre est consulté sur la forme des titres à émettre, leur quotité, le mode de négociation et les conditions de chaque émission partielle (V. Règl. d'adm. publ., 2 mai, 6 mai, 6 juin 1863 et 12 août 1868 sur les justifications financières à faire par les grandes compagnies).

330. — Aux termes de l'art. 2, Décr. 7 juin 1884, des commissaires généraux sont chargés de surveiller les opérations d'émission et d'amortissement des obligations.

331. — L'administration ne statue qu'après avoir pris l'avis du comité consultatif des chemins de fer.

332. — Au besoin, il est prescrit que le versement des fonds soit fait dans une caisse déterminée, et qu'ils n'en seront retirés que progressivement, au fur et à mesure des besoins, et en vertu d'autorisations spéciales du ministre des travaux publics. — Picard, *op. cit.*, t. 2, p. 195.

333. — Souvent aussi les deux ministres compétents déterminent le minimum du prix brut de vente et le maximum des frais d'émission.

334. — Un grand nombre de traités fixent également la proportion du capital obligations et du capital actions. — Aucoc, *op. cit.*, t. 3, n. 1299.

335. — Enfin, d'autres exigent qu'une quote-part plus ou moins forte du capital actions ait été employée, et que l'emploi en soit justifié avant toute demande d'émission d'obligations.

336. — L'esprit inventif des spéculateurs n'est pas resté à court d'ailleurs pour tourner ces prohibitions, et on peut en trouver une énumération instructive dans une brochure de M. Paul Delombre « *Petites et grandes sociétés de chemins de fer. Etudes financières* ». Nous jugeons inutile de nous étendre ici sur ces pratiques qui ne sont pas spéciales à ces sociétés, mais peuvent trouver place dans toutes les sociétés par actions. — V. d'ailleurs, à ce sujet, Picard, *op. cit.*, t. 2, p. 208; Perriquet, *op. cit.*, t. 1.

337. — Ces règles restrictives de la liberté des compagnies sont très-justes, si l'on considère que les moyens de précaution dont la loi entoure l'établissement des chemins de fer pourraient-être facilement tournés par une émission excessive d'obligations. Elles ne pouvaient pas trouver place dans la loi de 1845, parce qu'à cette époque il n'y avait, pour ainsi dire, d'autres capitaux engagés dans la création des chemins de fer que ceux de l'Etat ou des subventions et ceux des actionnaires. Mais elles devenaient impérieusement obligatoires le jour où les émissions se multipliaient.

338. — En dehors de toute convention spéciale et de toute clause des statuts, ces garanties sont d'ailleurs les seules qui soient accordées aux obligataires, lesquels à tous autres points de vue ne constituent que de simples créanciers chirographaires.

339. — C'est ainsi qu'il a été décidé qu'aucune disposition légale n'assure aux sommes prêtées à une compagnie de chemin de fer un privilège sur les produits de l'exploitation. — Paris, 2 févr. 1888, Syndic de la faillite de la Compagnie du chemin de fer d'Orléans à Châlons, [D. 89.2.165]

340. — ... Spécialement, que lorsque les statuts d'une compagnie de chemin de fer n'ont créé aucune préférence sur les produits de l'exploitation au profit des obligataires par rapport aux autres créanciers de la société, la cession qui fait passer ces produits dans le patrimoine d'une autre compagnie a pour effet de les y faire entrer sous les conditions où ils se trouvaient antérieurement, c'est-à-dire libres et affranchis de tout droit de privilège ou de gage au sens de la loi, et que la clause du traité de cession dans laquelle il est énoncé que « les obligataires conserveront leur droit de privilège conformément aux droits et aux précédents » ne peut avoir pour conséquence de créer au profit de ces obligataires des garanties qu'ils ne possédaient pas auparavant. — Même arrêt.

341. — ... Que l'engagement pris par la compagnie cessionnaire envers la compagnie cédante de verser aux obligataires de cette dernière les intérêts de leurs obligations et d'assurer à leur profit le service de l'amortissement de ces obligations dans les termes du contrat d'émission n'est qu'un mode spécial convenu entre les parties contractantes pour le paiement de l'un des éléments du prix de la cession; que, par suite, les obligataires qui devaient être ainsi payés se trouvent, au regard de la compagnie cessionnaire tombée en faillite, dans la situation de créanciers d'un vendeur non payé de son prix de vente et n'ayant, aux termes de l'art. 550, C. comm., ni l'action en résolution ni l'action en revendication, mais seulement une action en paiement par voie de production au marc le franc du passif de la faillite. — Paris, 2 févr. 1888, Cresnières et consorts, [D. 89.2.163]

342. — ... Et par voie de conséquence, que le transport des produits de l'exploitation d'une compagnie de chemin de fer au profit des obligataires, et en garantie de leur créance, ne pourrait résulter que d'un acte en forme dressé et notifié conformément aux art. 1690 et s., C. civ. — Paris, 2 févr. 1888, précité.

343. — ... Que le porteur d'obligations d'une compagnie de chemins de fer qui a rétrocédé son réseau à l'Etat ne saurait prétendre que, ses droits se trouvant compromis par le fait de cette rétrocession, il peut demander à la justice de prescrire des mesures telles que la nomination d'un séquestre entre les mains duquel seraient déposées des valeurs destinées à servir de garantie aux obligations, lorsqu'aux termes des statuts, lesdites obligations n'ont été accompagnées d'aucune sûreté spéciale. — Cass., 10 mai 1881, Chemin de fer Nantais, [S. 82. 1.17, P. 82.1.25, D. 82.1.201]

343 bis. — Mais c'est avec raison, par contre, qu'on a pu décider que lorsqu'un chemin de fer appartient à une compagnie depuis déclarée en faillite et a été cédé à une autre compagnie qui a mis le prix de cession à la disposition des actionnaires de la compagnie cédante, ceux-ci ne peuvent opposer à la demande des syndics qui réclament la restitution des sommes versées aux actionnaires, pour payer les obligataires (en dehors de toute idée de novation), une fin de non-recevoir tirée de ce que le traité de cession obligeait la compagnie cessionnaire à solder les créanciers de la compagnie cédante : que c'est là, en effet, un droit dérivant pour les obligataires de leur seule qualité de créanciers chirographaires. — Cass., 11 janv. 1893, Syndic de la faillite du chemin de fer de Glos-Montfort à Pont-Audemer, [*Gaz. des trib.* du 19 févr. 1893]

§ 4. *Des effets de la concession.*

344. — La concession régulièrement opérée, la compagnie au bénéfice de laquelle elle a été consentie est investie définitivement de tous les avantages qu'elle comporte et qui ne sauraient lui être enlevés.

345. — C'est ainsi qu'il a été décidé implicitement que le fait, par l'Etat, de modifier le tracé d'une ligne par lui concédée, ouvre au profit de la compagnie un droit à indemnité. — Cons. d'Et., 21 déc. 1888, Cie du Nord-Est, [Leb. chr., p. 1035]

346. — Mais cette concession, d'autre part, est étroitement limitée à l'objet pour lequel elle a été accordée, et c'est cet objet qui précise et limite les droits et les obligations respectives de l'administration et du constructeur ou de l'exploitant.

347. — Aussi la plupart des concessions contiennent-elles l'interdiction au concessionnaire d'exercer une autre industrie que celle qui est visée dans le décret ou dans la loi qui l'a investi.

348. — Il est clair que toutes les fois qu'on se trouve en présence d'une disposition de cette nature, la compagnie ne saurait se soustraire en aucun cas à la prohibition qu'elle contient.

349. — La jurisprudence paraît même s'avancer plus loin et décider que le seul fait de se livrer à un commerce qui ne rentre pas dans l'industrie des chemins de fer doit être prohibé, indépendamment de toute clause restrictive de l'acte de concession.

350. — Les raisons qu'elle donne à l'appui de sa théorie sont les suivantes : « La création des compagnies de chemins de fer a pour but non pas l'intérêt privé des sociétaires, mais un intérêt public et d'un ordre beaucoup plus élevé, celui de faciliter des échanges, soit entre les différentes parties du territoire d'une nation, soit entre les différents peuples du globe, et d'aider ainsi au développement industriel et commercial du pays où ils sont établis. Or elles iraient directement contre leur but si, non contentes du large monopole (de fait) qui leur a été concédé, elles pouvaient se croire autorisées à faire le commerce directement ou indirectement, sous leur nom ou sous celui de leurs administrateurs ou de tiers. Placées dans des conditions exceptionnelles quant à la facilité des approvisionnements, disposant de capitaux immenses, n'ayant à supporter que des frais de transport insignifiants, il est clair qu'elles pourraient, tout en réalisant des bénéfices considérables, livrer leurs marchandises à des prix bien inférieurs, même au prix de revient des autres commerçants; en un mot, les chemins de fer deviendraient la ruine des intérêts qu'ils ont pour mission de protéger et de vivifier. »

351. — Conformément à ces observations, la majorité des auteurs conclut également qu'il faut sous-entendre, dans les actes de concessions de chemins de fer, l'interdiction pour les compagnies de faire le commerce directement ou indirectement, soit par elles-mêmes, soit par des tiers. — Bédarride, *Des chemins de fer au point de vue du transport des voyageurs et des marchandises*, t. 1, n. 5 et s.; Ruben de Couder, *Dictionnaire de droit commercial*, v° *Chemin de fer*, n. 63; Féraud-Giraud, *Code des transports de marchandises et voyageurs par chemins de fer*, t. 1, n. 43, et t. 3, n. 16 et s.

352. — Nous allons parcourir les principales applications qui ont été faites de ces principes par la jurisprudence. Il ne faut pas perdre de vue toutefois que, dans quelques-unes des espèces visées, l'acte de concession contenait une interdiction formelle.

353. — Il a été décidé spécialement que les compagnies de chemin de fer ne peuvent se livrer au commerce de charbons de terre, en concurrence à des négociants exerçant le même commerce : qu'une telle interdiction ressort de la nature de la concession à elles faite. — Cass., 5 juill. 1865, Chemin de fer de l'Est, [S. 65.1.441, P. 65.1166, D. 65.1.348] — Paris, 17 janv. 1863, Lamarche, [P. 63.22]

354. — ... Et que l'on doit considérer comme contraire à cette interdiction le fait, par une compagnie, de revendre le résidu des houilles qu'elle achète pour sa propre consommation et se composant de la partie impropre à l'alimentation des locomotives, alors qu'il est constaté que la compagnie a acquis les houilles dans un but de spéculation, et qu'elle en livrait une très-grande quantité à des prix réduits : que les commerçants, lésés par une telle concurrence illicite, sont par suite fondés à actionner la compagnie en dommages-intérêts. — Mêmes arrêts.

355. — ... Que la compagnie qui dépasse ainsi les limites de son droit en se livrant à un commerce qui lui est interdit, s'expose à une action en dommages-intérêts intentée par les commerçants lésés. — Cass., 16 juill. 1838, Caisse hypothécaire, [S. 38.1.589, P. 38.2.178]; — 5 juill. 1865, précité. — Paris, 17 janv. 1863, précité. — Sic, Ruben de Couder, n. 64.

356. — Il a été jugé cependant qu'une compagnie de chemin de fer n'est tenue envers les tiers que de l'exécution des obligations qui lui sont imposées soit par la loi de concession, soit par le cahier des charges, et que, par conséquent, aucun intérêt privé n'a le droit de lui interdire de se livrer à tel genre d'industrie que bon lui semble en dehors de l'exploitation de la voie de fer, limitée à l'enceinte réservée à ladite voie sous la condition d'une concurrence loyale et de l'accomplissement des clauses du cahier des charges. — Paris, 8 avr. 1847, Duchemin et autres, [P. 47.1.521]

357. — Mais cette décision nous paraît être conçue d'une façon trop générale, et ne s'applique en réalité qu'à l'hypothèse d'une entreprise de transport adjointe à la voie ferrée.

358. — Il ne faut d'ailleurs rien exagérer à cet égard, et c'est ainsi qu'il a été décidé que si une compagnie de chemin de fer ne peut pas exercer une industrie ou un commerce étranger à la construction et à l'exploitation des lignes qui lui ont été concédées, en tous cas, elle peut construire un hôtel dans une gare, l'exploiter et y recevoir même des personnes non munies de billets de voyage; l'hôtel étant ici une dépendance du service du chemin de fer. — Aix, 15 févr. 1882, Chemin de fer de Lyon, [S. 82.2.169, P. 82.1.895]

359. — Le principe de la liberté de l'industrie, qu'il convient de concilier avec les prohibitions expresses ou implicites de l'acte de concession pour en connaître exactement la portée, a pu faire décider également, à cet égard, que les compagnies de chemins de fer ne peuvent se livrer, sans doute, aux opérations commerciales et à l'exercice des industries que la nature de leur concession leur interdit, mais qu'elles ont le droit d'apporter, sous la surveillance de l'administration, toutes les améliorations possibles dans les services qui leur sont confiés. — Cass., 19 déc. 1882, Julien et Blanc, [S. 84.1.433, P. 84.1.1065, D. 83.1.57]

360. — ... Spécialement, qu'une compagnie a le droit de construire et d'exploiter un hôtel dans une gare, lorsque cet hôtel n'a été établi qu'après autorisation administrative, qu'il constitue seulement un développement naturel et une amélioration du service du transport des voyageurs, et que les conditions dans lesquelles il fonctionne en limitent l'usage aux voyageurs voulant profiter de la proximité de la gare. — Même arrêt. — *Sic*, Féraud-Giraud, *op. cit.*, t. 3, n. 23.

361. — ... Qu'en conséquence, le fait de la construction et de l'exploitation de l'hôtel par la compagnie ne peut donner ouverture à une action en dommages-intérêts de la part des maîtres d'hôtel de la ville où cet hôtel est établi. — Même arrêt. — V. sur ce point Lamé-Fleury, *op. cit.*, p. 73; Dumay, *op. cit.*, p. 52.

362. — C'est ainsi encore qu'une compagnie peut adjoindre à sa concession un service de transport des marchandises organisé par ses soins, pour les prendre à domicile et les conduire à la gare. L'organisation d'un pareil service est même imposée dans certaines conditions par quelques cahiers des charges.

363. — Il n'en serait autrement qu'autant qu'il y aurait à cet égard une interdiction spéciale dans la loi de concession. Encore faudrait-il bien se garder d'étendre cette prohibition d'une ligne à une autre; et on pourrait même se demander si, dans le cas où une ligne qui ne tomberait pas sous le coup de cette prohibition viendrait à être absorbée par une autre qui s'y trouvait assujettie, il y aurait lieu de lui étendre cette interdiction. On peut consulter par voie d'analogie un arrêt par lequel il a été décidé que l'art. 5, L. 7 juill. 1838, qui interdit à la compagnie de chemin de fer de Paris à Orléans de former aucune entreprise de transport de voyageurs ou de marchandises par terre et par eau pour desservir les routes aboutissant à cette voie de fer, est spécial à cette compagnie et ne peut être étendu à celle du chemin de fer de Rouen à Dieppe. — Cass., 30 juill. 1853, Fauchet, [P. 54.1.209]

364. — Mais nous verrons que de pareilles entreprises ne sauraient constituer au profit de la compagnie qui les aurait formées un monopole, ni empêcher les tiers d'exercer une industrie analogue.

365. — Les compagnies peuvent également établir dans leurs gares des buffets, buvettes, etc., pour permettre aux voyageurs, qui ont de longues distances à parcourir, de prendre leurs repas. — Cass , 29 déc. 1860, Brunet, [S. 61.1.556, P. 61.1131, D. 61. 5.71]

366. — Enfin, les compagnies peuvent créer, dans leurs gares, des librairies, ainsi que des dépôts des marchandises les plus usuelles, se rattachant par un lien plus ou moins direct au service des voyageurs, tels que jouets destinés aux enfants, articles de fumeurs, allumettes, etc. — Paris, 12 mars 1886, Chirac, [S. 88.2.125, P. 88.1.695]

367. — A cet égard, on s'est demandé si les compagnies de chemins de fer seraient en droit de passer un traité avec un libraire pour lui conférer le monopole de la vente des objets de librairie dans leurs gares, indépendamment de toute homologation du ministre des Travaux publics. L'affirmative n'est pas douteuse. Elles peuvent, pour les besoins de leur exploitation, qui n'intéressent en rien le service des transports publics, passer avec qui il leur convient des traités, sans être tenues de les faire homologuer par le ministre des Travaux publics. — Même arrêt.

368. — On soutiendrait vainement que la voie ferrée et ses dépendances faisant partie de la grande voirie, la vente des livres et imprimés doit y être complètement libre, conformément à l'art. 68, L. 29 juill. 1881. — Même arrêt.

369. — En effet, les voies ferrées et leurs dépendances, cours et bâtiments des gares et stations, à la différence des voies publiques, échappent en principe à la réglementation de l'autorité municipale. — Cass., 17 mars 1866, Hanon, [S. 67.1.48, P. 67. 74, D. 66.1.354] — V. Cass., 2 juill. 1870, Meinrad-Geyer, [S. 71.1.40, P. 71.64, D. 70.1.314] — Le contrôle et la surveillance en appartiennent à l'autorité supérieure, qui exerce cette surveillance et ce contrôle en vertu des pouvoirs qui lui sont conférés par les lois et règlements sur la police des chemins de fer. En ce qui concerne spécialement la vente d'objets quelconques dans les gares et stations, aux termes de l'art. 70, Ord. 15 nov. 1846, c'est à l'autorité préfectorale qu'est dévolu le droit d'autoriser les personnes que les compagnies auront admises à vendre, et il n'est pas admissible que la loi du 29 juill. 1881 ait, sans s'en expliquer, abrogé cette législation spéciale, dont le maintien intéresse au plus haut point la police des chemins de fer.

370. — Le concessionnaire de la vente des objets de librairie dans les gares et stations d'une compagnie de chemins de fer est d'ailleurs libre de mettre en vente, dans les bibliothèques des gares, tels ouvrages qu'il juge convenable. En conséquence, le refus par le concessionnaire de mettre un livre en vente dans les gares, ne peut donner ouverture à aucune action. — Paris, 12 mars 1886, précité.

371. — Si des abus venaient à se produire par suite des stipulations insérées dans les contrats passés entre la compagnie et le concessionnaire de la vente des livres, les parties qui se croiraient lésées n'auraient de recours qu'auprès du préfet dont l'autorisation est nécessaire pour l'ouverture et le maintien des bibliothèques dans les gares. — Même arrêt.

372. — En résumé, on voit que si les compagnies de chemin de fer peuvent exploiter ou faire exploiter dans leurs gares certaines industries, ce n'est qu'autant qu'elles répondent aux besoins des voyageurs qu'elles transportent, et améliorent le service en fournissant à ceux-ci les objets qui leur sont indispensables.

373. — D'autres applications ont encore été faites de cette idée que le monopole accordé aux compagnies de chemins de fer ne s'étend pas au delà de la concession dont elles ont été investies. C'est ainsi qu'on décide communément que les expéditeurs ou destinataires restent libres de faire eux-mêmes et à leurs frais le factage et le transport des marchandises de la gare au lieu de destination. — Cass., 27 juill. 1852, Chemin de fer de Tours à Nantes, [S. 52.1.830, P. 52.2.467, D. 52.1.226]

374. — Il a été jugé également, en vertu d'un principe analogue, qu'une compagnie, adjudicataire de l'*exploitation* d'une ligne principale de chemin de fer, qui lui est livrée toute construite par l'Etat, avec gare et accessoires, et de la *construction* d'embranchements qui viennent s'y rattacher, ne peut appliquer à l'augmentation de la gare de la ligne principale, le droit d'exproprier qui lui a été concédé seulement pour la construction des embranchements..., alors même que les sociétés, originairement distinctes de la ligne principale et des embranchements, auraient été réunies en une seule. — Cass., 27 févr. 1849, Cie Heim et Alquier, [S. 49.1.215, D. 49.1.86] — V. aussi, sur le principe de la limitation rigoureuse du droit d'expropriation, Cass., 21 nov. 1836, Préfet du Puy-de-Dôme, [S. 36.1.920, P. chr.]; — 10 mai 1847, Etienne et Delachaume, [S. 48.1.51, P. 47.1.678, D. 47.2.245] — V. également *suprà*, n. 146 et 147.

375. — Ce qui n'implique pas, d'ailleurs, qu'une compagnie concessionnaire ne puisse, dans ses rapports avec l'Etat, avoir d'autre qualité que celle de concessionnaire. Jugé, notamment, en ce sens, qu'une compagnie de chemins de fer qui s'est chargée d'effectuer les travaux d'agrandissement d'une gare sous le contrôle des ingénieurs de l'Etat, et moyennant le remboursement de la dépense dûment justifiée, doit être considérée comme ayant exécuté ces travaux non en qualité de concessionnaire, mais en qualité d'entrepreneur de l'Etat. — Cons. d'Et., 28 mars 1888, Cie du chemin de fer d'Orléans, [D. 89.3.53]

376. — La matière du rachat par l'Etat peut fournir encore une application des mêmes idées, en ce sens que l'Etat ne peut revendiquer, en fin de concession, que ce dont il a investi lui-même le concessionnaire.

377. — Jugé, en ce sens, que l'Etat, n'ayant cédé à celui-ci que le droit de percevoir des péages, c'est-à-dire un droit purement mobilier, ne saurait racheter que cette part de ses droits qu'il a aliénée temporairement et, par suite, ne pourrait revendiquer l'outillage, le mobilier et le matériel roulant, comme étant des accessoires de la concession ou de l'immeuble. — Bruxelles, 10 juill. 1882, sous Cass. belg., 28 juin 1883, Chemin de fer de Lierre à Turnhout, [S. 83.4.33, P. 83.2.52]

378. — Un autre effet du contrat de concession est de s'opposer à ce qu'un autre que le titulaire en perçoive les avantages. Il est de principe, en effet, que, même en l'absence de toute stipulation du cahier des charges sur ce point, une concession de chemin de fer ne peut être cédée à un tiers *sans l'autorisation des pouvoirs publics*. — Aucoc, *op. cit.*, t. 3, n. 333 et s.; Picard, *op. cit.*, t. 2, p. 153 et s.

379. — La raison en est apparente. Dans les entreprises de chemins de fer, les concessionnaires se trouvent mis aux lieu et place de l'Etat, qui ne leur confère cette délégation qu'*intuitu personæ* (V. *suprà*, n. 276). En vain on soutiendrait que la délégation est généralement faite à des sociétés anonymes, et que l'anonymat est contraire à toute considération de personne. Ce qui est vrai des rapports des associés entre eux, ne l'est pas nécessairement des rapports des tiers avec les représentants de la société, et l'on conçoit très-bien qu'un plan de conduite personnalise en quelque sorte une société. La jurisprudence qui n'a jamais manqué de consacrer cette solution part, d'ailleurs, d'un autre principe encore : elle fait observer qu'aux termes de l'art. 1, L. 15 juill. 1845, les chemins de fer font essentiellement partie de la grande voirie, c'est-à-dire du domaine public, et applique l'art. 1598, C. civ., aux termes duquel on ne peut céder ce qui est dans le commerce que lorsque des lois particulières n'en ont pas prohibé l'aliénation.

380. — Elle en conclut que toute cession, consentie contrairement à cette règle, est contraire à l'ordre public et doit être dépourvue, par suite, de tous effets. Jugé, en ce sens, que la concession d'un chemin de fer ne peut être cédée à un tiers par celui qui l'a obtenue, sans l'assentiment et contre la volonté du gouvernement, et que l'inexécution de la cession résultant du refus d'approbation par le gouvernement, ne saurait donner lieu à des dommages-intérêts entre les parties, chacune d'elles, en contractant, ayant dû prévoir ce refus. — Cass., 14 févr. 1859, Mancel, [S. 59.1.207, P. 59.346, D. 59.1.115]; — 15 mai 1861,

Paris, 12 févr. 1856, Jumelais, [S. 56.2.288, P. 56.2.79, D. 56.2.181]

381. — ... Que la cession d'une concession de chemin de fer sans l'autorisation de l'administration et contrairement aux stipulations du cahier des charges, n'est pas opposable à l'administration, et qu'en conséquence, le tiers, au profit duquel est intervenue la prétendue cession, n'est pas recevable à intervenir dans une instance pendante, devant la juridiction administrative, entre l'administration et le concessionnaire. — Cons. d'Et., 31 mai 1878, de Méritens, [S. 80.2.64, P. adm. chr., D. 78.3.62] — V. aussi Cons. préf. Seine, 24 juin 1879, Chemin de fer de Marmande à Angoulême, [Dauv. 79.3.70]

382. — ... Que les voies ferrées établies ou exploitées en vertu de concessions de l'Etat font essentiellement partie du domaine public; que le choix des concessionnaires, déterminé par des considérations relatives à leur personne, exclut nécessairement la faculté pour ceux-ci de se substituer par leur seule volonté des tiers qui peuvent ne pas offrir les mêmes garanties; que le caractère temporaire des concessions, le droit de propriété réservé à l'Etat après leur expiration, enfin l'intérêt public, engagé d'une manière permanente dans l'exploitation d'entreprises de cette nature, ne permettent pas d'admettre que ceux à qui elles ont été concédées puissent les transmettre à d'autres sans le consentement préalable de l'autorité supérieure. — Cass., 5 déc. 1882, Tarbé des Sablons, [S. 84.1.193, P. 84. 1.460, D. 83.1.171]

383. — ... Qu'est nul, comme contraire à l'ordre et à l'intérêt publics, le traité par lequel le concessionnaire d'un chemin de fer cède à un tiers, sans l'assentiment et l'autorisation préalable de l'autorité supérieure, la concession qu'il a obtenue. — Cass., 11 févr. 1884, Syndic de la Banque franco-hollandaise, [S. 84. 1.265, P. 84.1.654, D. 85.1.99]

384. — ... Qu'en conséquence, les sommes payées en exécution d'une cession de concession de chemin de fer, cession faite sans l'autorisation du gouvernement, sont payées en vertu d'une convention illicite, et doivent dès lors être restituées; et que les intérêts de ces sommes sont dus du jour où elles ont été versées. — Même arrêt.

385. — Ces solutions ne nous semblent pas échapper à toute critique. Nous croyons qu'elles reposent sur une confusion entre deux idées distinctes dérivant d'une fausse interprétation du mot concession. Ce qui est concédé, il ne faut pas l'oublier, ce n'est pas le chemin lui-même, c'est une utilité de ce chemin, le droit d'y percevoir un péage à raison des frais de construction qu'il a nécessités, un salaire à raison du transport y effectué. Or, c'est le chemin seul, envisagé comme tel par l'art. 1, L. 15 juill. 1845, qui fait partie du domaine public. Tout à fait exactes en ce qui concerne les rapports de l'administration avec le concessionnaire et le sous-concessionnaire, ces décisions nous sembleraient donc appeler quelques réserves en ce qui concerne les rapports de ces deux parties entre elles. En tout cas, pour les faire prévaloir, il nous semblerait préférable de s'appuyer sur les considérations d'ordre public tirées de l'arrêt de 1882 que sur un argument tiré du régime de la grande voirie.

386. — Quoi qu'il en soit, si on admet le principe, on est nécessairement conduit à décider que ce n'est pas seulement la cession amiable qui doit être prohibée, mais aussi la cession forcée, l'expropriation par les créanciers du débiteur. — Trib. Seine, 27 juill. 1850, Chemin de fer de Sceaux, [S. 50.2.599, D. 51.5.78]

387. — A *fortiori* ne saurait-on comprendre dans la succession d'un particulier la concession à lui faite de construire une ligne de chemin de fer.

388. — Ces règles sont-elles inconciliables avec cette observation que souvent la concession n'est faite à un particulier qu'à la condition par lui de la retransférer sans délai à une société qu'il se chargera de former? Nous ne le pensons pas (V *suprâ*, n. 274 et 285). L'*intuitus personæ* réside alors dans la capacité qu'on reconnaît au concessionnaire provisoire de rassembler mieux que personne les capitaux nécessaires. Il est plutôt mandataire que concessionnaire même provisoire, et le véritable concessionnaire sous condition, *in futurum*, c'est d'ores et déjà, au moment de la concession, la société à former. Nous verrons plus tard, quelle conséquence il pourra y avoir à tirer de ces remarques au point de vue de l'enregistrement. Tout cela, sans doute, n'est pas très-conforme au principe du pur droit civil; mais nous avons déjà rencontré des exceptions à ces principes qui ne sont pas moins singulières.

389. — Est-ce à dire, au surplus, qu'une compagnie de chemin de fer ne pourrait pas, sans consentir à une autre la cession proprement dite de ses lignes, lui concéder provisoirement le droit d'exploiter pour son compte, sous sa responsabilité à elle compagnie véritablement concessionnaire, une partie de son réseau? La question paraît avoir été sinon résolue, au moins posée devant le Conseil d'Etat à l'occasion d'une société étrangère. Il a été jugé, à cet égard, qu'une compagnie étrangère de chemin de fer, qui exploite en France, pour le compte d'une compagnie française, une partie du réseau de cette dernière, avec un personnel, des machines et un matériel lui appartenant, et en se conformant, sous sa responsabilité, aux règlements sur l'exploitation des chemins de fer, doit être assimilée à un concessionnaire de chemin de fer avec péage et non à un concessionnaire de transport. — Cons. d'Et., 27 févr. 1880, Cie des chemins de fer de la Suisse occidentale, [Leb. chr., p. 227]

390. — La doctrine est partagée sur ce point. M. Aucoc, partant de ce principe que le concessionnaire « reste toujours responsable envers le gouvernement qui n'a pas à se préoccuper des instruments qu'il emploie pour réaliser ses engagements », émet l'avis qu'en principe, à défaut d'un texte exprès, un traité de cette nature (qu'il appelle *traité d'exploitation*) n'a pas besoin pour être valable de l'approbation du gouvernement pas plus que les sous-traités faits pour l'exécution des travaux. — Aucoc, *op. cit.*, n. 1333.

391. — M. Picard, sans être très-affirmatif, paraît plutôt disposé à exiger au moins l'approbation gouvernementale. Supposons, en effet, une cession de cette nature intervenue entre deux compagnies tout à fait autonomes, dit-il. Malgré la différence qui existe entre le contrat de cession proprement dit et le traité d'exploitation, « on peut se demander si deux compagnies, même jouissant d'une complète indépendance financière au regard de l'Etat, même investies par leurs statuts de la capacité nécessaire, peuvent librement se substituer ainsi l'une à l'autre, s'il est indifférent à l'Etat qui a choisi un concessionnaire de voir un tiers se mettre en face du public, au lieu et place de ce concessionnaire, s'il n'y a pas là une atteinte portée au contrat de concession; s'il ne peut pas en résulter des fusions contraires aux vues des pouvoirs publics sur le régime général des chemins de fer et dommageables aux usagers de ces voies de communication ». — Picard, *op. cit.*, t. 2, p. 163.

392. — Nous croyons qu'il est impossible de répondre théoriquement à la question, et que tout se ramène à un point de fait qu'il appartient au juge du fond d'apprécier souverainement; en d'autres termes, si le traité d'exploitation n'intervient que pour déguiser une cession véritable, il devra être assujetti à l'observation des mêmes formalités que s'il se fût agi d'une concession primitive (V. *infrà*, n. 397, 401). — V. cep. sur ce point, la réponse faite par M. Christophle, alors ministre des Travaux publics, à M. Wilson dans la séance de la Chambre du 12 mars 1877, d'où il semblerait résulter qu'il suffirait, en tous cas, d'une approbation gouvernementale); si ce traité, au contraire, n'a pas pour but de faire disparaître la personnalité du concédant, il pourra être passé librement; en aucune hypothèse, au surplus, les rapports financiers de l'Etat avec l'une ou l'autre compagnie n'en pourront être affectés.

393. — Il faut convenir, d'ailleurs, que la pratique semble donner raison à M. Picard, et les exemples qu'il cite sont bien faits pour démontrer « que ni le gouvernement, ni les compagnies n'ont entendu limiter la nécessité d'une autorisation au cas où la mise en vigueur des traités serait susceptible d'influer sur les avances du Trésor au titre de la garantie d'intérêt ou sur sa participation aux bénéfices ». — Picard, *loc. cit.* — V. aussi *infrà*, n. 401.

394. — En tous cas, l'autorisation du gouvernement ne saurait dispenser les deux parties d'observer, en cas de cession, les règles particulières à chaque sorte de cession, ni en tenir lieu. Jugé, en ce sens, que, pour que la cession amiable de la concession d'un chemin de fer par le syndic de la faillite de la compagnie concessionnaire soit régulière et valable, il ne suffit pas, même sous le régime de l'état d'union, qu'elle ait été autorisée par le juge commissaire et acceptée par le gouvernement, qu'il faut encore qu'elle ait été approuvée par l'assemblée générale des créanciers et homologuée par le tribunal de commerce. — Trib. comm. Seine, 23 oct. 1871, Chemin de fer de Lyon à Sathonay, [D. 72.3.55]

394 bis. — Jugé encore, à un autre point de vue, que le contrôle auquel cette société est soumise de la part de l'administration ne saurait faire obstacle à sa mise en faillite. — Cass., 14 juill. 1862, Chemin de fer de Graissessac à Béziers, [S. 62.1.938, P. 63.1166]

395. — A l'inverse, l'observation des formalités relatives à la faillite ne sauraient dispenser d'avoir recours à l'autorisation des pouvoirs publics. — Avis de la commission provisoire du Conseil d'Etat cité par Picard, t. 2, p. 156, dans l'affaire du chemin de fer de la Croix-Rousse à Sathonay.

396. — Quelles sont ces formalités? Peut-on assimiler cette cession à une vente mobilière (art. 484 et s., C. civ.)? Ne faut-il pas plutôt s'attacher au caractère immobilier des biens dont elle transfère les avantages (art. 572 et s.)? Cette question est trop étrangère à notre sujet pour que nous l'examinions en détail à cette place. Il nous suffira de dire, à cet égard, que la commission provisoire du Conseil d'Etat a émis l'avis qu'on pouvait lui appliquer la disposition de l'art. 570, C. comm. — Picard, *loc. cit.*

397. — Il ne suffit pas de dire que la cession d'une concession ne pourra pas s'opérer sans l'approbation des pouvoirs publics, il faut encore déterminer l'autorité qui pourra donner cette approbation. Convient-il de se référer, à cet égard, à la distinction qui a été faite par le législateur de 1870 entre les chemins de fer d'intérêt général constituant un réseau principal ou ayant plus de 20 kilomètres, lesquels nécessitent l'intervention du Parlement, et les chemins d'embranchement de moins de 20 kilomètres, pour lesquels un simple décret suffit? Nous ne le pensons pas. Indépendamment des rapports financiers entre la compagnie et l'Etat dont il va être question dans un instant, la cession peut avoir pour résultat, en effet, de conférer à une ligne qui avait primitivement moins de 20 kilomètres un réseau supérieur, et, si elle n'est que partielle, de reduire au contraire le réseau d'une compagnie de plus de 20 kilomètres à un chiffre inférieur. Ces modifications, à elles seules, sembleraient donc appeler l'intervention du législateur.

398. — Elles l'appelleraient encore et, à plus forte raison, croyons-nous, si la cession devait avoir pour effet de modifier la situation pécuniaire d'une compagnie liée financièrement à l'Etat. Aussi bien, est-ce là l'esprit des conventions de 1883 puisque les lois du 20 novembre portent que « tout nouveau traité engageant le concours financier des grandes compagnies dans la construction et l'exploitation des lignes ferrées ne pourra être exécuté qu'après avoir été approuvé par une loi ». — Picard, *op. cit.*, t. 2, p. 157.

399. — Ce n'est donc qu'autant que l'opération projetée aurait pour résultat pur et simple de substituer à un premier concessionnaire un concessionnaire nouveau sans altérer le ou les réseaux primitivement établis, non plus que les rapports financiers de l'Etat avec l'une ou l'autre compagnie (cédante ou cessionnaire) qu'on devrait se référer à la distinction établie par le législateur de 1870.

400. — Nous devons signaler toutefois, sur ce point, deux opinions dissidentes. Pour certains auteurs, toute concession ayant un caractère personnel, la modification introduite par la cession dans les rapports de la compagnie avec l'Etat devrait toujours nécessiter l'approbation du Parlement. Pour d'autres, il ne serait jamais besoin, au contraire, que d'un décret du gouvernement, parce que, ce qui est intéressant dans la concession, c'est moins la personne du concessionnaire que les conditions mêmes de la concession, qu'en cas d'adjudication, c'est le ministre seul qui examine les titres des concurrents, et qu'on peut supposer des cas où l'adjudication est forcée, c'est-à-dire exclusive pour ainsi dire de tout consentement. — V. sur la question, Aucoc, *op. cit.*, t. 3, p. 1333. — Sur les exemples que fournit la pratique, V. Picard, *loc. cit.*

401. — Ce qui est vrai du droit de cession par le concessionnaire primitif l'est également du droit de sous-cession consenti par le cessionnaire lui-même. Ainsi jugé que le traité par lequel une compagnie de chemins de fer cède à une autre l'exploitation de son réseau peut être considéré comme constituant, non un contrat d'entreprise, qui, dans la pensée des parties, doive être envisagé comme fait en considération de la personne, mais un contrat de vente et un contrat de louage, suivant la différence des cas prévus, contrats consentis dans les termes du droit commun, et ouvrant par conséquent à la compagnie cessionnaire le droit de revendre ou de céder sa location. A cet égard, l'appréciation par les juges du fond des circonstances de la cause et de l'intention des parties est souveraine.— Cass., 13 avr. 1891, Chemin de fer du Rhône, [S. et P. 92.1.458] — V. *suprà*, n. 389.

401 *bis*. — Pour qu'il en fût autrement, il faudrait que le droit de cession eût été dénié lors de l'acte de cession, ou qu'il résultât des termes de cet acte que la cession ou la location avaient été consenties en vue de la personne et qu'elles ne pouvaient ainsi être cédées. A cet égard, les juges du fond ont un pouvoir souverain d'appréciation pour interpréter le traité de cession, pourvu qu'ils ne le dénaturent pas. — V. Cass., 7 juin 1886, Héritiers Pozzi, [S. 90.1.406, P. 90.1.976]; — 5 févr. 1890, Delpoux, [S. 91.1.107, P. 91.1.258, D. 91.5.50]; — 4 mars 1890, Chemin de fer Grand-Central belge, [S. 91.1.473, P. 91.1.1140, D. 91.1.127]

402. — Jugé d'ailleurs que dans le cas où une compagnie de chemins de fer a cédé son réseau à une autre, en stipulant que le paiement du prix de cession serait effectué, au choix du cédant, soit en actions, soit en obligations de la compagnie cessionnaire, l'option ainsi réservée à la compagnie cédante peut être considérée comme n'ayant pas été rendue impossible par le fait que la compagnie cessionnaire a rétrocédé son réseau à une troisième compagnie, et qu'ainsi ses actions ont disparu, alors que les parties n'ont pas considéré l'existence des actions en nature comme une condition substantielle du contrat, et que la valeur desdites actions ayant été fixée relativement aux obligations, le droit d'option peut encore ainsi s'exercer. Ici également, l'appréciation, par des juges du fond, des circonstances de la cause et de l'intention des parties, est souveraine. — Cass., 13 avr. 1891, précité.

403. — Nous avons admis par avance, avec la jurisprudence et la doctrine, que la sanction de l'inobservation de toutes les formalités dont il vient d'être parlé devait résider dans la nullité du contrat passé entre le cédant et le cessionnaire, dans ses rapports avec l'administration tout au moins. Une pareille irrégularité ne devrait-elle pas entraîner encore la déchéance de la concession primitive? On l'a soutenu en invoquant les termes de l'art. 39 du cahier des charges. — Picard, *op. cit.*, t. 2, p. 162. — La réponse à cette question comporte, croyons-nous, certaines distinctions. La déchéance devrait être encourue si la conclusion du traité entraînait pour la compagnie cédante l'impossibilité de satisfaire à ses obligations, ou marquait la volonté évidente de se passer de l'administration. Elle pourrait ne pas l'être si elle ne révélait qu'une ignorance de la matière, sans faute des parties contractantes, et que, la construction ou l'exploitation n'ayant pas été interrompue par la compagnie régulièrement investie de la concession, celle-ci fût en mesure de les reprendre.

404. — Nous n'avons pas à nous expliquer pour le moment sur les effets de la cession consentie. Nous nous bornerons à faire remarquer qu'il faudrait bien se garder de les assimiler à ceux que peuvent entraîner la déchéance ou le rachat. Jugé, en ce sens, qu'une compagnie de chemin de fer qui a rétrocédé son réseau à l'Etat, ne saurait prétendre que cette rétrocession constitue un cas de force majeure, alors que, d'une part, la rétrocession a eu lieu avant l'époque où l'Etat aurait pu imposer le rachat, et que, d'autre part, la compagnie (et à cet égard, l'appréciation des circonstances par les juges du fait est souveraine) n'a nullement subi le rachat par l'Etat, mais l'a plutôt sollicité et librement consenti; qu'en conséquence la compagnie est à bon droit condamnée à des dommages-intérêts pour inexécution de ses obligations envers les porteurs de bons émis par elle. — Cass., 18 avr. 1883, Chemin de fer des Charentes, [S. 83.1.361, P. 83.1.929, D. 84.1.25]; — *Ibid.*, [S. 83.1.441, P. 83.1.1121, D. 84.1.25]

405 — ... Et que le fait par une compagnie de céder ses lignes n'emporte pas pour les porteurs d'obligations déchéance du bénéfice du terme. — Cass., 10 mai 1881, Chemin de fer Nantais, [S. 82.1.17, P. 82.1.24, D. 82.1.201] — Nous avons déjà fait l'application de principes analogues en nous occupant de la constitution du capital social des compagnies. — V. *suprà*, n. 343.

406 — Nous ajouterons en terminant qu'on ne saurait en tous cas assimiler à une cession de ligne, le fait par l'Etat, qui aurait commencé par retenir la construction et l'exploitation, d'en investir après coup un concessionnaire.

407. — On conçoit d'ailleurs que si les deux hypothèses sont appelées dans certains cas à produire des effets différents, elles puissent aussi, dans d'autres cas, entraîner des conséquences identiques. Ainsi jugé que lorsque des travaux ont été, en vertu d'un marché passé avec l'Etat pour la construction d'un chemin de fer, exécutés par un entrepreneur antérieurement à la concession de ce chemin par l'Etat, une contestation qui s'élève à l'occasion du règlement du décompte par les ingénieurs de l'Etat, appartient à la compétence du conseil de préfecture, alors même que cette contestation naît postérieurement à la concession. — Cons. d'Et., 13 mars 1867, Cornu, [S. 68.2.62, P. adm. chr.]

408 — ... Et que lorsque l'entrepreneur des travaux de construction d'un chemin de fer s'est engagé envers l'Etat à céder des bois (dans l'espèce des bois de cintre) pour le cas où cette cession serait réclamée par lui, la concession du chemin de l'Etat fait postérieurement ne peut avoir pour effet de dégager l'entrepreneur de ses obligations envers l'Etat, et notamment de celle dont il s'agit; mais que l'exécution de cette obligation ne peut, après la concession, être réclamée que par le concessionnaire. — Cons. d'Et., 13 mars 1867, Corme, [Leb. chr., p. 279]

409. — Nous avons étudié les effets du contrat de concession soit dans les rapports du concédant avec le concessionnaire, soit dans les rapports des concessionnaires avec le public en général; il nous reste à les examiner par rapport à certains tiers, ceux qui voudraient obtenir des concessions analogues, ou ceux qui jouissant déjà de droits similaires se verraient atteints dans l'exercice de leurs droits par la concession du chemin.

410. — Et d'abord la concession du chemin de fer constitue-t-elle entre les mains des compagnies un monopole assez puissant pour enlever à l'administration le droit d'y porter atteinte, par la suite, soit directement, soit indirectement en créant de nouvelles voies? La négative est formellement résolue par les cahiers des charges.

411. — « Toute exécution ou autorisation ultérieure de route, de canal, de chemin de fer, de travaux de navigation, dans la contrée où est situé le chemin de fer objet de la présente concession, ou dans toute autre contrée voisine ou éloignée, porte l'art. 60 de ce cahier, ne pourra donner ouverture à aucune demande d'indemnité de la part de la compagnie. »

412. — Et l'art. 59 porte, de son côté : « Dans le cas où le gouvernement ordonnerait ou autoriserait la construction de routes nationales, départementales ou vicinales, de chemins de fer ou de canaux qui traverseraient la ligne objet de la présente concession, la compagnie ne pourra s'opposer à ces travaux ; mais toutes les dispositions nécessaires seront prises pour qu'il ne résulte aucun obstacle à la construction ou au service du chemin de fer, ni aucuns frais pour la compagnie. »

413. — On a pu admettre, au contraire, que la concession d'un chemin de fer postérieure à la concession d'une entreprise de transport ou de passage et susceptible de lui faire concurrence, était de nature à entraîner des dommages-intérêts au profit de cet entrepreneur, *dans le cas tout au moins où son titre primitif lui donnait le droit d'effectuer seul ce transport*. Tout dépend donc des conventions intervenues à cet égard entre le concédant et le concessionnaire.

414. — C'est ainsi qu'il a été décidé, notamment, que lorsque la concession d'un pont suspendu a été faite sous la condition que, pendant toute la durée de la concession, il ne serait établi aucun pont ou bac à une distance déterminée dudit pont, si l'Etat, au mépris de cette condition, vient à autoriser, à une distance moindre, l'établissement d'un pont-viaduc pour le passage d'un chemin de fer, il est dû une indemnité au concessionnaire du pont suspendu à raison du préjudice que l'établissement du pont-viaduc a pu lui causer, mais que ledit concessionnaire n'est pas fondé à réclamer une indemnité à raison de l'établissement du pont de service qui a été construit pour servir à l'exécution du viaduc, si ce pont n'a pas été livré au passage du public. — Cons. d'Et., 26 mai 1853, Cie anonyme du pont suspendu de Rognonas, [S. 54.2.158, P. adm. chr., D. 54.3.55]

415. — Cependant la jurisprudence, sur ce point, est loin d'être uniforme, et il suffit, pour s'en convaincre, de se référer aux explications que nous avons données *suprà*, v° *Bac*, n. 62 et s. — Jugé, notamment, que les concessionnaires d'un pont à péage ne sauraient se plaindre du préjudice à eux causé par l'établissement d'une voie de fer parallèle à la route dont ce pont fait partie; que le droit qui appartient à l'administration de créer de nouvelles voies de communication ne peut être limité au profit d'un intérêt privé que *par des stipulations expresses*. — Cons. d'Et., 2 déc. 1858, Société du pont de Cubzac, [S. 59.2.461, P. adm. chr., D. 60.5.364] — Dans le silence des conventions, à cet égard, aucune atteinte au droit de souveraineté de l'Etat ne saurait donc se présumer.

416. — La question s'étant posée, non plus dans les rapports de l'administration avec un concessionnaire demandant la résiliation de sa concession ou de son bail, mais dans les rapports des tiers intéressés entre eux, il a été jugé également que la création d'un chemin de fer pouvait être considérée comme une cause de résiliation suffisante d'une convention formée entre commissionnaires de roulage pour service de transport de marchandises, alors même qu'à l'époque où cette convention était intervenue, le chemin de fer était déjà en construction, s'il était démontré que, dans l'esprit des parties contractantes, l'existence de ce chemin de fer était inconciliable avec leur entreprise. — Rouen, 9 févr. 1844, Robillard, [S. 44.2.402, P. 44.1.234, D. 45.2.4]

417. — Dans une hypothèse particulière, il a pu y avoir des difficultés d'un autre ordre. On sait qu'aux termes de la loi du 25 vent. an XIII, une indemnité déterminée était due à tous maîtres de poste par les voituriers qui n'employaient pas leurs chevaux. On s'était demandé dans quelle situation se trouvaient à cet égard, soit les chemins de fer eux-mêmes, soit au moins les services de correspondance conduisant aux chemins de fer. — Il a été jugé, à cet égard, que l'indemnité stipulée pour les maîtres de poste n'était pas due par l'entrepreneur qui, desservant un chemin de fer, faisait un service plusieurs fois par jour, mais sans relayer entre deux points distants de 17 kilomètres, alors surtout que l'emploi des voitures était facultatif et exigeait une nouvelle rétribution. — Lyon, 27 janv. 1847, Chemin de fer Saint-Etienne, [P. 47.1.448]

418. — ... Que le maître de poste ne pouvait réclamer d'indemnité pour le parcours qui se faisait sur le chemin de fer, encore bien que la voiture (après avoir quitté le chemin de fer) continuât son service par terre, si l'espace parcouru à l'aide des chevaux était inférieur à la distance déterminée pour qu'il y eût lieu à indemnité. — Cass., 7 août 1845, Magdenier, [P. 47.2.584, D. 47.1.319]

419. — ... Qu'il n'était pas dû d'indemnité aux maîtres de poste par les entrepreneurs de voitures publiques qui faisaient le service entre deux lignes de chemins de fer sans relayer dans un parcours inférieur à 43 kilomètres, encore bien que deux entreprises de voitures communiquassent aussi entre elles par l'intermédiaire du chemin de fer. — Cass., 23 déc. 1848, Talabot, [P. 50.1.256, D. 48.5.377]

420. — ... Mais que les concessionnaires de voies ferrées desservies par des chevaux, dites chemins de fer américains, devaient comme tous autres entrepreneurs de voitures publiques l'indemnité de 25 cent. par poste et par chevaux aux maîtres de poste dont ils n'employaient pas les chevaux. — Cass., 7 janv. 1860, Tardeur, [S. 60.1.91, P. 60.13]

§ 5. *Recours contre les actes de concession.*

421. — « Les actes de concession émanant du pouvoir exécutif, dit M. Picard, peuvent donner lieu à des recours, soit pour excès de pouvoir, soit pour violation d'engagements antérieurs résultant, par exemple, de concessions éventuelles. En ce qui concerne spécialement les adjudications, le lecteur pourra consulter l'exposé très-complet de M. Aucoc sur la jurisprudence du Conseil d'Etat en matière de marchés de travaux publics (t. 2, p. 291). Nous devons, toutefois, faire observer que l'homologation de l'adjudication ne saurait être réclamée par la voie contentieuse, au cas où elle serait refusée. Tant qu'elle n'est pas intervenue, les soumissionnaires seuls sont liés et non l'Etat ». — Picard, t. 2, p. 101.

Section V.

Des mesures préalables à l'expropriation.

§ 1. *Notions générales.*

422. — La concession étant devenue définitive, il s'agit de prendre les mesures qui doivent précéder l'expropriation pour cause d'utilité publique. Ce sont, dans l'ordre d'une circulaire du 28 juin 1879 (Potiquet, n. 1084) : 1° La rédaction des projets de tracé et de terrassement, qui doivent être dressés aussitôt après l'achèvement des études définitives; 2° la désignation des territoires nécessaires, faite conformément à l'art. 2, L. 3 mai 1841 ; 3° l'enquête sur le nombre et l'emplacement des gares suivant les formalités édictées par la circulaire du 25 janv. 1854 (Potiquet, n. 255) et celle du 9 août 1859 (Potiquet, n. 355), enquête à laquelle il y a lieu de procéder immédiatement après l'approbation du projet de tracé et de terrassement; 4° l'enquête parcellaire; 5° les projets d'exécution.

423. — C'est dans cet ordre que s'accomplissent le plus habituellement toutes ces formalités. Cependant nous rappelons que certaines circulaires y ont apporté parfois des dérogations. C'est ainsi que la circulaire du 28 avr. 1880 (Potiquet, n. 1130) portait notamment « que toutes les fois qu'un avant-projet aura été étudié avec assez de soin et de détail pour qu'aucun changement notable au plan ou au projet ne dût y être apporté ultérieurement en exécution, le ministre pourra donner, s'il y a lieu, sur la proposition du conseil général des ponts et chaussées, l'autorisation de prendre cet avant-projet pour base de l'enquête sur le nombre et l'emplacement des stations; que cette enquête pourra ainsi être ouverte immédiatement après la promulgation de la loi ou du décret déclarant l'utilité publique de la ligne; que le ministre pourra également dispenser, dans le même cas, les ingénieurs de la production du projet de tracé et de terrassement ». Mais on sait que ces mesures ont été rapportées par une circulaire postérieure.

424. — Nous allons parcourir successivement les principales règles relatives à ces différentes opérations, en distinguant entre le cas où les travaux sont poursuivis par une compagnie concessionnaire et celui ou ils le sont par l'Etat.

§ 2. *De l'instruction des projets.*

1° *Principes généraux.*

425. — Nous avons dit *suprà*, n. 76, que l'instruction des projets par les compagnies a été réglée principalement par une circulaire du 21 févr. 1877 (Potiquet, n. 958) et accessoirement par une autre circulaire du 28 juin 1879 (Potiquet, n. 1084) et celle des projets par l'Etat, indépendamment de la circulaire précitée du 28 juin 1879, par trois autres circulaires des 30 juill. et 15 sept. 1879 (Potiquet, n. 1091 et 1097) et 26 avr. 1880 (Potiquet, n. 1129). Les cahiers des charges, dans le premier cas, complètent et précisent les prescriptions contenues dans les instructions officielles. Sur la valeur des dispositions contenues dans les cahiers des charges, nous devons faire toutefois une observation préliminaire.

426. — Il résulte des développements historiques placés en tête de cette étude, qu'en dehors du réseau d'Etat, il n'y a pour ainsi dire plus d'autres chemins de fer en France que ceux qui sont entre les mains des grandes compagnies. Les conventions de 1883 ayant introduit dans le régime antérieur de ces sociétés des modifications dont les effets ne sont pas encore près de s'atténuer, il est clair que les règles contenues dans les différents articles du cahier des charges qui concernent chacune d'elles ne doivent lui être appliquées que sous réserve des modifications que ces mêmes conventions ont pu leur faire subir.

427. — Nous ne nous sommes attachés à reproduire que le texte des prescriptions contenues dans les dernières concessions. Pour les concessions antérieures, il faudra donc se référer aux anciens cahiers des charges.

2º *Présentation des projets.*

428. — I. *Par les compagnies.* — Toutes les pièces doivent être revêtues de la signature d'un directeur ou administrateur délégué ayant qualité pour engager la compagnie (Circ. 21 févr. 1877, art. 6).

429. — Les projets de tous travaux à exécuter doivent être dressés en double expédition et soumis à l'approbation du ministre : l'une doit être remise à la compagnie avec le visa du ministre, l'autre doit demeurer entre les mains de l'administration (art. 2 du cahier des charges).

430. — Les projets de tracé et de terrassement doivent être exactement dressés suivant les prescriptions de l'art. 3 du cahier des charges (Circ. 21 févr. 1877).

431. — Les ingénieurs du contrôle ont à examiner si ces projets satisfont dans leur ensemble aux indications générales du décret de concession, ainsi qu'aux prescriptions du cahier des charges, notamment si l'inclinaison des pentes et rampes, le rayon des courbes, la longueur des alignements droits entre deux courbes consécutives en sens contraire et celles des parties horizontales entre deux fortes déclivités versant leurs eaux vers le même point, les largeurs des profils en travers, etc., sont conformes aux prescriptions, si les paliers pour les stations prévues sont convenablement aménagés, si les intérêts des différents services publics paraissent sauvegardés dans une juste mesure (Même circ.).

432. — Le ministre des Travaux publics ne peut imposer à la compagnie concessionnaire d'un chemin de fer, comme condition de l'approbation par lui donnée au tracé du chemin, l'obligation de livrer gratuitement à l'Etat le terrain nécessaire pour l'élargissement d'une voie publique aboutissant à la gare, lorsque cette obligation ne résulte pas du cahier des charges. En conséquence, et nonobstant une pareille condition, si la compagnie a été obligée, par suite des alignements qui lui ont été donnés, d'abandonner des terrains à la voie publique, elle a droit d'exiger que l'Etat lui en paie le prix. — Cons. d'Et., 20 déc. 1855, Chemin de fer de Dieppe et de Fécamp à Rouen, [S. 56.2.568, P. adm. chr.]

433. — L'art. 5 du cahier des charges actuellement en vigueur est ainsi conçu : « Le tracé et le profil du chemin de fer seront arrêtés sur la production de projets d'ensemble comprenant pour la ligne entière ou pour chaque section de ligne : 1° un plan général à l'échelle de 1/10,000^e; 2° un profil en long à l'échelle de 1/5,000^e pour les longueurs et de 1/1,000^e pour les hauteurs dont les cotes seront rapportées au niveau moyen de la mer pour termes de comparaison. Au-dessous de ce profil on indiquera, au moyen de trois lignes horizontales disposées à cet effet, à savoir : les distances kilométriques du chemin de fer comptées à partir de son origine ; la longueur et l'inclinaison de chaque pente ou rampe ; la longueur des parties droites et le développement des parties courbes de tracé en faisant connaître le rayon correspondant à chacune de ces dernières ; 3° un certain nombre de profils en travers, y compris le profil type de la voie ; 4° un mémoire dans lequel seront justifiées toutes les dispositions essentielles du projet, et un devis descriptif dans lequel seront reproduites, sous forme de tableau, les indications relatives aux déclivités et aux courbes déjà données sur le profil en long. La position des gares et stations projetées, celle des cours d'eau et des voies de communication traversées par le chemin de fer, des passages soit à niveau, soit en dessus, soit en dessous de la voie ferrée, devront être indiqués tant sur le plan que sur le profil en long, le tout sans préjudice des projets à fournir pour chacun de ces ouvrages. »

434. — Jusqu'en 1883, ainsi que le fait remarquer M. Picard (t. 2, p. 652), « les travaux étant exécutés aux frais des compagnies et à leurs risques et périls, avec une subvention ferme de l'Etat, les projets n'étaient point appuyés d'une estimation des dépenses. Il n'y avait d'exception que pour les travaux complémentaires dont les charges devaient entrer en ligne de compte au point de vue de la garantie d'intérêt et du partage des bénéfices ». Les conventions ayant inauguré le régime que nous avons fait connaître, aux termes duquel « les compagnies ne concourent plus que pour une somme ferme aux travaux des lignes nouvelles, qu'elles exécutent aux frais et pour le compte de l'Etat dans la limite d'un maximum déterminé après approbation des projets d'exécution, cette solution devait appeler des modifications dans les règles antérieurement en vigueur. Les compagnies présentent aujourd'hui, outre les avant-projets, les projets de tracé et de terrassement appuyés d'un détail estimatif de la dépense, de propositions tendant à déterminer les sections principales d'exploitation, et d'un programme pour l'exécution des travaux; les dossiers des enquêtes de station; les projets complets d'exécution avec détail estimatif (le devis n'est fourni que par extrait); les dossiers des enquêtes parcellaires. Les projets d'exécution sont produits séparément pour l'infrastructure et la superstructure; ils sont divisés en projets partiels susceptibles d'être mis isolément en adjudication; et les propositions des compagnies pour la fixation des *maxima* sont joints aux projets d'exécution ». — Picard, *op. cit.*, t. 2, p. 652.

435. — Nous avons déjà fait allusion aux conférences nécessitées par l'exécution de certains travaux intéressant d'autres services que les ponts et chaussées. On consultera spécialement, à cet égard, pour l'avis à demander en tous cas au ministre de la Guerre, au moment de la création de tout chemin de fer d'intérêt général, le décret du 2 avr. 1879; pour l'obligation où se trouvent les compagnies, lorsqu'elles soumettent au ministre de la Guerre un projet de travaux militaires, d'en délivrer un duplicata au service du contrôle, la circulaire du 17 oct. 1889 (*Rec. Lois, Ord.*, 2e s., t. 4, p. 84); pour la concordance que doit présenter l'examen technique par les ingénieurs du contrôle, et l'examen militaire par les commissions de réseaux, ainsi que la nécessité où ces fonctionnaires se trouvent au cas de désaccord d'en référer aux différents ministres. — Circ. des 21 avr. 1890 et 17 févr. 1891 (même recueil).

436. — En ce qui concerne plus spécialement les conférences civiles, notamment avec le service de l'hydraulique et les agents-voyers, on se référera aux circulaires des 12 juin 1850, 21 févr. 1877 et 31 mai 1879 (Potiquet, n. 187, 958 et 1078).

437. — Signalons encore en passant une circulaire d'un caractère général adressée par le ministre des Travaux publics aux préfets, aux termes de laquelle, pour éviter les dangers que peuvent causer à la santé publique les chambres d'emprunt creusées le long des chemins de fer pour former les remblais nécessaires à l'établissement de la voie et pour permettre en même temps de profiter de l'établissement du chemin de fer pour assainir les contrées marécageuses, il y a lieu d'appliquer, aux projets de terrassement, les dispositions contenues dans la circulaire du 12 juin 1850 précitée. — Il y aura donc conférence entre les ingénieurs chargés du service des ponts et ceux de l'hydraulique, et un procès-verbal de cette conférence sera dressé dans les formes prescrites par l'art. 14, Décr. 16 août 1853.

438. — II. *Par l'Etat*. — Une note jointe à la circulaire du 28 juin 1879 a reproduit, en les adaptant à la construction par l'Etat, les clauses du cahier des charges concernant le tracé en plan et en profil longitudinal.

§ 3. *Règles spéciales à la détermination des gares et stations.*

439. — I. *Principes généraux*. — Aux termes de l'art. 9 du cahier des charges, « le nombre, l'étendue et l'emplacement des gares d'évitement seront déterminés par l'administration, la compagnie entendue. Le nombre des voies sera augmenté, s'il y a lieu, dans les gares et aux abords des gares, conformément aux décisions qui seront prises par l'administration, la compagnie entendue. Le nombre et l'emplacement des stations des voyageurs et des gares de marchandises seront également déterminés par l'administration, sur les propositions de la compagnie, après une enquête spéciale. La compagnie sera tenue, préalablement à tout commencement d'exécution, de soumettre à l'administration le projet desdites gares, lequel se composera : d'un plan à l'échelle de 1/500 indiquant les voies, les quais, les bâtiments et leur distribution intérieure ainsi que les dispositions de leurs abords; d'une élévation des bâtiments à l'échelle de un centimètre par mètre; d'un mémoire descriptif dans lequel les dispositions essentielles du projet seront justifiées. »

440. — Les formes des enquêtes pour l'emplacement des stations ont été réglées par deux actes : 1° une ordonnance du 18 févr. 1834 (tit. 2) plus spécialement relative au cas où l'emplacement n'intéresse qu'une seule localité; 2° une circulaire ministérielle du 25 janv. 1854 (Potiquet, n. 255) pour l'hypothèse où plusieurs communes se trouvent, au contraire, intéressées à cet emplacement.

441. — Nous extrayons de chacun de ces actes les passages essentiels. Il importe de remarquer que l'enquête prescrite par l'ordonnance du 18 févr. 1834 n'est pas autre chose que l'enquête d'utilité publique renouvelée. D'après l'ordonnance du 18 févr. 1834, l'enquête s'ouvre sur un avant-projet où on fait connaître le tracé général de la ligne des travaux, les dispositions principales des ouvrages les plus importants et l'appréciation sommaire des dépenses. On y joint un nivellement en longueur et un certain nombre de profils transversaux (art. 2). A l'avant-projet est annexé un mémoire descriptif indiquant le but de l'entreprise et les avantages qui peuvent en résulter (art. 3). On forme au chef-lieu de chaque arrondissement que la ligne des travaux doit traverser une commission de neuf membres au moins et de treize au plus pris par les propriétaires de terres, bois, mines, les négociants, les armateurs et les chefs d'établissements industriels. Les membres et le président de cette commission sont désignés par le préfet dès l'ouverture de l'enquête (art. 4). Des registres destinés à recevoir les observations auxquelles peut donner lieu l'entreprise sont ouverts pendant un mois au moins et quatre mois au plus au chef-lieu de chacun des départements et arrondissements traversés. Les pièces qui, aux termes des art. 2 et 3, doivent servir de base à l'enquête, restent déposées pendant le même temps et au même lieu. Le temps pendant lequel les registres doivent rester ouverts est déterminé dans chaque cas particulier par l'administration supérieure. Il en est donné connaissance ainsi que de l'objet de l'enquête par des affiches (art. 5). A l'expiration du délai, la commission se réunit sur-le-champ : elle examine les déclarations consignées aux registres : elle entend les ingénieurs des ponts et chaussées et des mines, recueille auprès de toutes personnes, les renseignements dont elle peut avoir besoin, et donne son avis motivé. Ces opérations, dont elle dresse procès-verbal, doivent être terminées dans le mois (art. 7). Le procès-verbal est clos : le président le transmet avec les registres et autres pièces au préfet qui l'adresse avec son avis à l'administration supérieure dans les quinze jours qui suivent la clôture du procès-verbal (art. 8). Les chambres de commerce et les chambres consultatives des arts et manufactures intéressées sont appelées à donner leur avis. Le procès-verbal de leur délibération doit être remis au préfet avant l'expiration du délai fixé dans l'art. 1 (art. 8).

442. — Aux termes de l'art. 9 de cette ordonnance, toutes les formalités prescrites pour l'enquête dont il vient d'être parlé doivent être observées. Mais si la ligne des travaux ne devait pas excéder la limite de l'arrondissement, le délai de l'ouverture des registres et du dépôt des pièces était ramené à un mois et demi au plus et à vingt jours au moins. La circulaire du 25 janv. 1854 a encore réduit ces délais et les a fixés à huit jours tant pour le dépôt des pièces que pour la réunion de la commission d'enquête.

443. — La même circulaire pour la deuxième hypothèse contient les dispositions suivantes : « L'enquête pour l'emplacement des stations doit être distincte de celle qui est prévue par le titre 2, L. 3 mai 1841; cette dernière, qui a lieu dans chaque commune, n'a pour objet que de provoquer les observations des particuliers ou de la commune dans laquelle elle est ouverte. L'enquête sur la distribution des stations soulève des questions d'un ordre plus général. En effet, dans la plupart des cas, l'établissement d'une station intéresse non seulement la localité sur le territoire de laquelle elle doit être ouverte, mais encore un certain nombre de communes établies à proximité. Il est donc nécessaire qu'elles soient admises à présenter leurs observations ». A cet effet : « La compagnie devra être invitée à présenter des plans du chemin de fer divisés par arrondissement, et indiquant les emplacements et les surfaces des stations qu'elle propose d'établir : ces plans devront être accompagnés d'un profil et d'un mémoire dans lequel elle fera connaître les distances qui séparent chaque station et justifiera les dispositions qu'elle propose. Un exemplaire de ces pièces devra être déposé pendant huit jours dans chacune des communes où une station est projetée; en même temps, le préfet appellera les conseils municipaux des autres communes qui peuvent être intéressées à l'établissement de telle ou telle station, à délibérer sur les emplacements proposés, et, pour fixer d'une manière précise l'objet de la discussion, le préfet devra transmettre à chacun de ces conseils un exemplaire du plan et du mémoire ci-dessus indiqués. Les délibérations des communes devront être adressées au sous-préfet de l'arrondissement, de manière qu'à l'expiration du délai de huitaine mentionné plus haut, tout le dossier puisse être placé sous les yeux d'une commission d'enquête que le préfet aura dû instituer par l'arrêté qui aura prescrit l'ouverture de cette enquête. Cette commission, présidée par le sous-préfet, doit être composée de personnes dont l'avis impartial puisse inspirer toute confiance à l'administration. Elle aura huit jours pour délibérer. Ce délai expiré, le dossier de l'affaire devra être remis sans retard au préfet, pour être communiqué à l'ingénieur en chef du service central et ensuite au ministre des Travaux publics avec le rapport de l'ingénieur et les observations du préfet.

444. — II. *Construction par l'Etat.* — Ces règles sont observées au cas de construction par l'Etat comme au cas de construction par les compagnies.

445. — III. *Construction par les compagnies.* — En ce qui concerne plus spécialement les compagnies, une circulaire du 9 août 1859 (Potiquet, n. 336) a rappelé que les commissions chargées de donner leur avis sur les résultats des enquêtes concernant les emplacements des stations ne devaient pas se réunir et délibérer sans que la compagnie concessionnaire eût été appelée à donner des explications et à fournir des renseignements à l'appui de ses projets. Elle a décidé, en conséquence, que, dans les arrêtés que les préfets pourraient avoir à prendre au sujet de ces enquêtes, une disposition serait insérée, portant que l'ingénieur de la compagnie auteur du projet mis à l'enquête serait convoqué par le président de la commission, et assisterait, avec voix consultative, à toutes les séances de cette commission.

446. — Les chemins d'accès aux gares doivent être indiqués sur les plans et définis dans la notice à l'appui (Circ. 21 févr. 1877).

447. — Les ingénieurs du contrôle doivent rechercher si le nombre et les emplacements des stations définitivement proposés à la suite de l'enquête spéciale prescrite par la circulaire ministérielle du 25 janv. 1854 paraissent devoir donner une satisfaction suffisante aux intérêts industriels et commerciaux de la contrée, si l'accès de la gare est assuré dans de bonnes conditions, toutes réserves demeurant d'ailleurs faites quant aux dispositions de détail des voies d'accès, quais et bâtiments des stations. En faisant parvenir les dossiers ils doivent analyser l'avis de la commission d'enquête (Circ. 22 août 1854 : Potiquet, n. 268). Ils doivent également rechercher si les commissions, pour délibérer, ont eu soin d'introduire dans leur sein un représentant de la compagnie chargé de lui communiquer ses observations.

448. — Il est à remarquer que le cahier des charges ne parle pas des haltes. Mais on peut leur appliquer, par raison d'analogie, les règles relatives aux stations proprement dites. — V. Aucoc, *op. cit.*, t. 3, n. 1468 et *infrà*, n. 453 et 455.

449. — Les droits reconnus au ministre d'introduire certaines modifications dans l'établissement des gares, stations, etc., n'est qu'une application du principe posé par l'art. 3 dont on trouvera le commentaire (*infrà*, n. 660). C'est dire qu'il doit être subordonné aux mêmes conditions et contenu dans les mêmes limites.

450. — Nous devons toutefois signaler dès maintenant un certain nombre de décisions qui s'y réfèrent plus spécialement, a raison des termes mêmes de l'art. 9 du cahier des charges (V. *suprà*, n. 439). Il semble résulter tout d'abord d'une comparaison du premier et du troisième alinéa de cette disposition que les pouvoirs du ministre, en ce qui concerne le nombre, l'étendue et l'emplacement des gares d'évitement, d'une part, et l'emplacement des stations de voyageurs, d'autre part, ne sont pas les mêmes : et que tandis que, par rapport aux premiers, il a un pouvoir de décision propre qui n'est subordonné qu'à la condition d'avoir entendu la compagnie, il ne pourrait prescrire aucun changement en ce qui concerne les seconds qu'après avoir été saisi par une proposition préalable de la compagnie. C'est du moins la distinction que voulaient faire prévaloir certaines compagnies de chemins de fer. L'administration leur objectait que l'art. 9 ne visant que les gares prévues dans les plans primitifs, il n'y avait aucune raison de distinguer à l'occasion des projets supplémentaires, qui étaient laissés à son libre arbitre.

451. — La jurisprudence a tranché la question dans le sens de la première opinion et décide que l'art. 9 s'est préoccupé non seulement du moment de la construction, mais encore de l'avenir, et qu'il a prévu les changements et augmentations que des nécessités nouvelles pourraient exiger; que c'est bien à l'Etat sans doute qu'il appartient de déterminer l'emplacement des stations des voyageurs et gares de marchandises, mais que cette décision ne peut se produire que si la compagnie fait une proposition à l'Etat ; que le concours des deux parties contractantes est nécessaire pour la création des stations gares dont s'agit. — Cons. préf. Seine, 22 juin 1876, L'Etat, [Leb. chr.,p. 181]

452. — La même doctrine a été consacrée dans la même affaire par le Conseil d'Etat qui a jugé que le ministre des Travaux publics ne peut imposer à une compagnie concessionnaire d'un chemin de fer en exploitation l'obligation d'établir de nouvelles gares. — Cons. d'Et., 28 juin 1878, Chemin de fer du Nord, [S. 80.2.92, P. adm. chr., D. 78.3.61 et les conclusions de M. le commissaire du gouvernement, David] — V. aussi Cons. d'Et., 28 janv. 1864, Hachard, [S. 64.2.237, P. adm. chr., D. 64.3.18]

453. — On la retrouve également dans un arrêté du conseil de préfecture de la Seine qui a statué, bien qu'il ne s'agît que d'une halte, que l'Etat, en dehors d'un accord préalable avec la compagnie concessionnaire d'une ligne de chemin de fer, n'est pas investi du droit d'en imposer à celle-ci l'établissement pendant la période de construction de la ligne. — Cons. préf. Seine, 3 juill. 1881, L'Etat, [Leb. chr., p. 93]

454. — Elle a été précisée encore par un arrêté postérieur, du même conseil aux termes duquel la règle doit s'appliquer encore que le décret d'établissement n'ait été rendu qu'au cours de la construction de la ligne. — Cons. préf. Seine, 5 juill. 1881, L'Etat, Chemin de fer de Paris-Lyon-Méditerranée, [Dauv., 81, p. 231]

455. — ... Et confirmée par le Conseil d'Etat qui a proclamé, de son côté, que le ministre des Travaux publics ne peut, en l'absence de toute réserve dans le cahier des charges d'une compagnie concessionnaire de chemins de fer, imposer à cette compagnie l'établissement d'une station, gare ou halte, en sus de celles dont le nombre et l'emplacement ont été déterminés lors de la concession, et en dehors de tout accord avec la compagnie; et qu'il en est ainsi, même lorsque les travaux ne sont pas encore commencés. — Cons. d'Et., 24 nov. 1882, Chemin de fer de Paris-Lyon-Méditerranée, [S. 84.3.60, P. adm. chr., D. 84.3.37, Leb. chr., p. 937]

456. — M. Picard signale encore (*op. cit.*, t. 2, p. 663) un avis du Conseil d'Etat, section des Travaux publics, du 8 avr. 1879, qui a, relativement à la création d'un nouvel accès à une gare, consacré les mêmes principes en partant des mêmes considérations.

457. — Les principaux arguments donnés à l'appui de ce système et qu'on trouve formulés dans les conclusions de M. David (arrêt précité du 28 juin 1878) et dans celles de M. Gomel, données à l'appui du dernier arrêt, sont que les concessions de chemins de fer étant des contrats synallagmatiques, entre les compagnies et l'administration, les obligations comme les droits des deux parties ont été déterminés avec précision par le cahier des charges, où l'Etat s'est réservé en certains cas un pouvoir discrétionnaire vis-à-vis des concessionnaires dans l'intérêt public; qu'en dehors de ces cas, aucune des deux parties ne peut toucher à la convention sans le consentement de l'autre, et que l'art. 9 du cahier des charges n'autorise pas l'administration à imposer à ces compagnies l'augmentation du nombre des gares de voyageurs et de marchandises, puisque son § 3, qui dit que « le nombre et l'emplacement des stations de voyageurs et de gares de marchandises seront *également* déterminés par l'administration », se réfère évidemment au § 1 du même article qui accorde à l'administration le même droit de fixer le nombre et l'emplacement des gares d'évitement, et non au § 2; que, d'autre part, il résulte du cahier des charges que la compagnie de chemin de fer ne peut faire aucun ouvrage sans l'autorisation préalable du ministre des Travaux publics et que, pour les gares comme pour les autres ouvrages, elle doit présenter un projet (art. 9); que, tant qu'il n'a pas donné son approbation, le ministre peut imposer des modifications au projet, mais qu'il perd ce droit dès que cette approbation résulte du visa ministériel sur une des expéditions du projet, la compagnie pouvant seule désormais proposer des modifications à l'administration et les réaliser si elle y est autorisée.

458. — On peut rapprocher de ces considérations les arguments présentés par MM. Aucoc, *op. cit.*, t. 3, n. 1468 et Picard, t. 2, p. 664.

459. — L'administration ne pourrait donc imposer aux compagnies la construction de nouvelles stations de voyageurs qu'en prenant, à cet égard, des dispositions formelles dans les conventions qu'elle passe avec elles. M. Picard cite, sur ce point, un certain nombre d'exemples. — Picard, *op. cit*, t. 2, n. 9, p. 666 et 667.

460. — Dans une autre occasion, le Conseil d'Etat avait été appelé également à se prononcer sur une question analogue. Des négociants voisins d'une gare de chemin de fer, établie en vertu d'une loi, attaquaient devant le Conseil d'Etat statuant au contentieux une décision par laquelle le ministre des Travaux publics avait supprimé, disaient-ils, indirectement cette gare en restriegnant le nombre de ses services. On se demandait si ce recours n'était pas recevable et fondé, alors que la décision ministérielle n'avait pas été précédée d'une enquête régulière, et que, d'après le cahier de charges de la concession, les pouvoirs de l'administration consistaient à déterminer, après enquête préalable, le nombre, l'emplacement et la surface des gares. Mais le Conseil d'Etat n'eut pas à statuer sur ce point, car il décida en l'espèce qu'en admettant que l'indication, dans les cahiers de charges annexés aux lois de concession, d'une gare de marchandises à établir au quartier de la Guillotière, à Lyon, eût le caractère d'une prescription législative, il n'y avait pas eu suppression de la gare ; que le ministre s'était borné à modifier la destination de cette gare de manière à éviter un encombrement qu'il jugeait devoir compromettre le service du chemin de fer et la sûreté publique ; que le ministre tenait des cahiers de charges le pouvoir d'autoriser ces modifications, et que l'autorisation n'avait été accordée qu'après que la demande de la compagnie avait été rendue publique et que les parties avaient été entendues. — Cons. d'Et., 20 août 1864, Gare de la Guillotière, [Leb. chr., p. 828 et les observations du commissaire du gouvernement]

461. — Nous croyons, en ce qui nous concerne, avec M. Picard (*op. cit.*, t. 2, p. 667), que la suppression des stations devrait être régie par les mêmes règles que leur construction.

462. — La jurisprudence ne s'en est pas tenue là, et elle paraît disposée à appliquer au nom même des stations ce qu'elle a décidé par rapport à leur nombre et à leur emplacement. C'est ainsi, notamment, qu'un arrêté du conseil de préfecture a décidé que si les concessionnaires de chemins de fer restent tenus pendant toute la durée de la concession de se conformer à toutes les mesures que l'administration supérieure juge convenable de leur prescrire dans l'intérêt du bon entretien du chemin de fer et de la sûreté de la circulation sur la voie ferrée, ils n'ont, relativement aux autres travaux de construction de chemins de fer ou des ouvrages qui en dépendent, d'autres obligations que d'exécuter ces travaux, conformément aux plans approuvés par le ministre dans les termes du cahier de charges, sauf les cas réservés par l'administration; que le nom donné aux stations, ayant été, comme l'emplacement et le nombre de ces stations, le résultat d'une étude consciencieuse faite par la compagnie et l'administration, est devenu, lorsque toutes les formalités prescrites ont été remplies, partie intégrante du contrat qui les lie. — Cons. préf. Seine, 29 mai 1889, Chemin de fer du Nord, [Dauv., 1890, p. 265] — Le Conseil d'Etat saisi de la question n'a pas eu toutefois à statuer, le pourvoi ayant été irrégulièrement formé. — Cons. d'Et., 1er mai 1891, [Leb. chr.]

463. — En dehors de toute difficulté de cette nature, il a été décidé d'ailleurs que lorsque, d'après la loi de concession d'un chemin de fer, l'administration doit, de concert avec la compagnie, déterminer l'emplacement et la surface des gares, elle a le droit d'affecter à l'établissement de ces gares tels terrains que bon lui semble, pourvu qu'ils soient compris dans le domaine des chemins, et cela, quand bien même les terrains qui, d'après la loi de concession, ne devraient être parcourus qu'en souterrain, devraient l'être en tranchées ouvertes par suite de leur affectation aux gares. — Cass., 2 janv. 1839, Riant, [P. chr.]

464. — Mentionnons encore en terminant un autre arrêt qu tire une autre conséquence du pouvoir reconnu au ministre de modifier l'emplacement des stations, à savoir que la compagnie de chemin de fer qui n'a ni service de petite vitesse, ni gare de marchandises dans une station, peut se refuser à transporter des marchandises livrables dans cette station au prix du tarif de la petite vitesse; qu'en pareil cas, les particuliers qui éprouvent un préjudice de cet état de choses ne peuvent que faire valoir leurs réclamations auprès de l'administration, à qui seule appartient la détermination de l'établissement des gares, de leur nombre et de leur emplacement. — Paris, 4 août 1866, Chemin de fer de l'Ouest, [S. 67.2.10, P. 67.90]

465. — On pourra compléter ces indications par les décisions citées *infrà*, n. 5627 et s., 5693 et s., à propos du pouvoir du Conseil d'Etat en matière d'excès de pouvoir et du droit d'interprétation du conseil de préfecture.

§ 4. Confection des plans parcellaires et enquêtes.

466. — Il n'y a aucune distinction à faire, à l'égard de la confection des plans parcellaires, entre la construction des chemins de fer par l'Etat ou par les compagnies. Nous nous contentons d'extraire de la circulaire du 21 févr. 1877 (V. *suprà*, n. 425), les principaux passages relatifs à cette opération en renvoyant, pour le surplus, à la loi du 3 mai 1841 (tit. 2, art. 4 et s.).

467. — Indépendamment d'une note explicative, les plans et états parcellaires doivent toujours être accompagnés, à titre de renseignement, du plan général à l'échelle de $1/10,000^e$ du profil en long et d'un tableau indicatif des ouvrages de toute nature destinés à assurer le maintien des communications et l'écoulement des eaux (Circ. 21 févr. 1877).

468. — Les arrêtés préfectoraux ordonnant l'ouverture des enquêtes prescrites par le tit. 2, L. 3 mai 1841, ne devront jamais être pris avant que l'ingénieur en chef du contrôle n'ait été mis en mesure de s'assurer que les plans parcellaires sont conformes au tracé approuvé. Dans le cas où il n'en serait pas ainsi, les modifications proposées par la compagnie doivent être soumises préalablement à l'approbation de l'administration supérieure (Circ. 21 févr. 1877).

469. — Les ingénieurs du contrôle doivent s'assurer si les ouvrages indiqués sur les plans parcellaires pour le rétablissement des communications et l'écoulement des eaux sont en nombre suffisant et s'ils présentent des ouvertures et des débouchés convenables, les détails de ces ouvrages ne devant, d'ailleurs, être approuvés définitivement qu'après la production de projets spéciaux et sur le vu des procès-verbaux des conférences avec les services intéressés.

470. — Le délai pendant lequel le plan parcellaire reste déposé à la mairie conformément aux art. 3 et 6, L. 3 mai 1841, est de huit jours pleins, dans lesquels ne sont compris ni le jour de l'avertissement donné aux parties intéressées, ni le jour de la clôture du procès-verbal d'enquête (Circ. 21 févr. 1877).

471. — Ampliation des arrêtés ordonnant l'ouverture des enquêtes parcellaires doit être adressée par le préfet aux ingénieurs en chef des différents services intéressés dans l'exécution du chemin de fer ainsi qu'à l'agent-voyer en chef du service vicinal et, s'il y a lieu, à l'inspecteur des forêts au cas où la voie ferrée doit traverser les forêts de l'Etat ou des biens communaux dont l'exploitation pourrait être modifiée par les travaux (Circ. 21 févr. 1877).

471 *bis*. — En cas de concession l'ingénieur appelé à faire partie de la commission d'enquête prévue par l'art. 8, L. 3 mai 1841, est non pas l'ingénieur du contrôle, mais celui de la compagnie concessionnaire chargé de l'exécution des travaux.

472. — Toutes les fois que la commission d'enquête aura proposé d'apporter aux dispositions des plans parcellaires un changement quelconque ayant pour conséquence de faire comprendre de nouveaux terrains dans l'expropriation, il devra être procédé à l'enquête supplémentaire prescrite par l'art. 10, L. 3 mai 1841 (Circ. 21 févr. 1877).

Section VI.

Arrêté de cessibilité et expropriation.

473. — Nous arrivons ainsi à l'arrêté de cessibilité et à l'expropriation proprement dite. Ici, nous n'avons qu'à relater les règles spéciales à l'établissement de la voie par les compagnies. Au cas de construction par l'Etat, il n'y a pas de dérogation au droit commun.

474. — Les expropriations en matière de chemin de fer ne présentent rien de bien spécial et se poursuivent conformément aux règles du droit commun. Aussi ne mettrons-nous en relief que les particularités les plus intéressantes tirées des décisions de la jurisprudence. — V. Picard, *op. cit.*, t. 2, p. 801 et s.

475. — L'art. 22 du cahier des charges est ainsi conçu : « L'entreprise étant d'utilité publique, la compagnie est investie, pour l'exécution des travaux dépendant de la concession, de tous les droits que les lois et règlements confèrent à l'administration en matière de travaux publics, soit pour l'acquisition des terrains par voie d'expropriation, soit pour l'extraction, le transport et le dépôt des terres, matériaux, etc., et elle demeure en même temps soumise à toutes les obligations qui dérivent pour l'administration de ces lois et règlements. »

476. — En l'absence de toute clause de cette nature, il semble qu'il faudrait encore décider que la cession faite à des particuliers du droit de construire un chemin de fer implique, au profit des concessionnaires, la faculté d'acquérir les terrains nécessaires à cette construction, et par suite celle de provoquer tous les actes préalables à l'expropriation, et notamment la convocation des jurés et des parties. — Cass., 29 août 1854, d'Auger, [S. 54.1.734, P. 55.1.88, D. 54.1.320]

477. — Cette prérogative est une de celle qui distingue le contrat de concession du contrat d'entreprise. — Dumay, *op. cit.*, p. 73.

478. — Mais il est bien clair qu'elle n'investit pas la compagnie du droit d'accomplir elle-même ces actes administratifs, et ne la met pas au lieu et place du préfet. C'est toujours au préfet qu'il appartient de déterminer les propriétés dont la cession est nécessaire, et de demander à l'autorité judiciaire la formation du jury d'expropriation. — Dumay, *op. cit.*, p. 74.

479. — Le droit d'exproprier reconnu aux compagnies ne s'étend pas, d'ailleurs, au delà des limites du travail public concédé. — Toulouse, 10 févr. 1864. — Sur l'étendue du droit d'expropriation, V. encore *suprà*, n. 146 et s., 375 et *infrà*, n. 535.

480. — Jugé encore, conformément à ce principe, que la déclaration d'utilité publique ne peut pas être étendue au delà des objets pour lesquels elle a été rendue, et spécialement qu'aucune compagnie de chemin de fer ne peut s'en prévaloir pour la construction d'un canal, alors qu'elle n'est intervenue que pour l'établissement de la voie. — Cass., 25 juill. 1877, Roudières frères, [S. 78.1.80, P. 78.164, D. 77.1.471]

481. — On peut appliquer les mêmes principes par rapport aux travaux qui, bien qu'ayant un rapport indirect avec le chemin de fer ou ses dépendances, ne pourraient pas figurer au compte de premier établissement.

482. — Pour les travaux imprévus qui peuvent nécessiter une extension de l'emprise, V. *infrà*, n. 535 et s.

483. — L'arrêté de cessibilité que le préfet est autorisé à prendre directement lorsqu'un accord complet s'est établi entre la commission d'enquête et la compagnie doit, dans tous les cas, être rendu sur la proposition de l'ingénieur en chef du contrôle et non sur une demande directe de la compagnie (Circ. 21 févr. 1877).

484. — Cela était d'autant plus utile à prescrire que l'arrêté de cessibilité, étant soumis aux règles du droit commun, à défaut d'indications contenues dans les décrets déclaratifs d'utilité publique et de concession, peut contenir sur l'assiette de la voie et sur ses dimensions des prescriptions qu'il convient d'observer.

485. — C'est ainsi qu'il a été jugé que lorsque la loi déclarant d'utilité publique la construction d'un chemin de fer se borne à indiquer les points de départ et d'arrivée de ce chemin, sans déterminer les localités intermédiaires, c'est au préfet qu'il appartient de désigner les localités et territoires sur lesquels les travaux doivent avoir lieu, et que le jugement qui se conforme à cet arrêté ne saurait être critiqué. — Cass., 13 déc. 1882, de Froissard, [S. 83.1.325, P. 83.1.782, D. 84.1.88]—V. aussi Cass., 24 mai 1870, de Grave, [S. 83.1.325, P. 83.1.782 *ad notam*, D. 70.1.388]

486. — ... Et que, lorsque le décret déclaratif d'utilité publique d'un embranchement de chemin de fer n'a déterminé ni la largeur du chemin, ni le nombre des voies, l'arrêté de cessibilité rendu par le préfet sur l'avis conforme de la commission d'enquête peut valablement comprendre la totalité d'une parcelle dont le propriétaire prétend ne devoir être exproprié que partiellement. — Cass., 5 mars 1872, Héritiers Pouff, [S. 72.1.85, P. 72.174, D. 73.1.23]

486 *bis*. — Au surplus, si la loi déclarative d'utilité publique, après avoir fixé les points de départ et d'arrivée, a mentionné des parties intermédiaires du parcours, les tribunaux ne peuvent se refuser à prononcer l'expropriation sous prétexte que, d'après le tracé définitif adopté par l'administration, le chemin de fer ne comprendrait pas uniquement le parcours ainsi mentionné si, d'ailleurs, le tracé suit ce parcours et aboutit aux points de départ et d'arrivée fixés par la loi. — Cass., 28 août 1876, L'Etat, [S. 77.1.135, P. 77.305, D. 77.1.22]

487. — Le jugement d'expropriation qui intervient après l'arrêté de cessibilité a pour effet de couvrir, comme en toute autre matière, les vices de cet arrêté. L'arrêté préfectoral, qui a déclaré cessible une parcelle de terrain en vue de l'ouverture d'un chemin de fer destiné à desservir des concessions de mines, ne peut donc être déféré au Conseil d'Etat pour excès de pouvoirs, lorsque l'expropriation de cette parcelle a été prononcée par un jugement du tribunal civil ayant acquis l'autorité de la chose jugée : l'expropriation est consommée. — Cons. d'Et., 13 févr. 1874, André et Champetier, [S. 76.2.27, P. adm. chr., D. 75.3. 4, Leb. chr.; p. 165] — V. aussi *infrà*, n. 496.

488. — Les biens du domaine public e ᷑ eur qualité de biens inaliénables échappent au droit d'expropriation, au moins lorsqu'il est exercé par les compagnies et que le déclassement n'en est pas provoqué. La loi du 3 mai 1841 ne parle, en effet, que des biens particuliers. Lors donc qu'une voie ferrée traverse les fortifications d'une ville, la compagnie ne peut en poursuivre l'expropriation. — Cass., 17 févr. 1847, Préfet de la Seine, [S. 47.1.815, P. 47.2.526, D. 47.1.315] — Une circulaire du 24 déc. 1873 (Potiquet, n. 829) avait même prescrit de ne comprendre aucun des immeubles faisant partie des fortifications dans les arrêtés de cessibilité. Mais elle a été rapportée depuis.

489. — M. Picard cite également dans le même sens un arrêt qui aurait été rendu par la Cour de cassation à l'occasion d'une parcelle du domaine militaire exproprié en vue de l'établissement d'une distribution d'eau. — Cass., 3 mars 1862, Préfet de la Seine-Inférieure, [S. 62.1.468, P. 62.849, D. 62.1.291] — Picard, t. 2, p. 803.

490. — Cette solution cependant n'a pas toujours été admise par la jurisprudence et on trouve l'opinion contraire consacrée par certain arrêt d'où il résulte que l'abandon fait par l'Etat à une compagnie de chemin de fer, ou l'expropriation prononcée contre lui, pour l'établissement de la voie ferrée, d'un terrain formant partie du lit d'un fleuve, ouvre au profit de l'Etat contre la compagnie un droit à une indemnité d'expropriation. — Cass., 8 mai 1865, Chemin de fer de Lyon, [S. 65.1.273, P. 75.650, D. 65.1.293]

491. — Mais ces décisions ne sont pas aussi contradictoires qu'elles paraissent l'être, et l'arrêt du 8 mai 1865 s'explique par les circonstances particulières dans lesquelles la parcelle en jeu était sortie du domaine public. En tout cas, et c'est là ce que paraît surtout vouloir établir cet arrêt, ce qui est constant c'est que l'Etat, qu'il s'agisse du domaine public ou du domaine privé, a toujours droit, lorsqu'on l'exproprie d'une partie de ses biens, à une indemnité, et qu'il n'y a pas lieu de s'arrêter à cette allégation que les chemins de fer étant la propriété de l'Etat, le terrain occupé par la voie ne cesse pas de lui appartenir et ne fait que changer d'affectation (L. 3 mai 1841, art. 13 et 39; L. 11 juin 1842, art. 3). Aussi l'arrêt ajoute-t-il que, l'indemnité étant dévolue au domaine de l'Etat, c'est au préfet qu'il appartient d'en poursuivre le recouvrement contre la compagnie.

492. — Nous croyons cette solution bien rendue. En effet, si l'abandon fait par l'Etat de certains terrains pour l'établissement de la voie, ne constitue pas, à proprement parler, une aliénation (le propre de l'aliénation étant d'emporter dessaisissement absolu de la part de l'exproprié au profit de l'expropriant), mais un simple changement de destination de ces terrains, il n'en est pas moins vrai que c'est à la compagnie de chemin de fer « chargée d'une entreprise de travaux publics », ainsi que la qualifie un arrêt de la Cour de cassation du 13 mai 1861, Mancel, [S. 61.1.888, P. 61.911], qu'incombe l'obligation d'acheter et de payer ces terrains; or, qu'elle les acquière de l'Etat ou de tiers-propriétaires, sa situation ne saurait en être changée : il faut qu'elle en acquitte le prix; autrement, les conditions du marché intervenu entre elle et l'Etat seraient profondément modifiées, puisqu'en sus du droit d'exploitation, et parfois même d'une subvention en argent dont il aurait consenti l'abandon, l'Etat se verrait grevé d'une subvention en terrains que la compagnie aurait le droit d'occuper et d'utiliser gratuitement.

493. — On peut encore invoquer dans le même sens un arrêt d'où il résulte que la concession faite par l'Etat à une compagnie de chemin de fer, pour l'établissement de la voie ferrée, du droit d'endiguer une portion de mer, ayant pour effet de mettre cette parcelle hors du domaine public, donne ouverture à une action en indemnité au profit de l'Etat (L. 16 sept. 1807, art. 41). — Caen, 30 déc. 1867, Chemin de fer de l'Ouest, [S. 68.2.189, P. 68.813]

494. — ... Que vainement la compagnie du chemin de fer alléguerait que les travaux d'enrochement par elle exécutés ne font pas complètement obstacle à l'envahissement des eaux : que le droit de l'Etat ne saurait être subordonné à la perfection et à la solidité des travaux exécutés par le concessionnaire. — Même arrêt.

495. — ... Qu'il en est ainsi surtout si la compagnie concessionnaire a ensuite procédé par voie d'expropriation contre l'Etat. — Cass., 29 déc. 1868, L'Etat, [S. 69.1.107, P. 69.258, D. 69.1.220]

496. — ... Et qu'il importerait peu que la commission mixte des travaux publics n'eût pas été consultée préalablement au jugement d'expropriation, si d'ailleurs ce jugement n'avait été attaqué par aucune des parties. — Même arrêt.

497. — ... Qu'il n'en serait autrement qu'autant qu'une disposition contraire résulterait de l'acte de concession, comme celle qui était contenue dans l'art. 3, L. 11 juin 1842; que c'est donc à bon droit qu'il a été jugé que l'art. 3, L. 11 juin 1842, relative à l'établissement des chemins de fer, aux termes duquel il n'y a pas lieu à indemnité pour l'occupation des terrains ou bâtiments appartenant à l'Etat, ne s'applique pas aux chemins de fer exécutés par des compagnies concessionnaires, alors que l'acte de concession oblige ces compagnies à acheter et à payer les terrains nécessaires à l'établissement de la voie ferrée et de ses dépendances. — Même arrêt.

498. — L'exception contenue dans la loi du 11 juin 1842 doit être tenue, d'ailleurs, pour l'expression de la règle générale toutes les fois que le chemin de fer, au lieu d'être construit par une compagnie, doit l'être par l'Etat.

499. — De ce qui précède il résulte donc qu'une compagnie de chemin de fer ne pourra pas, de son propre chef et sans déclassement préalable, supprimer un pont faisant partie d'une voie publique régulièrement classée. — Cons. d'Et., 17 mars 1859, Chemin de fer de l'Ouest, [P. adm. chr., Leb. chr., p. 217] — L'arrêt cependant ne statue directement que sur une question de compétence.

500. — Le déclassement, lorsqu'il y a lieu d'y procéder, est prononcé par le ministre dans le département duquel se trouve la parcelle à déclasser, après entente avec le ministre des Finances, ou, à défaut d'entente, par le chef de l'Etat, conformément à l'art. 21, Décr. 16 août 1853.

501. — Si le terrain intéresse le domaine militaire, il doit être procédé aux conférences mixtes.

502. — En cas de déclassement, une circulaire du 19 août 1878 (Potiquet, n. 1029), rendue à la suite d'un arrêt du Conseil d'Etat du 28 juill. 1876, a posé en principe que toute occupation, par les compagnies de chemin de fer, des dépendances du domaine public doit donner lieu au paiement d'un prix ou d'une redevance; le prix s'appliquant au cas d'incorporation définitive d'une parcelle effectuée avec le consentement du service chargé de la conservation de ce domaine, et la redevance au cas d'occupation temporaire seulement.

503. — Encore cette circulaire fait-elle exception pour les passages à niveau des voies ferrées sur les routes nationales qui, bien que se trouvant appelés à une utilité nouvelle, continuent néanmoins à servir à l'usage auquel ils étaient destinés.

504. — Le prix est fixé par l'administration des domaines qui, suivant les cas, s'attache purement et simplement à la valeur des terrains, ou fixe un capital représentant, au jour du changement d'affectation, la valeur des fruits dont l'État sera privé pendant la durée de la concession. — Picard, *op. cit.*, t. 2, p. 805.

505. — Voici, au surplus, les principales dispositions de cette circulaire : « 1° Toute occupation par les compagnies de chemins de fer des dépendances du domaine public ou du domaine de l'Etat doit donner lieu au paiement soit d'un prix, soit d'une redevance.

« 2° Les compagnies doivent payer sans distinction de nature et de provenance la valeur de toutes les portions du domaine public définitivement incorporées à la voie ferrée et à ses dépendances, avec le consentement exprimé ou implicite du service chargé de la conservation de ce domaine.

« 3° Est considérée notamment comme occupation définitive, celle des portions de routes ou de lits des cours d'eau navigables ou flottables sur lesquelles reposent des constructions telles que les piles et culées des voûtes de viaduc qui supportent la voie ferrée.

« 4° Mais il n'y a pas lieu d'exiger le prix pour des occupations temporaires et révocables, c'est-à-dire pour celles qui se concilient avec le maintien de l'affectation primitive de la portion du domaine public occupée : seulement, les compagnies sont tenues, comme les simples particuliers, au paiement d'une redevance annuelle en compensation des avantages qu'elles retirent d'une jouissance privative ou privilégiée.

« 5° Il est admis par exception à la règle ci-dessus rappelée, et sans que cette exception puisse être étendue par analogie, qu'aucune redevance ne doit être exigée des compagnies pour les passages à niveau de voies ferrées sur les routes nationales, à raison des conditions toutes particulières dans lesquelles s'exerce sur ces points la double circulation.

« 6° Enfin, en ce qui concerne l'ancien tracé des routes déviées, une décision souveraine ayant reconnu que les compagnies n'ont pas le droit d'en disposer à leur profit, même lorsqu'elles en ont opéré le remplacement à leurs frais, ces compagnies ne sont pas plus fondées à occuper gratuitement les terrains qui en proviennent qu'à les vendre, et cette occupation doit dès lors donner lieu à la perception d'un prix ou d'une redevance suivant les distinctions qui précèdent ; il doit en être de même pour les anciens lits de cours d'eau navigables ou flottables rendus disponibles par la création de nouveaux lits opérés aux frais des compagnies.

505 *bis*. — Si le changement d'affectation implique l'exécution d'ouvrages nouveaux en remplacement de ceux qui sont appelés à disparaître, les concessionnaires peuvent être assujettis à payer également de ce chef une indemnité. — Picard, *op. cit.*, t. 2, p. 810.

506. — Si, au lieu de s'agir du déclassement d'un bien du domaine public, il s'agit de l'affectation d'un bien du domaine privé à l'usage d'un chemin de fer, cette affectation peut se faire soit par une simple remise matérielle subséquente à la loi ou au décret d'utilité publique, soit par une décision du ministre des Finances après accord avec celui de ses collègues dans le département duquel se trouve le bien visé. Encore peut-il y avoir des distinctions à faire à cet égard entre le cas où le chemin est construit par l'Etat et celui où il est l'œuvre d'une compagnie concessionnaire. — Avis du directeur des domaines, 1883.

507. — Les règles que nous venons de poser pour le domaine de l'Etat ne paraissent pas avoir été admises d'une façon aussi nette pour le domaine départemental ou communal. On admet bien sans doute que le domaine privé des départements ou des communes peut faire l'objet d'une expropriation, lorsqu'il y a dépossession véritable, comme rentrant dans les prévisions de la loi du 3 mai 1841 qui ne fait aucune distinction entre les propriétés privées.

508. — Mais, alors qu'une parité de situation devrait engendrer les mêmes règles pour tout le domaine public, quelle qu'en soit la destination, certains arrêts paraissent avoir admis qu'à la différence de ce qui se passe pour le domaine public de l'Etat, il pouvait y avoir lieu à une véritable expropriation du domaine public départemental ou communal. — V. not. Arr. confl., 15 mai 1858, Chemin de fer du Midi, [Leb. chr., p. 372] — Cons. d'Et., 1er sept. 1858, Chemin de fer du Nord, [Leb. chr., p. 623] — V. cependant *infrà*, n. 519.

509. — Peut-être toutefois ne faut-il pas donner une importance excessive à ces décisions. La question de fond n'y a été décidée en effet qu'à l'occasion d'une question de compétence, et bien qu'en réalité les deux points de vue soient étroitement connexes, on conçoit qu'une juridiction puisse se laisser entraîner par des considérations qu'elle n'aurait peut-être mises qu'au deuxième plan si elle avait été saisie directement de la question de principe. — V. encore à cet égard Cons. d'Et., 3 août 1847, Ville de Marseille.

510. — Il semble donc que sinon par voie d'expropriation au moins par voie de déclassement, les biens du domaine public départemental ou communal devraient être traités comme ceux du domaine de l'Etat.

511. — Nous nous contentons pour le moment de ces indications. Nous retrouverons toutes ces questions de compétence lorsque nous déterminerons les rapports des juridictions administratives ou judiciaires avec le jury d'expropriation.

512. — En tous cas, le tribunal civil, qui a mission, ainsi que nous avons déjà eu l'occasion de le dire (V. *suprà*, n. 123), avant de prononcer le jugement d'expropriation, de s'assurer que toutes les formalités préliminaires ont été remplies, et auquel sont présentés le décret déclaratif d'utilité publique et l'arrêté de cessibilité non attaqués par la voie administrative, doit prononcer l'expropriation sans examiner si les immeubles dépendent du domaine public, et par exemple, d'un chemin de fer. — Cass., 26 janv. 1875, Chemin de fer d'Orléans à Châlons, [D. 75.1.230]

513. — Comme en toute autre hypothèse, les parties qui ne se sont pas révélées en temps opportun ne sont frappées de la déchéance édictée par l'art. 21, L. 3 mai 1847, qu'aux conditions ordinaires. C'est dire que, en cas d'expropriation d'un chemin d'exploitation appartenant aux propriétaires riverains, pour l'établissement d'un chemin de fer, on ne peut opposer cette déchéance à ceux des copropriétaires qui n'ont figuré ni dans l'arrêté de cessibilité, ni dans le jugement d'expropriation. — Limoges, 2 juill. 1862, Taurisson, [S. 63.2.35, P. 63.679]

514. — ... Et qu'ils sont recevables dès lors à faire valoir leurs droits même après la prise de possession et l'incorporation du sol au chemin de fer. — Même arrêt.

515. — La notification des offres d'une compagnie de chemin de fer aux expropriés peut être faite par un des agents assermentés de cette compagnie, dont les procès-verbaux font foi en justice, d'après les lois spéciales sur la police et la surveillance des chemins de fer. — Cass., 11 janv. 1865, Ménet, [S. 65. 1.240, P. 65.562, D. 65.5.170]; — 17 mars 1869, Morin, [S. 69. 1.386, P. 69.947, D. 69.1.271]

516. — En principe, l'indemnité d'expropriation ne doit comprendre que le dommage actuel et certain causé par le fait même de l'éviction et ne peut s'étendre au préjudice incertain et éventuel qui ne serait pas la conséquence directe et immédiate, nécessaire de l'expropriation. Il en est ainsi, spécialement, du préjudice éventuel et incertain que l'exploitation d'un chemin de fer pourrait causer à des réservoirs destinés à l'élevage d'anguilles et autres poissons. — Cass., 1er août 1888, Chemins de fer économiques, [S. 90.1.223, P. 90.1.532, D. 88.5.239]

517. — Mais quels sont les dommages qu'on peut considérer comme résultant directement de l'expropriation? Quels sont ceux, par suite, qui peuvent être réglés directement par le jury? Quels sont ceux, au contraire, qui ne peuvent l'être que par le conseil de préfecture? C'est une question qui ne pourra être bien comprise que lorsque nous aurons fait connaître les principales règles relatives à ces dommages et que nous examinerons *infrà*, n. 5774 et s., 6300 et s.

518. — On s'est demandé ce que l'indemnité devait comprendre lorsque l'emprise consistait en un souterrain ou un tunnel, si l'indemnité devait être limitée au terrain dont l'intéressé se trouvait réellement dépossédé, ou si elle ne devait pas être étendue également au terrain correspondant en superficie? Nous nous contentons d'indiquer la question pour le moment; nous l'examinerons en détail *infrà*, n. 5990 et s. à l'occasion des dommages causés par les travaux publics.

519. — A *fortiori*, ne peut-il être question d'indemnité lorsqu'il n'y a pas de dépossession. Jugé, en ce sens, que les parties de chemins vicinaux au-dessus desquelles des viaducs ont été établis et même celles qui ont été converties en passages à niveau conservent, néanmoins, le caractère et la destination de voies vicinales, et qu'en conséquence, la commune ne subissant aucune dépossession n'a droit à aucune indemnité. — Cons. d'Et., 20 mars 1862, Chemin de fer de Carmaux, [P. adm. chr., Leb. chr., p. 222]; — 14 août 1865, Chemin de fer de P.-L.-M., [S. 66. 2.136, P. adm. chr., Leb. chr., p. 803] — V. cep. les arrêts cités *suprà*, n. 508.

520. — Nous avons vu une règle analogue admise, pour les portions des routes nationales traversées à niveau, par la circulaire du 19 août 1878.

521. — Précédemment déjà, le même principe avait été proclamé, à l'occasion d'un chemin vicinal, par un arrêt de conflit du 1er mai 1858, Préfet de l'Aude, [Leb. chr., p. 333]

522. — Faudrait-il en dire autant s'il ne s'agissait que d'un chemin rural? Le même arrêt, du 1er mai 1858, paraissait établir une distinction à cet égard. Mais il est clair que cette distinction ne saurait plus être admise depuis la loi du 20 août 1881, sur le Code rural.

523. — Par des motifs d'analogie, il faut assimiler aux passages à niveau les passages au-dessus ou au-dessous de la voie.

524. — Les intérêts des indemnités ne sont dus, conformément à l'art. 55, L. 3 mai 1841, qu'à dater de l'expiration des six mois qui ont suivi la fixation de l'indemnité par le jury. C'est donc avec raison qu'il a été jugé que l'engagement contracté par la compagnie du chemin de fer d'Avignon à Marseille, au nom de l'Etat, de payer à des propriétaires, pour prix de leur consentement à la livraison immédiate de leurs terrains, les intérêts de l'indemnité qui leur serait allouée à partir du jour de la prise de possession, ne pouvait constituer aucune obligation à la charge de l'Etat, attendu qu'il n'avait point été approuvé par le ministre des Travaux publics, et que, dans ce cas, l'Etat ne devait les intérêts de l'indemnité, conformément à l'art. 55, L. 3 mai 1841, qu'à dater de l'expiration des six mois qui avaient suivi la fixation de ladite indemnité par le jury. — Cons. d'Et., 27 janv. 1853, Cie du chemin de fer d'Avignon à Marseille, [Leb. chr., p. 164]

525. — Indépendamment de l'indemnité en argent, et pour en diminuer la valeur, l'administration peut promettre d'effectuer certains travaux au profit des expropriés. Ces travaux sont en général spécifiés au moment des enquêtes : peuvent-ils l'être encore ensuite? On peut consulter, à cet égard, un arrêt de la cour de Paris rendu à la demande du propriétaire d'un terrain traversé en tranchée par un chemin de fer et qui, lors des enquêtes préalables à l'expropriation, n'avait point demandé l'établissement de travaux destinés à servir de communication et n'avait formulé sa demande qu'après l'estimation du terrain par le jury. — Paris, 25 nov. 1839, Hagermann, [P. 40.1.67]

526. — L'art. 21 du cahier des charges porte : « Tous les terrains nécessaires pour l'établissement du chemin de fer et de ses dépendances, pour la déviation des voies de communication et des cours d'eau déplacés et en général pour l'exécution des travaux quels qu'ils soient, auxquels cet établissement pourra donner lieu, seront achetés et payés par la compagnie concessionnaire. »

527. — A l'occasion d'une décision rendue en matière de chemin de fer d'intérêt local et qu'il propose de généraliser, M. Picard admet que, malgré les clauses du cahier des charges et les termes de l'art. 63, L. 3 mai 1841, un exproprié pourrait demander le paiement de l'indemnité, non pas au concessionnaire, mais à l'expropriant (Picard, *op. cit.*, t. 2, p. 818). Nous hésiterions beaucoup, pour notre part, à admettre cette solution. S'il est vrai, en effet, que le concessionnaire n'agit que par délégation du droit de l'Etat et que le bien exproprié tombe *de plano* dans le domaine public, le concessionnaire n'en est pas moins substitué provisoirement d'une façon complète à l'Etat, et pour peu que l'on admette la réalité de son droit (V. *infrà*, n. 865), il semble que cette solution s'impose encore davantage. Aussi bien l'exproprié a-t-il un moyen très-simple d'éviter tout préjudice, puisqu'il peut refuser de livrer son terrain tant qu'il n'est pas indemnisé.

528. — L'arrêt auquel nous faisons allusion paraît d'ailleurs avoir été rendu dans des circonstances particulières qui semblent écarter toute idée de généralisation. Il se contente de décider que le propriétaire exproprié pour l'établissement d'un chemin de fer qui *n'a pas volontairement laissé* les concessionnaires de ce chemin prendre possession de ses immeubles, a, en cas *de déchéance* de ceux-ci, une action directe et personnelle contre l'Etat (ou le département), pour le paiement de l'indemnité allouée par le jury et qu'il n'a pu toucher des concessionnaires; cet arrêt semble donc s'expliquer seulement par une idée de déchéance. — Cass., 19 juill. 1882, Préfet de la Loire, [S. 83.1.134, P. 83.1.305, D. 82.1.457]

529. — Le droit de préemption ouvert au profit des propriétaires riverains par l'art. 60, L. 3 mai 1841, leur appartient au cas d'expropriation pour un chemin de fer comme en tout autre cas. Nous retrouverons plus loin quelques applications de ce principe. — V. *infrà*, n. 889.

530. — Et ce droit subsiste pour tous propriétaires riverains d'une route délaissée, dans le cas où l'Etat ou la compagnie qui le représente a vendu à un tiers la portion de route abandonnée, alors même que le propriétaire n'a acquis le terrain riverain de la route que postérieurement à la vente par la compagnie de chemin de fer à un tiers de la portion de route abandonnée. — Riom, 24 juill. 1876, Grenet, [S. 77.2.83, P. 77.363, D. 77.2.15]

531. — Le propriétaire riverain d'une route délaissée peut donc faire condamner solidairement la compagnie de chemin de fer et le tiers acquéreur à des dommages-intérêts à raison de leur résistance à l'exercice de son droit de préemption. — Même arrêt.

532. — La demande en rétrocession est régulièrement introduite alors que d'ores et déjà il est établi d'une manière incontestable que non seulement le terrain n'a pas été employé aux travaux, mais qu'il y a même impossibilité absolue pour l'expropriant de l'utiliser à l'avenir. — Cass., 29 mai 1867, Chemin de fer de l'Ouest, [S. 67.1.261, P. 67.656]

533. — La compagnie concessionnaire d'un chemin de fer ne peut prescrire contre l'obligation de rétrocéder le terrain non employé à l'établissement du chemin : le titre en vertu duquel elle possède conservant également le droit de l'ancien propriétaire. — Paris, 29 avr. 1865, sous Cass., 29 mai 1867, précité.

533 *bis*. — Nous avons déterminé *suprà*, n. 141 et 148, les droits du propriétaire qui entend bénéficier de l'expropriation. Dans l'hypothèse inverse où après un jugement d'expropriation le projet viendrait à être abandonné, les expropriés ne pourraient rentrer en possession de leurs terrains qu'autant que la loi déclarative d'utilité publique ayant été abrogée, le concessionnaire serait autorisé par décision ministérielle d'en opérer la rétrocession à leur profit.

533 *ter*. — Remarquons qu'en aucun cas des voisins d'un terrain exproprié à l'usage d'un chemin de fer ne pourraient se plaindre d'un changement de destination qui pourrait lui être donné par le concessionnaire.

Section VII.

Projets d'exécution et construction proprement dite.

§ 1. *Remarques préliminaires.* — *Différences entre la construction par l'Etat et par les compagnies.*

534. — Parmi les règles relatives à la rédaction des projets d'exécution et à la construction proprement dite, il y en a qui sont communes à tous les régimes, d'autres qui sont plus spécialement relatives à l'hypothèse où le chemin de fer est construit par la compagnie ou à celle de la construction par les soins de l'Etat. Nous allons parcourir successivement ces différentes règles.

535. — Mais nous devons d'abord présenter quelques observations préliminaires. Les projets d'exécution peuvent donner naissance à des modifications parfois importantes dans les projets primitifs. Il peut s'agir par exemple de déplacer un passage à niveau et, par suite, l'assiette d'une voie de communication, d'augmenter un déblai, d'effectuer des terrassements plus considérables et, en conséquence, de faire des acquisitions nouvelles. Il semblerait qu'en pareil cas, si ces acquisitions n'ont pas été prévues par la loi ou le décret déclaratif d'utilité publique, visées par l'arrêté de cessibilité et ordonnées par le jugement d'expropriation, on ne pût les faire qu'à l'amiable. — Conf. *infrà*, n. 660 et s.

536. — C'est ce que paraissent avoir décidé deux arrêts d'où il résulte que « l'effet de l'acte déclaratif d'utilité publique se trouve épuisé par le jugement qui prononce l'expropriation des parcelles indiquées dans l'arrêté de cessibilité et par la décision du jury fixant les indemnités de dépossession ». — Cass., 8 janv. 1873, Champlagarde, [S. 73.1.85, P. 73.173, D. 73.1.9]; — 25 juill. 1877, Roudières frères, [S. 78.1.80, P. 78.163, D. 77.1.471]

537. — Mais la pratique n'observe pas cette règle et M. Picard fait d'ailleurs remarquer avec raison que les arrêts précités peuvent s'expliquer par des considérations différentes, notamment par l'époque reculée à laquelle la déclaration d'utilité publique avait été rendue. — Picard, *op. cit.*, t. 2, p. 814. — V. *suprà*, n. 146 et 479.

538. — Il y a certains ouvrages d'ailleurs qui se trouvent dans des conditions particulières. Telles sont notamment les prises d'eau des gares.

Elles sont implicitement autorisées par la loi ou le décret qui a déclaré d'utilité publique le chemin de fer dont elles constituent des accessoires obligés, et il ne reste qu'à en fixer l'emplacement et l'importance. C'est au ministre des Travaux publics qu'il appartient d'approuver les projets qui les concernent comme c'est à lui également d'approuver les projets d'alimentation des canaux de navigation. Il doit les soumettre, en principe, s'ils entraînent des expropriations, à l'enquête prévue par le titre 2, L. 3 mai 1841, mais son approbation ne suffit pas toujours et il doit encore se concerter avec le ministre de l'Agriculture, si la prise d'eau est faite dans un cours d'eau non navigable ni flottable.

A cet effet les projets sont communiqués aux ingénieurs de l'hydraulique agricole.

Si le projet comporte un barrage ou règlement d'eau, on doit y joindre un procès-verbal de la conférence qu'auront dû tenir les ingénieurs de l'hydraulique et ceux du contrôle.

Dans les autres cas, on se borne a la première enquête de vingt jours, qui est même supprimée si elle est jugée inutile.

Les ingénieurs de l'hydraulique joignent au dossier ainsi constitué un avis motivé en ce qui touche le volume d'eau à dévier et le préfet communique le dossier au ministre des Travaux publics, qui le communique à son tour à son collègue de l'Agriculture lequel le lui renvoie après examen et avis.

En aucun cas le préfet ne peut prendre d'arrêté réglementaire avant d'avoir obtenu l'approbation du projet par le ministre de l'Agriculture.

539. — Indépendamment des prescriptions administratives ou légales qui s'appliquent à chacun des deux régimes, on peut dire qu'il est intéressant de distinguer la construction par les compagnies ou par l'Etat à trois points de vue principaux :

1° Tandis que la construction par l'Etat ne donne naissance à aucune obligation, la construction par les compagnies implique l'observation de stipulations étroitement réglementées par un cahier des charges.

2° C'est à l'Etat ou à la compagnie concessionnaire suivant les cas qu'incombe la responsabilité des fautes de construction.

3° Certains privilèges sont reconnus en matière de construction par l'Etat qui ne se rencontrent pas en cas de construction par les compagnies.

540. — I. *Cahier des charges.* — Nous laissons de côté pour le moment tout ce qui concerne le cahier des charges : ce sont là des obligations spéciales dont l'étude trouvera tout naturellement sa place lorsque nous nous occuperons de la situation spéciale faite aux compagnies.

541. — II. *Responsabilité.* — D'une façon générale, on peut dire que la responsabilité des faits de construction incombe soit à la compagnie, soit à l'Etat, suivant que la construction est faite par l'un ou par l'autre.

542. — C'est ainsi qu'il a été jugé qu'une compagnie de chemin de fer est responsable à l'égard des tiers des accidents survenus dans la confection des travaux même exécutés à prix fait par un entrepreneur, lorsque ces travaux sont accomplis sous l'autorité de ses ingénieurs : l'entrepreneur devant être considéré comme un véritable préposé de la compagnie. — Cass., 17 mai 1865, Chemin de fer du Nord, [S. 65.1.327, P. 65.788, D. 65.1.373]

543. — ... Ou du moins qu'au cas où un entrepreneur exécute des travaux pour le compte du propriétaire, la responsabilité de celui-ci (dans l'espèce une compagnie de chemin de fer) à raison des accidents résultant de l'entreprise se mesure sur la part qu'elle s'est réservée dans la direction de ces travaux. — Paris, 30 janv. 1864, Chemin de fer du Nord, [S. 64.2.3, P. 64.463, D. 64.2.215]

544. — La considération que la compagnie n'exerce que les droits de l'Etat ne saurait modifier ce principe, au moins en ce qui concerne la responsabilité résultant d'un fait déterminé à l'égard d'un tiers et ayant le caractère d'un quasi-délit. Jugé, en ce sens, que la compagnie concessionnaire d'un chemin de fer est responsable du dommage que ses ouvriers ont pu causer à une propriété voisine en y passant pour se rendre à leurs travaux. — Cons. d'Et., 13 déc. 1855, Cie du chemin de fer de Lyon à la Méditerranée, [S. 56.2.567, P. adm. chr., D. 59.3.6, Leb. chr., p. 726]

545. — Elle est substituée, en effet, à l'Etat pour l'exécution des travaux. Elle doit donc prendre toutes ses précautions pour éviter les dangers résultant de l'agglomération des ouvriers. — Même arrêt.

546. — Au contraire, cette subrogation doit avoir pour effet de l'exonérer de la responsabilité générale qu'elle peut encourir à raison de la gêne résultant de l'exécution des travaux pour tout un ensemble de citoyens, dans le cas où l'Etat lui-même ne pourrait encourir de ce fait aucune responsabilité.

547. — Décidé, en ce sens, qu'une compagnie concessionnaire d'un chemin de fer, subrogée pour l'exécution de ses travaux aux droits de l'Etat, ne peut être condamnée à une indemnité envers des tiers, à raison des entraves que ses travaux pour la construction d'un pont dans une rivière navigable, auraient apportées à la navigation. — Cons. d'Et., 11 avr. 1848, Cie du chemin de fer de Paris à Rouen, [S. 48.2.497, Leb. chr., p. 178]

548. — ... Qu'une compagnie concessionnaire d'un chemin de fer, subrogée pour l'exécution des *travaux de ce chemin à tous les droits de l'Etat*, ne peut être condamnée à des dommages-intérêts envers les tiers, à raison des obstacles accidentels qui résulteraient pour le service de la navigation de l'existence de constructions par elle faites sur une rivière navigable, conformément au plan et projet approuvé par l'administration. — Cons. d'Et., 26 juill. 1851, Bocquié, [S. 52.2.68]

549. — ... Et qu'il en est ainsi, même alors que ces constructions n'auraient pas été exécutées d'une manière exactement conforme au plan et projet approuvé, si l'administration avait néanmoins reçu ces travaux. — Même arrêt.

550. — ... Que lorsque les travaux exécutés par un chemin de fer et dont se plaint une commune, ont été autorisés régulièrement par l'administration, la commune ne peut pas réclamer une indemnité pour une interruption temporaire ou pour une gêne dans la circulation, qui en résulterait. — Cons. d'Et., 20 mars 1862, Chemin de fer de Carmaux, [Leb. chr., p. 222]

551. — ... Que le fait que le déplacement d'un chemin vicinal a causé une gêne momentanée à la circulation ne saurait être une cause d'indemnité pour une commune. — Cons. d'Et., 14 août 1865, Cie de P.-L.-M., [Leb. chr., p. 803]

552. — On peut aussi consulter dans le même sens un arrêt du Conseil d'Etat, relatif à des dommages résultant des déplacements de chemins ruraux, bien que certaines circonstances de fait étrangères à la question qui nous occupe paraissent avoir déterminé la décision de cette haute assemblée, et qu'on ne voie pas très-nettement s'il s'agissait dans l'espèce de dommages résultant de la confection du travail de raccordement ou de l'existence même de ce travail. — Cons. d'Et., 23 févr. 1870, Chemin de fer d'Orléans, [S. 71.2.227, P. adm. chr.]

553. — Il y a d'ailleurs dans toutes les espèces qui précèdent une circonstance qui paraît influer d'une façon très-sensible sur les solutions données, et au sujet de laquelle nous aurons plus tard à nous expliquer d'une façon plus complète : la conformité ou la non conformité des travaux aux projets approuvés par l'administration. — V. *infrà,* n. 744 et 6011.

554. — La même solution cependant n'a pas été appliquée à l'égard des subventions spéciales qui peuvent être dues par suite de l'usage excessif d'un chemin vicinal. On a décidé, sans distinguer entre le cas où la compagnie se trouvait subrogée ou non aux droits de l'Etat, qu'une compagnie était responsable des dégradations qu'elle avait pu causer en construisant. Mais ce ne sont pas là, à proprement parler, des entraves apportées à un service public, mais plutôt des dommages causés à des biens appartenant à une certaine collectivité, et la compagnie apparaît alors moins comme concessionnaire que comme entrepreneur. — V. *infrà,* n. 612 et s.

555. — D'ailleurs, ce ne sont pas non plus, à proprement parler, des dommages de construction; une exploitation abusive ou plus précisément un usage immodéré de la voie peut conduire au même résultat. Mais encore faut-il qu'il y ait abus. — Cons. d'Et., 25 mars 1865, Chemin de fer de Lyon à la Méditerranée, [Leb. chr., p. 328]

556. — Les pouvoirs de contrôle et de surveillance qu'exercent les ingénieurs sur les entrepreneurs, ont fait édicter, à l'égard de l'Etat, des règles réciproquement inverses à celles que nous venons de faire connaître. Jugé, en ce sens, que l'Etat peut être responsable à raison de semblables dommages causés par le défaut de surveillance de ses agents directs (les ingénieurs), bien que le dommage provenant directement du fait de l'entrepreneur (dans l'espèce des coups de mine), il fût impossible de considérer l'Etat comme un commettant par rapport à ces entrepreneurs, aux termes de l'art. 1384, C. civ. — Cons. d'Et., 9 nov. 1888, Chamfray, [S. 90.3.60, P. adm. chr., D. 89. 3.126, Leb. chr., p. 821] — V. sur tous ces points, Christophle et Auger, *op. cit.,* n. 1524 et s., et *infrà,* n. 6056 et s.

557. — III. *Privilège.* — Un autre intérêt de la distinction entre la construction par l'Etat ou par une compagnie concessionnaire se rencontre dans l'application du privilège accordé aux entrepreneurs par la loi du 25 pluv. an II ; ce privilège ne s'applique pas aux travaux de chemins de fer exécutés par des compagnies et non aux frais de l'Etat. — Cass., 16 juill. 1860, Goepfert, [S. 60.1.896, P. 60.788, D. 60.1.387] — Poitiers, 9 mars 1859, Green, [S. 59.2.284, P. 59.880, D. 59.2.105]

558. — Il n'importe que l'Etat ait garanti auxdites compagnies un minimum d'intérêts pendant un certain nombre d'années sur les sommes jugées nécessaires pour l'accomplissement des travaux, ou que lesdites compagnies touchent des localités intéressées à la confection du chemin ferré une somme déterminée en déduction de celles destinées aux travaux. — Cass., 16 juill. 1860, précité.

559. — D'une façon plus générale, en effet, la garantie d'intérêt de l'Etat ne transforme pas, au point de vue financier, les travaux entrepris par une compagnie en travaux d'Etat. — Poitiers, 9 mars 1859, précité.

560. — Mais il y a lieu de considérer comme garantie par le privilège du décret du 25 pluv. an II, la créance de l'entrepreneur qui a exécuté, dans l'intérêt d'une compagnie concessionnaire, les travaux de construction d'un chemin de fer compris dans la grande voirie et faisant à ce titre partie du domaine public, lorsque des sommes ont été déposées dans les caisses publiques à titre de subvention octroyées par l'Etat à la compagnie concessionnaire. — Cass., 9 juin 1880, Willems, [S. 80.1. 369, P. 80.886, D. 80.1.305] — Paris, 15 déc. 1882, Barny fils et Cie, [D. 83.2.207]

561. — Par suite, cet entrepreneur peut former opposition sur la subvention à l'encontre des créanciers particuliers de la compagnie. Et l'effet du privilège ne saurait être atténué par le transport que la compagnie subventionnée aurait fait à une autre société du montant de la subvention. — Cass., 9 juin 1880, précité.

562. — La déchéance encourue par une compagnie aurait-elle pour effet de faire considérer comme effectués par l'Etat les travaux antérieurs réellement entrepris pour le compte de la compagnie ? La négative peut se déduire d'un arrêt par lequel il a été décidé que lorsque, par suite de la déchéance prononcée contre une compagnie concessionnaire d'un chemin de fer, son *cautionnement* a été déclaré définitivement acquis à l'Etat par une décision du ministre des Travaux publics passée en force de chose jugée, l'entrepreneur de la construction du chemin de fer ne peut pas prétendre à la restitution de tout ou partie dudit cautionnement comme affecté, par sa nature, à la garantie privilégiée des travaux exécutés par lui. — Cons. d'Et., 24 févr. 1853, Min. des Travaux publics, [Leb. chr., p. 272]

563. — Celui qui a fourni des fers bruts pour la confection des outils et des wagons employés aux terrassements ne peut non plus réclamer privilège contre l'Etat, auquel sont remis seulement les travaux définitifs par l'entrepreneur général. — Dijon, 25 août 1846, Girardot, [S. 48.2.398, P. 48.2.365]

564. — Nous signalerons encore d'autres différences accessoires entre le cas où un chemin de fer est construit par l'Etat et celui où il est l'œuvre d'une compagnie. Dans la première hypothèse, s'il est nécessaire qu'un bien faisant partie du domaine privé de l'Etat soit affecté au chemin, il peut l'être par une simple décision du ministre des Finances, sans indemnité. Dans la seconde, l'indemnité est de droit, qu'elle soit prononcée par le jury ou par le ministre des Finances.

565. — Une compagnie concessionnaire d'un chemin de fer ne peut jamais déterminer les parcelles qui sont inutiles à son exploitation. L'Etat qui construit un chemin de fer a le pouvoir, au contraire, de procéder au bornage de la ligne qu'il établit et de déclarer que telle ou telle parcelle qui a été expropriée pour y être incorporée n'en fait plus partie. — Cons. d'Et., 16 août 1862, Bertrand, [P. adm. chr., D. 64.3. 105]

565 *bis*. — Enfin, au point de vue de la désignation du tiers expert en cas de désaccord entre deux experts nommés à l'occasion d'un litige né de la construction d'un chemin de fer, on aurait pu, avant la loi du 29 juill. 1889, faire des distinctions pour l'application de l'art. 56, L. 16 sept. 1807, entre le cas d'une construction par l'Etat ou par un concessionnaire. — V. notamment par analogie, Cons. d'Et., 10 févr. 1888, Legrand, [Leb. chr.,

p. 143] — 28 mars 1888, Legrand, [Leb. chr.]; — 21 janv. 1887, Gayet, [Leb. chr.]

§ 2. *Construction par l'Etat.*

566. — Lorsque la construction du chemin de fer, au lieu d'être effectuée par une compagnie, est entreprise par les soins de l'Etat, les choses se passent très-simplement. Il n'y a pas de cahier des charges (au moins lorsque l'Etat construit pour son compte : dans l'hypothèse contraire, V. *infrà*, n. 594) et, partant, pas de difficultés relatives à l'interprétation de ses clauses : tout s'exécute conformément à des ordres donnés directement par le ministre aux fonctionnaires placés sous ses ordres, et il suffit à l'interprète de connaître les circulaires ou instructions qui les renferment.

567. — Elles se réfèrent toutes soit à des mesures administratives, soit à des dispositions techniques.

568. — Nous allons passer en revue les principales en faisant remarquer qu'un bon nombre de ces circulaires contiennent des points communs aux grandes compagnies ou se réfèrent à des exemples passés dans la pratique des grandes compagnies.

569. — On remarquera que la plupart de ces instructions sont postérieures aux années 1875 et 1878, c'est-à-dire aux lois portant concession du réseau d'Etat.

570. — Jusque-là, en effet, la plupart des travaux avaient été effectués sous l'empire du système inauguré par la loi de 1842 et s'étaient trouvés partagés entre les compagnies et les ingénieurs de l'Etat.

571. — L'importance des travaux mis à ce moment à la charge de ces derniers eut pour première conséquence de faire créer à côté du corps des ponts et chaussées un cadre auxiliaire (Décr. 20 déc. 1878).

572. — Bien que ce cadre ait disparu à la suite des conventions de 1883 (Décr. 25 mars 1885, portant abrogation du décr. 20 déc. 1878), il peut être intéressant de signaler les principales circulaires qui le régirent : Circ. 8 et 10 janv., 8 févr., 19 mars, 5 avr. 1879, 7 févr. 1883, 28 mars 1885, 25 juin 1887 (Potiquet, n. 1054, 1057, 1062, 1067, 1070; *Rec. Lois, Ord.*, 2ᵉ sér., t. 2, p. 151; t. 3, p. 305).

573. — D'autres effets accessoires de cette mesure furent de faire édicter des règles spéciales pour la comptabilité des bureaux d'ingénieurs (Circ. 16 août 1878 : Potiquet, n. 1027), et de leur ouvrir de nouveaux crédits, ainsi qu'à leurs agents, à raison des frais accessoires de déplacement, etc., qui pourraient en résulter pour eux (Circ. 1ᵉʳ févr., 11 mars 1879 : Potiquet, n. 1061, 1065). Ces crédits ne disparurent pas d'ailleurs nécessairement à la suite des conventions précitées, puisqu'elles laissèrent aux ingénieurs de l'Etat le soin d'achever certaines lignes; aussi fallut-il encore en régler l'emploi (Circ. 6 juin 1884 : *Rec. Lois, Ord.*, 2ᵉ sér., t. 2, p. 181).

574. — Ceci dit, on peut signaler parmi les circulaires d'ordre administratif :

575. — 1° *Adjudication de travaux :* une circulaire du 11 août 1880 (Potiquet, n. 1159), qui prescrit que lorsqu'il doit être procédé à une adjudication de travaux métalliques de quelque importance, l'ingénieur en chef adresse au ministre un exemplaire du dossier d'adjudication pour qu'il puisse être communiqué sans déplacement aux intéressés; — une circulaire du 5 janv. 1883 (*Rec. Lois, Ord.*, 2ᵉ sér., t. 2, p. 1), portant que, pour les fournitures de bois, on doit envoyer des exemplaires du cahier des charges aux ingénieurs en chef de tous les départements; — une circulaire du 10 mars 1883 (*Rec. Lois, Ord.*, 2ᵉ sér., t. 2, p. 51), rappelant que les maisons de garde et les bâtiments de stations faisant partie les unes de l'infrastructure, les autres de la superstructure, doivent être l'objet d'adjudications distinctes.

576. — 2° *Comptes moraux* (Rapports fournis à l'administration par les ingénieurs et destinés à contenir tous les renseignements de nature à lui permettre de suivre les progrès des opérations en cours) : deux circulaires du 12 sept. 1878, contenant des formules pour les rédiger et basées sur cette règle qu'il devra y avoir un compte moral séparé par ligne (Potiquet, n. 1032 et 1033). — Cette dernière circulaire remplace toutes les autres.

577. — 3° *Dossiers d'entreprises :* une circulaire du 5 août 1885 (*Rec. Lois, Ord.*, 2ᵉ sér., t. 2, p. 337), portant que les dossiers relatifs au règlement des comptes d'entreprises doivent contenir une copie certifiée conforme des devis et cahier des charges, du bordereau des prix de l'adjudication et de tous les bordereaux des prix supplémentaires approuvés au cours de l'exécution des travaux.

578. — ... Parmi les circulaires d'ordre technique : 1° *Procès-verbaux de reconnaissance en vue de l'ouverture de l'exploitation :* une circulaire du 19 juin 1888 (*Rec. Lois, Ord.*, 2ᵉ sér., t. 3, p. 446), qui interdit de donner acte des réserves formulées par les représentants des compagnies et ayant trait à la remise des travaux de ces lignes par l'Etat.

579. — 2° *Stations :* une circulaire du 7 août 1877 (Potiquet, n. 1033 *bis*), qui recommande autant que possible d'adopter pour l'établissement des stations des paliers d'au moins 400 mètres ; — une circulaire du 30 juill. 1879 (Potiquet, n. 1091), qui prescrit qu'elles soient en alignement direct sur toute leur longueur ; — une circulaire du 26 avr. 1880 (Potiquet, n. 1129), sur les bâtiments des stations.

580. — 3° *Rampes :* une circulaire du 7 août 1877 (précitée), qui recommande aux abords des stations de maintenir les rampes au-dessous du maximum fixé pour l'ensemble de la ligne de façon à faciliter le démarrage des trains ; — une circulaire du 30 juill. 1879 (précitée), qui permet d'élever la limite des pentes et rampes jusqu'à 30 millièmes.

581. — 4° *Tunnels et souterrains :* la circulaire précitée du 7 août 1877 contenant certains moyens d'empêcher ou d'atténuer les infiltrations.

582. — 5° *Rayons des courbes :* la circulaire précitée du 30 juill. 1879, qui rappelle des circulaires antérieures, aux termes desquelles on peut abaisser les rayons de courbure jusqu'à 350 mètres aux abords des stations.

583. — 6° *Plate-forme :* la circulaire précitée du 30 juill. 1879, qui prescrit de donner à la plate-forme, suivant les cas, une largeur de 5 mètres ou de 6 mètres.

584. — 7° *Ouvrages d'art :* la circulaire susvisée du 30 juill. 1879.

585. — 8° *Maisons de garde :* la circulaire susénoncée du 26 avr. 1880, renfermant les types de construction de ces maisons.

586. — 9° *Acquisitions de matériel fixe :* une circulaire du 5 juill. 1880, qu organise un service central pour la préparation des adjudications d'après les projets dressés par les services de construction, et des services locaux plus spécialement appelés à la préparation et à la fabrication des matières premières destinées à être ouvrées ; — une circulaire du 18 sept. 1880 (Potiquet, n. 1164), relative aux lieux de livraison du matériel et aux détails estimatifs et devis descriptifs relatifs à la superstructure ; — une circulaire du 16 mai 1881 (Potiquet, n. 1194), déterminant les attributions respectives du service central du matériel fixe et des services de construction pour la réception et la livraison nécessaire à l'armature des voies ; — une circulaire du 6 sept. 1882 (*Rec. Lois, Ord.*, 2ᵉ sér., t. 2, p. 465), relative à la présentation des projets de fourniture du matériel.

587. — 10° *Matériel de la voie courante :* une circulaire du 30 nov. 1880 (Potiquet, n. 1176), comprenant des formules-types, relatives à ces travaux ; — une circulaire du 17 mai 1881 (Potiquet, n. 1195), contenant une nouvelle formule-type de devis descriptif.

588. — 11° *Accessoires de la voie, changements, croisements, plaques tournantes, appareil d'alimentation et de sûreté :* la circulaire du 30 nov. 1880 et une autre circulaire du 14 mai 1881 (Potiquet, n. 1193), comprenant des formules-types y relatives.

589. — 12° *Passages à niveau :* une circulaire du 15 janv. 1881 (*Rec. Lois, Ord.*, 2ᵉ sér., t. 1, p. 66), fixant, d'après le conseil général des ponts et chaussées, la largeur des passages à niveau à 4 mètres pour les chemins vicinaux ordinaires et à 6 mètres pour les chemins de grande communication et d'intérêt commun ainsi que pour les routes nationales et départementales, et prescrivant que, quel que soit le système adopté pour la chaussée de ces passages (pavage ou empierrement), il soit appliqué uniformément sur toute l'étendue du passage y compris les portillons.

590. — 13° *Signaux* : une circulaire du 14 nov. 1881 (Potiquet, n. 1213), portant qu'à l'avenir, les signaux devront être fournis par les futurs exploitants.

591. — 14° *Lignes électriques* : la même circulaire du 14 nov. 1881, portant que les dispositions à adopter pour l'établissement des lignes électriques doivent être étudiées de concert avec l'administration des postes et télégraphes.

592. — 15° *Projets de fournitures* : la circulaire précitée du 6 sept. 1882, portant que dorénavant les projets de fournitures seront dressés et présentés par le service central d'après les renseignements à lui fournis directement par les services de construction.

593. — Le décret du 25 mai 1878 sur la constitution du réseau d'Etat laissait espérer (art. 8) qu'un règlement d'administration publique déterminerait à quel procédé le conseil d'administration des chemins de fer de l'Etat pourrait recourir pour effectuer les travaux « par voie d'adjudication publique ou restreinte, à l'amiable, en régie, etc. ». Mais aucun règlement, à notre connaissance, n'est encore intervenu sur ce point.

594. — Lorsque l'Etat ne construit pas pour son compte, mais qu'il doit faire la remise de la ligne à la compagnie, il y a quelques règles spéciales à observer pour la remise des travaux et la garantie des ouvrages effectués.

595. — Aux termes d'une disposition qu'on retrouve dans de nombreux cahiers des charges, la compagnie est tenue de prendre llivraison des terrassements et des ouvrages d'art à mesure qu'is sont achevés entre deux stations principales, par sections contiguës et sur la notification qui lui est faite de leur achèvement. Il est dressé procès-verbal de cette notification, et la compagnie doit commencer immédiatement les travaux à sa charge. — V. aussi *infrà*, n. 695.

596. — Lorsqu'un an s'est écoulé depuis la rédaction de ce procès-verbal, on procède à une reconnaissance définitive des travaux, et cette reconnaissance est constatée par un nouveau procès-verbal qui a pour effet d'affranchir l'Etat de toute garantie pour les terrassements. Dans cette garantie ne se trouve pas comprise d'ailleurs celle qui aurait pour base des tassements survenus dans la plate-forme, à quelque époque qu'ils se produisent. — Aucoc, *op. cit.*, t. 3, n. 1458.

597. — En ce qui concerne les ouvrages d'art et les maisons de garde, la garantie ne cesse qu'un an après le procès-verbal de reconnaissance définitive.

598. — La responsabilité, d'ailleurs, est toujours limitée à la garantie matérielle des travaux.

599. — L'entrée en possession de la compagnie est accompagnée d'un état de lieux rendu nécessaire par cette considération qu'à dater de cette époque c'est à la compagnie que doit incomber l'entretien.

600. — Ces règles dérivant du cahier des charges, ont un caractère contractuel qu'il ne saurait dépendre de l'une quelconque des parties de modifier.

601. — Après la période de garantie écoulée, la responsabilité à l'égard des tiers incombe donc uniquement à la compagnie. — Christophle et Auger, *op. cit.*, n. 1526.

602. — C'est ce qui a été décidé notamment à propos de l'interprétation du contrat intervenu entre l'Etat et la compagnie du chemin de fer de Strasbourg, aux termes duquel l'Etat devait livrer à cette compagnie les ouvrages exécutés par lui. Il a été jugé, à ce sujet, que la compagnie concessionnaire avait pris à sa charge les travaux livrés par l'Etat, et que, depuis l'expiration du délai de garantie, l'Etat était affranchi de toute responsabilité, soit à l'égard de la compagnie, soit à l'égard des tiers. — Cons. d'Et., 30 juill. 1857, Hubert Brierre, [P. adm. chr., p. 631]

603. — On peut consulter encore en ce sens un arrêt où il est dit qu'en présence du cahier des charges d'une concession de chemin de fer disposant qu'il devra être procédé un an après la livraison faite par l'Etat à la compagnie des terrains, terrassements et ouvrages d'art, à une reconnaissance définitive qui aura pour effet d'affranchir l'Etat de toute garantie quant aux terrassements; que pour les ouvrages d'art la garantie cessera un an après le procès-verbal de reconnaissance définitive, et qu'en aucun cas la responsabilité de l'Etat ne pourra s'étendre au delà de la garantie matérielle des travaux exécutés par lui;

enfin que la compagnie s'engage à maintenir en bon état d'entretien le chemin de fer et ses dépendances, à y effectuer, à ses frais, tous les travaux de réparation et de reconstruction nécessaires, etc., on doit décider que la compagnie prend à sa charge les travaux livrés par l'Etat, et qu'après l'expiration du délai de garantie, l'Etat est affranchi de toute responsabilité soit à l'égard de la compagnie, soit à l'égard des tiers. — Cons. d'Et., 28 nov. 1861, Chemin de fer de Paris à Lyon, [Leb. chr., p. 856]

604. — Mais « la compagnie peut, lorsque l'Etat lui en fait la remise, formuler ses réserves sur les ouvrages qui ne lui paraîtraient pas établis conformément aux cahiers des charges et aux règles de l'art : elle peut réclamer des modifications, des améliorations, des travaux de consolidation ou de réfection ; rien ne l'empêcherait même de se refuser à accepter la remise si par impossible elle considérait la plate-forme comme n'étant pas terminée et si elle ne croyait pas pouvoir entreprendre la superstructure. Ses réserves doivent être accompagnées d'un procès-verbal. Au cas où le ministre en reconnaît le bien fondé, il doit y donner satisfaction : la prise en charge de l'entretien par la compagnie et le terme de la garantie de l'Etat peuvent en être retardés d'autant. Au cas où il y désaccord le débat peut être porté devant le conseil de préfecture ». — Picard, *op. cit.*, t. 2, p. 239.

605. — Ces règles ne sont pas de nature d'ailleurs à modifier les principes du droit commun applicables aux rapports de l'Etat et de ses entrepreneurs par rapport au délai de garantie résultant du cahier des charges des entreprises.

606. — Ainsi la remise à la compagnie ne ferait pas tomber des mains de l'administration le recours de l'Etat contre les entrepreneurs.

607. — Jugé spécialement à cet égard, que lorsque les travaux d'un chemin de fer ont été exécutés par l'Etat et que la compagnie adjudicataire ou concessionnaire a été mise en possession de ce chemin avant qu'ils aient été définitivement reçus, l'acceptation de ces travaux par ladite compagnie, sans réclamation ni réserve ne fait pas obstacle à ce que l'administration constate les malfaçons qui ont pu être commises par l'entrepreneur, et puisse, dans les formes et sauf tout recours de droit, en ordonner la réparation avant de procéder à la réception définitive, nonobstant la jouissance de la compagnie. — Cons. d'Et., 26 juill. 1851, Bitard-Evrat, [Leb. chr., p. 538]

608. — En aucune hypothèse, d'autre part, la garantie de l'Etat ne saurait être engagée par un fait de force majeure. Mais dans quels cas peut-on dire qu'il y a force majeure? Dans quels cas doit-on admettre au contraire qu'il y a faute de la compagnie? On conçoit qu'il soit impossible de poser aucune règle générale à cet égard.

609. — Nous nous bornerons à citer sur ce point un arrêt rendu dans la circonstance suivante. Un viaduc avait été emporté par une rivière avant l'expiration du délai de deux années fixé pour la garantie des ouvrages d'art livrés par l'Etat à la compagnie. L'Etat était-il responsable ou l'événement devait-il être considéré comme fait de force majeure? Il fut décidé que la rivière étant, par suite de son régime, exposée à des crues extraordinaires; que les ouvrages projetés sur cette rivière devant, en prévision de ces crues, être établis dans des conditions spéciales de solidité; que la crue dont il s'agissait n'ayant pas dépassé les proportions des crues observées antérieurement, et la chute du viaduc ayant été déterminée par les dispositions défectueuses du plan des ingénieurs, l'Etat devait être déclaré responsable. — Cons. d'Et., 8 mai 1861, Chemin de fer Paris à Lyon, [Leb. chr., p. 359] — On peut encore consulter sur ce point un autre exemple donné par Aucoc, *op. cit.*, t. 3, n. 1461.

610. — Nous n'avons raisonné dans toutes les hypothèses précédentes que *de eo quod plerumque fit*. Ce qu'il faut avant tout observer ce sont les stipulations mêmes du cahier des charges.

§ 3. *Construction par les compagnies.*

1° *Observations générales.*

611. — Avant d'examiner les règles particulières qui découlent, pour les compagnies, de leurs cahiers des charges ou des circulaires ministérielles intervenues sur le fait des concessions de chemins de fer, nous devons présenter quelques observations d'ordre général.

612. — Une première idée qu'il importe de mettre en relief est que la compagnie qui a reçu la concession d'un chemin de fer ne saurait être confondue avec un entrepreneur.

613. — Ainsi nous avons vu que le seul fait de la concession entraîne le droit de poursuivre l'expropriation.

614. — A un autre point de vue, au point de vue de l'exécution même des travaux, la différence n'est pas moins sensible et est très-exactement mise en relief par M. Dumay. « L'entrepreneur, dit-il, ne peut que se conformer au devis sur lequel a été faite sa soumission; il doit exécuter le travail personnellement, c'est de l'essence du contrat de louage d'ouvrage; à moins d'une autorisation expresse de l'administration, il n'est pas libre quant au choix du personnel qu'il emploie, au nombre des ouvriers, etc..., en un mot, l'entrepreneur n'est qu'un ouvrier, un exécuteur de travaux. Il en est bien différemment du concessionnaire. Sans doute le tracé et le profil du chemin de fer sont arrêtés provisoirement, d'abord par la loi ou le décret qui déclare l'utilité publique, puis définitivement par le préfet conformément au tit. 2, L. 3 mai 1841 ; sans doute encore, aucun travail ne pourra être entrepris pour l'établissement du chemin et de ses dépendances qu'avec l'autorisation de l'administration supérieure et le ministre prescrira s'il y a lieu d'y apporter telles modifications que de droit (cahier des charges, art. 3). Mais le concessionnaire a la faculté, avant comme pendant l'exécution, de proposer des modifications ; il propose le nombre et l'emplacement des stations (art. 9), le mode et la disposition des clôtures (art. 20). En un mot, il a voix délibérative et même l'initiative... Enfin, et c'est une différence essentielle, le concessionnaire n'est pas tenu d'exécuter personnellement l'ouvrage : il peut en charger des entrepreneurs dont il reste bien entendu responsable, tant vis-à-vis de l'administration que vis-à-vis de lui ». — Dumay, *op. cit.*, p. 73; Christophle et Auger, *op. cit.*, n. 1519 et s.

615. — Le même auteur, toutefois, rappelle — et c'est, en effet, une dérogation notable au principe de la liberté du concessionnaire — que le nouveau modèle de cahier des charges stipule (art. 27), que les travaux devront être adjugés par lots, et sur séries de prix, et que tout marché général pour l'ensemble des chemins de fer, soit à forfait, soit sur série de prix est dans tous les cas interdit. — V. *infrà*, n. 686.

616. — Au point de vue de l'application de l'art. 56, L. 16 sept. 1807, relatif à la désignation du tiers expert au cas de difficultés survenues, à l'occasion d'une occupation temporaire, entre les propriétaires de terrains et le constructeur, il pouvait y avoir lieu également de distinguer entre l'hypothèse où le constructeur n'était qu'un entrepreneur et celui où il était concessionnaire. — V. *suprà*, n. 565 *bis*.

617. — Aux termes de cet article, en effet, les experts pour l'évaluation des indemnités relatives à une occupation de terrain dans les cas prévus par le titre 11 de la loi devaient être nommés pour les objets de travaux de grande voirie, l'un par le propriétaire, l'autre par le préfet, et le tiers expert au besoin devait être de droit l'ingénieur en chef du département. En cas de concession, au contraire, un expert était nommé par le propriétaire, un autre par le concessionnaire ; le tiers expert devait être nommé par le préfet. Nous rappelons que ces distinctions ont disparu avec l'art. 14, L. 22 juill. 1889.

618. — Au point de vue de la responsabilité des dommages causés par l'exécution des travaux publics la distinction n'est pas moins intéressante. L'entrepreneur n'étant en général qu'un mandataire, c'est le propriétaire qui est tenu des conséquences de sa faute. Or le concessionnaire est précisément un *dominus* par rapport aux entrepreneurs qu'il emploie. C'est donc lui qui doit être déclaré responsable. On conçoit toutefois qu'il puisse y avoir lieu de distinguer suivant l'étendue plus ou moins grande des stipulations du cahier des charges relatives à la responsabilité des dommages causés par l'exécution des travaux, et le caractère plus ou moins personnel de ces dommages, et on s'explique, par ces considérations diverses, certains arrêts qui, tout en soumettant les compagnies à l'action directe des tiers lésés, leur ouvrent, d'autre part, un recours contre les entrepreneurs qu'elles emploient, ou certains autres qui proclament au contraire la responsabilité personnelle et directe des entrepreneurs.

619. — L'art. 14, L. 21 mai 1836, qui met à la charge des propriétaires ou des entrepreneurs, suivant que les travaux sont faits pour le compte de l'un ou pour le compte de l'autre, la réparation des dégradations extraordinaires causées aux chemins vicinaux a fourni de nombreuses applications de ces principes. — Ainsi jugé, que lorsqu'une compagnie concessionnaire de chemin de fer a traité avec des entrepreneurs spéciaux pour la confection des divers ouvrages qu'elle a pris à sa charge, c'est encore elle qui est tenue vis-à-vis des communes, et sauf son recours, s'il y a lieu, contre lesdits entrepreneurs, de la réparation des dégradations extraordinaires qui ont pu être causées aux chemins vicinaux par suite des transports effectués pour l'exécution des travaux dont il s'agit. — Cons. d'Et., 28 juill. 1849, Compagnie du chemin de fer de Rouen au Hâvre, [S. 50.2.56, P. adm. chr., D. 49.3.82, Leb. chr., p. 449]; — 28 déc. 1849, Mêmes parties, [P. adm. chr., Leb. chr., p. 728]

620. — ... Que lorsqu'une compagnie de chemin de fer a ouvert une décharge publique dans le but de remblayer un terrain où elle veut construire des ateliers et des remises pour la réparation et la garde de ses matériaux, les transports de matériaux doivent être considérés comme effectués dans l'intérêt de cette compagnie, qui les a provoqués, et qu'elle est tenue d'acquitter en qualité d'entrepreneur des travaux publics la subvention spéciale réclamée pour la dégradation extérieure que ces transports ont causée à un chemin vicinal. — Cons. préf. Seine, 23 févr. 1881, Chemin de fer du Nord, [Dauv., ann. 1882, p. 95.

621. — ... Que le conseil de préfecture doit déterminer le chiffre de la subvention d'après les contrats faits par les experts, et d'après les renseignements que ceux-ci ont recueillis sur le nombre des colliers, la durée et l'époque du transport, la nature et l'importance des chargements. — Même arrêt.

622. — ... Mais que lorsque les travaux effectués par un entrepreneur des travaux d'une voie ferrée ont causé des dégradations extraordinaires à un chemin vicinal, cet entrepreneur ne peut opposer à la réclamation d'une subvention spéciale l'objection que les transports de matériaux, bien qu'effectués par lui, l'ont été pour le compte de la compagnie concessionnaire du chemin

de fer. — Cons. d'Et., 3 août 1865, Burguy, [Leb. chr., p. 731]
— 8 mars 1860, Chemin de fer d'Orléans, [S. 61.2.40, P. adm. chr., Leb. chr., p. 194]

623. — ... Et qu'une compagnie de chemin de fer autorisée à ouvrir une décharge publique, n'était pas passible d'une subvention spéciale à raison des dégradations causées à un chemin vicinal par le transport de matériaux exécutés par divers entrepreneurs, alors même qu'elle avait ouvert cette décharge à l'effet de remblayer des terrains destinés à recevoir des remises et ateliers. — Cons. d'Et., 14 déc. 1883, Chemin de fer du Nord, [S. 85.3. 62, P. adm. chr., D. 85.3.75] — Cet arrêt, d'ailleurs, n'est pas en contradiction avec le précédent, par cette raison que, dans l'espèce, il était démontré que certains entrepreneurs avaient agi pour leur propre compte.

624. — En tous cas, il est bien évident qu'une compagnie de chemin de fer ne peut pas être passible de subventions spéciales à raison de transports de marchandises provenant d'une des gares, que ces transports aient été opérés par des particuliers, propriétaires, négociants ou voituriers, chacun pour son compte... — Cons. d'Et., 15 févr. 1866, Chemin de fer de Paris à Lyon et à la Méditerranée, [P. adm. chr., Leb. chr., p. 90] — ou pour la compagnie en sa qualité d'entrepreneur de transports. — Cons. d'Et., 23 mars 1877, Chemin de fer du Midi, [S. 79.2.95, P. adm. chr., D. 77.3.68] — Car dans ces deux cas, on n'a fait qu'user de la voie publique dans les conditions régulières de sa destination.

625. — On peut encore consulter sur le cas de dégradations extraordinaires causées par des transports de matériaux destinés à la construction d'un chemin de fer relativement au chiffre de l'indemnité due : Cons. d'Et., 18 avr. 1891, Genet, [Leb. chr., p. 291]

626. — Comme applications plus spéciales de cette idée qu'il y a lieu de tenir compte, pour faire le partage de la responsabilité entre l'entrepreneur et la compagnie, de la cause des dommages et des stipulations contenues soit dans le cahier des charges, soit dans le contrat d'entreprise, on peut signaler les arrêts suivants aux termes desquels : une compagnie de chemin de fer ne peut être déclarée responsable d'un accident arrivé sur les chantiers lors des travaux de terrassement dont elle ne s'est pas réservé la direction, mais qu'elle a effectués par l'entremise d'un entrepreneur avec lequel elle a traité à forfait.— Cass., 20 août 1847, Pubelier, [S. 47.2.855, P. 48.1.60, D. 47.4.421]

627. — De même, une compagnie de chemin de fer ne peut être déclarée responsable de la mort d'un ouvrier employé aux travaux du chemin par un entrepreneur général avec lequel seul elle a traité. — Orléans, 24 nov. 1847, Chemin de fer du Nord, [P. 48.1.254]

628. — Mais, d'autre part, la compagnie de chemin de fer qui, tout en traitant à forfait avec un entrepreneur pour la construction du chemin, a déclaré se réserver la surveillance de l'exécution des travaux, est responsable des accidents que la négligence de l'entrepreneur a causés, notamment aux ouvriers par lui employés; l'entrepreneur devant alors être considéré comme le préposé de la compagnie, et la qualité d'entrepreneur à forfait n'ayant rien d'incompatible avec celle du préposé. — Cass., 10 nov. 1868, Chemin de fer du Nord, [S. 69.1.127, P. 69.292, D. 69.1.133] — Orléans, 18 juill. 1867, Ve Portron, [D. 67.2.136]

629. — Rien n'empêche d'ailleurs qu'une compagnie, concessionnaire à certains points de vue, ne puisse être entrepreneur à d'autres. Ainsi, lorsqu'une compagnie de chemin de fer s'est chargée pour le compte de l'Etat d'exécuter un travail public en qualité d'entrepreneur, qu'elle a en cette qualité occupé un terrain, et que l'Etat a pris possession des ouvrages établis sur ce terrain, le propriétaire qui prétend que ledit terrain a été usurpé doit diriger son action contre l'Etat et non contre la compagnie. En pareil cas, en effet, la compagnie n'est plus concessionnaire, mais seulement entrepreneur. — Cass., 28 mars 1876, Brunet, [D. 78.1.13] — V. *suprà*, n. 375.

630. — Si en règle générale le concessionnaire diffère de l'entrepreneur, on ne saurait cependant pousser cette distinction trop loin et aller jusqu'à assimiler le concessionnaire au maître de l'ouvrage en effaçant pour ainsi dire le marché de travaux public qui les lie. Ainsi de la subrogation de la compagnie aux droits de l'Etat on avait pensé pouvoir tirer certaines conséquences au point de vue de l'attribution du prix des parcelles de route déclassées par suite de la construction du chemin de fer. La compagnie chargée d'opérer la déviation à ses frais aurait pu, dans une certaine opinion, disposer de ces terrains comme l'Etat lui-même. — V. notamment Cons. préf. Seine, 14 juill. 1870, Chemin de fer du Nord, [D. 72.3.34]; — 12 juill. 1871 et 2 avr. 1873, P.-L.-M. — Cons. d'Et., 16 mai 1872, Min. Fin., [Leb. chr., p. 312].

631. — Mais nous croyons que ces conclusions sont exagérées et nous préférons de beaucoup l'opinion contraire à laquelle la jurisprudence paraît s'être définitivement ralliée, et d'après laquelle les parcelles de routes nationales déclassées doivent être remises au domaine. — Cons. d'Et., 28 juill. 1876, Chemin de fer de Paris-Lyon-Méditerranée, [S. 78.2.280, P. adm. chr., D. 77.3.1]; — 11 déc. 1874, Chemin de fer du Midi, [S. 76.2.224, P. adm. chr.] — V. aussi Picard, *op. cit.*, t. 2, p. 769 et s.

632. — Sur le droit pour le domaine non seulement d'aliéner ces terrains mais encore de percevoir un droit d'occupation à leur occasion, V. Picard, *op. cit.*, t. 2, p. 772.

633. — Nous croyons inutile de mettre en relief certaines ressemblances ou différences accessoires qu'on peut rencontrer entre le concessionnaire et l'entrepreneur au point de vue de la juridiction compétente pour connaître de l'interprétation du marché, du droit d'enregistrement dont il est susceptible, de la patente, etc.

634. — Ces idées générales exposées nous allons parcourir successivement les principaux articles du cahier des charges et les principales instructions ministérielles qui se réfèrent au point qui nous occupe.

2° *Obligations résultant de décisions de l'administration.*

635. — Les principales circulaires relatives à la construction par les compagnies se réfèrent : au contrôle des ingénieurs, aux rapports qu'ils devront faire sur la largeur de la voie en construction, sur les quantités de matériaux employés, sur le retard dans les livraisons, sur les causes et les conséquences de ces retards, avec des modèles d'état pour les approvisionnements (Circ. 15 sept. 1854, 15 mars 1855, 28 avr. 1855). — Potiquet, n. 269, 274 et 275.

636. — ... Aux comptes moraux qu'ils doivent fournir (26 avr. 1860 (Potiquet, n. 351), 30 oct. 1866 (Potiquet, n. 352), 8 déc. 1884 (*Rec. Lois, Ord.*, 2ᵉ sér., t. 2, p. 225). M. Picard cite également trois circulaires des 20 févr. 1867, 5 févr. 1869 et 20 févr. 1885 (Potiquet, n. 402, 463).

637. — ... Aux frais de contrôle du personnel pour ses déplacements (14 nov. 1862, 1ᵉʳ juill. 1864 (Potiquet, n. 402, 463), 15 oct. 1881, 21 juill. 1884 (*Rec. Lois, Ord.*, 2ᵉ sér., t. 1, p. 346; t. 2, p. 189).

638. — ... A l'organisation des bureaux d'ingénieurs (Règl. 27 juill. 1852 et Circ. 1ᵉʳ sept. 1866 : Potiquet, n. 226).

639. — ... Au mode de notification des décisions ministérielles aux compagnies (24 janv. 1884), qui devra se faire désormais directement au lieu de l'être par la voie du contrôle (*Rec. Lois, Ord.*, t. 2, p. 139).

640. — D'autre part, depuis que les compagnies ont été chargées de construire des chemins de fer pour le compte de l'Etat, l'administration, dans le but d'éviter des exagérations de frais, a dû prendre un certain nombre de mesures.

641. — On peut consulter principalement à cet égard : une circulaire du 15 sept. 1887 (*Rec. Lois, Ord.*, 2ᵉ sér., t. 3, p. 277), déterminant les bases des prix de fournitures du matériel fixe dont les dépenses doivent être remboursées par l'Etat;

642. — ... Une circulaire relative à l'établissement des comptes moraux, suivant que les compagnies se chargent intégralement de la construction, — ou qu'elles se chargent seulement de la superstructure, — ou même seulement de la fourniture du matériel, l'Etat se chargeant tout à la fois de l'infrastructure et de la superstructure (9 août 1884 : *Rec. Lois, Ord.*, 2ᵉ sér., t. 2, p. 294);

643. — ... Une circulaire du 22 oct. 1885 (*Rec. Lois, Ord.*, 2ᵉ sér., t. 2, p. 35), relative aux constatations que doivent faire les agents du service du contrôle — pendant l'époque de la construction, — aux prérogatives dont ils jouissent et aux communications qu'ils peuvent exiger des compagnies pendant leurs travaux, notamment pour vérifier les marchés, s'assurer de la régularité des comptes, etc.

3° *Obligations résultant du cahier des charges.*

644. — I. *Retard dans l'exécution des travaux.* — L'art. 2 du cahier des charges prévoit le délai dans lequel doivent être exécutés les travaux. Il est ainsi conçu : « Les travaux devront être commencés dans un délai de..., et terminés dans un délai de..., à partir de la date du... »

645. — Primitivement, le point de départ de ces différents délais, quand le terme d'exécution n'était pas fixé d'une façon générale, était la loi ou le décret de concession définitive, ou le 1er janvier qui suivait cette date.

646. — Mais, ainsi que le fait remarquer M. Picard (*op. cit.*, p. 643), « ce mode de fixation du délai avait le défaut de négliger un élément important, à savoir le temps qui s'écoulait entre la production par la compagnie des projets définitifs et leur approbation par le ministre des Travaux publics. »

647. — Pour remédier à ces inconvénients, on a fixé le point de départ du délai de livraison, soit à la date de l'approbation des projets d'ensemble par l'administration, soit à celle de l'approbation des plans parcellaires, soit au 1er janvier qui suit cette date.

648. — Mais comme de semblables clauses auraient eu pour effet contraire de mettre l'administration à la merci de la compagnie, en autorisant celle-ci à produire ses projets à l'époque qui lui aurait convenu, on a fixé également le moment où ces projets ou plans parcellaires devraient être présentés, qu'il s'agît d'une date fixe ou d'un délai à compter de la loi de concession définitive.

649. — On ne s'en est pas tenu là, et on a ajouté une clause pénale pour le cas où ces délais ne seraient pas observés; clause pénale consistant souvent en une diminution, pour la période d'exécution, d'un délai correspondant au retard apporté dans la présentation des projets, — ou à faire courir, immédiatement ou à partir d'un jour fixé à l'avance, le délai d'exécution.

650. — De toutes façons, on déduit d'ailleurs, et cela résulterait implicitement au besoin des observations qui précèdent, le temps pendant lequel les projets restent entre les mains de l'administration.

651. — Mais — et le texte du cahier des charges à cet égard n'échappe pas à la critique — le concessionnaire n'en demeure pas moins maître d'attendre la dernière minute du délai qui lui est imparti, pour soumettre à l'administration des projets qui sont cependant parfois incomplets et exigent des remaniements considérables.

652. — L'inobservation des conditions d'exécution est susceptible d'entraîner différentes sanctions, suivant les cahiers des charges. La plupart en font un cas de déchéance de la concession. Les moins rigoureux disposent que le concessionnaire devra payer une indemnité de... par retard de tant de kilomètres, ou bien qu'il devra subir une diminution correspondante sur le revenu réservé, ou bien encore qu'il devra subir par chaque année de retard une déduction sur le compte d'établissement.

653. — Les conventions de 1883 ont ajouté une nouvelle pénalité à cette liste : l'augmentation de la subvention kilométrique que les compagnies se sont engagées à verser à l'Etat.

654. — La déchéance nous paraît être le seul moyen efficace de venir à bout de la résistance des compagnies. Nous rappelons que c'est la sanction ordinaire prévue par le cahier des charges actuel, dont l'art. 39 est ainsi conçu : « Faute par la compagnie d'avoir terminé les travaux dans le délai fixé par l'art. 2, elle encourra la déchéance, et il sera pourvu... à la continuation et à l'achèvement des travaux... au moyen d'une adjudication que l'on ouvrira sur une mise à prix des ouvrages exécutés, des matériaux approvisionnés et des parties du chemin de fer déjà livrées à l'exploitation... »

655. — En dehors des résultats qu'elle entraîne dans les rapports de la compagnie et de l'administration, la déchéance peut en produire d'autres dans les rapports de la compagnie avec des tiers. C'est ainsi, notamment, qu'elle pourra devenir pour les actionnaires une raison de ne pas acquitter le versement de leurs actions.

656. — Mais les actionnaires d'une compagnie de chemin de fer ne pourraient se refuser au versement du montant de leurs actions, sous le seul prétexte d'un simple retard apporté par la compagnie dans l'exécution des travaux, encore qu'une clause du cahier des charges l'obligerait à achever les travaux dans un certain délai sous peine de déchéance, si ce retard n'avait donné lieu contre elle à aucune déclaration de déchéance de la part du gouvernement. — Par suite, si ces actions avaient été vendues sur duplicata par la compagnie, en conformité des statuts, à raison du défaut de versement dans le délai fixé, les actionnaires ainsi expropriés ne seraient pas fondés à demander la nullité de cette vente et la remise d'autres actions en remplacement, ou la restitution des sommes qu'ils auraient déjà payées à valoir sur leurs souscriptions. — Cass., 10 mai 1859, Chemins de fer de l'Ouest, [S. 59.1.924, P. 59.673, D. 59.1.368] — Orléans, 3 févr. 1860, Maréchal, [S. 60.2.75, P. 60.570]

657. — Toutefois, dans le cas où la compagnie reconnaîtrait fondé le refus de versement de la part de certains actionnaires, et offrirait de leur délivrer de nouvelles actions, elle ne pourrait exiger d'eux des intérêts pour les versements arriérés. —Même arrêt.

658. — L'idée d'une sanction impliquant celle d'une faute, il faut en conclure que les compagnies n'encourraient aucune responsabilité si le retard était imputable à un événement de force majeure, ou rentrait dans la catégorie d'un certain nombre de faits exceptionnels prévus par le contrat. — Qui devra d'ailleurs prouver la faute? Résultera-t-elle d'une mise en demeure? Quelles en seront les preuves? Nous estimons à cet égard qu'en dehors de toute clause spéciale du cahier des charges, on devra se référer purement et simplement aux règles du droit commun.

659. — Mais, habituellement, le cas est prévu et l'art. 38 du cahier des charges est conçu en ces termes : « Si la compagnie n'a pas commencé les travaux dans le délai fixé par l'art. 2, elle sera déchue de plein droit, sans qu'il y ait lieu à aucune notification ou mise en demeure préalable.

Dans ce cas, la somme de... qui aura été déposée, ainsi qu'il sera dit à l'art. 68, à titre de cautionnement, deviendra la propriété de l'Etat et restera acquise au Trésor public. »

660. — II. *Nécessité d'une autorisation pour construire.* — L'art. 3 du cahier des charges porte : « Aucun travail ne pourra être entrepris pour l'établissement du chemin de fer et de ses dépendances qu'avec l'autorisation de l'administration supérieure : à cet effet, les projets de tous les travaux à exécuter seront dressés en double expédition et soumis à l'approbation du ministre qui prescrira, s'il y a lieu, d'y introduire telles modifications que de droit ; l'une de ces expéditions sera remise à la compagnie avec le visa du ministre, l'autre demeurera entre les mains de l'administration. Avant comme pendant l'exécution, la compagnie aura la faculté de proposer aux projets approuvés les modifications qu'elle jugera utiles ; mais ces modifications ne pourront être exécutées que moyennant l'approbation de l'administration supérieure ». — V. *suprà*, n. 449 et s., 535 et s.

661. — Il paraît que la règle qu'aucun travail ne doit être exécuté sans l'approbation du ministre — règle dont la raison d'être n'a pas besoin d'être commentée — ne fut pas toujours observée ; aussi certaines circulaires durent-elles la rappeler. — V. not. Circ. 21 févr. 1877 (Potiquet, n. 958), 7 sept. 1888 (*Rec. Lois, Ord.*, 2ᵉ sér., t. 3, p. 478).

662. — Il n'y a aucune différence à établir à cet égard entre les travaux complémentaires et les travaux primitifs. Rappelons seulement qu'antérieurement aux conventions de 1883, ces derniers travaux étaient subordonnés, au moins au point de vue financier, à l'observation de règles spéciales et, notamment, à la règle de l'autorisation par un décret rendu en Conseil d'Etat.

663. — Le ministre, avons-nous dit, peut introduire dans les projets telles modifications que de droit. Mais il est clair qu'il y a une limite à ce pouvoir, et que le ministre ne saurait, se substituant au législateur, transformer les conditions générales de la voie, violer les règles du contrat et modifier, en définitive, par sa volonté unilatérale, une convention qui ne se forme que par la rencontre des deux volontés.

664. — Comme exemple du droit qui est reconnu au ministre d'introduire dans les projets de travaux telles modifications que de droit, nous signalerons un certain nombre de décisions de la jurisprudence.

665. — Il a été jugé, à cet égard, que l'Etat s'étant réservé dans les cahiers des charges des grandes compagnies et, notamment, dans le cahier des charges de la compagnie Paris-Lyon-Méditerranée en 1857 (art. 31), d'introduire telles modifications qu'il jugerait utiles aux projets qui lui seraient présentés par les compagnies, le ministre des Travaux publics avait pu prescrire à une compagnie de relier une gare déterminée à une route nationale; que les chemins directs des gares sont, en effet, compris au nombre des objets visés par le cahier des charges, soit sous le nom d'abords des gares, soit sous le nom de dépendances du chemin (art. 3, 9 et 21 du cahier de 1857, dans l'espèce). — Cons. d'Et., 26 févr. 1886, Chemin de fer P.-L.-M., [Leb. chr., p. 182]

666. — ... Qu'il rentre dans les pouvoirs d'appréciation du ministre des Travaux publics d'autoriser toutes modifications à l'emplacement et au profil des voies publiques qui peuvent être nécessaires pour l'établissement des chemins de fer et de régler les conditions dans lesquelles ces modifications doivent être opérées (dans l'espèce, exhaussement d'un pont viaduc sur lequel passait une route nationale). — Cons. d'Et., 20 mars 1874, Cie de chemins de fer Paris-Lyon-Méditerranée, [S. 75.2.29, P. adm. chr., D. 75.3.25, Leb. chr., p. 285]

667. — ... Que l'administration a le droit d'autoriser la substitution d'une voie nouvelle à une voie ancienne (dans l'espèce, un chemin vicinal) occupée par une compagnie de chemins de fer. — Cons. d'Et., 8 févr. 1864, Commune d'Arnouville, [Leb. chr., p. 91]

668. — Il a été jugé également, à l'occasion d'une demande d'indemnité formée par une commune contre une compagnie de chemins de fer à la suite de modifications approuvées après enquête par le ministre, que le conseil de préfecture était incompétent pour en connaître par ce motif qu'il appartenait au ministre de modifier l'emplacement des voies publiques et qu'il n'y avait pas place à une réclamation contentieuse. — Cons. préf. Maineet-Loire, 9 août 1878, Chemins de fer de l'Ouest, [Dauv., 80, p. 272]

669. — On pourra compléter ces indications par d'autres espèces que nous avons rassemblées dans le chapitre relatif aux pouvoirs du Conseil d'Etat en matière d'excès de pouvoir. Mais il ne faut pas perdre de vue que la circonstance qu'une décision n'est pas considérée comme entachée d'excès de pouvoir n'implique nullement qu'elle ait été prise conformément aux clauses du cahier des charges. C'est sous cette réserve que nous faisons ce renvoi.

670. — Le droit de la compagnie de proposer telles modifications qu'elle jugerait utiles avait, de son côté, été reconnu dès avant l'introduction de la disposition qui le consacre actuellement.

671. — Jugé en ce sens que lorsqu'il a été dit qu'un chemin de fer devait s'embrancher sur un autre en un point qui serait désigné plus tard par l'autorité supérieure, il n'était pas interdit au ministre d'accueillir pour cette fixation du point d'embranchement une proposition faite par la compagnie concessionnaire. — Cons. d'Et., 20 mai 1843, Ville de Saint-Germain-en-Laye, [Leb. chr., p. 235]

672. — Quelle serait la sanction au cas où des travaux viendraient à être effectués par une compagnie sans l'approbation de l'administration supérieure? L'administration pourrait certainement obtenir que ces travaux fussent démolis à peine d'une indemnité de..... par jour de retard. Elle pourrait même se faire autoriser par justice à les faire démolir aux frais du contrevenant. En aucun cas, d'autre part, ces travaux ne pourraient être admis au compte de premier établissement. A un autre point de vue, les concessionnaires se placeraient sous le coup des peines édictées par les art. 12 et s., L. 15 juill. 1845, sur la police des chemins de fer. Enfin, la déchéance, à la rigueur, pourrait résulter de cette infraction aux clauses du cahier des charges.

673. — Ce sont là, d'ailleurs, des prescriptions sur lesquelles la pratique est loin d'être d'accord avec la théorie, et dans bien des circonstances, à l'occasion de travaux effectués sans autorisation, on a admis l'attribution provisoire des dépenses faites en augmentation du revenu réservé, ou l'inscription des charges qui en résultaient au compte du premier établissement. A *fortiori* a-t-on pu décider qu'une autorisation postérieure pourrait permettre de conserver les travaux faits irrégulièrement. — Cons. d'Et., 4 mars 1858, Cie des chemins de fer de l'Est, [P. adm. chr.]; — 31 mars 1874, Cie Lyon-Méditerranée, [S. 76.2.63, P. adm. chr.] — Picard, *op. cit.*, t. 2, p. 705.

674. — On peut signaler à cet égard une circulaire du ministre des Travaux publics aux administrateurs des grandes compagnies de laquelle il résulte que, lorsqu'une compagnie jugera qu'il y a urgence à entreprendre un travail ayant le caractère de premier établissement, elle devra, sans attendre et même sans solliciter l'autorisation ministérielle, en donner immédiatement avis à l'inspecteur général du contrôle et sera autorisée à inscrire la dépense ainsi faite sans autorisation préalable à un compte spécial provisoire. La même circulaire porte également qu'en tous cas, pour tous travaux complémentaires, il sera fait des décomptes réguliers soumis à l'approbation ministérielle, afin d'éviter que les décisions approbatives des projets, prises après examen des quantités et du prix par les ingénieurs du contrôle et sur l'avis du ministre des Travaux publics au Conseil d'Etat, ne soient inexactes, l'évaluation pouvant être dépassée ou n'être pas obtenue en cours d'exécution (Circ. 22 mars 1887, *Rec. Lois, Ord.*, 2e sér., t. 3, p. 176).

675. — Le fait par la compagnie de ne pas présenter les projets dans les formes prescrites et au nombre d'exemplaires voulus ne nous semblerait au contraire pouvoir comporter que des mesures de blâme administratif.

676. — L'approbation ministérielle, pas plus que le décret ou la loi autorisant les travaux, ne saurait, d'ailleurs, suppléer aux formalités administratives qui peuvent être exigées à d'autres points de vue; et c'est ainsi notamment que toutes les fois que la construction doit joindre la voie publique, il faut obtenir l'autorisation préfectorale. C'est ce qui a été jugé notamment en matière d'agrandissement de gare. Cette nécessité de l'autorisation résulte de l'arrêt du conseil du 27 févr. 1765. Aussi a-t-on décidé, avec raison, qu'un arrêté ministériel et un décret impérial approuvant un projet d'agrandissement d'une gare aux marchandises d'un chemin de fer n'avaient pu dispenser une compagnie de chemin de fer de l'obligation d'obtenir une permission de voirie préalablement à l'exécution des travaux et de payer des droits conformément aux prescriptions du décret du 27 oct. 1868. — Cons. préf. de la Seine, 21 janv. 1884, Préfet de la Seine, [Dauv., 84]

677. — III. *Communication des projets.* — Aux termes de l'art. 4 du cahier des charges, « La compagnie pourra prendre copie de tous les plans, nivellements et devis qui pourraient avoir été antérieurement dressés par l'Etat. »

678. — Cette règle n'a pas toujours été observée. A certaines époques, on s'est montré plus ou moins jaloux de réserver à l'Etat les études de toutes natures auxquelles avait pu donner naissance le projet d'établissement de chemins de fer dressé par ses soins.

679. — On comprend au surplus que, suivant qu'on se trouve sous le régime de la loi du 11 juin 1842 ou sous l'empire des conventions de 1883, la situation ne soit pas la même.

680. — D'après M. Picard (*op. cit.*, t. 2, p. 234 et 890), depuis les conventions de 1883, l'administration supérieure aurait admis la communication aux compagnies des pièces suivantes, probablement au cas de construction par l'Etat des lignes concédées.

1º *Avant-projets* : *a*) Pièces du dossier réglementaire, à l'exception du rapport; *b*) Note justifiant, le cas échéant, les dérogations au cahier des charges en ce qui concerne les rayons des courbes et les déclivités du profil en long; *c*) Note rendant compte, le cas échéant, des variantes étudiées et justifiant l'adoption des tracés approuvés définitivement.

2º *Projets de tracé et de terrassement* : *a*) Pièces du dossier réglementaire, y compris le plan des dispositions générales des stations, mais non compris l'avant métré, les bases d'estimation et le rapport; *b*) Note justifiant, le cas échéant, les dérogations au cahier des charges et aux dispositions de l'avant-projet, en ce qui concerne les rayons et les déclivités;

3º *Projets de détail des passages à niveau* : **Plan** d'ensemble de chaque passage, indiquant le système adopté, la situation de la maison avec ses dépendances (s'il y a lieu), la position et la longueur des barrières, la largeur normale libre du passage;

4° *Projets définitifs des ouvrages d'art :* a) Dessins suffisamment détaillés avec des *légendes* indiquant la nature des matériaux à employer dans les différentes parties des ouvrages; b) Extraits des devis limités à la description sommaire des ouvrages et à l'indication de la provenance des matériaux ; c) Procès-verbaux des conférences tenues avec les représentants des divers services intéressés, et notamment du génie militaire ; d) Notice justifiant le mode de fondation, les dispositions, la stabilité et la résistance des ouvrages, dans tous les cas où l'inspection des dessins ne suffirait pas pour motiver les conditions d'exécution des ouvrages.

5° *Projets des maisons de gardes :* Dessins-types des maisons, toutes les fois que les types n'ont pas encore été approuvés par l'administration supérieure, la compagnie entendue.

681. — IV. *Clauses diverses.* — Le paragraphe 2, art. 19, du cahier des charges édicte une prescription dont le caractère de généralité étonne dans un document aussi essentiellement pratique, et qui peut se passer de commentaire. « Les voies seront établies d'une manière solide et avec des matériaux de bonne qualité. »

682. — On peut en dire autant de la disposition de l'art. 18 : « La compagnie n'emploiera dans l'exécution des ouvrages que des matériaux de bonne qualité; elle sera tenue de se conformer à toutes les règles de l'art, de manière à obtenir une construction parfaitement solide.

683. — Le second paragraphe a plus de précision. « Tous les aqueducs, ponceaux, ponts et viaducs à construire à la rencontre de divers cours d'eau, et les chemins publics ou particuliers, seront en maçonnerie ou en fer, sauf les cas d'exception qui pourront être admis par l'administration. »

684. — Nous plaçons ces articles au nombre des obligations particulièrement imposées à la compagnie, bien qu'ils soient évidemment applicables aussi aux ingénieurs chargés de la construction d'un chemin de fer pour le compte de l'Etat, à raison de la sanction qui en découle et qui a le caractère évidemment contractuel.

685. — L'art. 26 dispose que, pour l'exécution des travaux, « la compagnie se soumettra aux décisions ministérielles concernant l'interdiction du travail les dimanches et jours fériés. »

686. — V. *Contrôle de l'administration.* — Aux termes de l'art. 27, « les travaux seront exécutés sous le contrôle et la surveillance de l'administration. — Les travaux devront être adjugés par lots et sur série de prix, soit avec publicité et concurrence, soit sur soumissions cachetées, entre entrepreneurs agréés à l'avance; toutefois, si le conseil d'administration juge convenable, pour une entreprise ou une fourniture déterminée, de procéder par voie de régie ou de traité direct, il devra, préalablement à toute exécution, obtenir de l'assemblée générale des actionnaires l'approbation, soit de la régie, soit du traité. — Tout marché à forfait, avec ou sans série de prix, passé avec un même entrepreneur soit pour l'exécution des terrassements et ouvrages d'art, soit pour l'ensemble du chemin de fer, soit pour la construction d'une ou plusieurs sections de ce chemin, est, dans tous les cas, formellement interdit. — Le contrôle et la surveillance de l'administration auront pour objet d'empêcher la compagnie de s'écarter des dispositions prescrites par le présent cahier des charges et spécialement par le présent article, et de celles qui résulteront des projets approuvés. »

687. — Les dispositions du second alinéa de cet article ne figuraient pas dans les cahiers des charges de 1857 et 1859. La faculté laissée sous certaines garanties aux compagnies de traiter directement avec les entrepreneurs peut, suivant les circonstances, donner de meilleurs résultats au point de vue de la construction que l'obligation de toujours recourir à l'adjudication.

688. — On a écarté avec raison les marchés à forfait qui pouvaient amener les entrepreneurs, tout en sauvegardant les apparences, à de fâcheuses compromissions.

689. — La Cour de cassation a décidé, à cet égard, que la clause du cahier des charges relative à la concession d'un chemin de fer portant que « tout marché général et pour l'ensemble du chemin de fer, soit à forfait, soit sur série de prix, est formellement interdit » a pu être interprétée comme ne constituant pas, de la part de l'administration, une stipulation dont l'effet serait, lorsque la compagnie a, au mépris de cette clause, traité avec un entrepreneur général, d'obliger cette compagnie envers les sous-traitants, fournisseurs et ouvriers de ce dernier : qu'il y a là une simple interprétation de volonté qui échappe au contrôle de la Cour de cassation. — Cass., 20 juill. 1868, [D. 69.1.369]

690. — Nous ne disons rien pour le moment de l'exercice du contrôle. Les règles qui le concernent feront l'objet d'une section particulière.

691. — Mentionnons seulement cette indication fournie par la circulaire du 21 févr. 1877 : Les ingénieurs du contrôle devront s'assurer si les projets des ouvrages d'art présentent les dimensions fixées par le cahier des charges, s'ils assurent toute garantie de stabilité, s'ils n'offrent rien de défectueux au point de vue de l'art, si en particulier les travaux des différentes parties des ouvrages métalliques demeurent renfermés dans les limites réglementaires.

692. — VI. *Doublement des voies.* — Aux termes de l'art. 6, « Les terrains..... seront acquis et les souterrains exécutés immédiatement pour deux voies; les autres ouvrages d'art et les terrassements pourront être exécutés et les rails pourront être posés pour une voie seulement, sauf l'établissement d'un certain nombre de gares d'évitement. Toutefois les grands ponts et les viaducs devront être fondés pour deux voies lorsque l'administration le jugera nécessaire. — La compagnie sera tenue d'ailleurs d'établir la deuxième voie, soit sur la totalité du chemin, soit sur les parties qui lui seront désignées lorsque l'insuffisance d'une seule voie par suite du développement de la circulation, aura été constatée par l'administration. — Les terrains acquis par la compagnie pour l'établissement de la seconde voie ne pourront recevoir une autre destination. »

693. — Cette disposition est une de celles que les conventions de 1883, après celles de 1863 et de 1875, ont le plus modifiée suivant les réseaux. On trouvera le relevé de ces modifications très-exactement fait par M. Picard (*op. cit.*, t. 2, p. 708 et s.).

694. — Il est clair que les prescriptions relatives au délai et aux conditions dans lesquels la seconde voie peut être établie sont spéciales aux compagnies. Mais l'acquisition immédiate des terrains pour deux voies paraît être une règle générale, motivée par cette considération que si cette acquisition ne se faisait que successivement, les maisons qui ne manqueraient pas de se construire aux environs de la première voie feraient hausser le prix du terrain nécessaire pour l'établissement de la seconde.

695. — VII. *Réception des travaux.* — L'art. 28 est relatif à la réception des travaux. « A mesure que les travaux seront terminés sur des parties de chemin de fer susceptibles d'être livrées utilement à la circulation, il sera procédé, sur la demande de la compagnie, à la reconnaissance et, s'il y a lieu, à la réception provisoire de ces travaux par un ou plusieurs commissaires que l'administration désignera. Sur le vu du procès-verbal de cette reconnaissance, l'administration autorisera, s'il y a lieu, la mise en exploitation des parties dont il s'agit; après cette autorisation, la compagnie pourra mettre lesdites parties en service et y percevoir les taxes ci-après déterminées. Toutefois, ces réceptions partielles ne deviendront définitives que par la réception générale et définitive ». — V. *suprà*, n. 595.

696. — C'est le ministre des Travaux publics qui désigne les commissaires chargés de recevoir provisoirement les travaux, et qui statue sur les résultats de la reconnaissance.

697. — La commission, fait remarquer à ce propos M. Picard, est généralement composée de l'inspecteur général du contrôle des travaux, de l'inspecteur général directeur du contrôle de 'exploitation, et des ingénieurs en chef de ces deux services. « Elle se rend compte de la situation des travaux, de leur conformité avec le cahier des charges et, les projets approuvés, de leur bonne exécution; son attention doit se porter spécialement sur les mesures nécessaires à la sécurité de l'exploitation, sur la pose et le fonctionnement des signaux et des appareils télégraphiques. Son procès-verbal contient des indications sommaires sur le tracé, le profil en travers, les terrassements, les ouvrages d'art, les gares et stations, les passages à niveau, les appareils de sécurité, les moyens d'alimentation en eau pour les locomotives, etc.

Il conclut à la mise en exploitation immédiate ou à l'exécution préalable des travaux d'achèvement, dont la vérification est le plus souvent confiée aux ingénieurs en chef ». — Picard, t. 2, p. 673.

698. — C'est à la compagnie concessionnaire du chemin de fer, et non au constructeur de la voie ferrée, qu'incombe l'obligation de demander à l'autorité supérieure la réception du chemin avant son exploitation ; en sorte que le défaut de réception ne peut être imputé à ce dernier, en cas d'accident, et en tant qu'il constituerait un fait de négligence pouvant servir de base légale à une condamnation pour homicide involontaire. Mais il en est autrement au cas où le constructeur s'est chargé d'établir entre la voie ferrée et un ancien matériel de transport une relation telle que la sécurité des voyageurs n'eût pas à en souffrir, s'il est reconnu que l'accident a eu précisément pour cause directe le défaut de rapport entre la voie construite et l'ancien matériel. — Cass., 1er févr. 1855, Flachat, [S. 55.1.230, P. 55.1.519, D. 55.1.189]

699. — La réception des voies de fer, avant leur mise en activité, doit avoir lieu, même en ce qui concerne les fractions de chemin susceptibles d'une exploitation séparée. — Paris, 7 juill. 1854, Flachat, [D. 55.1.190]

700. — Dès qu'un chemin de fer est mis en exploitation, il est, par ce seul fait, soumis aux lois et ordonnances qui régissent la police des voies ferrées dans l'intérêt de la sécurité publique, et on ne saurait admettre que le concessionnaire d'une voie de ce genre puisse éluder les diverses dispositions de ces lois et ordonnances, en contrevenant aux prescriptions du cahier des charges, qui lui interdit d'ouvrir la ligne au public avant la réception des travaux et l'autorisation de l'autorité. — Cass., 27 janv. 1883, Soulié, [S. 85.1.403, P. 85.1.961, D. 83.1.229] — Aucun chemin de fer ne peut être créé ni exploité qu'en vertu d'une autorisation donnée par le pouvoir compétent. — Même arrêt.

§ 4. *Règles communes.*

1° *Prescriptions diverses.*

701. — La plupart des règles communes à la construction des chemins de fer par l'Etat ou par les compagnies se réfèrent à la dimension des ouvrages et des travaux d'art, aux conditions dans lesquelles doivent se faire les raccordements des routes et se trouver assuré l'écoulement des eaux, aux rapports avec les autres services publics pour l'établissement du chemin.

702. — I. *Conférences avec les services publics.* — Nous ne dirons rien des conférences avec les services publics. Nous nous sommes suffisamment expliqués, à cet égard, en ce qui concerne les avant-projets (V. *suprà*, n. 101). Les règles sont les mêmes pour les projets définitifs à l'occasion desquels elles paraissent même plutôt faites. On pourra se référer d'ailleurs, sur ce point, à l'art. 10 de la circulaire précitée du 21 févr. 1877 (Potiquet, n. 958).

703. — L'art. 23 du cahier des charges, à cet égard, est ainsi conçu : « Dans les limites de la zône frontière et dans les rayons de servitudes des enceintes fortifiées, la compagnie sera tenue, pour l'étude et l'exécution de ses projets, de se soumettre à l'accomplissement de toutes les formalités et de toutes les conditions exigées par les lois, décrets et règlements concernant les travaux mixtes. »

704. — Il a été jugé que les voitures employées par la compagnie d'un chemin de fer au transport des matériaux nécessaires à la confection d'un chemin de fer ne peuvent traverser un bois soumis au régime de l'administration forestière qu'en suivant les chemins qui ont été préalablement tracés, à cet effet, par les agents forestiers, de concert avec les ingénieurs et les conducteurs des travaux. — Nîmes, 28 nov. 1839, Chemin de fer d'Alais à Beaucaire, [P. chr.]

705. — Les mêmes principes doivent s'appliquer par des raisons analogues à l'hypothèse de la construction des chemins de fer par les compagnies.

706. — II. *Epreuves des ponts.* — Une autre règle commune à tous les travaux de construction de chemins de fer est relative aux épreuves que doivent subir les ponts métalliques. Ces épreuves ont été fixées successivement pour les voies de fer par une circulaire du 26 févr. 1858 (Potiquet, n. 311), modifiée elle-même par une seconde circulaire du 9 juill. 1877 (Potiquet, n. 969), rédigée après avis du conseil général des ponts et chaussées, sur le rapport d'une commission spéciale composée d'inspecteurs généraux et d'ingénieurs en chef des ponts et chaussées.

707. — Les procès-verbaux de ces épreuves, prescrit, à cet égard, la circulaire précitée du 21 févr. 1877, doivent être adressés directement au ministre des Travaux publics par l'ingénieur en chef du contrôle. Ils doivent faire connaître en détail de quelle manière il a été procédé à ces épreuves et comment se sont comportées, pendant et après lesdites épreuves, les différentes parties de la construction.

708. — Il importe, ajoute de son côté une circulaire du 5 août 1884 (*Rec. Lois, Ord.*, 2ᵉ sér., t. 2, p. 193), que les procès-verbaux soient rédigés de bonne heure, de façon que l'administration ne soit pas exposée à autoriser l'ouverture de la voie avant de les avoir reçus.

709. — III. *Largeur de la voie.* — *Dimensions des courbes, rampes, déclivités.* — Différents articles du cahier des charges des compagnies sont également applicables au régime de construction par l'administration. Nous citerons les suivants.

710. — Art. 7. « La largeur de la voie entre les bords intérieurs des rails devra être de 1ᵐ,44 à 1ᵐ,45. Dans les parties à deux voies, la largeur de l'entrevoie, mesurée entre les bords extérieurs des rails, sera de 2 mètres. — La largeur des accotements, c'est-à-dire des parties comprises de chaque côté entre le bord extérieur du rail et l'arête supérieure du ballast, sera de 1 mètre au moins. — On ménagera, au pied de chaque talus du ballast, une banquette de 0ᵐ,50 de largeur. — La compagnie établira, le long du chemin de fer, les fossés ou rigoles qui seront jugés nécessaires pour l'assèchement de la voie et pour l'écoulement des eaux. — Les dimensions de ces fossés et rigoles seront déterminées par l'administration, suivant les circonstances locales, sur les propositions de la compagnie ». — Sur l'opération du ballastage et son utilité, V. Palaa, *op. cit.*, vº *Ballast*.

711. — Les chemins de fer construits dans ces conditions sont désignés sous le nom de *chemins de fer à voie normale*. Aujourd'hui, on peut constater une tendance marquée à substituer à ces voies ferrées d'autres voies plus étroites. — Sur les avantages et les inconvénients de ces différents systèmes au point de vue technique ou économique, V. Picard, *op. cit.*, t. 2, p. 676 et s.

712. — Art. 8. « Les alignements seront raccordés entre eux par des courbes dont le rayon ne pourra être inférieur à ..... mètres. Une partie droite de 100 mètres au moins de longueur devra être ménagée entre deux courbes consécutives, lorsqu'elles seront dirigées en sens contraire. Le maximum de l'inclinaison des pentes et rampes est fixé à ..... millimètres par mètre. Une partie horizontale de 100 mètres au moins devra être ménagée entre deux fortes déclivités consécutives, lorsque ces déclivités se succéderont en sens contraire et de manière à verser leurs eaux au même point. Les déclivités correspondant aux courbes de faible rayon devront être réduites autant que faire se pourra. La compagnie aura la faculté de proposer aux dispositions de cet article et à celles de l'article précédent les modifications qui lui paraîtraient utiles, mais ces modifications ne pourront être exécutées que moyennant l'approbation préalable de l'administration supérieure. »

713. — La détermination des déclivités et des courbes de rayon se retrouve dans tous les cahiers des charges et dans toutes les constructions de ligne. Mais c'est le seul point commun. Il n'y a plus, à proprement parler, comme il y en avait autrefois, de *minima* réglementaires pour l'abaissement des courbes et de *maxima* également réglementaires pour les déclivités. On conçoit, en effet, que, suivant la nature des terrains traversés par la ligne, les accidents qu'ils produisent, etc., il peut y avoir lieu d'établir des distinctions. Tout ce qu'on peut dire, c'est que les *conventions* de 1883 ont fixé comme *minimum* du rayon des courbes 300 mètres, et comme *maximum* des déclivités 30 millièmes.

714. — Un arrêt du conseil de préfecture de la Seine du 31 janv. 1883, intervenu dans une contestation entre l'Etat constructeur de l'infrastructure d'une ligne et le concessionnaire de cette ligne, a décidé, par interprétation du cahier des charges, que des courbes ne peuvent avoir un rayon moindre de trois cents mètres, à moins de dérogation à cette règle du consentement mutuel des parties. — Cons. préf. Seine, 31 janv. 1883, Chemin de fer du Midi, [Dauv., 83.194]

715. — IV. *Poids des rails.* — Aux termes de l'art. 19, 2ᵉ alin., « le poids des rails sera au moins de trente-cinq kilog. par mètre courant sur les voies de circulation, si ces rails sont posés sur traverses, et de trente kilog. dans le cas où ils seraient posés sur longuereau (art. 19, 2ᵉ alin.).

716. — V. *Chemins de fer stratégiques.* — Une circulaire du 21 févr. 1878 (Potiquet, en note sous le n° 1091) a déterminé les conditions techniques d'établissement auxquelles une ligne ferrée doit satisfaire pour être classée dans la catégorie des chemins de fer dits stratégiques. Les conditions qui se réfèrent aux dimensions des déclivités, paliers, courbes, alignements droits, voies de croisement, voies de garage et prises d'eau, ne peuvent être modifiées qu'avec l'assentiment du département de la guerre auquel doivent être soumises toutes les propositions spéciales à chaque cas particulier.

717. — VI. *Ouvrages d'art.* — Les dimensions des ouvrages d'art pour le passage de trains sont fixées dans le cahier des charges par les art. 11, 12, 15, 2ᵉ et 3ᵉ alin., et 16.

718. — Art. 8. « Lorsque le chemin de fer devra passer au-dessus d'une route nationale ou départementale, ou d'un chemin vicinal, l'ouverture du viaduc sera fixée par l'administration, en tenant compte des circonstances locales ; mais cette ouverture ne pourra, dans aucun cas, être inférieure à huit mètres ($8^m,00$) pour la route nationale, à sept mètres ($7^m,00$) pour la route départementale, à cinq mètres ($5^m,00$) pour un chemin vicinal de grande communication, et à quatre mètres ($4^m,00$) pour un simple chemin vicinal. Pour les viaducs de forme cintrée, la hauteur sous clef, à partir du sol de la route, sera de cinq mètres ($5^m,00$) au moins. Pour ceux qui seront formés de poutres horizontales en bois ou en fer, la hauteur sous poutres sera de quatre mètres trente centimètres ($4^m,30$) au moins. La largeur entre les parapets sera au moins de huit mètres ($8^m,00$). La hauteur de ces parapets sera fixée par l'administration et ne pourra, dans aucun cas, être inférieure à quatre-vingts centimètres ($0^m,80$). Sur les lignes et sections pour lesquelles la compagnie est autorisée à n'exécuter les ouvrages d'art que pour une seule voie, la largeur des viaducs entre les parapets sera de quatre mètres cinquante centimètres (4^m,50) au moins. »

719. — Art. 12. « Lorsque le chemin de fer devra passer au-dessous d'une route nationale ou départementale, ou d'un chemin vicinal, la largeur entre les parapets du pont qui supportera la route ou le chemin sera fixée par l'administration, en tenant compte des circonstances locales ; mais cette largeur ne pourra, dans aucun cas, être inférieure à huit mètres (8^m,00) pour la route nationale, à sept mètres (7^m,00) pour la route départementale, à cinq mètres (5^m,00) pour un chemin vicinal de grande communication, et à quatre mètres (4^m,00) pour un simple chemin vicinal. L'ouverture du pont entre les culées sera au moins de huit mètres (8^m,00) et la distance verticale ménagée au-dessus des rails extérieurs de chaque voie pour le passage des trains ne sera pas inférieure à quatre mètres quatre-vingts centimètres (4^m,80) au moins. Sur les lignes ou sections pour lesquelles la compagnie est autorisée à n'exécuter les ouvrages d'art que pour une seule voie, l'ouverture entre les culées sera de quatre mètres cinquante centimètres (4^m,50).

719 bis. — ... « Les viaducs à construire à la rencontre des rivières, des canaux et des cours d'eau quelconques auront au moins huit mètres (8^m,00) de largeur entre les parapets, sur les chemins à deux voies, et quatre mètres cinquante centimètres (4^m,50) sur les chemins à une voie. La hauteur de ces parapets sera fixée par l'administration et ne pourra être inférieure à quatre-vingts centimètres (0^m,80) » (art. 15, 2e al.).

720. — Art. 15. « La hauteur et le débouché du viaduc seront déterminés, dans chaque cas particulier, par l'administration, suivant les circonstances locales » (art. 15, 3e al.).

721. — Art. 16. « Les souterrains à établir pour le passage du chemin de fer auront au moins huit mètres (8^m,00) de largeur entre les pieds droits au niveau des rails, et six mètres (6^m,00) de hauteur sous clef au-dessus de la surface des rails. La distance verticale entre l'intrados et le dessus des rails extérieurs de chaque voie ne sera pas inférieure à quatre mètres quatre-vingts centimètres (4^m,80). L'ouverture des puits d'aérage et de construction des souterrains sera entourée d'une margelle en maçonnerie de deux mètres (2^m,00) de hauteur. Cette ouverture ne pourra être établie sur aucune voie publique. »

722. — VII. *Obstacles près des rails.* — Indépendamment des piédroits de ponts ou de souterrains, dit M. Picard, les chemins de fer comportent nécessairement un certain nombre d'obstacles fixes, tels que paliers, grues hydrauliques, candélabres..., etc. Si ces obstacles étaient placés trop près des rails, il en résulterait inévitablement des accidents pour les mécaniciens et les chauffeurs qui sont souvent obligés de se pencher à l'extérieur de leur machine, et pour les agents de trains qui peuvent être conduits à circuler sur les marchepieds. Le 1er juin 1868, le ministre des Travaux publics a décidé spécialement pour le réseau de l'Etat : 1° que dorénavant aucun obstacle s'élevant au-dessus du niveau du marchepied ne pourrait être placé à moins de 1^m,35 du bord du rail le plus rapproché appartenant à une voie principale ; 2° que les obstacles placés à une distance moindre pourraient être maintenus au chiffre de 1^m,35, lorsque des modifications apportées dans la consistance des gares le permettraient. — Picard, *op. cit.*, t. 2, p. 753.

723. — Puis, une circulaire du 15 févr. 1889 (*Rec. Lois, Ord.*, 2e sér., t. 4, p. 20) a prescrit que les dépôts de toute nature qui ne pourraient pas être enlevés dans un délai maximum de vingt-quatre heures, seraient placés à 1 mètre au moins du rail.

724. — Enfin, une nouvelle circulaire du 31 déc. 1890 (*Rec. Lois, Ord.*, 2e sér., p. 371) rappelant les dispositions de celle du 10 juin 1868 a fait remarquer qu'il ne s'agissait dans cette réglementation que des obstacles isolés ; qu'en ce qui concernait les ouvrages d'art exécutés conformément au cahier des charges de 1857 et 1859, comme ils ne pourraient pas être refaits sans de lourdes charges, qu'ils sont d'ailleurs parfaitement connus des conducteurs, et qu'ils subsistent en vertu d'un accord régulier, il ne peut être question de les déplacer.

725. — VIII. *Espacement des stations.* — L'espacement des stations n'a fait l'objet d'aucune règle spéciale. Pour les établir, il n'y a donc qu'à tenir compte des besoins de l'exploitation et de la configuration des lieux. — V. sur ce point, Palaa, *op. cit.*, v° *Distances.*

726. — Quant aux voies d'accès aux gares dont nous étudierons plus complètement le régime *infrà*, n. 926, il nous suffira de dire, pour le moment, qu'elles constituent des travaux qui *doivent* être établis par les compagnies.

2° Rétablissement des voies de communication. — Passages à niveau.

727. — D'autres dispositions qui ont encore un caractère commun aux deux régimes de construction par l'Etat et par les compagnies méritent une mention particulière. Ce sont celles qui sont relatives au rétablissement des moyens de communication.

728. — Envisagées plus particulièrement au point de vue des compagnies concessionnaires, on les trouve principalement contenues dans les art. 10, 13, 14 et 15, 1er alin., et 17 du cahier des charges, dispositions étendues à l'hypothèse de la construction par l'Etat par une note ajoutée à la circulaire du 28 juin 1879. Ces articles sont ainsi conçus :

729. — Art. 10. « A moins d'obstacles locaux, dont l'appréciation appartiendra à l'administration, le chemin de fer, à la rencontre des routes nationales ou départementales, devra passer, soit au-dessus, soit au-dessous de ces routes. Les croisements à niveau seront tolérés pour les chemins vicinaux, ruraux ou particuliers. »

730. — Art. 13. « Dans le cas où des routes nationales ou départementales, ou des chemins vicinaux, ruraux ou particuliers seraient traversés à leur niveau par le chemin de fer, les rails devront être posés sans aucune saillie ni dépression sur la surface de ces routes, et de telle sorte qu'il n'en résulte aucune gêne pour la circulation des voitures. Le croisement à niveau du chemin de fer et des routes ne pourra s'effectuer sous un angle moindre de 45°. Chaque passage à niveau sera muni de barrières; il y sera, en outre, établi une maison de garde toutes les fois que l'utilité en sera reconnue par l'administration. La compagnie devra soumettre à l'approbation de l'administration les projets-types de ces barrières. »

731. — Ces dispositions ne sont que la confirmation d'une disposition d'ordre public contenue dans l'art. 4, L. 15 juill. 1845, ainsi conçu : « Partout où les chemins de fer croiseront de niveau les routes de terre, des barrières seront établies et tenues fermées, conformément aux règlements. »

732. — Elles sont complétées en ces termes par l'art. 4, Ord. 15 nov. 1846 : « Partout où un chemin de fer est traversé à niveau soit par une route de voitures, soit par un chemin destiné au passage des piétons, il sera établi des barrières. Le mode de garde et les conditions de service des barrières seront réglés par le ministre des Travaux publics, sur la proposition de la compagnie. »

733. — Il a été jugé à cet égard que faute par une compagnie d'établir des passages à niveau prescrits par différents articles de son cahier des charges, celle-ci devait encourir la contravention prévue par l'art. 12, L. 15 juill. 1845. — Cons. préf. Gard, 26 juin 1875, L'Etat, [Dauv., 1877, p. 93]. — V. *infrà*, n. 1433.

734. — Les compagnies pourraient, même en dehors de cette sanction, subir des pénalités à raison des accidents causés par leur négligence.

735. — La réglementation des passages à niveau sur les chemins de fer étant expressément attribuée à l'autorité administrative, il est clair que les tribunaux judiciaires sont incompétents pour connaître d'une demande tendant à faire ordonner qu'un passage à niveau sera ouvert la nuit comme le jour. — Cass., 13 févr. 1882, Grandpré, [S. 84.1.152, P. 84.1.365]

736. — On n'attendra certainement pas de nous que nous déterminions, au point de vue technique, les différents types des principaux passages à niveau en usage. Il nous suffit de dire que la plupart sont publics; que quelques-uns, cependant, sont spécialement affectés à l'usage des particuliers qui en ont la *clef;* — que, parmi les passages à niveau affectés au public, suivant leur fréquentation, les uns sont maintenus ouverts à l'état normal et fermés seulement au passage des trains, d'autres fermés pour les voitures et ouverts pour les piétons, d'autres maintenus toujours ouverts; — que l'ouverture des uns se fait par les soins du garde barrière, tandis que les intéressés peuvent ouvrir directement les autres à leurs risques et périls; que les plus fréquentés sont parfois protégés par des signaux etc. — Sur tous ces points, V. Palaa, *op. cit.*, v° *Passage à niveau.*

737. — Sur les *cadres pleins* ou à claire-voie dont doivent ou peuvent être munis les tourniquets des portillons accolés aux passages à niveau, V. aussi une circulaire du 14 juin 1855 (citée par Picard, *op. cit.*, t. 2, p. 791).

738. — V., plus spécialement, en ce qui concerne les saillies des rails, Cons. d'Et., 31 mars 1874, Chemin de fer Paris-Lyon-Méditerranée, [S. 76.2.63, P. adm. chr., D. 75.3.26]; — 4 août 1876, Chemin de fer de Lille à Valenciennes, [S. 78.2.310, P. adm. chr., D. 76.3.101, Leb. chr., p. 783]

739. — ... Et en ce qui concerne les barrières des passages à niveau, Cons. d'Et., 4 août 1876, précité.

740. — Aux termes de l'art. 14 du cahier des charges, « lorsqu'il y aura lieu de modifier l'emplacement ou le profil des routes existantes, l'inclinaison des pentes et rampes sur les routes modifiées ne pourra excéder trois centimètres ($0^m,03$) par mètre sur les routes nationales ou départementales, et cinq centimètres ($0^m,05$) pour les chemins vicinaux. L'administration restera libre, toutefois, d'apprécier les circonstances qui pourraient motiver une dérogation à cette clause, comme à celle qui est relative à l'angle de croisement des passages à niveau. »

741. — « Dans tous les cas où l'administration le jugera utile, porte de son côté l'art. 15, il pourra être accolé aux ponts établis par la compagnie, pour le service des chemins de fer, une voie charretière ou une passerelle pour piétons. L'excédent de dépense qui en résultera sera supporté par l'Etat, le département ou les communes intéressées, après évaluation contradictoire des ingénieurs de l'Etat et de la compagnie.

742. — De la généralité des clauses dont nous venons de parler et qui procèdent elles-mêmes de la qualité de *grand-voyer* constamment reconnue au ministère des Travaux publics, on a induit que l'administration a un pouvoir discrétionnaire pour statuer, dans les limites du cahier des charges, sur les conditions dans lesquelles doivent être rétablies les communications interceptées, et cela non seulement à l'égard des voies publiques, mais encore à l'égard des voies privées, bien qu'on ne puisse pas dire, qu'en ce qui les concerne, les pouvoirs du ministre des Travaux publics soient aussi légitimes.

743. — Mais il est clair qu'à l'égard des intéressés, les décisions ministérielles ne pourront avoir force obligatoire que sous réserve des indemnités qui pourront leur être dues. — V. not. Limoges, 2 juill. 1862, Tourisson, [S. 63.2.35, P. 63.679]

744. — On a induit encore des mêmes dispositions que, lorsque l'administration, se maintenant dans la limite des pouvoirs qui lui sont conférés, prescrit les modifications qu'elle juge opportunes à l'assiette des voies publiques, que cette exécution est conforme à ses prescriptions et qu'il ne résulte aucun dommage de l'exécution du travail entrepris, il n'y a lieu d'attaquer à aucun titre ses décisions, ni devant le Conseil d'Etat pour excès de pouvoir, ni devant le conseil de préfecture en vertu de l'art. 4, L. 28 pluv. an VIII. Ce sont des points sur lesquels nous aurons à revenir lorsque nous nous occuperons des dommages causés par les travaux publics. — V. *infrà*, n. 6006 et s.

745. — Mais nous verrons que le conseil de préfecture pourrait avoir compétence pour interpréter le cahier des charges et aussi pour juger peut-être de la conformité de l'exécution des travaux avec les ordres donnés. — V. not. Cons. d'Et., 20 juin 1873, Chemins de fer d'Orléans, [S. 75.2.160, P. adm. chr., D. 74.3.22]; — 26 nov. 1880, Collard, [S. 82.3.19, P. adm. chr., D. 82.5.406]

746. — Le concessionnaire a d'ailleurs, suivant les cas et dans la mesure prescrite par le cahier des charges, le pouvoir de provoquer lui-même les modifications qu'il jugera utiles, et cela, avant comme pendant l'exécution des travaux.

747. — Mais si ces modifications sont de nature à introduire des changements profonds dans le plan primitif, il faut recourir de nouveau, ainsi que nous l'avons déjà fait remarquer, aux formalités de l'enquête.

748. — Lorsque la déviation d'un chemin a été opérée, il y a lieu d'en faire la remise à qui de droit (V. *infrà*, n. 969 et s.). Ce sont les compagnies qui prennent en général l'initiative de cette mesure; mais l'administration doit veiller à ce qu'elle se fasse en temps opportun.

749. — Une circulaire du 12 juin 1850 (citée par Picard, *op. cit.*, t. 2, p. 711) a déterminé les formes du procès-verbal qui doit la constater : « La reconnaissance et le récolement des travaux sont effectués sous la direction de l'ingénieur en chef du contrôle en présence du représentant de la compagnie par les représentants du service qui doit être chargé de leur entretien, ingénieurs des ponts et chaussées, agents-voyers, maires, directeurs de syndicats, etc. »

750. — Aux termes d'une autre circulaire du 21 févr. 1877 (Potiquet, n. 958), le procès-verbal doit être rédigé en triple exemplaire remis l'un à la compagnie, l'autre au chef de service du contrôle, le troisième au chef du service intéressé.

751. — Il a été jugé à cet égard que, dans l'hypothèse où des ouvrages dépendant de services différents se trouveraient réunis dans un même procès-verbal, la compagnie ne pourrait pas se prévaloir de cette circonstance que l'un des représentants de ces services aurait signé ledit procès-verbal, pour y voir une acceptation d'ouvrages qui, par leur nature, ne devaient pas lui être remis. — Cons. d'Et., 12 janvier 1883, Ville de Grenoble, [Leb. chr., p. 45]

752. — Les procès-verbaux doivent être homologués par le préfet.

753. — En cas de doute sur la portée du procès-verbal de réception, c'est au ministre qu'il appartient d'en fixer l'interprétation.

754. — Il a été jugé, à cet égard, dans une espèce particulière, que la réception d'un passage sur rails destiné au service des propriétés d'un riverain coupées par un chemin de fer, avait eu lieu en vertu de l'homologation, par arrêté préfectoral, d'un procès-verbal constatant les modifications apportées au plan primitif. — Cons. d'Et., 2 févr. 1883, Borel, [D. 84.3.91, Leb. chr., p. 96]

755. — Il semble résulter de cet arrêt que la remise d'une voie de communication particulière devrait être faite dans les mêmes formes que la remise d'une voie publique. Mais nous estimons que cette déduction serait quelque peu exagérée, et qu'on doit se montrer moins rigoureux dans un cas que dans l'autre.

756. — Si les services intéressés refusaient la remise à eux proposée, le ministre pourrait certainement l'ordonner d'office. Encore faudrait-il qu'il s'agît de voies nouvelles remplaçant des voies anciennes. Dans l'hypothèse où il s'agirait de voies nouvelles ne remplaçant pas des communications interceptées par le chemin de fer, on admet généralement que l'administration n'aurait plus le même droit. — Picard, *op. cit.*, t. 2, p. 767.

757. — Le même auteur semble poser, en principe, qu'à défaut de remise officielle, une prise de possession effective pourrait en tenir lieu. Nous sommes assez disposés à admettre son opinion, mais sous des restrictions analogues aux siennes, c'est-à-dire à la condition que « cette possession ait eu lieu sans réserve, qu'elle remonte à une époque assez éloignée, et quelle soit attestée par des faits suffisamment nombreux et réputés. »

758. — En aucun cas d'ailleurs, ainsi que le fait remarquer très-justement M. Picard, la remise ne peut comprendre les dépendances même du chemin et, par conséquent, les passages à niveau, non plus que les ouvrages d'art construits pour le passage des voies publiques par-dessus ou par-dessous la voie ferrée. — Picard, *loc. cit.*

759. — Il pourrait y avoir lieu cependant de faire exception pour la chaussée même de ces passages. On peut consulter, à cet égard, un arrêt du Conseil d'Etat du 29 mars 1853 qui, à l'occasion d'un ouvrage établi par la compagnie du chemin de fer de Paris à Saint-Germain, à la rencontre de la rue de Stockholm, a mis à la charge de la compagnie les frais d'entretien du tablier de ce pont, sauf contribution de la ville de Paris pour une quote-part fixée d'après le prix moyen de l'entretien du pavé dans ladite rue. — Cons. d'Et., 29 mars 1853, Chemin de fer de Paris à Saint-Germain, [Leb. chr., p. 401] — V. *infrà*, n. 856.

760. — Nous terminerons sur ce point par une remarque générale : toutes les règles que nous avons appliquées aux modifications dans le régime des voies de terre, nécessitées par la construction du chemin de fer, s'appliquent, *mutatis mutandis*, aux modifications introduites dans le régime des cours d'eau. — Picard, *op. cit.*, t. 2, p. 783.

761. — En pareil cas, les fonctions des ingénieurs des ponts et chaussées, des agents-voyers, des maires, chargés de la réception des nouveaux chemins, devront donc être remplies par les ingénieurs du service hydraulique, etc.

762. — Les compagnies ne doivent pas se contenter de rétablir les communications interceptées par les chemins de fer, elles doivent encore, pendant l'exécution de la voie, veiller à ce qu'il n'y ait pas d'interruption dans la circulation.

763. — C'est ce que prescrit l'art. 17 du cahier des charges en ces termes : « A la rencontre des cours d'eau flottables ou navigables, la compagnie sera tenue de prendre toutes mesures et de payer tous les frais nécessaires pour que le service de la navigation ou du flottage n'éprouve ni interruption ni entrave pendant l'exécution des travaux. A la rencontre des routes nationales ou départementales et des autres chemins publics, il sera construit des chemins et ponts provisoires, par les soins et aux frais de la compagnie, partout où cela sera jugé nécessaire pour que la circulation n'éprouve ni interruption ni gêne. Avant que les communications existantes puissent être interceptées, une reconnaissance sera faite par les ingénieurs de la localité, à l'effet de constater si les ouvrages provisoires présentent une solidité suffisante et s'ils peuvent assurer le service de la circulation. Un délai sera fixé par l'administration pour l'exécution des travaux définitifs destinés à rétablir les communications interceptées. » (art 17.)

764. — Par ingénieur de la localité, il faut entendre, en réalité, les ingénieurs du contrôle et les représentants des services intéressés, mis en présence du délégué de la compagnie.

765. — Dans une espèce particulière, un arrêt du Conseil d'Etat a interprété cette clause en ce sens que si une compagnie s'est obligée à prendre toutes les mesures et à payer tous les frais nécessaires au service de la navigation, de façon à ce qu'elle puisse se faire après comme avant les travaux, la compagnie est tenue par là même de creuser un chemin sous l'arche marinière des ponts établis sous le chemin de fer, de sorte que le halage puisse s'effectuer au passage de ces ponts, avant comme après leur construction. — Cons. d'Et., 8 avr. 1847, Cie de chemins de fer de Paris à Rouen, [Leb. chr., p. 199]

766. — V. encore sur cette matière, une solution d'espèce émanée du Cons. d'Et., 4 août 1876, Chemin de fer de Lille à Valenciennes, [S. 78.2.310, P. chr., D. 76.3.101, Leb. chr., p. 783]

767. — Dans le cas où une compagnie n'exécuterait pas les dispositions de cette dernière clause du cahier des charges, M. Picard estime que l'administration pourrait, aux termes des art. 12 et 15, L. 15 juill. 1845, pourvoir d'urgence à la situation et recouvrer ensuite ses dépenses comme en matière de contributions directes. — Picard, *op. cit.*, t. 2, p. 782.

768. — Dans une autre espèce, des chemins communaux ayant été supprimés et non rétablis en temps utile, la compagnie ne fut déchargée de toute indemnité que parce qu'elle finit néanmoins par les rétablir, et fut condamnée seulement aux dépens de l'instance. — Cons. d'Et., 10 févr. 1859, Cie des chemins de fer de l'Est, [Leb. chr., p. 121]

3° *Ecoulement des eaux.*

769. — Nous devons signaler comme mesure s'appliquant d'une manière générale à toute construction de chemin de fer, celle qui est relative à l'écoulement des eaux. L'écoulement des eaux ne doit pas être entravé par le chemin de fer. En ce qui concerne plus spécialement les compagnies, cette obligation est contenue dans les dispositions de l'art. 15 du cahier des charges, qu'on peut rapprocher de celles de l'art. 17, précité. « La compagnie sera tenue de rétablir et d'assurer à ses frais l'écoulement de toutes les eaux dont le cours serait arrêté, suspendu ou modifié par ses travaux, et de prendre les mesures nécessaires pour prévenir l'insalubrité pouvant résulter des chambres d'emprunt. »

770. — La dernière partie de cette disposition n'a pas toujours figuré dans les cahiers des charges.

771. — Aussi avait-il pu être décidé autrefois, à cet égard, que lorsque le cahier des charges d'une concession de chemin de fer impose au concessionnaire l'obligation de rétablir et d'assurer à ses frais l'écoulement de toutes les eaux dont le cours serait arrêté, suspendu ou modifié par ses travaux, cette disposition ne pouvait s'appliquer à l'écoulement des eaux séjournant dans les chambres d'emprunt, quelle que fût l'origine de ces eaux. — Cons. d'Et., 2 mai 1866, Chemin de fer d'Orléans, [Leb. chr., p. 423]

772. — ... Mais que rien ne s'opposait à ce que l'administration, dans l'intérêt de la salubrité, et en vertu des pouvoirs généraux qui lui appartiennent, prît soit vis-à-vis du concessionnaire, soit vis-à-vis de qui de droit, les mesures nécessaires pour assurer l'assainissement des chambres d'emprunt. — Même arrêt.

773. — Sur le principe même de l'obligation où sont les compagnies de rétablir l'écoulement des eaux, il a été jugé qu'une compagnie de chemin de fer est tenue de procurer l'écoulement des eaux accumulées par l'établissement de la voie ferrée, alors même que l'issue qu'elle leur avait ménagée n'aurait été rendue insuffisante que par suite des travaux exécutés sur un chemin vicinal : cette circonstance ne saurait dispenser la compagnie de l'obligation de chercher une nouvelle direction à donner aux eaux, et de réparer les dommages qu'elles ont pu causer aux propriétés voisines. — Cons. d'Et., 20 juin 1873, Chemin de fer d'Orléans, [Leb. chr., p. 570]

774. — Comme exemples des travaux qui devront être exécutés pour assurer le service des eaux interceptées par la voie, on peut consulter encore un certain nombre de décisions qui ont donné lieu à interprétation par le conseil de préfecture. — V. notamment Cons. préf. Seine, 21 mars 1882, Chemins de fer de l'Ouest, [Dauv., 1886, p. 174]

775. — V. plus spécialement sur le fait par une compagnie de ne pas établir d'acqueduc et de ne pas exécuter les travaux ordonnés par un arrêté préfectoral pour l'écoulement des eaux : Cons. d'Et., 4 août 1876, précité. — V. *infrà*, n. 1425.

4° Voisinage des mines.

776. — A joindre également à cette liste de travaux communs aux cas de construction par l'Etat et par les compagnies, celles contenues dans les art. 24 et 25 relatifs à la traversée par

le chemin de fer de terrains à usage de mines ou de carrières.
Art. 24. « Si la ligne du chemin de fer traverse un sol déjà concédé pour l'exploitation d'une mine, l'administration déterminera les mesures à prendre pour que l'établissement du chemin de fer ne nuise pas à l'exploitation de la mine, et réciproquement pour que, le cas échéant, l'exploitation de la mine ne compromette pas l'existence du chemin de fer. Les travaux de consolidation à faire dans l'intérieur de la mine à raison de la traversée du chemin de fer et tous les dommages résultant de cette traversée pour les concessionnaires de la mine seront à la charge de la compagnie. »

777. — Art. 25. « Si le chemin de fer doit s'étendre sur des terrains renfermant des carrières ou les traversant souterrainement, il ne pourra être livré à la circulation avant que les excavations qui pourraient en compromettre la solidité aient été remblayées ou consolidées. L'administration déterminera la nature et l'étendue des travaux qu'il conviendra d'entreprendre à cet effet, et qui seront d'ailleurs exécutés par les soins et aux frais de la compagnie. »

778. — Nous nous bornons pour le moment à ces indications. Nous aurons à revenir sur ce point lorsque nous étudierons le régime des propriétés riveraines des chemins de fer. — V. *infrà*, n. 1153 et s.

5° *Clôture.*

779. — Mentionnons également dans la même catégorie de règles celles qui sont relatives à la clôture. « Tout chemin de fer, porte l'art. 4, L. 15 juill. 1845, sera clos des deux côtés et sur toute l'étendue de la voie. »

780. — Un député, M. G. de Beaumont, avait pensé qu'il conviendrait de déterminer le mode et la nature des clôtures. Mais on lui fit remarquer qu'une pareille détermination était impossible d'une façon absolue. « Ici, disait à cet égard l'honorable rapporteur, c'est une ville, un village populeux que le chemin traverse : il faut une clôture solide, qui oppose un obstacle sérieux; là ce sont des plaines où de rares habitations apparaissent, que parcourt le chemin : des barrières, des fossés, peut-être, seront suffisants. »

781. — De là le second alinéa qui est conçu dans les termes suivants : « L'administration déterminera, pour chaque ligne, le mode de cette clôture, et, pour ceux des chemins qui n'y ont pas été assujettis, l'époque à laquelle elle devra être effectuée. »

782. — On retrouve le principe même de l'art. 4, L. 15 juill. 1845, reproduit dans l'art. 20 du cahier des charges actuellement en vigueur en ces termes : « Le chemin sera séparé des propriétés riveraines par des murs, haies ou toute autre clôture dont le mode et la disposition seront autorisés par l'administration, sur la proposition de la compagnie. »

783. — Ces dispositions sont générales, et il a été jugé, en ce sens, antérieurement aux décrets qui ont réglementé la situation des chemins de fer miniers, qu'on peut obliger la compagnie minière qui a joint à sa mine un chemin de fer, de clore ce chemin de fer du côté des héritages voisins. — Cass., 23 avr. 1850, Chagot, [D. 50.1.151]

784. — Il importe de remarquer que la clôture ne se confond pas avec le bornage, dont elle ne suit même pas nécessairement les traces, établie qu'elle est seulement dans le but d'assurer la sécurité de l'exploitation.

785. — C'est à l'administration active seule qu'il appartient, en principe, de déterminer le mode de clôture des chemins de fer. — Cons. d'Et., 24 déc. 1863, Lebarbier, [D. 64.5.39] — Sur les différents modes de clôture en usage, V. Palaa, *op. cit.*, v° *Clôture*.

786. — La juridiction contentieuse n'aurait pas ce droit, (Aucoc, *op. cit.*, t. 3, n. 1498), à moins qu'il ne s'agît de clôtures défensives que l'administration *se serait engagée* à établir lors de l'expropriation : auquel cas les tribunaux faisant application de l'art. 1144, C. civ., pourrait, si elle négligeait de remplir sa promesse, décider que la clôture en sera établie à ses frais. Mais, parmi les fonctionnaires de l'administration, quel est celui qui aura compétence à cet égard? Il faut décider que c'est le préfet seul et non le ministre : c'est ce qui résulte des mots « chaque ligne » insérés dans le second alinéa de notre article. Ils impliquent que le mode de clôture ne saurait être déterminé par l'autorité centrale, mais seulement par l'autorité locale, sauf recours, en cas de besoin, au ministre; encore faut-il tenir pour certain qu'une fois le procès-verbal de réception définitive intervenu, l'Etat ne serait pas recevable à prescrire au concessionnaire des travaux nouveaux, et notamment l'établissement de clôtures plus élevées que celles qui à l'origine auraient été reconnues suffisantes.

787. — Les clôtures étant établies dans le seul intérêt de l'exploitation et à la discrétion de l'administration, il est clair qu'à moins de conventions spéciales consenties en leur faveur, les riverains ne sauraient avoir aucun droit à réclamer de ce chef.

788. — Aussi a-t-on pu décider qu'un propriétaire riverain, qui a cédé pour l'établissement du chemin de fer une partie de sa propriété et qui, dans l'acte de cession, n'a fait aucune réserve relativement au mode de clôture à employer pour séparer la portion cédée de la portion conservée, ne peut pas, lorsque le mode de clôture a été accepté par l'administration, réclamer de la compagnie concessionnaire (compagnie dont le cahier des charges reconnaît à l'administration seule le droit de déterminer le mode de clôture) soit des modifications à la clôture, soit des dommages-intérêts. — Cons. d'Et., 24 mai 1859, Chemin de fer de l'Ouest, [S. 60.2.216, P. adm. chr.]

789. — ... Que l'obligation imposée aux compagnies de chemins de fer par l'art. 4, L. 15 juill. 1845, d'établir des clôtures, des deux côtés et sur toute l'étendue de la voie, ne l'a été que dans le but exclusif d'assurer la sécurité de l'exploitation, et ne saurait avoir pour conséquence de créer au profit des propriétaires riverains un droit individuel de se plaindre de l'insuffisance ou du défaut d'entretien desdites clôtures et de réclamer la réparation du préjudice qu'ils prétendraient en être la suite. — Cass., 29 août 1882, Gousseau, [S. 83.1.129, P. adm. chr., D. 83.1.129]

789 *bis*. — ... Que cette obligation, imposée aux compagnies, laisse même subsister, à la charge des propriétaires riverains, la surveillance de leur bétail et la responsabilité civile, en cas d'accidents ou de dommages qui pourraient se produire, si, par leur fait ou leur négligence, leurs animaux venaient à s'introduire sur la voie ferrée, soit en pratiquant une brèche dans la clôture jugée suffisante par les propriétaires, soit en passant par une brèche existant, alors surtout que ces animaux avaient été laissés sans guides. — Même arrêt. — V. *infrà*, n. 1398.

790. — ... Que l'obligation de se clore, imposée aux compagnies de chemins de fer, n'ayant pas été édictée par la loi dans l'intérêt des propriétés contiguës, mais en vue de la délimitation de la voie et pour en défendre l'accès à toute personne étrangère au service ne dispense pas les riverains, soit de fermer leurs pâturages par des barrières, soit de faire surveiller leurs bestiaux. — Paris, 29 nov. 1892, Lesourd, [*Le Droit*, 12 déc. 1892]

791. — ... Et que, lorsqu'une compagnie de chemins de fer a établi des clôtures conformes au type adopté par l'administration, un riverain ne peut pas demander la condamnation de la compagnie à des dommages-intérêts à raison d'une prétendue insuffisance de ces clôtures. — Cons. d'Et., 23 janv. 1885, Chemin de fer Nord-Est, [Leb. chr., p. 99]

792. — Mais les propriétaires voisins pourraient évidemment se plaindre si, à raison même de la composition des clôtures, il résultait un préjudice certain pour leurs propriétés, comme au cas où ces clôtures consistant en haies plantées d'épines-vinettes, leurs blés auraient été atteints par la rouille née de ce voisinage. — V. implicit. Cons. d'Et., 28 juill. 1889, Cocquebert, [Leb. chr.]

793. — Jusqu'en 1880, à l'exception de certaines concessions spéciales qui renfermaient des clauses particulières à cet égard, aucune compagnie n'avait été dispensée d'établir des clôtures le long de la voie. Le 27 décembre de la même année, une loi intervint qui eut pour but de permettre au ministre d'accorder des dispenses de ce genre. Mais cette loi ne s'applique qu'aux lignes à construire depuis cette époque (et non aux lignes déjà construites) ou aux lignes d'intérêt local incorporées ou à incorporer dans le réseau d'intérêt local. Elle est ainsi conçue : « Par dérogation à l'art. 4, L. 15 juill. 1845, sur la police des chemins de fer, le ministre des Travaux publics peut, sur tout ou partie des chemins de fer d'intérêt général en construction ou à construire, et des lignes d'intérêt local qui ont été ou qui seront ultérieurement incorporées au réseau d'intérêt général, dispenser de poser des clôtures fixes le long des voies ferrées et des barrières mobiles à la traversée des routes de terre, toutes les fois que cette mesure lui paraîtra compatible avec la sûreté de l'exploitation et la sécurité du public (art. 1). — Les dispenses accordées dans ces conditions n'auront qu'un caractère provisoire, le ministre des Travaux publics conservant le droit de prescrire, à toute époque et lorsqu'il le reconnaîtra nécessaire, l'établissement de clôtures fixes et de barrières mobiles sur les lignes ou portions des lignes ci-dessus désignées » (art. 2).

794. — Il est clair que la dispense de clôture étant purement facultative pour le ministre, son refus de l'accorder ne saurait donner naissance à aucune réclamation. C'est ce qui a été décidé, croyons-nous, à l'occasion d'une décision ministérielle du 7 sept. 1886, qui avait refusé d'accéder, à cet égard, à une demande de la compagnie du Nord. Mais le ministre, par contre, n'aurait pas à tenir compte des dispositions contraires qui pourraient se trouver dans le cahier des charges.

795. — Il a été jugé que la dispense de clore la voie, accordée à une compagnie de chemins de fer à ses risques et périls, ne saurait avoir pour effet d'affranchir cette compagnie des précautions à prendre pour prévenir les conséquences fâcheuses qui pourraient, à un moment donné, résulter de cette dispense elle-même (LL. 15 juill. 1845, art. 4; 27 déc. 1880, art. 1). — Cass., 11 nov. 1891, Casanova, [S. et P. 92.1.91]

796. — ... Que la contravention aux lois sur la police des chemins de fer, qui aurait été commise par un particulier (en laissant pénétrer sur la voie ferrée un animal lui appartenant) ne peut autoriser les agents de la compagnie exploitante à causer un dommage à ce particulier, si ce dommage pouvait être évité, et si, par conséquent, il a eu pour cause leur imprudence ou négligence. — Même arrêt.

797. — ... Qu'en conséquence, le propriétaire d'un mulet écrasé par un train, qui actionne la compagnie en responsabilité, est recevable à prouver que le mulet, conduit par son propriétaire, arrivé à un passage à niveau où il n'y avait ni barrière ni garde-barrière, et effrayé par le bruit d'une locomotive en marche, a rompu son bridon, s'est engagé sur la voie, et y a été écrasé après un parcours de quatre kilomètres, qui laissait au chef de train, dûment averti par les cris des personnes présentes, le temps nécessaire pour ralentir la marche du train et éviter l'accident. — Même arrêt. — V. *infrà*, n. 1397.

798. — On s'est demandé si le défaut d'entretien des clôtures d'un chemin de fer était de nature à constituer une contravention de grande voirie. La question s'est posée devant le Conseil d'Etat, mais il n'a pas eu à la résoudre par cette raison, qu'en fait, le défaut d'entretien des clôtures n'était pas constaté. — Cons. d'Et., 7 avr. 1864, Chemin de fer suisse, [S. 64.2.175, P. 64.335, D. 64.3.141, P. adm. chr.] — La compagnie du chemin de fer soutenait, en droit, à l'appui de son pourvoi, qu'une contravention de grande voirie ne peut résulter que d'un fait positif, et non d'un simple fait négatif. Il a été en effet jugé, en ce sens, qu'il n'y a pas contravention de grande voirie de la part de celui qui a négligé d'exécuter certains travaux ordonnés par un arrêté préfectoral ou par le cahier des charges d'une adjudication de travaux publics. — Cons. d'Et., 18 sept. 1845, Viart, [S. 46.2.157, P. adm. chr.]; — 25 janv. 1851, Roussille, [S. 51.2.463, P. adm. chr.] — V. *infrà*, n. 1433.

799. — Nous croyons, en ce qui nous concerne, que cette raison ne serait pas décisive et que les contraventions peuvent aussi bien s'entendre *in omittendo* qu'*in committendo*. — En tous cas, si le cahier des charges faisait une obligation d'entretenir ces clôtures, le défaut d'entretien de celles-ci constituerait certainement une contravention passible des peines édictées par les art. 12 et s., L. 15 juill. 1845.

800. — Il est à peine besoin d'ajouter qu'en présence de l'obligation imposée aux compagnies d'établir des clôtures aux chemins de fer, les présomptions de mitoyenneté du Code civil ne sauraient recevoir ici aucune application. — V. *infrà*, n. 1314.

801. — La clôture des chemins de fer n'apparaissant que comme une des opérations finales de l'établissement de la voie, on serait tenté de déclarer que la plupart des solutions que nous avons fait connaître dans les numéros qui précèdent, et qui sont relatives à la responsabilité respective des compagnies et des riverains, ne sauraient trouver leur application tant que le chemin de fer n'est pas terminé. Cependant il a été décidé que l'obligation de la clôture des voies ferrées n'étant pas édictée dans l'intérêt des riverains, ceux-ci ne peuvent se prévaloir de l'absence de clôture pour échapper à la responsabilité des dommages causés par l'introduction sur la voie ferrée d'animaux qui leur appartiennent ou dont ils ont la garde et la surveillance. — Bourges, 7 déc. 1885, Sudron, [S. 86.2.107, P. 86.1.584]

802. — ... Qu'ainsi, le colon partiaire peut être, malgré l'absence de clôture d'une voie ferrée en construction, déclaré responsable envers l'entrepreneur du dommage résultant d'un déraillement occasionné par le passage sur la voie ferrée d'une vache dépendant de la métairie. — Même arrêt.

802 *bis*. — ... Qu'il y a lieu, toutefois, pour apprécier l'étendue de la responsabilité du maître de l'animal, d'examiner si l'entrepreneur n'a pas commis lui-même une faute, en faisant circuler des trains sur une voie en construction et non close, longeant des terrains destinés au pâturage, sans prendre de précautions contre les imprudences ou les négligences des riverains. — Même arrêt. — Sur tous ces points, V. d'ailleurs *infrà*, n. 1405.

6° *Bornage*.

803. — Les règles contenues dans l'art. 29, et qui se réfèrent au bornage et à la confection du plan cadastral, conviennent également, *mutatis mutandis*, à l'hypothèse de la construction par l'Etat ou par les compagnies. « Après l'achèvement total des travaux et dans le délai qui sera fixé par l'administration, la compagnie fera faire, à ses frais, un bornage contradictoire et un plan cadastral du chemin de fer et de ses dépendances. Elle fera dresser, également à ses frais, et contradictoirement avec l'administration, un état descriptif de tous les ouvrages d'art qui auront été exécutés, ledit état accompagné d'un atlas contenant les dernières cotes de tous lesdits ouvrages. Une expédition dûment certifiée des procès-verbaux de bornage, du plan cadastral, de l'état descriptif et de l'atlas, sera dressé aux frais de la compagnie et déposée dans les archives du ministère. Les terrains acquis par la compagnie postérieurement au bornage général, en vue de satisfaire aux besoins de l'exploitation, et qui, par cela même, deviendront partie intégrante du chemin de fer, donneront lieu, au fur et à mesure de leur acquisition, à des bornages supplémentaires, et seront ajoutés sur le plan cadastral. Addition sera également faite sur l'atlas de tous les ouvrages d'art exécutés postérieurement à sa rédaction. » — Sur l'utilité du bornage, V. Aucoc, *op. cit.*, t. 3, n. 1449.

804. — Aux termes d'une circulaire du 31 déc. 1853 (Potiquet, n. 253), le bornage doit comprendre tous les terrains acquis en vue de l'établissement du chemin de fer, étant ou pouvant être utiles à son exploitation, et qui doivent faire retour à l'Etat à la fin de la concession ou après déchéance : gares, stations, emplacements de dépôt du matériel, ateliers de réparation et de construction, cours intérieures et extérieures, chemins spéciaux d'accès aux stations, maisons de gardes et leurs jardins, mais non les chemins latéraux ou déviés, chambres d'emprunt, cavaliers de dépôt, non plus que les parcelles inutiles ou acquises en vertu de l'art. 50, L. 3 mai 1841. — V. *infrà*, n. 897 et s.

805. — Les représentants de l'administration et de la compagnie commencent par fixer contradictoirement les lignes de délimitation à adopter et l'emplacement que doivent occuper les bornes; ils se réfèrent à cet égard aux indications fournies par le plan parcellaire. Dans le cas où l'accord ne peut pas se faire entre eux, c'est le ministre des Travaux publics qui décide.

806. — La dimension et la forme des bornes sont précisées; les riverains doivent signer le procès-verbal de bornage, qui est rédigé par commune, et leur signature est légalisée.

807. — A cet effet, on est dans l'habitude de les prévenir plusieurs jours à l'avance, et on les autorise à désigner un expert pour les représenter aux opérations.

808. — Doivent figurer sur le plan cadastral dressé au millième l'indication des bornes, clôtures, bâtiments, poteaux kilométriques, chemins déviés, chemins latéraux, ouvrages d'art, lieuxdits, cantons, sections, les noms des propriétaires voisins, les numéros du cadastre, l'axe du chemin et les lignes d'opération.

809. — Toutes les cotes doivent être soigneusement relevées; on doit distinguer par des traits différents les terrains compris dans le bornage et ceux qui ne sont susceptibles d'aucune rétrocession.

810. — L'expédition des procès-verbaux doit être signée tout à la fois par les ingénieurs du contrôle et par les administrateurs de la compagnie désignés à cet effet.

811. — Le bornage doit être fait, en principe, aussitôt que l'établissement du chemin de fer est terminé. Comme il implique, en effet, une contradiction des droits des propriétaires riverains, il importe qu'aucun empiètement réciproque ne s'autorise d'une possession plus ou moins longue.

812. — Nous n'avons pas à nous occuper ici des règles de compétence relatives au bornage. Il nous suffira de dire qu'on ne saurait, en aucun cas, invoquer les prescriptions de l'art. 646, C. civ., non plus que celles de la loi du 25 mai 1838, spéciales aux propriétés privées. Lorsque la ligne est en exploitation, il ne saurait plus être question d'ailleurs de bornage, mais de délimitation du domaine public. — V. *infrà*, n. 854, 962 et s.

813. — On consultera sur tous ces points, et spécialement sur le contentieux du bornage, un avis de la section des Travaux publics du Conseil d'Etat, du 15 févr. 1881.

813 *bis*. — Aux termes de la circulaire précitée du 31 déc. 1853, le bornage, le plan cadastral et l'état descriptif des ouvrages d'art, doivent être faits aux frais de l'Etat, dans le cas où il s'agit d'un chemin de fer exécuté par l'Etat, conformément à la loi du 11 juin 1842. Dans le cas où les compagnies ont construit à leurs frais, ce sont elles qui doivent faire dresser ces actes de leurs deniers.

CHAPITRE II.

DU DOMAINE DES CHEMINS DE FER.

Section I.

Les chemins de fer font partie du domaine public. — Principe et intérêt de la question.

814. — A qui appartiennent les chemins de fer? Font-ils nécessairement partie du domaine public? Dans quelle mesure? Ne peut-on pas concevoir qu'ils en soient détachés?

815. — L'opinion dominante en doctrine et en jurisprudence paraît être que les chemins de fer font *essentiellement* partie du domaine public. — V. notamment, Aucoc, *op. cit.*, t. 2, p. 242 et t. 3, n. 1443.

816. — Mais la théorie opposée compte des partisans convaincus, en tête desquels on peut citer M. Dumay, *op. cit.*, p. 15 et s., 156 et s.

817. — Nous avons déjà rencontré, à propos des canaux, une question analogue. Il semble qu'elle pourrait être résolue dans des termes identiques. Nous l'avions pensé nous-même. Il faut tenir compte cependant, pour la trancher, de deux éléments particuliers : un élément de fait et un élément de droit.

818. — En fait, d'abord, contrairement à ce que nous avons constaté pour les canaux, il n'y a pas, ou du moins il n'y a plus, croyons-nous, de chemins de fer appartenant à des particuliers. La raison de cette différence tient peut-être uniquement à la date récente de la découverte des chemins de fer. Tandis que les premiers canaux, en effet, furent concédés à une époque où toutes les concessions se faisaient à titre de fief, au moment où furent posées les premières voies ferrées, la notion du domaine public était si bien assise qu'on se demandait même si l'Etat ne devait pas procéder au rachat de toutes les voies de communication.

819. — En droit, la loi du 15 juill. 1845 (art. 1) et, après elle, les lois du 12 juill. 1865 et du 11 juin 1880 (art. 11), ont classé les chemins de fer dans la grande voirie. — Il importe de remarquer, toutefois, qu'il ne s'agit, dans ces différentes lois, que des chemins de fer *construits ou concédés* par l'Etat, le département ou les communes.

820. — Il n'y a donc pas similitude entre la situation des chemins de fer et celle des canaux, et ce n'est pas sans raison qu'on peut faire, en notre matière, des réserves sur l'autorité de décisions intervenues à l'occasion de ces voies de navigation. C'est ce qui nous conduit à négliger l'argument tiré par M. Aucoc, à l'appui de sa théorie, de deux arrêts du Conseil d'Etat, l'un du 16 avr. 1852, Daviaud, [S. 52.2.470, P. adm. chr., D. 52.3.27], et l'autre du 1er mars 1860, Cie du canal Saint-Martin, [P. adm. chr.]. Aussi bien, l'autorité de ces décisions prises en elles-mêmes est-elle très-contestable puisque, ainsi que le fait remarquer M. Dumay, le premier ne contient que l'interprétation d'un acte administratif déterminé, et que, dans le second, le Conseil d'Etat, statuant uniquement sur la question de compétence, semble avoir intentionnellement laissé de côté la question du fond.

821. — C'est ce qui nous détermine également, en sens contraire, à ne pas donner trop de poids à l'arrêt du Conseil d'Etat du 21 juill. 1870, cité par M. Dumay, et où on lit : « Considérant qu'aucune disposition législative n'a compris les canaux navigables au nombre des biens qui font *nécessairement partie du domaine à titre de propriété nationale* ». — Cons. d'Et., 21 juill. 1870, Canal Louis XII, [S. 72.2.288, P. adm. chr., D. 72.2.20]

822. — En fait, d'ailleurs, il ne s'agissait que d'un canal concédé antérieurement à 1789, et dans lequel ne figurait la mention d'aucun droit de retour en faveur de l'Etat. En droit, la question qui se posait était moins celle de savoir si un canal peut faire partie du domaine privé, que de décider si, au lieu de faire partie du domaine public national, il peut figurer dans le domaine public communal. — V. Picard, *op. cit.*, t. 2, p. 125.

823. — Ceci dit, nous devons rechercher si, abstraction faite de ces dispositions, il se rencontre, soit dans les principes généraux du droit, soit dans l'organisation particulière des chemins de fer, des raisons qui s'opposent à ce que ces sortes de biens puissent faire l'objet d'une appropriation particulière.

824. — Le principal motif qu'on donne à l'appui de la thèse de la domanialité, c'est que les chemins de fer étant avant tout destinés à un usage public, on ne concevrait pas que cette destination pût être compromise par l'exercice, même légitime, des droits d'un propriétaire.

825. — Cette observation n'arrête pas les partisans de l'opinion opposée. De ce que la plupart des avantages d'une propriété se trouvent annihilés par l'existence d'une servitude publique, disent-ils, ce n'est pas une raison pour conclure que cette propriété n'existe pas ou ne peut pas exister. Autre chose sont les profits réels qu'on peut retirer d'un bien, autre chose le droit même qu'on a sur ce bien.

826. — La situation dans laquelle se trouveraient placés les concessionnaires de chemins de fer, si on leur en reconnaissait la propriété, ne serait pas, d'ailleurs, isolée dans notre droit. « Ne pourrions-nous pas citer des routes, celles, par exemple, qui relient certains forts du sud de Paris, dont le tréfonds n'a pas cessé d'appartenir à des particuliers, la superficie ayant seulement été expropriée? Les chemins de halage, bien que dépendant de la grande voirie, n'appartiennent-ils pas aux riverains »? — Dumay, *loc. cit.;* Laurent, *Préc. dr. civ.*, t. 7, n. 130 à 140.

827. — C'était également l'esprit des lois romaines. — V. notamment, ce que disaient des routes, Ulpien (Dig. L. 2, § 22, L. 93, T. 8, *Ne quid in publico*), et des fleuves, Gaius (Dig. L. 5, L. 1, T. 8, D. *De divisione rerum*).

828. — Il est vrai que l'art. 538 paraît avoir quelque peu modifié ces notions en disant que « les chemins, routes et rues à la charge de l'Etat, les fleuves et rivières navigables ou flottables, ... et généralement toutes les portions du territoire français qui ne sont pas susceptibles d'une propriété *privée*, sont considérés comme des dépendances du domaine public. »

829. — Mais il est clair que si la première partie de ce texte ne paraît pas favorable à l'opinion que nous exposons, puisque les fleuves sont explicitement compris dans le domaine public, et que l'assimilation des chemins de fer aux voies navigables n'a rien d'arbitraire, on ne peut pas dire que la seconde lui soit également contraire, puisqu'elle ne vise que les choses qui ne sont pas susceptibles d'appropriation privée, et que la question est précisément de savoir si les chemins de fer en sont susceptibles.

830. — On peut faire remarquer enfin qu'à l'exception de la loi du 13 mai 1851, toutes les lois qui intervinrent jusqu'en 1857 pour concéder des chemins de fer paraissent avoir reconnu aux compagnies qui les détenaient un droit de propriété sur les lignes construites à leurs frais, et que certaines lois particulières, postérieures même à la loi du 15 juill. 1845 et à l'ordonnance du 15 nov. 1846, c'est-à-dire à l'époque où fut proclamée pour ainsi dire officiellement pour la première fois la domanialité publique des chemins de fer, ont sanctionné ce droit de propriété, en conférant dans certains cas à l'Etat un droit de privilège ou d'hypothèque. — Picard, *op. cit.*, t. 2, p. 117.

831. — Nous n'ajoutons pas à ces arguments ceux qui ont été tirés par certains auteurs du projet de loi élaboré en 1850, lequel comprenait parmi les biens susceptibles d'hypothèque les concessions de chemins de fer faites depuis vingt ans au plus, — ou de la loi du 11 juill. 1866, relative à l'amortissement, et qui affectait à la caisse d'amortissement la nue-propriété des chemins de fer dont la jouissance avait été concédée et devait faire retour à l'Etat, — non plus que cette remarque qu'aux termes de la loi organique du 11 janv. 1880 sur les chemins de fer d'intérêt local, les départements ont droit à une indemnité lorsque les chemins de fer qui font partie de leur réseau viennent à être incorporés dans le réseau d'intérêt général. Le projet de loi de 1850 en effet n'a pas été adopté; la loi de 1866, qui a d'ailleurs été abrogée depuis par la loi de finances du 16 sept. 1871, n'avait d'autre but que de permettre le fonctionnement de la garantie d'intérêt, et nullement d'autoriser l'aliénation du réseau des chemins de fer; enfin, le dédommagement accordé aux départements, conformément à la loi de 1880, n'est pas autre chose, suivant l'expression très-heureuse de M. Picard, qu'une liquidation administrative opérée par le gouvernement lui-même, et qui a pour objet non pas l'éviction d'une propriété, mais les bénéfices éventuels d'une exploitation. — V. Picard, *op. cit.*, t. 2, p. 126.

832. — Quoi qu'il en soit, on peut dire que la plupart des auteurs sont d'accord pour dénier aux compagnies concessionnaires le droit à la propriété des chemins qu'elles exploitent. — Dufour, *Traité général de droit administratif appliqué*, t. 3, n. 214, p. 190; Jousselin, *Des servitudes d'utilité publique*, t. 2, p. 375; Rebel et Juge, *Traité de la législation et de la jurisprudence des chemins de fer*, n. 568; Gand, *Traité de police et de la voirie des chemins de fer*, n. 1 et 7; Blanche, *Contentieux des chemins de fer*, t. 3, p. 41; Aucoc, *op. cit.*, t. 3, p. 527, n. 1241; Féraud-Giraud, *Des voies publiques et privées*, p. 11; Picard, *op. cit.*, t. 2, p. 115; Ducrocq, *Dr. adm.*, t. 2, n. 945; de Récy, *Tr. du domaine public*, t. 1, p. 274; Batbie, *Traité théorique et pratique du droit public*, t. 5, p. 360; Baillière, *Du domaine public de l'Etat*, p. 133; Gaudry, *Traité du domaine*, t. 1, n. 258, et t. 2, n. 543; Garbouleau, *Du domaine public*, p. 281; Laurent, *Précis de dr. civ.*, t. 6, n. 29, 35, t. 7, n. 130 à 140 et les autorités par lui citées. — V. aussi *Revue de l'administration et du droit administratif en Belgique*, t. 11, 1864, p. 368.

833. — La jurisprudence, de son côté, ne paraît pas moins unanime, et nous allons nous rendre compte, en parcourant ses décisions, de l'intérêt pratique de la question.

834. — Notons d'abord un arrêt de principe de la Cour de cassation de Belgique, portant que l'Etat qui concède un chemin de fer ne cède pas la propriété du chemin, ni aucun démembrement de cette propriété, le chemin, eu égard à sa destination, étant hors du commerce; qu'il cède seulement au concessionnaire, en rémunération de ses dépenses, de ses travaux et du service public par lui entrepris, le droit de percevoir les péages, pendant la durée de la concession, à l'occasion des transports à effectuer sur la ligne, c'est-à-dire un droit purement mobilier. — Bruxelles, 10 juill. 1882, sous Cass. Belgique, 28 juin 1883, Chemin de fer de Lierre à Turnhout, [S. 83.4.33, P. 83.2.52 et la note de M. Laurent.

835. — ... Que telle est la seule part des droits qu'il aliène temporairement, et la seule dès lors qu'il puisse vouloir retraire ou racheter moyennant indemnité, pendant la durée de la concession. — Cass. Belgique, 28 janv. 1883, précité.

836. — La même règle se retrouve dans différents arrêts ou jugements cités par de Recy, *op. cit.*, p. 374, note 1, et particulièrement dans un jugement du tribunal de la Seine du 17 juin 1850 et dans un jugement du tribunal de Douai du 20 août 1856.

837. — I. *Inaliénabilité*. — De ce principe on a tiré, comme première conséquence, que les compagnies concessionnaires ne pouvaient conférer aucun droit réel sur l'objet de leur concession, soit directement par voie d'aliénation ou de constitution de servitude, soit indirectement par voie de gage, d'hypothèque, etc.

838. — Ainsi jugé, notamment, qu'une constitution de gage portant sur la concession d'une ligne ferrée dépendant d'un domaine public ne peut être légalement opérée qu'avec l'autorisation du chef de l'Etat. — Paris, 2 févr. 1888, Chemin de fer d'Orléans à Châlons, [D. 89.2.165]

839. — ... Qu'en tous cas, le traité de cession des produits de l'exploitation d'un chemin de fer, dans lequel il est énoncé que les obligataires conserveront leur droit de privilège conformément aux droits et aux précédents, et la lettre par laquelle président du conseil d'administration de la compagnie cessionnaire donne au président de la compagnie cédante l'assurance que le chemin de fer continuera de servir de garantie spéciale aux obligations émises pour sa construction, n'ont pu avoir pour effet de constituer un gage au profit des obligataires. — Paris, 12 févr. 1888, précité.

840. — ... Qu'un particulier ne peut prétendre avoir un droit de servitude sur la voie pour passer à l'aide d'un ponceau sur cette voie. — Cons. d'Et., 29 mars 1851, Chalanne, [Leb. chr., p. 220] — V. *infrà*, n. 1333.

841. — ... Que les compagnies de chemins de fer n'ont pas qualité pour intenter une action en suppression de servitudes, spécialement de vues et d'égout, qu'un propriétaire tenterait d'établir dans l'intérêt de sa propriété sur la voie ferrée : qu'une telle action ne peut être formée que par l'Etat, seul propriétaire des voies ferrées. — Douai, 9 mars 1857, Cie du chemin de fer du Nord, [S. 57.2.577, P. 58.623, D. 57.2.145]

842. — ... Qu'il importerait peu que, dans le cahier des charges de la concession du chemin, se trouvassent certaines expressions qui tendraient à faire considérer la compagnie concessionnaire comme ayant un droit de propriété, un *jus in re,* sur la voie ferrée : que de telles expressions, impropres en leur emploi, ne sauraient prévaloir sur les règles de la matière. — Même arrêt.

843. — ... Qu'une compagnie de chemins de fer ne peut, par l'effet d'une convention privée, accorder un droit d'accès sur la voie ferrée, ce droit n'appartenant qu'à l'administration supérieure. — Cass., 21 juill. 1874, Chemin de fer du Midi, [S. 74.1. 443, P. 74.1115, D. 75.1.184]

844. — ... Que l'établissement d'une construction quelconque, sur le domaine du chemin de fer (dans l'espèce une buvette), ne peut être faite qu'à titre de tolérance. — Cons. d'Et., 7 févr. 1890, Tarrière, [Leb. chr., p. 146]

845. — ... Que les chemins de fer ne peuvent être l'objet d'une poursuite d'expropriation, ni de la part des créanciers de la compagnie concessionnaire, ni même de la part des anciens propriétaires du sol cédé pour l'établissement du chemin. — Trib. Seine, 27 juill. 1850, L'Etat et le chemin de fer de Sceaux, [S. 50.2.599, D. 51.5.78]

846. — Cependant on peut rapprocher de cette décision un arrêt qui paraît en contradiction avec elle, et d'où il résulte que si, en théorie générale, un premier saisissant est préféré à un second, bien que celui-ci ait fait une saisie plus ample, on ne peut admettre l'application de ce principe à une saisie antérieure insuffisante pour assurer l'adjudication unique des objets saisis. — Lyon, 20 févr. 1840, Chemin de fer de Roanne, [P. 40.2.633]

847. — ... Spécialement, que la vente d'un chemin de fer ne pouvant avoir lieu par parties séparées, en cas de saisie immobilière, la poursuite doit appartenir au premier qui a mis sous le sceau de justice la véritable chose aliénable, c'est-à-dire la totalité du chemin. — Même arrêt.

848. — II. *Meubles et immeubles.* — Cette première conséquence devait en entraîner une autre au point de vue du caractère mobilier ou immobilier du droit conféré aux concessionnaires. C'est ainsi qu'il a été décidé que l'Etat, étant seul propriétaire des chemins de fer, même de ceux concédés aux compagnies et construits par elles, le droit de ces compagnies se réduit à la seule exploitation des voies ferrées; que ce droit est purement mobilier, et que par suite la cession qui en est consentie n est passible que du droit de mutation mobilière. — Cass., 15 mai 1861, Mancel, [S. 61.1.888, P. 61.911, D. 61.1.225]

849. — ... Qu'une cession de réseau opérée par une compagnie à une autre compagnie ne pouvant avoir pour objet les lignes ferrées elles-mêmes qui font partie du domaine public, mais le droit à leur exploitation et aux bénéfices qui peuvent en provenir, est une vente d'objets mobiliers incorporels; que par suite, une cession de cette nature tombe, en cas de faillite de la compagnie concessionnaire, sous l'application de l'art. 558, C. civ. — Paris, 2 févr. 1888, Chemin de fer de Paris à Châlons, [D. 89.2.165]

850. — III. *Taxe de mainmorte.* — Une nouvelle conséquence tirée du même principe est que les compagnies des chemins de fer (concessionnaires ou fermières) ne sont pas assujetties, à raison du sol de ces chemins et de leurs dépendances, à la taxe représentative des droits de transmission entre-vifs ou par décès, créée par la loi du 20 févr. 1849. — Cons. d'Et., 8 févr. 1851, Cie du chemin de fer du Centre, [S. 51.2.450, P. adm. chr., D. 51.3.49, Leb. chr., p. 99]; — 22 mars 1851, Chemin de fer du Centre de Beaucaire à Aiguesmortes, du canal du Rhône au Rhin, [S. 51.2.450, P. adm. chr., D. 51.3.50]; — 3 mai 1851, Chemin de fer de Creil à Saint-Quentin, [P. adm. chr., Leb. chr., p. 322]; — 26 juill. 1851, Chemin de fer de Strasbourg à Bâle, [P. adm. chr., D. 51.3.68]; — 29 nov. 1851, Chemin de fer d'Amiens à Boulogne et chemin de fer de Paris à Strasbourg, [P. adm. chr., Leb. chr. p. 707]; — 14 sept. 1852, Chemin de fer du Nord, [D. 53.3.12, Leb. chr., p. 406]; — 2 juin 1853, Chemin de fer de Saint-Etienne à Lyon, [P. adm. chr., D. 54.3.1, Leb. chr., p. 587] — De Recy, *loc. cit.*, p. 273.

851. — Mais cette exemption est strictement limitée aux biens qui font partie du domaine public, et les sociétés anonymes de chemins de fer doivent la taxe des biens de mainmorte, à raison des terrains passibles de la contribution foncière qu'elles possèdent, à titre de propriétaires, en dehors de la voie ferrée et des dépendances de cette voie faisant partie du domaine public. — Cons. d'Et., 6 janv. 1853, Cie du chemin de fer du Nord,

[S. 53.2.515, P. adm. chr., D. 54.3.1] — V. Arr. 12 déc. 1851, et ceux qui sont mentionnés à la note, Soc. des mines de la Vieille-Montagne, [S. 52.2.252, P. adm. chr.]

852. — IV. *Impôt foncier*. — La domanialité n'entraîne en principe aucune exemption de l'impôt foncier lorsqu'elle affecte un bien susceptible de revenu. Pour l'assiette de cette contribution le principal point à considérer sera donc la destination de l'objet imposable. — V. *infrà*, n. 4883 et s.

853. — V. *Répression des contraventions de grande voirie*. — On a soutenu, dans une certaine opinion, que le caractère domanial des chemins de fer était la cause déterminante du caractère spécial reconnu à la poursuite des contraventions qui peuvent s'y commettre. Mais c'est confondre, croyons-nous, la destination et la propriété du chemin. Nous verrons qu'il suffit qu'une voie soit destinée à l'usage public pour que les contraventions qui s'y commettent constituent des contraventions de grande voirie. — V. *infrà*, n. 1006 et s., n. 1367 et s.

854. — VI. *Délimitation du domaine public*. — Les chemins de fer faisant partie du domaine public, c'est aux préfets à prendre à leur égard tous arrêtés de délimitation conformément à la loi des 29 déc. 1789-8 janv. 1790. — Cons. d'Et., 20 févr. 1868, Chemin de fer de Saint-Ouen, [S. 69.2.28, P. adm. chr., D. 69.3.9, Leb. chr., p. 213]

855. — VII. *Enregistrement*. — Nous avons déjà fait connaître incidemment (V. *suprà*, n. 848) l'intérêt qu'il y a distingué, au point de vue de l'enregistrement, entre la cession de droits réels immobiliers et la cession de droits personnels mobiliers. Nous retrouverons cette question, *infrà*, n. 5254 et s. — Cass., 16 août 1843, Chemin de fer de Versailles, [S. 43.1.822, P. 44.1.179]

856. — VIII. *Taxes de pavage*. — A la différence des propriétés particulières, les chemins de fer (faisant partie de la grande voirie) ne peuvent être assujettis au paiement de taxes de pavage. — Cons. d'Et., 12 déc. 1861, Chemin de fer d'Orléans, [Leb. chr., p. 880] — Mais ils paraissent assujettis au paiement des droits de voirie. — V. Davenne, *Voirie urbaine*, p. 195. — V. aussi *suprà*, n. 856.

857. — IX. *Alignement*. — Pour une raison analogue, ils ne tombent pas sous le coup des dispositions générales contenues dans l'arrêté d'un maire pour la détermination du mode de clôture des emplacements situés dans l'intérieur d'une ville. — Trib. simple police Libourne, 18 sept. 1869, Lamé-Fleury, 1870, p. 45.

858. — X. *Expropriations*. — Les observations que nous avons présentées au sujet de l'expropriation nous ont fourni également la matière d'une distinction intéressante entre les biens du domaine public et les biens du domaine privé (V. *suprà*, n. 488 et s.). Nous rappellerons qu'en principe les premiers ne peuvent être expropriés qu'après déclassement.

859. — Il ne faudrait pas pousser trop loin, d'ailleurs, les conséquences du principe que l'Etat est seul propriétaire du chemin, et un certain nombre d'arrêts ont marqué la limite qu'il convient d'observer à cet égard. C'est ainsi qu'il a été jugé que le fait qu'une exploitation de chemin de fer est grevée de droits de propriété réservé à l'Etat ne suffit pas pour transformer toute question intéressant la compagnie, en question administrative. — Paris, 28 nov. 1869, Guinet, [D. 70.2.191]

860. — ... Que les compagnies de chemins de fer investies du droit d'exploiter à leur profit les voies qui leur ont été concédées, avec obligation de veiller à la conservation de ces voies, ont, comme conséquence de ce droit et de cette obligation, le pouvoir d'exercer en leur nom les actions possessoires ayant pour objet la répression des entreprises commises dans l'étendue de leur concession; qu'il n'importe qu'elles n'aient point une possession *animo domini*, inconciliable avec le droit de propriété à l'Etat, leur détention, qu'on ne saurait assimiler à celle d'un preneur, étant, à raison du caractère *sui generis* que lui ont imprimé des lois nouvelles, exempte de précarité. — Cass., 5 nov. 1867, Clertan, [S. 67.1.417, P. 67.1137, D. 68.1.117]

861. — ... Que, bien que l'Etat soit propriétaire du chemin de fer, néanmoins il n'en a pas moins le droit de demander une indemnité d'expropriation à la compagnie pour un terrain domanial dont elle a besoin pour l'établissement de la voie ferrée. — Cass., 8 mai 1865, Chemin de fer P.-L.-M., [S. 65.1.273, P. 65.850, D. 65.1.293]; — 29 déc. 1868, Chemin de fer de l'Ouest, [S. 69.

1.107, P. 69.258, D. 69.1.220] — Caen, 30 déc. 1867, Chemin de l'Ouest, [S. 68.2.183, P. 68.813] — V. aussi à cet égard, *suprà*, n. 491 et s. et de Recy, *op. cit.*, n. 511 et s.

862. — On a proposé de décider que l'Etat étant propriétaire des chemins de fer d'intérêt général, c'était toujours à lui que devaient être attribués les terrains reconnus inutiles aux chemins de fer ou rachetés par les propriétaires riverains, aux termes de l'art. 60, L. 3 mai 1841. — C'est du moins l'opinion émise par le fisc. — V. Dumay, p. 78; Aucoc, *op. cit.*, t. 3, n. 1450.

863. — Une pareille solution serait incontestablement fausse dans sa généralité. L'Etat n'est propriétaire que des terrains employés à l'établissement de la voie ou de ses dépendances, dans la mesure que nous indiquerons. Pour résoudre la question qui nous occupe, le seul élément qui doive être pris en considération est alors de savoir aux frais de qui les terrains ont été établis et doivent demeurer définitivement. S'ils l'ont été par le concessionnaire, c'est lui qui doit bénéficier du prix des terrains vendus. — Cons. préf. Seine, 14 juill. 1870, Chemin de fer du Nord, [Dauv., 72.3.33] — Cons. d'Et., 11 déc. 1874, Ministère des Finances, [D. 75.3.85] — Dans le cas contraire, c'est l'Etat. — V. Dumay, p. 83, et Riom, 24 juill. 1876, [D. 77.2.115] qui autorise implicitement cette distinction. — V. aussi Aucoc, *op. cit.*, qui rapporte d'autres éléments de solution de la question. — De Recy, *op. cit.*, p. 395.

864. — Nous verrons aussi que la circonstance que le chemin de fer fait partie du domaine public n'implique pas nécessairement que la voie ait le caractère de *publicité* suffisant, dans une autre acception du mot, pour transformer le délit de vol qui viendrait à s'y commettre en vol qualifié, etc. — Dijon, 28 avr. 1859, X..., [D. 59.5.414]

865. — Toutes ces conséquences d'ailleurs ne sont pas admises par tout le monde; celle qui est relative au caractère mobilier des cessions de chemins de fer est combattue en ces termes par Laurent. « Faut-il induire du caractère domanial des chemins de fer, comme l'a fait la Cour de cassation de France, dans son premier arrêt du 15 mai 1861, Mancel, [S. 61. 1.888, P. 61.911, D. 61.1.225], et à sa suite la cour de Bruxelles, que le droit des concessionnaires est purement mobilier, parce qu'il est limité aux produits du chemin de fer? La raison n'est pas décisive. L'usufruitier n'a aussi droit qu'aux fruits, c'est-à-dire à des choses mobilières, et cependant son droit est réel et immobilier. — Laurent, note sous Cass., 28 juin 1883, précité. — V. aussi Cotelle, *Cours de dr. adm.*, t. 2, n. 901.

866. — Et le même auteur poursuit en disant : « Si l'on s'en tenait à la première jurisprudence de la Cour de cassation du 15 mai 1861, précité, suivie par la cour de Bruxelles, il faudrait dire que les concessionnaires n'ont pas même les actions possessoires. La conséquence témoigne contre le principe. C'est dans un intérêt public que les voies concédées sont placées dans le domaine de l'Etat; or, il importe à l'intérêt public que les concessionnaires puissent former les actions possessoires; ils sont intéressés à réprimer les usurpations, et ils sont plus à même de les constater que l'Etat qui n'exploite pas. La Cour de cassation a jugé, par arrêt du 5 nov. 1867, précité, que les concessionnaires ont qualité pour intenter les actions possessoires, ils ont donc la possession; partant, leur droit n'est pas purement mobilier ». — V. Baillière, *Du domaine public de l'Etat*, p. 135.

867. — Mais si leur droit n'est pas purement personnel et mobilier, quel est son caractère et en quoi consiste-t-il? Est-ce une emphytéose? est-ce un usufruit? Aucune de ces qualifications ne conviendrait exactement, croyons-nous, à la situation qui est faite aux compagnies par le contrat de concession : celle d'emphytéose, parce que l'emphytéose comporte sinon le droit d'aliéner la propriété elle-même, au moins celui de concéder librement tous les avantages qui y sont attachés; — celle d'usufruitier, parce que l'usufruit suppose un terme qui ne peut guère se rencontrer dans l'espèce, le décès de l'usufruitier. — V. *suprà*, n. 178 et s.

868. — Aussi l'opinion de Laurent peut-elle paraître la meilleure : « En définitive, dit-il, le droit des concessionnaires est un *droit réel immobilier sui generis*. La jurisprudence a raison de dire que ce droit n'entraîne pas un démembrement du domaine public : cela est juridiquement impossible. Mais la propriété de l'Etat n'exclut pas le droit réel de jouissance des concessionnaires. La propriété de l'Etat est fondée sur l'intérêt public; dès que cet intérêt est sauvegardé, il se concilie parfaitement avec le droit réel des concessionnaires. Voilà pourquoi le droit de propriété de l'Etat peut coexister avec le droit réel des concessionnaires. Ils sont d'une nature toute différente : l'un est d'intérêt public, l'autre est d'intérêt privé; et l'intérêt privé ne peut jamais l'emporter sur l'intérêt général; de là suit que le droit de l'Etat reste toujours sauf. C'est par ce principe que se décident les difficultés que fait naître le concours des deux droits sur une même chose. Le concours des deux droits n'est pas un conflit ». — Laurent, *Princ. de dr. civ.*, t. 6, n. 35.

869. — Qu'on admette la réalité ou la personnalité du droit du concessionnaire, son caractère mobilier ou immobilier, on est d'accord d'ailleurs, dans l'une et dans l'autre opinion, pour reconnaître que l'aliénation n'en peut avoir lieu sans le consentement de l'Etat (Aucoc, *op. cit.*, t. 3, n. 1311 et s.; Dumay, *op. cit.*, p. 180 et 182; Laurent, *loc. cit.*); ce qui s'explique, selon nous, par cette simple considération que la concession est à titre essentiellement personnel, dans l'acception grammaticale du mot, *personæ inhærens*. Cette constatation amoindrit singulièrement l'intérêt pratique de la controverse, puisque les modes de transfert des droits mobiliers ou immobiliers étant les mêmes chez nous, il semble que, dans l'une et l'autre opinion, on arrive nécessairement, par des procédés identiques, aux mêmes résultats. — V. *suprà*, n. 837.

870. — La réalité du droit du concessionnaire ne conduirait même pas nécessairement à la faculté de l'hypothéquer, puisque tous les droits réels ne sont pas susceptibles d'hypothèque et que notre législation a énuméré limitativement ceux qui jouissent de cette faculté. — V. à cet égard, Av. Cons. d'Et., 5 nov. 1874, Sect. trav. publ., [cité par de Récy, *loc. cit.*, p. 273 *ad notam*] — V. aussi Baillière, *loc. cit.* — V. cependant Batbie, *Traité théorique et pratique de droit public*, t. 5, n. 403.

870 bis. — Pourrait-on même aller jusqu'à soutenir, en présence de l'art. 1, L. 23 mars 1855, qui vise exclusivement les droits réels *susceptibles d'hypothèque*, que la cession d'une concession devrait être assujettie à la formalité de la transcription? Nous en doutons.

871. — Entre les deux opinions opposées, on n'aperçoit donc que des raisons secondaires de distinguer, telles que celles qui découlent, au point de vue de la compétence *ratione personæ*, de la réalité ou de la personnalité de droit litigieux, ou, au point de vue du gage ou de l'antichrèse, de son caractère mobilier ou immobilier.

871 bis. — Il est inutile d'ajouter que la précarité de ce droit s'opposerait à toute idée de prescription acquisitive. — V. Husson, *Traité de la législation des Travaux publics*, p. 571, note 2, qui invoque surtout les art. 538 et 2226 C. civ.

Section II.

Durée de la domanialité.

872. — Les chemins de fer constituent donc, d'après l'opinion générale, des biens du domaine public. Mais à partir de quel moment et jusqu'à quel moment doivent-ils être considérés comme affectés de *domanialité?*

873. — Après quelques hésitations, la jurisprudence semble s'être arrêtée à cette idée qu'il ne suffit pas que la déclaration d'utilité publique soit intervenue pour que le chemin puisse être classé dans la *grande voirie*, mais qu'il faut encore qu'il ait été livré à l'exploitation. — Conf. *suprà*, n. 801.

874. — C'est ainsi qu'il a été décidé, notamment à l'occasion du bris d'un jalon destiné aux études d'un chemin de fer, que si, aux termes de la loi du 15 juill. 1845, les chemins de fer construits ou concédés par l'Etat, font partie de la grande voirie, cette disposition n'est applicable qu'à une voie ferrée définitivement livrée à la circulation; que, dans l'espèce, il ne pouvait y avoir que violation d'un arrêté préfectoral entraînant l'application de l'art. 471, § 15, C. pén. — Lyon, 20 août 1857, Damon, [S. 57. 2.736, P. 58.845, D. 57.2.219]

875. — ... Et à l'occasion de l'établissement d'un fossé servant à l'écoulement des eaux dans un terrain vague destiné à l'élargissement d'une voie ferrée, mais non encore mis en état d'exploitation, que ce terrain n'appartenant pas au domaine de la grande voirie, le conseil de préfecture était incompétent pour connaître de cette entreprise. — Cons. préf. Seine, 24 nov. 1877, L'Etat, [Dauv., 79.49]

876. — ... Qu'on ne pouvait considérer comme constituant une contravention de grande voirie une entreprise d'un particulier sur un terrain acquis par l'Etat pour être ultérieurement affecté à l'un des services d'une gare de chemin de fer, si ce terrain n'avait pas encore reçu son affectation. — Cons. d'Et., 7 août 1883, Allix, [S. 85.3.52, P. adm. chr., D. 85.3.52, Leb. chr., p. 789]

877. — ... Que, dans une pareille hypothèse, le terrain sur lequel s'étaient produits les faits incriminés dépendait du domaine privé de l'Etat, et non du domaine public, et qu'il n'était, dès lors, pas soumis aux lois et règlements sur la grande voirie. — Même arrêt (implicit.).

878. — ... Qu'il en était spécialement ainsi de l'ouverture d'une porte sur un terrain contigu à une avenue qui conduisait à une gare, terrain acquis par l'Etat pour être affecté aux services de la gare, mais qui n'avait pas encore reçu cette affectation au jour du procès-verbal. — Même arrêt.

879. — ... Que le propriétaire dont le terrain avait été occupé temporairement par l'administration en vertu d'un traité amiable, à l'effet d'y pratiquer des sondages nécessaires pour l'exécution d'un chemin de fer, ne commettait pas une contravention de grande voirie, si, au mépris de ce traité, il y opérait des extractions de matériaux; que le terrain occupé n'avait pas cessé, en effet, d'appartenir au propriétaire et ne constituait pas *une dépendance du domaine public*. — Cons. d'Et., 11 janv. 1889, Mague, [Leb. chr., p. 61]

880. — ... Que la circonstance qu'un terrain aurait été acquis par voie d'expropriation par une compagnie de chemin de fer ne suffirait même pas pour en amener le classement dans le domaine public; qu'en matière de voie ferrée, c'est à la situation de fait qu'il faut s'attacher pour déterminer les limites de ce domaine. — Cons. d'Et., 24 juin 1892, Guaillat, [Leb. chr.]

881. — ... Spécialement, que deux propriétaires riverains ayant établi un mur de clôture et un escalier sur le sol de l'avenue d'une gare de marchandises, ce fait ne saurait constituer une contravention de leur part si le chemin de fer n'était pas en état d'exploitation. — Même arrêt (1).

882. — Si la mise en exploitation est le terme à partir duquel les chemins peuvent être considérés comme soumis à la domanialité, ou du moins à la *grande voirie*, inversement il faut dire qu'ils cessent d'en faire partie dès que cette exploitation vient à cesser.

883. — Mais ils ne retombent pas alors nécessairement dans le domaine privé de l'Etat : ils peuvent, suivant les conventions, et suivant les circonstances, devenir la propriété des concessionnaires.

884. — On ne conçoit guère d'hypothèse dans laquelle une ligne viendrait à être complètement désaffectée. Il est arrivé souvent, au contraire, que des tronçons de lignes ou des immeubles destinés à l'exploitation d'une ligne aient été l'objet d'une désaffectation.

885. — Il a été jugé, à cet égard, que lorsqu'une compagnie de chemin de fer a établi une nouvelle gare sur un terrain

---

(1) Comme on le voit par ces exemples, la jurisprudence semble s'être moins préoccupée de la question de *domanialité* proprement dite que de celle du classement des chemins de fer dans la *grande voirie* — ce qui prouve une fois de plus combien est juste et paraît s'imposer la distinction par nous faite *suprà*, n. 853. Sa solution aurait-elle été la même si elle avait eu directement à trancher la question de savoir sur la tête de qui repose la propriété des terrains expropriés, pendant le temps qui s'écoule entre le moment de l'expropriation et celui de l'affectation du chemin à l'usage public? On peut en douter. M. de Recy (*op. cit.*, p. 389 et s.), qui rappelle à cet égard certains arrêts rendus en matière de déchéance (Cons. d'Ét., 4 avril 1879, Leb. chr.), de responsabilités des entrepreneurs (Cons. d'Ét., 6 janv. 1865, Leb. chr.), de paiement des indemnités d'expropriation (Cass., 19 juill. 1882, cité *suprà*, n. 527), de droit pour l'administration de poursuivre l'expropriation (Cass., 4 janv. 1855), n'a pas de peine à démontrer qu'elle ne paraît obéir à aucun principe dirigeant, et que ces décisions se ramènent à des questions d'espèce. — La question de domanialité proprement dite ne présente d'ailleurs d'intérêt qu'autant que l'acquisition du terrain est le fait du concessionnaire. Si elle était le fait du concédant elle se ramènerait simplement à celle de savoir si avant l'affectation à l'usage public, les biens font partie du domaine privé ou du domaine public de l'État. Pour la détermination du moment à partir duquel une contravention peut être considérée comme contravention de grande voirie, il semble, au contraire, qu'il n'y ait aucune distinction à faire et que les solutions précitées conviennent aussi bien au cas d'expropriation par l'État que d'acquisition par les concessionnaires.

qu'elle a acquis à ses frais, l'emplacement qu'elle avait antérieurement acheté pour y construire la gare supprimée demeure à son entière disposition; qu'il en est de même des tronçons de routes, déclassées par suite de déviations exécutées aux frais de la compagnie. — Cons. préf. Seine, 14 juill. 1870, Chemin de fer du Nord, [Dauv., 72.3.33]

886. — ... Que lorsque des terrains et constructions dépendant d'un chemin de fer cessent, par suite de modifications régulièrement autorisées, d'être affectés à son exploitation, l'Etat n'a aucun droit à exercer sur ces terrains et constructions. — Cons. d'Et., 11 déc. 1874, Chemin de fer du Midi, [S. 76.2.224, P. adm. chr., D. 75.3.85] — Dans l'espèce, un embranchement avait été construit, qui avait eu pour effet de rendre inutiles une gare et une section de chemin de fer où tout service avait été supprimé.

887. — Ces solutions, qui peuvent s'expliquer par des raisons tirées de l'interprétation du cahier des charges, ne sauraient être appliquées d'une façon absolue, croyons-nous, et il pourrait y avoir lieu à cet égard à faire des distinctions inversement analogues à celles que nous avons rencontrées *suprà*, n. 881, note 1. L'hypothèse de la déchéance du concessionnaire nous fournira à cet égard d'intéressantes distinctions.

888. — En tous cas, une fois les terrains expropriés pour l'établissement des chemins de fer, livrés à l'exploitation, la désaffectation qui viendrait à en être faite n'autoriserait pas les propriétaires riverains à user du droit de préemption de l'art. 60, L. 3 mai 1841. — Lyon, 20 août 1857, précité.

889. — Ainsi jugé que les terrains expropriés pour l'établissement d'un chemin de fer qui, après avoir été affectés aux travaux pour lesquels ils ont été acquis, cessent de recevoir cette destination, ne sont pas soumis au droit de préemption accordé aux anciens propriétaires. — Douai, 24 juin 1884, Malo, [D. 85. 1.311] — V. *suprà*, n. 529.

Section III.

Ce qu'il faut comprendre dans la domanialité des chemins de fer. — Du chemin de fer proprement dit et de ses dépendances.

890. — La plupart des décisions que nous venons d'examiner portent que ce ne sont pas seulement les chemins de fer, mais encore leurs dépendances, qui doivent être considérés comme faisant partie du domaine public. Il importe de préciser ce qu'il faut entendre par l'une et l'autre de ces expressions.

891. — Le chemin de fer comporte évidemment le tracé de la ligne, c'est-à-dire le terrain sur lequel il est établi et le profil de la plate-forme dont les limites légales sont fixées par l'art. 5, L. 15 juill. 1845. — De Recy, *op. cit.*, p. 277; Aucoc, *op. cit.*, t. 3, n. 1445.

892. — Mais où s'arrête le sol du chemin? Faut-il s'attacher, pour le déterminer, aux actes administratifs qui ont précédé ou accompagné l'expropriation, aux clauses de l'acte de concession, à l'arrêté de cessibilité, etc., ou se guider d'après les actes qui l'ont suivi : bornage de la voie, clôtures, alignements qui ont pu être demandés, etc.? *Quid*, enfin, dans les cas où il n'y a eu ni bornage, ni alignement?

893. — La jurisprudence ne paraît pas avoir sur ce point une règle bien nette. On peut dire cependant qu'en principe, elle s'attache d'abord au bornage, et que ce n'est que subsidiairement, lorsque ce bornage n'est pas régulier ou qu'il est incomplet, qu'elle s'éclaire d'après les actes préliminaires à l'établissement du chemin ou par des moyens tirés de l'inspection des lieux. — V. *suprà*, n. 784.

894. — Ainsi jugé que, lorsque à l'époque de la construction du chemin de fer par l'Etat dans les conditions de la loi du 11 juin 1842, un chemin latéral a été établi pour remplacer un chemin servant à l'exploitation d'un terrain riverain, si ce chemin latéral est situé en dehors des clôtures du chemin de fer et n'a pas été mentionné dans le procès-verbal de la remise des ouvrages et dépendances du chemin de fer faite par l'Etat à la compagnie, il ne constitue pas une dépendance du chemin de fer, et si la compagnie peut être tenue de contribuer à l'entretien de ces voies à raison de l'usage qu'elle en fait, cette charge ne peut lui être imposée par l'administration en vertu des pouvoirs qui lui sont donnés par le cahier des charges pour assurer l'entretien du chemin de fer et de ses dépendances (cahier des charges portant que « le chemin de fer et toutes ses dépendances seront constamment entretenues en bon état de manière que la circulation y soit toujours facile et sûre »). — Cons. d'Et., 13 août 1861, Chemin de fer d'Orléans, [Leb. chr. p. 743]

895. — Rien n'est plus logique, croyons-nous, que cette distinction, puisque le bornage, qui est visé comme obligatoire par tous les cahiers des charges, intervient précisément pour éviter toutes les difficultés de cette nature, et qu'il est basé lui-même sur les énonciations des plans parcellaires, c'est-à-dire des actes préalables à l'établissement de la voie. — V. cependant les objections présentées à cet égard par M. de Recy, *loc. cit.*, t. 1, p. 276; Aucoc, *op. cit.*, t. 3, n. 1448 et aussi *infra*, n. 944. — Il y a, d'ailleurs, tel cas où, en dehors du bornage, il serait bien difficile de se décider d'après la configuration même des lieux. C'est ainsi, notamment, que, dans un cas où le chemin étant en déblai, il s'agissait de distinguer la partie du talus qui appartenait à l'Etat de celle qui était demeurée aux particuliers et qui lui faisait immédiatement suite, on se décida par l'inspection d'une clôture en treillis qui avait été placée après l'opération du bornage sur la ligne séparative des deux domaines. On ne saurait soutenir, en effet, que, par le seul fait qu'un terrain est disposé en pente de manière à faire suite au talus d'un chemin de fer, il soit nécessairement une dépendance de ce chemin. — Cons. d'Et., 1ᵉʳ déc. 1859, Dyvernois, [Leb. chr., p. 687]

896. — Il y a d'autres hypothèses, il est vrai, où le doute n'est pas possible et où il suffit, pour décider la question, soit d'un examen même des lieux, soit d'une interprétation raisonnable des actes constitutifs du chemin de fer.

897. — Comment comprendre, en effet, dans les dépendances d'un chemin de fer, par exemple, les parcelles inutiles, celles qui ont été acquises en vertu de l'art. 50, L. 3 mai 1841, celles qui n'ont servi que comme chambres d'emprunt, les cavaliers de dépôt, etc. La circulaire du 31 déc. 1853, dont nous avons parlé (*suprà*, n. 804) à propos du bornage, exclut formellement en principe tous ces objets des dépendances du chemin de fer. — V. cependant, *infrà*, n. 909.

898. — Jugé, en ce sens, que la construction d'un mur de clôture sur une parcelle excédant l'emprise prévue par la déclaration d'utilité publique, parcelle acquise en conformité de l'art. 50, L. 3 mai 1841, et aménagée surtout pour assurer la desserte de propriétés coupées par le chemin de fer, ne constitue pas une contravention de grande voirie, ce terrain ne faisant pas partie intégrante de la voie. — Cons. préf. Seine, 26 nov. 1880, Préfet de la Seine, [Dauv., 1880, p. 85]

899. — Nous en dirons autant des parties des voies publiques déclassées et remplacées par de nouvelles. Nous avons vu, *suprà*, n. 630, que les fractions déclassées des routes nationales devaient continuer d'appartenir au domaine. Les voies nouvelles doivent être rangées dans le réseau des voies terrestres auquel elles correspondent. « A moins de clauses spéciales, dit à cet égard M. Aucoc, ces rectifications de chemins participent de la nature de la voie à laquelle elles se rattachent et ne sont à aucun point de vue une dépendance des chemins de fer » (Aucoc, *op. cit.*, t. 3, n. 1447). — V. *infrà*, n. 923 et 924. — V. encore, sur cette question des terrains délaissés, une lettre du directeur des domaines du département de la Seine au préfet du même département, du 30 août 1876, commentant une décision du Conseil d'Etat du 28 juill. 1876.

900. — Il ne faut pas perdre de vue, en effet, qu'une des conditions essentielles, indépendamment de celles que nous venons d'examiner, pour qu'une dépendance de chemin de fer fasse partie du domaine public, c'est qu'elle soit affectée à l'usage du chemin.

901. — C'est pour cela également, qu'en thèse générale, les chemins dont il vient d'être parlé et qui bordent la voie sans la traverser ne font pas partie du domaine public du chemin de fer. Encore verrons-nous que ce principe n'est pas absolu. — V. *infrà*, n. 923.

902. — Le point de vue de la domanialité (on a pu déjà s'en rendre compte par tous les arrêts analysés dans les numéros qui précèdent) n'est pas d'ailleurs le seul auquel on puisse se placer pour apprécier si un bien constitue ou non une dépendance du domaine public.

903. — S'agit-il d'apprécier si le travail effectué pour l'établissement de ce bien constitue ou non un travail public, il faut encore rechercher si l'immeuble fait ou non partie de la voie ou de ses dépendances.

904. — Même observation lorsque la question en jeu est celle de savoir si l'atteinte portée à un bien de cette nature constitue ou non une contravention de grande voirie.

905. — Même principe enfin et mêmes distinctions alors que, s'agissant d'interpréter la convention des parties, il y a lieu de régler les rapports financiers de l'Etat et d'une compagnie, et par exemple, de rechercher si un bien déterminé peut être compris dans une clause de rachat.

905 *bis*. — Nous séparons ces différents points, car, bien que cette observation n'ait pas la même importance dans la matière des chemins de fer que dans celle de canaux, par exemple, il ne faut pas perdre de vue que la *domanialité* n'est pas un élément essentiellement constitutif de la *grande voirie*, du caractère public d'un travail, etc.

906. — Dans toutes ces hypothèses et autres semblables, ce sont donc toujours les mêmes considérations qui permettent de faire la distinction : considérations tirées du bornage, des actes constitutifs de la concession, des plans parcellaires, etc.

907. — Mais on conçoit que, suivant les points de vue auxquels on se place, il y ait lieu d'accorder une importance plus ou moins considérable aux uns et aux autres de ces éléments, et qu'on ne doive pas leur donner la même autorité lorsqu'il s'agit de trancher une question de domanialité, par exemple, qu'une question de grande voirie, ou de compétence.

908. — Conformément aux indications que nous venons de donner, il a été jugé : que l'autorité administrative est seule compétente pour connaître de la demande formée par un particulier contre une compagnie de chemin de fer, en réparation du dommage causé à sa propriété par l'établissement ou la taille de la haie servant de clôture à la voie ferrée : que cette haie étant *une dépendance* du chemin de fer, son entretien doit être considéré comme un travail public. — Cass., 23 juill. 1867, Chemin de fer d'Orléans, [S. 67.1.327, P. 67.873, D. 67.1.325]

909. — ... Qu'il faut considérer, au point de vue de la réparation des contraventions dont ils peuvent être l'objet, comme *une dépendance* de la voie un cavalier ou une haie dépendant d'un chemin de fer. — Cons. d'Et., 9 août 1851, Ajasson de Grandsagne, [Leb. chr., p. 581] — La décision eût-elle été la même s'il se fût agi d'une question de domanialité? — V. *suprà*, n. 897.

910. — ... Que le terrain, sis à l'intérieur d'une clôture établie pour déterminer les limites et les dépendances de la voie ferrée, doit être considéré comme *dépendant* de la grande voirie ; que, par suite, le bris de la clôture et l'occupation de ce terrain constituent une contravention de grande voirie. — Cons. d'Et., 7 août 1874, Duluat, [Leb. chr., p. 850]

911. — ... Que les palissades adoptées comme modes de clôture sont des *dépendances* du chemin de fer et ont le caractère d'un travail public au double point de vue de leur établissement et de leur entretien. — Cons. d'Et., 22 avr. 1882 (1re espèce), Boulary (2e espèce), Martin et Merlin, [S. 84.3.25, P. adm. chr., D. 83.3.16, Leb. chr., p. 382] — V. *infrà*, n. 1371.

912. — ... Qu'il en est ainsi spécialement des palissades établies pour servir de jonction entre la barrière d'un passage à niveau et la haie qui sert de clôture à la voie ferrée (Dall. p. Table déc. 1877-1887, v° *Chemin de fer*, n. 155).

913. — ... Qu'il faut en dire autant des fossés servant de limites à un chemin de fer. — Cons. d'Et., 29 mars 1851, Chabarne, [P. adm. chr., Leb. chr., p. 220]

914. — ... Ou destinés à l'écoulement des eaux. — Cons. d'Et., 30 août 1884, Bosse, [Leb. chr., p. 480.

915. — Sur ce qui constitue, à proprement parler, la clôture d'un chemin, on peut consulter, au surplus, les décisions rendues relativement aux contraventions de grande voirie, et, principalement, à l'introduction de bestiaux ou d'animaux sur la voie, *infrà*, n. 1344 et s.

916. — Jugé, encore, que les talus sont une *dépendance* nécessaire des chemins de fer. — Cons. d'Et., 12 déc. 1863, Martiny, [D. 64.3.10, Leb. chr., p. 803]

917. — .., Qu'un pont viaduc peut être considéré comme un ouvrage d'art *dépendant* de la voie ferrée, et que les contraventions qui y sont commises doivent y être réprimées comme en matière de grande voirie. — Cons. préf. Seine, 11 avr. 1877, Préfet de la Seine (Dauv., 1877).

918. — Nous rappelons cependant à ce sujet ce que nous avons dit *suprà*, n. 519, à savoir, que les ouvrages d'art qui servent à la circulation, au-dessus ou au-dessous de la voie, peuvent être envisagés pour certaines parties comme dépendances de la voie, pour d'autres comme faisant partie de la voirie générale. Et à cet égard il n'y aurait aucune différence à faire, croyons-nous, entre des ouvrages établis pour le rétablissement d'une voie publique ou d'un chemin particulier. — V. Picard, *op. cit.*, t. 2, p. 788 et 856.

919. — Il a été jugé, spécialement sur ce point, que le sol d'une arcade d'un viaduc de chemin de fer n'est pas nécessairement une *dépendance* de ce chemin, et que, dès lors, le juge de police a pu connaître d'un fait de dépôt de matériaux commis sous l'arcade d'un viaduc, alors qu'il a été établi devant lui que le sol de cet arcade était livré à la circulation publique depuis plusieurs années, et constituait une voie publique urbaine, servant à mettre en communication une rue de la ville avec un port. — Cass., 15 nov. 1872, Lhuillier, [D. 73.1.386]

920. — Pour continuer l'énumération commencée, nous pouvons citer encore deux arrêts qui ont décidé : le premier, implicitement, qu'un port sec peut être considéré comme la *dépendance* d'une gare. — Cass., 24 nov. 1873, Chemin de fer P.-L.-M., [S. 74.1.34, P. 74.54, D. 74.1.125]

921. — ... Le second, que les voies maritimes construites sur les quais d'un port peuvent être considérées comme une *dépendance* et un prolongement de la gare, au moins relativement au point de savoir si l'arrivée dans ce port de marchandises destinées à être transportées par la voie ferrée constitue une remise en gare, et abstraction faite du point de savoir à quelles autorités appartient le contrôle de ces chemins. — Cass., 10 déc. 1883, Chemin de fer du Midi, [S. 84.1.291, P. 84.1.699, D. 84.1.119]

922. — C'est particulièrement à l'occasion des chemins latéraux établis au long de la voie, que la préoccupation de savoir a quels usages sont destinés ces chemins paraît avoir exercé une influence.

923. — Ainsi, il a été décidé qu'un chemin latéral à la voie ferrée et un pont établi pour le service des propriétés riveraines traversées par le chemin de fer, ne pouvaient être considérés comme des *dépendances* de ce chemin, alors surtout qu'ils n'avaient pas été compris au nombre des travaux que l'Etat constructeur, aux termes de la loi du 11 juin 1842 (art. 3 et 5), devait remettre à la compagnie. — Cons. d'Et., 27 déc. 1860, [Leb. chr., p. 826] — V. *infrà*, n. 973.

924. — ... Que les chemins latéraux ne peuvent être considérés comme *dépendances* d'un chemin de fer qu'autant qu'ils font partie de la voie et figurent dans le procès-verbal de remise des ouvrages faits par l'Etat à la compagnie. — Cons. d'Et., 13 août 1861, Chemin de fer d'Orléans, [Leb. chr., p. 745]

925. — ... Que lorsqu'un chemin latéral, longeant un chemin de fer, n'a été établi que pour servir à des exploitations rurales, un propriétaire riverain de ce chemin qui, pour se clore, a creusé un fossé en arrière du chemin, ne peut être considéré comme ayant commis un délit de grande voirie, par contravention au tit. 1, L. 15 juill. 1845 (contravention consistant, dans le système du ministre, en ce que le fossé constituerait un empiètement sur le terrain acheté par l'Etat et un trouble à l'économie des travaux du chemin de fer), le chemin dont il s'agit ne pouvant, en effet, être considéré comme *dépendant* du chemin de fer. — Cons. d'Et., 15 févr. 1864, Vauquelin, [Leb. chr., p. 155]

926. — Le classement des chemins d'accès des gares, au point de vue qui nous occupe, a donné naissance également à de sérieuses difficultés qui n'ont été tranchées qu'à l'aide des différents éléments que nous avons signalés. Ainsi il a été décidé, d'une façon générale, que les chemins d'accès des gares font partie du domaine public et sont inaliénables comme lui. — Cons.

d'Et., 21 juillet 1848, Tournois, [Leb. chr.] — Cons. d'Et., 27 août 1857, Boilié-Martin, [Leb. chr., p. 702] — *Sic*, de Recy, *op. cit.*, p. 286; Féraud-Giraud, *Traité des voies publiques et privées;* Palaa, *op. cit.*, v^{is} *Avenues d'accès et chemins.*

927. — ... Plus spécialement, qu'un terrain non clos (dans l'espèce disposé en avenue), qui fait partie des *dépendances* d'une station de chemin de fer et par lequel le public arrive à la cour de la gare des marchandises de cette station, n'est pas une voie publique; que, par suite, en autorisant un propriétaire voisin à construire un mur le long de ce terrain, *à la charge de n'y faire aucune saillie et de n'y percer aucune ouverture autre que celles permises par le droit commun*, le préfet n'a pas donné un alignement; qu'il a simplement agi comme représentant l'Etat pour la conservation du domaine dont il est propriétaire et que, dès lors, il n'a commis aucun excès de pouvoir. — Même arrêt.

928. — ... Que les avenues des gares font partie de la voie ferrée lorsqu'elles ont été acquises par la compagnie concessionnaire comme la voie ferrée elle-même en vertu de la loi d'expropriation. — Cons. d'Et., 1er juill. 1869, Lebrun de Blon, [D. 70.3.21]

929. — ... Que l'art. 1, L. 15 juill. 1845, d'après lequel les chemins de fer font partie de la grande voirie, s'applique non seulement à la voie ferrée, à la gare dans laquelle se meuvent les trains et aux bâtiments spécialement affectés au service des voyageurs et de leurs bagages, mais encore aux cours donnant accès à la gare, même situées en dehors des clôtures de la voie ferrée, lorsque ces cours en sont une *dépendance* nécessaire, *qu'elles y ont été réunies par l'expropriation pour cause d'utilité publique, et qu'elles doivent faire retour à l'Etat*, comme le surplus des biens compris dans la concession; que de telles cours ne sauraient être assimilées aux choses uniquement destinées à l'exploitation commerciale de la compagnie, et faisant, à ce titre, partie de son patrimoine privé; et, qu'en conséquence, la cour dont il s'agit ne peut être l'objet, au profit de particuliers, d'une possession privée utile, soit à titre de propriété, soit à titre de servitude. — Trib. Bayonne, 31 juill. 1866, sous Cass., 20 janv. 1868, Ve Puyolle, [D. 68.1.133]

930. — On retrouve des idées analogues dans un arrêt qui a décidé que l'avenue d'une gare de chemin de fer, avenue formée de terrains acquis, comme ceux de la voie ferrée elle-même, par le concessionnaire *en vertu de la loi sur l'expropriation pour cause d'utilité publique*, n'ayant pas le caractère de voie intérieure, n'étant pas réservée à l'exploitation du chemin de fer, formant la prolongation de deux voies publiques et livrée, comme ces voies, à la circulation, constitue une *dépendance* de la voie ferrée soumise, comme cette voie, au régime de la grande voirie. — Cons. d'Et., 10 janv. 1867, Thiébaut, [Leb. chr., p. 58]

931. — Le même arrêt n'en conclut pas toutefois que tout ce qui constitue cette avenue fasse également partie du domaine public, et il décide notamment qu'en brisant la clôture qui la terminait, un propriétaire riverain n'a pas commis une contravention de grande voirie, parce que la compagnie n'avait pas (après lui avoir laissé sur cette voie publique le libre accès qu'il était fondé à réclamer) placé la clôture au devant de son terrain, en vertu d'une autorisation régulière et dans un but de sécurité publique.

932. — On peut rapprocher de cette décision un autre arrêt rendu dans des conditions tout à fait semblables et rejetant également l'idée de contravention parce que la clôture n'avait pas été établie régulièrement. — Cons. d'Et., 12 déc. 1884, Forneret, [D. 86.3.121, Leb. chr., p. 908]

933. — La formule que nous avons donnée aux numéros précédents se retrouve en termes identiques dans d'autres arrêts, et semble synthétiser la doctrine du Conseil d'Etat, qui en tire certaines conséquences au point de vue du droit pour le préfet de donner des alignements. — Cons. d'Et., 26 mars 1869, Le Brun, [Leb. chr., p. 630]

934. — ... De l'interdiction pour les particuliers, sous les peines encourues pour contravention de grande voirie, d'exécuter sans autorisation des travaux sur les talus de ces avenues (Ord. 4 août 1731 ; L. 15 juill. 1845). — Cons. d'Et., 1er févr. 1884, Meuret, [S. 85.3.75, P. 84.508, D. 85.3.52, Leb. chr., p. 108]

935. — ... Spécialement, d'y pratiquer sans autorisation, des rampes destinées à permettre l'accès de leurs propriétés. — Même arrêt.

936. — ... Solution déjà admise précédemment dans un avis de la section des travaux publics du Conseil d'Etat du 9 juill. 1879, où se trouve formulée cette doctrine, que les avenues des gares réunissant tous les caractères du domaine public, tant qu'elles ne sont pas classées dans le réseau des routes nationales et départementales ou dans celui des chemins vicinaux, doivent demeurer soumises aux dispositions de la loi du 15 juill. 1845, à l'exception de celles qui ont été édictées spécialement en vue de la circulation des locomotives et des trains; que, par suite, il appartient sans contestation aux compagnies auxquelles incombe la charge de les entretenir, de pouvoir les préserver par l'établissement de clôtures longitudinales, et que les riverains n'acquièrent pas sur ces avenues les droits et les facultés dont ils jouissent le long des voies publiques, notamment en ce qui concerne les accès et les jours. — V. aussi Cass., 12 janv. 1881, Decrais, [S. 81.1.413, P. 81.1.1058, et le rapport de M. le conseiller Babinet] — Un autre avis du Conseil d'Etat du 13 avr. 1880, [S. *Lois annotées* de 1881, p. 139, P. *Lois, décr.*, etc., de 1881, p. 232], a pareillement déclaré que les gares et stations, comme les avenues, font partie du domaine public des chemins de fer.

937. — Aussi a-t-on pu décider, par *à contrario* (et l'exception confirme la règle), que l'ouverture d'un chemin d'accès à une gare peut être autorisée par la commission départementale, lorsqu'il est établi, en fait, que cette voie rentre dans la catégorie des chemins vicinaux. — Cons. d'Et., 16 avr. 1886, Dusouchet, [S. 88.3.6, P. adm. chr., D. 87.3.103]

938. — ... Que si l'avenue d'accès d'une gare peut être considérée comme une dépendance du domaine public, il n'en est pas de même d'une partie de chemin vicinal non incorporée à l'avenue. — Cons. d'Et., 3 févr. 1888, Laparra, [D. 89.5.67, Leb. chr., p. 128]

939. — Dans d'autres hypothèses, on s'est attaché plus spécialement aux désignations des cahiers des charges pour affirmer le caractère de ces chemins. C'est ainsi qu'il a été décidé, notamment, que les voies d'accès des gares étant comprises parmi les ouvrages désignés au cahier des charges des compagnies de chemins de fer sous la désignation d'abords des gares et de *dépendances* de chemins de fer, le ministre pouvait obliger une compagnie à ouvrir une voie de cette nature. — Cons. d'Et., 4 juill. 1872, Chemin de fer P.-L.-M., [Leb. chr., p. 426]; — 26 févr. 1886, Chemin de fer P.-L.-M., [S. 87.3.52, P. adm. chr., D. 86.3.122] — V. *infrà*, n. 975.

940. — On peut encore trouver la même doctrine dans une décision rendue à l'occasion de l'injonction faite par un ministre à une compagnie de créer une nouvelle voie accédant à une route. La compagnie ayant formé un recours contre cette décision et demandé l'interprétation de son cahier des charges, il fut décidé qu'à raison de l'insuffisance notoire du chemin auquel aboutissait la voie d'accès, c'est à bon droit que le ministre avait imposé cette obligation à la compagnie; qu'au surplus, les *dépendances* d'un chemin de fer comprennent les travaux indispensables pour mettre chaque gare en communication avec le chemin public qui en est le plus rapproché. — Cons. de préf. Seine, 5 juin 1883, Ch. de fer P.-L.M., [Dauvert, 1883, p. 262, et 1886, p. 179]

941. — Enfin, certaines décisions ne paraissent même pas considérer la domanialité des chemins d'accès comme discutables. Ainsi jugé, notamment, que la pose d'un drain sous l'avenue d'accès d'une gare constitue une contravention de grande voirie, les avenues d'accès étant des dépendances de la grande voirie. — Cons. d'Et., 7 août 1886, Min. Trav. pub., [Leb. chr., p. 750] — V. *infrà*, n. 1336.

942. — Les places qui se trouvent devant les gares participent également, en général, des mêmes caractères que les voies d'accès. C'est ainsi qu'il a été jugé, au point de vue d'une contravention commise par les riverains, qu'une place de cette nature constituait une dépendance du domaine public. — Cons. d'Et., 22 juill. 1848, Tournois, [S. 48.2.762, P. adm. chr., D. 49.3.3]

943. — Les passages à niveau semblent également des dépendances du domaine public, bien qu'ils continuent à servir de moyen de communication, car ils sont indivisiblement unis à la voie (V. *suprà*, n. 503). Peut-être, toutefois, est-il plus logique de distinguer, à leur égard, entre le sol, qui devrait continuer à être rangé dans la voirie ordinaire, et les installations qui s'y rattachent et qui sont destinées à assurer la police de la voie, lesquels pourraient être assimilés à la voie ferrée. On peut consulter, à cet égard, un avis émané des sections réunies du Conseil d'Etat, cité par Picard, *op. cit.*, t. 2, p. 775; et de Récy, *op. cit.*, p. 280.

944. — Pour les jardins des gardes-barrières, on ne paraît pas d'accord. Dans l'avis précité du Conseil d'Etat du 9 juill. 1879, rapporté par Picard (t. 2, p. 869), on lit : « La section considère aussi que le fait d'avoir été acquis pour un service public et par la voie de l'expropriation ne suffit pas pour donner à des terrains le caractère et les privilèges propres aux portions du domaine public imprescriptible et inaliénable; que le bornage prescrit par le cahier des charges des compagnies et les instructions ministérielles n'a pas eu non plus pour but et pour effet d'attribuer aux terrains compris dans les limites, quelle que soit leur destination, ce même caractère et ce même privilège; mais, que, dans le cas où les jardins dont il s'agit sont attenants aux maisons de gardes-barrières et situés sur la voie, ils doivent être considérés comme des dépendances de la voie elle-même, etc. — V. Aucoc, *op. cit.*, t. 3, n. 1448. — Nous verrons, au sujet des impôts payés par les compagnies, les distinctions qui ont été établies à cet égard.

945. — Nous ne nous sommes occupés, pour ainsi dire, jusqu'ici, que de la voie elle-même et de ses accès ou des terrains sur lesquels la voie ou les bâtiments sont construits. Mais ce ne sont pas les seuls biens qui composent un chemin de fer : les bâtiments eux-mêmes en font certainement partie, ainsi que le matériel fixe et mouvant qui sert à l'exploitation. — V. notamment pour les stations, Av. du Cons. d'Et. du 13 mai 1880, précité.

946. — Dans quelle mesure, d'après quelles règles, en constituent-ils des dépendances? On serait tenté, à première vue, de s'attacher ici aux principes de l'immobilisation soit par nature, soit au moins par destination pour trancher la question. Il n'est pas besoin, cependant, d'un long examen pour voir que cette solution serait trop compréhensive, et s'il paraît permis de poser en principe que toute dépendance de chemins de fer est immobilière par nature ou par destination, il semble rationnel d'affirmer, d'autre part, que sont seuls domaniaux ceux de ces meubles qui sont indispensables à l'exploitation, c'est-à-dire ceux qui sont affectés au transport et au passage des voyageurs et des marchandises.

947. — Comment concevoir, par exemple, que des logements d'employés, ou des ateliers de construction, soient rangés dans cette catégorie? Il n'est pas douteux qu'ils appartiennent au chemin de fer. Mais à quel titre pourraient-ils participer aux avantages attachés à la domanialité, savoir l'inaliénabilité et l'imprescriptibilité?

948. — C'est donc ici la destination de l'objet qu'il faut surtout avoir en vue. S'il est inséparable et le complément nécessaire de la ligne, il participera du caractère de cette ligne. Dans le cas contraire, il n'y participera pas. Seront, en d'autres termes, compris dans la ligne, tous les objets servant *ad integrandam viam*. Demeureront, au contraire, en dehors, tous ceux qui n'interviendront que *ad instruendam viam*.

949. — La plupart des applications de ces principes ayant été faites à propos des impôts que doivent payer les compagnies et particulièrement à propos des contributions foncières et des patentes, c'est à ces chapitres qu'on devra se reporter pour les trouver (V. *infra*, n. 4878 et s.). Nous nous bornerons à signaler ici les solutions de la jurisprudence qui ont un caractère plus général.

950. — Il a été jugé, au point de vue qui nous occupe plus particulièrement : que les matériaux pris par l'ennemi et employés par lui au rétablissement d'un pont de chemin de fer se trouvent, par là même, incorporés au domaine public et ne peuvent plus être revendiqués par leur propriétaire; mais que la compagnie concessionnaire du chemin de fer doit payer au propriétaire une indemnité égale, non à la valeur des matériaux au moment de leur emploi, mais à leur valeur au moment où, après la paix, elle s'est mise en possession du pont, et qu'il ne lui suffit pas d'offrir de restituer les matériaux, quand ils ne lui seront plus utiles, à charge d'en payer jusque-là le prix de location. — Paris, 10 juill. 1875, Payen et autres, [D. 76.2.157]

951. — ... Que doivent seuls être considérés comme partie intégrante d'un chemin de fer les terrains dont l'acquisition, imposée à la compagnie par le cahier des charges, constitue par cela même une des conditions de la concession; que quant aux terrains acquis volontairement par la compagnie aux abords de la voie ferrée pour les besoins de son exploitation commerciale, ils restent, ainsi que les constructions y élevées, sa propriété privée, alors même que l'Etat, dans un intérêt d'ordre ou de police, en aurait autorisé et réglé l'acquisition et la création (C. civ., art. 538 et 2226). — Cass., 4 juill. 1866, Chemin de fer d'Orléans, [S. 67.1.82, P. 67.169]

952. — ... Que les travaux exécutés par la compagnie sur des annexes de la voie de fer qu'elle a établies sur des terrains achetés à sa convenance et non visés par le cahier des charges ne constituent pas des travaux publics, exclusifs de l'action en complainte possessoire de la part de celui qui les signale comme apportant un trouble à sa possession d'un droit de servitude. — Même arrêt.

953. — ... Que les locaux affectés, dans les gares de chemins de fer, au buffet de station, étant une dépendance du chemin de fer, et ayant, comme tels, le caractère de biens du domaine public, ne sont pas passibles de la taxe des biens de mainmorte établie par la loi du 20 févr. 1849. — Cons. d'Et., 22 août 1853, Cie du chemin de fer de Paris à Orléans, [S. 54.2.280, P. adm. chr., D. 54.3.76] — V. *supra*, n. 850 et *infra*, n. 5189 et s.

954. — ... Et cela alors même que ces locaux ont été loués à des particuliers qui exploitent le buffet. — Même arrêt.

955. — ... Mais que le fait par une compagnie de chemin de fer d'avoir acquis les actions d'une société exploitant une gare d'eau afin d'éteindre d'anciennes contestations, et sans que l'Etat ait autorisé l'adjonction de cette gare à la concession de la compagnie, n'est pas de nature à faire considérer ladite gare comme une dépendance de l'établissement industriel que ladite compagnie possède dans la même localité pour l'exploitation de la voie ferrée.

956. — Nous venons d'établir, par de nombreux exemples, qu'au point de vue tant de la domanialité, que du caractère public du travail auquel ont donné lieu les ouvrages, ou des lieux sur lesquels les contraventions commises revêtent le caractère de contraventions de grande voirie, c'est particulièrement la remise de la voie, et le procès-verbal qui l'accompagne, si le constructeur n'est pas le même que l'exploitant, et par dessus tout le procès verbal de bornage, qu'il faut consulter. — V. cep. *suprà*, n. 944.

957. — Pour être complets, nous devons ajouter qu'on s'est attaché aussi, dans certains cas, à des décisions ministérielles rendues en l'absence du cahier des charges, ou pour en préciser le sens ou pour ordonner des travaux complémentaires. Nous trouverons quelques exemples de ce genre lorsque nous nous occuperons des dommages causés par les travaux publics. — V. *infrà*, n. 5802 et s.

958. — Mais il faut bien se garder de rien exagérer en ce sens. Autrement on arriverait facilement à un cercle vicieux, puisque c'est l'arrêté du ministre qui ferait d'un bien une dépendance du chemin de fer, et que c'est la circonstance qu'un bien serait une dépendance du chemin de fer qui autoriserait le ministre à prendre cet arrêté.

959. — Si au lieu de se placer à l'un des trois points de vue sus-indiqués *suprà*, n. 910, on se préoccupe surtout des rapports du concédant et du concessionnaire, pour déterminer les dépendances du chemin de fer, on conçoit alors que ce sont plutôt les actes antérieurs à l'établissement de la voie, l'acte de concession, le cahier des charges, qu'il faut consulter.

960. — C'est en ce sens notamment qu'il a pu être décidé par la Cour de cassation belge, dans un arrêt déjà cité à un autre point de vue, que l'Etat n'aliénant qu'un droit de péage au profit du concessionnaire, c'est également la seule part de ses droits qu'il ait pu vouloir retraire ou racheter, moyennant indemnité, pendant la durée de la concession; que dès lors, en Belgique, le prix de rachat, stipulé par le cahier des charges, ne comprend pas l'outillage, le mobilier des stations et le matériel roulant, et que l'Etat ne saurait davantage revendiquer l'outillage, le mobilier et le matériel roulant, comme étant des accessoires de la concession, ou de l'immeuble. — Bruxelles, 10 juill. 1882, sous Cass. Belg., 28 juin 1883, Chemin de fer de Lierre à Turnhout, [S. 83.4.33, P. 83.2.52]

961. — Il paraît, en effet, qu'en Belgique et pendant longtemps, le département des Travaux publics a été d'avis que l'Etat avait le droit, en rachetant les chemins de fer, d'entrer en possession, non seulement de la voie ferrée, mais aussi du matériel, du mobilier des stations, de l'outillage, et que, dans ces derniers temps, des jurisconsultes belges ayant écarté ce système, deux opinions principales ont été exprimées par eux : la première, aux termes de laquelle le prix de rachat stipulé par le cahier des charges comprend la valeur du mobilier et de l'outillage, mais non celle du matériel roulant ; d'où la conséquence que l'Etat, en payant le prix stipulé au cahier des charges, peut exiger la délivrance du chemin de fer avec son mobilier et son outillage, mais non avec le matériel roulant ; la seconde, qui veut au contraire que le rachat ne comprenne ni le mobilier, ni l'outillage, ni le matériel roulant, et que le paiement du prix stipulé ne donne à l'Etat aucun droit quelconque sur ces objets.

962. — C'est ce que nous apprend du moins une note de M. le représentant Demeur, annexée au rapport de la commission de la Chambre des représentants, chargée de l'examen du projet de loi relatif au rachat de la concession du chemin de fer de Lierre à Turnhout (*Doc. parlem.*, session de 1880-1881, appendice au n. 42). La note ajoute : « il n'est pas douteux que ces considérations, qui ont une importance capitale pour la détermination des rapports du concédant et du concessionnaire, seraient sans influence sur le classement des mêmes biens dans le domaine public.

963. — Nous nous bornons pour le moment à ces indications ; on devra les compléter par ce qui sera dit plus tard, relativement aux impôts, n. 4883 et s., n. 4962 et s., n. 5189 et s., aux dommages résultant de l'exécution de travaux publics, n. 5862 et s., et aux contraventions de grande voirie, n. 1317 et s.

Section IV.

A qui appartient la délimitation du domaine public.

964. — Nous avons supposé jusqu'ici que la distinction des biens composant le domaine public ne mettait pas en jeu la délimitation générale du chemin. Qu'arriverait-il dans l'hypothèse contraire, si, par exemple, on ne pouvait s'appuyer sur rien pour distinguer le chemin de fer des propriétés riveraines ?

965. — En pareil cas, il faudrait recourir à une délimitation du domaine public qui serait faite par l'autorité préfectorale. C'est à l'administration préfectorale, en effet, qu'il appartient de délimiter le domaine public. Ce droit lui a été conféré par la loi du 22 déc.-8 janv. 1790 qui charge « les administrations de département, sous l'autorité et l'inspection du roi, comme chef supérieur de la nation et de l'administration générale du royaume, de toutes les parties de cette administration, notamment de celles qui sont relatives à la conservation des propriétés publiques… et à celle des chemins et autres choses communes. »

966. — Il y a là, on le conçoit, une opération tout à fait différente de celle qui constitue le bornage ou l'alignement (*V. suprà*, n. 812). Le bornage est une opération générale qui peut rendre inutile toute délimitation postérieure, s'il est bien fait et qu'il ne se produise aucune modification dans le tracé. La délimitation est une opération plus limitée, qui a pour but précisément de suppléer au bornage, soit qu'il n'en ait pas été fait, soit que les traces en aient été effacées matériellement ou ne figurent pas dans les actes qui le constituent. L'alignement enfin est une opération purement individuelle qui suppose nécessairement connues les limites du domaine public. — V. *suprà*, n. 812 et 854.

967. — Sans entrer ici dans des détails qui ne seraient pas à leur place, nous nous bornerons à rappeler certains principes généraux. L'acte de délimitation ne saurait être assimilé à une expropriation ou à une vente amiable. Les propriétaires qui verraient une partie de leur héritage réunie ainsi indûment au domaine public auraient donc toujours la ressource, soit de déférer l'acte de délimitation au Conseil d'Etat pour excès de pouvoir, soit de justifier devant les tribunaux de droit commun de leur propriété, et de faire fixer par leurs soins l'indemnité qui pourrait leur être due. Mais les tribunaux de l'ordre judiciaire ne pourraient, d'autre part, ordonner la réintégration des propriétaires dépossédés dans leur propriété, et leur pouvoir consisterait uniquement à faire fixer l'indemnité dont il vient d'être parlé.

968. — Ce sont là des principes dont l'application ne fait aucun doute à l'heure actuelle. Il est certain qu'ils peuvent conduire à une dépossession parfois considérable, sans l'attribution préalable d'une indemnité, et que la logique pure exigerait peut-être que le préfet, dans le cas où la délimitation paraît indispensable, n'eût d'autre pouvoir que de préciser jusqu'où il importe aux besoins publics de reconnaître la domanialité, et que ce fût un jury réuni par ses soins qui fixât l'indemnité de dépossession, conformément aux principes de la loi du 3 mai 1841. Mais un pareil procédé risquerait d'entraîner des lenteurs excessives qui ne sauraient s'accorder toujours avec les circonstances dans lesquelles sont sollicités les arrêtés de délimitation.

Section V.

Du régime des chemins déviés, et plus spécialement des chemins d'accès.

969. — Nous avons vu qu'il devait être procédé, sur la demande de la compagnie, au récolement et à la remise aux différents services intéressés des routes, chemins et cours d'eau modifiés ou déviés par suite de l'exécution d'un chemin de fer. Nous avons exposé les conditions dans lesquelles devait se faire cette remise, conditions qui se trouvent rappelées dans une circulaire du 21 févr. 1877 à laquelle on pourra se référer. — V. *suprà*, n. 748 et s.

970. — Il résulte de ce qui précède que, tant que la remise n'est pas effectuée, le chemin demeure à la charge du constructeur; que dès qu'elle est faite, au contraire, il doit passer à la charge de l'Etat, du département ou de la commune, suivant les cas. — V. *suprà*, n. 922 et s.

971. — Il a été jugé, en ce sens, que l'entretien d'un chemin vicinal dévié du service qui le concerne pour la construction d'une voie ferrée, ne peut être mis à la charge de la compagnie concessionnaire en l'absence d'une convention spéciale entre celle-ci et la commune; que les propositions de l'ingénieur du contrôle relativement à l'entretien du chemin ne peuvent lier la compagnie; que la ratification de ces propositions par la compagnie ne peut résulter de l'entretien du chemin par la compagnie, pendant les pourparlers relatifs à la remise du chemin à la commune. — Cons. d'Et., 7 août 1886, Chemin de fer d'Orléans, [D. 88.3. 12, Leb. chr., p. 745]

972. — On conçoit d'ailleurs qu'il puisse y avoir à se préoccuper des circonstances particulières de la cession.

973. — On peut consulter à cet égard un arrêt du Conseil d'Etat du 27 déc. 1860, rendu à l'occasion d'une contestation entre une compagnie concessionnaire de chemin de fer et l'Etat, qui, aux termes des art. 3 et 5, L. 11 juin 1842, avait été chargé de livrer à cette compagnie les terrains nécessaires à l'établissement du chemin de fer, et relatif au point de savoir si les travaux d'entretien d'un chemin latéral à la voie ferrée et de reconstruction d'un pont établi pour le service des propriétés particulières traversées par le chemin de fer, devaient être à la charge de l'Etat ou de la compagnie. Cet arrêt a décidé que, nonobstant l'expiration du délai fixé par le cahier des charges pour la garantie contractée par l'Etat envers la compagnie, le chemin latéral et le pont (lequel faisait partie du chemin) n'étant pas des dépendances du chemin de fer, mais n'ayant été établis au contraire par l'Etat que dans l'intérêt des propriétés particulières traversées par la ligne de fer et n'ayant pas figuré au nombre des travaux que l'Etat avait successivement livrés à la compagnie, on devait considérer que le jury d'expropriation imposant à l'Etat l'obligation d'entretenir le chemin latéral, avait attribué ainsi une véritable indemnité aux propriétaires expropriés, que cette indemnité par suite devait être à la charge de l'Etat et non de la compagnie, et que les frais d'entretien du chemin latéral et de reconstruction du pont devaient être supportés par l'Etat. — Cons. d'Et., 27 déc. 1860, Min. des Trav. publ., [Leb. chr., p. 826] — V. *suprà*, n. 923.

974. — On peut encore consulter sur ce point : Cons. d'Et., 27 déc. 1860, Min. des Trav. publ. [Leb. chr., p. 826]; — 15 févr. 1864, Vauquelin, [Leb. chr., p. 155]; — 18 mars 1869, Cie de P.-L.-M., [Leb. chr., p. 281].

975. — Pour les chemins d'accès aux gares, la question de savoir à qui incombe leur entretien a pu être d'autant plus délicate qu'on n'a pas toujours été d'accord sur le point même de savoir si, comme pour les chemins déviés, les compagnies sont *tenues* de l'obligation d'en établir. — V. *suprà*, n. 926 et s.

976. — On peut dire, à cet égard, que la question fut douteuse jusqu'en 1886. Bien qu'ils fussent naturellement compris dans les abords dont parle l'art. 9 du cahier des charges (V. *suprà*, n. 939) et qu'ils fissent également partie des dépendances du chemin de fer visées par les art. 3 et 21, on hésitait néanmoins sur le caractère obligatoire de leur établissement et de leur entretien. — Picard, *op. cit.*, t. 2, p. 758.

977. — Aussi M. Varroy, alors ministre des Travaux publics, avait-il cru devoir préciser ce point à l'occasion du projet de convention de 1882 avec la compagnie d'Orléans. « Les stations, haltes et gares de marchandises, lisait-on dans ce projet, devront être raccordées avec le chemin classé le plus voisin par des avenues que la compagnie établira à ses frais et dont l'entretien restera à sa charge, tant qu'elles n'auront pas été classées comme voies publiques, nationales, départementales ou communales. »

978. — Depuis, un arrêt du Conseil d'Etat a tranché la question en décidant que la construction des chemins d'accès était obligatoire pour les compagnies.

979. — Cet arrêt porte que les voies d'accès des gares étant comprises parmi les ouvrages désignés dans le cahier des charges des compagnies de chemin de fer sous la dénomination d'abords des gares et de dépendances du chemin de fer, le ministre peut obliger une compagnie à ouvrir une voie de cette nature; et le commissaire du gouvernement a précisé à cet égard les pouvoirs du ministre en faisant remarquer qu'il ne pourrait y avoir de dérogation à cette règle qu'autant que les travaux prescrits seraient d'une telle importance qu'on devrait les considérer comme en dehors de l'acte de concession. — Cons. d'Et., 26 févr. 1886,

Cie de P.-L.-M., [S. 87.3.52, P. adm. chr., D. 86.3.122, Leb. chr., p. 182.

980. — Les chemins d'accès sont classés ou ne le sont pas. Mais le classement ne peut jamais intervenir que lorsqu'ils sont achevés par les soins de la compagnie.

981. — Dans la première période, ils appartiennent donc à la compagnie. Mais quels sont alors les droits des propriétaires voisins? Peuvent-ils y prendre des vues, des jours ou des accès? Nous verrons, en étudiant le régime des propriétés riveraines des chemins de fer, qu'on est loin de s'entendre à cet égard. — V. *infrà*, n. 1328.

982. — Quelle est, d'autre part, la mesure des obligations qui incombent aux compagnies comme entretien? Peuvent-elles encourir d'autres charges que celles qui seraient motivées par le service de la voie ferrée, qui se rattacheraient directement à la concession?

983. — Ce sont les inconvénients qui dérivent de cette situation ambigue, ainsi que le fait remarquer M. Picard, (*op. cit.*, t. 2, p. 759), qui ont eu le plus souvent pour effet de faire classer les chemins d'accès dans le réseau de la voirie terrestre. Ils peuvent faire partie à ce titre de la grande voirie ou de la voirie urbaine, vicinale, ou départementale.

984. — Quelles sont les formalités nécessaires pour opérer ce classement? — Il faut établir des distinctions.

985. — L'avenue doit-elle être classée comme annexe d'une route nationale, il faut, aux termes de la loi du 27 juill. 1870, un décret rendu dans la forme des règlements d'administration publique.

986. — Doit-elle être classée dans le domaine public départemental, il faut d'abord une délibération du conseil général (L. 10 août 1871, art. 48), puis un décret (L. 24 mai 1842, art. 1).

987. — Doit-elle faire partie de la voirie urbaine, la délibération du conseil général doit être remplacée par une délibération du conseil municipal.

988. — Enfin, si elle doit figurer au nombre des chemins vicinaux, il faut ajouter à cette délibération du conseil municipal un avis de la commission départementale aux termes de la loi du 10 août 1871.

989. — Ce changement d'affectation, ainsi que le fait remarquer M. Picard (*eod. loc.*), est gratuit. « Mais les départements, et surtout les communes, ont à contracter certains engagements, tels que celui de conserver aux avenues leur destination, de ne pas réduire leur largeur, de pourvoir à leur bon entretien et à leur éclairage, s'il y a lieu, pendant la nuit. On comprend, en effet, qu'il soit nécessaire de se prémunir contre certaines éventualités qui priveraient les gares de leur accès ou rendraient ces accès insuffisants. »

990. — Ces différents points ont été établis par deux circulaires des 5 avr. 1882 et 6 sept. 1888 (*Rec. Lois, Ord.*, 2ᵉ série, t. 1, p. 438, et t. 3, p. 478). Aux termes de la première, toute avenue, qu'elle soit construite par l'Etat ou par des compagnies, fait partie, en principe, du domaine public et ne devrait dès lors être remise aux départements ou aux communes qu'après déclassement préalable et moyennant indemnité. Mais, leur classement dans la voirie vicinale ou départementale ayant l'avantage d'exonérer de leur entretien l'Etat ou la compagnie, il a été reconnu qu'il serait rigoureux de réclamer un prix pour la cession de terrains dont la conservation ne constitue qu'une charge. D'autre part, lesdites avenues pouvant être assimilées aux routes nationales ou aux chemins vicinaux, etc., on a pensé que rien ne s'opposait à ce que le classement parmi les chemins vicinaux en fût opéré à titre gratuit en vertu de l'art. 1, L. 21 mai 1842, c'est-à-dire par décret rendu sur le rapport du ministre de l'Intérieur conformément à l'avis du ministre des Travaux publics. En fait, pour en arriver là, on procédera de la façon suivante : le préfet transmettra directement au ministre de l'Intérieur les demandes qui seront formées par le conseil général de son département ou par des communes afin d'incorporer dans la grande, la moyenne ou la petite vicinalité les voies d'accès aux gares et stations. Dans tous les cas, le ministre des Travaux publics sera consulté sur l'opportunité de la mesure et il faudra produire un rapport des agents du contrôle des chemins de fer. Si les avenues d'accès sont utiles à plusieurs communes, on prendra les mesures nécessaires pour que l'obligation de les entretenir n'incombe pas exclusivement à la commune dont elles emprunteront le territoire, et, s'il y a lieu de les classer comme voies vicinales, elles devront l'être parmi les chemins de grande ou de moyenne communication.

991. — Aux termes de la circulaire du 6 sept. 1888, les voies d'accès constituant des dépendances des chemins de fer lorsqu'elles servent exclusivement à mettre les gares et stations en relation avec les routes ou chemins de fer voisins, et, par suite, l'entretien de ces avenues, avant tout classement opéré, sur la demande des départements ou des communes, dans la voirie départementale, vicinale ou urbaine, devant incomber à la compagnie, on aura soin à l'avenir, lorsqu'on procédera à la livraison d'une ligne exécutée en totalité ou en partie par l'Etat, de comprendre dans cette livraison les avenues d'accès à entretenir par la compagnie, de façon à ce que celle-ci soit obligée d'y pourvoir du jour où, ayant ouvert la ligne à l'exploitation, elle en percevra les revenus.

Section VI.

Des embranchements privés.

992. — Les embranchements peuvent être de deux sortes : embranchements résultant de nouvelles concessions de chemins de fer faites par le gouvernement après la construction de la ligne principale; embranchements concédés à des propriétaires de mines ou d'usines.

993. — Ce dernier point résulte de l'art. 61 précité du cahier des charges et de l'art. 62 du même cahier, ainsi conçu : « La compagnie sera tenue de s'entendre avec tout propriétaire de mines ou d'usines qui, offrant de se soumettre aux conditions prescrites ci-après, demanderait un embranchement : à défaut d'accord, le gouvernement statuera sur la demande, la compagnie entendue. »

994. — Nous n'avons rien à dire relativement à l'établissement ou à la domanialité des chemins de fer concédés à des compagnies. Toutes les explications qui précèdent seront applicables au cas qui nous occupe.

995. — Les embranchements concédés à des particuliers

pourront constituer leur propriété. Ils seront en tous cas construits et entretenus à leurs frais. — V. ce qui sera dit à cet égard, *infrà*, n. 6693 et s., pour les chemins de fer miniers. — V. aussi Aucoc, *op. cit.*, t. 3, p. 787.

996. — Mais l'administration conservera, en tous cas, son droit de contrôle et de surveillance.

997. — Jugé à cet égard qu'une compagnie de chemin de fer peut concéder à des tiers le droit d'établir dans leur intérêt exclusif des embranchements conduisant de leur propriété à la voie ferrée pour toute espèce de transports. — Cass., 14 nov. 1860, Gonon, [S. 61.1.629, P. 61.980, D. 61.1.150]

998. — ... Qu'on ne saurait voir dans un traité de cette nature, soit un abandon du monopole de la compagnie, le transport sur l'embranchement ne pouvant être exécuté que par elle, soit une atteinte au droit de surveillance et de police, qui s'exerce sur l'embranchement comme sur la voie principale, soit un traité de faveur, l'embranchement ne constituant qu'un moyen d'accéder à la gare ou au chemin de fer, qui ne cessent pas d'être ouverts à tous. — Même arrêt.

999. — ... Qu'une telle concession d'embranchement, faite par le chemin de fer de Saint-Etienne à Lyon, n'a pu d'ailleurs être modifiée par la loi postérieure du 10 juin 1853, qui a substitué la compagnie du Grand-Central à celle du chemin de fer de Saint-Etienne à Lyon, et par celle du 19 juin 1857, qui a substitué à son tour la compagnie du chemin de fer de Paris à Lyon à celle du Grand-Central. — Même arrêt.

1000. — ... Que la concession d'un embranchement à un particulier qui fait le commerce des charbons peut être réputée comprendre le droit de transporter sur cet embranchement, non seulement les charbons qui font l'objet du commerce actuel du concessionnaire, mais encore toutes autres marchandises qui feraient l'objet d'un commerce ultérieur. — Même arrêt.

CHAPITRE III.

DE LA POLICE, DE LA SURETÉ ET DE LA CONSERVATION DES CHEMINS DE FER.

Section I.

Règles générales.

1001. — La loi du 11 juin 1842, relative à l'établissement de grandes lignes de chemin de fer, portait dans son art. 9 : « Des règlements d'administration publique détermineront les mesures et les dispositions nécessaires pour garantir la police, la sûreté, l'usage et la conservation des chemins de fer et de leurs dépendances. »

1002. — C'est dans la loi du 15 juill. 1845 et dans l'ordonnance du 15 nov. 1846 que se trouvent posées les principales de ces règles. Il peut y être porté atteinte par les concessionnaires eux-mêmes, par les riverains de la voie ou par des tiers. Chacune de ces hypothèses a été prévue et réglementée d'une façon spéciale. Nous les parcourrons successivement, mais nous devons, tout d'abord, rappeler certains principes qui les gouvernent toutes et qui se trouvent inscrits dans l'art. 1, L. 15 juill. 1845.

1003. — Dans tous les chemins de fer il faut nécessairement distinguer deux choses :

1° Le chemin de fer considéré comme route, comme chemin, comme objet dépendant du réseau de la voirie ;

2° Le chemin de fer envisagé comme moyen de circulation.

1004. — Le principe qui domine le premier point de vue se trouve formulé dans l'art. 1, L. 15 juill. 1845, de la façon suivante : « Les chemins de fer construits ou concédés par l'Etat font partie de la grande voirie. »

1005. — Voici en quels termes M. Chasseloup-Laubat, rapporteur à la Chambre des députés, justifiait cette disposition dont nous avons eu déjà l'occasion de faire certaines applications. « Si l'on envisage les chemins de fer, soit dans la manière dont ils se forment, soit dans leur destination, il est impossible de méconnaître qu'ils appartiennent nécessairement à la classe de ces objets que la loi considère comme des dépendances du domaine public (C. civ., art. 538). En effet, pour ouvrir un chemin de fer, il faut un acte du pouvoir législatif ou de l'autorité royale, qui ne l'accorde que dans un intérêt général; le terrain sur lequel repose le chemin, c'est par voie d'expropriation pour cause d'utilité publique qu'on s'en est emparé; enfin, c'est au service de tous qu'il est consacré, et l'on ne peut en refuser l'usage à personne. Si cet usage est subordonné à des conditions spéciales qui dérivent de la nature même des choses, si l'exploitation de ces chemins (c'est-à-dire le mode d'en faire jouir le public) est confiée à des compagnies particulières; enfin, si l'Etat, lorsqu'il ne veut pas exécuter lui-même les travaux, concède, pour en solder le prix, des perceptions de péage; tout cela n'altère en rien le principe qui préside à l'établissement de ces grandes voies de communication. Les concessions, quelle qu'en soit la durée, quelle que soit l'étendue des droits qu'elles confèrent, ne sauraient changer la nature des objets auxquels elles se rapportent. Une route royale, un pont, un canal, une rivière, sur lesquels l'Etat aura autorisé, au profit d'un entrepreneur, la perception de certains péages, n'en conservent pas moins leur caractère de voies publiques, et n'en restent pas moins dans la classe de ces choses dont l'usage est commun à tous et subordonné seulement aux lois et règlements de police. »

1006. — Nous nous sommes assez longuement expliqués sur le caractère domanial des chemins de fer pour n'avoir plus à y revenir. Nous devons cependant fournir quelques explications sur la prétendue synonymie des mots *domaine public* et *grande voirie* (V. *suprà*, n. 881 *ad notam*, n. 905 *bis*). Que cette synonymie ait existé dans l'esprit des rédacteurs de la loi de 1845, cela n'est pas douteux; qu'elle s'impose et qu'elle se commande, c'est autre chose. On conçoit très-bien qu'un objet appartienne privativement à un particulier ou à une compagnie envisagée *ut singuli* et cependant qu'il serve à un usage public. Nous en avons déjà rencontré des exemples en matière de canaux. Or, il suffit qu'un objet serve à un usage public pour qu'il soit garanti par des règles d'ordre public. Le régime de la grande voirie n'est pas autre chose qu'un système de protection de cette nature appliqué à une catégorie spéciale de biens, à ceux qui assurent la circulation dans de certaines conditions. A l'appui de cette opinion nous citerons un nouvel exemple tiré des embranchements particuliers. Il n'est pas douteux qu'ils ne puissent constituer entre les mains de ceux qui en jouissent une véritable propriété. Et cependant ne sont-ils pas assujettis aux mêmes règles particulières que le chemin auquel ils sont rattachés? — V. *suprà*, n. 853 et *infrà*, n. 1367 et s.

1007. — Les chemins de fer appartiennent donc à la grande voirie en ce sens surtout que les mêmes mesures de protection qui ont été édictées en faveur des routes nationales et départementales leur sont également applicables, que les mêmes autorités sont chargées de veiller à leur conservation, que les mêmes juridictions ont mission d'appliquer les peines que comportent les dégradations qu'elles peuvent avoir à subir.

1008. — Si l'on envisage les chemins de fer non plus dans leur affectation de route, c'est-à-dire dans leur établissement, mais dans les moyens de locomotion qu'ils offrent au public, on se trouve en présence d'un principe général, c'est qu'en dehors des règles édictées par la loi du 15 juill. 1845 et par l'ordonnance du 15 nov. 1846, des mesures spéciales peuvent être prises par l'administration dans des conditions qui sont déterminées par les art. 21 de cette loi et 79 de cette ordonnance. Ces dispositions sont ainsi conçues : « Toute contravention aux ordonnances royales portant règlement d'administration publique sur la police, la sûreté et l'exploitation du chemin de fer, et aux arrêtés pris par les préfets, sous l'approbation du ministre des Travaux publics, pour l'exécution desdites ordonnances, sera punie d'une amende de 16 à 3,000 fr. » (Art. 21, L. 25 juill. 1845).

1009. — « Seront constatées, poursuivies et réprimées, conformément au titre 3, L. 15 juill. 1845, sur la police des chemins de fer, les contraventions au présent règlement, aux décisions rendues par le ministre des Travaux publics, et aux arrêtés pris, sous son approbation, par les préfets, pour l'exécution dudit règlement » (Art. 79, Ord. 15 nov. 1846).

1010. — Il résulte des travaux préparatoires que les arrêtés préfectoraux « que nécessite le règlement lui-même, qui s'y incorporent en quelque sorte, qui n'en sont que la mesure d'exécution, » tombent seuls sous l'empire des dispositions précitées. Encore a-t-on exigé, pour calmer toute inquiétude, que ces arrêtés fussent revêtus de l'approbation du ministre des Travaux publics, et a-t-on laissé aux tribunaux le soin d'en apprécier la légalité.

1011. — Il en résulte encore que les pénalités édictées par ces dispositions ne peuvent avoir pour objet de réprimer que les contraventions aux règlements sur la police, la sûreté et l'exploitation des chemins de fer, et ne sauraient concerner ceux qui sont relatifs à la conservation de la voie et qui sont prévus par le titre 1, L. 15 juill. 1845.

1012. — D'autre part, ces arrêtés eux-mêmes, pris dans les conditions que nous venons d'indiquer, ne peuvent avoir la sanction dont il s'agit qu'autant que l'ordonnance pour l'exécution de laquelle ils ont été rendus a la force d'un règlement d'administration publique.

1013. — Pris en dehors de ces conditions, ces arrêtés n'entraîneraient même pas la sanction de l'art. 471, C. pén. C'est ainsi qu'il a été jugé, notamment, antérieurement à la loi de 1845, qu'un règlement général fait par le ministre des Travaux publics pour la police d'un chemin de fer, et l'arrêté préfectoral rendu pour son exécution, ne peuvent tenir lieu des règlements d'administration publique (ordonnances du roi délibérées en Conseil d'Etat) exigés par la loi de concession du chemin de fer. — Cass., 10 mai 1844, Chemin de fer de Paris à Rouen (2 arrêts), [S. 44.1.458, P. 44.2.98, D. 44.1.268]; — 2 mai 1845, de Bumann, [S. 45.1.475, P. 47.2.435, D. 45.1.301]

1014. — ... Que, dès lors, l'infraction à ce règlement ministériel et à cet arrêté préfectoral ne constitue point la contravention punie par l'art. 471, § 15; et que de tels actes n'emporteraient avec eux de sanction pénale, qu'autant qu'il s'agirait d'une mesure particulière et locale, prise d'urgence, dans l'intérêt de la sûreté publique (dans l'espèce, il s'agissait de l'injonction faite à un voyageur de ne pas fumer). — Mêmes arrêts.

1015. — ... Que le cahier des charges, même annexé à la loi de concession (V. *suprà*, n. 221) n'est pas pourvu d'une sanction plus efficace et ne saurait par suite entraîner des condamnations pénales; qu'il en est spécialement ainsi lorsque, contrairement à une disposition du cahier des charges qui prescrit de mettre des voitures de troisième classe à un convoi, la compagnie se dispense de le faire. — Même arrêt.

1016. — Depuis la loi de 1845, on a encore jugé qu'un règlement général fait, soit par le ministre des Travaux publics, soit par le préfet, pour la police d'un chemin de fer, ne peut tenir lieu du règlement d'administration publique (ordonnance du chef du Pouvoir exécutif délibérée en Conseil d'Etat) exigé par la loi de concession du chemin de fer; que le règlement ministériel ou préfectoral ne serait obligatoire sous sanction pénale, qu'autant qu'il s'agirait d'une mesure particulière et locale prise d'urgence. — Cass., 24 avr. 1847, Petiet et Duthoit, [S. 47.1.618, P. 47.1.698, D. 47.1.59]

1017. — ... Mais que si, outre l'inobservation de ce règlement, les juges constatent divers faits d'imprudence qui ont, sinon causé un accident arrivé sur le chemin de fer, du moins concouru à rendre cet accident plus grave, cela suffit pour justifier la condamnation pénale prononcée contre les auteurs de ces faits d'imprudence. — Même arrêt.

1018. — Toutes ces règles au surplus sont rappelées privativement à l'égard de chaque compagnie par leur cahier des charges.

1019. — L'art. 33 du cahier des charges actuellement en vigueur est ainsi conçu : « Des règlements d'administration publique, rendus après que la compagnie aura été entendue, détermineront les mesures et les dispositions nécessaires pour assurer la police et l'exploitation du chemin de fer, ainsi que la conservation des ouvrages qui en dépendent. Toutes les dépenses qu'entraînera l'exécution des mesures prescrites en vertu de ces règlements seront à la charge de la compagnie. »

1020. — Nous avons dit que les mesures d'application des règlements d'administration publique pouvaient être prises, soit par les préfets, soit par le ministre. Contrairement à ce qui se passe dans les cas ordinaires où le préfet seul a droit de prendre des mesures dans son département, et où on n'arrive, pour ainsi dire, qu'à l'aide de subterfuges (au moyen de modèles d'arrêtés, par exemple, ou d'arrêtés-types adressés aux préfets), à uniformiser la réglementation des pouvoirs de police, le pouvoir central est donc investi ici d'un véritable droit de réglementation.

1021. — C'est ce qui a été reconnu dans différents cas et notamment par la cour d'Aix (sur appel d'un jugement du tribunal de Tarascon), le 14 juin 1862, Burillon, [S. 62.2.405, P. 62.1150]

1022. — M. Picard (*op. cit.*, t. 3, p. 654) estime qu'en visant les décisions ministérielles, l'art. 21, L. 15 juill. 1845, n'a pas entendu se référer exclusivement à celles qui seront prises en forme d'arrêtés et que les termes généraux de l'art. 79, Ord. 15 nov. 1846, permettent d'étendre la sanction contenue dans cette disposition même aux simples circulaires. Nous avons quelque peine à nous rallier à cette opinion. La circulaire, en tous cas, pour être revêtue de cette autorité, aurait besoin d'être rendue dans une forme impérative et publique, et l'on ne voit guère, dès lors, en quoi elle différerait d'un arrêté proprement dit.

1023. — En tous cas, il est certain que la lettre par laquelle le ministre des Travaux publics accuserait réception d'une lettre par laquelle une compagnie manifesterait l'intention de prendre certaines mesures n'équivaudrait pas à une décision ministérielle proprement dite. — Paris, 18 mai 1872, Cie de P.-L.-M.

1024. — Ce n'est pas à dire, d'ailleurs, que les préfets aient perdu, en dehors du chemin de fer proprement dit et à l'occasion des intérêts généraux que le voisinage de ce chemin peut concerner indirectement, la liberté de prendre, sans tutelle ni contrôle du ministre, toutes les mesures qui sont compatibles avec l'exercice de leur pouvoir général de police. Ce n'est que dans la mesure où la police du chemin est intéressée directement qu'ils sont assujettis à l'approbation ministérielle.

1025. — Jugé, en ce sens, que les préfets ont des droits de police générale en dehors de ceux qui leur sont reconnus à eux-mêmes ou à d'autres autorités par la loi du 15 juill. 1845, et qu'ils conservent notamment celles qui leur ont été conférées au point de vue de la grande voirie. — Douai, 28 déc. 1846, Petiet, [P. 47.1.375, D. 47.2.19]

1026. — ... Plus spécialement, que les art. 9, L. 11 juin 1842, et 21, L. 15 juill. 1845, n'ont pas enlevé aux préfets investis de la police de la grande voirie le droit de réglementer *provisoirement* les chemins de fer, et notamment de prendre des arrêtés relatifs à la vitesse *maxima* des trains. — Même arrêt. — Dans l'espèce, l'arrêté préfectoral avait été pris dans l'attente de l'ordonnance de 1846 et était conforme à un arrêté ministériel.

1027. — ... Que la contravention à ces arrêtés peut donc être punie de la peine portée dans l'art. 19, L. 15 juill. 1845. — Même arrêt.

1028. — ... Et qu'il en est ainsi, alors même que le contrevenant alléguerait que l'exécution du règlement rendrait presque impossible l'exploitation. — Même arrêt.

1029. — ... Que, dans le cas où le préfet se trouve en dehors des hypothèses prévues par la loi du 15 juill. 1845 ou l'ordonnance du 15 nov. 1846, son arrêté n'a pas besoin d'être revêtu de l'approbation du ministre. — Même arrêt.

1029 bis. — ... Qu'est légal et obligatoire, comme pris au point de vue de la sûreté générale, l'arrêté du préfet qui réglemente pour toutes les villes du département pourvues d'une gare de chemin de fer le service des omnibus de la gare aux centres de population et sur leur parcours. — Cass., 19 août 1859, Py, [P. 61.1011, D. 59.1.477]

1030. — ... Qu'un tel arrêté, d'ailleurs, ne concernant pas la police des chemins de fer n'est pas subordonné pour son exécution à l'approbation du ministre des Travaux publics. — Même arrêt.

1031. — ... Et qu'au cas où ce règlement défend aux maîtres d'hôtel qui conduisent les voyageurs à la gare du chemin de fer de les transporter à une destination autre que leur établissement, on ne peut considérer le seul fait de la présence dans une voiture de l'hôtel d'une personne se déclarant domiciliée dans la ville comme constituant le conducteur en contravention s'il n'est pas établi que cette personne ait été conduite ailleurs qu'à l'hôtel. — Même arrêt.

1032. — En dehors de cette hypothèse même, et pour arriver plus sûrement à une unité plus grande, on avait pensé primitivement, lorsqu'un chemin de fer traversait plusieurs départements et que l'un d'eux était plus particulièrement intéressé par le passage de la voie ferrée, à confier au préfet de ce département le droit de prendre des mesures générales applicables aux autres.

1033. — C'est à cet effet qu'on avait inséré dans l'art. 71, Ord. 15 nov. 1846, la disposition suivante : « Lorsqu'un chemin de fer traverse plusieurs départements, les attributions conférées aux préfets par le présent règlement pourront être centralisées en tout ou en partie dans les mains de l'un des préfets des départements traversés. »

1034. — « L'art. 71, portait, à cet égard, le rapport au roi qui accompagnait l'ordonnance, autorise le gouvernement à centraliser dans les mains d'un seul préfet, en tout ou en partie, la surveillance de l'exploitation d'un chemin de fer. Cette centralisation sera nécessaire au moins pour une partie de la surveillance. Il est impossible, par exemple, que la réception, le contrôle des machines et voitures servant aux transports, soient confiés à plusieurs autorités; il est également difficile que toutes les mesures d'ensemble relatives au mouvement, à la marche des convois, aux signaux de sûreté, soient morcelées et réparties entre tous les préfets des départements traversés. Enfin la vérification des taxes qu'une compagnie se propose de mettre en perception sur toute l'étendue de la ligne qu'elle exploite, peut souvent, sans inconvénient, être ramenée à un centre unique. Il est entendu que la centralisation dont il est ici question ne peut s'appliquer qu'à la partie purement administrative de la surveillance, et que tout ce qui peut toucher à la juridiction des préfets ou des conseils de préfecture et aux droits des tiers, n'est point atteint par cette disposition du règlement. »

1035. — Ce préfet, disait d'autre part une circulaire du 31 déc. 1846 qui a commenté cette ordonnance, sera « soit le préfet du lieu du départ, soit celui du siège des principaux établissements de la compagnie. C'est à lui que devra être remis le soin de faire vérifier la bonne construction et le bon état du matériel, et de délivrer ou de retirer les permis de circulation. C'est lui qui, lorsqu'il s'agira de vérifier si les taxes de toute nature sont assurées dans les limites posées par le cahier des charges aura la mission de contrôler les chiffres et les calculs de la compagnie. Les résultats de la vérification confiée au préfet centralisateur seront ensuite soumis à l'examen du ministre, qui prendra sa décision, et qui la notifiera à tous les préfets des départements traversés, pour que chacun d'eux puisse ensuite, par un arrêté spécial, les porter à la connaissance du public dans l'étendue de son département. »

1036. — C'est lui encore qui provoquera et préparera les mesures qui concernent « les ordres de service, le nombre des convois journaliers, les intervalles qui doivent séparer leurs départs successifs, les décisions relatives à la vitesse dont ils doivent être animés, aux précautions à prendre au passage des souterrains et des plans inclinés, à l'expédition et à la marche des convois extraordinaires, aux signaux de toute nature propres à prévenir les rencontres et les collisions... Mais les décisions une fois prises par le ministre, il appartient à tous les préfets des départements traversés de faire constater et de faire poursuivre les contraventions dont elles peuvent être l'objet. Il reste d'ailleurs dans leur droit et dans leur devoir de recevoir toutes les plaintes du public, et de les transmettre à l'administration supérieure avec leurs observations; il reste dans leur droit et dans leur devoir de veiller aux intérêts des tiers, qui ne peuvent être soustraits à la protection des administrateurs et des juges du territoire. Il est bien entendu enfin que la centralisation du service ne s'applique qu'à des mesures purement administratives, et qui, par leur nature, ne peuvent être morcelées ou prises isolément sans inconvénient. La surveillance de l'état du chemin, de ses terrassements, de ses ouvrages d'art, les travaux à prescrire ou à exécuter d'office dans cet intérêt, les questions de voirie, d'alignements, de plantations, et, en général, toutes celles qui dérivent spécialement de l'art. 1 de la loi sur la police des chemins de fer, restent dans les attributions des préfets des départements traversés, assistés pour ces différents objets des ingénieurs, soit des ponts et chaussées, soit des mines, qui seront commis par l'administration supérieure. »

1037. — Mais cette organisation était une anomalie dans nos lois. On a pu s'assurer par la pratique que le profit que pouvaient en retirer le bon ordre et la sûreté des chemins de fer ne correspondait pas à l'atteinte qu'elle portait aux principes généraux de notre droit, et l'institution a disparu avec l'organisation régulière du service de contrôle. — V. *infrà*, n. 2209.

1038. — Est-il besoin d'ajouter avec l'art. 72, Ord. 15 nov. 1846, que les attributions données aux préfets des départements par ladite ordonnance doivent être, conformément à l'arrêté du 3 brum. an IX, exercées par le préfet de police dans toute l'étendue du département de la Seine, et dans les communes de Saint-Cloud, Meudon et Sèvres du département de Seine-et-Oise?

1039. — On doit ajouter que le principe général de l'art. 1 et les limitations qu'y apportent les art. 2 et 3, n'empêchent pas non plus qu'on ne doive appliquer aux chemins de fer et à leurs dépendances, de même qu'aux routes nationales dans les parties qui traversent les villes et bourgs, les règles de la *petite voirie*, en ce qui touche les objets confiés par les lois des 16-24 août 1790 (tit. 11, art. 3) et 5 avr. 1884, à la vigilance de l'autorité municipale, tels que la liberté, la sûreté, la commodité du passage, le bon ordre, la salubrité, etc., en ayant soin, toutefois, de combiner et concilier ces applications avec les prescriptions particulières de la loi du 15 juill. 1845. C'est aussi l'opinion de M. Gand dans son *Traité de police et de la voirie des chemins de fer*, p. 20, n. 17 et s.

1040. — C'est ainsi qu'il a été décidé que, bien qu'il n'appartienne qu'à l'administration supérieure de réglementer la police des chemins de fer, il peut néanmoins se présenter des cas où le droit de l'autorité municipale, agissant en vertu de la délégation générale des lois de 1790 et de 1791, au point de vue de la sûreté et de la santé des habitants, pourrait se concilier avec le droit exclusif de réglementation de l'administration supérieure en ce qui concerne l'usage et le service d'exploitation de ces chemins. — Cass., 16 déc. 1864, Chemin de fer d'Orléans, [S. 65.1.293, P. 65.683, D. 65.1.41]

1041. — ... Mais qu'on ne saurait reconnaître ce caractère, et dès lors attribuer force obligatoire, au règlement municipal qui interdit à une compagnie de chemin de fer « de faire stationner, le long des promenades de la ville, des trains pouvant exhaler des odeurs incommodes ou insalubres, soit par la nature de leur chargement, soit par celle des combustibles employés au chauffage des locomotives en opérant la traction. » — Même arrêt.

1042. — ... Que, l'arrêté de police municipale fixant l'heure de la fermeture des cafés et débits de boissons dans la commune n'est applicable ni à la police ni à l'exploitation du buffet de la gare d'un chemin de fer, lequel n'est soumis qu'aux décrets ou aux arrêtés préfectoraux approuvés par le ministre des Travaux publics. — Cass., 2 juill. 1870, Meinrad-Geyer, [S. 71.1.40, P. 71.64, D. 70.1.314]

1043. — ... Qu'en conséquence, l'admission dans un buffet de chemin de fer, après l'heure fixée pour la fermeture des débits de boissons, de personnes non munies de billets de voyageurs ne peut être poursuivie et réprimée comme constituant une contravention au règlement de police prescrivant cette fermeture. — Même arrêt. — V. *suprà*, n. 953.

1044. — La question s'est également posée de savoir si, alors que le ministre avait réglementé les heures d'enlèvement de certaines marchandises à une gare (dans l'espèce, des gadoues) un maire avait pu, en vertu des pouvoirs de police qu'il tient des art. 94 et 97, L. 5 avr. 1884, prendre un arrêté interdisant à certaines heures le passage de ces gadoues sur les routes de la commune, étant donné que cet arrêté mettait obstacle à l'application de l'arrêté ministériel. Mais elle n'a été résolue, croyons-nous, par aucune décision.

1045. — Enfin, des instructions ministérielles ont reconnu, dans certains cas particuliers, les pouvoirs des maires. Ainsi, d'après les instructions ministérielles des 15 avr. 1850 (Potiquet, n. 184) et 22 oct. 1868, les contraventions à l'art. 2 du règlement relatif à la police des cours des gares (emplacements assignés aux différentes voitures) sont du ressort des commissaires de surveillance administrative (V. *infrà*, n. 1631 et s.) : mais la police locale n'en doit pas moins intervenir dans le cas où les mesures prises par ces fonctionnaires occasionnent des cris, injures, rixes ou autres délits. Quant aux contraventions à l'art. 3 dudit règlement qui défend la mendicité et les sollicitations importunes, elles rentrent exclusivement dans les attributions de la police locale.

1046. — Ce ne sont là, bien entendu, que des exemples. D'une façon générale, dans quels cas, d'ailleurs, peut-on dire que l'arrêté d'un maire se concilie avec le pouvoir de réglementation de l'autorité supérieure? S'inspirant d'une décision rendue par la Cour de cassation dans une matière voisine, celle des établissements dangereux, incommodes ou insalubres, on a pensé pouvoir dire que le droit de réglementation des maires s'arrête là où il aurait pour effet de créer « un empêchement réel à la libre et entière exploitation du chemin de fer. » — Cass., 1er août 1862, Renard-Robert, [S. 63.1.107, P. 63.694, D. 63.1. 155]; — 7 févr. 1863, Blanchard, [S. 63.1.217, P. 63.694, D. 63.1. 155] — Mais cette formule ne nous paraît pas mieux faite pour dissiper les doutes que la précédente, et nous croyons que chaque espèce ne peut se résoudre qu'en tenant compte des circonstances de fait.

1047. — Mais, ce point établi, quelles sont les mesures que les préfets peuvent prendre conformément aux règles que nous venons d'indiquer? Quand peut-on dire, en d'autres termes, qu'ils statuent dans l'intérêt de la police, de la sûreté ou de l'exploitation du chemin de fer?

1048. — On avait commencé par vouloir distinguer entre les mesures relatives à la sécurité et celles relatives à la commodité des voyageurs, de façon à n'admettre la légitimité des arrêtés préfectoraux que pour les dispositions de la première catégorie.

1049. — C'est ainsi qu'il avait été décidé, notamment, qu'aucune peine ne peut être prononcée par les tribunaux pour infractions aux ordonnances royales sur la police des chemins de fer, ainsi qu'aux arrêtés préfectoraux pris pour l'exécution de ces ordonnances, lorsque les infractions n'ont trait qu'à la commodité personnelle des voyageurs : que ce n'est qu'au cas où les infractions concernent la police, la sûreté et l'exploitation des chemins, qu'une peine peut être appliquée par les juges....., sauf du reste à l'administration à prendre telles mesures qu'elle croit convenables. — Orléans, 7 juill. 1847, Chemin de fer d'Orléans à Bordeaux, [S. 47.2.450, P. 47.2.381, D. 47.2.154]

1050. — ... Spécialement, que si une compagnie a substitué du foin au crin dont elle devait garnir ses voitures il n'y a lieu, en pareil cas, à l'application d'aucune loi pénale. — Même arrêt.

1051. — ... Mais que tomberait, au contraire, sous l'application de ces règles l'infraction à des règlements concernant le nombre des portières de wagons de première classe, la dimension des places réservées dans ces wagons aux voyageurs, la largeur des voitures de deuxième et de troisième classe, etc. — Même arrêt.

1052. — Cette distinction a été repoussée par la Cour de cassation qui a décidé à l'occasion d'une des deux espèces précitées, que les infractions aux règlements administratifs sur la police, la sûreté et l'exploitation des chemins de fer, sont punissables des peines portées par l'art. 21, L. 15 juill. 1845, même alors que ces infractions ne concernent que la commodité des voyageurs comme l'atteinte portée à la disposition qui prescrit de rembourrer des voitures avec du crin. — Cass., 6 janv. 1848, Chemin de fer d'Orléans à Bordeaux, [S. 48.1.249, P. 48. 1.453, D. 48.1.42]

1053. — On avait également prétendu établir des distinctions entre les mesures relatives à la sûreté de la circulation et celles relatives à l'exploitation. L'administration, disait-on, n'a pu être investie du droit de réglementation qu'autant que la police de la circulation est directement intéressée; comment astreindre, en effet, des tiers, tels que des expéditeurs, des destinataires, etc., à l'observation de règlements purement administratifs sous des sanctions aussi rigoureuses? — V. notamment Aucoc, t. 3, n. 1511. — *Contrà*, Picard, *op. cit.*, t. 3, p. 153.

1054. — Les grandes compagnies s'étaient même donné le mot, un moment, à l'effet de combattre les prétentions de l'administration et on peut voir notamment dans Picard (*op. cit.*, t. 3, p. 646), les termes d'une consultation rendue à leur instigation par d'éminents jurisconsultes.

1055. — Cependant la jurisprudence ne paraît jamais avoir hésité à consacrer ces applications du pouvoir réglementaire. Dans toutes les occasions où elle a été amenée à se préoccuper de la question, elle semble avoir toujours proclamé la légalité des mesures prises par l'administration en matière d'exploitation. Et il faut convenir que les textes semblent bien en sa faveur, puisque la disposition très-générale de l'art. 62, Ord. 15 nov. 1846, qui se réfère elle-même aux termes non moins généraux de l'art. 21, L. 15 juill. 1845, vise incontestablement toutes les prescriptions précédentes et que ces prescriptions embrassent des cas multiples où l'exploitation seule est intéressée.

1056. — Depuis, dans des espèces assez nombreuses et par suite de considérations diverses, on a agité la même question de détermination des pouvoirs préfectoraux. Sans chercher à poser à cet égard des principes qui ne sont écrits nulle part, nous nous bornerons à relater les principales décisions de la jurisprudence.

1057. — Il a été jugé, sur ce point, que l'art. 17, Ord. réglem. 15 nov. 1846, sur les chemins de fer, qui exige que tout convoi ordinaire contienne un nombre suffisant de voitures de chaque classe, est légal et obligatoire pour les compagnies; que l'infraction à cette prescription est passible des peines édictées par l'art. 21, L. 15 juill. 1845, sur la police des chemins de fer; que vainement on prétendrait que ce dernier article n'a en vue que les infractions aux règles qui ont pour objet la sûreté de la circulation. — Colmar, 23 févr. 1848, Chemin de fer de Strasbourg à Bâle, [S. 48.2.371, P. 48.2.230, D. 48.2.124] — V. *infrà*, n. 1740 et s.

1058. — ... Qu'il y a infraction à la disposition dont il s'agit, et conséquemment délit, alors même que, par suite de l'insuffisance des voitures d'une classe inférieure, les voyageurs porteurs de billets de cette classe ont été placés dans des voitures d'une classe supérieure, sans payer de supplément de prix (Rés. impl.). — Même arrêt.

1059. — ... Que la pénalité édictée par les art. 21, L. 15 juill. 1845 et 79, Ord. 15 nov. 1846, à l'égard des contraventions aux règlements d'administration publique sur la police, la sûreté et l'exploitation des chemins de fer, s'applique aux contraventions commises envers les décisions prises par l'autorité pour le transport des marchandises. — Cass., 23 juin 1864, Pigneau, [S. 64.1.340, P. 64.1005, D. 64.1.496]

1060. — ... Qu'ainsi, et spécialement, tombe sous l'application de cette pénalité la contravention envers l'arrêté du ministre des Travaux publics du 3 avr. 1862, prescrivant que toute expédition de finances soit accompagnée, de la part de l'expéditeur, d'un bulletin contenant déclaration de la valeur de l'article à transporter. — Même arrêt.

1061. — ... Que cette contravention existe de la part de l'expéditeur de finances qui, pour payer une moindre taxe de transport, déclare une valeur inférieure au montant réel de ces finances. — Même arrêt.

1062. — ... Que l'infraction à l'arrêté du ministre des Travaux publics, du 3 avr. 1862, qui prescrit aux expéditeurs d'espèces, de billets de banque, ou de titres remis aux chemins de fer, d'en déclarer la valeur réelle, constitue une contravention à un règlement d'administration publique rendu conformément à l'art. 79, Ord. 15 nov. 1846, et tombe, par conséquent, sous l'application des peines prononcées par l'art. 21, L. 15 juill. 1845, — Limoges, 6 juin 1872, Rondel, [S. 72.2.184, P. 72.796]

1063. — ... Spécialement, que l'expéditeur qui a fait transporter des espèces par chemin de fer est seul et personnellement passible des peines prononcées par la loi, à raison de la fausse déclaration de valeurs faite à son profit et d'après ses ordres, par son employé. — Même arrêt.

1064. — ... Que, dans tous les cas, l'employé qui a signé pour son patron la fausse déclaration n'encourt aucune peine pour ce seul fait, si les espèces expédiées ainsi que le bulletin de déclaration ont été remis à la gare par une autre personne. — Même arrêt.

1065. — ... Que toute fausse déclaration de valeurs contenues dans un paquet remis à une compagnie de chemins de fer pour le transporter, constitue une simple contravention, prévue et réprimée par les art. 21, L. 15 juill. 1845, 79, Ord. 15 nov. 1846, à l'arrêté du ministre des Travaux publics du 3 avr. 1862, qui est légal et obligatoire; que par suite, l'auteur de la fausse déclaration doit seul être poursuivi, au moins lorsqu'il a commis une faute; que les règles de la complicité sont inapplicables à cette matière. — Caen, 9 mai 1877, Jamot et autres, [S. 78.2.49, P. 78.225, D. 79.2.41]

1066. — ... Que la contravention existe de la part de celui qui, ayant reçu d'un tiers le paquet avec une déclaration fausse, fait de son chef et signe la déclaration sans s'assurer du contenu du paquet. — Même arrêt.

1067. — ... Que le contrevenant ne saurait échapper à la responsabilité pénale en prouvant qu'il n'a agi que par l'ordre de son supérieur ou pour le compte de son maître ou patron; que le maître ou patron est d'ailleurs civilement responsable. — Cass., 9 août 1872, Rondel, [S. 78.2.49, P. 78.225 *ad notam*, D. 72.1. 229] — Caen, 9 mai 1877, précité.

1068. — ... Qu'il importe peu que la fausse déclaration n'eût pas été faite par son auteur à la compagnie de chemin de fer, mais à un intermédiaire (les messageries), qui devait remettre la déclararation à la compagnie. — Caen, 9 mai 1877, précité.

1069. — ... Qu'un arrêté ministériel qui a autorisé les compagnies de chemin de fer à donner accès dans les gares de départ deux heures après la fermeture réglementaire aux marchandises reçues dans les bureaux de ville de ces compagnies peut être considéré comme ayant été pris par le ministre dans l'exercice de ses attributions légales, et ne saurait par suite être l'objet de la part des camionneurs de la ville d'un recours devant le Conseil d'Etat. — Cons. d'Et., 16 janv. 1885, Galbrun et autres, [S. 86.3.47, P. adm. chr., D. 86.3.81, Leb. chr., p. 63]

1070. — ... Mais qu'un pareil arrêté ne ferait pas obstacle à ce que les camionneurs citent les compagnies devant l'autorité judiciaire s'ils s'y croyaient fondés pour atteinte à la liberté de l'industrie des transports.

1071. — ... Que les dispositions des tarifs des compagnies de chemins de fer homologués par le ministre des Travaux publics ont force de loi et sont sanctionnées par l'art. 21, L. 15 juill. 1845. — Toulouse, 10 juin 1887, G..., [S. 87.2.245, P. 87.1.253, *infrà*, D. 91.2.77 *ad notam*] — V. *infrà*, n. 2652.

1072. — ... Qu'en conséquence, les tarifs généraux de grande vitesse prescrivant le paiement d'une taxe pour le transport des chiens, sans distinction, que les chiens soient à l'état libre ou enfermés dans des paniers ou cages, qu'ils soient placés dans les fourgons du train ou dans les compartiments de voyageurs, qu'ils soient adultes ou nouvellement nés, le voyageur qui prend dans son compartiment un chien nouveau-né sans avoir au préalable acquitté la taxe commet une contravention. — Toulouse, 10 juin 1887, précité. — Caen, 7 août 1889, Esnault, [S. 90.2.12, P. 90. 1.199, D. 91.2.77]

1073. — La cour d'Amiens avait également décidé que les infractions à l'art. 32, § 8 du cahier des charges des chemins de fer, prescrivant aux compagnies de réserver dans tout train de voyageurs un compartiment de chaque classe pour les dames seules, tombaient sous l'application de l'art. 21, L. 15 juill. 1845. — Amiens, 29 nov. 1872, Bisetzky, [S. 72.2.260, P. 72.1054, D. 73.2.45] — V. *infrà*, n. 1586 et 1767.

1074. — ... Qu'il en était de même des infractions à l'arrêté ministériel du 1er mars 1861, qui exige que tout compartiment réservé soit constamment pourvu d'une plaque indicative. — Même arrêt.

1075. — ... Que le chef de gare qui faisait monter des hommes dans un compartiment réservé aux dames seules, malgré les réclamations de celles qui l'occupaient, et qui faisait ensuite enlever de ce compartiment la plaque indicative, commettait deux contraventions distinctes pour chacune desquelles il devait être prononcé une pénalité spéciale : la règle du non-cumul des peines étant inapplicable aux infractions de cette nature. — Même arrêt.

1076. — ... Et que ces contraventions ne pouvaient être excusées, ni par l'impossibilité où se serait trouvé le chef de gare de disposer d'aucune autre place dans les compartiments non réservés, ni par la circonstance qu'il aurait télégraphié à la prochaine station pour faire ajouter au train une voiture de chaque classe. — Même arrêt.

1077. — Mais la Cour de cassation a jugé, depuis, qu'aucune disposition réglementaire n'impose aux compagnies de chemin de fer l'obligation formelle de réserver, dans chaque train, un compartiment spécial destiné aux dames voyageant seules; que cette obligation ne résulte pour elles que de simples circulaires ministérielles prises en exécution de leur cahier des charges (V. *suprà*, n. 221) et dont l'inobservation ne saurait donner lieu à l'application d'aucune peine. — Cass., 2 mai 1873, Bisetzky, [S. 73.1.342, P. 73.826, D. 73.1.172]

1078. — Elle a reconnu, toutefois, qu'il doit en être autrement de l'obligation qui leur est imposée par l'arrêté ministériel du 1er mars 1861, en cas de réserve d'un compartiment, de désigner ostensiblement ce compartiment, à l'aide d'une plaque qui doit y rester appendue pendant toute la durée du voyage, et décidé que cette obligation, en cas d'inexécution, trouve sa sanction pénale dans l'art. 21, L. 15 juill. 1845. — Même arrêt.

1079. — Jugé d'ailleurs, à cet égard, que le mot « loué », apposé sur un compartiment de wagon de chemin de fer rentre dans l'expression plus générale « réservé »; qu'en conséquence, l'arrêté ministériel du 1er mars 1861, interdisant de prendre place dans les compartiments réservés, le voyageur, qui monte dans un compartiment portant la plaque indicatrice « loué », commet une infraction à l'arrêté, réprimé par l'art. 21, L. 15 juill. 1845. — Cass., 25 nov. 1887, Camus, [S. 88.1.141, P. 88.1.316, D. 88.1.190]

1080. — La fausse déclaration dans l'expédition des marchandises, les fraudes commises dans le transport des bagages ont également donné naissance à des décisions que confirment toute la doctrine précédente. Ainsi jugé que la fausse déclaration sur la nature des marchandises expédiées par chemin de fer constitue une infraction sanctionnée par les pénalités édictées par l'art. 21, L. 15 juill. 1845. — Toulouse, 7 févr. 1889, Sol. implic. Brunet, [S. 91.2.13, P. 91.1.99, D. 90.2.259] — V. *infrà*, n. 1600.

1081. — ... Que la franchise du transport des bagages, à concurrence de 30 kilogr., accordée aux voyageurs des chemins de fer par les cahiers des charges, est un accessoire du droit de place, et ne peut appartenir qu'au voyageur qui accompagne ses bagages (Cahier des charges, 21 juin 1857, art. 44; Tarif gén. chem. de fer du Nord, art. 8 et 9). — Douai, 25 nov. 1890, Huret, [S. 91. 2.61, P. 91.1.341, D. 91.2.305] — V. *infrà*, n. 1588 et s.

1082. — ... Qu'en conséquence, commet une contravention à la police et à l'exploitation des chemins de fer, réprimée par l'art. 21, L. 15 juill. 1845, le titulaire d'une carte d'abonnement, qui, après avoir, au moyen de sa carte, fait enregistrer des colis comme bagages, envoie le bulletin de bagages à un tiers pour retirer les colis, sans se rendre lui-même au lieu de destination pour lequel les bagages ont été enregistrés. — Même arrêt.

1083. — Dans la mesure des pouvoirs qui leur sont accordés par la loi, les préfets, enfin, demeurent assujettis, est-il besoin de le dire, à l'observation des lois d'ordre public et d'intérêt général. C'est ainsi notamment qu'ils ne pourraient transgresser les règles relatives à la liberté du commerce et de l'industrie, etc.

1084. — C'est ainsi encore qu'ils ne peuvent, en dehors des cas prévus par un décret réglementaire et de l'approbation ministérielle, prendre que des mesures locales. — V. *suprà*, n. 1024 et s.

1085. — Nous retrouverons des applications spéciales de toutes ces règles, soit à l'occasion de chacune des mesures de police particulières édictées par l'ordonnance du 15 nov. 1846, soit à propos de la compétence du Conseil d'Etat, lorsque nous rechercherons dans quels cas cette juridiction est appelée à connaître des excès de pouvoir.

1086. — Nous terminerons par deux observations générales. La loi du 15 nov. 1846 a eu pour objet exclusif de réglementer la police de sûreté des chemins de fer en exploitation, et nullement les opérations qui ont lieu pendant la construction, et à l'occasion de la construction (V. *suprà*, n. 872 et s.). — Cass., 2 juin 1886, Caisse générale des familles, [S. 87.1.369, P. 87.1. 908, D. 86.1.265, et les observations de M. le conseiller Féraud-Giraud] — V. cependant, Douai, 27 juin 1881, Ledoux, [S. 84. 2.7, P. 84.1.89, D. 82.2.183]

1087. — Les dispositions de l'ordonnance du 15 nov. 1846 ont été déclarées applicables à la Réunion par un décret du 22 déc. 1881, à l'exception de celles contenues dans les art. 8, 12, 44, 45, 46, 47, 49, 51, 52, 53, 54, 71, 72, et celles de l'art. 15. Elles ont été étendues à l'Algérie ainsi que celles de la loi du 15 juillet 1845 par deux décrets en date des 14 et 27 juillet 1862.

1088. — Ces principes posés, nous étudierons successivement : 1° les règles relatives à la conservation des chemins de fer envisagés comme voies publiques, et à leurs rapports avec les autres voies de communication, en d'autres termes la voirie des chemins de fer; 2° les règles relatives à la police et à la sûreté des chemins de fer envisagés comme moyens de circulation, comme véhicules. Pour plus de clarté, nous diviserons le premier point en trois parties : 1° régime des propriétés riveraines; 2° obligations imposées au public; 3° obligations imposées aux concessionnaires.

Section II.

Règles concernant la voirie.

§ 1. *Régime des propriétés riveraines.*

1° *Notions générales.*

1089. — Nous avons vu que les chemins de fer étaient assimilés, d'une façon générale, aux voies de terre placées sous le régime de la grande voirie. Mais la condition de ces deux espèces de voies de communication est-elle identique? N'y a-t-il pas, au contraire, des différences sensibles entre les unes et les autres?

1090. — Au moment où la loi de 1845 vint en délibération devant les Chambres, on avait d'abord proposé d'établir entre les deux régimes une assimilation complète. Puis, comme on s'était rapidement aperçu que cette assimilation était pratiquement impossible, on avait, par une réaction non moins absolue, proposé de déterminer, sous la forme d'une énumération rigoureusement limitative, les règles communes. Mais c'était s'exposer à un nouveau danger, celui de laisser un certain nombre de points en dehors de l'énumération. Aussi s'arrêta-t-on à un moyen mixte : l'assimilation posée en principe, mais restreinte aussitôt à certaines lois spéciales.

1091. — Voici, au surplus, comment M. Persil, dans son deuxième rapport à la Chambre des pairs (séance du 17 mars 1845), s'est exprimé à l'égard de cette méthode : « On s'était demandé, dit-il, s'il ne conviendrait pas de placer en tête de l'art. 2 une expression qui limitât aux seules lois citées dans cet article et dans l'article suivant le principe général de l'art. 1. Après y avoir mûrement réfléchi, votre commission a pensé que cela n'était pas nécessaire. Elle a été convaincue que du seul rapprochement des trois articles résultait cette démonstration, clairement manifestée d'ailleurs dans l'autre Chambre, que les deux derniers n'avaient pu être votés que dans l'intention de restreindre le principe général de l'art. 1 aux seules lois de la grande voirie qu'ils indiquaient. Autrement, ces deux articles n'auraient pas eu de but. La généralité du principe consacré par l'art. 1 les eût rendus inutiles. Par cette double considération, nous proposons à la Chambre de voter les art. 1, 2 et 3, tels qu'ils sont proposés par le gouvernement, et avec le sens que nous venons de leur donner. » — Aucoc, *op. cit.*, n. 1613.

1092. — Pour terminer avec toutes ces notions générales, nous devons nous poser une question qui avait beaucoup d'importance quand a été promulguée la loi de 1845, et qui en a conservé encore, quoiqu'elle en ait moins aujourd'hui, c'est la question de savoir si toutes les dispositions législatives ou réglementaires, auxquelles renvoie l'art. 3 de la loi ci-dessus, et même l'art. 2, sont applicables aux constructions, cours d'eau, plantations, mines, carrières, etc., dont l'existence est antérieure à cette loi. Nous pensons qu'elles pourront leur être appliquées, mais seulement en vertu de l'art. 10 ci-après, c'est-à-dire à charge d'indemnité; c'est aussi l'opinion de M. Gand, *op. cit.*, n. 78.

2º Alignement.

1093. — En tête des servitudes de grande voirie qui s'appliquent aux propriétés riveraines des chemins de fer, la loi du 15 juill. 1845 place l'alignement.

1094. — « Sont applicables aux propriétés riveraines des chemins de fer, lisons-nous dans l'art. 3, § 1, les servitudes imposées par les lois et règlements sur la grande voirie, et qui concernent l'alignement. »

1095. — Nous rappelons que les servitudes imposées aux propriétés riveraines des grandes routes en ce qui concerne l'*alignement*, et par suite, l'obligation de demander la permission de bâtir, sont contenues principalement dans les lois ou règlements suivants : Edit de déc. 1607; Décl. 16 juin 1693 ; Arr. du conseil des 17 juin 1721 et 27 févr. 1765; L. 6 sept. 1774; Ord. du bureau des finances de la généralité de Paris, concernant les réparations des murs de face des maisons sises dans les traverses des villes, bourgs et villages ; L. des 7-14 oct. 1790, sur la grande voirie; L. 16 sept. 1807, art. 50 et s.; Décr. 27 juill. 1808; Av. Cons. d'Et., 3 sept. 1811; Ord. des 29 févr. et 31 juill. 1817; Av. Cons. d'Et., 7 et 21 août 1839; L. 4 mai 1864; L. 5 avr. 1884, art. 70, § 3.

1096. — Il résulte de ces différentes dispositions que tout propriétaire qui veut bâtir, soit dans la traverse des villes, bourgs ou villages, soit en bordure des routes nationales ou départementales (Arr. cons. 27 févr. 1765), est obligé de se faire autoriser à cet effet par l'autorité compétente, que cette autorisation ne peut lui être accordée qu'autant que la construction qu'il projette est conforme à un plan général d'alignement approuvé pour les routes nationales et départementales par décret rendu en Conseil d'Etat, que l'autorité compétente pour délivrer l'alignement individuel lorsqu'il s'agit de grande voirie est le préfet ou le sous-préfet (L. 4 mai 1864) substitué aux corps administratifs (L. 14 oct. 1790), que la grande voirie comprend les rues des villes, bourgs et villages qui font suite aux grandes routes (LL. 7-14 oct. 1790; 16 sept. 1807, art. 50), que toute maison frappée d'alignement ne peut plus être l'objet d'aucun travail confortatif, etc...

1097. — Nous aurons résumé toute cette législation en disant qu'en dehors de l'alignement nécessaire pour bâtir, il existe sur les grandes routes un alignement relatif aux fossés dont elles doivent être bornées.

1098. — Toutes ces dispositions s'appliquent-elles indistinctement aux chemins de fer? Evidemment non, puisque tout chemin de fer doit être séparé de la voie publique par une clôture apposée après un bornage régulier et contradictoire avec les propriétaires voisins, et que, d'autre part, en deçà d'une distance de deux mètres de la voie, calculée comme nous le verrons plus bas, il n'est permis d'élever aucune autre construction qu'un mur de clôture.

1099. — Il ne peut donc être question, à proprement parler, d'aucun plan général d'alignement pour les chemins de fer, puisque ce plan se confondrait fatalement avec la détermination de la zône mesurée comme il vient d'être dit.

1100. — Aussi bien, par leur destination même, les chemins de fer formant un tout complet, on ne comprendrait pas qu'en dehors d'une déclaration nouvelle d'utilité publique, une voie nouvelle indépendante des premières pût être ajoutée à un réseau préexistant par simple mesure administrative.

1101. — C'est dire qu'en dehors de la permission que les riverains sont tenus de demander pour construire ou se clore *sur la limite même* de la zône de deux mètres susindiquée, la servitude légale d'alignement n'est susceptible de produire, à leur égard, aucun effet; qu'ils peuvent, notamment, faire à leurs constructions élevées en retrait toutes espèces de travaux sans qu'il y ait à distinguer entre ceux qui sont confortatifs et ceux qui ne le sont pas, et qu'ils ne s'exposent, en le faisant, à aucune contravention. — Cons. d'Et., 13 déc. 1860, Ricard, [S. 61.2.363, P. adm. chr., D. 61.3.20, Leb. chr., p. 768]

1102. — Encore même résulte-t-il d'une circulaire du 27 sept. 1855 (Potiquet, n. 277) que l'administration ne peut pas forcer les riverains à se clore sur l'alignement, comme elle le peut faire sur les chemins publics, afin d'éviter qu'il s'y puisse faire des angles ou des renfoncements contraires à la salubrité ou à la sécurité publique.

1103. — Nous ne croyons même pas qu'à l'égard des constructions préexistantes à la loi de 1845 dont parle l'art. 5 de cette loi et qui se trouveraient en deçà de la distance de deux mètres qu'il détermine, l'interdiction générale de bâtir désormais dans cette zône pourrait être assimilée à un plan général d'alignement avec la prohibition de faire tous travaux confortatifs qui en résulte, puisque, d'après le même article, « ces constructions pourront *être entretenues* dans l'état où elles se trouveront à cette époque. »

1104. — A *fortiori*, ne saurait-il être question, à raison même de la clôture qui doit exister au long de tout chemin de fer, de leur faire l'application des règles relatives aux fossés des routes.

1105. — Abstraction faite des différences qui précèdent et en tant qu'il s'agit surtout d'apprécier l'acte d'alignement *individuel* et l'autorité compétente pour le délivrer, les chemins de fer se trouvent d'ailleurs soumis à toutes les règles de droit commun.

1106. — C'est donc à l'autorité préfectorale qu'il appartient de donner les alignements qui s'y réfèrent. — Cons. d'Et., 16 avr. 1851, Délier, [S. 51.2.578, P. adm. chr., D. 51.3.35, Leb. chr., p. 275]

1107. — Et les particuliers qui ont obtenu un tel alignement ne sont pas tenus d'attendre, pour bâtir, qu'il ait été approuvé par le ministre des Travaux publics. Mais le ministre a le droit de révoquer l'autorisation, sans pourtant que cette révocation ait pour effet de constituer le particulier en contravention et de l'obliger à la destruction de ses travaux. — Même arrêt.

1108. — Dans l'exercice de ce droit, les préfets ne peuvent, sans excéder les pouvoirs et les limites de leur compétence, subordonner l'alignement à des conditions qui auraient pour effet de prononcer sur des questions de servitude et d'application des lois et règlements en matière de grande voirie (dans l'espèce, condition d'arrêter le mur de chaque côté à l'angle d'une maison de garde du chemin de fer, — de ne former aucun dépôt à moins de deux mètres de la façade de cette maison, de manière à ne pas en gêner les vues que la compagnie restait libre d'augmenter si elle le jugeait nécessaire, — de donner accès par sa propriété pour l'exécution des travaux d'entretien et de réparation dans cette maison, — de souffrir sur la largeur de deux mètres les dépôts de matériaux nécessaires aux travaux, — enfin, de donner au mur une hauteur de 3 mètres 25 cent. au moins au dessus du sol). — Cons. d'Et., 15 déc. 1859, Klein, [S. 60.2.497, P. adm. chr., D. 63.3.40, Leb. chr., p. 748]

1109. — ... Ou imposer à l'impétrant toutes autres obligations établies par la loi civile pour déterminer les rapports des particuliers entre eux. — Cons. d'Et., 26 juin 1869, Le Brun de Blon, [S. 69.5.339, P. adm. chr., D. 70.3.21, Leb. chr., p. 630]

1110. — Ils ne peuvent pas, notamment, subordonner la permission de construire à l'obligation prise par les riverains de se conformer aux prescriptions contenues dans les art. 678 et 681, C. civ. — Même arrêt.

1110 bis. — Mais un propriétaire ou locataire riverain d'une voie ferrée ne saurait être recevable à protester contre un arrêté d'alignement par ce motif que l'assiette du chemin de fer ayant été élargie depuis son établissement, la servitude *non ædificandi* se trouverait aggravée à son détriment. Il ne pourrait que faire valoir ses droits à une indemnité de ce chef. — Cons. d'Et., 20 févr. 1885, Cauda, [Leb. chr., p.]

1111. — Les règles relatives à la notification des arrêtés d'alignement sont également celles du droit commun et le contrevenant à un arrêté de cette nature ne peut pas se prévaloir du défaut de notification dudit arrêté lorsque, sur l'invitation qui lui en a été faite, il a pris communication de l'arrêté à la mairie et que l'alignement lui a été donné sur le terrain par un conducteur des ponts et chaussées. — Cons. d'Et., 11 mai 1883, Colein, [D. 85. 3.7, Leb. chr., p. 489]

1112. — Est-il besoin d'ajouter que toutes ces règles s'appliquent non seulement au chemin de fer proprement dit, mais encore à ses dépendances?

1113. — Jugé, en ce sens, que lorsque les terrains sur lesquels a été établie l'avenue d'une gare, ont été acquis par la compagnie concessionnaire en vertu de la loi sur l'expropriation pour cause d'utilité publique comme la voie ferrée elle-même, cette avenue est également soumise au régime de la grande voirie, et que, par suite, il appartient au préfet de donner aux propriétaires riverains l'alignement nécessaire pour construire sur ladite avenue si, d'ailleurs, elle n'a pas le caractère d'une voie intérieure, exclusivement réservée à l'exploitation du chemin de fer. Ici, toutefois, les règles générales de l'alignement paraîtraient devoir s'appliquer plus largement et ne pas se borner à l'interdiction de construire dans la zône de deux mètres. — Cons. d'Et., 26 juin 1869, précité.

1113 *bis*. — Jugé d'ailleurs que lorsqu'un propriétaire riverain des dépendances d'un chemin de fer est autorisé à élever des constructions sur la limite de ce chemin et que la compagnie concessionnaire lui a fait tracer l'alignement à suivre, si, pour la facilité et le besoin de ses constructions, il enlève et brise la clôture qui sépare son terrain de la voie d'accès d'une gare longeant ledit terrain, il doit être renvoyé des fins de la poursuite dirigée contre lui pour délit de bris de clôture. — Bordeaux, 21 août 1869, Cocuaud, [*Bull. Chem. de fer*, Lamé-Fleury, 1870, p. 44]

1114. — Nous ne nous sommes expliqués qu'à l'occasion des constructions édifiées en dehors des rues, routes ou chemins. Pour celles qui seraient élevées, au contraire, sur des voies de communication latérales au chemin de fer, il faudrait observer toutes les règles relatives aux alignements sur les voies analogues. C'est dire que les concessionnaires de chemins de fer, de leur côté, n'auraient pas le droit de se soustraire à une demande d'alignement s'ils venaient à reconstruire leur barrière, par exemple, le long des rues d'une ville ou d'un chemin vicinal. — Trib. simple police Libourne, 18 sept. 1869, Cie d'Orléans, [*Bull. chem. de fer*, 1870, p. 45]

3° *Ecoulement des eaux.*

1115. — L'écoulement des eaux est la seconde servitude d'utilité publique que l'art. 2, L. 15 juill. 1845, déclare applicable aux chemins de fer.

1116. — On doit consulter, à cet égard, les ordonnances des trésoriers de France, et du bureau des finances de la généralité de Paris des 3 févr. 1741, 22 juin 1751, 29 mars 1754, 30 avr. 1772 et 17 juill. 1781 qui imposent aux propriétaires, dont les héritages sont plus bas que les chemins, l'obligation d'en recevoir les eaux, et leur défendent d'en interrompre le cours, par des exhaussements ou clôtures, sauf à construire à leurs dépens des aqueducs ou fossés propres à les débarrasser des eaux, à peine de cinquante francs d'amende et des frais des ouvrages nécessaires pour réparer les effets de la contravention. — V. Jousselin, *Traité des servitudes d'utilité publique*, t. 2, p. 330; Féraud-Giraud, *Servitudes de voirie*, p. 8; Dufour, *op. cit.*, n. 1180 et 2949; Cotelle, *Dr. adm.*, n. 4, § 14 et s., n. 130, § 16 et s.; de Recy, *op. cit.*, p. 524, note 2.

1117. — Il va de soi que, dans le cas où la contravention serait le fait des concessionnaires du chemin de fer, elle serait régie, comme nous le verrons plus bas, par les dispositions de l'art. 12 de la même loi.

1118. — Par contre, la voie nous paraît assujettie à recevoir les eaux qui découlent naturellement des fonds supérieurs, sans le fait ni l'intervention de l'homme conformément à la disposition de l'art. 640, C. civ.

1119. — En vain, on dirait que cette servitude n'est écrite que pour régler les rapports des particuliers entre eux. Il s'agit là d'une servitude naturelle que la loi n'a pas créée, mais qu'elle ne fait que reconnaître.

1120. — C'est dire que, contrairement à ce qui a été jugé pour l'égout des toits (V. *infrà*, n. 1312), les propriétaires ne sauraient être responsables des dégradations causées aux talus ou ouvrages d'art des chemins de fer par les eaux tombant naturellement de leurs fonds, alors même qu'ils seraient situés à moins de deux mètres du chemin de fer.

1121. — Nous devons rappeler d'ailleurs qu'aux termes de l'art. 15 du cahier des charges, les compagnies sont tenues d'assurer l'écoulement des eaux.

4° Occupation temporaire.

1122. — Les propriétés riveraines des chemins de fer sont également assujetties à l'occupation temporaire des terrains en cas de construction ou réparation de la voie. Mais il ne semble pas que ce soit une conséquence de cette règle que ces chemins font partie de la grande voirie, car cette obligation n'est pas spéciale à la confection ou à la réparation des chemins, mais se retrouve à l'occasion de la confection de tous les travaux publics.

— Jousselin, *op. cit.*, t. 2, p. 377. — Ce cas est régi par l'arrêt du Conseil du 17 sept. 1755, la loi du 28 pluv. an VIII les art. 48 et s., L. 16 sept. 1807, et le décret du 8 févr. 1868.

1123. — Sans exposer ici la théorie de l'occupation temporaire, nous nous bornerons à rappeler quelques-unes des principales décisions auxquelles elle a donné naissance en matière de chemins de fer. Présentons d'abord cette observation générale que lorsqu'une occupation temporaire est nécessitée par des travaux concédés à une compagnie de chemin de fer, l'autorisation d'y procéder doit être délivrée à son nom et non à celui de ses entrepreneurs ou sous-traitants.

1124. — Faisons remarquer également que l'occupation temporaire ne devant jamais se confondre avec l'expropriation, un préfet ne pourrait autoriser régulièrement une occupation temporaire qui aurait pour effet de modifier d'une façon définitive le relief du sol.

1124 *bis*. — Il a été jugé qu'un préfet n'a pas pu autoriser une compagnie de chemin de fer à occuper, même temporairement, le terrain d'un particulier pour y établir une voie de raccordement provisoire, en vue des besoins de son exploitation commerciale et pour suppléer à l'insuffisance de sa ligne principale en attendant l'exécution d'un raccordement dont le projet n'était pas encore définitivement arrêté. — Cons. d'Et., 11 févr. 1876, Cie des chemins de fer du Nord, [D. 76.3.80, Leb. chr., p. 153]

1125. — ... Que cette occupation n'ayant pour objet que de faciliter l'exploitation de la voie et ne se trouvant pas ordonnée, par suite, dans l'un des cas prévus par l'arrêt du Conseil du 7 sept. 1755, la loi du 28 pluv. an VIII, et celle du 16 sept. 1807, est entachée d'irrégularité. — Même arrêt.

1126. — ... Qu'en conséquence, c'est avec raison que le conseil de préfecture a renvoyé le propriétaire à faire valoir devant l'autorité judiciaire les droits qu'il prétend avoir à une indemnité pour la prise de possession de son terrain. — Même arrêt.

1126 *bis*. — ... Qu'en pareil cas, l'administration est même fondée à rapporter l'arrêté d'occupation temporaire avant la décision du Conseil d'Etat. — Cons. d'Et., 20 juin 1884, Lacour, [Leb. chr.]

1127. — ... Que lorsque l'occupation d'une propriété a été autorisée en vue d'extraire du ballast pour la construction et l'entretien de deux lignes de chemin de fer, cette occupation cesse d'être régulière lorsque ces lignes sont terminées, et que d'autre part, le terrain ne peut plus fournir les matériaux prévus; qu'en conséquence, le propriétaire est fondé à soutenir que, dès ce moment, l'autorisation accordée a cessé de produire effet et à demander le règlement définitif de l'indemnité qui lui est due. — Cons. d'Et., 18 févr. 1887, Chemin de fer du Midi, [S. 88.3.60, P. adm. chr., D. 88.3.33, Leb. chr., p. 162]

1128. — ... Que, par suite, le conseil de préfecture est incompétent pour statuer sur le dommage résultant de cette occupation postérieurement au jour où elle a cessé d'être régulière. — Même arrêt.

1129. — ... Mais que, lorsque l'occupation d'une parcelle, autorisée régulièrement, n'a pas cessé par suite du défaut d'activement des travaux en vue desquels elle a été ordonnée, le propriétaire n'est pas fondé à demander l'allocation d'une indemnité pour établissement de talus et de fossés dans cette parcelle. — Même arrêt.

1130. — ... Qu'à l'inverse lorsque, par suite des travaux résultant de l'occupation en cours, les terrains occupés sont devenus impropres à la culture, le conseil de préfecture peut statuer immédiatement par application du décret du 8 févr. 1868 sur la réparation du dommage. — Même arrêt.

1131. — ... Que le propriétaire d'un terrain occupé pour les travaux d'un chemin de fer est fondé à réclamer directement une indemnité distincte à raison de cette occupation, alors même que ledit terrain devrait subir une expropriation ultérieure pour cause d'utilité publique. — Cons. d'Et., 29 nov. 1851, Pélissier, [S. 52.2.154, Leb. chr., p. 720]

1132. — ... Que la demande du propriétaire ne pourrait pas être rejetée dans ce cas sous la réserve de tous ses droits pour l'époque où le terrain dont il s'agit serait exproprié. — Même arrêt.

1133. — A titre d'exemple comme évaluations d'indemnité due en cas d'occupation temporaire, et notamment sur la question de savoir, en cas de dépôt sur le terrain d'autrui, si l'administration ne doit que la réparation du dommage qu'elle a causé matériellement à la propriété pendant l'occupation, ou si elle doit rendre au contraire le terrain occupé dans le même état que si l'occupation n'avait pas eu lieu, V. Cons. d'Et., 7 mars 1849, Ve Briez et consorts, [Leb. chr., p. 142]; — 30 avr. 1852, Chemin de fer du Nord, [Leb. chr., p. 131]; — 11 janv. 1855, Chemin de fer d'Avignon à Marseille, [Leb. chr., p. 43]; — 17 mars 1876, Chemin de fer du Nord, [Leb. chr., p. 285]; — 21 mars 1879, Ve Canel, [Leb. chr., p. 242]

5° *Arbres et plantations.*

1134. — Une quatrième servitude de voisinage commune aux routes et aux chemins de fer, et mentionnée par la loi du 15 juill. 1845, est relative à la distance à observer pour les plantations et l'élagage des arbres plantés.

1135. — On peut citer, parmi les principales dispositions qui se réfèrent aux plantations des grandes routes, les textes suivants :

Ord. février 1522, imposant aux riverains des routes l'obligation de planter des arbres sur le sol de ces routes. — Arrêts ou règlements des 26 oct. et 19 nov. 1666, 28 mars 1714 qui prononcent des peines contre ceux qui arrachent ou endommagent les haies plantées le long des chemins (cités par Merlin, *Répert.*, v° *Chemins* (grands), n. 8). — Arrêt du Conseil, 3 mai 1720, qui ordonne l'élargissement des grands chemins, l'établissement et l'entretien des fossés, et la plantation d'arbres sur iceux dans l'étendue du royaume. — Arr. Cons., 17 juin 1721. — Ordonnance des trésoriers de France de la généralité de Paris, 23 août 1743, pour la conservation des arbres plantés et des fossés faits le long des grands chemins. — Arr. Cons., 4 août 1781. — L. 9 vent. an XIII. — Décr. 16 déc. 1811. — L. 12 mai 1825.

1136. — Sans entrer dans l'explication détaillée de ces différents textes, nous rappellerons seulement qu'après avoir été astreints successivement à planter des arbres sur le sol même des routes (Ord. 1522), puis sur leurs terrains (Arr. Cons. 1720) et de nouveau sur le sol des routes (L. 9 vent. an XIII), les riverains se sont vus attribuer la propriété des arbres qui avaient été plantés par leurs soins et à leurs frais sur le sol des routes antérieurement à la loi du 9 vent. an XIII (Décr. 16 déc. 1811), ou dont ils justifiaient avoir fait les frais à quelque époque que ce fût (L. 12 mai 1825); que le même décret du 16 déc. 1811, abrogeant à cet égard la loi du 9 vent. an XIII, a conféré aux préfets le droit d'obliger les riverains par simple arrêté à planter des arbres sur leurs terrains, à une certaine distance de la route, dans des conditions d'espacement et de distance fixées par l'administration, et sans que ces arbres, bien que plantés par les propriétaires sur leur propre terrain, pûssent être arrachés, coupés ou même essartés sans le consentement de l'administration; — et que l'art. 5, L. 9 vent. an XIII, toujours en vigueur sur ce point, a subordonné à l'autorisation préfectorale donnée sous forme d'autorisation d'alignement, la possibilité pour ces mêmes riverains de planter des arbres sur leur sol à moins de six mètres de distance de la route, sauf aux préfets à pouvoir autoriser cette plantation à la distance de droit commun (art. 671), s'ils jugent qu'elle n'est de nature à causer aucun préjudice à la voie.

1137. — Il est bien clair qu'aucune de celles de ces dispositions qui se réfèrent à l'obligation de planter sur le sol même des routes ou à la propriété des arbres ainsi plantés ne saurait s'appliquer aux chemins de fer. — Jousselin, *op. cit.*, p. 381.

1138. — Par contre, il ne paraît pas douteux que les riverains d'une voie ferrée qui voudront planter des arbres sur les terrains qu'ils possèdent en bordure de la voie ferrée ne pourront le faire qu'en observant la distance prescrite par l'art. 5, L. 9 vent. an XIII. C'est ce qui résulte de la façon la moins douteuse des travaux préparatoires.

1139. — C'est donc à bon droit qu'il a été décidé que l'art. 5, L. 9 vent. an XIII, qui interdit aux riverains des grandes routes de faire aucune plantation d'arbres sur leur terrain à moins de six mètres de la voie sans avoir demandé l'alignement au préfet étant applicable aux chemins de fer, un conseil de préfecture a pu condamner un riverain à abattre les arbres plantés sans autorisation le long d'une voie ferrée établie sans déblai ni remblai à moins de six mètres du bord extérieur du fossé latéral. — Cons. d'Et., 27 févr. 1891, Martin, [Leb. chr., p. 167]

1140. — ... Qu'en tous cas, l'arrêté par lequel le préfet enjoint à un propriétaire riverain d'enlever des arbres de haute tige plantés à moins de six mètres de la voie ferrée, sans décider que faute de se conformer à cette injonction il sera procédé à l'enlèvement d'office, n'est pas susceptible d'être déféré au Conseil d'Etat pour excès de pouvoir; qu'il constitue une simple mise en demeure. — Cons. d'Et., 7 mars 1890, Phéleppon, [Leb. chr., p. 266]

1141. — En pratique, l'administration qui constatera sur une propriété riveraine des chemins de fer la présence d'arbres à une distance prohibée devra commencer par mettre le propriétaire en demeure de les abattre, et après procès-verbal de contravention dressé contre lui sur son refus, les fera abattre à ses frais, sans indemnité si la plantation n'en a été faite que postérieurement à l'établissement de la voie, et sauf à l'indemniser, au contraire, dans l'hypothèse inverse. C'est le conseil de préfecture qui fixera cette indemnité en cas de désaccord. Mais si c'est la compagnie qui a procédé à l'abatage sur l'ordre de l'administration, il ne paraît pas que celle-ci puisse être assujettie à prendre possession des arbres abattus et à en rembourser la valeur au propriétaire.

1142. — On s'est demandé si la distance de six mètres prescrite pour les arbres ne pourrait pas être atténuée pour les haies. Bien que la négative puisse s'autoriser des termes mêmes de la loi du 9 vent. an XIII, art. 5, qui ne fait aucune distinction quant à l'essence ou la hauteur des arbres qu'elle défend de planter, sans autorisation, à moins de six mètres de la route (Gand, *op. cit.*, n. 59), certains auteurs se montrent partisans de cette distinction. — Picard, t. 2, p. 945.

1143. — On s'est demandé, d'autre part, s'il faudrait appliquer aux riverains des chemins de fer l'*obligation* même de planter des arbres de haute tige, qui leur est imposée, en ce qui concerne les routes, par les art. 1 et s., L. 9 vent. an XIII. La négative semble résulter de la façon la plus formelle d'un passage du rapport de M. Chasseloup-Laubat et de l'exposé des motifs du ministre des Travaux publics à la Chambre des pairs du 13 févr. 1845 (*Mon.*, p. 364). Il paraît, en effet, qu'on avait proposé dans un paragraphe de l'article qui nous occupe d'imposer aux riverains l'obligation dont il s'agit, et que, dans la discussion dont ce paragraphe avait été l'objet à la Chambre des pairs, il avait été entendu qu'à l'exception de l'essartement auquel les termes de l'article ne pouvaient nullement s'appliquer, les propriétaires riverains des chemins de fer seraient soumis à toutes les obligations qui sont imposées pour les plantations aux propriétaires des terrains limitrophes des routes et, par suite, à celle de *planter* (Décr. du 16 déc. 1811, art. 88). On avait même, à ce sujet, fait ressortir les avantages qui résulteraient pour les chemins de fer de l'établissement de rideaux d'arbres qui, dans quelques localités, préserveraient la marche des convois de l'action contraire des vents. Mais ces dispositions furent nettement combattues par le rapporteur et retranchées du projet sur ses observations. « Votre commission, dit-il à ce propos, n'a pas cru qu'il fût possible d'étendre jusqu'à ce point les sacrifices que nous avions à demander à la propriété. Pour les routes ordinaires, cette obligation, imposée par le décret de 1811, trouve des compensations qui ne se présentent point ici; et quelque désirable que puisse être, dans certains cas, pour les chemins de fer, la création de ces plantations protectrices dont on a parlé, nous ne pensons pas qu'on puisse l'exiger de ceux qui n'ont aucun profit à en attendre ». — *Mon.*, 5 juin 1844. — On peut rapprocher de ce passage la déclaration du ministre des Travaux publics dans la discussion à la Chambre des pairs du 1er avr. 1844 (*Mon.*, p. 811, 3e col.) et l'exposé des motifs du même ministre du 13 févr. 1845 (*Mon.*, p. 334). — Garbouleau, *Du domaine public*, p. 282.

1144. — La même solution nous paraît s'imposer également au sujet de l'*essartement* à une distance de 60 pieds (20 mètres), imposé par l'ordonnance de 1669, aux riverains des grandes routes dans les parties qui traversent les bois ou forêts. C'est ce qui paraît encore résulter, au surplus, d'un autre passage du rapport à la Chambre. — V. Picard, *op. cit.*, t. 2, p. 945; Garbouleau, *loc. cit.*).

1144 bis. — A fortiori, ne saurait-on admettre que l'administration soit libre d'imposer aux propriétaires riverains, qui veulent planter, des essences de son choix. Tout cela, il est vrai, ne paraît pas toujours en harmonie avec les explications fournies devant les différentes assemblées. Voici, en effet, les explications que donnait à cet égard à la Chambre des pairs M. Legrand, commissaire du roi (séance du 1er avr. 1844, *Mon.* du 2, p. 808) : « C'est surtout en ce qui touche les plantations, disait-il, que le système de la commission nous paraît insuffisant. Ce système ne fait que consacrer le droit commun. Le riverain ne pourra planter qu'à deux mètres du chemin de fer. Mais, d'après le droit commun, il pourra choisir l'essence des arbres, il pourra planter des arbres dont les branches s'étendront en longueur vers le chemin de fer ; il pourra les placer aussi près les uns des autres qu'il le voudra et former un rideau impénétrable qui interceptera la circulation de l'air ; enfin, il n'élaguera ses arbres qu'alors qu'il lui plaira. Dans le système de l'amendement, qui n'est autre chose que le régime actuel des plantations sur le bord des routes de terre, l'administration pourra prescrire l'essence des arbres, elle fixera l'intervalle qui devra les séparer, de manière à permettre l'assèchement de la voie. Elle pourra faire élaguer les plantations à des époques périodiques. S'il est utile de favoriser l'assèchement d'une route de terre, il ne l'est pas moins de favoriser celui d'un chemin de fer. L'humidité de la voie peut hâter la décomposition des traverses et l'affaissement du sol peut, à son tour, en produisant l'affaissement des rails, devenir une cause d'accident. Il nous paraît donc essentiel de maintenir pour les chemins de fer le régime des plantations des routes de terre. » Mais il ne faut pas perdre de vue qu'il n'était alors question que de combattre le système de la commission, lequel se réduisait à imposer aux riverains l'observation des art. 671 et s., C. civ.

1145. — Ce sont sans doute les mêmes raisons qui ont fait hésiter sur l'élagage des arbres : d'après les uns, il faudra appliquer aux chemins de fer la disposition de l'art. 105, Déc. 16 déc. 1811, qui défend aux particuliers de procéder à l'élagage des arbres qui leur appartiennent sur les grandes routes, autrement qu'aux époques déterminées et suivant les indications et sous la surveillance des agents de l'administration (Jousselin, *loc. cit.*); d'après d'autres, au contraire, le préfet aurait seulement le droit d'ordonner un élagage conformément à l'art. 3, tit. 11, L. 16-24 août 1790.

1146. — De ce qui précède il résulte donc que des différentes servitudes imposées aux routes en ce qui concerne les arbres, la seule qui puisse sans aucun doute s'appliquer aux chemins de fer est celle qui est relative à la distance à observer pour les plantations librement effectuées sur leur terrain par les riverains.

1147. — Du caractère d'utilité publique de cette servitude, la Cour de cassation de Belgique a conclu, avec raison, croyons-nous, que la défense de planter à proximité d'un chemin de fer constitue une servitude d'utilité publique grevant les fonds voisins, et pouvant ainsi être poursuivie contre tout détenteur. — Cass. Belgique, 18 avr. 1889, L'Etat belge, [S. 90.4.21, P. 90.2.87]

1148. — La même Cour a décidé également que si la forme des autorisations individuelles délivrées en cette matière par le gouvernement n'est pas déterminée par la loi, on ne saurait cependant induire de là que, en cas d'infraction à la prohibition légale, l'absence de poursuites répressives par l'administration, pendant le délai de la prescription, soit équivalente à une autorisation d'effectuer ou de maintenir les plantations. — Même arrêt.

1149. — Dans ce cas, la prescription de l'action publique dérivant de l'infraction n'entraîne pas l'extinction de l'action civile qui compète à l'Etat pour faire supprimer les plantations illégalement faites. — Même arrêt.

1150. — Mais nous croyons qu'il y aurait des réserves à faire contre cette dernière partie, de la décision ou tout au moins contre une solution qu'elle implique. On peut soutenir, en effet, qu'il n'y a pas de prescription même pénale possible contre une contravention qui se renouvelle tous les jours.

1150 *bis*. — L'art. 671 n'ayant aucune application ici, il va de soi qu'on ne saurait accorder aucune autorité aux usages contraires qu'il vise.

1151. — La distance prévue par l'art. 5, L. 9 vent. an XIII, se compte évidemment de la limite du domaine public, c'est-à-dire du chemin de fer proprement dit ou de ses dépendances.

Elle ne saurait se calculer de la limite de propriétés privées qui pourraient appartenir aux concessionnaires.

1152. — Est-il besoin d'ajouter que les riverains, astreints à l'observation d'une certaine distance pour planter sur leur propre terrain, tomberaient sous le coup d'une contravention plus certaine encore s'ils plantaient sur les dépendances mêmes de la voie? — V. Cons. préf. Haut-Rhin, 23 juin 1887, Chemin de fer de l'Est, [Dauv., 1888, p. 165]

6° *Mines, minières, tourbières, carrières,* etc.

1153. — Indépendamment de toutes les règles qui précèdent, les riverains sont encore soumis à toutes celles qui concernent le mode d'exploitation des mines, minières, tourbières, carrières et sablières, dans la zône déterminée à cet effet.

1154. — Les principaux textes à consulter à cet égard, sont, en ce qui concerne les conditions d'ouverture et d'exploitation des mines, minières, tourbières, etc., la loi du 21 avr. 1810 et l'instruction ministérielle du 3 août suivant; les décrets des 3 janv.-22 mars et 4 juill. 1813; la loi du 28 avr. 1838 et les ordonnances des 23 mai 1841 et 26 mars 1842, concernant les mesures à prendre lorsque l'exploitation d'une mine compromet la sûreté publique ou celle des ouvriers, la solidité des travaux, la conservation du sol et des habitations de la surface; la loi du 9 mai 1866 qui modifie les art. 57 et 58, L. 21 avr. 1810 sur les mines, et la loi du 27 juill. 1880.

1155. — Quant aux règlements anciens touchant les carrières, plâtrières, sablières, ardoisières, etc., les distances et précautions à observer à l'égard des routes, on peut voir les arrêts du Conseil des 23 déc. 1690 et 14 mars 1741; les art. 10 et 11 de l'ordonnance du bureau des finances de la généralité de Paris, du 29 mars 1754; un autre arrêt du Conseil du 5 avr. 1772; la sentence de la capitainerie de la Varenne-du-Louvre du 5 août 1776; la déclaration du roi du 17 mars 1780; et les art. 15 et 16 de l'ordonnance du bureau des finances de la généralité de Paris. — V. *infrà,* n. 1167.

1156. — Il convient enfin de compléter ces dispositions par celles des art. 24 et 25 du cahier des charges que nous avons cités, *suprà*, n. 776 et s.

1157. — Parmi ces dispositions nous signalerons particulièrement celle de l'art. 50, L. 27 juill. 1880, modificative de la loi du 21 avr. 1810, et qui est ainsi conçu : « Si les travaux de recherche ou d'exploitation d'une mine sont de nature à compromettre la sécurité publique, la conservation de la mine, la sûreté des ouvriers mineurs, la conservation des voies de communication, celles des eaux minérales, la solidité des habitations, l'usage des sources qui alimentent les villes, villages, hameaux et établissements publics, il y sera pourvu par le préfet. »

1158. — Les cahiers des charges des concessions de mines contiennent, en outre, comme le fait remarquer M. Picard (t. 2, p. 946), des prescriptions spéciales. C'est ainsi que le modèle joint à la circulaire ministérielle du 8 oct. 1843 contenait un article libellé comme il suit : « Dans le cas où les travaux projetés par le concessionnaire devraient s'étendre sous..... (indication de la voie de communication) ou à une distance de ses bords moindre de..... mètres, ces travaux ne pourront être exécutés qu'en vertu d'une autorisation du préfet donnée sur le rapport des ingénieurs des mines, après que les propriétaires et les ingénieurs des..... auront été entendus. S'il est reconnu que l'autorisation peut être accordée, l'arrêté du préfet prescrit toutes les mesures de conservation et de sécurité qui seront jugées nécessaires ». — V. aussi Léchalas, *op. cit.*, t. 1, p. 490.

1159. — C'est ainsi encore que le formulaire annexé à la circulaire du 9 oct. 1882 (*Rec. Lois, Ord.*, 2ᵉ sér., t. 1, p. 477), renferme cette clause : « Dans le voisinage des chemins de fer, il est interdit au concessionnaire d'exploiter à toute profondeur, sous une zône de terrain limitée à la surface par deux lignes menées parallèlement aux limites du chemin de fer et de ses dépendances, et, à ( ) mètres de ces limites, s'il n'en a obtenu l'autorisation du préfet, donnée sur le rapport des ingénieurs des mines, la compagnie des chemins de fer et le service du contrôle entendus » (art. F).

1160. — Et M. Picard ajoute : « Le concessionnaire de la mine est en outre tenu de communiquer au préfet ses projets d'exploitation avec mémoire justificatif à l'appui, et opposition peut être faite à l'exécution de ces projets, s'il peut en résulter des dangers. Il est soumis à la surveillance permanente des ingénieurs des mines et doit fournir périodiquement tous les renseignements nécessaires pour que ses travaux puissent être pour ainsi dire suivis pas à pas ». — Picard, *loc. cit.*

1161. — Pour les mines de sel, les précautions à prendre sont plus grandes encore, et l'exploitation en est subordonnée, non plus à une simple adhésion tacite, mais à une approbation explicite des projets après enquête. — Même auteur, p. 946.

1162. — En l'absence de décisions formelles du ministre des Travaux publics à cet égard, on n'est pas d'accord, d'ailleurs, sur la ligne à partir de laquelle doit être comptée la zône de prohibition. Mais il paraît difficile d'admettre qu'elle puisse être inférieure à la distance énoncée dans l'art. 5, L. 15 juill. 1845.

1163. — Pour les minières, suivant que l'exploitation se fait à ciel ouvert ou par des galeries souterraines, il suffit d'une simple déclaration de l'exploitant, ou il faut, au contraire, une autorisation préfectorale (art. 57, L. 21 avr. 1810, modifiée par L. 9 mai 1866).

1164. — L'autorisation d'exploitation donnée par le préfet contient le plus généralement l'énumération des conditions dans lesquelles cette exploitation doit être poursuivie. Mais ces conditions ne constituent pas la seule loi de l'exploitant qui doit, aux termes de l'art. 58 de la même loi, se conformer à tous les règlements généraux et locaux intéressant la sûreté et la salubrité publiques.

1165. — Les tourbières (art. 84 et 85, L. 21 avr. 1810) doivent être autorisées, et la direction générale des travaux doit être déterminée par des décrets rendus en la forme des règlements d'administration publique.

1166. — Pour les carrières, il convient de faire une distinction analogue à celle que nous avons rencontrée à propos des minières. Si elles doivent être exploitées à ciel ouvert, il suffit d'une déclaration de l'exploitant (art. 81 et 82, L. 21 avr. 1810, modifiée par L. 27 juill. 1880). Si l'exploitation doit se faire, au contraire, par galeries souterraines, il faut observer les règles prescrites par les art. 47, 48 et 50, L. 21 avr. 1810 (modifiée par L. 27 juill. 1880) qui la soumettent à une surveillance spéciale de l'administration. C'est dire que le préfet pourra prendre toutes les dispositions nécessaires à la sûreté des voies de communication et que le concessionnaire, d'autre part, sera tenu d'observer tous les règlements locaux ou généraux relatifs à ce mode d'exploitation. Les règlements locaux imposent en général une distance minimum de dix mètres pour les excavations voisines des voies de communication.

1167. — Aux termes de l'art. 81, précité, L. 27 juill. 1880, les règlements généraux, parmi lesquels on peut citer notamment les arrêts du Conseil ou déclarations du roi des 5 avr. 1772, 15 sept. 1776 et 17 mars 1780, devaient être remplacés, dans les départements où ils étaient encore en vigueur, par des règlements rendus sous forme de décrets en Conseil d'Etat. Chaque département, croyons-nous, est ou doit être pourvu, au moment où nous écrivons ces lignes, d'un règlement conforme applicable à l'étendue de son territoire. — V. *suprà*, n. 1155.

1168. — Nous signalerons, à propos de toutes les prescriptions qui précèdent, quelques arrêts relatifs à l'étendue de la compétence des préfets et à la façon dont doivent se mesurer les distances à observer pour l'exploitation des carrières après l'ouverture d'un chemin de fer.

1169. — Il a été jugé, sur le premier point, qu'un préfet peut licitement subordonner à certaines conditions l'exploitation d'une carrière située dans le voisinage d'une voie ferrée (L. 21 avr. 1810 et 27 juill. 1880, 15 juill. 1845, 7-14 oct. 1790, 24 mai 1872); mais que, s'il autorise cette exploitation dans des conditions de nature à créer certaines menaces pour la sécurité de la voie, il ne peut, sans excès de pouvoir, obliger le concessionnaire de la mine à rémunérer les agents de surveillance que la compagnie a cru devoir instituer. — Cons. d'Et., 9 mars 1888, Solleux, [Leb. chr., 90.3.17, P. adm. chr., D. 89.3.67]

1169 *bis*. — Le préfet pourrait-il d'ailleurs supprimer par simple mesure administrative l'exploitation qui serait faite contrairement au règlement? Nous ne le pensons pas, et nous croyons que l'administration n'aurait d'autre droit que de dresser un procès-verbal pour toute contravention constatée.

1170. — Il a été décidé, sur le second point, que lorsqu'une carrière est en exploitation auprès d'une voie de chemin de fer située en remblai, la zône de dix mètres à réserver doit être mesurée à partir, non de la crête, mais de l'arête inférieure du talus. — Cons. préf. Seine, 26 déc. 1863, Préf. Seine, [Dauv., 1863, p. 18]

1171. — ... Que le contrevenant aux règlements sur les carrières invoquerait en vain une décision du jury d'expropriation portant que la zône doit être comptée à partir de la voie même, que cette décision ne saurait prévaloir contre les prescriptions légales. — Même arrêté.

1172. — ... Que lorsqu'une carrière est exploitée dans le voisinage de la voie d'un chemin de fer située en déblai, la zône de dix mètres à réserver pour protéger la sécurité publique doit être mesurée non du rail le plus rapproché, mais de la crête extérieure du déblai. — Cons. préf. Seine, 25 févr. 1865, Robinet, [Dauv., 1865, p. 180]

1173. — Nous devons, en terminant sur ce point, une mention spéciale à un décret réglementaire du 12 déc. 1881, complété par deux circulaires des 5 sept. 1882 (*Rec. Lois, Ord.*, 2e sér., t. 1, p. 463), et 6 août 1890 (*Rec. Lois, Ord.*, 2e sér., t. 4, p. 327), et relatif à l'interdiction de tirer des coups de mines pour exploiter les carrières (mesure qui nous paraît devoir être généralisée en dehors même des carrières), dans une certaine limite des voies ferrées. Aux termes de ce décret, il faut une autorisation spéciale pour pouvoir se servir de la mine dans le voisinage des chemins de fer. Cette permission ne peut être donnée que par arrêté du préfet. Le permissionnaire doit avertir au moins vingt-quatre heures à l'avance le chef de section de la mise en train, et celui-ci doit alors charger spécialement un agent de surveiller l'opération et de veiller à la protection de la voie. Le tirage des coups de mines ne peut avoir lieu qu'en sa présence et sur son ordre, et il doit au préalable prendre toutes les mesures pour protéger la ligne dans les deux directions, soit au moyen de disques, soit, si les signaux font défaut, en envoyant un poseur ou gardien à la distance réglementaire pour faire les signaux à la main. Le tirage des mines ne peut avoir lieu qu'à des heures déterminées d'avance dans l'intervalle du passage des trains, et deux heures au moins avant le passage du premier train attendu; on dispose, aux lieux où des morceaux sont susceptibles d'être détachés par l'explosion, des bourres ou fascines de façon à protéger la voie. L'arrêté préfectoral porte encore, en général, que, dans le cas où, malgré toutes ces précautions, le chemin de fer viendrait à être encombré, l'exploitant devra mettre à la disposition de l'agent de la ligne tous les ouvriers et outils nécessaires pour rétablir immédiatement la circulation, et que, dans tous les cas, il sera responsable des accidents survenus.

1174. — A ces prescriptions, la circulaire du 5 sept. 1882, ajoute sur certains points des règles spéciales. C'est ainsi qu'elle prescrit, notamment, que chaque arrêté préfectoral détermine la largeur de la zône à protéger contre les coups de mine du côté de la voie ferrée, d'après les circonstances du fait, et sans que la distance de dix mètres, prescrite pour l'exploitation à ciel ouvert, soit nécessairement observée. C'est ainsi encore qu'elle réglemente la forme dans laquelle devront se produire les demandes d'autorisation, et les autorités chargées d'en faire l'instruction (service du contrôle).

1175. — Enfin, la circulaire du 6 août 1890 a précisé le caractère du décret du 12 déc. 1881, en décidant qu'il constituait plutôt un règlement de voirie des chemins de fer qu'un règlement de police minier, et que les règlements sur l'exploitation des carrières, pris en confirmation de la loi du 21 avr. 1810 et du 27 juill. 1880, paraissaient donner des bases suffisantes pour obtenir le but poursuivi par l'administration.

1176. — Cette même circulaire, en reproduisant les principales dispositions du décret précité et de la circulaire du 5 sept. 1882, ajoute d'ailleurs, qu'en cas de péril imminent, on peut appliquer les dispositions de l'art. 23 du règlement-type sur l'exploitation des carrières.

1176 *bis*. — On doit conclure de tout ce qui précède que l'arrêté ministériel du 12 déc. 1881, étant rendu en exécution de l'art. 79, Ord. 15 nov. 1846, dans le cas où un entrepreneur viendrait à tirer un coup de mine aux abords d'un chemin de fer dans la zône prohibée et sans avis préalable, ce fait constituerait une contravention passible des peines prévues par l'art. 21, L. 15 juill. 1845.

1177. — Il est bien certain que lorsque le préfet est amené à prendre des mesures quelconques aux termes de l'art. 50, L. 21 avr. 1810, soit pour protéger les habitations, soit même pour protéger les voies de communication et par suite les chemins de fer, depuis la loi de 1880, le concessionnaire n'a droit à aucune indemnité. — Mais à supposer qu'un arrêté préfectoral lui interdise l'exploitation de sa mine ou de sa carrière dans une certaine distance de la voie, quelle peut être pour l'exploitant la conséquence de cette interdiction? A-t-il droit à une réparation pour le préjudice qui lui est causé? Devant quelle autorité peut-il faire valoir ce droit? Comment cette indemnité peut-elle être évaluée? Toutes ces questions ont fait l'objet de décisions assez divergentes du Conseil d'Etat et de la Cour de cassation.

1178. — La raison de douter est apparente si on ne s'attache qu'à l'origine des choses. L'interdiction d'exploiter une mine, une carrière, etc., ne constitue, à tout prendre, qu'une servitude d'utilité publique et ne devrait, à ce titre, entraîner aucune indemnité. Si on considère, au contraire, les effets de l'interdiction, on ne peut s'empêcher de remarquer qu'ils aboutissent à quelque chose d'analogue à ceux qui sont produits sinon par l'expropriation, au moins par les dommages résultant de l'exécution de travaux publics.

1179. — Tant qu'on a assimilé en doctrine et en jurisprudence les dommages permanents à ceux qui résultent de l'expropriation, il était naturel que l'autorité judiciaire se déclarât compétente et accordât une indemnité à raison de l'interdiction qui frappait une carrière en pleine exploitation.

1180. — ... Sauf à faire prédominer dans certains cas, et suivant les circonstances et les appréciations des cours souveraines, le caractère de servitude d'utilité publique sur celui d'expropriation. Pour l'autorité judiciaire et à cette époque, en effet, le dommage équivalait à une véritable éviction, et le concessionnaire, pour en obtenir la réparation, pouvait invoquer à son choix, soit l'art. 9 de la charte de 1830, soit l'art. 545, C. civ., soit même l'art. 1382 du même Code. — V. à cet égard, Picard, t. 2, p. 957 et s.

1181. — C'est ainsi qu'il fut jugé successivement que la prohibition d'exploiter la partie du périmètre d'une mine traversée par un chemin de fer constitue une expropriation, qui ouvre au concessionnaire de la mine le droit à une indemnité. — Cass., 18 juill. 1837, Cie de la mine de houille de Couzon, [P. 37.2.232]

1181 bis. — ... Et que, en supposant qu'un premier jugement ait définitivement statué sur l'action intentée par le concessionnaire d'une mine contre la compagnie d'un chemin de fer qui doit traverser cette mine relativement à l'indemnité due de ce fait, il ne s'ensuit pas qu'il y ait chose jugée sur la demande en indemnité formée en conséquence d'une prohibition ultérieure de l'autorité, d'exploiter la mine dans une certaine distance du chemin de fer. — Même arrêt.

1182. — ... Que les mines, après la concession, constituent une propriété perpétuelle dont le concessionnaire ou ses ayants-droit ne peuvent, pour cause d'utilité publique, être dépossédés sans indemnité. — Cass., 3 mars 1841, Concessionnaires des mines de Couzon, [S. 41.1.259, P. 41.2.181]

1183. — ... Et que ce droit existe bien que le propriétaire ne subisse pas l'éviction entière de sa propriété, mais soit privé pour un temps indéterminé seulement de la jouissance et des produits de la mine; qu'ainsi le concessionnaire d'une mine à qui il est interdit par l'autorité administrative d'exploiter cette mine dans le voisinage du passage d'un chemin de fer nouvellement concédé à travers le périmètre de la mine a droit à une indemnité pour le préjudice que lui fait éprouver cette interdiction qui est une véritable expropriation pour cause d'utilité publique. — Même arrêt.

1184. — ... Et que l'art. 50, L. 21 avr. 1810, qui confère à l'autorité administrative le droit d'interdire l'exploitation des mines lorsqu'elle compromet la sûreté des établissements de la surface, ne s'applique pas aux établissements postérieurs à la concession de la mine qui ne peuvent causer à la mine un préjudice sans être tenus à une indemnité. — Même arrêt.

1185. — ... Qu'une compagnie de chemins de fer doit une indemnité pour dédommagement du préjudice qui résulte de l'interdiction administrative, prononcée dans son intérêt, d'exploiter à une certaine distance de la voie ferrée une mine précédemment concédée. — Cass., 3 janv. 1853, Chemin de fer de Saint-Etienne, [P. 54.1.9, D. 53.1.33]

1186. — ... Que les conventions faites entre le concessionnaire d'une mine et le propriétaire de la surface pour fixer les redevances dues par le premier au second peuvent servir de base à l'évaluation de l'indemnité pour interdiction d'exploitation entre le propriétaire de la surface et une compagnie de chemin de fer. — Même arrêt.

1187. — ... Que l'indemnité est due non seulement aux concessionnaires de la mine, mais encore aux propriétaires de la surface à raison de la redevance dont ils sont privés de la part des concessionnaires; qu'il en est ainsi, soit que le chemin de fer traverse la mine souterraine, soit qu'il la traverse à ciel ouvert. — Même arrêt.

1188. — ... Que le propriétaire d'une carrière, ouverte avant l'établissement d'un chemin de fer a droit à une indemnité à raison de l'interdiction qui lui est faite par l'autorité administrative d'exploiter cette carrière au moyen de la mine. — Grenoble, 7 févr. 1860, Chemin de fer de Lyon, [D. 61.2.86]

1189. — Cependant, la cour de Dijon, dont l'arrêt, il est vrai, fut cassé, avait commencé par décider que la prohibition faite par l'autorité administrative pour cause de sûreté publique d'exploiter une mine de houille à une distance déterminée d'un chemin de fer ne peut engendrer au profit des concessionnaires de la mine une action en dommages-intérêts contre les propriétaires du chemin de fer, surtout si l'établissement du chemin de fer est antérieur aux travaux d'exploitation de la mine. — Dijon, 25 mai 1838, Chemin de fer de Saint-Etienne, [S. 38.2.469, P. 38.1.606]

1190. — Le jour où l'on cessa, au contraire, de tenir compte de la permanence des dommages causés par l'exécution des travaux publics pour l'attribution de compétence, et où l'autorité administrative fut déclarée valablement investie de ces questions, le débat fut limité à la question de savoir si la soumission à une servitude d'utilité publique pouvait constituer une cause valable d'indemnité, ou si, à raison même du caractère spécial du chemin de fer, qui constitue un travail public au premier chef, il ne convenait pas de faire prédominer le principe posé dans la loi du 28 pluv. an VIII, et si on ne devait pas considérer l'interdiction d'exploiter comme un dommage résultant d'un travail public.

1191. — Le premier point de vue commença certainement par prédominer. C'est ainsi qu'il fut décidé, notamment, que lorsque des carrières en exploitation se trouvent dans la zône de dix toises à partir des bords d'un chemin de fer (même encore en construction) l'indemnité due au propriétaire de ces carrières à raison de l'obstacle apporté à leur exploitation par les travaux du chemin de fer ne doit représenter que la dépréciation causée au terrain considéré comme terrain de culture. — Cons. d'Et., 2 avr. 1857, de Poix, [D. 58.3.5, Leb. chr.]

1192. — ... Que le propriétaire d'une carrière riveraine d'un chemin de fer, qui suspend ses travaux d'exploitation sur une lettre par laquelle le conducteur attaché au contrôle du chemin de fer lui rappelle les dispositions spéciales des lois et règlements sur l'exploitation des carrières, et l'avertit que des procès-verbaux seraient dressés contre lui en cas de contravention à ces dispositions, — ne peut plus, à raison de cette suspension de travaux, prétendre droit à une indemnité; que ce propriétaire, en suspendant ses travaux, n'a fait lui-même que se conformer aux lois et règlements sur la grande voirie; qu'en conséquence, il ne saurait formuler de conclusions tendant à ce qu'il fût déclaré que le requérant pourrait continuer à exploiter ses carrières dans les mêmes conditions qu'avant l'établissement du chemin de fer, par le motif qu'il ne pouvait appartenir au conseil de préfecture et qu'il n'appartient pas au Conseil d'Etat d'exonérer soit la propriété du requérant des servitudes dont elle a été grevée par la loi du 15 juill. 1845, soit le requérant lui-même de la responsabilité qui pourrait lui incomber, aux termes des art. 19 et 21 de la même loi, dans le cas où il continuerait, avec l'autorisation de l'administration, d'exploiter ses carrières dans la zône de 60 mètres du chemin de fer. — Cons. d'Et., 25 févr. 1864, Grangier, [Leb. chr., p. 207]

1193. — Mais on ne tarda pas à abandonner cette manière de voir, et c'est ainsi qu'il fut jugé successivement par de nombreux arrêts que l'interdiction d'exploiter une mine, faite par un préfet, dans l'intérêt d'un tunnel, constitue pour le propriétaire de la mine un titre à indemnité. — Cons. d'Et., 18 juin 1860, Cie houillère de la Ricamarie, [D. 60.3.52, Leb. chr., p. 485]

1194 — ... Que l'interdiction absolue d'exploiter une mine dans le voisinage d'un chemin de fer donne droit à indemnité. — Lyon, 28 juill. 1860, Chemin de fer de Lyon, [S. 61.2.197, P. 62.752]

1195. — ... Qu'un concessionnaire de mine dont la concession, antérieure à celle d'un chemin de fer qui vient traverser son périmètre, ne contient aucune clause qui prohibe, en vue de l'établissement de ce chemin, l'exploitation sur une partie de ce périmètre, est fondé à réclamer une indemnité, à raison de l'interdiction, qui lui est faite par décision ministérielle, d'opérer aucune extraction, à moins d'une certaine distance (dans l'espèce, 30 mètres) du plan vertical passant par l'axe du chemin de fer. — Cons. d'Et., 15 juin 1864, Cie des mines de Combes, [S. 65.2.117, P. adm. chr., D. 64.3.82, Leb. chr., p. 577]

1196. — ... Que s'il appartient à l'administration dans un intérêt de sûreté publique, aussi bien que dans l'intérêt de l'exploitation du chemin de fer, d'imposer à un concessionnaire de mines l'interdiction dont il s'agit, cette mesure, qui est la conséquence directe de l'établissement du chemin de fer, ne rentre pas dans le cas prévu par l'art. 50, L. 21 avr. 1810, qui prescrit au préfet de pourvoir à ce que la sûreté des habitations de la surface ne soit pas compromise par l'exploitation de la mine et qui est exclusif du droit du concessionnaire à une indemnité; et qu'en conséquence, une pareille interdiction cause au concessionnaire de mines un dommage direct et matériel. — Même arrêt.

1197. — ... Qu'une carrière étant en pleine exploitation au moment où vient à être construit un chemin de fer, une indemnité peut être due pour le préjudice qui résulterait de l'interdiction de l'exploiter. — Cons. d'Et., 24 févr. 1870, Chemin de fer d'Orléans, [Leb. chr., p. 179]

1198. — ... Que lorsqu'un préfet a interdit l'exploitation d'une carrière sur la demande d'une compagnie de chemin de fer et dans l'intérêt éventuel de la conservation de ses ouvrages, le propriétaire de cette carrière, qui, dans l'espèce, était en pleine exploitation avant l'établissement de la voie ferrée, a droit à une indemnité par application de l'art. 10, L. 15 juill. 1845. — Cons. d'Et., 16 févr. 1877, Chemin de fer de Paris-Lyon-Méditerranée, [Leb. chr., p. 187]

1199. — ... Que l'interdiction par le préfet de poursuivre, dans la zône de protection d'un chemin de fer et des voies publiques déplacées par suite de sa construction, l'exploitation d'une carrière qui était en pleine activité lors de l'ouverture de la ligne, peut donner droit à indemnité, alors même que l'exploitation n'aurait pas été commencée dans la zône de garantie au moment où le terrain a été grevé de la servitude de non exploitation. — Cons. d'Et., 3 juin 1881, Cie du chemin de fer du Nord, [S. 83.3.8, P. adm. chr., D. 82.3.115, Leb. chr., p. 613]

1199 bis. — ... Que l'interdiction d'exploiter une mine dans un certain rayon à raison de l'existence sur le sol correspondant d'une ligne de chemin de fer ne constitue pas une dépossession définitive équivalant à une expropriation; que le préjudice causé est un véritable dommage en matière de travaux publics dont la connaissance appartient à la juridiction administrative. — Trib. conf., 7 avr. 1884, Société des houillères de Rive-de-Gier, [Leb. chr.]

1200. — ... Que l'interdiction faite aux riverains d'une carrière d'exploiter cette carrière dans un certain rayon de la voie donne droit à une indemnité, mais du moins si la carrière était en exploitation au moment de l'établissement de la voie. — Cons. d'Et., 6 août 1887, Chemin de fer de Paris-Lyon-Méditerranée, [D. 88.3.126, Leb. chr., p. 666]

1201. — Comme on le voit, d'après ces arrêts, il s'est opéré dans la jurisprudence du Conseil d'Etat une évolution lente qui peut se traduire ainsi : 1° Le concessionnaire de mines n'aura droit à indemnité qu'autant que l'interdiction d'exploiter atteindra une partie en exploitation au moment où cette prohibition interviendra, et que sa concession ne contiendra aucune clause lui refusant tout droit à indemnité pour le cas où cette hypothèse viendrait à se réaliser. 2° Il suffit que la carrière soit en exploitation sur un point quelconque au moment où cette interdiction intervient pour que ce droit à indemnité s'ouvre à son profit. 3° Il suffit, pour qu'il en soit ainsi, que la concession de la mine soit régulière et parfaite à cette époque et investisse le concessionnaire du droit même éventuel d'exploiter.

1202. — Par quelle série d'arguments est-on arrivé à une conclusion aussi éloignée du point de départ. Le Conseil d'Etat paraît s'être laissé surtout convaincre par des arguments d'équité. Il est clair, en effet, que la prétendue analogie invoquée par ces différents arrêts entre les cas prévus par l'art. 10, L. 5 juill. 1845, et le cas qui nous occupe n'existe pas. Mais on ne peut nier que l'interdiction d'exploiter une mine en pleine exploitation au moment où un chemin de fer vient traverser son périmètre ne soit aussi préjudiciable pour l'exploitant que, pour le propriétaire d'une maison, un alignement qui vient restreindre ses droits, ou, pour l'usinier, un règlement d'eau qui amoindrit sa force motrice.

1203. — Pour M. Picard, qui approuve pleinement la jurisprudence du Conseil d'Etat, il y a une autre raison qui la justifie, c'est le caractère exceptionnel des chemins de fer envisagé au point de vue de l'usage qu'ils tirent de la surface du sol. « Sans doute, dit-il à cet égard, la propriété d'une mine est toujours de date récente par rapport à la propriété de la surface; sans doute, les concessionnaires de mines sont tenus de n'apporter aucun trouble à la jouissance des fonds supérieurs, aucun obstacle aux constructions que voudraient élever les propriétaires de ces fonds; sans doute, ils doivent subir sans indemnité toutes les mesures que l'administration viendrait à leur prescrire en vertu de l'art. 50, L. 21 avr. 1810, pour sauvegarder les bâtiments ou autres ouvrages établis par des particuliers à la superficie. Mais c'est à la condition que ces ouvrages ne dépassent pas la limite des œuvres ordinaires de l'homme. Or, dans la plupart des cas, les grands travaux publics excèdent ces limites; leur établissement ne constitue pas un usage normal de la propriété; ils exigent une protection spéciale, sortant du cadre des mesures habituelles de protection que peut commander la libre jouissance des terrains supérieurs. En vendant ces terrains à l'Etat ou à la compagnie, les anciens possesseurs du sol n'ont pu leur transmettre que les droits dont ils étaient eux-mêmes détenteurs; ils n'ont pu l'investir au regard de la mine d'une souveraineté supérieure à celle dont ils étaient eux-mêmes fondés à se prévaloir (Picard, t. 2, p. 954). » C'était, du reste, là une partie des arguments déjà présentés par M. Robert, commissaire du gouvernement en 1864 dans l'affaire des mines de Combes.

1204. — Nous avons rapporté tous ces arguments, car on comprend qu'ils sont de nature à jouer un grand rôle non seulement dans la question de savoir s'il peut être dû une indemnité à raison de l'interdiction d'exploiter une mine, mais encore dans la détermination même du quantum de cette indemnité.

1205. — Nous avons déjà rencontré dans le système qui assimilait l'interdiction d'exploiter à une expropriation un arrêté qui décide que l'indemnité devait comprendre non seulement la réparation du dommage causé au concessionnaire, mais encore la privation de redevance pour le propriétaire de la surface.

1206. — Depuis que le système contraire a triomphé, des propriétaires tréfonciers ayant formé une demande d'indemnité contre une compagnie de chemins de fer à raison du dommage que leur causait l'interdiction d'exploiter dans une zône de cent mètres de chaque côté d'un terrain, des couches de houilles existant dans le tréfond, il a été décidé que, pour déterminer cette indemnité, il y avait lieu de prendre en considération la différence de la valeur vénale de la propriété au moment où l'interdiction avait été prononcée, et celle qu'elle avait encore depuis, et non pas seulement les redevances qui leur auraient été payées par les concessionnaires de la mine si l'exploitation n'avait pas été interdite dans le périmètre susénoncé. La question s'étant posée de savoir, d'autre part, si les requérants avaient conservé le tréfond de parcelles expropriées sur eux par l'Etat et si, en conséquence, ils avaient droit à indemnité à raison de l'interdiction d'exploiter les couches situées sous ces parcelles, il fut décidé que les demandeurs n'auraient droit à cette indemnité qu'autant qu'ils rapporteraient soit une reconnaissance de l'Etat, soit une décision judiciaire établissant que le jugement d'expropriation ne s'appliquait pas au tréfond. — Cons. d'Et., 5 févr. 1875, Ogier et Larderet, [S. 76.2.309, P. adm. chr., Leb. chr., p. 112]

1207. — En tous cas, on conçoit que l'indemnité due au concessionnaire soit plus difficile à évaluer dans le cas où la partie dont il est privé n'est pas en exploitation que dans le cas contraire.

1208. — Est-il besoin de faire remarquer que, nonobstant le droit à indemnité qui est ou peut être reconnu à l'exploitant, celui-ci, s'il vient à contrevenir à l'arrêté d'interdiction, doit subir les conséquences de la contravention qu'il a commise. — Cons. préf. Seine, 26 déc. 1863, Préf. Seine, [Dauv., 1863, p. 18]

1209. — ... Et qu'il y a lieu de considérer comme constituant une contravention de grande voirie le fait d'exploiter une carrière le long d'un chemin de fer à une distance moindre que celle déterminée par le règlement en vigueur dans le département pour les exploitations voisines des routes. — Cons. d'Et., 28 mai 1880, Masselin, [S. 81.3.78, P. adm. chr., D. 81.3.37]

1210. — Nous citerons, en terminant, deux arrêts rendus pour régler les rapports des concessionnaires des mines avec les propriétaires de la surface ou leurs ayants-cause, lorsque ces propriétaires se sont substitué une compagnie de chemin de fer. On sait que, d'une façon générale, l'exploitant doit une indemnité aux propriétaires de la surface pour tous les dommages causés par l'exploitation. La jurisprudence a jugé, avec raison, qu'il pouvait en être différemment lorsque le superficiaire avait changé lui-même la destination de sa propriété ou que les cahiers des charges des compagnies contenaient des clauses contraires à cette responsabilité.

1211. — Il a été jugé, à cet égard, que si les concessionnaires de mines sont responsables des dommages causés aux compagnies de chemins de fer qui sont substituées aux droits et obligations des propriétaires de la surface, il n'en est ainsi qu'autant que ces dommages sont antérieurs à la mise à exécution des cahiers des charges qui imposent à ces compagnies, à partir d'un certain délai, l'obligation de supporter les frais des travaux de consolidation dans l'intérieur des mines précédemment concédées, et de réparer tous les dommages résultant de leur traversée pour les concessionnaires desdites mines. — Lyon, 9 juin 1882, Société des houillères de Rive-de-Gier, [D. 84.2.72]

1212. — ... Qu'en tous cas, le propriétaire d'une mine n'est pas responsable des dommages causés à des travaux souterrains (un tunnel de chemin de fer) établis depuis la concession par le propriétaire de la surface ou ses ayants-droit dans le périmètre de cette mine, alors d'ailleurs que le concessionnaire de la mine a observé les prescriptions particulières qui lui étaient imposées par l'administration à raison du voisinage de ces travaux. — Lyon, 14 juill. 1846, Chemin de fer de Saint-Etienne, [S. 47.2.17, P. 47.1.30, D. 47.2.24]

1213. — Nous ne nous sommes placés pour étudier la question du dommage causé aux concessionnaires de mines par l'invétison qu'à un point de vue général. Il est bien clair que, suivant les circonstances, il faudra tenir compte des dispositions spéciales contenues dans les cahiers des charges. — Sur tous ces points, V. d'ailleurs, Aucoc, *op. cit.*, t. 3, n. 670; Daffry de la Monnoye, *De l'expropriation*, t. 2, p. 701; Dupont, *Cours de législation des mines*, p. 384; Léchalas, *op. cit.*, t. 1, p. 491; Aguilon, t. 2, p. 58.

7° *Extraction de matériaux.*

1214. — Sont également applicables à la confection et à l'entretien des chemins de fer, continue l'art. 2, L. 15 juill. 1845, les lois et règlements sur l'extraction des matériaux nécessaires aux travaux publics. Sur le principe même de la servitude imposée à cet égard aux propriétés riveraines, on doit consulter les arrêts du Conseil des 7 sept. 1755 et 20 mars 1780; la loi des 28 sept.-6 oct. 1791, tit. 1, sect. 6, art. 1; la loi du 16 sept. 1807, art. 55.

1215. — Il résulte de ces différentes dispositions qu'à l'exception des enclos, tous les terrains qui renferment des matériaux peuvent être occupés temporairement pour l'exécution des travaux d'utilité publique; que les terrains occupés pour y prendre les matériaux nécessaires aux routes et aux constructions publiques pourront être payés aux propriétaires comme s'ils eussent été pris pour les routes elles-mêmes, mais qu'il n'y a lieu de faire entrer dans l'estimation la valeur des matériaux à extraire que dans le cas où l'on s'emparerait d'une carrière alors en exploitation; qu'en pareil cas les matériaux doivent être évalués d'après leur prix courant, abstraction faite de l'existence et des besoins de la route pour laquelle ils sont pris ou des constructions auxquelles on les destine.

1216. — Sans traiter ici des conditions d'exercice de cette servitude (ce qui serait tout à fait en dehors de notre sujet), nous signalerons deux arrêts qui ont décidé : l'un, qu'on doit tenir compte, pour la fixation du prix des matériaux extraits d'une carrière, de l'influence qu'aurait exercée sur les prix courants l'exploitation et la mise en vente par les propriétaires, dans un laps de temps très-court, d'une quantité de matériaux égale à celle extraite par la compagnie de chemin de fer; que la privation de récolte sur des terrains voisins de la carrière non exploités par la compagnie mais occupés par elle donne lieu à indemnité; que s'il n'est pas dû d'indemnité à raison de l'arrachage de souches, piquets et clôtures qui est la conséquence nécessaire de l'exploitation, la compagnie doit cependant restituer les bois arrachés ou payer une indemnité représentative de leur valeur; que par une raison analogue, si la compagnie emploie à son profit, au lieu de les remettre aux propriétaires, des terres et galets dont l'enlèvement est la conséquence de l'exploitation, elle doit une indemnité spéciale en raison de ce fait; que, dans le cas où la carrière est encore occupée et où par suite les dommages résultant de sa détérioration ne peuvent être évalués, c'est avec raison que le conseil de préfecture surseoit à statuer; que les intérêts sont dus du jour de la demande seulement, et non à la fin de chaque campagne pour l'indemnité afférente à cette campagne. — Cons. d'Et., 4 mai 1877, Chemin de fer du Midi, [Leb. chr., p. 435]

1217. — ... L'autre, que l'établissement d'une voie ferrée à travers un enclos ne lui fait pas perdre l'avantage d'être exempt de la servitude d'extraction des matériaux, lorsque toutes les parties restent en communication au moyen de passages affectés à l'usage exclusif du propriétaire. — Cons. d'Et., 8 août 1872, Ledoux, [S. 74.2.126, P. adm. chr., D. 73.3.11]

8° *Constructions.*

1218. — L'art. 5, L. 15 juill. 1845, porte, qu'à l'avenir, aucune construction autre qu'un mur de clôture ne pourra être établie dans une distance de deux mètres du chemin de fer.

1219. — Cette distance sera mesurée soit de l'arête supérieure du déblai, soit de l'arête inférieure du talus du remblai, soit du bord extérieur des fossés du chemin, et, à défaut d'une ligne tracée, à $1^m,50$ à partir des rails extérieurs de la voie de fer.

1220. — Il s'agit, dans les deux premiers paragraphes de cet article, d'une servitude *non ædificandi* des plus onéreuses aux propriétés riveraines des chemins de fer, et qui a été dans les deux Chambres l'objet des plus vifs débats. On s'est demandé d'abord si cette prohibition d'élever aucune construction, autre qu'un mur de clôture, dans une zône de deux mètres de la limite légale du chemin de fer, ne donnerait lieu à aucune indemnité, et on est généralement tombé d'accord pour admettre la négative, par cette considération que la servitude dont il s'agit n'emportait pas expropriation du terrain frappé de l'interdiction de bâtir, et qu'il convenait d'appliquer ici les principes relatifs aux servitudes de marchepied et de chemins de halage le long des fleuves et rivières navigables.

1221. — On s'est demandé ensuite si la servitude serait applicable, sans distinction, dans tous les lieux, c'est-à-dire dans la traversée des villes ou bourgs, aussi bien que dans les campagnes. L'affirmative résulte positivement de la discussion de l'art. 5 de la loi à la Chambre des députés, dans la séance du 31 janv. 1845, et notamment du rejet d'un amendement proposé par M. Pascalis, et qui consistait à introduire cette exception au principe général « hors l'enceinte des villes et villages ». M. Pascalis donnait pour motif de son amendement que les chemins de fer étant assimilés à des routes ou à des rues, on ne voyait pas pourquoi on déciderait qu'en dehors du tracé de la rue un périmètre devrait être réservé sans qu'on pût construire. Il ajoutait qu'une pareille servitude dans les villes et villages constituerait une véritable expropriation.

1222. — Cet amendement a été rejeté, par ces considérations, exposées par le rapporteur, qu'il n'était pas possible d'admettre des exceptions à une servitude que réclamait impérieusement la prudence et la nécessité dans tous les lieux, et surtout dans la traverse des villes où les constructions plus nombreuses et plus élevées rendraient plus fréquent et plus imminent le danger des écroulements ou du jet, qui pourraient tout à coup obstruer la voie de fer et y occasionner les accidents les plus graves; que, d'ailleurs, l'art. 9 de la loi donnait au gouvernement la faculté de tempérer la rigueur de la servitude, en réduisant l'étendue de la zône de prohibition dans tous les cas où cela serait possible sans danger.

1223. — Ce point entendu, on pouvait se demander également si, pour les constructions de toute nature qui pourraient être élevées sur la limite de la zône de deux mètres, ou même pour la construction d'un mur de clôture dans cette zône, le propriétaire riverain devrait demander l'alignement à l'administration comme pour les constructions sur le bord des grandes routes? On pensait généralement, au lendemain même de la confection de la loi, que l'affirmative résultait de son esprit général, et notamment de son art. 1 qui déclare, d'une manière générale, que les chemins de fer font partie de la *grande voirie* et, plus particulièrement, de l'art. 3 qui déclare applicables aux propriétés riveraines des chemins de fer les servitudes imposées par les lois et règlements qui concernent l'*alignement*. Nous avons déjà répondu, par avance, à la question (V. *suprà*, n. 1093 et s.); nous n'avons pas à y revenir.

1224. — Nous nous contenterons de faire observer que si l'alignement doit être demandé pour les constructions élevées à deux mètres, à plus forte raison doit-il l'être pour le mur de clôture, qui pourra être construit en dedans de la zône de deux mètres, mais toujours, au moins à $1^m,50$ des rails extérieurs de la voie de fer.
— V. au surplus, sur tous ces points, Gand, *op. cit.*, n. 80, p. 138.

1225. — Il est donc bien entendu, qu'à l'exception des murs de clôture, aucune construction ne pourra être élevée à moins de deux mètres du chemin de fer, et nous allons voir, dans un instant, comment se calcule cette distance. Mais que faut-il entendre par le chemin de fer? S'agit-il seulement de l'endroit où est placée la voie ferrée et où peuvent circuler les trains? Ne s'agit-il pas même de toute dépendance de la voie pour peu qu'elle appartienne au domaine public? La jurisprudence paraît constante en ce sens qu'il ne s'agit que de la voie ferrée. C'est ainsi qu'il a été jugé que l'art. 5, L. 15 juill. 1845, qui interdit d'établir des constructions dans la distance de deux mètres du chemin de fer, n'est pas applicable aux constructions contiguës à un embarcadère lorsqu'elles sont placées à plus de deux mètres de la voie elle-même. — Cons. d'Et., 12 mai 1853, Sauvin, [S. 54.2.151, P. adm. chr., D. 54.3.36]

1226. — ... Que la disposition de l'art. 5, L. 15 juill. 1845, qui interdit d'établir aucune construction autre qu'un mur de clôture dans une distance de deux mètres d'un chemin de fer (mesurée comme le veut cet article), s'applique non seulement à la voie ferrée proprement dite, mais encore à la partie d'une gare en déblai où aboutissent plusieurs voies, si elles s'entrecroisent et se raccordent, soit d'une manière fixe, soit au moyen de plaques tournantes, où elles arrivent le long des quais de débarquement et où les besoins du service peuvent comporter des déplacements de rails. — Cons. d'Et., 19 juin 1863, Delafond, [S. 64.2.84, P. adm. chr., D. 64.3.101, Leb. chr., p. 506, et les conclusions de M. le commissaire du gouvernement Robert]

1227. — ... Et qu'il en est ainsi, quand même, à raison de la distance existant entre le rail extérieur et l'arête supérieure du déblai, la construction établie sur le talus se trouverait par le fait à plus de trois mètres cinquante centimètres de ce rail. — Même arrêt.

1228. — ... Que les travaux exécutés par un propriétaire voisin d'une gare de chemin de fer, ne peuvent pas être considérés comme constituant une contravention à cet article alors que les bâtiments réparés et rehaussés par ce propriétaire sont bien à moins de deux mètres du mur de clôture de la gare, mais qu'ils se trouvent encore (malgré le développement donné dans l'espèce, depuis les travaux, aux dépendances de la gare et aux voies accessoires) à une distance de plus de quatre mètres des rails extérieurs des voies. — Cons. d'Et., 3 août 1866, Novion, [S. 67.2. 271, P. adm. chr., D. 68.5.64, Leb. chr., p. 932]

1230. — En faveur de cette opinion, on peut faire remarquer que le but principal de la prohibition contenue dans notre article, a été certainement soit d'empêcher le jet de matières susceptibles de faire dérailler les trains, soit d'éviter les incendies que ne manqueraient pas d'allumer les étincelles échappées des locomotives, si on permettait de construire sur la limite même du domaine public livré à l'exploitation. On peut aussi observer que le deuxième alinéa de l'art. 5, en prescrivant de mesurer la distance de deux mètres à partir de $1^m,50$ du rail extérieur sur les points où il n'y a ni déblai, ni remblai, ni fossé est tout à fait conforme à cette opinion. — V. aussi Cons. d'Et., 22 mai 1885, Peyron, [Leb. chr.]

1231. — On peut conclure de là qu'il suffit que des rails soient posés en terre, et fixés de nature à constituer une voie susceptible de donner passage au matériel roulant, alors même qu'en fait il ne passe encore ni trains ni machines, pour qu'il soit interdit d'élever dans leur voisinage aucune construction en deçà de la distance de deux mètres.

1232. — Mais pourrait-on aller jusqu'à soutenir qu'il suffirait que le terrain fût acquis pour la construction de deux voies, bien que la voie ne fût pas encore posée, pour que la même prohibition se fît sentir? M. Picard n'hésite pas à adopter cette opinion (t. 2, p. 935). Nous ne dissimulons pas que pour notre part nous éprouvons plus de scrupules. Comment faire valoir, en effet, en pareille hypothèse, les raisons que nous avons déduites (V. suprà, n. 1230)? Ni la lettre, ni l'esprit de la loi ne semblent pouvoir être invoqués en pareil cas; cependant, nous concevons également qu'à raison des dangers que pourrait faire courir aux constructions élevées dans ces conditions l'établissement postérieur d'une seconde voie, on fasse prédominer sur le second alinéa, qui ne comprend après tout qu'un mode de calcul, le premier alinéa qui, posant le principe, parle d'une façon générale des chemins de fer. Or le chemin de fer comprend évidemment la place où figurera par la suite la seconde voie ferrée.

1233. — Il résulte certainement de ce que nous venons de dire que la servitude *non ædificandi* ne s'applique pas là où il y a des dépendances du chemin de fer, telles que gares, magasins, cour intérieure, etc. — V. Cons. préf. Seine-Inférieure, 11 déc. 1846, Troublain, [cité par de Recy, *op. cit.*, p. 525] — La même règle doit être étendue évidemment et pour la même raison aux avenues d'accès qui ne desservent que les gares, c'est-à-dire dont le but exclusif est de relier la gare à une voie publique.

1234. — Si, au contraire, l'avenue d'accès est livrée à la circulation générale et constitue en même temps la déviation d'une voie publique, nous pensons qu'il n'y a d'autres règlements à observer par rapport à elle, que ceux qui concernent les voies similaires.

1235. — Il semblerait qu'on dût, par *à fortiori*, raisonner de même à l'égard des terrains qui ne font pas partie du domaine public, et par suite ne feront pas retour à l'Etat, mais constituent la propriété propre et privée des concessionnaires. On ne conçoit pas, en effet, qu'une compagnie puisse de son plein gré et sans y être autorisée, frapper les propriétaires riverains d'une servitude qui n'aurait aucun caractère d'utilité publique. Cependant, il est clair que si, sur cette propriété privée, la compagnie établit des ateliers de réparations, forges, etc., et qu'on y accède, les dangers seront les mêmes pour les voisins. Malgré cette analogie de situation, nous pensons cependant qu'il n'y a pas lieu d'étendre la servitude au cas qui nous occupe. Si l'établissement projeté par la compagnie est un de ceux qu'on peut considérer comme dangereux, incommodes ou insalubres, il se trouvera nécessairement placé sous l'empire des règles qui gouvernent la matière. Dans le cas contraire, le préfet trouvera dans ses pouvoirs de police, l'autorité suffisante pour sauvegarder tout à la fois les intérêts de la compagnie et ceux des voisins.

1236. — Nous venons de voir ce qu'il est interdit d'élever, ce qu'il est permis, au contraire, d'édifier dans la limite de deux mètres. Il est permis d'édifier un mur, il est défendu d'élever des constructions. Mais que faut-il entendre par ce mot *constructions?* S'agit-il uniquement de construction à usage d'habitation? Nous ne le pensons pas; nous croyons que la prohibition est plus générale et quelle s'applique à tous magasins, hangars, écuries, réserves, en un mot à tout local recouvert d'une toiture et servant à un autre usage qu'une clôture. Les deux termes, en effet, servent à s'éclairer mutuellement ; en cas de doute, on peut considérer comme construction tout ce qui n'est pas mur de clôture.

1237. — Il importe donc peu, à notre avis, que la construction soit ou non percée de jours ou de fenêtres, et nous ne saurions nous rallier, à cet égard, à l'opinion enseignée par M. Picard (t. 2, p. 936), lequel admet, en tirant argument d'un arrêt du Conseil d'Etat, « qu'un mur de clôture cesse d'avoir ce caractère et devient une véritable construction dès qu'il y est pratiqué des ouvertures ». Aussi bien, peut-on relever dans le même auteur une certaine incertitude au sujet du droit qu'il faudrait reconnaître ou refuser au voisin d'ouvrir des jours ou des accès sur la voie ou sur ses dépendances. — V. notamment, à cet égard, le passage précité, t. 2, p. 936, et comparez, p. 938, *in fine.*

1238. — Ce mur de clôture pourrait-il être remplacé par une haie? Pas davantage, du moins dans une distance de moins de six mètres de la limite du chemin de fer, et nous en avons expliqué la raison plus haut. — V. *suprà*, n. 1142.

1239. — Reste à déterminer la façon dont doit être calculée la distance à partir de laquelle s'impose la servitude *non œdificandi*. Nous avons posé le principe, nous devons indiquer les applications qui en ont été faites.

1240. — Il a été jugé que lorsqu'une voie ferrée est établie en déblai, c'est à partir de l'arête supérieure du talus que doit être calculée la distance de deux mètres dans laquelle aucune construction autre qu'un mur de clôture ne peut être élevée, et non pas à partir de la face extérieure du mur de clôture que la compagnie du chemin de fer a établi sur la limite même du terrain lui appartenant au delà du talus. — Cons. d'Et., 21 janv. 1881, Noël et Viguier, [D. 82.3.44, Leb. chr., p. 108]

1241. — ... Que lorsqu'une construction a été élevée sans autorisation à moins de deux mètres d'un fossé parallèle à une voie ferrée, si la voie ferrée est en remblai relativement au terrain du contrevenant et que le fossé, ayant une destination spéciale, ne puisse être considéré comme le fossé du chemin visé par l'art. 5, L. 15 juill. 1845, de sorte que les constructions se trouvent, en définitive, à quatre mètres de l'arête inférieure du talus du remblai, il ne peut y avoir aucune contravention résultant du fait de reconstruction. — Cons. préf. de Saône-et-Loire, 20 févr. 1885, Préfet de Saône-et-Loire, [Dauvert, 1885]

1242. — ... Que, bien que la crête d'un talus se soit trouvée recoupée pour l'élargissement de la voie antérieurement à la délimitation de l'alignement, la contravention n'en existe pas moins, sauf la faculté pour le contrevenant d'intenter à la compagnie une demande en indemnité. — Cons. de préf. de la Seine, 30 juin 1882, Préfet de la Seine, [Dauvert, 1882, p. 226] — Comp. Cons. d'Et., 20 févr. 1885, Canda, [Leb. chr.]

1243. — V. encore, sur le mode de calculer cette distance lorsque le chemin de fer étant en déblai, le terrain qui appartient aux propriétaires riverains et qui leur fait suite est également un talus : Cons. d'Et., 1er déc. 1859, Dyvernois, [Leb. chr., p. 687]

1244. — On s'est demandé si les particuliers pourraient, à l'aide de réserves introduites dans des conventions privées, faire échec aux principes contenus dans les dispositions que nous venons de rappeler. La négative nous paraît résulter certainement du caractère d'utilité publique attaché à ces dispositions.

1245. — Bien que la question ne paraisse pas avoir été expressément tranchée par la jurisprudence, on peut citer à cet égard un arrêt d'où il résulte qu'au cas où le propriétaire, qui a cédé amiablement à une compagnie de chemins de fer avant la loi du 25 juill. 1845, dont l'art. 5 prohibe toute construction dans la distance de deux mètres d'un tel chemin, un terrain nécessaire pour l'établissement du chemin de fer, forme, depuis cette loi, contre la compagnie une demande d'indemnité à raison de l'obstacle apporté par le gouvernement à l'exercice de la faculté qu'il s'était réservée de faire des constructions sur le surplus de sa propriété à la limite du chemin et d'y établir des jours et des issues, les juges doivent rechercher quels sont les effets de ladite loi relativement aux conventions intervenues entre les parties et apprécier quelle est la nature de l'obstacle allégué ; qu'ils ne peuvent se borner à réserver au demandeur la faculté dont il se dit privé en se fondant sur ce qu'il ne justifie pas d'obstacles résultant des lois et règlements à l'exercice de cette faculté. — Cass., 6 mai 1862, Richarme, [S. 62.1.890, P. 62.873]

1246. — Après avoir interdit à l'avenir toute construction dans la limite que nous avons indiquée, la loi de 1845 a décidé que les constructions existantes au moment de la promulgation de la présente loi ou lors de l'établissement d'un nouveau chemin de fer pourraient être entretenues dans l'état où elles se trouveraient à cette époque.

1247. — Ce paragraphe a donné naissance à de sérieuses difficultés et à de nombreux renvois devant les différentes commissions. On se demandait ce que comprenait le mot *entretenir*, s'il équivalait, dans certains cas, à des réparations et à des reconstructions. Bien qu'il y ait eu à cet égard d'assez sérieux dissentiments dans les deux Chambres, on peut dire que le sens de ce mot a été précisé par M. Persil qui s'est exprimé en ces termes dans son rapport à la Chambre des Pairs. « Il a été compris par ces seules explications que le mot *entretenu* exprimait ce qu'on appelle dans l'usage des réparations d'entretien, réparations que nous n'avons pas besoin de définir, réparations qui sont définies pour une certaine portion par notre droit civil, réparations qui sont encore définies par l'administration qui est chargée d'y veiller. Ainsi, nous voilà bien d'accord sur le mot. Le propriétaire de ces constructions ne pourra pas rebâtir d'une manière générale ; il ne pourra pas rebâtir partiellement ; si un mur tombe, il ne pourra pas le relever ; il ne pourra pas (j'emploie exprès le mot en usage) faire des réparations réconfortatives, mais il pourra faire toutes les réparations d'entretien. Maintenant, quand il s'agira de savoir si ce qu'il veut faire est réparation d'entretien ou ne l'est pas, on aura à faire ce qui se fait tous les jours, c'est-à-dire que quand le propriétaire d'un immeuble frappé de servitude, pour cause d'intérêt public, veut faire toucher à son immeuble, il ne le peut pas, d'après les règlements, sans aller faire sa déclaration à l'autorité. L'autorité envoie ce qu'on appelle *le voyer* pour s'informer quelles sont les réparations qu'on veut faire. Ce sont des réparations d'entretien ou ce n'en sont pas. Si le voyer juge que ce sont des réparations d'entretien, il les laissera faire; s'il juge le contraire, on se pourvoira devant l'autorité, devant le conseil de préfecture, et ensuite, s'il y a lieu, devant le Conseil d'Etat. » — *Sic*, Jousselin, *op. cit.*, t. 2, p. 389; Dalloz, *Rép.*, v° *Voirie par chemin de fer*, n. 213.

1248. — Il est vrai que cette interprétation ne paraissait pas tout à fait conforme à l'esprit qui a dicté la loi du 17 juill. 1819 sur les servitudes militaires et à l'ordonnance de 1821 qui l'a appliquée, loi et ordonnance dont paraissait cependant s'être inspirée la loi de 1845, ainsi que le faisait remarquer M. Taillandier à la Chambre des députés.

1249. — Mais les deux Chambres se sont rencontrées implicitement sur ce terrain commun, que la jurisprudence seule serait apte à définir dans chaque cas donné ce qui constituera une réparation d'entretien ou ce qui constituera, au contraire, une grosse réparation, et c'est là en réalité la vraie solution de la question. — V. cep. Garbouleau, *op. cit.*, p. 284; Batbie, *op. cit.*, t. 6, p. 60; Duvergier, *Commentaire sur la loi de 1845;* Féraud-Giraud, *op. cit.*, p. 152. — V. aussi Aucoc, *op. cit.*, n. 1616.

1250. — Un règlement d'administration publique, continuait la même loi, déterminera les formalités à remplir par les propriétaires pour faire constater l'état desdites constructions, et fixera le délai dans lequel ces formalités devront être remplies (art. 5, L. 15 juill. 1845).

1251. — Ce paragraphe n'était que la conséquence nécessaire du précédent: pour que les constructions riveraines du chemin de fer fussent définitivement frappées de la prohibition de reconstruction ou même de *réparation*, il paraissait justement nécessaire que leur état actuel fût constaté.

1252. — Ce règlement d'administration publique cependant, n'est, croyons-nous, jamais intervenu.

1253. — On a admis avec raison que jusqu'à ce qu'il soit rendu, les propriétaires conservent toute liberté pour user de leur propriété.

1253 *bis*. — Lorsque l'administration poursuit un propriétaire pour avoir construit à moins de deux mètres du pied du talus d'un chemin de fer et que celui-ci soutient que sa construction, antérieure à l'élargissement récemment donné à la voie était, avant cet élargissement, à la distance réglementaire, c'est à l'administration poursuivante qu'incombe la preuve des faits d'où résulterait la contravention. — Cons. d'Et., 16 janv. 1885, Augé, [Leb. chr.]

9° *Excavations.*

1254. — Dans les localités où le chemin de fer se trouvera en remblai de plus de trois mètres au-dessus du terrain naturel, il est interdit aux riverains de pratiquer, sans autorisation préalable, des excavations dans une zône de largeur égale à la hauteur verticale du remblai, mesurée à partir du pied du talus (L. 15 juill. 1845, art. 6).

1255. — De cette manière de mesurer la hauteur verticale du remblai, à partir du pied du talus, il s'ensuit que, dans les terrains en pente transversale, cette hauteur verticale du talus, et par conséquent la zône de prohibition, devront augmenter d'autant plus que le talus s'étendra plus loin en aval. C'est en effet le seul moyen, dans les terrains mouvants, d'empêcher que les excavations voisines du remblai n'en puissent occasionner l'éboulement.

1256. — Lorsque le chemin de fer n'aura qu'un remblai de moins de trois mètres, ou lorsqu'il sera au niveau du sol et qu'il n'existera pas de remblai, on peut se demander à quelle distance il sera défendu de creuser des excavations? Nous pensons que, dans ce cas, la présente loi n'offrant aucune disposition nouvelle, il faudra se référer aux règlements de la grande voirie relatifs à la conservation des chemins et routes, et, particulièrement en ce qui touche les fouilles et excavations, à l'arrêt du Conseil du 17 juin 1721, à l'ordonnance du bureau des finances de Paris du 18 juin 1765, et surtout à l'art. 9 de l'ordonnance du même bureau du 17 juill. 1781.

1257. — L'autorisation de pratiquer des excavations ne pourra être accordée sans que les concessionnaires ou fermiers de l'exploitation du chemin de fer aient été entendus ou dûment appelés.

10° Couvertures en chaume. — Meules de paille ou de foin. — Dépôt de matières inflammables.

1258. — Il est défendu d'établir, à une distance de moins de vingt mètres d'un chemin de fer desservi par des machines à feu, des couvertures en chaume, des meules de paille, de foin, et aucun autre dépôt de matières inflammables (L. 15 juill. 1845, art. 7).

1259. — Nous n'avons pas besoin de définir chacun de ces mots dont le sens est tout à fait clair : nous nous contenterons de signaler un arrêt qui a considéré comme dépôt de matières inflammables un dépôt de fourrage établi à une distance de moins de huit mètres du rail extérieur de la voie dans un local ouvert du côté de la voie et protégé, dans une partie de sa hauteur, seulement par une simple barrière. — Cons. d'Et., 27 avr. 1870, Drevet et Cessieux, [Leb. chr., p. 503]

1260. — Cette prohibition qui s'applique incontestablement aux riverains, s'applique-t-elle également à la compagnie? *A priori*, il semblerait qu'on dût répondre par la négative. Cependant il a été jugé que l'interdiction d'établir à moins de vingt mètres de distance du bord extérieur de la clôture de la voie de fer aucun amas de matières inflammables fait obstacle à ce que la compagnie laisse les herbes du fossé former un dépôt de matières d'une combustion prompte et facile. — Bordeaux, 13 déc. 1854, Saige, [D. 55.2.290]

1261. — Cette prohibition ne s'étend pas aux dépôts de récoltes faits seulement pour le temps de la moisson.

1262. — En conséquence, des dépôts de gerbes, qui ont eu lieu seulement pour le temps de la moisson, sur une aire à dépiquer, ne constituent pas une contravention. — Cons. d'Et., 13 juin 1867, Ducros, [Leb. chr., p. 568]

1263. — On a pu décider, en partant du même principe, qu'elle ne s'applique pas non plus aux dépôts de matières inflammables qui n'ont pas un caractère permanent. Jugé, en ce sens, que l'art. 7 ne prohibe pas le fait d'un propriétaire qui a placé des meules de gerbe ou de paille à une distance de moins de vingt mètres de la ligne de chemin de fer, qui a pratiqué le battage de ses récoltes sur une aire située dans la zône prohibée par la loi, mais qui n'y a pas déposé d'*une manière permanente* ses gerbes, lesquelles ont été seulement transportées sur l'aire pendant le temps nécessaire au battage. — Cons d'Et., 18 juin 1860, Siere, [P. adm. chr., D. 60.3.65, Leb. chr., p. 512]

1264. — On est d'accord pour reconnaître que la prohibition établie par cet article n'a pas pu atteindre les couvertures en chaume déjà existantes avant la loi ou avant l'établissement du chemin de fer; qu'elle ne l'aurait pu qu'en produisant un effet rétroactif, et en portant atteinte à des droits acquis. Il est clair, d'ailleurs, que l'administration trouvera toujours dans l'art. 10 de la loi le moyen de faire supprimer les couvertures en chaume, comme toutes autres constructions qui présenteraient un danger imminent; seulement, aux termes du même article, elle ne peut ordonner cette suppression que moyennant une juste indemnité.

1265. — Mais si la prohibition inscrite dans la loi n'a pas pu avoir pour effet de faire disparaître les couvertures en chaume existant au moment où elle a été rendue, n'a-t-elle pas interdit au moins au propriétaire qui possédait de semblables toitures a cette époque, de les réparer ou reconstruire depuis? Il semble qu'il puisse y avoir lieu à cet égard de distinguer entre les réparations proprement dites et les reconstructions.

1266. — Jugé, en ce sens, que les propriétaires de maisons ou bâtiments couverts en chaume situés à moins de vingt mètres d'un chemin de fer, mais dont l'existence est antérieure à la loi du 15 juill. 1845, peuvent, même sans autorisation, exécuter de simples réparations d'entretien à cette toiture — Cons. d'Et., 27 août 1854, de Maingoval et Desruènes, [S. 55.2.276, P. adm. chr., D. 55.3.39]

1267. — ... Que l'art. 7, L. 15 juill. 1845, qui prohibe, pour l'avenir, l'établissement de toitures en chaume à moins de vingt mètres de chemins de fer desservis par des machines à feu, a par cela même prohibé la reconstruction totale des toitures en chaume qui existaient antérieurement à l'exécution de ces chemins de fer; mais, qu'aucune disposition de loi n'interdit aux propriétaires de faire des réparations à ces couvertures, et ne les oblige, avant d'y procéder, à se pourvoir d'une autorisation administrative. — Cons. d'Et., 16 mars 1859, Hup, [S. 59.1.696, P. adm. chr., D. 59.3.58, Leb. chr., p. 211]

1268. — ... Que l'art. 7, L. 15 juill. 1845, en prohibant d'une manière absolue l'établissement de nouvelles couvertures en chaume, a, par cela même, prohibé la reconstruction totale des couvertures en chaume qui existaient antérieurement à la construction des chemins. — Cons. d'Et., 31 janv. 1866, Junca, [S. 66.2.372, P. adm. chr., D. 66.3.70, Leb. chr., p. 68]

1269. — ... Qu'en conséquence, un propriétaire qui a remplacé par une nouvelle toiture en chaume son ancienne toiture disparue, bien que le hangar qu'elle recouvre soit à une distance de moins de 20 mètres, doit être condamné à l'amende et à la démolition de cette toiture; mais que, quant au hangar qui n'a pas été détruit de fond en comble avant d'être rebâti par le propriétaire, et qui, d'ailleurs, se trouve à plus de deux mètres du chemin de fer, la démolition ne doit pas en être ordonnée. — Même arrêt.

1270. — On a appliqué les mêmes principes dans des conditions un peu différentes aux simples dépôts. C'est ainsi qu'il a été jugé que lorsqu'un dépôt de matériaux combustibles, établi antérieurement à la construction d'un chemin de fer, se trouve, par suite de cette construction, dans la zône de prohibition fixée par l'art. 7, L. 15 juill. 1845, le renouvellement fait incessamment depuis lors des matériaux qui le composent ne saurait être considéré comme l'établissement d'un dépôt nouveau, en contravention à la loi; et que la suppression du dépôt ne peut, dès lors, être ordonnée que moyennant indemnité. — Cons. d'Et., 1er sept. 1860, Guiraud, [S. 61.2.425, D. 61.3.35] — Dans l'espèce, il s'agissait d'un dépôt de fagots faisant partie des approvisionnements d'une briqueterie : le propriétaire ne l'avait pas déplacé, et il prétendait avec raison que les dépôts antérieurs à la loi de 1845 ne peuvent être déplacés qu'après une préalable indemnité.

La même observation ne nous paraîtrait pas pouvoir s'appliquer toutefois à des dépôts qui, par leur nature, n'auraient aucun caractère de permanence, tels que des meules de pailles. En d'autres termes, nous ne pensons pas que le fait par un riverain d'avoir affecté un terrain (antérieurement à la création d'un chemin de fer) à recevoir des meules, pourrait l'autoriser par la suite à y établir indéfiniment les meules provenant de récoltes postérieures.

1271. — Il est à peine besoin de faire remarquer que la servitude dont nous nous occupons ne s'applique qu'aux dépôts voisins de la voie proprement dite et non à ceux qui avoisinent les bâtiments des gares, magasins, etc. Mais à partir de quel point devra être mesurée cette distance de vingt mètres? Il y a toute apparence que c'est à partir de la limite même du terrain occupé par le chemin; il n'y aurait aucun motif d'appliquer ici les distances établies à d'autres fins par les art. 5 et 6 de la loi. C'est aussi le sentiment de M. Gand, *op. cit.*, n. 98.

1272. — Jugé, cependant, que lorsque la loi prohibe d'établir, à une distance de moins de vingt mètres de la voie d'un chemin de fer desservi par des machines à feu, des couvertures en chaume, des meules de paille, de foin et autres dépôts de matières inflammables, cette distance doit être mesurée, soit de l'arête supérieure du déblai, soit de l'arête inférieure du talus du remblai, soit du bord extérieur du fossé du chemin, soit des rails extérieurs de la voie ferrée. — Cons. d'Et., 27 avr. 1870, Drevet et Cessieux, [Leb. chr., p. 503]

1273. — L'interdiction contenue dans la loi du 15 juill. 1845 d'effectuer des dépôts de matières inflammables à moins de vingt mètres de la voie ferrée, ne peut donner lieu à indemnité que dans le cas où l'administration, par application de l'art. 10 de la loi, ordonne la suppression de constructions, plantations ou dépôts existant lors de l'établissement du chemin de fer. — Cons. d'Et., 3 janv. 1873, Cie de Paris-Lyon-Méditerranée, [Leb. chr., p. 22]

1274. — Lorsque des dépôts de matières inflammables (dans l'espèce, dépôts de bois de chauffage et de construction), existaient avant l'établissement d'un chemin de fer, leur existence ne saurait constituer une contravention à l'art. 7 de la loi. En est-il ainsi alors même que les dépôts existent sur une propriété partiellement expropriée pour l'établissement du chemin de fer, ou bien peut-on prétendre que, dans ce cas, il y a présomption légale, que, lors de l'expropriation, le jury a tenu compte, dans la fixation de l'indemnité, des dépréciations résultant des servitudes de toute nature que la loi de 1845 pouvait faire peser sur le restant de la propriété et que, par suite, l'existence des dépôts constitue une contravention? Il a été jugé à cet égard que l'administration a seulement le droit d'ordonner la suppression des dépôts, en vertu des pouvoirs qui lui sont accordés par l'art. 10 de la loi, et moyennant le règlement des indemnités qui pourraient être dues au propriétaire. — Cons. d'Et., 31 mars 1865, Navet, [D. 66.3.3, Leb. chr., p. 393]

1275. — La compagnie est d'ailleurs responsable de l'incendie dont ont été atteints des bâtiments riverains de la voie par le feu échappé de ses locomotives, bien que ces bâtiments, contenant un dépôt de matériaux combustibles, soient situés à une distance moindre que celle prescrite par l'art. 7, L. 15 juill. 1845, s'ils existaient déjà avant la création de la voie ferrée. — Cass., 20 nov. 1866, Chemin de fer de la Méditerranée, [S. 67.1.77, P. 67.160, D. 66.2.225]

1276. — Spécialement, elle est responsable du feu communiqué à des granges contenant des récoltes et peut être tenue de garantir le fermier déclaré lui-même responsable de l'incendie envers son bailleur. — Même arrêt.

11° Dépôts d'objets non inflammables.

1277. — Dans une distance de moins de cinq mètres d'un chemin de fer, aucun dépôt de pierres, ou objets non inflammables, ne peut être établi sans l'autorisation préalable du préfet. Cette autorisation sera toujours révocable. L'autorisation n'est pas nécessaire : 1° pour former, dans les localités où le chemin de fer est en remblai, des dépôts de matières non inflammables, dont la hauteur n'excède pas celle du remblai du chemin; 2° pour former des dépôts temporaires d'engrais et autres objets nécessaires à la culture des terres (L. 13 juill. 1845, art. 8).

1278. — Ces dispositions peuvent se passer de commentaire. Un dépôt de matière quelconque peut être menaçant pour la circulation s'il est susceptible de se projeter sur la voie. Il n'est pas dangereux dans le cas contraire : de là le principe posé par notre article et de là aussi l'exception.

1279. — Il a été jugé, à cet égard, que lorsque des cavaliers (masses de terres provenant de l'exploitation de carrières et entassées par les exploitants de ces carrières), n'ont pas été établis à une distance moindre que celle fixée par l'art. 8 combiné avec l'art. 5, L. du 15 juill. 1845, lorsque d'ailleurs, les terres provenant de l'éboulement de ces cavaliers ne sont pas tombées dans la zône de cinq mètres déterminée par la combinaison de ces articles, et que les procès-verbaux dressés se bornent à constater que, par suite du mouvement des terres, une voie du chemin de fer s'est trouvée déformée horizontalement et soulevée de plusieurs centimètres, ces faits ne peuvent pas être considérés comme constituant la contravention prévue par l'art. 8, L. 15 juill. 1845. — Cons. d'Et., 14 mars 1863, Chemin de fer de Ceinture, [Leb. chr., p. 239]

1280. — ... Que si le concessionnaire du chemin de fer se croit fondé d'ailleurs à réclamer la réparation du dommage qu'il aurait éprouvé par suite de l'accumulation des dépôts dont les cavaliers ont été successivement formés, il conserve le droit de porter sa demande devant la juridiction compétente pour y être statué ce qu'il appartiendra. — Même arrêt.

1281. — L'autorisation d'effectuer des dépôts dans la zône prohibée doit être préalable : si elle n'était demandée que postérieurement au procès-verbal, le prévenu n'en devrait pas moins être condamné à l'amende et à la suppression de l'ouvrage indûment exécuté, et aux dépens. — Cons. préf. Seine, 20 févr. 1883, Préfet de la Seine, [Dauv., 1884, p. 208]

1282. — On voit d'après ce qui précède que, pour les dépôts comme pour les excavations, les préfets ont un droit d'autorisation analogue. Il semblerait résulter d'une comparaison attentive des art. 6 et 8 qui règlent ces deux points, que, tandis que l'autorisation préfectorale en cas d'excavation ne pourrait être accordée qu'après audition du concessionnaire cette même autorisation au contraire, en cas de dépôt de matériaux, serait absolument libre. Mais cette différence est plus apparente que réelle, et il paraît préférable d'exiger dans tous les cas l'avis de la compagnie. — Picard, *op. cit.*, t. 2, p. 953.

12° *Exceptions aux règles précédentes.*

1283. — Lorsque la sûreté publique, la conservation du chemin et la disposition des lieux le permettront, les distances déterminées par les articles précédents pourront être diminuées en vertu d'ordonnances royales rendues après enquête (L. 15 juill. 1845, art. 9).

1284. — Il résulte des explications données lors de la discussion de la loi, qu'un règlement d'administration publique n'est pas nécessaire pour diminuer la zône des servitudes, et qu'un simple décret suffit.

1285. — On paraît d'accord pour enseigner, malgré le silence du texte, que les intéressés, c'est-à-dire les concessionnaires, devront encore être ici entendus, avant que le décret soit rendu.

1286. — On admet également, d'une façon générale, que l'enquête dont il est parlé devra se faire dans la forme des enquêtes de *commodo et incommodo.*

1287. — Le gouvernement, ayant ainsi, sous les conditions déterminées par la loi, la faculté de diminuer, par simple décret, l'étendue des zônes de servitude, il s'ensuit nécessairement que, dans les cas où ces conditions lui paraîtront ne plus exister, il pourra révoquer l'ordonnance et rétablir la règle générale. Mais alors quel sera le sort des constructions qui auront été élevées sous l'empire du premier décret? Devront-elles disparaître immédiatement et sans indemnité? L'affirmative nous paraît indubitable, les propriétaires de ces constructions ont dû savoir que la faculté qui leur était accordée ne pouvait être que subordonnée aux éventualités de l'avenir, et qu'en conséquence ils ne pouvaient regarder cette faveur comme définitive et constituant pour eux un droit acquis. A cet égard, il en sera comme des tolérances ou permissions de bâtir dans les zônes de servitude des places fortes, tolérances ou permissions qui ne sont jamais accordées que sous la condition de démolir à première réquisition. — V. de Lalleau, *Traité des servitudes établies pour la défense des places de guerre*, p. 348, n. 380 et s. — Ajoutons, au surplus, qu'il est à croire que, pour prévenir toute surprise, toute difficulté, les décrets qui, pour certaines localités, autoriseront à construire dans une distance moindre de deux mètres de la voie de fer, mentionneront les conditions sous lesquelles cette faculté aura été accordée.

1288. — Sur les quelques très-rares applications qui ont été faites de cette disposition, on peut consulter notamment Lamé-Fleury, *Code annoté des chemins de fer*, loc. cit., et Picard, *op. cit.*, t. 2, p. 956.

1289. — Si, hors des cas d'urgence prévus par la loi des 16-24 août 1790, la sûreté publique ou la conservation du chemin de fer l'exige, l'administration pourra faire supprimer, moyennant une juste indemnité, les constructions, plantations, excavations, couvertures en chaume, amas de matériaux combustibles ou autres, existant, dans les zônes ci-dessus spécifiées, au moment de la promulgation de la présente loi, et, pour l'avenir, lors de l'établissement du chemin de fer. L'indemnité sera réglée, pour la suppression des constructions, conformément aux tit. 4 et s., L. 3 mai 1841, et, pour tous les autres cas, conformément à la loi du 16 sept. 1807 (L. 15 juill. 1845, art. 10).

1290. — Nous avons déjà eu l'occasion à plusieurs reprises de nous occuper de cette disposition. Nous avons dû nous demander, notamment, si elle devait être interprétée restrictivement, ou si elle ne pouvait pas être étendue en dehors des cas pour lesquels elle a été faite expressément.

1291. — Du rapprochement opéré par notre article, entre les dispositions de la loi du 15 juill. 1845 et celles de la loi des 16-24 août 1790, on peut conclure tout d'abord que, bien que les chemins de fer soient placés d'une manière générale sous le régime de la grande voirie, ils n'en sont pas moins soumis dans certaines parties et sous certains rapports, ainsi que nous l'avons déjà fait remarquer (V. *supra*, n. 1039), aux arrêtés que l'autorité municipale peut prendre dans les cas d'urgence déterminés par la loi des 16-24 août 1790, c'est-à-dire, lorsqu'il s'agit de la sûreté et de la commodité du passage, de la tranquillité publique, du maintien du bon ordre, etc. (tit. 10, art. 3).

1292. — Hors ces cas, l'art. 10 ci-dessus donne à l'administration le droit d'ordonner la suppression des constructions, plantations, etc., existantes dans les zones de servitude déterminées par les articles précédents, c'est-à-dire, celles que leur existence antérieure à la loi ou à l'établissement du chemin de fer aurait fait tolérer jusque-là, d'après le § 3 de l'art. 5.

1293. — Le cas d'urgence dont il est ici question est désigné sous le nom d'arrêté de péril.

1294. — Pour les autres, qui ne paraissent assujettis à aucune règle fixe, mais qui semblent plutôt abandonnés à la discrétion de l'administration préfectorale, nous nous bornerons à faire remarquer que cette administration, en les réglementant, ne s'expose à aucun recours pour excès de pouvoir.

1295. — Ce n'est que moyennant une *juste indemnité* que peuvent avoir lieu les suppressions autorisées par cet article. Mais cette indemnité doit-elle être *préalable* comme dans les cas ordinaires d'expropriation pour cause d'utilité publique, ou, ce qui revient à peu près au même, dans quelle forme sera-t-il procédé au règlement de l'indemnité? — Ces deux questions fort graves ont occupé quatre longues séances de la Chambre des pairs des 3, 8, 9 et 10 avr. 1844 (*Mon.*, p. 738, 874, 887 et 893), et de cette discussion approfondie, il est résulté qu'une distinction était à faire entre les divers objets dont la suppression pourrait être ordonnée; que, pour les constructions seulement, la suppression serait regardée comme une sorte d'expropriation pour utilité publique, et que, dans ce cas, le règlement de l'indemnité aurait lieu dans la forme fixée par les tit. 4 et s., L. 3 mai 1841, ainsi que l'énonce le deuxième paragraphe du présent article, ce qui entraîne de soi, ainsi que l'a déclaré du reste le rapporteur (*Mon.*, p. 888, 2ᵉ col.), que l'indemnité, réglée par le jury, sera *préalable*, aux termes de l'art. 53 de cette dernière loi. — Quant aux autres objets indiqués dans le premier paragraphe de l'article ci-dessus, les plantations, couvertures en chaume, amas de matériaux combustibles ou autres, il a été entendu que leur suppression ne constituait pas une véritable expropriation ; qu'elle n'entraînait qu'un simple *dommage*, temporaire ou permanent, et qu'à ce titre, l'indemnité en serait réglée conformément à la loi du 16 sept. 1807, ainsi que l'exprime le deuxième paragraphe de l'article ci-dessus, ce qui emporte cette conséquence que l'indemnité sera réglée par l'administration et ne sera pas préalable (V. *Mon.*, p. 893, 3e col.).

1296. — Mais par qui sera due et payée l'indemnité ? Sera-ce par l'Etat ou par les compagnies concessionnaires ? Il paraît résulter des travaux préparatoires que tout dépendra des circonstances du fait. L'article proposé par la commission de la Chambre des pairs contenait, en effet, à ce sujet un troisième paragraphe ainsi conçu : « Elle (l'indemnité) sera payée par l'Etat, si l'Etat a exécuté les travaux, et par les compagnies, si les travaux ont été exécutés à leurs frais, moyennant une concession perpétuelle ». Cette double disposition a été combattue par plusieurs membres comme inutile ou dangereuse. « Ces deux paragraphes, a dit M. Girod de l'Ain, me paraissent inutiles, parce que, dès l'instant que vous avez réglé la juridiction, vous avez établi d'après quelle loi tel ou tel cas serait apprécié. Eh bien, le juge déterminera à la charge de qui doit être mise l'indemnité. Ces paragraphes sont dangereux, parce qu'ils ne peuvent pas comprendre les cas divers d'indemnité réclamée, soit par l'Etat contre les particuliers, soit par ceux-ci contre l'Etat ; il est impossible de pourvoir à tous les cas ; et l'on risquerait, par une énumération incomplète des cas dans l'article, de gêner l'appréciation juste qu'on pourrait faire des autres cas. Vous avez déterminé les juridictions ; cela seul doit vous rassurer. Les juges ne reconnaîtront pas qu'il y a lieu à indemnité, sans dire à la charge de qui elle doit être mise. »

13° *Servitudes qui ne sont pas visées par la loi.*

1297. — Nous avons fait connaître les principales servitudes d'utilité publique que la loi de 1845 a déclaré applicables à la matière des chemins de fer. Il nous reste à indiquer maintenant celles des plus importantes qui ne semblent pas les concerner. Il y en a pour lesquelles il ne paraît y avoir place pour aucun doute : telle la servitude d'enclave et de passage (de Recy, *op. cit.*, p. 481) : telles encore les servitudes de drainage, d'irrigation, d'acqueduc, d'appui ou de barrage établies par les lois des 29 avr. 1845 et 11 juill. 1847 (de Recy, *op. cit.*, p. 482). Mais, pour d'autres, la question paraît plus délicate à trancher.

14° *Vues et jours.*

1298. — La loi ne s'est pas expliquée sur la possibilité ou l'impossibilité d'avoir des vues et des jours sur le chemin de fer, et plus généralement sur le point de savoir si les art. 675 et s., C. civ., devaient s'appliquer dans les rapports des propriétaires riverains avec la voie ferrée.

1299. — La question ne se pose, bien entendu, que pour les constructions élevées régulièrement en deçà de la limite légale, c'est-à-dire pour les murs de clôture ou les bâtiments préexistants au chemin de fer, parce que pour les autres constructions c'est l'immeuble même qui peut être appelé à disparaître, et que celles qui sont construites au delà de deux mètres échappent par cela même à toutes les prescriptions édictées par ces articles.

1300. — On sait qu'en règle générale on admet que ces articles ne s'appliquent pas aux propriétés riveraines des voies publiques. — Cass., 1er mars 1848, Durand, [S. 48.1.622, P. 48.2.304, D. 48.1.157]; — 27 août 1849, David, [S. 49.1.409, P. 49.2.166, D. 49.1.227]; — 1er juill. 1861, Fornard, [S. 62.1.81, P. 62.119, D. 62.1.138]

1301. — Les chemins de fer constituant essentiellement une voie publique, nous pensons que la même solution devrait leur être appliquée.

1302. — Il a été jugé cependant qu'il est interdit d'établir des jours et issues dans les murs de clôture existant à deux mètres des chemins de fer. — Cons. d'Et., 16 avr. 1850, Délier, [S. 51.2.578, D. 51.3.35, Leb. chr., p. 275] — V. Cons. d'Et., 23 mars 1888, Bonnier, [Leb. chr., p. 323]

1303. — En tous cas, il est certain que le fait d'avoir des jours et des vues aux distances prohibées par ces articles ou en dehors des conditions qu'ils prescrivent ne saurait constituer une contravention de grande voirie.

1304. — Jugé, en ce sens, que les vues droites ouvertes dans une construction établie à plus de deux mètres de la limite d'un chemin de fer, ne constituent pas une contravention aux règlements de grande voirie. — Cons. d'Et., 13 déc. 1860, Ricard, [S. 61.2.363, P. adm. chr., D. 61.3.20, Leb. chr., p. 768]

1305. — ... Que le conseil de préfecture est incompétent pour connaître de l'inobservation de l'art. 676, C. civ., relativement à l'absence de verres dormants à des fenêtres établies du côté d'un chemin de fer. — Cons. préf. Seine, 20 févr. 1883, Préfet de la Seine, [Dauvert, 1884, p. 201]

1306. — ... Que le fait d'avoir établi dans un mur pignon d'un immeuble situé à la limite d'un chemin de fer, et du côté de ce chemin de fer, des châssis ouvrants et non garnis d'un treillis de fer, dont deux notamment sont situés à deux mètres trente de hauteur du sol, constitue non une contravention de grande voirie, mais une infraction aux art. 676 et 677, C. civ., de la compétence exclusive du tribunal ordinaire. — Cons. préf. Seine, 24 mars 1885, Préfet de la Seine, [Dauv., 1888, p. 197]

1307. — ... Que des jours et issues pratiqués dans un mur de clôture établi à plus de deux mètres du chemin de fer ne constituent pas une contravention de grande voirie, alors du moins qu'il n'est pas allégué que ce mur eût été, lors de sa construction, établi à deux mètres du chemin de fer; et, par suite, que c'est encore à tort que la suppression des jours et issues en question en serait ordonnée. — Même décision.

1308. — ... Mais que cette décision ne ferait point obstacle à ce que, si la sûreté publique ou la conservation du chemin de fer exigeaient la suppression, soit dudit mur, soit desdits jours et issues, l'administration y fît procéder conformément à l'art. 10, L. 15 juill. 1845. — Même décision.

1309. — Ce qui est vrai dans les rapports des riverains avec la compagnie l'est-il également dans les rapports de celle-ci avec les riverains? « Les constructions de chemins de fer, dit à cet égard M. de Recy, peuvent être élevées à l'extrême limite de la propriété publique sans que les propriétaires voisins soient fondés à réclamer lorsque ces constructions nuisent aux ouvertures qu'ils ont eux-mêmes pratiquées dans leurs bâtiments. Les dispositions des art. 678 et 679, C. civ., ne peuvent être invoquées par les riverains du chemin de fer ». Mais le même auteur (et nous partageons ses réserves) ne va pas jusqu'à déclarer que la compagnie pourrait avoir sur les fonds voisins des vues directes ou obliques sans observer aucune distance; il hésite toutefois sur l'étendue des précautions qu'elle devrait être tenue d'observer. Plus rigoureux que lui, nous estimons qu'en pareil cas il y aurait lieu purement et simplement de revenir au droit commun.

1309 bis. — Une raison d'analogie nous conduit à décider que si les jours, issues, etc., au lieu de donner sur le domaine public donnaient sur des parcelles réservées en propre à la compagnie, les art. 675 et s., C. civ., recouvreraient leur pleine et entière application.

15° *Egouts des toits*.

1310. — Les conditions mêmes auxquelles se trouve subordonnée la construction des immeubles dans le voisinage des chemins de fer rend peu pratique la question de savoir si on peut acquérir sur une voie ferrée la servitude d'égout des toits. Comment concevoir, en effet, un droit d'égout à plus de deux mètres de distance du sol de la voie publique? Elle ne pourrait se poser que par rapport aux constructions préexistantes soit à la loi du 15 juill. 1845, soit à l'établissement du chemin de fer, ou pour les murs de clôture, mais on conçoit que par rapport à ces derniers ce droit soit pour ainsi dire inapplicable.

1311. — D'une façon générale, nous croyons qu'on peut dire, à raison même du caractère public de la voie, qu'on ne saurait y établir aucune servitude d'égoût. « Tandis que les riverains des routes, dit à cet égard M. de Recy, peuvent déverser leurs eaux sur la voie publique, à charge seulement de se conformer aux prescriptions de police prescrites par l'autorité, cette faculté est absolument interdite aux riverains des voies ferrées. Il importe, en effet, au plus haut point de prévenir des infiltrations et par suite des tassements dont les conséquences pourraient être désastreuses. L'art. 681, C. civ., est sans application à la matière des chemins de fer. La nature des voies ferrées y résiste absolument ». — De Recy, *op. cit.*, p. 524.

1312. — Nous devons même ajouter que, suivant les cas, l'écoulement des eaux pluviales et ménagères qui dégradent les talus d'un chemin de fer, pourrait constituer le propriétaire en contravention, et cela alors même que sa maison serait construite à plus de deux mètres de la limite du chemin. — Cons. d'Et., 13 déc. 1860, précité.

16° Saillies, balcons, etc.

1313. — Les règlements de voirie applicables aux saillies, balcons, etc., en tant qu'ils déterminent la hauteur à laquelle ils peuvent être placés par rapport à la voie publique, etc., ne sont évidemment pas applicables aux chemins de fer, puisque la construction par elle-même ne peut être qu'en retrait sur la voie publique. Ils ne pourraient y être étendus que pour les constructions préexistantes au chemin et placés à une distance moindre que la distance légale.

17° Mitoyenneté.

1314. — Une autre servitude qui nous paraît également inapplicable à la matière des chemins de fer est celle de la mitoyenneté. Nous savons qu'en pratique la question s'est quelquefois posée, notamment à l'occasion du chemin de fer de Ceinture, croyons-nous, et du chemin de fer de Lyon à Limoges, de savoir si une compagnie de chemin de fer pouvait exiger d'un voisin l'acquisition de la mitoyenneté d'un mur, ou si, inversement, le voisin ne pouvait pas exiger de l'administration qu'elle participât à la réfection d'un mur mitoyen ou qu'elle abandonnât la mitoyenneté. Mais nous croyons que le caractère public du chemin s'oppose à l'existence de semblables copropriétés. — Sec. Avis de la section des travaux publics au Conseil d'Etat, du 13 avril 1880; de Recy, *op. cit.*, p. 476.

1315. — Nous limitons par cela même notre prohibition aux seuls biens faisant partie du domaine public, c'est-à-dire à ceux qui sont appelés à faire retour à l'Etat. Pour les biens du domaine privé des compagnies, il est incontestable que la servitude devrait produire tous ses effets. — V. sur tous ces points, Picard, *op. cit.*, t. 2, p. 942; de Recy, *op. cit.*, p. 526, n. 708.

18° *Sanction.*

1316. — Les sanctions des dispositions qui précèdent étant les mêmes que celles qui sont édictées par la loi pour les contraventions commises par les tiers, nous nous bornerons à renvoyer à cet égard *infrà*, n. 1913 et s.

§ 2. *De la conservation des chemins de fer et des ouvrages d'art. — Obligations des tiers.*

1° *Dégradation des chemins de fer ou de leurs dépendances proprement dites.*

1317. — L'obligation pour les tiers de respecter les chemins de fer est réglée tout à la fois par la loi du 15 juill. 1845, art. 2 et s., et par l'ordonnance du 15 nov. 1846.

1318. — Il ne faut pas prendre au pied de la lettre la distinction que nous avons faite entre les tiers et les riverains; il n'est pas douteux en effet que ces derniers tombent eux-mêmes sous l'application des dispositions que nous allons commenter, lorsqu'ils agissent, non plus en leur qualité de propriétaires limitrophes, mais comme pourrait le faire toute autre personne.

1319. — Le principe général de l'obligation qui s'impose à chacun de respecter le domaine public est contenu dans l'art. 2, L. 15 juill. 1845, en ces termes : « Sont applicables aux chemins de fer, les lois et règlements sur la grande voirie, qui ont pour objet d'assurer la conservation des fossés, talus, levées et ouvrages d'art dépendant des routes.

1320. — On peut citer parmi les principales dispositions applicables à la police des grandes routes les lois et ordonnances suivantes : Arrêt du Conseil du 17 juin 1721, concernant la police, la conservation et la liberté des grands chemins. — Ordonnance du roi du 4 août 1731, qui impose des peines aux voleurs et recéleurs de pavés, et autres matériaux des routes, et à ceux qui dégradent et embarrassent les chemins publics. — Ordonnance du bureau des finances de la généralité de Paris du 29 mars 1754, concernant la police générale des routes et chemins. — Arrêt du Conseil du 16 déc. 1759. — Ordonnance du bureau des finances de Paris du 18 juin 1765, sur la police et la conservation des grands chemins dans l'étendue de la généralité. — Ordonnance des trésoriers de France du 15 juill. 1766, sur la manière de fonder les routes pour en assurer la largeur. — Ordonnance du bureau des finances de la généralité de Paris du 30 avr. 1772, qui renouvelle celle du 29 mars 1754, concernant la police des chemins. — Ordonnance du bureau des finances de la généralité de Paris du 2 août 1774, concernant la police des grands chemins et les bornes militaires. — Arrêt du Conseil du 6 févr. 1776, qui réduit à 42 pieds la largeur des routes principales et fixe celles des autres et des chemins. — Ordonnance du bureau des finances de la généralité de Paris du 17 juill. 1781, concernant la police des chemins dans l'étendue de cette généralité. — Loi du 29 flor. an X, relative aux contraventions en matière de grande voirie. — Loi du 12 févr. 1810. — Code pénal, art. 448, 471, 475 et 479. — Décret du 11 déc. 1811, contenant règlement sur la construction, la réparation et l'entretien des grandes routes. — Loi du 12 mai 1825, concernant la propriété des arbres plantés sur le sol des routes royales et départementales et le curage et l'entretien des fossés qui bordent ces routes.

1321. — Il résulte spécialement de l'arrêt du Conseil du 17 juin 1721, qui est l'un des plus fréquemment applicables en la matière, qu'il ne doit être effectué aucune fouille sur les routes, aucun dépôt de fumier, décombres ou autres immondices, et que les fossés n'en doivent être comblés par personne.

1322. — De son côté, l'arrêt du Conseil du 4 août 1731, qui édicte des dispositions d'un caractère aussi général, après avoir renouvelé l'interdiction faite de combler les fossés, interdit également d'abattre les berges, de commettre des anticipations, de faire des dépôts quelconques, d'enlever les pavés ou les matériaux destinés aux ouvrages publics ou mis en œuvre.

1323. — Enfin l'art. 1, L. 29 flor. an X, qui résume toutes les prohibitions antérieures, porte « que les contraventions en matière de grande voirie, telles que anticipations, dépôts de fumier et d'autres objets, et toutes espèces de détériorations commises sur les grandes routes, sur les arbres qui les bordent, sur les fossés, ouvrages d'art et matériaux destinés à leur entretien, seront punies..., etc. »

1324. — La jurisprudence a fait de nombreuses applications de ces différentes dispositions. Nous avons déjà eu l'occasion d'en signaler quelques-unes *suprà*, n. 919, 945 et s. Nous compléterons ces indications à l'aide de citations nouvelles de quelques décisions.

1325. — Rappelons d'abord que la disposition de l'art. 1, L. 15 juill. 1845, qui déclare que les chemins de fer font partie de la grande voirie, est applicable non seulement à la voie de fer proprement dite, mais encore aux stations, gares et autres emplacements en dépendant; qu'en conséquence, les contraventions commises sur ces emplacements doivent être poursuivies et réprimées comme contraventions de grande voirie. — Cons. d'Et., 22 juill. 1848, Tournois, [S. 48.2.762, P. adm. chr., D. 94.3.3, Leb. chr., p. 430] — Il n'en est autrement qu'à l'égard des biens qui, appartenant à la compagnie, ne servent pas à compléter le chemin de fer envisagé comme chemin public.

1326. — Ce sont des distinctions dont nous avons déjà fait connaître la portée *suprà*, n. 890 et s.

1327. — Conformément à ces distinctions, il a été décidé que le fait de dégrader le talus d'une avenue d'accès à une gare ne constitue pas une contravention de grande voirie, alors qu'il s'agit moins d'une avenue d'accès que d'un chemin vicinal non incorporé à une avenue semblable. — Cons. d'Et., 3 févr. 1888, Laparra, [D. 89.5.67, Leb. chr., p. 128]

1328. — ... Qu'il n'y a pas lieu non plus de considérer comme constituant une contravention de grande voirie le bris d'une clôture placée le long et sur les côtés latéraux d'une avenue conduisant à une gare et dépendant du domaine public, mais n'ayant pas été classée comme voie publique, alors que cette clôture n'a pas été établie en vertu d'une autorisation régulière. — Cons.

d'Et., 12 déc. 1884, Ministre des Travaux publics, [D. 86.3.121, Leb. chr., p. 908]; — 22 mai 1885, Peyron, [S. 87.3.9, P. adm. chr. et les observations de M. le Commissaire du gouvernement, Le Vavasseur de Précourt, D. 86.3.121, Leb. chr., p. 560]; — Même date, Podevin et Momméga, [*Ibid.*]; — 4 déc. 1885, Peyron, [Leb. chr., p. 937]

1329. — ... Ni le fait que des jours et accès ont été pris par un riverain sur cette avenue. — Cons. d'Et., 22 mai 1885, deux arrêts précités. — V. d'ailleurs *suprà*, n. 1301 et s.

1330. — ... Ni celui que des eaux pluviales s'écoulent sur l'avenue, si ces eaux n'y ont causé aucune détérioration. — Même arrêt. — V. *suprà*, n. 1312.

1331. — Mais il a été jugé, par contre, qu'il y a contravention de grande voirie dans le fait, par un particulier, de dégrader un cavalier et une haie dépendant d'un chemin de fer. — Cons. d'Et., 9 août 1851, Ajasson de Grandsagne, [P. adm. chr., Leb. chr., p. 583] — V. *suprà*, n. 897, 909.

1332. — ... Dans le fait, par un riverain d'une voie ferrée, de détruire un fossé servant à l'écoulement des eaux, et de s'approprier le terrain dans lequel était creusé ce fossé. — Cons. d'Et., 30 mai 1884, Bosse, [Leb. chr., p. 480] — V. *suprà*, n. 913.

1333. — ... Dans le fait, par un particulier, d'avoir, à l'aide de ponceaux en bois, établi un passage sur les fossés de limite d'un chemin de fer (Ord. 4 août 1730 et L. 15 juill. 1845). — Cons. d'Et., 29 mars 1851, Chabanne et Drevet, [P. adm. chr., Leb. chr., p. 220]

1334. — ... Dans le fait d'avoir construit un mur de clôture en saillie de 325 millimètres sur les dépendances du chemin de fer, et plus spécialement sur un terrain formant partie de la plateforme d'un réservoir destiné à l'alimentation des machines (Ord. 30 août 1772; Arr. Cons. 27 févr. 1765). — Cons. préf. Seine, X..., [Dauv., 1881, p. 281]

1335. — ... Dans le fait d'avoir posé des tuyaux sur le domaine de la voie. — Cons. préf. de la Seine, 29 août 1887, Préfet de la Seine, [Dauv., 1887, p. 281]

1336. — ... Ou d'avoir établi sans autorisation un drain sous le sol de l'avenue d'une gare. — Cons. d'Et., 7 août 1886, Deltheil, [Leb. chr., p. 750] — V. *suprà*, n. 941.

1336 bis. — ... Dans le fait d'avoir établi une cantine dans l'enceinte du chemin de fer, alors, du moins, que le propriétaire de cette cantine n'avait pas été autorisé par le préfet et qu'il avait été régulièrement mis en demeure de la supprimer. —V., par *à contrario*, Cons. d'Et., 7 févr. 1890, Carrière, [Leb. chr., p. 146] — V. *infrà*, n. 1967.

1337. — ... Dans le fait d'avoir brisé la lanterne et la rampe d'un passage à niveau. — Cons. préf. Seine, 9 mars 1887, [Dauv., 1887, p. 197]

1338. — ... Ou le vantail d'un même passage. — Cons. préf. Vosges, 7 juin 1876, Préf. Vosges, [Dauv., 77.363]

1339. — ... Dans le fait d'avoir brisé, en conduisant une voiture attelée, la clôture d'un chemin de fer (L. 29 flor. an III et L. 15 juill. 1845). — Cons. préf. Seine, 9 juin 1882, Préf. Seine, Dauv., 1882, p. 202]

1340. — Ces dernières conclusions, cependant, n'ont pas été admises par le Conseil d'Etat qui a refusé de voir, dans les faits sus-énoncés, des contraventions prévues et punies par la loi du 15 juill. 1845, non plus que par l'art. 479, C. pén. (qui a remplacé, à cet égard, l'art. 40, L. 28 sept.-6 oct. 1791), et décidé que ces dégradations ne tombant que sous l'application de la loi du 30 mai 1851 sur la police du roulage, il n'y avait pas lieu de faire l'application de ses dispositions à la cause, par ce motif, que la loi du 15 juill. 1845 n'avait pu rendre applicable à la matière des chemins de fer que les lois sur la grande voirie qui avaient été édictées à l'époque de sa promulgation et non celles qui n'avaient pas encore été rendues à ce moment.

1341. — Ainsi jugé, spécialement, que l'art. 9, L. 30 mai 1851 sur la police du roulage, qui réprime et punit les dommages causés aux routes par les voitures, est inapplicable à un charretier dont la voiture a dégradé la barrière d'un passage à niveau. — Cons. d'Et., 10 févr. 1888, Côme, [S. 90 3.7, P. adm. chr., D. 89.3.44, Leb. chr., p. 149]; — 9 mars 1888, Ministre des Travaux publics, [Leb. chr., p. 254] — *Contrà*, Palaa, *Dict. législ. et règlem. des chemins de fer.*, v° Roulage, p. 946, n. 30.

1341 *bis*. — La même question s'est posée à l'occasion d'un tramway à vapeur dont la voie croisait celle d'un chemin de fer et qui avait endommagé la barrière d'un passage à niveau en pénétrant sur la ligne au moment où elle se fermait : mais elle n'a pas été résolue, le pourvoi dans l'espèce ayant été déclaré non-recevable pour vice de forme. — Cons. d'Et., 16 janv. 1891, Jeltsch, [Leb. chr., p. 15]

1342. — La loi de 1851 n'est elle-même applicable que dans le cas où le dommage est causé par une voiture. Par suite, s'il venait à être commis différemment, on ne pourrait plus avoir recours qu'à l'art. 1, L. 29 flor. an X, lequel ne permettrait de condamner les contrevenants qu'à la réparation du préjudice et aux frais, à l'exclusion de toute autre disposition répressive. — Cons. d'Et., 4 déc. 1891, Schack, [Leb. chr., p. 740]

1343. — Si les dégradations commises aux mécanismes des passages à niveau constituent des contraventions, encore faut-il, d'ailleurs, qu'elles soient bien vérifiées et qu'elles ne proviennent pas du mauvais fonctionnement de ce mécanisme (V. Arr. Cons., 16 déc. 1759; LL. 15 juill. 1845, art. 2; 23 mars 1842). — Cons. d'Et., 6 juill. 1888, Ministre des Travaux publics, [D. 89.5.67, Leb. chr., p. 643]

2° *Introduction ou pacage de bestiaux.*

1344. — Nous réunissons ici tout ce qui concerne les contraventions, atteintes ou menaces d'atteintes à la voie ferrée commises par les bestiaux. Ces faits sont punis et réprimés soit par l'art. 2, L. 15 juill. 1845, soit par l'art. 61, Ord. 15 nov. 1846, soit enfin par l'arrêt du Conseil du 16 déc. 1759.

1345. — L'art. 2, L. 15 juill. 1845, se borne à interdire, d'une façon générale, dans toute l'étendue des fossés, talus et ouvrages d'art dépendant des routes, le pacage des bestiaux.

1346. — L'art. 61, Ord. 15 nov. 1846, de son côté, porte : « Il est interdit à toute personne étrangère au service du chemin de fer, d'y introduire des chevaux, bestiaux ou animaux d'aucune espèce. »

1347. — Enfin, l'arrêt du Conseil du 16 déc. 1759 est ainsi conçu : « Est défendu à tous pâtres et autres gardes et conducteurs de bestiaux de les conduire au pâturage ou de les laisser répandre sur les bords des grands chemins plantés soit d'arbres, soit de haies d'épines ou d'autres, à peine de confiscation des bestiaux et 100 livres d'amende, de laquelle amende les maîtres, pères, chefs de famille et propriétaires de bestiaux, seront et demeureront civilement responsables. »

1348. — Il résulte très-nettement de ces dispositions : 1° que tout pacage de bestiaux est puni en tant que pacage, sauf à s'entendre sur la définition qu'il convient de donner de ce mot (L. 15 juill. 1845, art. 2).

1349. — 2° Que toute introduction *volontaire* d'animaux sur la voie ferrée, ou plus exactement sur les chemins de fer et ses dépendances est également réprimée (Ord. 15 nov. 1846).

1350. — 3° Que tout vagabondage de bestiaux *sur les bords* du chemin de fer constitue une contravention (Arr. du Cons. de 1759).

1351. — Mais la simple introduction d'un animal sur la voie ferrée elle-même, lorsqu'elle n'est pas volontaire doit-elle être considérée comme visée par ces dispositions?

1352. — ... Alors du moins que l'animal n'a causé aucun dommage au chemin de fer ou à ses dépendances (L. 15 juill. 1845, art. 2, § 1).

1353. — La jurisprudence a longtemps hésité avant d'admettre l'affirmative sur ce point. Puis, par un esprit de généralisation peut-être un peu excessif, elle a considéré comme fait contraventionnel non seulement l'introduction même involontaire et non dommageable d'animaux sur les parties de voies ferrées encloses par des plantations, telles que grands arbres, haies d'épines (c'est-à-dire le seul fait textuellement prévu par l'arrêt du Conseil de 1759) mais même sur celles de ces parties qui n'ont pour clôture qu'une haie sèche, un treillage, etc.

1354. — Toutefois, ainsi que le fait remarquer M. Picard (*op. cit.*, t. 2, p. 975), « comme les compagnies sont tenues, sauf exception, de clore les chemins de fer d'intérêt général, de placer des barrières aux passages à niveau, d'établir leurs clôtures suivant le type déterminé par l'administration, de les maintenir en bon état d'entretien, et de manœuvrer leur barrière conformément aux règlements, le Conseil d'Etat a toujours eu soin d'examiner si les faits d'introduction ne coïncidaient pas avec un défaut de conformation entre les clôtures et le type approuvé, avec un vice dans leur entretien, et notamment avec une solution de continuité ou avec l'ouverture de barrières d'un passage à niveau à une heure à laquelle elles auraient dû être fermées; et lorsqu'il s'est trouvé en présence d'irrégularités de cette nature, il a jugé que la contravention commise par la compagnie excusait ou effaçait la contravention commise par les inculpés et il a renvoyé ces derniers des fins des procès-verbaux dressés contre eux. »

1355. — Ce passage résume de la façon la plus nette et la plus complète la jurisprudence du Conseil d'Etat, au moins depuis 1867. Si nous ajoutons que là où le chemin de fer peut être légalement dépourvu de clôtures, le Conseil d'Etat ne considère pas cette dispense comme de nature à autoriser les propriétaires de bestiaux à se départir de leur surveillance ou à diminuer leur responsabilité, nous aurons fait connaître clairement son esprit.

1356. — Il ne nous reste désormais, pour préciser la question, qu'à énoncer successivement les décisions intervenues sur ces différents points.

1357. — Nous commencerons par signaler les premières hésitations de la jurisprudence sur le caractère répressible ou non qu'il convenait de reconnaître à la simple introduction non domageable de bestiaux ou d'animaux sur la voie ferrée.

1358. — Il a été jugé successivement à cet égard que l'art. 61, Ord. 15 nov. 1846, ne punit l'introduction de bestiaux ou autres animaux dans l'enceinte d'un chemin de fer, par des personnes étrangères au service, qu'autant que ce fait procède de la volonté de l'homme, qu'il n'y a pas contravention punissable, si les bestiaux ne sont entrés dans le chemin qu'en l'absence et sans la participation de leur gardien ou propriétaire. — Cass., 19 mai 1854, Debrade, [S. 54.1.505, P. 54.2.527, D. 54.1.215]

1359. — ... Que l'introduction de chevaux ou bestiaux dans l'enceinte d'un chemin de fer n'est punissable, en vertu de l'art. 61, Ord. 15 nov. 1846, que lorsque cette introduction a été volontaire de la part du prévenu; que le simple abandon de ces animaux ne donne lieu qu'à la mise de ces animaux en fourrière, aux termes de l'art. 68 de la même ordonnance — Cass., 3 avr. 1858, Derbré, [S. 58.1.559, P. 58.1204, D. 58.5.59] — V. *infrà*, n. 1995.

1360. — ... Qu'aucune disposition législative ne permet de prononcer une amende contre un particulier, à raison de ce qu'une vache lui appartenant se serait introduite dans l'enceinte d'un chemin de fer, que ce particulier peut seulement de ce chef être condamné à la réparation des dégradations que cette vache a causées, et que, dès lors, qu'il n'y a aucune dégradation, il ne peut y avoir lieu de prononcer aucune amende. — Cons. d'Et., 18 août 1862, Dubourdonné, [P. adm. chr., D. 63.3.75, Leb. chr., p. 709]

1361. — ... Qu'alors qu'il n'est établi, ni par un procès-verbal de contravention, ni par l'instruction faite à la suite de ce procès-verbal, que les vaches d'un particulier poursuivi eussent, pour s'introduire sur le chemin de fer, brisé la clôture ou qu'elles eussent causé, soit à la voie ferrée, soit à ses dépendances, aucune dégradation, le particulier doit être renvoyé des fins du procès-verbal. — Cons. d'Et., 14 janv. 1863, Damiens, [Leb. chr., p. 36]

1362. — Cependant, il avait déjà été jugé préalablement que la défense d'introduire des bestiaux sur les voies de fer par toutes personnes autres que les agents de compagnies, ne s'applique pas seulement au fait d'amener des bestiaux sur une voie ferrée, mais encore au fait de les y laisser pénétrer par négligence, et impose par suite aux riverains l'obligation de pourvoir à ce que leur bétail ne puisse pénétrer sur ces voies. — Il n'importe, faisait observer l'arrêt, qu'il y ait insuffisance de la clôture de la voie, cette clôture servant simplement de délimitation. — Bourges, 24 sept. 1853, Suif, [P. 55.1.335, D. 54.2.202]

1363. — C'est en 1863 qu'apparaît pour la première fois la préoccupation de savoir si le mauvais état des clôtures ne peut pas être considéré comme une circonstance de nature à faire disparaître la responsabilité des propriétaires ou gardiens d'animaux, et ce n'est qu'après avoir pris parti sur cette question qu'on arrive indirectement, par cette voie détournée, à frapper d'une façon générale et par des arrêts de principe toute introduction, même involontaire, d'animaux sur le domaine du chemin de fer dans le cas où les clôtures sont en bon état et conformes au type admis par l'administration.

1364. — On commence par examiner à cet égard les pouvoirs du conseil de préfecture. Tout se ramène d'abord à une question de procédure : sur une poursuite en contravention de grande voirie dirigée contre des propriétaires de bestiaux qui se sont introduits dans une ligne de chemin de fer, le conseil de préfecture en première instance et le Conseil d'Etat en appel, peuvent-ils résoudre, sans avoir préalablement *fait constater l'état des lieux par une expertise contradictoire*, la question de savoir si, en fait, les bestiaux n'ont pas, *attendu l'état de vétusté de la barrière* de la ligne de fer, franchi cette barrière sans la briser? Le Conseil d'Etat se prononce pour l'affirmative. — Cons. d'Et., 26 mai 1863, Hervieu, [Leb. chr., p. 891]

1365. — Il admet que le conseil de préfecture peut, suivant les cas, statuer avec ou sans le concours d'expert, et tout en réservant à l'administration le droit de déterminer le mode de clôture des chemins de fer, il autorise ce conseil à rechercher si c'est par suite du mauvais état des clôtures que les bestiaux ont pu pénétrer sur la voie. — Cons. d'Et., 24 déc. 1863, Lebarbier; — Même date, Boyer, [D. 64.5.39, Leb. chr., p. 891]

1366. — Puis, ce premier point admis, il pose le principe général que lorsque la clôture sera continue et conforme au type adopté, il y aura contravention par cela seul que les animaux se seront introduits sur la voie ferrée. Jugé ainsi que le fait par un particulier d'avoir laissé des bestiaux lui appartenant s'introduire sur la voie d'un chemin de fer constitue une contravention de voirie punissable d'amende, alors, du reste, que la clôture franchie par ces animaux, consistant en une haie vive, était en bon état d'entretien. — Cons. d'Et., 14 août 1867, Rozée-Belle-Isle, [S. 68.2.240, P. adm. chr., D. 68.3.41, Leb. chr., p. 784]

1367. — ... Que le fait d'avoir laissé des bœufs s'introduire sur une voie ferrée, alors que la clôture séparant la voie du pré dans lequel les bœufs ont été laissés en pâture, est entretenue conformément aux prescriptions de l'art. 4, L. 15 juill. 1845, et du cahier des charges de la compagnie concessionnaire, constitue une contravention de grande voirie dont il appartient au conseil de préfecture de connaître. — Cons. d'Et., 15 janv. 1868, Debrade, [D. 68.3.100, Leb. chr., p. 32]

1368. — Mais il n'est question jusqu'alors que de contraventions commises sur une partie de la voie enclose de haies vives : haie vive renforcée par une triple rangée de lisses. — Cons. d'Et., 14 août 1867, précité; — haie vive de brins de marsaule garnis d'échalas plantés en terre et réunis par une lisse. — Cons. d'Et., 15 janv. 1868, précité.

1369. — On ne tarde pas à généraliser et à étendre la contravention au fait d'introduction d'animaux sur la voie, quelle que soit la clôture. Jugé, en ce sens, que le fait, par un particulier, d'avoir laissé un animal lui appartenant s'introduire sur la voie d'un chemin de fer, constitue une contravention de voirie punissable d'amende, alors, du reste, qu'il n'est pas établi que la clôture franchie par cet animal n'était point conforme au mode admis par l'administration supérieure et ne se trouvait point en bon état d'entretien. — Cons. d'Et., 18 août 1869, Griffon, [S. 70.2.302, P. adm. chr., Leb. chr., p. 831, et la note]

1370. — ... Pour peu qu'elle soit définitive (V., à cet égard, et par *à contrario*, Cons. préf. Seine-Inférieure, 11 mars 1876, Préfet de Seine-Inférieure, [Dauv., 1876, p. 272]; haie sèche provisoire en pieux et fils de fer sur laquelle étaient fixées des lattes en chêne supportant les attaches d'une haie fruitière et destinées à protéger temporairement les jeunes plants).

1371. — ... Qu'il s'agisse, d'ailleurs, d'une clôture de la voie proprement dite ou d'une palissade établie pour servir de jonction entre la barrière d'un passage à niveau et la haie voisine. — Trib. des confl., 22 avr. 1882, Boulary, [S. 84.3.25, P. adm. chr., et la note, Leb. chr., p. 382 et la note]; — Même date, Martin et Merlin, [*Ibid.*] — V. *suprà*, n. 911.

1372. — Toutefois, il convient ici de signaler un temps d'arrêt dans la progression constante de la jurisprudence du Conseil d'Etat dans la voie de la généralisation. On fait la remarque que le préambule de l'arrêt du Conseil du 16 déc. 1759 vise principalement la destruction des plantations à la traversée des forêts, et que le paragraphe final semble même en restreindre la portée aux parties de route situées *dans les bois*. Un scrupule s'élève.

1373. — Le fait d'avoir laissé des bestiaux pénétrer sur une voie ferrée, lorsqu'il n'a pas eu lieu dans la traverse d'un bois, rentre-t-il dans l'application de l'arrêt du Conseil du 16 déc. 1759, qui a été rendu applicable aux chemins de fer par l'art. 2, L. 15 juill. 1845? On se pose la question et on la résout par l'affirmative. L'arrêt du 16 déc. 1759, dit-on, n'a pas seulement pour objet d'interdire le passage sur les chemins qui traversent des bois, mais sur les bords des grands chemins plantés, soit d'arbres, soit de haies d'épines ou autres. — Cons. d'Et., 30 mai 1873, Ministre des Travaux publics, [Leb. chr., p. 499]

1374. — On décide ainsi que le fait, par un particulier, d'avoir laissé des bestiaux lui appartenant se répandre sur un chemin de fer, même lorsqu'il n'a pas eu lieu dans la traverse d'un bois, constitue une contravention de grande voirie, encore qu'il n'en soit résulté aucun dommage pour la voie ferrée. — Cons. d'Et., 21 nov. 1873, Bernard, [S. 75.2.276, P. adm. chr., D. 74. 5.72, Leb. chr., p. 853]

1375. — Et cette nouvelle difficulté écartée, on confirme de nouveau par une longue série d'arrêts la jurisprudence aux termes de laquelle il y a contravention dans toute introduction d'animaux ou de bestiaux sur la voie ferrée et ses dépendances, alors que la clôture continue est conforme au type adopté et qu'elle n'a pas cessé d'être entretenue. — Cons. d'Et., 30 avr. 1875, Ministre des Travaux publics, [Leb. chr., p. 408]; — 15 déc. 1876, Ministre des Travaux publics, [Leb. chr., p. 94]; — 13 févr. 1880, Mangematin, [S. 81.3.55, P. adm. chr., D. 80.3. 86, Leb. chr., p. 185]; — 3 déc. 1886, Beucherie, [S. 88.3.43, P. adm. chr., et la note, D. 88.3.25, Leb. chr., p. 865]; — 6 août 1887, Ministre des Travaux publics, [Leb. chr., p. 669]; — 3 août 1888, Ministre des Travaux publics, [Leb. chr., p. 718]

1376. — ... Encore que la barrière ne semble pas très-solide. — Cons. d'Et., 4 mars 1881, Filoque, [S. 82.3.51, P. adm. chr., D. 82.3.84, Leb. chr., p. 267]; — 5 déc. 1884, Villedieu [D. 86.

3.55, Leb. chr., p. 884]; — 1ᵉʳ mai 1885, Castan, [Leb. chr., p. 85.483] — Trib. des confl., 22 avr. 1882, précité.

1377. — ... Ou qu'elle porte des traces de brèche si cette brèche a été réparée et que la continuité ait été ainsi assurée. — Cons. d'Et., 11 mars 1881, Lallemant, [D. 82.3.84, Leb. chr., p. 29]

1378. — ... Ou qu'elle ne soit pas tout à fait conforme au modèle que la compagnie s'était engagée à établir par une convention passée avec un propriétaire dont le contrevenant est le fermier, pour peu qu'elle le soit avec le type admis par l'administration supérieure. — Cons. d'Et., 29 juill. 1881, Ministre des Travaux publics, [Leb. chr., p. 766]; — 19 déc. 1890, Ministre des Travaux publics, [Leb. chr., p. 984]

1379. — ... Ou que l'introduction ait eu lieu par le portillon d'un passage à niveau, si on établit que ce portillon était fermé. — Cons. d'Et., 20 janv. 1888, Marie, [Leb. chr., p. 77]

1380. — ... Ou que, par suite de l'exhaussement d'un chemin latéral par le fait d'une commune, il y ait une différence de niveau sensible entre ce chemin et la voie ferrée. — Cons. d'Et., 21 mars 1890, Lebaudy, [D. 91.3.100, Leb. chr., p. 327]

1381. — ... Alors qu'on décide, au contraire, que toute contravention doit être écartée, dès lors qu'il n'y a pas de clôture ou qu'elle n'est pas conforme au type adopté. — Cons. préf. Meuse, 23 janv. 1877, Préfet de la Meuse, [Dauv., 1877, p. 274] — Cons. préf. Manche, 29 mars 1885, [Dauv., 1886, p. 245]

1382. — ... Ou qu'elle présente des solutions de continuité. — Mêmes arrêts.

1383. — ... Ou des brèches. — Cons. préf. Seine, 20 févr. 1876, [Dauv., 1876, p. 166]; — 7 avr. 1876, Lainé et Vespier, [D. 76.3.83, Leb. chr., 76.386]; — 17 nov. 1876, Ministre des Travaux publics, [Leb. chr., p. 827] — Cons. d'Et., 30 avr. 1875, Ministre des Travaux publics, [Leb. chr., p. 408]; — 14 mai 1875, Ministre de l'Intérieur, [Leb. chr., p. 489]

1384. — ... Ou que l'administration a à se reprocher d'avoir laissé ouvertes des portes, comme des portes de passages à niveau qui auraient dû être fermées. — Cons. d'Et., 28 nov. 1879, Farcat, [D. 81.3.27, Leb. chr., p. 762]; — 5 août 1881, Geoffroy,

[S. 83.3.21, P. adm. chr., D. 82.5.85, Leb. chr., p. 791]; — 7 août 1883, Breton, [S. 85.3.51, P. adm. chr., D. 85.3.52] — Cons. préf. Seine-et-Marne, 29 mars 1876, Préfet de Seine-et-Marne, [Leb. chr., p. 105]

1385. — On va plus loin et on décide qu'il suffit que la barrière existe dans les conditions qui viennent d'être indiquées pour que la contravention résultant de l'introduction de bestiaux sur la voie ferrée se rencontre, et que le conseil de préfecture soit compétent, et qu'il n'y a pas à s'attacher à cette circonstance que les portes étaient ouvertes au moment du fait incriminé, alors, du moins, que l'ouverture en était faite régulièrement et conformément aux instructions administratives. — Cons. d'Et., 16 août 1880, Emonot, [S. 81.3.69, P. adm. chr., Leb. chr., p. 384]; — 3 déc. 1886, Chédebois, [S. 88.3.43, P. adm. chr., D. 88.3.25, Leb. chr., p. 865]; — 16 mars 1888, Galis, [Leb. chr., p. 292]; — 23 mars 1888, Ve Charlot et fils, [D. 89.5.67, Leb. chr., p. 322]; — 5 juill. 1889, Moulin, [Leb. chr., p. 840]; — 28 nov. 1890, Vilaine, [Leb. chr., p. 890] — Cons. préf. Seine, 16 avr. 1885, Préfet, [86.85]; — 22 janv. 1886, Préfet de police, [Leb. chr., 86.225]

1386. — Des conseils de préfecture semblent même manifester une tendance plus générale encore et se montrent disposés à punir toute introduction de bestiaux sur la voie ferrée, quel que soit l'état de clôture de cette voie, par cela seul que les chemins de fer font partie de la grande voirie et que les cahiers des charges répriment cette introduction. — Cons. préf. Creuse, Préfet de la Creuse, [Dauv., 1876, p. 189]

1387. — On peut signaler cependant, par contre, quelques dissonances dans ce concert d'arrêts. C'est ainsi qu'en 1875, un arrêt du Conseil d'Etat, paraissant revenir en arrière décide que le fait, par un particulier, d'avoir laissé un animal s'introduire sur un chemin de fer, ne constitue pas une contravention de voirie lorsqu'il n'est pas établi qu'il en soit résulté un bris de clôture ou un dommage à la voie ferrée ou à ses dépendances. — Cons. d'Et., 2 juill. 1875, Deschâteaux, [S. 77.2.124, P. adm. chr., D. 76.3.37] — V. aussi Cons. préf. Isère, 10 avr. 1880, Préfet de l'Isère, [Dauv., 82.240]

1388. — C'est ainsi encore que certains conseils de préfecture semblent également distinguer entre les bestiaux, d'une part, seuls visés par l'arrêt du Conseil de 1759, et les bêtes de trait ou de somme. — Cons. préf. Seine, 13 juin 1879, Préf. Seine, [Dauv., 1879, p. 197]

1389. — C'est ainsi enfin que d'autres conseils semblent subordonner à l'existence des plantations le fait de la contravention, alors du moins qu'il n'y a pas eu de dégradations, et que l'introduction s'est faite par un passage ordinaire tel qu'un passage à niveau. — Cons. préf. Seine, 26 févr. 1886, Préf. de la Seine, [Dauv., 1886, p. 227]

1390. — Mais ce ne sont là que des décisions isolées et exceptionnelles.

1391. — La contravention existe dès que l'introduction a eu lieu et par quelque endroit qu'elle se soit produite, c'est-à-dire directement par la voie ou indirectement par ses dépendances. — V. cependant Arr. cons. préf., 10 avr. 1880, Isère, précité, qui semble admettre une opinion opposée dans un cas où l'introduction de l'animal n'avait eu lieu que par une halle aux marchandises.

1392. — Encore faut-il que la compagnie n'ait, de son côté, rien à se reprocher. Jugé, en ce sens, que le fait que des bestiaux reçus dans les dépendances d'une gare, et y séjournant en vue de leur embarquement avec la permission et sous la surveillance des agents de la compagnie, se sont répandus sur la voie ferrée, ne constitue pas une contravention de grande voirie à la charge du propriétaire des bestiaux. — Cons. d'Et., 3 févr. 1882, [S. 83.3.26, P. adm. chr., D. 83.1.49, Leb. chr., p. 131, et les conclusions de M. le commissaire du gouvernement Marguerie] — V. *infrà*, n. 1966 et s.

1393. — La jurisprudence que nous venons d'exposer reçoit son application, que les animaux n'aient fait que s'introduire dans le chemin de fer pour y passer, ou qu'ils y aient au contraire séjourné. — Cons. préf. Manche, 29 mai 1885, Préfet, [Dauv., 1886, p. 245] — Cons. d'Et., 4 déc. 1885, Bignat, [Leb. chr., p. 937]

1394. — ... Qu'ils aient causé ou non des dommages à la voie ou à ses dépendances. — Cons. d'Et., 3 août 1888, Beauvais, [Leb. chr., p. 718]; — 14 nov. 1890 (motifs), Cosnard, [Leb. chr., p. 836]; — 28 nov. 1890, Vilaine, [Leb. chr., p. 890]

1395. — *A fortiori*, en est-il ainsi lorsqu'ils ont dégradé des ouvrages d'art, forcé des barrières ou que, s'étant introduits sur la voie au moment du passage d'un train, ils ont causé par leur présence des accidents. — Cons. préf. Meuse, 28 mai 1881, Préf. Meuse, [Dauv., 1881]

1396. — En pareil cas, on ne saurait se prévaloir de ce fait que le sifflet réglementaire ne se serait pas fait entendre. C'est ce qui a été jugé, notamment, à l'égard du conducteur d'une voiture qui, faute d'avoir accompagné et surveillé ses chevaux les avait laissés pénétrer sur la voie d'un chemin de fer où ils avaient causé un accident. — Angers, 3 mai 1875, Roland, [S. 75.2.320, P. 75.1235, D. 76.2.51]

1397. — Le fait que les animaux auraient été tués, et que leur propriétaire aurait subi de ce chef une perte sérieuse ne saurait davantage l'exonérer des conséquences de la contravention.

1398. — Le propriétaire des animaux peut même être condamné de ce chef à des dommages-intérêts envers la compagnie. Ainsi le riverain, propriétaire d'un bœuf qui a pénétré sur la voie par suite du mauvais état de la clôture et a été écrasé par un train, est responsable du dommage causé par ce fait au matériel du train, et la compagnie de chemins de fer peut en obtenir réparation, si elle justifie régulièrement du dommage dont elle se plaint. — Cass., 29 août 1882, Gousseau, [S. 83.1.129, P. 83.1.129, et la note de M. Lacointa, D. 83.1.127] — Trib. La Rochelle, 5 août 1880, sous Cass., 29 août 1882. — V. Trib. Seine, 20 déc. 1877, Godard, [D. 78.3.80] — Trib. Rouen, 28 juin 1878, Thomas, [*Ibid.*]

1399. — Tout ce que nous venons de dire s'applique quel que soit le lieu où la contravention se commet, pourvu qu'elle se produise sur le domaine public du chemin de fer, dans une gare comme sur la voie.

1400. — Tel est notamment le fait d'avoir laissé s'échapper dans l'intérieur d'une gare des chevaux qui se sont lancés sur la voie ferrée et l'ont parcourue sur une certaine étendue. — Cons. préf. Seine, 30 déc. 1881, Préfet de la Seine, [Dauv., 1881]

1401. — Mais encore faut-il qu'on se trouve bien sur le domaine du chemin de fer.

1402. — Ainsi il a été jugé que le fait d'avoir laissé des bestiaux brouter les tiges des pommiers plantés en arrière des barrières en bois établies à la limite même de la voie ferrée, ne constitue pas une contravention de grande voirie, alors que d'ailleurs il n'est pas allégué que ces bestiaux aient brisé les barrières, ni pénétré sur la voie ferrée; lesdits pommiers, dans les conditions où ils sont plantés, ne pouvant être considérés comme faisant partie de la clôture de la voie. — Cons. d'Et., 28 janv. 1876, Sureray, [Leb. chr., p. 987]

1403. — ... Doctrine qui se retrouve dans des termes identiques dans un autre arrêt du 20 nov. 1874, Même partie, [Leb. chr., D. 75.3.78]

1404. — ... Et on peut consulter dans le même sens un arrêt aux termes duquel on ne saurait voir de contravention dans le fait d'avoir laissé introduire des bestiaux sur des terrains situés en dehors des clôtures établies en exécution des lois et règlements pour déterminer les limites de la voie ferrée et de ses dépendances. — Cons. préf. Aube, 30 déc. 1881, Préfet de l'Aube, [Dauv., 82, p. 132]

1405. — Nous avons dit (*suprà*, n. 1355) que l'absence légale de clôture n'est pas de nature, d'après la jurisprudence du Conseil d'Etat, à faire disparaître la contravention. On peut citer à cet égard un arrêt rendu, il est vrai, à l'occasion des chemins de fer algériens. — Cons. d'Et., 14 mai 1875, Ministre de l'Intérieur, [D. 76.3.83, Leb. chr., p. 485]

1406. — Nous ne serions pas sans faire quelques réserves sur cette jurisprudence *au moins en ce qui concerne l'application de l'arrêt du Conseil de 1759*. Il n'est pas douteux, en effet, que cet arrêt n'a été rendu que pour *punir* ou au moins pour *prévenir* des dégradations résultant d'un fait de broutage des plantations. Dans ces conditions on n'a pu, avons-nous déjà fait observer, étendre l'application de ses dispositions au cas où le chemin de fer est entouré de haies sèches que par une interprétation quelque peu prétorienne.

1407. — La légitimité de cette extension paraît plus douteuse lorsque le chemin de fer n'étant enclos d'aucun côté, ses talus et francs-bords ne présentent aucune plantation.

1408. — Il résulte de tout ce qui précède que c'est la jurisprudence bien plus que la loi elle-même qui a réglementé la protection du domaine public des chemins de fer. Nous souhaitons que la commission qui a été nommée à l'effet de rédiger un nouveau projet de loi sur ce point, en condensant dans un texte unique toutes les indications utiles fournies par les arrêts, fasse disparaître toute hésitation sur ce point.

3° *Dépôts de matériaux.*

1409. — Sont également applicables aux chemins de fer, poursuit l'art. 2, L. 15 juill. 1845, les lois et règlements sur la grande voirie qui ont pour objet d'interdire sur toute leur étendue les dépôts de terre et autres objets quelconques.

1410. — Les textes qui se réfèrent à cette hypothèse sont les mêmes que nous avons signalés à propos de l'espèce précédente, et il nous suffira de nous y référer.

1411. — La jurisprudence a fait de cette règle les principales applications qui suivent.

1412. — Il a été jugé, d'une façon générale, que les règlements sur la grande voirie sont applicables aux chemins de fer, notamment en ce qui touche la prohibition des dépôts de matériaux, dans toute leur étendue; et que les contraventions à ces règlements, commises sur une voie ferrée ou sur une de ses dépendances, sont de la compétence des tribunaux administratifs. — Cass., 15 nov. 1872, Lhuillier, [D. 73.1.386]

1413. — ... Plus spécialement, qu'il y a contravention dans le fait de déposer des pierres sur un terrain englobé dans la rampe d'accès d'un fossé. — Cons. préf. Haut-Rhin, 23 juin 1887, Chemin de fer Est, [Dauv., 1887, p. 295]

1414. — ... Qu'un dépôt de bois sur la voie ferrée du quai d'un port constitue également une contravention de grande voirie, alors du moins que la susdite voie a été concédée à une compagnie de chemins de fer (dans l'espèce, la compagnie du Midi), par un décret rendu par application de la loi du 11 juin 1880. — Cons. d'Et., 22 déc. 1882, Ministre des Travaux publics, [D. 84.3.88, Leb. chr., p. 1084]

1415. — ... Que le fait, par un industriel, d'avoir effectué sur une voie ferrée un dépôt de cendres pyrites, constitue également une contravention de grande voirie; et qu'il en est ainsi alors même que les cendres déposées ne seraient plus la propriété de l'industriel, si le transport a eu lieu d'après ses ordres, au moyen de ses ouvriers et de ses voitures. — Cons. d'Et., 30 mai 1884, Lagache, [Leb. chr., p. 481]

§ 3. *Des contraventions de voirie commises par les concessionnaires ou fermiers des chemins de fer.*

1416. — Lorsque le concessionnaire ou le fermier de l'exploitation d'un chemin de fer contreviendra aux clauses du cahier des charges ou aux décisions rendues en exécution de ces clauses, en ce qui concerne le service de la navigation, la viabilité des routes royales, départementales et vicinales, ou pour l'écoulement des eaux, porte l'art. 12, L. 15 juill. 1845, procès-verbal sera dressé de la contravention, soit par les ingénieurs des ponts et chaussées ou des mines, soit par les conducteurs, gardes-mines et piqueurs, dûment assermentés.

1417. — Cet article et les suivants créent un système nouveau de pénalité, non seulement à raison des contraventions de grande voirie que pourraient commettre les concessionnaires ou fermiers des chemins de fer, mais encore à raison de l'inexécution de leurs contrats avec l'Etat, c'est-à-dire des clauses et conditions des cahiers des charges de leur concession ou adjudication. Pour justifier cette exception, on a fait remarquer que si on laissait les compagnies qui créent elles-mêmes des voies nouvelles et qui ont pour ainsi dire intérêt à interrompre les anciennes, placées sous l'empire du droit commun, on ne les soumettrait qu'aux pénalités dérisoires de la grande et de la petite voirie, peut-être même, dans certains cas, de la simple police, et qu'il convenait de proportionner la pénalité, non seulement au dommage causé, mais aux pouvoirs exorbitants contenus dans leurs concessions.

1418. — Il est clair qu'il faut restreindre plutôt qu'étendre les termes de cette disposition qui a évidemment un caractère exceptionnel. Il faut les restreindre d'autant plus que les cahiers des charges étant l'œuvre principale de l'administration et celle-ci se trouvant investie en outre du droit de prendre des décisions pour en assurer l'application, il ne faut pas qu'on puisse arriver indirectement à l'armer d'un droit pour ainsi dire sans limite.

1419. — C'est dire qu'il ne pourra y avoir contravention punissable du fait des concessionnaires qu'autant que ce fait portera atteinte au régime de la voirie. C'est ce que suffirait au besoin à démontrer l'étude des travaux préparatoires. — V., à cet égard, Picard, *op. cit.*, t. 2, p. 995.

1420. — Mais on doit admettre, par contre, que tout fait qui pourra rentrer dans cette catégorie, tombera sous l'application de cet article.

1421. — C'est ainsi qu'il a été décidé, avant la loi du 15 juill. 1845, sur la police des chemins de fer, que le refus fait par une compagnie de chemin de fer d'obtempérer aux ordres de l'administration qui lui avait prescrit d'exécuter dans l'intérêt de la navigation certains dragages aux abords d'un pont qu'elle avait établi sur une rivière navigable, ne pouvait pas constituer une contravention de grande voirie. — Cons. d'Et., 8 avr. 1847, Chemin de fer Paris à Rouen, [P. adm. chr., Leb. chr., p. 180.

1422. — ... Qu'un tel refus ne pourrait constituer une contravention de grande voirie que dans le système élaboré dans les art. 12 et 13, L. 15 juill. 1845, et que l'on soutiendrait en vain que la décision ministérielle à laquelle il était contrevenu avait été prise dans l'intérêt de la navigation. — Même arrêt.

1423. — Il a été jugé depuis, conformément à cette disposition de l'art. 12, que le fait, par une compagnie de chemin de fer, d'avoir, contrairement à une clause de son cahier des charges, placé sur un passage à niveau des rails faisant saillie, constitue une contravention de la compétence du conseil de préfecture. — Cons. d'Et., 4 août 1876, Cie du chemin de fer de Lille à Valenciennes, [S. 78.2.310, P. adm. chr., D. 76.3.101, Leb. chr., p. 783]

1424. — ... Qu'il en est de même du fait par la compagnie d'avoir intercepté la circulation sur un chemin. — Même arrêt.

1425. — ... De n'avoir pas établi un aqueduc dont le préfet avait prescrit la construction. — Même arrêt.

1426. — ... De n'avoir pas présenté le projet des travaux a exécuter, en vertu d'un arrêté préfectoral, pour l'écoulement des eaux. — Même arrêt.

1427. — ... Ou d'avoir négligé de munir un passage à niveau de barrières et de gardiens pendant la circulation des trains de ballast. — Même arrêt. — V. *suprà*, n. 733.

1428. — On peut encore consulter en pareille matière un arrêt relatif à la mise en mouvement d'un pont tournant sur une rivière. — Cons. d'Et., 9 nov. 1877, Chemin de fer du Midi, [Leb. chr., p. 868]

1429. — Constitue aussi une contravention de grande voirie le fait, par une compagnie, de ne pas avoir obéi à un arrêté préfectoral lui faisant injonction de déblayer un chemin occupé par un éboulement. — Cons. préf. Meuse, l'Etat.

1430. — ... D'avoir fait exécuter des travaux de rectification d'un chemin vicinal, contrairement aux prescriptions d'une décision ministérielle, qui l'obligeait à subordonner le tracé de la voie et les conditions de son établissement à l'approbation de l'administration supérieure, prise après avis des ingénieurs du service ordinaire, sans qu'il y ait à examiner si ces travaux étaient définitifs et s'ils ont porté atteinte à la circulation sur ledit chemin. — Cons. d'Et., 31 mars 1874, Chemin de fer de Paris-Lyon-Méditerranée, [S. 76.2.63, P. adm. chr., D. 75.5.26, Leb. chr., p. 331]

1431. — ... D'avoir refusé d'obtempérer à l'injonction d'enlever du lit d'un contre-fossé d'un canal navigable les terres provenant de l'éboulement des talus de la voie ferrée. — Cons. d'Et., 13 mai 1887, Chemin de fer du Nord-Est, [S. 89.3.16, P. adm. chr., D. 88.3.91, Leb. chr., p. 408]

1432. — ... Alors surtout que l'obstruction du contre-fossé provient de ce que la compagnie a, contrairement aux prescriptions d'une décision ministérielle, déposé les terres d'éboulement dans son voisinage. — Même arrêt.

1433. — Dans chacun des cas prévus, n. 1421, 1425, 1426, 1431, la contravention reprochée à la compagnie présentait cette particularité qu'elle résultait, non d'un fait actif, mais de la non-exécution d'une condition de sa concession. Mais il paraît résulter clairement du texte de l'art. 12, L. 15 juill. 1845, qu'il n'y a pas à s'attacher à cette circonstance et que le défaut d'exécution, par une compagnie de chemin de fer, d'une clause de son cahier des charges ayant en vue la viabilité des chemins ou l'écoulement des eaux peut, en effet, constituer une contravention de voirie. — V. *suprà*, n. 733, 798.

1434. — Sur le fait de ne pas munir les passages à niveau de barrières, la raison de douter, quant à la compétence, provenait de ce que des textes de loi différents imposent aux compagnies de chemin de fer l'obligation d'établir des barrières et des gardiens aux passages à niveau. En effet, si l'art. 4 de la loi de 1845 a disposé en ce sens dans l'intérêt de la conservation de la voie ferrée, la même prescription est reproduite dans l'art. 21 de la même loi et dans l'art. 4, Ord. 15 nov. 1846, qui ont en vue la sûreté de la circulation. Or, les contraventions à la première de ces dispositions ressortissent aux conseils de préfecture, tandis que les infractions aux deux dernières doivent être déférées aux tribunaux ordinaires. D'un autre côté, les art. 12, 13 et 14 de la loi de 1845 attribuent aux conseils de préfecture la connaissance des contraventions commises par les compagnies aux dispositions de leur cahier des charges relatives à la viabilité des routes et chemins vicinaux. Le Conseil d'Etat tranche ici la question de compétence en déclarant qu'il s'agit d'une infraction à un arrêté préfectoral pris, dans les termes de l'art. 12, pour assurer la viabilité des routes et chemins traversant la voie ferrée.

1435. — Comment accorder ces dispositions avec les arrêts qui décident qu'une compagnie subrogée aux droits de l'Etat ne peut être condamnée à une indemnité envers les tiers à raison des entraves que ses travaux peuvent apporter, par exemple, à la navigation? — V. *suprà*, n. 546.

1436. — Nous croyons que la solution de cette question doit se régler par l'examen des circonstances de fait et que s'il est démontré que la compagnie a fait tout ce qu'elle devait faire pour empêcher l'entrave à la circulation, aucune responsabilité ne peut être par elle encourue ; mais qu'il importe peu, au contraire, qu'elle se trouve subrogée aux droits de l'Etat, si, soumise en même temps aux clauses du cahier des charges qui les limitait, elle ne les a pas observées.

1437. — Il y a d'ailleurs des cas où le doute n'est pas possible. L'interruption momentanée des communications qui résulte nécessairement de certains faits de construction ne saurait être confondue, par exemple, avec l'omission de rétablir une communication interrompue, alors que ce rétablissement est possible. On peut consulter à cet égard les travaux préparatoires de la loi tels qu'ils sont analysés par M. Picard, *op. cit.*, t. 2, p. 995 et s.

1438. — Indépendamment des règles dont l'observation leur est imposée par leur cahier des charges, les compagnies de chemins de fer sont également assujetties aux règles du droit commun, et notamment à l'observation des lois et règlements sur la grande voirie.

1439. — Il a été jugé, en ce sens, que les dispositions de l'arrêt du Conseil du 24 juin 1777 sont applicables à une compagnie de chemin de fer qui, pour l'exécution de ses travaux, aurait dégradé une chaussée établie par l'Etat le long d'une rivière navigable ou flottable pour le service de la navigation et du halage. — Cons. d'Et., 27 déc. 1844, Chemin de fer d'Orléans, [P. adm. chr., Leb. chr., p. 695]

1440. — Il ne se présentera aucune difficulté lorsque ces règles seront distinctes de celles qui sont édictées par les cahiers des charges. Mais que faudra-t-il décider lorsque ce dernier document se les sera appropriées. Faudra-t-il appliquer les pénalités de droit commun ou les pénalités exceptionnelles écrites dans la convention ? Nous estimons qu'on devra s'arrêter à cette dernière solution. Les cahiers des charges s'inspirent, en effet, des circonstances exceptionnelles de chaque espèce et on comprend dès lors que ces circonstances exceptionnelles puissent entraîner des dérogations à la règle générale. — Conf. *suprà*, n. 1221 et s.

1441. — Si les concessionnaires avaient été autorisés par l'administration à faire certains actes contraires aux clauses du cahier des charges la contravention disparaîtrait. Encore faudrait-il, d'ailleurs, que cette permission fût antérieure à l'acte incriminé.

1442. — Décidé en ce sens, au cas où une compagnie de chemin de fer autorisée par l'administration à transporter des marchandises à l'aide d'une voie ferrée établie sur la chaussée d'un quai et à les décharger sur cette chaussée à la condition de ne pas les y laisser en dépôt, et contre laquelle avait été dressé un procès-verbal constatant que trois pièces de bois avaient été trouvées en dépôt sur la chaussée, s'était bornée à user de l'autorisation qui lui avait été accordée. — Cons. d'Et., 26 déc. 1868, Chemin de fer du Midi, [Leb. chr., p. 1099] — V. *infrà*, n. 1966.

1443. — Décidé, d'autre part, que l'amende édictée par l'art. 12, L. 15 juill. 1845, doit être appliquée alors même que l'autorisation de conserver provisoirement des ouvrages d'art a été donnée postérieurement par le préfet, cette autorisation n'ayant pu avoir pour résultat de faire disparaître la contravention. — Cons. d'Et., 4 mars 1858, Cie des chemins de fer de l'Est, [P. adm. chr., Leb. chr., p. 199]

1444. — Qui est responsable d'une contravention en cas de fusion de deux compagnies de chemin de fer. Est-ce la compagnie ancienne ou la compagnie nouvelle? Il faut distinguer si la compagnie ancienne est complètement absorbée par la nouvelle, ou si elle a conservé, au contraire, une existence distincte. Dans le premier cas, c'est la nouvelle société seule qui est tenue des obligations contractées par l'ancienne pour des faits antérieurs à la substitution. Dans le cas contraire, la responsabilité continue à incomber à l'auteur de la contravention. — Cons. d'Et., 13 mai 1887, Chemin de fer du Nord-Est, [S. 89.3.16, P. adm. chr., D. 88.3.91, Leb. chr., p. 408] — V. aussi par analogie, Cons. d'Et., 4 févr. 1887, Société parisienne de Crédit, [S. 88.3.57, P. adm. chr., D. 88.3.69, Leb. chr., p. 117]

1445. — Il en est ainsi alors d'ailleurs que le traité conclu entre les deux compagnies n'a été ratifié par une loi que postérieurement aux faits constituant la contravention. — Cons. d'Et., 13 mai 1887, précité.

Section III.
Règles concernant la police, la sûreté et l'exploitation des chemins de fer.

1446. — Nous connaissons les règles relatives à la conservation de la voie. Nous devons parcourir désormais les règles relatives à la police et à la sûreté du chemin de fer envisagé comme moyen de circulation. Ces règles sont contenues principalement dans le titre 3, L. 15 juill. 1845, et dans les titres 7 et 8, Ord. 15 nov. 1846.

1447. — On peut diviser ces règles en quatre grandes catégories :

1º Les unes visent les faits coupables qui pourraient être tentés par des tiers contre la vie des voyageurs, l'installation de la voie et du matériel roulant, et la sécurité des objets transportés;

2º Les autres répriment les actes de négligence des agents ou les manquements qu'ils pourraient commettre dans l'exercice de leurs fonctions;

3º Une troisième catégorie prévoit les infractions commises par les voyageurs eux-mêmes dans les faits de circulation;

4º Une quatrième catégorie atteint les infractions au règlement sur l'exploitation commises par les compagnies.

§ 1. *Infractions commises par les tiers.*

1448. — En tête de ces règles il convient de placer celle qui est relative à la répression des tentatives de déraillement ou d'arrêt de convoi. Elle est contenue en ces termes dans l'art. 16, L. 15 juill. 1845 : « Quiconque aura volontairement détruit ou dérangé la voie de fer, placé sur la voie un objet faisant obstacle à la circulation, ou employé un moyen quelconque pour entraver la marche des convois ou les faire sortir des rails, sera puni de la réclusion. »

1449. — La première rédaction de cette disposition contenait une énumération des faits répréhensibles qui a été écartée comme dangereuse et nuisible. Il résulte de cette suppression que c'est aux tribunaux à apprécier la nature et la gravité de l'infraction, et on décide en général qu'ils doivent appliquer les peines qui y sont contenues dès qu'ils constatent des faits d'imprudence qui ont sinon causé un accident du moins concouru à le rendre plus grave. — Cass., 24 avr. 1847, Petiet, [S. 47.1.618, P. 47.1.698, D. 47.1.259]

1450. — La difficulté ne sera pas grande lorsqu'il s'agira d'un de ces faits qui rentrent directement dans la prévision des textes et qui sont malheureusement si fréquents, comme de placer des pierres sur les rails, de renverser des poteaux télégraphiques, etc. Mais il y a des hypothèses plus délicates. L'une d'elle s'est rencontrée dernièrement dans la pratique. Un passant avait tourné la clef d'un frein Westinghouse. Il pouvait résulter de ce fait non pas que le train fût arrêté, mais qu'il ne pût pas l'être, au contraire, de sorte que l'espèce ne paraissait pas rentrer au nombre de celles qui sont prévues par notre article. Comment assimiler deux ordres de faits aussi différents et dont les conséquences dommageables semblent si contraires? Il serait à souhaiter que la commission chargée d'élaborer un projet de loi sur la police et la sûreté des chemins de fer prît parti sur de semblables infractions et toutes autres analogues, d'autant que le perfectionnement constant de l'outillage des chemins de fer a fait éclore, depuis 1845, bien des hypothèses qui ne pouvaient pas se présenter à cette époque.

1451. — S'il y a eu homicide ou blessures, le coupable sera, dans le premier cas, puni de mort, et, dans le second, de la peine des travaux forcés à temps (art. 16, § 2).

1452. — Ce dernier paragraphe de l'art. 16 ne fait que prévoir une circonstance aggravante du crime prévu par le premier. « Le degré de la peine destinée à réprimer le crime, a dit M. Persil (rapport précité), doit dépendre de l'étendue du mal occasionné. C'est la peine capitale s'il a entraîné la mort; les travaux forcés à perpétuité, s'il n'en est résulté que des blessures, et dans tous les autres cas la réclusion, quand même aucun accident n'aurait été la suite de cette criminelle action. »

1453. — Différentes circulaires ont été prises à l'occasion des actes de malveillance commis sur les chemins de fer. Nous signalerons notamment une circulaire du 25 oct. 1854 (citée par Picard, *op. cit.*, t. 3, p. 643), qui donne des instructions aux maires des communes traversées par les chemins de fer pour la recherche des coupables, et une autre circulaire du 17 oct. 1882 (citée par Picard, *loc. cit.*), qui a pour objet d'en rappeler les prescriptions.

1454. — Si le crime prévu par l'art. 16 a été commis en réunion séditieuse, avec rébellion ou pillage, il sera imputable aux chefs, auteurs, instigateurs ou provocateurs de ces réunions, qui seront punis comme coupables du crime et condamnés aux mêmes peines que ceux qui l'auront personnellement commis, lors même que la réunion séditieuse n'aurait pas eu pour but direct et principal la destruction de la voie de fer (L. 15 juill. 1845, art. 17, § 1).

1455. — Il résulte du second paragraphe de l'article que les auteurs ou instigateurs de la réunion, alors qu'elle n'a pas eu pour but le crime prévu par le premier paragraphe (la destruction ou le dérangement de la voie ferrée), ne peuvent être punis de la même peine que ceux qui ont commis ce crime lui-même : toutefois, dans ce dernier cas, lorsque la peine de mort sera applicable aux auteurs du crime, elle sera remplacée, à l'égard des chefs, auteurs, instigateurs et provocateurs de ces réunions, par la peine des travaux forcés à perpétuité (L. 15 juill. 1845, art. 17, § 2).

1456. — « Quiconque aura menacé, par écrit anonyme ou signé, de commettre un des crimes prévus par l'art. 16, sera puni d'un emprisonnement de trois à cinq ans, dans le cas où la menace aurait été faite avec ordre de déposer une somme d'argent dans un lieu indiqué, ou de remplir toute autre condition. Si la menace n'a été accompagnée d'aucun ordre ou condition, la peine sera d'un emprisonnement de trois mois à deux ans, et d'une amende de 100 à 500 francs. Si la menace avec ordre ou condition a été verbale, le coupable sera puni d'un emprisonnement de quinze jours à six mois, et d'une amende de 25 à 300 francs. Dans tous les cas, le coupable pourra être mis par le jugement sous la surveillance de la haute police, pour un temps qui ne pourra être moindre de deux ans ni excéder cinq ans » (L. 15 juill. 1845, art. 18).

1457. — Cet article reproduit, en les appliquant aux chemins de fer, les dispositions des art. 305 et s., C. pén. — V. à ce sujet les explications de M. Persil dans son premier rapport à la Chambre des pairs, séance du 20 mars 1844 (*Monit.*, p. 690, 1re col.).

1458. — Il résulte de cette analogie, en ce qui concerne la menace écrite, qu'il n'est pas nécessaire que l'attentat soit formellement visé dans la menace, si la personne menacée ne peut avoir aucun doute sur la nature de l'attentat. — Bruxelles, 10 août 1820, Vanthielen, [P. chr.] — *Sic*, Rolland de Villargues, sur l'art. 305, C. pén., t. 2.

1459. — ... Et que la menace peut être déguisée sous des expressions plus ou moins vagues qu'il appartient au juge du fait d'interpréter. — Cass., 19 déc. 1863, Hauwel, [D. 64.1.454]

1460. — ... En ce qui concerne les menaces verbales, que l'effet de la menace est le même, qu'elle soit faite en présence de la personne directement intéressée ou devant un tiers, pour peu qu'elle soit parvenue, directement ou indirectement, à la connaissance de la victime. — Cass., 1er févr. 1834, Jonagon, [S. 34.1.266, P. chr.] — Orléans, 3 mai 1872, Bayle. — Toulouse, 5 avr. 1873, Vidal, [S. 73.2.295, P. 73.1232, D. 74.2.85]

1461. — Il faut conclure également de l'analogie ci-dessus établie que cette menace est punissable, encore bien que son auteur n'ait pas eu l'intention de l'exécuter. — Cass., 20 mars 1807, Berdalle, [S. et P. chr.]

1462. — Mais nous croyons qu'on devrait admettre également par contre (car cette solution n'a rien de spécial à l'espèce dans laquelle elle est intervenue), que la menace ne serait pas punissable si elle n'était que le produit d'une irritation passagère et ne permettait pas de supposer une détermination sérieuse d'agir. — Douai, 13 nov. 1861, Baudes, [J. crim., n. 7392]. — Sic, Chauveau et Hélie, t. 4, p. 2.

1463. — Nous rappelons que la surveillance de la haute police a été supprimée par la loi du 27 mai 1885, et remplacée par l'interdiction de séjour.

1464. — « Quiconque, par maladresse, imprudence, inattention, négligence ou inobservation des lois ou règlements, aura involontairement causé sur un chemin de fer, ou dans les gares ou stations, un accident qui aura occasionné des blessures, sera puni de huit jours à six mois d'emprisonnement, et d'une amende de 50 à 1,000 fr. Si l'accident a occasionné la mort d'une ou plusieurs personnes, l'emprisonnement sera de six mois à cinq ans, et l'amende de 300 à 3,000 fr. » (L. 15 juill. 1845, art. 19).

1465. — Ces dispositions prennent leur source dans les art. 319 et 320, C. pén., dont elles reproduisent presque littéralement les termes. Conformément aux règles du droit commun, l'article ci-dessus ne punit les maladresses, imprudences, inattentions, etc., qui ont causé un accident, qu'autant que cet accident aura lui-même occasionné des blessures ou la mort. Mais une vive discussion s'était engagée à ce sujet dans la Chambre des pairs. La commission voulait aller plus loin : par surcroît de précaution, elle voulait punir les maladresses, imprudences, etc., alors même que l'accident qui en serait résulté n'aurait occasionné aucun dommage aux personnes. Cette extension de la pénalité a paru excessive ou superflue à la Chambre, et l'amendement a été rejeté (V. deuxième rapport de M. Persil et discussion à la Chambre des pairs : *Mon.*, p. 638 et 1017). — D'ailleurs, il est pourvu à ce cas, en ce qui touche l'inobservation des règlements, par l'art. 21 ci-après.

1466. — On avait proposé aussi d'élever la peine dans le cas où la maladresse, imprudence, etc., serait le fait d'un administrateur, directeur ou agent du chemin de fer ; mais, tout en reconnaissant que le délit serait alors plus grave, il a été entendu qu'il suffisait de laisser aux juges toute faculté de graduer la peine en conséquence, entre le minimum et le maximum fixés par la loi.

1467. — De l'assimilation des faits prévus par notre disposition à ceux contenus dans les art. 319 et 320, C. pén., il résulte notamment que les déclarations de fait des tribunaux, en principe, sont souveraines. — Cass., 12 nov. 1875, Pellan, [S. 76.1.281, P. 76.639, D. 76.1.141] — ... Mais qu'on n'en saurait dire autant de l'appréciation légale des éléments constitutifs de l'infraction et qu'il appartient à la Cour de cassation de décider que les faits relevés par l'arrêt qui relaxe le prévenu constituent une imprudence. — Même arrêt.

1468. — ... Qu'il n'est pas absolument essentiel, pour que la pénalité soit encourue, que la négligence du prévenu ait été la cause directe et immédiate des blessures. — Cass., 16 juin 1864, Couvé, [S. 65.1.98, P. 65.193, D. 65.1.198]

1469. — ... Ni que le blessé n'ait eu lui-même aucune part d'imprudence. — Même arrêt.

1470. — Nous rencontrerons cependant bientôt quelques décisions qui paraissent déroger à ces règles.

1471. — « Toute attaque, toute résistance avec violence et voies de fait envers les agents des chemins de fer, dans l'exercice de leurs fonctions, sera punie des peines appliquées à la rébellion, suivant les distinctions faites par le Code pénal » (L. 15 juill. 1845, art. 25). Cette disposition d'ordre général paraît devoir s'appliquer à toute résistance aux ordres d'un agent quelconque assermenté ou non. — Féraud-Giraud, *op. cit.*, t. 3, p. 477.

1472. — Le fait de jeter une pierre au mécanicien d'un chemin de fer lors du passage de la locomotive où il fonctionne, constitue, encore bien que le mécanicien n'ait pas été atteint, le délit d'attaque avec violence et voies de fait envers un agent de chemin de fer dans l'exercice de ses fonctions, prévu par l'art. 25, L. 15 juill. 1845, et non la simple contravention de jet de matériaux ou objets quelconques dans l'enceinte d'un chemin de fer, réprimée par l'art. 61, Ord. 15 nov. 1846. — Bourges, 29 nov. 1860, Jeannet, [S. 61.2.305, P. 61.1005]

1472 bis. — ... « Et l'affiche du jugement de condamnation peut être ordonnée au profit de la compagnie de chemin de fer. » — Même arrêt.

1473. — Un autre crime spécial est celui qui a été prévu par l'art. 434, C. pén., modifié par la loi du 13 mars 1863 : « Quiconque aura volontairement mis le feu soit à des wagons contenant des personnes, soit à des wagons ne contenant pas des personnes, mais faisant partie d'un convoi qui en contient, sera puni de mort. — Quiconque aura volontairement mis le feu à des voitures ou wagons chargés ou non chargés de marchandises ou autres objets mobiliers et ne faisant point partie d'un convoi contenant des personnes, si ces objets ne leur appartenaient pas, sera puni des travaux forcés à temps. »

1474. — Aux termes de l'art. 61, Ord. 15 nov. 1846, il est défendu à toute personne étrangère au service du chemin de fer : 1° de s'introduire dans l'enceinte du chemin de fer, d'y circuler ou stationner; 2° d'y jeter ou déposer aucuns matériaux, ni objets quelconques; 3° d'y introduire des chevaux, bestiaux ou animaux d'aucune espèce; 4° d'y faire circuler ou stationner aucunes voitures, wagons ou machines étrangères au service.

1475. — Nous connaissons déjà quelques-unes de ces dispositions : celles qui sont relatives, notamment, au dépôt ou jet de matériaux dans l'enceinte des chemins de fer et à l'introduction, dans les mêmes enceintes, d'animaux (V. *suprà*, n. 1344 et s., 1409 et s.). Nous devons donner quelques explications particulières au fait spécial d'introduction de personnes étrangères au service.

1476. — Nous n'avons plus à définir l'enceinte du chemin de fer : il n'y a qu'à se reporter à cet égard aux explications que nous avons données, *suprà*, n. 890 et s.

1477. — Il a été jugé que la défense portée par l'art. 61, Ord. 15 nov. 1846, contre toute personne étrangère au service d'un chemin de fer, de s'introduire dans l'enceinte de la voie, d'y circuler ou stationner, ne s'applique pas à ceux qui tiennent ou desservent des restaurants ou buffets dans des locaux faisant partie des gares, et que la compagnie leur a loués pour cet objet; que les entrepreneurs de ces établissements doivent être assimilés aux agents de la compagnie..., alors surtout que, par les conventions intervenues entre eux et celle-ci, ils ont été placés, pour tout ce qui concerne leur service, sous les ordres du chef de gare. — Colmar, 10 août 1858, Bilger, [S. 59.2.384, D. 59. 2.152, D. 59.2.152]

1478. — ... Qu'il en faut dire autant des gens attachés à leur service. — Cass., 29 déc. 1860, Iffla et Brunet, [S. 61.1.556, P. 61.1131, D. 61.5.71]

1478 *bis.* — ... Des destinataires, expéditeurs et ouvriers en rapports journaliers avec le personnel des chemins de fer; qu'il appartient à ces diverses personnes de veiller par elles-mêmes à leur sécurité lorsqu'elles traversent la voie. — Paris, 22 janv. 1893, Duplessier, [J. *La Loi*, 22 janv. 1893]; — 2 déc. 1892, Proust, [J. *Le Droit*, 6-7 mars 1893]

1479. — ... Que si l'admission du public dans un buffet de chemin de fer après l'heure indiquée par un règlement municipal est licite (V. *suprà*, n. 1042), il appartient du moins au commissaire de surveillance administrative ou à ses agents de veiller à l'observation des règlements concernant l'admission du public dans les gares. — Cass., 2 juill. 1870, Meinrad-Geyer, [S. 71. 1.40, P. 71.64]

1480. — ... Qu'à l'exception des personnes qui ne sont pas *étrangères* au service des chemins de fer, l'interdiction de s'introduire dans leur enceinte, d'y circuler et stationner, est absolue; qu'il n'est au pouvoir de personne, pas même du directeur du chemin de fer ou du commissaire de police, d'accorder à qui que ce soit une permission contraire à cette défense. — Montpellier, 24 juin 1850, Sabatier, [S. 50.2.342, P. 50.2.56, D. 50.2.105]

1481. — ... Qu'en conséquence, toute personne étrangère au service d'un chemin de fer, qui aurait pénétré dans son enceinte, même avec une permission du directeur, serait passible des peines édictées par l'art. 21, L. 15 juill. 1845, sauf l'admission de circonstances atténuantes. — Même arrêt.

1482. — Cependant, il a été jugé, d'autre part, que les agents supérieurs des compagnies de chemins de fer, et spécialement les chefs de gare, peuvent, sous leur responsabilité (surtout quand il existe à cet égard un règlement spécial), autoriser les personnes étrangères à l'exploitation du chemin de fer à circuler dans son enceinte; que la prohibition portée par l'art. 61,

Ord. 15 nov. 1846, n'est nullement inconciliable avec ce pouvoir. — Aix, 14 juin 1862, Burillon, [S. 62.2.405, P. 62.1150]

1483. — ... Qu'en conséquence, au cas où la personne à laquelle une semblable autorisation a été accordée par un chef de gare vient à être tuée par le choc d'une locomotive, ce chef de gare ne saurait être passible des peines portées par l'art. 19, L. 15 juill. 1845, si, d'ailleurs, il n'a pas fait un usage imprudent de la faculté d'autorisation dont il s'agit. — Même arrêt.

1484. — Mais il ne peut appartenir au conseil de préfecture d'autoriser des particuliers (dans l'espèce, des propriétaires qui demandaient l'autorisation de visiter en tout temps les nouveaux ouvrages compris dans les limites du chemin de fer) à pénétrer librement dans l'enceinte d'un chemin de fer, contrairement aux dispositions de l'art. 61, Ord. 15 nov. 1846, et le Conseil d'Etat, à cet égard, n'aurait pas de pouvoirs plus étendus. — Cons. d'Et., 18 mars 1869, Chemin de fer de Paris-Lyon-Méditerranée, [Leb. chr., p. 281]

1485. — Il y a, d'ailleurs, dans tous les règlements des gares des dispositions visant la libre circulation de telle ou telle catégorie de personnes, et restreignant la portée de l'art. 61, § 1, Ord. 15 nov. 1846.

1486. — A ce titre, on a pu déclarer avec raison qu'il n'est point applicable à un voyageur muni d'un billet de place qui, en voyant le train déjà en mouvement, s'est élancé dans une voiture pour ne pas manquer le départ. — Cass., 31 mars 1864, Lœw, [S. 64.1.340, P. 64.920, D. 64.1.243]

1487. — Cette décision, qui était importante à signaler au moment où elle a été rendue, ne présenterait plus aujourd'hui le même intérêt. Contrairement à ce qui se passait autrefois, un certain nombre de circulaires ont autorisé, en effet, l'admission immédiate sur les quais d'embarquement des chemins de fer des voyageurs munis de leurs billets. — [Rev. d'adm., 1878, 3e part.]; — 10 janv. 1885; — 10 mars 1886.

1488. — Mais si le voyageur, au lieu de s'ntroduire sur des parties du chemin de fer où l'appelle sa qualité de voyageur, s'introduisait dans d'autres lieux, la prohibition reprendrait tout son empire. — V. not. Trib. corr. Mulhouse, 4 août 1868 et Aix, 6 mars 1884, Sambucy, [cités par Picard, t. 3, p. 678]

1488 *bis*. — Jugé même que le fait de traverser à l'approche d'un train le passage à niveau libre et ouvert d'un chemin de fer non clos, constitue une contravention à la police des chemins de fer lors même que le signal réglementaire ne se serait pas fait entendre pour annoncer le train. — Angers, 3 mai 1875, Rocand, [S. 75.2.320, P. 75.1235]

1489. — Aux termes de l'art. 62, Ord. 15 nov. 1846, sont exceptés de la défense portée au premier paragraphe de l'article précédent, les maires et adjoints, les commissaires de police, les officiers de gendarmerie, les gendarmes et autres agents de la force publique, les préposés aux douanes, aux contributions indirectes et aux octrois, les gardes champêtres et forestiers dans l'exercice de leurs fonctions et revêtus de leurs uniformes ou de leurs insignes. Dans tous les cas, les fonctionnaires et les agents désignés audit paragraphe seront tenus de se conformer aux mesures spéciales de précaution qui auront été déterminées par le ministre, la compagnie entendue.

1490. — Ces mesures doivent être évidemment concertées entre les ingénieurs des ponts et chaussées et les ingénieurs des mines, et leurs propositions, après avoir été communiquées aux compagnies pour avoir leurs observations, doivent être transmises à l'administration supérieure, qui statue.

1491. — Il faut ajouter à la liste des personnes visées dans l'art. 6, Ord. 15 nov. 1846, les préfets (Circ. min. 6 oct. 1847, citée par Picard, *op. cit.*, t. 3, p. 679), les fonctionnaires du contrôle, les officiers de police judiciaire, les employés chargés de la surveillance du service postal (art. 56-57, cahier des charges), les inspecteurs et agents du service télégraphique (art. 58, cahier des charges), les préposés de l'enregistrement autorisés à prendre communication du registre des compagnies (L. 13 mai 1863, 23 août 1871, 30 mars 1872, 29 juin 1872, 6 déc. 1872), les agents des contributions directes (L. 15 juill. 1880), les inspecteurs des finances.

1492. — Les cantonniers, gardes-barrières et autres agents du chemin de fer devront faire sortir immédiatement toute personne qui se serait introduite dans l'enceinte du chemin, ou dans quelque portion que ce soit de ses dépendances où elle n'aurait pas le droit d'entrer. En cas de résistance de la part des contrevenants, tout employé du chemin de fer pourra requérir l'assistance des agents de l'administration et de la force publique. Les chevaux ou bestiaux abandonnés qui seront trouvés dans l'enceinte du chemin de fer seront saisis et mis en fourrière (Ord. 15 nov. 1846, art. 68).

1493. — Les agents et gardes que la compagnie établira, soit pour la perception des droits, soit pour la surveillance et la police du chemin de fer et de ses dépendances, pourront être assermentés et seront, dans ce cas, assimilés aux gardes-champêtres.

§ 2. *Infractions commises par les agents des compagnies.*

1494. — Il faut d'abord poser en principe que les employés sont absolument assimilables aux tiers pour les cas prévus par toutes les dispositions qui précèdent, notamment par les dispositions de l'art. 19. — V. *infrà*, n. 1701.

1495. — Jugé, en ce sens, que le fait par le conducteur d'un train de chemin de fer d'avoir blessé un voyageur en fermant violemment la portière d'un wagon, sans avertir les personnes qui s'y trouvaient et sans examiner s'il n'existait point d'obstacles, constitue le délit puni par l'art. 19, L. 15 juill. 1845. — Paris, 9 janv. 1867, Berthelot, [S. 67.2.314, P. 67.1125]

1496. — ... Que le mécanicien qui ne se conforme pas aux indications des signaux de la voie, commet une faute qui engage sa responsabilité pénale; qu'en conséquence cette inobservation des règlements, si elle a causé des blessures, est de nature à faire tomber cet agent sous le coup de l'art. 320, C. pén. — Trib. corr. Narbonne, 27 avr. 1891, Labeille, [J. *la Loi*, 21 mai 1891]

1496 *bis.* — ... Que la responsabilité pénale d'un déraillement causé par le mauvais état de la voie ferrée incombe à l'ingénieur en chef qui n'a pas ou n'a qu'imparfaitement exécuté les travaux de réfection nécessaires lorsque, d'ailleurs, les actes les plus simples de surveillance effective lui auraient permis de conjurer l'accident; que la même responsabilité incombe, à plus forte raison, au chef de section qui n'a de surveillance à exercer que sur un périmètre moins étendu. — Grenoble, 8 févr. 1878, B..., [S. 79.2.242, P. 79.996] — V. aussi Cass., 7 mai 1868, Perret, [S. 69.1.95, P. 69.191] — Rennes, 13 déc. 1869. — Bédarride, *op. cit.*, t. 2, n. 433; Féraud-Giraud, *op. cit.*, t. 2, n. 393.

1497. — ... Que la responsabilité pénale édictée à l'égard des aiguilleurs par les dispositions des règlements sur les chemins de fer qui sont spéciales à leur service, n'exclut pas la responsabilité qui atteint le chef de gare, aux termes des mêmes règlements, lorsque les accidents causés par la négligence des aiguilleurs ou autres employés auraient pu être prévenus par la surveillance que le chef de gare est tenu d'exercer sur l'exécution des services confiés à ses agents. — Cass., 26 juill. 1872, Froschammer, [D. 72.1.285] — Bédarride, *op. cit.*, t. 2, p. 435.

1497 bis. — Un chef de gare ne peut, d'ailleurs, être rendu responsable pénalement d'un accident et être condamné pour homicide par imprudence sous prétexte qu'il n'a pas pris es mesures qui pouvaient prévenir l'événement lorsque ces mesures ne lui étaient prescrites par aucune loi ou règlement ou qu'il a accepté une fonction de surveillance qui, dans les conditions où elle s'exerçait, était inefficace, s'il l'a d'ailleurs exactement remplie. — Cass., 20 févr. 1863, Schott, [S. 64.1.371]

1498. — Indépendamment de ces pénalités de droit commun, la loi en édicte un certain nombre d'autres, relatives à des cas spéciaux.

1499. — C'est ainsi, notamment, qu'aux termes de l'art. 20, L. 15 juill. 1845, sera puni d'un emprisonnement de six mois à deux ans tout mécanicien ou conducteur garde-frein qui aura abandonné son poste pendant la marche du convoi.

1500. — Pour que la peine prononcée par cet article contre les mécaniciens ou conducteurs gardes-freins qui auraient abandonné leur poste pendant la marche du convoi soit applicable, il n'est pas nécessaire qu'il en soit résulté un accident. Mais que faut-il entendre par ces expressions : *abandonné son poste?* Il paraît résulter de la discussion qui eut lieu à cet égard à la Chambre des pairs, dans la séance du 1er févr. 1845, que la disposition a voulu viser indistinctement tout cas dans lequel le mécanicien, conducteur, etc..., aurait laissé sa machine à elle-même, même sous l'empire de la frayeur la plus excusable.

1501. — « Nous savons bien, a dit à cet égard le rapporteur, qu'au moment du danger, le mécanicien, le conducteur, pourront être beaucoup plus préoccupés, beaucoup plus effrayés par l'accident qu'ils pourront prévoir et auquel ils voudront échapper, que par la peine correctionnelle que nous inscrivons dans la loi ! Mais est-ce une raison pour que notre loi reste muette? Non, messieurs. Si dans le moment de la frayeur ils n'y pensent pas, il faut que de sang-froid le conducteur, le mécanicien, sachent que leur devoir est de rester à leur poste, de faire tous leurs efforts pour diriger, pour sauver le convoi qui leur est confié. Comme je disais tout à l'heure, ce doit être là leur point d'honneur. »

1502. — Mais il n'en a pas moins été jugé, à bon droit, que le fait, par un employé monté sur un train en marche, de sauter à terre au moment de la rencontre de deux trains, ne constitue pas un abandon de son poste, si le choc était dès lors inévitable. Par suite, la compagnie, si elle est en faute, demeure responsable de la mort de cet employé qui s'est tué en sautant. — Cass., 27 juin 1876, Chemin de fer de l'Ouest, [S. 77.1.79, P. 77.164] — Sic, Féraud-Giraud, *op. cit.*, t. 3, n. 472.

1503. — Nous avons eu tout à l'heure, incidemment, l'occasion de parler de la responsabilité des chefs de gare. Notons, en passant, un arrêt d'où il résulte qu'ils ne sont responsables des contraventions à l'ordonnance de police du 15 nov. 1846, qu'autant qu'elles sont leur fait personnel et spontané, et non lorsqu'ils les ont commises d'après les ordres des chefs sous l'autorité desquels ils sont placés : que, dans ce dernier cas, ceux-ci répondent seuls desdites contraventions. — Trib. Carpentras, 5 janv. 1855, Chef de gare d'Avignon, [D. 55.3.7]

1504. — Parmi les circulaires qui ont été prises pour rappeler aux agents les obligations qui leur incombent, nous signalerons notamment celle du 3 févr. 1855 (citée par Picard, *op. cit.*, p. 644), par laquelle le ministre des Travaux publics a invité les compagnies à prendre les mesures nécessaires pour que les gardes-freins ne quittent pas leur poste pendant la marche des trains.

§ 3. *Infractions commises par les voyageurs.*

1505. — Aux termes de l'art. 21, Ord. 15 nov. 1846, il est défendu d'admettre, dans les convois qui portent des voyageurs, aucune matière pouvant donner lieu soit à des explosions, soit à des incendies. Aux termes de l'art. 66, les personnes qui veulent expédier des marchandises de la nature de celles qui sont mentionnées à l'art. 21 doivent en faire la déclaration à la compagnie.

1506. — La classification des matières explosibles ou inflammables avait été d'abord faite par un arrêté du ministre des Travaux publics du 20 nov. 1879 (citée par Picard, *op. cit.*, t. 3, p. 694), qui les avait réparties en quatre catégories et avait déterminé les trains dans lesquels chacune d'elles pouvait être admise, ainsi que les conditions auxquelles devaient satisfaire leur chargement et les wagons dans lesquels elles devaient être renfermées. D'autres arrêtés des 21 juill. 1881 et 30 juin 1883 (Picard, *eod. loc.*), avaient ajouté à cette momenclature. La plupart de ces dispositions résumaient des prescriptions contenues dans un certain nombre de circulaires (30 mai 1862; 15 juill. 1863; 25 mars 1874; 1er déc. 1874; 31 mai 1877). Une circulaire du 16 févr. 1887 avait prescrit certaines règles spéciales pour la mélinite qui ne figurait dans aucune de ces catégories.

1507. — Un décret du 9 janv. 1888 (*Rec. Lois, Ord.*, 2e sér., t. 3, p. 347) a réglementé de nouveau toute la matière, abrogeant les arrêtés précités des 20 nov. 1879, 21 juill. 1881 et 30 juin 1883.

1508. — Il convient d'ajouter à ces textes différents arrêtés, notamment celui du 20 juin 1889, ceux des 5 févr. 1889 et 16 août (*Rec. Lois, Ord.*, 2e sér., t. 4, p. 47 et 76) de la même année et celui du 30 oct. 1891, qui ont modifié provisoirement celui du 9 janv. 1888 et pris des mesures spéciales pour les mèches et munitions dites de sûreté.

1509. — ... Une circulaire du ministre des Travaux publics du 9 déc. 1889 (*Rec. Lois, Ord.*, 2e sér., t. 4, p. 97), sur le transport des matières dangereuses de la première catégorie sur les lignes où ne circulent pas des trains réguliers de marchandises.

1510. — ... Une circulaire du 28 juin 1890 (*Bull. min. Trav. publ.*, 1890, 2ᵉ sér., p. 158), qui a résumé les dispositions relatives aux mesures générales à prendre pour le transport des matières dangereuses.

1511. — ... Un arrêté du 30 mars 1877 (citée par Picard, *op. cit.*, t. 3, p. 697), pris de concert entre le ministre de la Guerre et le ministre des Travaux publics, aux termes duquel l'interdiction de transporter la poudre et la dynamite par les trains de voyageurs ne s'appliquait pas aux trains militaires, et qui a été remplacé lui-même par un règlement du 9 janv. 1888 (*Bull. min. Trav. publ.*, févr. 1888). — V. sur l'arrêté du 30 mars 1877, sur un arrêt du Conseil d'Etat du 1ᵉʳ déc. 1882, Chemin de fer d'Orléans, [D. 84.3.58], qui en avait consacré le principe, les observations présentées par Féraud-Giraud, *op. cit.*, t. 3, n. 146.

1512. — ... Un règlement du 10 janv. 1879, tour à tour modifié par des arrêtés du 31 oct. 1882, du 9 avr. 1888, par une instruction du 24 mai 1890 (*Rec. Lois, Ord.*, 2ᵉ sér., t. 4, p. 159) et par un décret du 23 juill. 1888, et relatif au transport des dynamites étrangères.

1513. — ... Enfin une circulaire du 18 mars 1890 (*Rec. Lois, Ord.*, 2ᵉ sér., t. 4, p. 136), d'où il résulte que les compagnies sont tenues d'effectuer le transport de toutes les expéditions de dynamite étrangère qui leur sont présentées et qui satisfont d'ailleurs à toutes les prescriptions réglementaires.

1514. — Les personnes qui veulent expédier des marchandises de la nature de celles qui sont mentionnées à l'art. 21 doivent les déclarer au moment où elles les apportent dans les stations du chemin de fer. Des mesures spéciales de précaution sont prescrites, s'il y a lieu, pour le transport desdites marchandises, la compagnie entendue.

1514 *bis.* — L'expéditeur qui fait transporter des matières inflammables sans en faire déclaration, commet une faute dont il doit réparer les conséquences préjudiciables. Par suite, si en cours de route un incendie se déclare dans le wagon qui contient ces matières, l'expéditeur doit être déclaré responsable du dommage causé par ce sinistre. — Paris, 6 mars 1884, Chemin de fer de l'Est, [D. 84.2.194]

Mais cette responsabilité doit être seulement partielle s'il n'est pas établi que l'incendie ait été produit par la combustion des matières expédiées clandestinement. — Même arrêt.

1515. — Cet article est applicable à l'expéditeur qui déclare un colis contenant des allumettes chimiques, comme renfermant de la droguerie. — Trib. Belley, 6 août 1859. — *Sic*, Palaa, p 73; Féraud-Giraud, t. 1, n. 479 et 486.

1516. — Il est défendu d'entrer dans les voitures sans avoir pris de billet (art. 63, Ord. 15 nov. 1846). Les explications que nous donnons ici devront être complétées par celles qu'on trouvera *infrà*, n. 4213 et s.

1517. — La prohibition d'entrer dans les voitures sans billet s'applique au fait des parents qui font voyager leurs enfants dans ces conditions comme aux parents eux-mêmes. Celui qui monte en wagon avec un enfant âgé de plus de trois ans et non muni de billet, commet la contravention prévue par l'art. 63, Ord. 15 nov. 1846, et punie par l'art. 21, L. 15 juill. 1845. — Rouen, 25 mars 1875, M..., [S. 75.2.137, P. 75.576, D. 75.2.239] — Trib. Seine, 27 janv. 1885, Morel, [S. 85.2.144, P. 85.1.709] — — Trib. Castelnaudary, 29 août 1887, Bouvier, [S. 89.2.200, P. 89.1.1007] — Trib. Toulouse, 27 oct. 1888 et 14 mars 1888, Lafont et Boudet, [S. 89.2.200, P. 89.1.1007] — *Sic*, Ruben de Couder, n. 33; Féraud-Giraud, t. 3, n. 252.

1518. — On doit assimiler à ce fait celui du père ou de la mère qui monte en wagon avec un enfant âgé de plus de trois ans et non muni de billet, et qui déclare mensongèrement que l'enfant n'a point atteint cet âge. — Mêmes arrêts et mêmes auteurs.

1518 *bis*. — ... Ou celui de la personne qui ne prend qu'un billet de demi place pour un enfant âgé de plus de sept ans. — Trib. Corbeil, 5 nov. 1877, [J. *Le Droit*, 5 déc. 1877] — Ruben de Couder, *op. cit.*, n. 33.

1519. — Mais le voyageur échappe à toute répression si, au moment où il venait de prendre sa place et avant que le train fût en marche, il a spontanément offert au contrôleur qui se présentait le supplément du prix. — Nancy, 1ᵉʳ mai 1884, Haut, [S. 86.2.114, P. 86.1.687]

1520. — La prohibition contenue dans l'art. 63, Ord. 15 nov. 1846, serait évidemment dépourvue de sanction si le voyageur pouvait se refuser à tout contrôle. Aussi a-t-il été jugé qu'il y a contravention de la part du voyageur qui refuse de montrer son billet à un contrôleur pendant la marche du train. — Toulouse, 14 mai 1884, Chemin de fer du Midi, [S. 84.2.143, P. 84.1.746] — Trib. Compiègne, 24 juin 1857, [Lamé-Fleury, p. 65, note 5] — Trib. corr. Pontoise, 6 oct. 1887, G..., [S. 88.2.24, P. 88.1.109] — Trib. corr. Soissons, 25 oct. 1887, Margotin, [S. 88.2.22, P. 88.1.109]

1521. — On ne s'en est même pas tenu là, et on a décidé que lorsqu'un procès-verbal régulièrement dressé par un contrôleur de route constate qu'un voyageur n'a pu représenter le billet de place dont l'exhibition lui était demandée, et a allégué qu'il avait perdu ledit billet, cette constatation établit à la charge de ce voyageur la contravention prévue par l'art. 63, Ord. 15 nov. 1846, s'il ne prouve pas le fait de force majeure qui l'a mis dans l'impossibilité d'obtempérer à la réquisition de l'agent de la compagnie. — Cass., 12 avr. 1889, Isamand, [S. 90.1.428, P. 90.1.1013]

1522. — Mais les titulaires des cartes d'abonnement délivrées par les compagnies de chemins de fer ne peuvent être tenus, à défaut de représentation de leur carte, de payer le prix de leur place, si leur qualité d'abonnés n'est pas contestée. — Trib. Seine, 24 mars 1870, Dumas, [S. 70.2.126, P. 70.474, D. 70.3.87]

1523. — L'emploi de manœuvres frauduleuses peut d'ailleurs donner un caractère nouveau à la contravention. Ainsi le fait, de la part d'un voyageur par chemin de fer, d'avoir sciemment présenté son billet de manière à faire croire que ce billet était pour une station plus éloignée que celle qui y était indiquée, et d'avoir ainsi continué son voyage jusqu'à cette station, constitue le délit d'escroquerie, et non pas seulement la contravention prévue par l'art. 21, L. 15 juill. 1845, et par l'art. 63, Ord. 15 nov. 1846, qui punissent le fait d'occuper une place dans les voitures d'un chemin de fer sans être muni d'un billet. — Nîmes, 13 nov. 1862, Chastanier, [S. 64.2.70, P. 64.696, D. 64.5.134]

1524. — De même, le billet falsifié constitue le délit d'escroquerie, et non pas seulement une simple contravention à la police des chemins de fer. — Paris, 5 juill. 1878, Moreau, [S. 78. 2.301, P. 78.1249, D. 80.2.67] — *Sic*, Palaa, *Billets de place*, n. 159; Lamé-Fleury, p. 705; Féraud-Giraud, t. 3, n. 245. — *Contrà*, Bédarride, n. 211.

1525. — En tous cas, le voyageur qui ne présente point son billet à l'arrivée doit solder à nouveau le prix de sa place, quand bien même il serait établi que ce voyageur a effectivement pris un billet au départ. — Poitiers, 1er juin 1878, Chemin de fer d'Orléans, [S. 78.2.179, P. 78.818, D. 79.2.23]

1526. — La disposition de l'art. 63, Ord. 15 nov. 1846, qui punit le fait du voyageur qui est entré sans billet dans un wagon de chemin de fer, est applicable au fait de celui qui, entré dans un wagon avec un billet, continue volontairement sa route au delà de la station à laquelle son billet lui donnait droit de se rendre. — Cass., 8 déc. 1870, Chemin de fer d'Orléans, [S. 70. 1.416, P. 70.1059, D. 70.1.447] — Dijon, 25 mars 1857, Veuillet, [S. 57.2.507, P. 57.305, D. 57.2.124] — Bordeaux, 27 juin 1862, D... et L..., [S. 62.2.540, P. 62.994, D. 62.2.125] — Toulouse, 9 juill. 1868, Regal, [S. 69.2.12, P. 69.97, D. 68.2.198. — Dijon, 9 mai 1877, Chaillet, [S. 78.2.5, P. 78.84, D. 79.2.24] — Amiens, 8 nov. 1877, Marçhois, [S. 77.2.305, P. 77.1265, D. 79.2.24] — Besançon, 5 févr. 1879, Lorioz, [S. 79.2.42, P. 79. 215] — Pau, 29 mai 1886, Maynard, [S. 87.2.64, P. 87.1.440, D. 87.2.245] — Rennes, 2 juin 1886, Galtier, [S. 89.2.28, P. 89.1.17, D. 87.2.245] — V. Cotelle, t. 2, n. 88; Emion, n. 161; Aucoc, t. 3, n. 1556; Bédarride, t. 1, n. 206; Duverdy, *Transports*, n. 289; Ruben de Couder, n. 30; Féraud-Giraud, t. 3, n. 225.

1527. — Il a même été jugé que ce fait, bien que réprimé par des peines supérieures à celles des contraventions de simple police, constitue une contravention punissable, indépendamment de toute intention de fraude à l'égard de la compagnie de chemin de fer. — Pau, 29 mai 1886, précité.

1528. — Mais il est généralement admis, au contraire, que le fait de rester en wagon au delà de la station de destination pour laquelle un billet a été pris n'est pas punissable s'il a été accompli sans intention de fraude. — Dijon, 25 mars 1857, précité. — Amiens, 8 nov. 1877, précité. — Besançon, 5 févr. 1879, précité. — Rennes, 2 juin 1886, précité. — *Sic*, Féraud-Giraud, *loc. cit.*

1529. — N'est donc passible d'aucune condamnation le voyageur qui, ayant pris un billet pour une station déterminée, néglige par inadvertance de descendre à cette station, si à la station suivante il se présente spontanément au contrôle pour payer le supplément. — Dijon, 9 mai 1877, précité.

1530. — A *fortiori* en est-il de même lorsque le voyageur a agi avec l'autorisation ou au vu et au su des agents de la compagnie. Ainsi, aucune pénalité n'est encourue par le voyageur qui a dépassé la station pour laquelle il avait pris un billet, si, d'une part, à cette station, il a avisé les agents de la compagnie qu'il poursuivait sa route, et si, d'autre part, il a spontanément offert de payer le supplément qu'il devait. — Rennes, 2 juin 1886, précité.

1531. — Mais le fait matériel étant établi, c'est au voyageur à prouver qu'il a été involontaire de sa part. — Besançon, 5 févr. 1879, précité.

1532. — Ainsi que nous l'avons énoncé *suprà*, n. 1523, des manœuvres pourraient dénaturer le caractère de l'acte. Mais par lui-même et par lui seul l'acte répréhensible ne suffirait pas à constituer une escroquerie.

1533. — Jugé en ce sens que le fait, de la part d'un voyageur par chemin de fer, d'avoir sciemment présenté son billet de manière à faire croire que ce billet était pour une station plus éloignée que celle qui y était indiquée, et d'avoir ainsi continué son voyage jusqu'à cette station, constitue le délit d'escroquerie, et non pas seulement la contravention prévue par l'art. 21, L. 15 juill. 1845, et par l'art. 63, Ord. 15 nov. 1846, qui punissent le fait d'occuper une place dans les voitures d'un chemin de fer sans être muni d'un billet. — Nîmes, 13 nov. 1862, Chastanier, [S. 64.2.70, P. 64.606]

1533 *bis.* — Jugé encore, que le fait, par un individu, d'avoir pris un billet de chemin de fer pour une station et d'avoir volontairement prolongé son voyage jusqu'à une station plus éloignée, constitue une simple contravention à la police des chemins de fer prévue par l'art. 63, Ord. 15 nov. 1846, et non le délit de larcin ou filouterie, non plus que celui d'escroquerie, bien que, après sa descente de voiture, il soit sorti de la gare en passant à travers un treillage servant de clôture à la voie et non par la porte ordinaire. — Cass., 8 déc. 1870, précité.

1534. — En vain, on s'appuyait pour soutenir l'opinion contraire sur cette circonstance que le voyageur était sorti subrepticement de la gare : il est clair que ce fait ne pouvait être considéré comme constituant une manœuvre frauduleuse.

1535. — Mais que faudrait-il penser du fait par un voyageur, non seulement de continuer sa route au delà de l'endroit désigné par le billet, mais encore de prendre un nouveau billet à une station voisine du lieu d'arrivée pour faire croire que son voyage n'a commencé qu'à cette station? La jurisprudence ne paraît pas tout à fait d'accord sur ce point.

1536. — Il a été jugé dans une première opinion que le fait, par un voyageur qui a pris place dans un wagon avec un billet pour une station voisine, de continuer son voyage au delà de cette station et de se procurer ensuite un autre billet à l'une des dernières stations du convoi pour le présenter à la gare d'arrivée, comme s'il n'avait accompli que cette partie du trajet, constitue non le délit d'escroquerie ou de tentative d'escroquerie, à défaut de remise par la compagnie de l'une des valeurs spécifiées dans l'art. 405, C. pén., mais seulement la contravention prévue par l'art. 21, L. 15 juill. 1845 et par l'art. 63, Ord. 15 nov. 1846, qui punissent le fait d'occuper une place dans les voitures d'un chemin de fer sans être muni d'un billet. — Cass., 7 avr. 1870, D..., [S. 71.1.258, P. 71.172] — Bordeaux, 27 juin 1862, précité. — *Sic*, Bédarride, t. 2, n. 206 et s.; Féraud-Giraud, t. 3, n. 225.

1537. — ... Qu'un pareil agissement constitue une simple contravention aux lois sur la police des chemins de fer, exclusive des règles de la complicité légale. — Cass., 8 déc. 1870, Chemin de fer d'Orléans, [S. 70.1.416, P. 70.1059, D. 70.1.447]; —

7 avr. 1870, Abivard, [S. 71.1.258, P. 71.772] — Angers, 7 févr. 1870, Abivard, [S. 70.2.183, D. 70.2.58]

1538. — ... En d'autres termes, que cette infraction, se constituant par un seul acte personnel, indivisible dans son exécution, ne saurait donner lieu à aucune peine contre celui qui, voyageant avec l'auteur principal, s'est chargé de lui procurer les billets destinés à consommer la fraude. — Angers, 7 févr. 1870, précité.

1539. — Mais, d'autre part, il a été décidé qu'il y a lieu de qualifier d'escroquerie le fait du voyageur qui fraude la compagnie du chemin de fer d'une partie du prix de transport, en accomplissant sans billet une fraction de parcours, et en représentant frauduleusement à la gare d'arrivée, pour échapper à la réclamation du supplément de prix par lui dû, un billet qu'un complice lui a procuré à l'une des dernières stations. — Trib. corr. Bordeaux, 21 mai 1862, Chemin de fer d'Orléans, [D. 62.3.45]

1540. — ... Que lorsque la compagnie a déjoué la fraude en faisant constater, par une vérification durant le trajet, le défaut de possession par le voyageur d'un billet donnant droit à la totalité du parcours, le fait n'en constitue pas moins une tentative d'escroquerie, encore bien que celui-ci, à l'arrivée, aurait offert de payer l'intégralité du prix, en alléguant une perte prétendue du billet pris au départ. — Même jugement.

1541. — ... Qu'en pareil cas, la compagnie est recevable à poursuivre par la voie de l'action civile le délit tenté à son préjudice, et à demander des dommages-intérêts; mais que ces dommages ne peuvent excéder la somme dont elle a été frustrée. — Même jugement.

1542. — Sauf à y comprendre peut-être, en outre, l'affiche du jugement dans les gares de la compagnie et son insertion dans les journaux. — Même jugement.

1543. — Cette dernière opinion nous paraît mieux fondée. Toutes les conditions requises pour l'application de l'art. 465, C. pén., nous semblent réunies. C'est aussi l'opinion de M. Duverdy, *Tarifs*, n. 312 et s.; *Transports*, n. 280 et s.

1544. — On retrouve les mêmes hésitations, que nous ne

comprenons pas davantage, lorsqu'il s'agit d'apprécier le fait par un individu de faire usage d'un permis de circulation délivré à un tiers pour se faire admettre gratuitement dans un chemin de fer. MM. Bédarride, t. 1, n. 221; Ruben de Couder, n. 35; Féraud-Giraud, t. 3, n. 248, soutiennent qu'on ne saurait voir, en pareil cas, une escroquerie. Mais M. Duverdy (*Transports*, n. 287), nous paraît, avec raison, enseigner l'opinion contraire.

1545. — Il a été jugé dans le sens de cette dernière opinion que l'emploi par un individu d'un faux nom et d'une fausse qualité, et l'usage d'un permis de circulation délivré à un tiers pour se faire admettre et voyager gratuitement dans un train de chemin de fer, constituent le délit d'escroquerie. — Poitiers, 17 janv. 1873, Rocher, [S. 73.2.206, P. 73.867, D. 73.2.70]

1546. — ... Et que la personne qui prête dans ce but son permis peut être condamnée comme complice. — Même arrêt.

1547. — ... Que la fraude commise par l'individu qui a pris place dans un train de chemin de fer, en se présentant avec un billet de parcours gratuit, délivré à un tiers et en se *faisant passer pour celui-ci*, constitue le délit d'escroquerie, et qu'il y a lieu de punir comme complice du délit le titulaire du billet qui a fourni sciemment le moyen de commettre la fraude. — Trib. corr. Seine, 12 févr. 1867, Maurel, [D. 67.3.85]

1548. — L'opinion contraire, cependant, paraît l'emporter en jurisprudence. — Cass., 6 mai 1865, Lafargue, [S. 65.1.266, P. 65.572, D. 65.1.200] — Paris, 15 mars 1867, Deboudt, [S. 67.2.139, P. 67.575] — Aix, 5 févr. 1873, Faivre, [S. 74.2.107, P. 74.477, D. 74.5.81]

1549. — Dans cette opinion, ce fait constitue la contravention prévue par l'art. 63, § 1, Ord. 15 nov. 1846, et punie par l'art. 21, L. 15 juill. 1845. — Aix, 5 févr. 1873, précité.

1550. — ... Alors surtout que le voyageur n'a employé aucuns moyens frauduleux pour se faire remettre ledit billet. — Toulouse, 7 avr. 1865, sous Cass., 6 mai 1865, Laforgue, [S. 65.1.240, P. 75.572, D. 65.1.200]

1551. — La jurisprudence est-elle bien d'accord avec elle-même lorsqu'elle voit une véritable escroquerie dans le fait par un civil de se servir, sans qualité, d'une permission militaire? Il est permis d'en douter. Jugé en tout cas que l'obtention par un voyageur civil d'un billet de chemin de fer taxé au quart du tarif, par la présentation aux guichets d'une gare de pièces auxquelles il a faussement donné l'apparence d'une permission délivrée par l'autorité militaire, constitue le délit d'escroquerie. — Cass., 28 févr. 1889, Coquoin, [S. 89,1.237, P. 89.1.556, D. 90.1.44]

1552. — Et que le fait par un individu de présenter au guichet d'une compagnie de chemins de fer une permission accordée à un militaire, afin de se faire ainsi remettre, à l'aide d'un titre qui ne lui appartient pas, un billet à prix réduit, constitue également une escroquerie. — Paris, 2 déc. 1890, Vignault, [J. *la Loi* des 2 et 3 janv. 1891]

1553. — Il est plus normal, au contraire, dans cette opinion, de ne considérer que comme un délit réprimé par l'art. 21, L. 15 juill. 1845, le fait par des personnes, pour profiter d'un tarif réduit, accidentellement accordé à une société chorale par une compagnie de chemin de fer, de simuler une affiliation à cette société et de voyager avec la qualité de membres actifs, qui ne leur appartient pas. — Toulouse, 26 juill. 1862, Barbot, [D. 65. 2.84]

1554. — L'usage des billets d'aller et retour a donné naissance également à un certain nombre d'applications qu'il est intéressant de faire connaître, et qui se rapportent plus ou moins explicitement au principe contenu dans notre disposition.

1555. — L'une d'elles est relative au fait de dépasser la gare d'arrivée indiquée dans le billet. Ainsi il a été jugé que le voyageur qui a pris un billet d'aller et de retour pour une station, ne peut, en arrivant à cette station, exiger un billet simple pour continuer son voyage jusqu'à une station plus éloignée : qu'il est tenu, même en dehors de toute fraude ou négligence de sa part, de payer le prix ordinaire du transport pour tout le trajet parcouru, déduction faite du prix du billet et de retour. — Grenoble, 12 mai 1866, Lhoir et Belot, [S. 67.2.106, P. 67.462, D. 66.2.214]

1556. — ... Qu'il en est ainsi, tout au moins, lorsqu'on trouve dans les tarifs une condition portant que chaque coupon ne sera valable que pour les points de départ et de destination y désignés, sous peine, pour le voyageur qui le dépasserait ou qui resterait en deçà, d'avoir à payer le prix du voyage entier sur le pied du tarif ordinaire. — Trib. corr. Bagnères-de-Bigorre, 28 déc. 1878, Chemin de fer d'Orléans, [S. 79.2.122, P. 79.478] — *Contrà*, Féraud-Giraud, t. 3, n. 229 et s.

1557. — ... Que le voyageur contrevenant à cette condition doit être puni comme s'il avait voyagé sans billet. — Même arrêt.

1558. — Mais l'affichage du jugement étant une aggravation de peine ne doit, quand il est ordonné à titre de réparation civile envers la compagnie, énoncer les noms des condamnés que par leurs initiales. — Trib. corr. Bagnères-de-Bigorre, 28 déc. 1878, précité.

1559. — Le billet de retour, même quand il a été délivré sans réduction de prix, ne peut servir que pour le jour de sa date; le fait de prendre place avec ce billet dans un train d'un jour ultérieur constitue, non une simple violation des obligations réciproques et purement civiles de l'entrepreneur de transport et du voyageur, justiciable seulement du juge civil, mais une contravention à l'art. 63, Ord. 15 nov. 1846, que le juge corectionnel doit réprimer, nonobstant la bonne foi du voyageur. — Trib. corr. Seine, 26 nov. 1868, Leprieur, [D. 71.5.55]

1560. — Les tarifs concernant les billets d'aller et retour stipulent d'ordinaire que les deux coupons, celui d'aller et celui de retour, ne seront valables que s'ils sont utilisés par la même personne. Cette clause est parfaitement valable lorsque le tarif a été homologué par le ministre des Travaux publics; il en est ainsi particulièrement des billets d'aller et retour délivrés à l'occasion des trains de plaisir. — Agen, 13 févr. 1879, précité. — Paris, 21 mai 1881, Chemin de fer P.-L.-M., [S. 82.2.107, P. 82.1.578] — Trib. corr. Bagnères-de-Bigorre, 28 déc. 1878, précité. — *Sic*, Palaa, v° *Billet de place*, t. 4, p. 157; Lamé-Fleury, n. 248; Bédarrides, t. 2, n. 215 et s.; Ruben de Couder, n. 19; Féraud-Giraud, t. 3, n. 232.

1561. — Le voyageur contrevenant à cette condition doit

être encore puni comme s'il avait voyagé sans billet. — Agen, 13 févr. 1879, précité.

1562. — Il en est ainsi spécialement du voyageur qui use d'un billet de retour acheté à un tiers. — Agen, 13 févr. 1870, précité. — Paris, 21 mai 1881, précité. — Nîmes, 2 juill. 1882, Brun, [S. 83.2.70, P. 83.1.442] — Paris, 7 mai 1890, Laverry, [S. 90.2.171, P. 90.1.1031] — Trib. corr. Sens, 6 juin 1883, X..., [S. 83.2.107, P. 83.1.1256] — Trib. Seine, 26 mars 1890, Brunner, [S. 90.1.118, P. 90.1.716] — *Sic*, Duverdy, *Transport*, p. 299; Féraud-Giraud, t. 3, n. 232.

1563. — Mais le contrevenant n'est point passible de dommages-intérêts vis-à-vis de la compagnie lorsque le porteur primitif du billet est revenu au lieu où ce billet lui avait été délivré, en employant pour ce retour le réseau de la même compagnie, laquelle a ainsi recouvré le montant de la place qu'elle réclame au contrevenant, à titre de dommages-intérêts. — Trib. corr. d'Agen, 18 déc. 1878, sous Agen, 13 févr. 1879, Chemin de fer d'Orléans, [S. 81.2.111, P. 81.1.584, D. 80.1.173]

1564. — Le fait de vendre, de donner ou d'acheter un coupon de retour, indépendamment de tout transport effectué, constitue-t-il une contravention? Il a d'abord été décidé que le propriétaire d'un billet d'aller et retour peut vendre ou donner le coupon de retour, et que l'acquéreur de ce coupon peut le vendre ou le donner à son tour; qu'aucune pénalité n'atteint une pareille opération. — Nîmes, 27 juill. 1882, précité. — *Sic*, Féraud-Giraud, t. 3, n. 233.

1565. — Puis on a fait valoir que si, en principe, la vente accidentelle par des particuliers de billets de retour délivrés par les chemins de fer et non périmés, ne constituait par elle-même ni délit, ni contravention, il en était autrement lorsque ce trafic était exercé d'une manière habituelle dans les gares ou sur un terrain des compagnies; qu'un tel fait tombait alors sous l'application de l'art. 70, Ord. 15 nov. 1846, qui interdit à tout vendeur d'objets quelconques d'exercer sa profession dans les cours et bâtiments des gares, sans une autorisation préfectorale. — Trib. corr. Melun, 23 mai 1878, Robert, [S. 78.2.217, P. 78.862] — *Sic*, Féraud-Giraud, *loc. cit.*

1566. — Depuis lors, il a été jugé que le fait de vendre ou d'acheter des coupons de retour des billets d'aller et retour, délivrés par une compagnie de chemins de fer en vertu d'un tarif spécial dûment homologué qui interdit la vente et l'achat des coupons de retour, constitue une infraction tombant sous l'application des peines édictées par l'art. 21, L. 15 juill. 1845. — Caen, 13 févr. 1889, Lelièvre, [S. 91.2.14, P. 91.1.198, D. 91.5.63] — V. Trib. Pont-l'Evêque, 10 nov. 1886 et Trib. Havre, 27 nov. 1886, Louapre et Huault, [S. 87.2.199, P. 87.1.1006] — Trib. Seine, 26 mars 1890, précité. — V. aussi Paris, 7 mai 1890, précité. — Caen, 22 mai 1890, Chemin de fer de l'Ouest, [S. 91. 2.13, P. 91.1.100]

1567. — Ainsi jugé que la cession, même gratuite, d'un billet de retour, constitue une contravention aux tarifs homologués des compagnies de chemins de fer, qui interdisent la vente et l'achat des billets de retour; que ce fait tombe sous l'application de l'art. 21, L. 15 juill. 1845; qu'en conséquence, l'usage du billet de retour par une personne autre que le titulaire, étant puni d'une amende de 16 à 3,000 francs, constitue un délit, et que celui qui cède gratuitement le coupon peut être puni comme complice. — Bordeaux, 11 mars 1891, Lascombre, [S. 91.2.164, P. 91.1.900]

1568. — ... Que, pour que l'infraction existe, il n'est pas besoin qu'un décret rendu en Conseil d'Etat donne force de loi au tarif; et, d'autre part, qu'il n'est pas nécessaire qu'un contrat de transport soit intervenu entre le prévenu, poursuivi pour avoir vendu un coupon à un tiers, et la compagnie. — Caen, 22 mai 1890, précité.

1569. — ... Que les infractions à la police des chemins de fer, étant punies de peines correctionnelles, les règles en matière de délits, et spécialement les règles de la complicité, leur sont applicables. — Caen, 22 mai 1890, précité.

1570. — ... Qu'en conséquence, l'individu qui, sans acheter ou vendre directement des coupons de retour de billets d'aller et retour, trafic interdit par les tarifs des compagnies de chemin de fer dûment homologués, prend part à ce trafic en percevant une commission à titre d'intermédiaire entre l'acheteur et le vendeur des coupons, peut être poursuivi comme complice de l'infraction commise par ceux qui ont acheté ou vendu les coupons de retour. — Même arrêt.

1571. — ... Que l'individu qui a cédé gratuitement un coupon de retour à un voyageur qui l'a utilisé peut être retenu comme complice de l'infraction commise par celui-ci, dès lors qu'il a connu l'usage qui devait être fait de ce coupon — Même arrêt.

1572. — Toutefois la cour de Paris semble être revenue en arrière, car elle a jugé que le tarif spécial d'une compagnie de chemins de fer, dûment homologué par le ministre, qui dispose que « les deux coupons d'un billet d'aller et retour ne sont valables qu'à la condition d'être utilisés par la même personne », et prohibe « la vente et l'achat des coupons de retour », n'a force obligatoire et n'est sanctionné par les peines de l'art. 21, L. 15 juill. 1845, qu'au regard des personnes s'étant fait délivrer des billets, ou de celles qui, munies desdits billets, ont pris place dans les voitures de la compagnie. — Paris, 7 mai 1890, Laverry, [S. 90.2.171, P. 90.1.1031]

1573. — ... Qu'en conséquence, le fait de vendre à des tiers qui les ont utilisés des coupons de retour de billets d'aller et retour délivrés par la compagnie aux conditions de ce tarif, ne constitue pas à la charge de celui qui s'est procuré ces billets, en les achetant à des tiers, et sans qu'ainsi aucun contrat de transport soit intervenu entre lui et la compagnie, une infraction tombant sous l'application des peines édictées par l'art. 21, L. 15 juill. 1845. — Même arrêt.

1574. — ... Mais que le vendeur des coupons de retour peut être poursuivi comme complice de l'infraction commise par les tiers qui, ayant acheté ces coupons, les ont utilisés pour leur voyage. — Même arrêt.

1575. — L'ordonnance de 1846 ne prohibe pas seulement le fait de voyager sans billet; elle prohibe également celui de se placer dans une voiture d'une autre classe que celle qui est indiquée par le billet (art. 63, Ord. 15 nov. 1846). L'application de cette disposition a donné naissance à des espèces assez délicates.

1576. — Il y en a une, en tout cas, qui ne saurait faire doute : c'est l'hypothèse où le voyageur muni d'un billet qui lui donne droit de prendre place dans un compartiment d'une classe supérieure, se contente d'un compartiment de classe moindre. Il a été jugé, en ce sens, que la défense prononcée par l'art. 63, Ord. 15 nov. 1846, de se placer dans une voiture d'une autre classe que celle indiquée par le billet qu'on a pris, est inapplicable au cas où un voyageur entre dans un compartiment d'une classe inférieure à celle à laquelle ce billet lui donne droit. — Pau, 14 janv. 1869, Brun-Foulquier, [S. 69.2.102, P. 69.463, D. 74.5.81]

1577. — A plus forte raison, le voyageur porteur d'un billet de première classe ne peut-il encourir aucune peine pour être monté dans le fourgon du chef de train, alors surtout qu'il y a été obligé par des circonstances indépendantes de sa volonté. — Même arrêt.

1578. — Nous approuvons également la solution d'après laquelle le voyageur qui, s'étant placé au départ d'un train dans une voiture de première classe, a présenté en cours de route au conducteur du train un billet de série de même classe, dont celui-ci a détaché le coupon, ne saurait être considéré comme s'étant rendu coupable de l'infraction prévue par l'art. 63, Ord. 15 nov. 1846, par cela seul qu'à la gare d'arrivée, il a remis au contrôle, au lieu du billet dont il s'agit, un billet de deuxième classe dont il s'était également muni au départ. — Paris, 16 févr. 1885, Vaussard, [S. 85.2.45, P. 85.1.452, D. 86.2.103]

1579. — De même, nous concevons parfaitement que le voyageur muni d'une carte d'abonnement de chemin de fer, qui veut monter dans une voiture de classe supérieure à celle indiquée sur sa carte, ne soit pas tenu de se présenter préalablement au guichet de la gare pour acquitter le supplément du prix, et ne commette aucune contravention s'il prévient un employé du chemin de fer, ou si toute autre circonstance assure la perception du supplément. — Aix, 6 mars 1884, Gambucy, [S. 86.2.114, P. 86.1.687]

1580. — Aussi approuvons-nous l'arrêt qui a décidé que le fait par le titulaire d'une carte d'abonnement de voyager dans.

une voiture de classe supérieure à celle indiquée sur sa carte, constitue, non une infraction à l'art. 63, Ord. 15 nov. 1846, mais une contravention à la disposition du tarif d'abonnement de la compagnie, n'autorisant les voyageurs munis de cartes d'abonnement à pénétrer dans les voitures de classe supérieure qu'à la condition de payer le supplément et de prévenir le conducteur du train, contravention sanctionnée par les pénalités de l'art. 21, L. 15 juill. 1845. — Nancy, 1er mai 1884, Haut, [S. 86. 2.114, P. 86.1.687] — V. cependant, *contrà*, Aix, 6 mars 1884, précité.

1581. — Mais nous concevons qu'on ait fait des difficultés pour admettre, avec la cour d'Angers, que le voyageur qui a pris un billet de deuxième ou troisième classe pour une station déterminée, puisse descendre à une station antérieure, pour laquelle des billets de première classe seulement ont été délivrés, et que la compagnie ne soit pas en droit d'exiger du voyageur la différence entre le prix de son billet et le prix d'un billet de première classe pour la station à laquelle il s'est arrêté. — Angers, 10 mars 1873, Chemin de fer de l'Ouest, [S. 74.2.4, P. 74. 83, D. 73.2.125]

1582. — Et ce n'est guère qu'autant qu'on part du principe proclamé par la cour d'Angers, qu'on peut arriver à décider avec la cour de Poitiers que lorsqu'un billet d'excursion de troisième classe délivré à un voyageur l'autorise à prendre, pour le parcours indiqué par son itinéraire, tous les trains recevant des voyageurs de même classe à plein tarif, le fait par ce voyageur d'avoir accompli, dans un train express ne recevant les voyageurs de troisième classe qu'autant qu'ils ont à effectuer un parcours d'au moins 150 kilomètres, un parcours moindre de 150 kilomètres, ne constitue aucune contravention, s'il résulte des circonstances que ce voyageur a abandonné sur son itinéraire le droit au parcours qui lui restait à effectuer pour parfaire les 150 kilomètres. — Poitiers, 11 mars 1891, Chemin de fer d'Orléans, [S. 91.2.53, P. 91.3.29] — *Sic*, Féraud-Giraud, *Transports*, t. 3, n. 233. — *Contrà*, Pouillé, [J. la Loi, 25 mai 1891]

1583. — Cependant, la Cour de cassation n'a pas hésité à admettre cette solution. — Cass., 20 mai 1892, Roche, [*Gaz. des trib.*, 21 mai 1892]

1584. — Mais il n'est pas douteux qu'elle ne saurait prévaloir si on se trouve en présence d'une stipulation formelle du tarif spécial, stipulation insérée dans certains tarifs des billets d'aller et retour, et qui interdit au voyageur de descendre en deçà du point de départ ou de destination. — V. à cet égard, Trib. Bagnères-de-Bigorre, 28 déc. 1878, Chemin de fer d'Orléans, [S. 79.2.122, P. 79.478, D. 79.3.88]

1585. — Il est évident que nous ne ferions plus aucune réserve si le fait préjudiciable était commis avec l'assentiment de la compagnie. Jugé, en ce sens, que ne constitue pas la contravention punie par l'art. 63, Ord. 15 nov. 1846, le fait d'un voyageur qui, muni d'un billet de troisième classe, entre dans un train ne contenant aucune voiture de cette classe, du consentement des agents de la compagnie, et refuse à l'arrivée de payer le supplément de prix fixé par les tarifs. — Un pareil fait ne peut donner lieu, de la part de la compagnie, qu'à une action civile. — Angers, 27 oct. 1873, Vital-Petit, [S. 75.2.82, P. 75.443, D. 74.2.55]

1586. — Les voyageurs même munis de billets ne doivent pas monter dans les compartiments sur lesquels une plaque a été placée indiquant qu'ils ont été réservés pour certains voyageurs. En effet, les art. 1, 2 et 3, Arr. min. 1er mai 1861, qui répriment le fait d'entrer, sans droit, dans un compartiment désigné par une plaque portant le mot *réservé*, comprennent tous les modes de réserve, notamment la location d'avance, et s'appliquent en conséquence au fait d'entrer, sans droit, dans un compartiment désigné par une plaque portant le mot *loué*. — Cass., 25 nov. 1887, Camus, [S. 88.1.141, P. 88.1.316, D. 88.1.190]

1587. — Ainsi le voyageur qui s'introduit dans un compartiment d'un wagon de chemin de fer réservé aux dames seules, malgré les prescriptions d'un arrêté du ministre des Travaux publics, commet une contravention punie par les art. 21, L. 15 juill. 1845, et 79, Ord. 15 nov. 1846. —; Nancy, 4 août 1887, Barrat, [S. 87.2.246, P. 87.1.1254, D. 88.2.19] — *Sic*, Amel, t. 3, n. 1566; Palaa, t. 4, p. 451; Lamé-Fleury, *Bull.*, t. 5, p. 49 et

125; Féraud-Giraud, t. 3, n. 134. — V. toutefois Picard, *op. cit.*, t. 3, p. 688; *suprà*, n. 1074, et *infrà*, n. 1707.

1588. — On retrouve, en matière de transport de bagages ou de colis, des dispositions analogues à celles que nous venons de rencontrer pour les voyageurs et qui témoignent qu'il peut y avoir place dans cette matière, comme dans les précédentes, à des faits contraventionnels, à l'allocation de simples dommages-intérêts, et à l'escroquerie véritable.

1589. — Ainsi, on sait qu'il est d'usage dans les compagnies d'accorder une franchise de bagages aux voyageurs. On s'est demandé quel serait le caractère de l'acte par lequel un voyageur chercherait personnellement à profiter de la franchise d'un tiers. Deux opinions sont en présence : l'une, aux termes de laquelle cet acte constitue au moins la contravention réprimée par l'art. 21, L. 15 juill. 1845; l'autre, qui enseigne qu'il ne peut y avoir là aucune cause de dommages. La première doctrine, toutefois, paraît l'emporter en jurisprudence.

1590. — Il a été jugé, dans le sens de cette doctrine, que la franchise accordée aux voyageurs par les compagnies de chemins de fer pour les bagages qui n'excèdent pas un certain poids, est l'accessoire des billets de place et demeure personnelle au porteur de ce billet; que, par suite, celui qui voyage sans bagages ne peut céder à un autre la franchise à laquelle il a droit et dont il n'use pas. — Lyon, 25 févr. 1863, Blanchin, [S. 65.2.9, P. 65.94, D. 63.2.138]

1591. — ... Que, par suite encore, le voyageur qui, pour se dispenser de payer les droits de transport de ses bagages, présente au bureau du chemin de fer le billet de place d'un autre voyageur étranger à sa famille, commet une contravention réprimée par l'art. 21, L. 15 juill. 1845. — Colmar, 27 sept. 1864, Grumbach, [S. 65.2.9, P. 65.1108, D. 64.2.197] — Nîmes, 10 août 1865, Poidevin, [S. 65.2.286, P. 65.94, D. 65.2.159] — Rennes, 22 avr. 1868, Legros, [S. 68.2.101, P. 68.460, D. 67.3.32] — Trib. corr. Pau, 1er sept. 1866, Gachard, [D. 67.3.32] — Trib. corr. Aix, 5 juin 1860, Aubin, [D. 61.3.87] — Lyon, 25 févr. 1863, précité. — Trib. corr. Confolens, 19 avr. 1877, [D. 78.3.104] — Trib. corr. Compiègne, 18 déc. 1877, [J. *Le Droit*,

18 janv. 1878] — Bédarride, t. 1, n. 222; Morin, *Journ. de dr. crim.*, n. 7891; Ruben de Couder, *op. cit.*, n. 56; Blanche, n. 96 et s.

1592. — ... Qu'il en est de même de celui qui, ne voyageant pas, présente au bureau d'enregistrement des bagages, des colis dont il obtient le transport en franchise au moyen de billets de place empruntés à des voyageurs; qu'on ne saurait voir dans un pareil fait le délit d'escroquerie. — Lyon, 25 févr. 1863, précité. — Caen, 25 janv. 1865, Lemeland, [S. 65.2.9, P. 65.94]

1593. — ... Surtout dans le cas où le voyageur qui a prêté son billet de place ignorait l'usage auquel le destinait l'emprunteur, et, par suite, n'a pu avoir l'intention de lui céder son droit à la franchise. — Trib. corr. Aix, 5 juin 1860, précité.

1594. — ... Que le même fait imputable au titulaire d'une carte d'abonnement qui prête sa carte à autrui est susceptible de la même sanction. — Douai, 25 nov. 1890, Huret, [S. 91.2.61, P. 91.1.341, D. 91.2.30]

1595. — ... Mais qu'il ne constitue pas le délit d'escroquerie, alors que l'abonné, pour obtenir la délivrance d'un bulletin de bagages, s'est borné à présenter sa carte d'abonnement et à décliner sa qualité d'abonné. — Même arrêt.

1596. — ... Qu'il n'importe que l'enregistrement et le transport en franchise des bagages n'aient pas eu lieu, par suite de la découverte de la fraude : que la réquisition qui en est faite par le voyageur suffit à elle seule pour constituer la contravention. — Rennes, 22 avr. 1868, Legros, [S 68.2.101, P. 68.468, D. 68.2.161]

1597. — Il a été jugé, au contraire, que ne commet aucune contravention aux règlements sur la police des chemins de fer le voyageur qui, pour se dispenser de payer le droit de transport de ses bagages, présente au bureau du chemin de fer, avec son billet, le billet de place d'un autre voyageur, qu'aucun lien de famille ou d'intérêt commun n'unit à lui. — Bordeaux, 25 août 1881, Proc. gén. de Bordeaux, [S. 81.2.192, P. 81.1.976]; — Lamé-Fleury, [J. *Le Droit*, 28-29 oct., 10 nov. 1872, 21 févr. 1883]; Chaufton, [J. *La Loi*, 20, 21 et 23 févr. 1883]

1598. — ... Que la fraude que commet un voyageur, en se servant d'un billet qui ne lui appartient pas, pour faire admettre en franchise un excédant de bagages, ne constitue pas une infraction aux règlements sur la police des chemins de fer; que ce n'est qu'une simple violation de contrat, ne tombant sous l'application d'aucune disposition pénale. — Trib. corr. Mulhouse, 20 août 1864, Grumbach, [D. 64.3.91], jugement infirmé par la cour de Colmar du 27 sept. 1864, précité.

1599. — Mais il a été décidé que se rendent coupables du délit d'escroquerie le commissionnaire de transport et l'employé qui, *par des manœuvres frauduleuses*, arrivent à expédier des marchandises comme appartenant à des voyageurs. — Paris, 17 et 24 févr. 1872, Garrouste et consorts, [D. 74.5.79] — V. *infrà*, n. 1606.

1599 bis. — Nous verrons, d'ailleurs, que plusieurs personnes d'une même famille peuvent très-licitement réunir leurs bagages dans une déclaration commune. — Cass., 18 déc. 1882, Descobi, [S. 83.1.433]

1600. — Même hésitation et même incertitude dans la jurisprudence lorsqu'il s'agit non plus de profiter d'une franchise de bagages qu'on n'a pas, mais de faire une fausse déclaration d'expédition.

1601. — Ainsi jugé que la déclaration inexacte de la nature et de la valeur des marchandises expédiées par chemin de fer, dans le but de payer un droit moindre de transport, constitue une contravention à l'ordonnance sur la police des chemins de fer, de la compétence du tribunal correctionnel. — Grenoble, 29 déc. 1865, Blachet, [S. 66.2.320, P. 66.1149, D. 66.2.59] — Toulouse, 7 févr. 1889, Chemin de fer de l'Ouest, [S. 91.2.13] — Vigouroux, n. 98, p. 307; Feolde, n. 174, p. 153 et s.

1602. — ... Et que la perception par la compagnie, après la constatation de la contravention, du supplément de taxe qui lui était dû, ne peut être considérée comme constituant une transaction de sa part, et ne la rend pas non-recevable à poursuivre le contrevenant devant le tribunal correctionnel. — Même arrêt.

1603. — ... Qu'il n'y a pas délit d'escroquerie de la part d'un expéditeur de marchandises par chemin de fer qui, pour payer un moindre prix de transport, fait une déclaration inexacte de la nature et de la valeur de ses marchandises. — Paris, 12 déc. 1863, Pigneau, [S. 64.2.71, P. 64.479, D. 64.2.3]

1604. — ... Qu'en pareil cas, la déclaration inexacte de la nature des marchandises ne constitue pas non plus une contravention qui soit réprimée par l'art. 21, L. 15 juill. 1845, les dispositions des cahiers des charges des compagnies de chemins de fer relatives à cette déclaration ne contenant de prescriptions que pour les préposés des compagnies, et non pour les expéditeurs. — Même arrêt.

1605. — ... Mais que la déclaration inexacte de la valeur de finances expédiées constitue, au contraire, une contravention atteinte par l'article précité, lorsqu'il a été pris une décision sur cette matière par le ministre des Travaux publics. — Même arrêt.

1606. — ... Que la fraude concertée avec des employés d'une compagnie de chemins de fer, au moyen de laquelle un expéditeur est parvenu à faire transporter par cette compagnie des quantités supérieures à celles déclarées et portées sur la lettre de voiture, tout en ne payant le prix de transport que sur celles-ci, réunit tous les éléments du délit d'escroquerie. — Cass., 28 mars 1867, Civet, [S. 68.1.94, P. 68.189, D. 67.1.510] — ... Que, dans ce cas, en effet, l'expéditeur n'a pas simplement dissimulé un excédent par une déclaration mensongère; qu'il a, par des manœuvres frauduleuses bien caractérisées, fait croire faussement à une opération normale destinée à procurer à la compagnie la totalité du bénéfice sur lequel elle a droit de compter et, par suite, réalisé un bénéfice illicite en se faisant remettre indûment et par surprise, d'une part, dans le lieu d'expédition, le titre portant engagement de transporter les quantités déclarées d'une manière insuffisante et, d'autre part, au lieu d'arrivée, la quittance totale qui ne devait régulièrement lui être délivrée que contre paiement d'un prix supérieur. — Même arrêt.

1607. — Indépendamment des dispositions qui précèdent, on en rencontre d'autres encore dans l'Ordonnance de 1846 qui se réfèrent aux contraventions qui peuvent être commises par des voyageurs. Ainsi, il est défendu d'entrer dans les voitures et d'en sortir autrement que par la portière qui fait face au côté extérieur de la ligne de chemin de fer (Ord. 15 nov. 1848, art. 62, § 2).

1608. — Il est défendu de passer d'une voiture dans une autre et de se pencher au dehors (Ord. 15 nov. 1846, art. 63, § 3).

1609. — Les voyageurs ne doivent sortir des voitures qu'aux stations et lorsque le train est complètement arrêté (Ord. 15 nov. 1846, art. 63, § 3).

1610. — En conséquence, commet une contravention à l'art. 63, Ord. 15 nov. 1846, le voyageur qui, avant que le train soit arrêté, ouvre la portière, soit pour descendre lui-même, soit pour faire descendre un autre voyageur. Par suite, s'il est blessé par la portière, il ne peut réclamer à la compagnie d'indemnité. — Trib. Seine, 21 nov. 1890, Guérin de Villambreil, [J. *la Loi* des 2 et 3 janv. 1891]

1611. — Mais le fait par un voyageur de monter dans une voiture d'un train de chemin de fer déjà en mouvement, ne constitue pas une contravention punissable : ici ne s'applique point l'art. 63, Ord. 15 nov. 1846, lequel ne réprime que le fait de sortir des voitures avant que le train soit arrêté. — Cass., 31 mars 1864, Lœw, [S. 64.1.340, P. 64.920, D. 64.1.243] — Pau, 14 janv. 1869, Brun-Foulquier, [S. 69.2.102, P. 69.463, D. 74.5.81] — Nancy, 4 août 1887, Barrat, [D. 88.2.19] — Trib. Villefranche, 27 févr. 1874, Lamé-Fleury, 1880, p. 109. — *Sic*, Lerot, n. 40; Cotelle, t. 2, n. 73; Ruben de Couder, n. 40; Féraud-Giraud, t. 3, n. 176; Picard, t. 3, n. 689; Lauckman, n. 57.

1612. — Il en est de même du fait de ce voyageur de n'avoir pas, en cette circonstance, tenu compte de la défense des agents de la compagnie, qui lui criaient de ne pas monter. — Cass., 31 mars 1864, précité.

1613. — Spécialement, ne commet point d'infraction punissable le voyageur qui, sortant du buffet d'une gare de chemin de fer, muni d'un billet, traverse le quai et monte, alors que le train est déjà en marche, et malgré la défense des surveillants qui lui crient de s'arrêter, dans une voiture où son billet lui donne le droit de prendre place. — Même arrêt.

1614. — Il est défendu de fumer dans les voitures et dans les gares; toutefois, à la demande de la compagnie et moyennant des mesures spéciales de précaution, des dérogations à cette disposition pourront être autorisées (Ord. 15 nov. 1846, art. 63, § 3).

1615. — « D'après l'art. 63, § 5, lisait-on à cet égard dans le rapport au roi qui a accompagné l'ordonnance, il est défendu de fumer dans les voitures ou sur les voitures et dans les gares; mais toutefois, à la demande des compagnies et moyennant des mesures spéciales de précaution, des dérogations à cette disposition pourront être autorisées : les mesures spéciales de précaution dont il s'agit dans le paragraphe ci-dessus, consisteront presque toujours dans l'emploi de voitures spéciales convenablement disposées. L'examen de ces voitures, comme de toutes les autres voitures destinées à circuler sur le chemin de fer, appartient nécessairement à la commission mentionnée en l'art. 13 du règlement; ce n'est donc qu'après avoir reçu l'avis de cette commission que l'administration pourra statuer sur l'autorisation qui lui serait demandée par les compagnies. »

1616. — Une circulaire du 11 févr. 1880 a confirmé ce principe en invitant les compagnies à afficher cet avis qu'à moins de consentement unanime des personnes présentes, et sauf dans les wagons spéciaux, on ne pourrait pas fumer dans les voitures de voyageurs.

1617. — Une circulaire postérieure du 20 janv. 1891 a d'ailleurs invité les compagnies à augmenter autant que possible le nombre des wagons de fumeurs.

1617 bis. — Dans le cas où il n'y aurait plus d'autres wagons disponibles dans un convoi qu'un compartiment de fumeurs, un voyageur pourrait-il être contraint d'y prendre place? Nous ne le pensons pas. — *Sic*, Féraud-Giraud, *op. cit.*, t. 3, n. 184.

1618. — Aux termes du décret du 11 août 1883, qui a ajouté ce paragraphe à l'art. 63, Ord. 15 nov. 1846, « il est défendu de se servir sans motif plausible du signal d'alarme pour faire appel aux agents de la compagnie. »

1619. — Il y a donc contravention à l'art. 63, Ord. 15 nov. 1846, complété par l'art. 1, Décr. 11 août 1883, de la part du voyageur qui, sans autre motif que celui de ramasser son chapeau tombé sur la voie, a fait fonctionner le signal d'alarme mis à la disposition des voyageurs. — Toulouse, 17 mai 1889, Chemin de fer du Midi, [S. 90.2.63, P. 90.1.441]

1620. — Les voyageurs, continue l'art. 63, sont tenus d'obtempérer aux injonctions des agents de la compagnie pour l'observation des dispositions mentionnées aux paragraphes ci-dessus.

1621. — Le refus d'obéir aux injonctions des agents des compagnies de chemin de fer n'est punissable qu'autant que ces injonctions ont pour objet les prescriptions mentionnées à l'art. 63, Ord. 15 nov. 1846. — Nancy, 4 août 1887, précité. — Metz, 27 janv. 1864, Lœw, [S. 64.2.70, P. 64.920, D. 64.2.89]

1621 bis. — A fortiori faut-il décider que la responsabilité des agents de la compagnie et, par suite, celle de la compagnie elle-même, serait engagée si leurs injonctions n'étaient motivées par aucun motif sérieux. — Lamé-Fleury, *Code annoté*, p. 471 ; Féraud-Giraud, *op. cit.*, t. 3, p. 183.

1622. — L'entrée des voitures est interdite : 1° à toute personne en état d'ivresse; 2° à tous individus porteurs d'armes à feu chargées ou de paquets qui, par leur nature, leur volume ou leur odeur, pourraient gêner ou incommoder les voyageurs (Art. 65, Ord. 15 nov. 1846).

1622 bis. — Sur la défense de monter dans les wagons en état d'ivresse, V. Grenoble, 10 janv. 1883, [D. 84.2.168]

1623. — Le voyageur qui, malgré les observations des autres voyageurs et celles des employés, conserve avec lui des objets qui par leur nature, leur volume ou leur odeur, pourraient gêner ou incommoder les autres voyageurs, commet une contravention à l'art. 65, Ord. 15 nov. 1846. — Trib. Neufchâtel, 1er déc. 1876, Lamé-Fleury, [Bull. 77, p. 222] — Trib. Villefranche, 18 nov. 1887, [cité par Féraud-Giraud, t. 3, n. 358] — Sic, Féraud-Giraud, *ibid.*

1624. — Tout individu porteur d'une arme à feu devra, avant son admission sur les quais d'embarquement, faire constater que son arme n'est point chargée (Art. 65, D. 15 nov. 1846).

1625. — Aucun chien ne sera admis dans les voitures servant au transport des voyageurs; toutefois, la compagnie pourra placer dans des caisses de voitures spéciales les voyageurs qui ne voudraient pas se séparer de leurs chiens, pourvu que ces animaux soient muselés, en quelque saison que ce soit (art. 67, D. 15 nov. 1846).

1626. — Ces prescriptions ont été rappelées par une circulaire du 4 nov. 1886.

1627. — Les tarifs généraux de la compagnie d'Orléans prescrivant l'acquittement d'une taxe pour le transport des chiens, sans distinguer s'ils sont placés dans les fourgons du train ou dans les wagons de voyageurs, commet une contravention l'individu qui transporte en chemin de fer des petits chiens enfermés dans un sac, sans avoir acquitté la taxe établie par les tarifs. — Toulouse, 10 juin 1887, G..., [S. 87.2.425, P. 87. 1.1253] — Caen, 7 août 1889, X..., [S. 90.2.12, P. 90.1.199] — V. *suprà*, n. 1072.

1628. — Il importe peu que la compagnie ait admis en franchise, pendant une période assez longue, les petits chiens enfermés dans des sacs ou paniers ; cette tolérance n'étant que le résultat d'une erreur qui ne saurait créer un droit au bénéfice de ceux qui en ont profité. — Même arrêt. — Féraud-Giraud, t. 3, n. 137. — V. *suprà*, n. 1072.

1629. — Il en est ainsi alors même qu'il s'agirait d'un chien nouveau-né, dans un panier tenu à la main. — Caen, 7 août 1889, précité.

§ 4. *Infractions commises par les compagnies. — Règles générales concernant l'exploitation des chemins de fer.*

1630. — En ce qui concerne les mesures réglementaires, plus spécialement relatives à l'exploitation, nous diviserons, conformément à l'ordonnance du 15 nov. 1846, notre étude en six paragraphes :

§ 1. *Des stations.*
§ 2. *De la voie.*
§ 3. *Du matériel employé à l'exploitation.*
§ 4. *Du départ, de la circulation et de l'arrivée des convois.*
§ 5. *De la perception des taxes.*
§ 6. *Dispositions diverses.*

1° *Des stations.*

1631. — L'entrée, le stationnement et la circulation des voitures publiques ou particulières destinées, soit au transport des personnes, soit au transport des marchandises, dans les cours dépendant des stations des chemins de fer, seront réglés par des arrêtés du préfet du département. Ces arrêtés ne seront exécutoires qu'en vertu de l'approbation du ministre des Travaux publics (Ord. 15 nov. 1846, art. 1).

1632. — L'application de cette disposition a donné naissance à un certain nombre de décisions qu'il est intéressant de faire connaître. Quelques-unes n'ont jamais fait de doute. C'est ainsi qu'il a été décidé notamment : qu'il faut tenir pour légal et obligatoire l'arrêté préfectoral qui interdit aux entrepreneurs de voitures pour le transport des voyageurs et des bagages de pénétrer dans une gare de chemin de fer sans une autorisation spéciale du préfet. — Paris, 9 avr. 1862, Ladmirault et autres, [S. 62.2.286, P. 62.883, D. 62.2.181]

1633. — ... Que l'arrêté préfectoral interdisant aux cochers de voitures publiques de s'immiscer dans le service des bagages à l'intérieur des gares de chemins de fer, constitue une mesure d'ordre et de sécurité publique dont l'exécution ne saurait être subordonnée à la volonté des voyageurs. — Cass., 11 nov. 1864, Dufaux, [S. 64.1.516, P. 64.1259, D. 65.1.102]

1634. — ... Qu'en conséquence, le fait, de la part d'un cocher d'omnibus, de s'introduire dans une gare, contrairement à une telle défense, pour réclamer les bagages d'un voyageur monté dans sa voiture, est punissable, encore bien que ce cocher n'ait agi que sur la demande du voyageur. — Même arrêt.

1635. — ... Que l'arrêté préfectoral aux termes duquel les préposés d'une compagnie de chemin de fer et les agents des services de correspondance agréés par elle peuvent seuls prendre et porter les bagages des voitures à l'intérieur de la station, et de la station aux voitures, ne saurait porter atteinte au droit pour tout porteur d'un bulletin de bagages de se faire délivrer les colis indiqués sur ce bulletin, sauf aux préposés de la compagnie à porter eux-mêmes ces colis à la voiture qui leur est désignée. — Cass., 18 janv. 1870, Morice et Cie, [S. 70.1.171, P. 70.396, D. 70.1.267]

1636. — ... Qu'une compagnie ne peut, dès lors, à peine de dommages-intérêts, refuser aux préposés d'une entreprise de correspondance non agréée le droit de pénétrer dans la gare pour réclamer des colis dont les bulletins leur ont été remis, alors surtout que, ce droit étant exercé sans obstacle par des entreprises rivales, le refus de la compagnie n'a pour but que de constituer un monopole au profit de ces dernières. — Caen, 22 févr. 1869, sous Cass., 8 janv. 1870, précité.

1637. — Mais certains cas ont paru d'une application plus douteuse. Pouvait-il appartenir au préfet, par exemple, de constituer une sorte de monopole à un service de voitures, au détriment des autres en lui réservant l'entrée exclusive d'une gare? On serait tenté de croire que la jurisprudence commença par admettre l'affirmative en lisant deux arrêts d'où il résulte qu'est légal et obligatoire l'arrêté préfectoral qui interdit l'accès des gares des chemins de fer situés dans le département, sans une autorisation spéciale du préfet, à toute voiture publique ou omnibus pour le transport des voyageurs et des bagages. — Cass., 6 déc. 1862, Lesbats, [S. 63.1.55, P. 63.543, D. 63.1.390] — Paris, 9 avr. 1862, [S. 62.2.286, P. 62.883, D. 62.2.181]

1638. — ... Que la force obligatoire d'un tel arrêté ne saurait être déniée sous le prétexte que les décisions prises pour son exécution, ou les traités de la compagnie, approuvés par le préfet, auraient eu pour effet de lui donner une portée excédant ce que nécessite le maintien de l'ordre, de la sûreté et de la sécurité dans les cours des stations, et de créer des privilèges ou monopoles préjudiciables à certaines entreprises. — Même arrêt.

1639. — ... Que d'ailleurs l'autorisation du préfet exigée par l'arrêté dont il s'agit ne saurait résulter du permis donné à un voiturier, en vertu de la loi du 30 mai 1851 concernant la police du roulage, de faire circuler sa voiture sur la voie publique. — Même arrêt.

1640. — Mais il faut bien prendre garde que l'arrêté préfectoral dont il s'agissait avait été pris sous la forme d'un règlement de police rentrant dans les pouvoirs attribués aux préfets pour la police des chemins de fer ; et que, bien qu'il dût avoir pour effet, dans la pensée même du préfet, de créer un privilège en faveur d'un seul entrepreneur de transports, il ne pouvait cependant appartenir à l'autorité judiciaire de rechercher, en dehors de cet arrêté régulier en la forme, l'intention qui avait pu l'inspirer. L'autorité administrative supérieure ou le Conseil d'Etat étaient seuls compétents pour réformer la mesure prise par le préfet. La cour de Paris et la Cour de cassation n'étaient pour ainsi dire appelées à statuer que sur une question de compétence, et c'est ce qu'elles ont pris soin toutes les deux d'expliquer dans les motifs de leurs arrêts précités. Appelé à statuer à son tour sur la question, mais cette fois au fond, le Conseil d'Etat, à qui il appartenait, comme il vient d'être dit, d'apprécier les considérations de police et de service public qui servaient de base à l'arrêté préfectoral, n'hésita pas au contraire à annuler, avec juste raison, cet arrêté comme établissant un monopole en faveur d'un entrepreneur de transports.

1641. — Il jugea, en effet, que le préfet ne peut, sans excès de pouvoirs, concéder à un entrepreneur de voitures publiques le droit d'être admis, à l'exclusion de tous autres entrepreneurs de transports, dans les cours d'une gare de chemin de fer pour y recevoir et y déposer les voyageurs : l'attribution faite au préfet par l'art. 1, Ord. 15 nov. 1846, de régler l'entrée, le stationnement et la circulation des voitures publiques ou particulières dans les cours des gares, ne peut s'exercer que dans un intérêt de police et de service public, et non dans le but de créer des privilèges ou monopoles. — Cons. d'Et., 25 févr. 1864, Lesbats, [S. 64.2.307, P. adm. chr., D. 64.3.25]

1642. — ... Qu'il en est ainsi surtout lorsque l'arrêté du préfet n'intervient que pour assurer l'exécution d'un traité passé entre la compagnie et l'entrepreneur.

1643. — On s'est demandé également si on pouvait considérer comme légal, ou à l'inverse, comme contraire à la liberté de l'industrie, et, dès lors, non obligatoire, l'arrêté préfectoral qui, en autorisant un voiturier à faire entrer, stationner et circuler ses voitures dans la cour dépendant d'une gare de chemin de fer, lui imposerait l'obligation de desservir, tant à l'arrivée qu'au départ, tous les trains de voyageurs. La deuxième opinion avait triomphé d'abord devant la cour de Paris qui avait considéré un pareil arrêté comme illégal. — Paris, 21 juill. 1864, Lesbats, [S. 64.2.180, P. 64.960]

1644. — ... Ou du moins déclaré que, dans tous les cas, l'inexécution de cette obligation ne saurait constituer un fait délictueux, tombant sous la répression pénale. — Même arrêt. — V. aussi Trib. Fontainebleau, 24 juin 1864, sous cet arrêt.

1645. — Mais la Cour de cassation avait consacré ensuite l'opinion contraire et décidé que l'autorisation que les entrepreneurs de voitures publiques sont tenus d'obtenir du préfet pour stationner ou circuler dans les gares de chemins de fer, peut être soumise à toutes conditions ayant pour but le service public et l'exploitation prise à un point de vue général. — Cass., 25 août 1864, Lesbats, [S. 64.1.516, P. 64.1259, D. 65.1.48] — Amiens, 3 févr. 1865, Même partie, [S. 65.2.144, P. 65.701, D. 65.2.70]

1646. — ... Spécialement, qu'il faut tenir pour légal et obligatoire l'arrêté préfectoral qui, en accordant une semblable autorisation à un entrepreneur de voitures publiques, lui impose l'obligation de desservir tant à l'arrivée qu'au départ tous les trains de voyageurs. — Mêmes arrêts.

1647. — Et la même doctrine avait été consacrée par la cour de renvoi laquelle avait décidé qu'il n'y avait aucune distinction à faire à cet égard entre les trains de jour et les trains de nuit. — Amiens, 3 févr. 1865, précité.

1648. — Le Conseil d'Etat s'est montré définitivement d'un avis contraire, après des débats sur la compétence évidemment analogues à ceux que nous avons mentionnés plus haut, et a décidé : que les pouvoirs de police conférés par l'art. 1, Ord. royale du 15 nov. 1846, au préfet, sous l'approbation du ministre des Travaux publics, à l'effet de régler l'entrée, le stationnement et la circulation des voitures publiques ou particulières dans les cours dépendant des gares de chemins de fer, ont pour seul objet un intérêt de police, afin de maintenir le bon ordre dans un lieu destiné à un usage public. — Cons. d'Et., 7 juin 1865, Lesbats, [S. 65.2.218, P. adm. chr., D. 66.3.29, Leb. chr., p. 624]

1649. — ... Que l'on ne peut considérer comme ayant été prise dans les limites de ces pouvoirs, et comme ayant, dès lors, un caractère légal, les décisions par lesquelles le préfet et le ministre n'ont autorisé un hôtelier à faire entrer et stationner, dans la cour de la gare, des voitures destinées au service de son hôtel, qu'à la condition de ne recevoir dans ces voitures que les voyageurs en provenance ou à destination de l'hôtel. — Même arrêt.

1650. — ... Et qu'il en est de même de la disposition d'un arrêté préfectoral et de la décision ministérielle confirmative de cet arrêté, qui n'a autorisé un entrepreneur de voitures publiques à faire entrer et stationner ses voitures dans une gare que sous la condition de desservir tous les trains, une semblable disposition ayant pour objet, non de maintenir l'ordre et de prévenir le danger des encombrements dans la gare, mais d'intervenir dans les conditions de la concurrence entre les diverses entreprises qui font le service des correspondances de la station au dehors, et réciproquement. — Même arrêt.

1651. — On s'est demandé également si l'administration pourrait réglementer la police des cours des gares de façon à fixer des emplacements déterminés à chaque catégorie de voitures, ou si ses droits ne se réduisent pas seulement à fixer le lieu de stationnement de ces voitures au fur et à mesure de leur arrivée. Il a été jugé successivement à cet égard : 1° que l'arrêté préfectoral, portant que les lieux de stationnement de voitures dans les cours des gares de chemin de fer seront désignés par le chef de gare de concert avec le commissaire de surveillance, ne donne par là à ces agents d'autre faculté que celle de déterminer l'emplacement que les différentes catégories de véhicules doivent occuper, et cela suivant l'ordre de leur arrivée, sans distinction entre les voitures du service libre et celles de correspondance, et sans considération du plus ou du moins de régularité que ces voitures mettraient à desservir les trains. — Cass., 31 mars 1877, Wort, [S. 77.1.282, P. 77.495, D. 78.1.236]

1652. — ... Qu'il en est ainsi alors même qu'une circulaire ministérielle, interprétative de l'arrêté dont il s'agit, aurait attribué aux fonctionnaires du contrôle le droit d'affecter aux voitures publiques effectuant un même service un emplacement distinct, suivant qu'elles desserviraient tous les trains ou un certain nombre de trains seulement : une telle circulaire ne pouvant dénaturer le caractère et modifier la portée d'un arrêté pris dans la plénitude des pouvoirs préfectoraux. — Même arrêt.

1653. — 2° Dans un sens différent, mais qui n'est pas cependant absolument contradictoire ainsi qu'on peut s'en convaincre, en lisant les observations contenues *suprà*, n. 1650, qu'un préfet n'excède pas ses pouvoirs en réglant l'emplacement réservé dans la cour d'une gare à chacune des catégories de voitures qui desservent cette gare, pourvu qu'il ne statue pas dans un intérêt autre qu'un intérêt de police et de service public. — Cons. d'Et., 20 mars 1885, Paul Vasseur et autres, [S. 86.3.60, P. adm. chr., D. 86.311]

1654. — ... Qu'il peut même, à cette condition, assigner un emplacement spécial à des voitures de place qui dépendent des services créés par la compagnie concessionnaire, avec engagement de desservir tous les trains. — Même arrêt.

1655. — Ces débats judiciaires ont amené le ministre des Travaux publics à réglementer, par différentes circulaires, la police des cours des gares. Aux termes d'une première circulaire du 19 août 1865 (citée par Picard, t. 3, p. 638), le ministre des Travaux publics invitait les préfets à ne plus délivrer d'autorisation spéciale pour l'admission des voitures dans les cours des gares, cette admission paraissant de droit et ne pouvant être limitée que par l'étendue desdites cours. Il déclarait que l'action des préfets devait se borner à surveiller l'exécution des arrêtés généraux et annonçait son intention de réviser tous ces arrêtés pour en mettre les dispositions d'accord avec la jurisprudence. Cette intention se traduisait, le 25 sept. 1866, par la rédaction d'un modèle d'arrêté général adressé aux préfets et aux ingénieurs en chef du contrôle avec invitation à eux faite de prendre des arrêtés conformes et de les soumettre à son approbation. Cet arrêté est ainsi conçu : « Les cours des gares et stations seront ouvertes une demi-heure au moins avant le départ ou l'arrivée du premier train du matin. Elles pourront être fermées après le départ ou l'arrivée du dernier train du soir (art. 1). Partout où cela sera jugé nécessaire, les lieux de stationnement des différentes sortes de voitures, telles que diligences à diverses destinations, voitures de messagerie, omnibus, fiacres, voitures à volonté, voitures particulières, seront désignés par le chef de gare, de concert avec le commissaire de surveillance administrative. A défaut de concert, l'ingénieur en chef du contrôle statuera (art. 2). La mendicité et toute sollicitation importune pour indication d'hôtels, pour transport de bagages, pour offres de service, etc., sont interdites dans les cours des gares et stations et, en général, dans toutes les dépendances des chemins de fer. Ceux qui troubleront l'ordre par des cris, des injures, des rixes ou par des attroupements gênant la circulation, seront poursuivis conformément aux lois (art. 3). A l'exception des voyageurs et des personnes qui les servent ou qui les accompagnent, les préposés de la compagnie et les agents des services de correspondance agréés par elle, peuvent seuls prendre et porter les bagages des voitures à l'intérieur de la station et de l'intérieur de la station aux voitures. Aucune rétribution ne doit être exigée pour le service. Les cochers ne pourront quitter leurs chevaux pour s'occuper des bagages, qu'en se conformant aux dispositions de l'article suivant (art. 4). Les voitures qui entrent dans les cours des gares et stations doivent y circuler avec prudence et n'y stationner que sur les emplacements indiqués ; quand plusieurs voitures arrivent et partent en même temps, elles doivent prendre la file sans essayer de se dépasser. Il est interdit à tous les charretiers, cochers ou postillons de voitures publiques ou particulières en stationnement dans ces cours : 1° De quitter leurs chevaux, à moins qu'ils ne soient solidement attachés ou tenus à la main, ou à moins que les roues de leurs voitures ne soient maintenues au moyen d'une chaîne ou d'une forte corde, les reliant à la caisse ; 2° De débrider entièrement leurs chevaux pour leur donner à boire ou à manger ; ils peuvent seulement leur enlever le mors de la barrette, et ils doivent alors se tenir à leur tête (art. 5). Les diligences et les voitures de messageries porteront sur les côtés extérieurs l'inscription apparente des localités qu'elles desservent et le nom de leurs propriétaires.

Il en sera de même des omnibus, qui porteront également à l'extérieur l'inscription de leur service (art. 6). A l'intérieur de chaque compartiment de voiture publique seront inscrits, d'une manière très-apparente, le nombre des places qu'il comporte, le prix de chacune d'elles, ainsi que celui du transport des bagages. Si le transport des voyageurs, ou de tout ou partie des bagages, a lieu gratuitement, un avis, constamment affiché dans la voiture, doit faire connaître cette gratuité aux voyageurs (art. 7). Les cochers et les conducteurs de voitures publiques devront prendre un uniforme ou tout autre signe distinctif (art. 8).

1656. — C'est précisément cette circulaire qui donna naissance aux difficultés que nous avons rapportées relativement aux divers emplacements que pouvaient occuper dans les gares les différentes sortes de voitures. Les compagnies avaient cru pouvoir tirer de la disposition de l'art. 2 le droit de donner les emplacements les plus favorables aux véhicules de leurs correspondants. L'administration avait jugé, au contraire, que les voitures devaient être placées par ordre d'arrivée. Pour trancher ce conflit, le ministre des Travaux publics avait pris, le 22 févr. 1868, une nouvelle circulaire (citée par Picard, *op. cit.*, t. 3, p. 659), qui confirmait cette dernière opinion. Mais on pouvait contester qu'elle eût la même autorité que l'art. 2 de l'arrêté-type auquel elle dérogeait, et nous avons vu que la Cour de cassation lui déniait, en effet, son caractère obligatoire.

1657. — La dernière circulaire qu'on puisse signaler dans cet ordre d'idées paraît avoir eu à son tour pour objet d'interpréter cette dernière décision de la jurisprudence. Elle date du 22 juin 1878 (Picard, *loc. cit.*). Elle reproduit, à peu de différence près, les dispositions de la circulaire du 22 févr. 1868, et peut se résumer de la façon suivante : « L'ouverture et la fermeture se feront un certain temps avant l'arrivée du premier train ou après le départ du dernier (art. 1). Le stationnement des voitures sera réglé par le chef de gare, de concert avec le commissaire de surveillance administrative, et, en cas de désaccord, par l'inspecteur général directeur du contrôle. Des emplacements distincts peuvent être donnés aux voitures publiques, bien qu'effectuant le même service, suivant qu'elles desservent tous les trains ou un certain nombre de trains seulement (art. 2). Prohibition de la mendicité, des importunités. Répression des cris, injures, rixes, etc. (art. 3). Privilège accordé, à l'exception des voyageurs, aux agents des compagnies et des services de correspondance pour prendre et conduire les bagages. Obligation pour les cochers de ne pas quitter leurs chevaux (art. 4). Réglementation de la circulation des voitures et de l'organisation des files lorsqu'il y a plusieurs arrivées et départs simultanés. Prohibition de débrider les chevaux ou de les quitter (art. 5). Réglementation des inscriptions qui doivent figurer sur les voitures publiques (art. 6). Avis ou annonces qui doivent figurer dans l'intérieur de ces voitures (art. 7). Uniforme des cochers (art. 8). Réglementation des gares de marchandises, des places que les voitures doivent y occuper. Règles spéciales aux animaux qui peuvent y être introduits (art. 9 à 11). Eclairage des voitures la nuit (art. 12). Pénalité et sanction.

1658. — Il ne s'agit là, bien évidemment, que d'un type d'arrêté dont les préfets peuvent s'écarter, suivant les circonstances locales. Mais pris en conformité de la loi du 15 juill. 1845 et de l'ordonnance du 15 nov. 1846, il confère à ceux qui s'en inspirent directement la sanction de l'art. 21, L. 15 juill. 1845.

1659. — Si le préfet ne peut concéder à un service particulier de voitures le droit exclusif de pénétrer dans la cour d'une gare, *à fortiori* faut-il en dire autant de la compagnie. Déjà antérieurement à la loi de 1845, on décidait que les compagnies ne peuvent concéder à certaines entreprises le privilège exclusif de pénétrer dans la gare pour amener ou prendre les voyageurs ou marchandises. — Nîmes, 11 mai 1843, Bompard et Bosc, [S. 43. 2.536, P. 43.2.185]

1660. — ... Que l'administration d'un chemin de fer ne peut (quel que soit à cet égard le silence du traité intervenu entre elle et l'Etat) refuser l'entrée de sa gare aux voitures d'une entreprise de transport de voyageurs, dans l'intérêt d'une autre entreprise rivale qu'elle y admet. — Nîmes, 11 mai 1843. — Trib. Rouen, 30 août 1843, Omnibus de Rouen, [S. 43.2.536, P. 44.1.647]

1661. — Les dispositions de la loi de 1845 sur le pouvoir du préfet ne pouvaient manquer de confirmer cette jurisprudence.

Mais le caractère contraventionnel du fait incriminé ne saurait entraîner nécessairement des dommages-intérêts.

1662. — Jugé, à cet égard, que le fait, par une compagnie, de louer l'accès de ses gares comme une sorte de monopole à une compagnie unique, bien que défendu par la puissance publique, n'entraîne pas de dommages-intérêts. — Cass., 3 mars 1847, Chemin de fer de Strasbourg à Graz, [S. 48.1.47, P. 48.1.152, D. 48.1.78]

1663. — Il avait été décidé également, avant la loi de 1845, que l'autorité municipale avait le pouvoir de prendre toutes les mesures nécessaires pour éviter l'encombrement résultant d'un trop grand concours. — Nîmes, 11 mai 1843, Bosc, précité. — Il est évident que cette décision ne saurait plus subsister dans sa généralité, et qu'il faudrait distinguer entre les mesures relatives à l'entrée même dans les cours des gares et à celles qui auraient pour objet de prévenir l'encombrement qui pourrait se produire à l'intérieur de ces cours.

2° *Du matériel employé à l'exploitation.*

1664. — Les règles relatives à la mise en état et à l'entretien de la voie sont contenues dans la sect. 2, Ord. 15 nov. 1846. « Le chemin de fer et les ouvrages qui en dépendent seront constamment entretenus en bon état. La compagnie devra faire connaître au ministre des Travaux publics les mesures qu'elle aura prises pour cet entretien. Dans le cas où ces mesures seraient insuffisantes, le ministre des Travaux publics, après avoir entendu la compagnie, prescrira celles qu'il jugera nécessaires » (Ord. 15 nov. 1846, art. 2).

1665. — Les dispositions de l'art. 30 du cahier des charges à cet égard sont ainsi conçues : « Le chemin de fer et toutes ses dépendances seront constamment entretenus en bon état, de manière que la circulation y soit toujours facile et sûre. Les frais d'entretien et ceux auxquels donneront lieu les réparations ordinaires et extraordinaires seront entièrement à la charge de la compagnie. Si le chemin de fer, une fois achevé, n'est pas constamment entretenu en bon état, il y sera pourvu d'office à la diligence de l'administration et aux frais de la compagnie, sans préjudice, s'il y a lieu, de l'application des dispositions indiquées ci-après dans l'art. 40. Le montant des avances faites sera recouvré au moyen de rôles que le préfet rendra exécutoires. »

1666. — On peut également rapprocher de ces dispositions celles des art. 34 et 36 du même cahier des charges relatifs aux obligations de la compagnie à l'expiration de la concession.

1667. — Pour les lignes dont l'infrastructure a été faite par l'Etat et remis aux compagnies, celles-ci ne sont chargées que de l'entretien des ouvrages qui leur a été remis. L'entretien des autres ne saurait être à leur charge. — Cons. d'Et., 27 déc. 1860, Chemin de fer P.-L.-M., [Leb. chr., p. 826]; — 13 août 1861, Chemin de fer d'Orléans, [Leb. chr., p. 745]; — 4 juill. 1872, Chemin de fer P.-L.-M., [Leb. chr., p. 426]

1668. — Il y a en effet des ouvrages qui n'ont été édifiés que dans l'intérêt des particuliers, ou qui servent à des usages publics, et on ne voit pas, dès lors, pourquoi les compagnies devraient les entretenir.

1669. — La même observation conduit à déclarer qu'en aucun cas les compagnies ne sauraient être tenues d'entretenir les voies diverses par elles remises aux services intéressés. — Cons. d'Et., Chemin de fer de l'Ouest (frais de curage), [Leb. chr., p. 986]; — 7 août 1886, Chemin de fer d'Orléans (Entretien d'un chemin vicinal), [Leb. chr., p. 745] — Nous nous sommes déjà expliqués au surplus sur ces différents points. — V. *suprà*, n. 919.

1670. — Parmi les principales obligations d'entretien imposées en fait à différentes compagnies nous citerons à titre d'exemples les suivants : obligation pour une compagnie de garder et de manœuvrer des ouvrages éclusés, d'entretenir des ouvrages de raccordement avec des routes voisines, de réparer des dommages causés à des voies publiques, etc. La plupart des décisions ministérielles qui sont intervenues à cet égard ayant été frappées d'un recours devant le Conseil d'Etat pour cause d'excès de pouvoir, nous les retrouverons en examinant les pouvoirs du Conseil d'Etat.

1671. — Pour les travaux d'entretien comme pour les travaux de construction proprement dits, nous rappelons qu'il peut y avoir lieu pour la compagnie de prévenir l'administration de ses projets. Cette obligation ne leur est imposée toutefois, qu'en ce qui touche les travaux de reconstruction ou de réparation; elle ne concerne pas les travaux de simple entretien.

1672. — « Il sera placé, partout où besoin sera, des gardiens, en nombre suffisant, pour assurer la surveillance et la manœuvre des aiguilles des croisements et changements de voie; en cas d'insuffisance, le nombre de ces gardiens sera fixé par le ministre des Travaux publics, la compagnie entendue » (Ord. 15 nov. 1846, art. 3).

1673. — On retrouve également cette disposition dans l'art. 31 du cahier des charges : « La compagnie sera tenue d'établir à ses frais, partout où besoin sera, des gardiens en nombre suffisant pour assurer la sécurité du passage des trains sur la voie et celle de la circulation ordinaire sur les points où le chemin de fer sera traversé à niveau par des routes ou chemins. »

1674. — Sur les divers modes de surveillance de la voie employés par les différentes compagnies, V. not. Picard, *op. cit.*, t. 2, p. 926.

1675. — Un certain nombre de circulaires ministérielles relatives à la sécurité des voyageurs et aux moyens de prévenir les accidents ont été rendues, qu'il importe de signaler et qui se rapportent principalement à la manœuvre des changements de voie et des aiguillages. Mais elles ne sont pas spéciales à cet usage et peuvent encore être consultées à d'autres points de vue.

1676. — Nous citerons notamment celles des 31 janv. 1877, 13 mai 1879, 28 juin, 12 juill., 30 juill., 13 sept. 1880. — V., d'ailleurs, sur ce point, la série des circulaires citées par Picard, t. 3, p. 332, 474 et s. — Cette dernière circulaire, prise conformément au rapport d'une commission nommée le 26 août 1879, rapport qu'on trouvera au *Journal officiel* du 8 août 1880, prescrit de munir, du moins autant que possible, les passages à niveau, d'appareils avertisseurs ou protecteurs, de réviser les passages à niveau défectueux, d'appliquer des appareils d'enclanchements à toutes les bifurcations, à tous les groupes d'aiguilles intéressant la sécurité de la circulation sur les voies principales, ainsi qu'aux aiguilles isolées donnant accès sur les voies principales, de donner aux gardes-freins des moyens sûrs de correspondre d'une façon continue et efficace avec le mécanicien ; aux voyageurs, dans les compartiments à cloisons séparées, le moyen de faire appel aux agents ; aux agents et aux voyageurs, le moyen de circuler autant que possible le long des trains ; d'appliquer le block système sur toutes les sections de lignes où le minimum des trains est de cinq à l'heure, de munir de freins continus tous les trains de voyageurs à vitesse normale de vingt-cinq kilomètres à l'heure, d'appliquer sur les sections à voie unique où passent plus de six trains réguliers dans chaque sens en vingt-quatre heures, des cloches électriques ou le block système à signaux extérieurs, etc.

1677. — On retrouve ces mêmes précautions recommandées par trois autres circulaires des 2 nov. 1881, 12 janv. 1882 et 6 août 1883 (citées par Picard, *op. cit.*, t. 3, p. 273). La dernière est plus spéciale à l'organisation des systèmes d'enclanchement ; les deux premières complètent la circulaire du 13 sept. 1880 en prescrivant le doublement des voies principales aux abords de Paris, l'addition d'un fourgon de queue aux trains, la suppression, dans les nouveaux tracés, de bifurcation en pleine voie, la substitution du block système absolu au block système permissif sur les lignes à double voie, l'adoption des appareils avertisseurs connus sous le nom de cloches allemandes, système Siemens à courant d'inductions, système Léopold, qui ont pour but d'annoncer à la gare suivante l'approche et la direction des trains sur les voies uniques, ainsi que de transmettre les signaux d'alarme, par exemple en vue de l'arrêt général de tous les trains, aux agents de la voie échelonnés sur la ligne.

1678. — Rappelons les dispositions de l'art. 4, Ord. 15 nov. 1846, que nous avons déjà signalées, *suprà*, n. 732, et qui sont relatives à la surveillance des barrières et des passages à niveau.

1679. — La jurisprudence a eu quelquefois à faire l'application de ces dispositions, notamment par voie d'interprétation. Nous citerons à titre d'exemple un arrêt qui a décidé que l'arrêté ministériel du 12 juill. 1879, relatif au service des passages à niveau du chemin de fer du Midi, doit être entendu en ce sens que les gardes-barrières sont obligés, pendant les heures où s'exerce leur surveillance, de garder les portillons à destination de piétons, qui sont accolés aux barrières, en vue d'interdire la circulation des passants à l'approche des trains; qu'en conséquence, la compagnie du Midi est responsable d'un accident causé à un piéton, sur la voie, par un train, si cet accident est le résultat de la faute d'un garde-barrière, qui a négligé de surveiller le portillon adjacent, et de défendre la circulation lors du passage dudit train. — Cass., 12 juin 1888, Chemin de fer du Midi, [D. 89.1.141]

1679 *bis*. — Jugé, d'ailleurs, que l'arrêté préfectoral régulièrement approuvé qui classe un passage à niveau dans la troisième catégorie et qui dispose que les passages de cette catégorie « *resteront complètement ouverts et ne seront pas munis de barrières ni gardes,* » dispense entièrement la compagnie de pourvoir ce passage de barrières et de le faire garder quels que puissent être les inconvénients qui peuvent en résulter : qu'en conséquence la compagnie ne peut pas être rendue responsable d'un accident par ce seul motif qu'elle a commis une imprudence de nature à engager sa responsabilité en ne munissant pas le passage de barrières manœuvrées par un garde à son service. — Cass., 19 avr. 1893, *Gaz. des trib.*, 29 avr. 1893.

1680. — Sur les principaux modes de gardiennage et de manœuvre des barrières de passage à niveau et des signaux protecteurs de ces passages, il nous suffit de renvoyer à l'ouvrage de M. Picard (*op. cit.*, t. 2, p. 923), qui donne à ces égards les détails les plus complets.

1681. — On a jugé que ces mesures sont applicables même pendant la période de construction, aussitôt que les trains de ballast ont été mis en circulation. — Cons. d'Et., 4 août 1876, Chemin de fer de Lille à Valencienne, [S. 78.2.310, P. adm. chr., D. 73.3.101, Leb. chr., p. 783] — Mais cette décision est difficile à accorder avec celle que nous avons mentionnée, *suprà*, n. 700, 1086.

1682. — « Si l'établissement de contre-rails est jugé nécessaire dans l'intérêt de la sûreté publique, la compagnie sera tenue d'en placer sur les points qui seront désignés par le ministre des Travaux publics » (Ord. 15 nov. 1846, art. 4). L'établissement de contre-rails peut être considéré comme particulièrement utile dans les remblais élevés, ou sur les viaducs qui servent au passage des rivières ou des vallées profondes, afin d'éviter une sortie de voie au moment où les trains les parcourent.

1683. — « Aussitôt après le coucher du soleil et jusqu'après le passage du dernier train, les stations et leurs abords devront être éclairés. Il en sera de même des passages à niveau pour lesquels l'administration jugera cette mesure nécessaire » (Ord. 15 nov. 1846, art. 5).

1684. — « Les machines locomotives ne pourront être mises en service qu'en vertu de l'autorisation de l'administration et après avoir été soumises à toutes les épreuves prescrites par les règlements en vigueur. Lorsque, par suite de détérioration ou pour toute autre cause, l'interdiction d'une machine aura été prononcée, cette machine ne pourra être remise en service qu'en vertu d'une nouvelle autorisation » (Ord. 15 nov. 1846, art. 7).

1685. — Les machines locomotives, porte de son côté l'art. 32 du cahier des charges, seront construites sur les meilleurs modèles; elles devront consumer leur fumée et satisfaire d'ailleurs à toutes les conditions prescrites ou à prescrire par l'administration pour la mise en service de ce genre de machines.

1686. — Les épreuves et déclarations auxquelles sont soumises les chaudières des locomotives sont déterminées par les art. 2 à 8 et 11 à 24, Décr. 30 avr. 1880, sur les générateurs et récipients de vapeur.

1687. — « Les machines à vapeur locomotives, portent, en effet, les art. 26 et 27 de ce décret, sont celles qui, sur terre, travaillent en même temps qu'elles se déplacent par leur propre force, telles que les machines des chemins de fer et des tramways, les machines routières, les rouleaux compresseurs. — Les dispositions des art. 2 à 8 et 11 à 24, Décr. 30 avr. 1880, leur sont applicables. »

1688. — On doit consulter également, aux termes de l'art. 28, les dispositions de l'art. 25, § 1, du même décret.

1689. — Aux termes de ces dispositions, l'épreuve qui est exigée pour la première mise en service, après un chômage prolongé, après des réparations déterminées ou une installation nouvelle, et qui a lieu en principe chez le constructeur, consiste en une pression hydraulique supérieure à la pression effective. Elle est faite sous la direction de l'ingénieur des mines. La machine est marquée ensuite d'un timbre indiquant par centimètres carrés en kilogrammes, la pression effective que la machine ne doit pas dépasser. Elle est munie de soupapes de sûreté, d'un manomètre et d'un appareil de retenue, de deux appareils indicateurs du niveau de l'eau et d'une plaque sur laquelle sont gravés en caractères très-apparents le nom et le domicile de la compagnie, et le numéro d'ordre de la machine.

1690. — Bien qu'en général le service des mines dût être spécialement chargé de la surveillance des machines à vapeur, dans les départements où la résidence des ingénieurs des mines était trop éloignée, une circulaire du 21 juill. 1880 avait permis de le confier aux ingénieurs des ponts et chaussées, sous les ordres des ingénieurs en chef des mines. Depuis les règlements généraux intervenus pour l'organisation du contrôle ont régularisé ce point.

1691. — Une circulaire du 26 déc. 1885 avait étendu le pouvoir de surveillance des ingénieurs des mines aux machines qui fonctionnaient dans l'enceinte des chemins de fer et qui étaient surveillées par les ingénieurs chargés du contrôle de l'exploitation. Ce point appelle la même observation que le précédent.

1692. — Les locomotives doivent être munies d'appareils consommant leur fumée (cahier des charges, art. 32; Circ. 1er févr. 1864, 21 et 30 avr. 1865, 3 mai et 13 nov. 1866, citées par Picard, *op. cit.*, p. 285). — Sur le pouvoir réglementaire de l'administration à cet égard, V. Cons. d'Et., 30 mars 1870, [Leb. chr., p. 381]

1693. — Nous signalerons encore, en ce qui concerne les locomotives, une circulaire du 14 avr. 1886 (*Rec. Lois, Ord.*, 2e sér., t. 3, p. 77), relative aux précautions à prendre pour le chauffage des pistons creux des locomotives.

1694. — On peut consulter également : sur les conditions que doivent remplir les locomotives et particulièrement les sabliers, et les tubes calorifères dont elles doivent être pourvues, un certain nombre de circulaires : 4 févr. 1865, 21 janv. 1856, 27 févr. 1857 (rapportées par Picard, t. 3, p. 286).

1695. — ... Sur les précautions à prendre pour prévenir le départ spontané des locomotives, une circulaire du 22 févr. 1848, rappelée par le même auteur, p. 286, n. 10.

1696. — ... Sur la possibilité d'adjoindre aux machines un strapontin qui permette aux mécaniciens et aux chauffeurs de s'asseoir, une circulaire du 17 déc. 1880.

1697. — Les locomotives devront être pourvues d'appareils ayant pour objet d'arrêter les fragments de coke tombant de la grille et d'empêcher la sortie des flammèches par la cheminée (Ord. 15 nov. 1846, art. 11).

1698. — Un arrêté du 1er août 1857 (cité par Picard, *op. cit.*, p. 285) a déterminé les dispositions des appareils destinés à arrêter les flammèches, ainsi que celles des cendriers des locomotives. Puis un décret a autorisé, sur certains points, l'enlèvement des cendriers à l'époque des neiges.

1699. — Il a été décidé : que la suppression pendant un certain temps (pendant la saison d'hiver) des appareils destinés à arrêter les fragments de coke tombant de la grille, et à empêcher la sortie des flammèches par la cheminée, ou leur insuffisance en ce que, par exemple, ils consistent dans des cendriers percés à leur fond, au-dessous de la grille, d'un trou de trente centimètres de côté, constitue une infraction à l'art. 11, Ord. 15 nov. 1846, alors surtout que les terrains traversés par la voie ferrée sont par leur nature même (bois et landes) facilement exposés aux incendies. — Bordeaux, 13 déc. 1854, Saige, [D. 55. 2.290]

1700. — ... Que les compagnies de chemins de fer sont responsables des incendies occasionnés par les charbons qui s'échappent des locomotives, bien qu'elles aient pris toutes les précautions prescrites par l'administration, alors d'ailleurs qu'aucune négligence n'est imputable au propriétaire incendié. — Bordeaux, 21 juin 1859, Chemin de fer du Midi, [S. 60.2.41, P. 60.310, D. 59.2.187] — Trib. Seine, 30 nov. 1859, [*Ibid.*]

1701. — ... Que l'incendie de propriétés mobilières ou immobilières occasionné par les étincelles d'une locomotive dont l'appareil de sûreté est défectueux, constitue à la charge du mécanicien le délit d'incendie par imprudence puni par l'art. 458,

C. pén.; qu'on distinguerait à tort, relativement aux précautions de prudence commandées par cet article, entre les feux portés par l'homme, et ceux portés par les machines qu'il dirige. — Cass., 23 juin 1859, Atkinson-Brassey, [S. 59.1.781, P. 60. 109, D. 59.1.324] — V. *suprà*, n. 1494 et s.

1702. — ... Que le dommage occasionné par une industrie même de la plus haute utilité, telle que celle d'un chemin de fer, n'en est pas moins de ceux qu'il y a obligation de réparer : que vainement on se prévaudrait de la circonstance que cette industrie serait exercée en vertu d'une autorisation du gouvernement, spécialement qu'une compagnie de chemin de fer doit répondre du dommage causé par le feu qui s'échappe de ses locomotives, même dans le cas où elle aurait pris pour prévenir les incendies toutes les précautions prescrites par l'administration ou recommandées par la science..., alors d'ailleurs que les propriétaires incendiés n'ont de leur côté aucune imprudence à se reprocher. — Bordeaux, 9 août 1864, Lombard, [D. 64.3.103]

1703. — Les essieux des locomotives, des tenders et des voitures de toute espèce, entrant dans la composition des convois de voyageurs ou dans celle des trains mixtes de voyageurs et de marchandises, allant à grande vitesse, devront être en fer martelé de premier choix, portait l'art. 8, Ord. 15 nov. 1846. En pratique, on peut dire que presque partout l'acier a été substitué au fer.

1704. — Il sera tenu des états de service pour toutes les locomotives. Ces états seront inscrits sur des registres qui devront être constamment à jour, et indiquer, à l'article de chaque machine, la date de sa mise en service, le travail qu'elle a accompli, les réparations ou modifications qu'elle a reçues, et le renouvellement de ses diverses pièces. Il sera tenu en outre, pour les essieux de locomotives, tenders et voitures de toute espèce, des registres spéciaux sur lesquels, à côté du numéro d'ordre de chaque essieu, seront inscrits sa provenance, la date de sa mise en service, l'épreuve qu'il peut avoir subie, son travail, ses accidents et ses réparations; à cet effet, le numéro d'ordre sera poinçonné sur chaque essieu. Les registres mentionnés aux deux paragraphes ci-dessus seront représentés, à toute réquisition, aux ingénieurs et agents chargés de la surveillance du matériel et de l'exploitation (Art. 9, Ord. 15 nov. 1846).

1705. — Ces prescriptions sont rappelées par une circulaire du 25 août 1856 (citées par Picard, *op. cit.*, p. 284), nous devons ajouter qu'une autre circulaire du 6 févr. 1857 (Picard, *loc. cit.*) a recommandé de relever tous les accidents occasionnés par une rupture d'essieux.

1706. — L'art. 10, Ord. 15 nov. 1846, portait : « Il est interdit de placer, dans un convoi comprenant des voitures de voyageurs, aucune locomotive, tender ou autre voiture d'une nature quelconque, montés sur des roues en fonte. Toutefois, le ministre des Travaux publics pourra, par exception, autoriser l'emploi de roues en fonte, cerclées en fer, dans les trains mixtes de voyageurs et de marchandises et marchant à la vitesse d'au plus vingt-cinq kilomètres à l'heure (art. 10). »

1707. — Mais depuis, cet article a été modifié de la façon suivante par un décret du 23 janv. 1889 : « Il est interdit d'affecter au transport des voyageurs aucune locomotive, tender ou voiture montés sur des roues en fonte, cerclées ou non en fer ou en acier. Les wagons de marchandises non munis de freins et montés sur roues en fonte, coulées en coquille ou cerclées en fer ou en acier, pourront être placés dans les trains mixtes dont la vitesse normale de marche ne dépassera pas, à moins d'autorisation spéciale du ministre des Travaux publics, quarante-cinq kilomètres à l'heure. »

1708. — Au cas où le déraillement d'un wagon de voyageurs a été occasionné par la rupture du bandage d'une roue, la compagnie du chemin de fer, actionnée en responsabilité par les voyageurs blessés par suite de l'accident, ne peut invoquer comme cas fortuit ou de force majeure la circonstance que la défectuosité du bandage n'était manifestée par aucun signe extérieur, et que le bandage, présentant les apparences d'une bonne fabrication, avait été reçu à la suite des épreuves d'usage. — Paris, 27 nov. 1866, Quarez, [S. 67.2.320, P. 67.1222, D. 76.5.387] — On peut voir encore, à propos des accidents que peut entraîner la mauvaise qualité du matériel : Bourges, 19 févr.

1872, Cⁱᵉ du chemin de fer de Lyon à la Méditerranée, [D. 72. 2. 76]

1709. — Les voitures destinées au transport des voyageurs seront d'une construction solide; elles devront être commodes et pourvues de ce qui est nécessaire à la sûreté des voyageurs. Les dimensions de la place affectée à chaque voyageur devront être d'au moins 45 centimètres en largeur, 65 centimètres en profondeur et 1ᵐ45 en hauteur; cette disposition sera appliquée aux chemins de fer existants, dans un délai qui sera fixé pour chaque chemin par le ministre des Travaux publics. — Ord. 15 nov. 1846 (art 11).

1710. — Aux termes de l'art. 32 du cahier des charges, § 2, « Les voitures de voyageurs devront être faites d'après les meilleurs modèles, et satisfaire à toutes les conditions réglées ou à régler pour les voitures servant au transport des voyageurs sur les chemins de fer. Elles seront suspendues sur ressort et garnies de banquettes. Il y en aura de trois classes au moins : 1° Les voitures de première classe seront couvertes, garnies, fermées à glaces, munies de rideaux; 2° Celles de deuxième classe seront couvertes, fermées à glaces, munies de rideaux, et auront des banquettes rembourrées; 3° Celles de troisième classe seront couvertes, fermées à vitre, munies soit de rideaux, soit de persiennes, et auront des banquettes à dossier. Les dossiers et les banquettes devront être inclinés, et les dossiers seront élevés à la hauteur de la tête des voyageurs.

1711. — Il faut ajouter à cette disposition celle de l'art. 43 du même cahier des charges, ainsi conçu : « Dans chaque train de voyageurs, la compagnie aura la faculté de placer des voitures à compartiments spéciaux pour lesquels il sera établi des prix particuliers que l'administration fixera sur la proposition de la compagnie; mais le nombre des places à donner dans ces compartiments ne pourra dépasser le cinquième du nombre total des places du train. »

1712. — A différentes époques, divers actes sont intervenus qui ont précisé quelques-uns de ces points. On peut citer notamment : 1° un arrêté du ministre des Travaux publics, du 31 mars 1887 (*Rec. Lois, Ord.*, 4ᵉ sér., t. 3, p. 188), fixant les bases d'une unité technique des voies et du matériel des chemins de fer, conformément aux dispositions adoptées par la conférence internationale de Berne du 10 mai 1886, et applicable à dater du 1er avr. 1887.

1713. — Dans cet arrêté se trouvent aussi fixés la largeur de la voie, l'écartement des essieux extérieurs, celui des roues des essieux, la largeur des bandages, le jeu des boudins, l'écartement extérieur des boudins, la hauteur des boudins, l'épaisseur des bandages, la hauteur des tampons des véhicules vides ou en pleine charge, l'écartement des tampons, leur diamètre, l'espace vide entre les tampons et la traverse de choc du véhicule, la saillie des tampons sur le crochet de traction, la longueur des attelages, le diamètre de la section des étriers d'attelage, etc.

1714. — 2° Un autre arrêté de la même date, rendant applicables, sur le réseau français, les dispositions adoptées par la conférence internationale de Berne relatives au mode de fermeture des wagons devant passer en douane.

1715. — 3° Une circulaire du 18 févr. 1888 (*Rec. Lois, Ord.,* 2e sér., t. 4, p. 379) sur les conditions d'établissement de wagons de marchandises pour les chemins de fer d'intérêt général à voie normale, à voie de 1.055, à voie de 1.000.

1716. — 4° Une circulaire du 1er juill. 1889 qui a invité les administrateurs des compagnies à prendre des dispositions pour que la saillie de 16 millimètres ne soit pas dépassée, à l'avenir, par les boudins des roues des voitures à marchandises.

1717. — La réserve d'un certain nombre de wagons ou plutôt de compartiments pour les dames seules ne se rencontre, ainsi que nous l'avons fait remarquer, dans aucune disposition de l'ordonnance de 1846. Mais elle est prévue par l'art. 32 du cahier des charges, § 8, qui est ainsi conçu : « L'administration pourra exiger qu'un compartiment de chaque classe soit réservé, dans les trains de voyageurs, aux femmes voyageant seules ». On peut consulter également sur ce point une circulaire du 20 mai 1863. Peut-être y aurait-il lieu, pour la commission chargée de la révision de cette ordonnance, d'introduire dans les nouveaux textes une disposition spéciale à cet effet.

1718. — Il a été jugé que le voyageur qui monte dans un

compartiment de dames seules commet une infraction réprimée par l'art. 21, L. 15 juill. 1845. Mais c'est une solution qui nous paraît tout à fait critiquable précisément par ce fait que la prohibition de monter dans de pareils compartiments ne résulte que du cahier des charges. — Nancy, 4 août 1887, Barrat, [D. 88.2.19] — V. *suprà*, n. 1076 et 1587.

1719. — Il doit être dressé pour les voitures à voyageurs comme pour les locomotives un registre d'essieux dans lequel doivent être consignées toutes les circonstances utiles à mentionner, notamment la provenance de chaque essieu, la date de sa mise en service, les résultats de l'épreuve par lui subie, etc.

1720. — Différentes dispositions ont été prescrites par une circulaire du 16 mai 1866 (citée par Picard, *op. cit.*, p. 294), relative aux mesures à prendre pour prévenir ou arrêter l'incendie des voitures à voyageurs.

1721. — Le chauffage des wagons a fait également l'objet d'un certain nombre de circulaires qu'on pourra consulter. — V. notamment Circ. 21 mai 1879 (citée par Picard, *op. cit.*, p. 296), 24 mars 1884, 9 mars 1891, 24 juill. 1891.

1721 bis. — Dans le but de prévenir des dangers d'incendie, la plupart des compagnies interdisent aux voyageurs de se servir de chaufferettes contenant des charbons en combustion ou des appareils de chauffage à l'huile ou à l'esprit de vin. — Féraud-Giraud, *op. cit.*, t. 3, n. 100.

1722. — Le mode de fermeture des wagons a fixé aussi l'attention de l'administration. Le mode de fermeture à clef a été proscrit depuis l'accident de Versailles.

1723. — Conformément à l'avis du conseil général des ponts et chaussées, une circulaire du 11 mai 1855 (citée par Picard, *op. cit.*, p. 293) a prescrit aux compagnies d'adapter aux portières, en plus du pène, un loqueteau placé à 50 centimètres au plus en contrebas des devantures de ces portières. Depuis, de nouvelles mesures ont été prescrites par une circulaire du 10 janv. 1885 (citée par Picard, *loc. cit.*).

1724. — La sécurité des voyageurs dans les wagons a fait prendre enfin un certain nombre de précautions. Pour conjurer les tentatives criminelles qui ne se répètent que trop fréquemment dans les voyages en chemin de fer, une commission a d'abord été nommée le 23 janv. 1886, qui a déposé son rapport le 20 mars de la même année. Conformément aux termes de ce rapport, une circulaire du 10 juill. 1886 (*Rec. Lois, Ord.*, 2ᵉ sér., t. 3, p. 109), a étendu à tous les trains de voyageurs proprement dits, à l'exclusion des trains mixtes, l'application du système d'intercommunication avec signaux d'alarme déjà prescrits par les circulaires des 30 juill., 13 sept. 1880 et 15 avr. 1884 (citées par Picard, *op. cit.*, p. 574), pour tous les trains express et effectuant des parcours de vingt-cinq kilomètres sans arrêt. Cette circulaire recommande de mettre ces signaux en bonne place et d'éviter ceux qui ne peuvent être employés qu'en brisant une glace. On avait pensé également à prescrire la communication de toutes les voitures, et à faciliter la circulation d'un bout à l'autre du train. Mais on a reculé devant la dépense qu'entraîneraient de semblables réformes, le gabarit des ouvrages d'art ne se prêtant pas toujours à ces réformes. Les circulaires ou arrêts mentionnés dans ce numéro sont les plus intéressants à connaître. Au point de vue historique, on peut consulter également les différents rapports fournis sur la même question par des commissions d'enquête nommées en 1857 et en 1861, et des circulaires dont il sera également question plus loin, en date des 1ᵉʳ févr. 1864, 29 nov. 1865, 30 juill. 1880 et 15 avr. 1884. — V. à cet égard, Picard, *op. cit.*, t. 3, p. 392 et 575.

1725. — Depuis cette époque, une nouvelle commission a été nommée pour rechercher les mesures à prendre dans le même but (23 janv. 1888). Mais nous ignorons si elle a déposé son rapport, et quelle suite a pu être donnée à ses conclusions.

1726. — Enfin, différentes circulaires sont relatives à l'installation de water-closets au moins dans certains trains (29 nov. 1887 et 11 août 1890).

1727. — Pour les freins dont doivent être munis les wagons, V. *infrà*, n. 1755.

1728. — Les wagons de marchandises pouvant être utilisés pour le transport des troupes, une circulaire du 12 juill. 1884 a fait connaître aux compagnies les conditions auxquelles devaient, d'après l'avis de la commission supérieure militaire, satisfaire les wagons à construire à l'avance par les administrations de chemins de fer. — V. Picard, *op. cit.*, t. 3, p. 314.

1729. — « Aucune voiture pour les voyageurs ne sera mise en service sans une autorisation du préfet, donnée sur le rapport d'une commission constatant que la voiture satisfait aux conditions de l'article précédent. L'autorisation de mise en service n'aura d'effet qu'après que l'estampille prescrite pour les voitures publiques par l'art. 117, L. 25 mars 1817, aura été délivrée par le directeur des contributions indirectes » (art. 13, Ord. 15 nov. 1846).

1730. — L'art. 32 du cahier des charges porte, de son côté : « Les voitures de voyageurs, les wagons destinés au transport des marchandises, des chaises de postes, des chevaux ou des bestiaux, des plates-formes, et, en général, toutes les parties du matériel roulant, seront de bonne et solide construction. La compagnie sera tenue, pour la mise en service de ce matériel, de se soumettre à tous les règlements sur la matière. »

1731. — Toute voiture de voyageurs portera, dans l'intérieur, l'indication apparente du nombre des places (Ord. 15 nov. 1846, art. 14).

1732. — Cette prescription est rappelée dans l'art. 32 du cahier des charges portant que l'intérieur de chacun des compartiments de toute classe contiendra l'indication du nombre de places de ce compartiment.

1733. — Les locomotives, tenders et voitures de toute espèce, devront porter : 1º le nom ou les initiales du nom du chemin de fer auquel ils appartiennent ; 2º un numéro d'ordre. Les voitures de voyageurs porteront, en outre, l'estampille délivrée par l'administration des contributions indirectes. Ces diverses indications seront placées d'une manière apparente sur la caisse ou sur les côtés des châssis (Ord. 15 nov. 1846, art. 15).

1734. — Aux termes d'une circulaire du 4 nov. 1886 (*Rec. Lois, Ord.*, 2ᵉ sér., t. 3, p. 146), on devra munir tous les trains sur le fourgon de tête et de queue, d'une plaque indicatrice du numéro de ce train.

1735. — Les machines, locomotives, tenders et voitures de toute espèce, et tout le matériel d'exploitation, seront constamment maintenus dans un bon état d'entretien. La compagnie devra faire connaître au ministre des Travaux publics les mesures adoptées par elle à cet égard, et, en cas d'insuffisance, le ministre, après avoir entendu les observations de la compagnie, prescrira les dispositions qu'il jugera nécessaires à la sûreté de la circulation (Ord. 15 nov. 1846, art. 16).

1736. — On retrouve une disposition analogue dans l'art. 32, § 1, du cahier des charges, qui ajoute à cette énumération celle des plates-formes composant le matériel roulant.

3° *De la composition des convois.*

1737. — Tout convoi ordinaire de voyageurs devra contenir, en nombre suffisant, des voitures de chaque classe, à moins d'une autorisation spéciale du ministre des Travaux publics (Ord. 15 nov. 1846, art. 17).

1738. — Cette prescription se retrouve dans l'art. 43 du cahier des charges, aux termes duquel, à moins d'une autorisation spéciale et révocable de l'administration, tout train régulier de voyageurs devra contenir des voitures de toute classe en nombre suffisant pour toutes les personnes qui se présenteraient dans les bureaux du chemin de fer.

1739. — Le rapport qui accompagnait l'envoi du projet d'ordonnance à la signature royale justifiait ainsi cette décision : « Le titre 3, relatif à la composition des convois, contient plusieurs dispositions d'une haute importance. Il est évident que les chemins de fer, devenant en quelque sorte pour les localités qu'ils traversent une voie unique de communication par la suppression presque immédiate de tout moyen de transport sur les anciennes voies parallèles, il est indispensable de poser la règle générale que tout convoi ordinaire doit contenir un nombre suffisant de voitures de toute classe. Le public, prévenu des heures de départ, doit trouver à ces mêmes heures, et à son désir, des moyens certains de transport. Cette obligation imposée aux compagnies ne peut être contestée : elle doit être la loi commune des chemins de fer ; aussi nous l'avons inscrite en tête du titre 3. Mais, d'un autre côté, on conçoit aussi que, dans l'intérêt même du public, cette obligation peut ne pas s'étendre a certains convois, par exemple aux convois qu'on appelle convois directs, qui ne s'arrêtent pas aux stations intermédiaires, ou qui ne s'arrêtent qu'à un très-petit nombre de ces stations, et qui sont généralement animés d'une vitesse qui n'est pas encore nécessaire à toutes les classes de la société. Il suffit d'ailleurs sans doute de poser la règle générale et de laisser les exceptions à la décision de l'autorité. C'est dans ce sens et dans ce but que l'art. 17 a été rédigé. » — Aix, 21 janv. 1854, Chemin de fer P.-L.-M., [S. 54.1.195] — Blanche, *op. cit.*, n. 76, p. 124; Bédarride, t. 1, p. 194; Cotelle, *op. cit.*, t. 2, n. 46 et 49; Palaa, *op. cit.*, v° *Composition des convois;* Lamé-Fleury, *Code annoté*, p. 27-28; Féraud-Giraud, *op. cit.*, n. 126.

1740. — Il a été jugé, à cet égard : que l'obligation à laquelle sont soumises les compagnies de chemins de fer de mettre dans tout convoi ordinaire de voyageurs un nombre suffisant de voitures de chaque classe est absolue; que l'expression *suffisant* ne doit pas être entendue en ce sens qu'il suffise aux compagnies d'avoir organisé le service de manière à répondre aux besoins présumés du parcours (à part le cas de force majeure). — Cass., 22 avr. 1854, Cie du chemin de fer de Lyon à la Méditerranée, [S. 54.1.504, P. 55.2.142, D. 54.1.214] — Paris, 19 nov. 1853, Cardon, [P. 54.2.602, D. 55.2.310]

1741. — ... Que, par suite, une administration de chemin de fer qui, après avoir délivré à un voyageur un billet de première classe pour une station déterminée, place ce voyageur, à partir d'un point de jonction avec une autre ligne, dans des wagons de deuxième classe faisant partie d'un convoi venu par cette ligne, à défaut d'un nombre de places suffisant dans les voitures de première classe de ce convoi, commet, par cela seul, une contravention à la disposition de l'art. 17, Ord. 15 nov. 1846, pour laquelle elle encourt la pénalité établie par l'art. 21, L. 15 juill. 1845. — Cass., 22 avr. 1854, précité.

1742. — ... Qu'on doit voir la preuve d'une contravention analogue dans la réponse faite par les employés d'une station de chemin de fer à des voyageurs qui se présentent pour partir par un convoi ordinaire, que, tous les wagons étant pleins, ils ne peuvent partir. — Montpellier, 27 nov. 1854, Cie de chemin de fer de Lyon à la Méditerranée, [D. 55.2.125]

1743. — ... Et que cette contravention est imputable au directeur seul de l'exploitation du chemin de fer, et non aux employés chargés du service des stations. — Même arrêt.

1744. — ... Que les compagnies de chemins de fer, étant tenues d'assurer des places aux voyageurs, peuvent être condamnées à des dommages-intérêts lorsque le voyageur est obligé d'entrer dans un wagon d'une classe inférieure à celle pour laquelle il a pris son billet. — Trib. comm. Toulouse, 12 juill. 1889, [D. 91.3.40] — Féraud-Giraud, *op. cit.*, t. 3, n. 13; Bédarride, *op. cit.*, n. 188; Ruben de Couder, n. 13.

1745. — ... Qu'une compagnie de chemin de fer qui délivre sans aucune réserve des billets de transport, prend à l'égard des voyageurs l'engagement de les transporter dans le premier train comportant, d'après l'horaire affiché dans les gares, des classes correspondant à celles indiquées sur lesdits billets, et dans les délais stipulés audit horaire; qu'elle ne pourrait être dégagée de cette obligation que par un cas fortuit ou de force majeure : mais qu'on ne saurait considérer comme tels ni la disposition spéciale de la voie ferrée, ni l'encombrement plus ou moins inusité des gares à certains jours de la semaine. — Trib. comm. Seine, 21 juill. 1891, Hauser et autres, [*J. Le Droit*, 12 août 1891]

1746. — Les compagnies pourront-elles inversement faire voyager des voyageurs munis de billets d'une classe inférieure, dans des compartiments d'une classe supérieure? L'affirmative résulte de deux circulaires des 6 nov. 1858 et 15 avr. 1859 (citées par Picard, *op. cit.*, p. 376), qui ont recommandé aux compagnies d'expédier par le premier train, sans avoir égard à la nature de leurs billets, les voyageurs oubliés dans une salle d'attente ou victimes d'une irrégularité du service de correspondance. — Cependant deux arrêts, l'un de Colmar, 23 févr. 1848, Chemin de fer de Strasbourg à Bâle, [S. 48.2.375, P. 48.1.152, D. 48.2.124], et l'autre de Grenoble, Riff, 2 avr. 1870, ont déclaré qu'il y avait dans ce fait une contravention.

1747. — Il semblerait résulter de notre article que ce n'est qu'au cas d'autorisation ministérielle que la compagnie peut être déchargée de l'obligation qui lui est imposée par l'art. 17, Ord. 15 nov. 1846. Cependant tout le monde reconnaît qu'il peut y avoir encore dérogation à cette règle en cas de force majeure, par exemple, lorsque survient un accident que nul ne pouvait prévoir, ou que le nombre de voitures prescrit par l'art. 18 se trouve atteint. Mais en général, une affluence considérable de voyageurs ne saurait être considérée comme un cas de force majeure. — Bédarride, *op. cit.*, t. 2, n. 196; Féraud-Giraud; *op. cit.*, t. 3, n. 126 et 132.

1748. — Il est interdit d'admettre dans les voitures plus de voyageurs que ne le comporte le nombre de places indiqué conformément à l'art. 14 ci-dessus (Ord. 15 nov. 1866, art. 64).

1749. — Chaque train de voyageurs devra être accompagné : 1° d'un mécanicien et d'un chauffeur par machine : le chauffeur devra être capable d'arrêter la machine en cas de besoin; 2° du nombre de conducteurs gardes-freins qui sera déterminé pour chaque chemin, suivant les pentes et suivant le nombre de voitures, par le ministre des Travaux publics, sur la proposition de la compagnie. Sur la dernière voiture de chaque convoi ou sur l'une des voitures placées à l'arrière, il y aura toujours un frein, et un conducteur chargé de le manœuvrer. Lorsqu'il y aura plusieurs conducteurs dans un convoi, l'un d'entre eux devra toujours avoir autorité sur les autres. Un train de voyageurs ne pourra se composer de plus de vingt-quatre voitures à quatre roues. S'il entre des voitures à six roues dans la composition du convoi, le maximum du nombre de voitures sera déterminé par le ministre. Les dispositions des paragraphes précédents sont applicables aux trains mixtes de voyageurs et de marchandises marchant à la vitesse des voyageurs. Quant aux convois de marchandises qui transportent en même temps des voyageurs et des marchandises, et qui ne marchent pas à la vitesse ordinaire des voyageurs, les mesures spéciales et les conditions de sûreté auxquelles ils devront être assujettis seront déterminées par le ministre, sur la proposition de la compagnie (Ord. 15 nov. 1846, art. 18).

1750. — « Sur tous ces points, disait à cet égard le rapport du ministre, l'administration a cherché à se rapprocher autant que possible de ce qu'enseigne la pratique des chemins de fer régulièrement exploités. Quant au nombre des voitures, le maximum adopté par le règlement a pour but de ne pas apporter d'entraves au service et de ne pas constituer la compagnie en contravention lorsque l'affluence extraordinaire des voyageurs, à certains jours donnés, peut mettre dans l'obligation de proportionner le nombre des véhicules aux besoins momentanés de la circulation. Dans ces circonstances spéciales, le grand nombre des voitures dans un seul train peut présenter encore moins d'inconvénients que l'ajournement d'une partie des voyageurs au départ suivant ou la formation d'un convoi supplémentaire. Jusqu'ici les règlements provisoires avaient fixé le maximum à trente-deux voitures : l'étude attentive des faits a permis de le réduire à vingt-quatre. Même ainsi réduit, ce nombre dépasse très-sensiblement les besoins habituels d'une exploitation bien réglée, et il doit être bien entendu qu'il ne sera pas la règle ordinaire, mais bien plutôt l'exception. S'il en était autrement, si la compagnie exploitante, pour diminuer le nombre de ses convois, composait ses trains de manière à se rapprocher trop souvent de cette limite extrême, l'administration y verrait la preuve que l'organisation du service ne satisfait pas aux besoins de la circulation, et elle userait du droit que le règlement lui donne, de contrôler et de modifier, dans le double intérêt de la sécurité et d'une bonne exploitation, les mesures adoptées par la compagnie. Il ne faut pas oublier non plus qu'indépendamment du règlement qui érige certains faits en contraventions et qui les frappe de pénalités, même en dehors de toutes conséquences fâcheuses, la loi sur la police des chemins de fer s'applique, en cas d'accident, à tout fait d'exploitation qui peut constituer une imprudence, et qu'elle fait ainsi de la responsabilité de la compagnie le correctif de la liberté que le règlement a dû lui laisser. »

1751. — Il importe de rapprocher de cette disposition celle de l'art. 74, Ord. 15 nov. 1846, ainsi conçu : « Nul ne pourra être employé en qualité de mécanicien conducteur de train, s'il ne produit des certificats de capacité délivrés dans les formes qui seront déterminées par le ministre des Travaux publics. »

1752. — « Le règlement, lit-on dans le rapport qui accompagnait l'ordonnance, ne demande pour les conducteurs de locomotives autre chose que ce qui a été jugé nécessaire pour les mécaniciens placés à bord des bateaux à vapeur : la position des uns et des autres a, sinon une entière similitude, au moins une très-grande analogie. »

1753. — On peut consulter sur le recrutement des mécaniciens une circulaire d'août 1891, et sur les principales obligations des conducteurs, Féraud-Giraud, *op. cit.*, t. 3, n. 79.

1754. — ... Et une autre circulaire du 24 avr. 1891, qui décide que désormais les roulements des divers dépôts des compagnies de chemins de fer seront établis de manière que le travail des mécaniciens et chauffeurs n'excède jamais, sauf les cas de force majeure, douze heures sur vingt-quatre, y compris le temps de présence avant le départ et après l'arrivée du train; et que la durée du repos ininterrompue est fixée à dix heures au moins.

1755. — L'art. 18, Ord. 15 nov. 1846, est le premier qui ait trait à l'adaptation des freins au convoi.

1756. — Depuis un certain nombre d'années, il y a une tendance marquée à munir de freins continus tous les convois. On peut consulter à cet égard, spécialement, les circulaires des 19 déc. 1879, 13 sept. 1880, 7 déc. 1882, 24 janv. 1885 (*Rec. Lois, Ord.*, 2ᵉ sér., t. 2, p. 286), 29 mars et 2 déc. 1886 (*Rec. Lois, Ord.*, 2ᵉ sér., t. 3, p. 52), 23 janv. et 25 juin 1887 (*Rec. Lois, Ord.*, 2ᵉ sér., t. 3, p. 231), 4 févr. 1888 (*Rec. Lois, Ord.*, 2ᵉ sér., t. 3, p. 363). — V. sur tous ces points, Picard, *op. cit.*, t. 3, p. 332.

1757. — La circulaire du 24 janv. 1885 prescrivait de munir de freins le matériel de grande vitesse en construction, machines, tenders, voitures, fourgons. La circulaire du 29 mars 1886 conviait les compagnies à étendre cette mesure à toutes les annexes de ce matériel de grande vitesse, fourgons à bagages, fourgons à messageries, wagons caisses, trucks à équipages, wagons à bois, à marée, etc. La circulaire du 2 déc. 1886, en invitant les compagnies à réaliser cette installation, prohibait que, sous aucun motif, même pour regagner un retard, on fît circuler à la vitesse de soixante kilomètres aucun train non muni de freins.

On retrouvait des dispositions analogues dans la circulaire du 25 janv. 1887; mais cette prohibition était momentanément suspendue par la circulaire du 23 juin 1887, car la précédente mesure aurait conduit à opérer un remaniement complet dans la marche des trains; enfin la circulaire du 4 févr. 1888 a introduit certaines modifications dans la rédaction des rapports semestriels, destinés à éclairer l'administration sur les accidents provenant du défaut d'installation ou de la mauvaise installation des freins.

1758. — Sur les diverses catégories de freins, le nombre minimum de freins nécessaires pour un train, leur position, le lestage des wagons à freins, la variété des systèmes de freins adoptés par les compagnies, les causes qui limitent actuellement l'emploi des freins continus, on consultera avec le plus grand profit Picard, *op. cit.*, t. 2, p. 324 et s.

1759. — Les locomotives devront être en tête des trains. Il ne pourra être dérogé à cette disposition que pour les manœuvres à exécuter dans le voisinage des stations, ou pour le cas de secours. Dans ces cas spéciaux, la vitesse ne devra pas dépasser vingt-cinq kilomètres par heure (Ord. 15 nov. 1846, art. 19).

1760. — Deux circulaires, des 21 avr. et 18 juill. 1865 (citées par Picard, *op. cit.*, p. 377), ont autorisé les compagnies à atteler des machines de renfort en queue des trains de toute nature sur les sections en rampe. Elles ont considéré le cas de renfort comme rentrant dans le cas de secours visé par l'art. 19, § 2.

1761. — Les convois de voyageurs ne devront être remorqués que par une seule locomotive, sauf les cas où l'emploi d'une machine de renfort deviendrait nécessaire, soit pour la montée d'une rampe de forte inclinaison, soit par suite d'une affluence extraordinaire de voyageurs, de l'état de l'atmosphère, d'un accident ou d'un retard exigeant l'emploi de secours, ou de tout autre cas analogue ou spécial préalablement déterminé par le ministre des Travaux publics. Il est, dans tous les cas, interdit d'atteler simultanément plus de deux locomotives à un convoi de voyageurs. La machine placée en tête devra régler la marche du train. Il devra toujours y avoir en tête de chaque train, entre le tender et la première voiture de voyageurs, autant de voitures ne portant pas de voyageurs qu'il y aura de locomotives attelées. Dans tous les cas où il sera attelé plus d'une locomotive à un train, mention en sera faite sur un registre à ce destiné, avec indication du motif de la mesure, de la station où elle aura été jugée nécessaire, et de l'heure à laquelle le train aura quitté cette station. Ce registre sera représenté à toute réquisition aux fonctionnaires et agents de l'administration publique chargés de la surveillance de l'exploitation (Ord. 15 nov. 1846, art. 20).

1762. — La tenue du registre dont il est question dans cette dernière partie de notre disposition a été réglée par une décision ministérielle du 21 juin 1847. — Picard, *loc. cit.*

1763. — En matière d'assurance terrestre, le fait, de la part d'une compagnie de chemin de fer assurée, d'avoir placé un wagon-écurie immédiatement après le tender de la locomotive, ne saurait être considéré comme une faute lourde qui décharge l'assureur de la responsabilité de l'incendie qui aurait détruit le wagon-écurie et les chevaux qu'il contenait. — Paris, 16 janv. 1851, Cie du chemin de fer d'Amiens à Boulogne, [S. 52.2.351, P. 51.1.111, D. 51.2.99]

1764. — Les chevaux, en effet, doivent être rangés, quant à l'application des lois et règlements de police sur les chemins de fer, dans la catégorie des marchandises. — Même arrêt.

1765. — Les voitures entrant dans la composition des trains de voyageurs seront liées entre elles par des moyens d'attache tels, que les tampons à ressort de ces voitures soient toujours en contact (Ord. 15 nov. 1846, art. 22). « On conçoit facilement l'utilité de cette mesure; il importe que toutes les voitures ne forment en quelque sorte qu'un seul corps, et que, dans le cas d'un arrêt brusque, elles ne se précipitent pas les unes sur les autres (Rapport au roi) ». — Des circulaires des 13 mai 1856 et 7 déc. 1859 (citées par Picard, *op. cit.*, t. 3, p. 386), ont proposé à l'étude des compagnies divers modèles pour ces freins.

1766. — Les voitures des entrepreneurs de messageries ne pourront être admises dans la composition des trains qu'avec l'autorisation du ministre des Travaux publics, et que moyennant les conditions indiquées dans l'acte d'autorisation (Ord. 15 nov. 1846, art. 22). C'est la même idée : « Il importe que ces voitures soient assujetties sur les trucks d'une manière solide et que les chargements soient distribués de façon à ne pas trop élever le centre de gravité de la masse (Rapport au roi).

1767. — Dans les trains mixtes de voyageurs et de marchandises, marchant à la vitesse des voyageurs, les voitures qui portent les marchandises doivent être pourvues de tampons à ressort, aussi bien que les voitures des voyageurs. — Orléans, 24 juin 1851, Chamisso, [S. 51.2.734, P. 51.1.641, D. 52.2.22] — Cass., 19 févr. 1852, Mêmes parties, [S. 52.1.600, P. 53.1.382, D. 52.5.90] — Blanche, *op. cit.*, p. 125; Féraud-Giraud, t. 3, n. 153.

1768. — Dans les trains mixtes, l'administration avait autorisé à introduire un nombre limité de wagons à tampons non armés de ressort de traction. Une circulaire du ministre des Travaux publics du 5 sept. 1885 (citée par Picard, *op. cit.*, t. 3, p. 398), a invité les fonctionnaires du contrôle à vérifier avec le plus grand soin la composition de ces trains, à constater les contraventions dans la forme réglementaire, au cas où les compagnies ne se conformeraient pas aux conditions de l'autorisation.

1769. — Les conducteurs gardes-freins seront mis en communication avec le mécanicien pour donner, en cas d'accident, le signal d'alarme, par tel moyen qui sera autorisé par le ministre des Travaux publics, sur la proposition de la compagnie. Conformément à cette disposition (Ord. 15 nov. 1846, art. 23), les compagnies avaient été invitées, par circulaire du 18 août 1857, à adapter au tender de chaque locomotive une cloche dont le battant peut être mis en mouvement depuis le fourgon de queue. Deux circulaires des 1er févr. 1864 et 29 nov. 1865 ont provoqué des études destinées à substituer à ce moyen de communication rudimentaire un système électrique. Depuis, diverses instructions des 30 juill. et 13 sept. 1880, 2 nov. 1881 et 15 avr. 1884 sont encore intervenues sur ce point. En général, c'est un système connu sous le nom de système Prudhomme qui a été adopté par la plupart des compagnies pour réaliser le vœu de l'ordonnance. — V., sur toutes ces décisions ministérielles, Picard, *op. cit.*, t. 3, p. 387 et s.

1770. — Au cas de déraillement, la compagnie ne peut chercher à s'exonérer de sa responsabilité en établissant que le matériel a satisfait aux épreuves d'usage. Il en est ainsi alors surtout que, le wagon déraillé se trouvant à la queue d'un train, le cordon de communication qui doit réunir le fourgon de queue au sifflet de la locomotive n'avait pas été établi. — Paris, 27 nov. 1866, Quarez, [S. 67.2.320, P. 67.1222, D. 76.5.387]

1771. — Les trains devront être éclairés extérieurement pendant la nuit. En cas d'insuffisance du système d'éclairage, le ministre des Travaux publics prescrira, la compagnie entendue, les dispositions qu'il jugera nécessaires. Les voitures fermées, destinées aux voyageurs, devront être éclairées intérieurement pendant la nuit et au passage des souterrains qui seront désignés par le ministre (Ord. 15 nov. 1846, art. 24).

1772. — Une circulaire du 4 nov. 1886 (*Rec. Lois, Ord.*, 2ᵉ sér., t. 3, p. 146) a invité les compagnies à munir le fourgon de tête et le fourgon de queue de tous les trains d'une plaque indicatrice portant le numéro de ces trains.

1773. — En dehors de toutes les règles que nous venons de passer en revue, il y en a un certain nombre qui sont relatives à la composition : 1° des trains mixtes; 2° des trains de marchandises; 3° des trains militaires.

1774. — Nous renvoyons d'une façon générale à cet égard aux renseignements qui sont donnés par M. Picard, *op. cit.*, t. 3, p. 396 à 406.

4° Du départ, de la circulation et de l'arrivée des convois.

1775. — Pour chaque chemin de fer, le ministre des Travaux publics déterminera, sur la proposition de la compagnie, le sens du mouvement des trains et des machines isolées sur chaque voie, quand il y a plusieurs voies, ou les points de croisement quand il n'y en a qu'une. Il ne pourra être dérogé, sous aucun prétexte, aux dispositions qui auront été prescrites par le ministre, si ce n'est dans le cas où la voie serait interceptée; et, dans ce cas, le changement devra être fait avec les précautions indiquées en l'art. 34 ci-après (Ord. 15 nov. 1846, art. 25).

1776. — Avant le départ du train, le mécanicien s'assurera si toutes les parties de la locomotive et du tender sont en bon état, si le frein de ce tender fonctionne convenablement. La même vérification sera faite par les conducteurs gardes-freins, en ce qui concerne les voitures et les freins de ces voitures. Le signal du départ ne sera donné que lorsque les portières seront fermées. Le train ne devra être mis en marche qu'après le signal du départ (Ord. 16 nov. 1846, art. 26).

1777. — Sur la nécessité de fermer les portières des voitures avant le départ du train et avec assez de prudence pour éviter les accidents, V. Paris, 9 janv. 1867, Bertholet, [S. 67.2.314, P. 57.112] et *suprà*, n. 1495.

1778. — Une circulaire ministérielle du 4 juin 1866 (citée par Picard, *op. cit.*, t. 3, p. 410) a invité les compagnies à prendre les mesures immédiates pour confier exclusivement à un chef de gare ou à son suppléant le soin de donner le signal du départ.

1779. — Pour prévenir les accidents qui résultent de la manutention du train, de l'accrochage ou du décrochage des wagons, différentes mesures ont été prises par des arrêtés ou circulaires : V. notamment un ordre de service du 7 juin 1864, dont les dispositions ont été reproduites dans une circulaire du 28 juin 1884 (*Rec. Lois, Ord.*, 2ᵉ sér., t. 2, p. 188), et qui doit être affichée dans toutes les halles, stations et gares de marchandises; par cet ordre de service, il est interdit aux agents, d'une façon absolue, de s'introduire entre les véhicules avant l'arrêt complet du train; V. aussi une circulaire du 26 déc. 1884, qui décide que les chefs d'équipe chargés de diriger la manœuvre ne doivent jamais par eux-mêmes procéder à l'accrochage et au décrochage des wagons, et que leur rôle doit se borner à commander les manœuvres et à faire les signaux réglementaires. — V. *infrà*, n. 2443.

1780. — Aucun convoi ne pourra partir d'une station avant l'heure déterminée par le règlement de service. Aucun convoi ne pourra également partir d'une station avant qu'il se soit écoulé, depuis le départ ou le passage du convoi précédent, le laps de temps qui aura été fixé par le ministre des Travaux publics, sur la proposition de la compagnie. Des signaux seront placés à l'entrée de la station pour indiquer aux mécaniciens des trains qui pourraient survenir, si le délai déterminé en vertu du paragraphe précédent est écoulé. Dans l'intervalle des stations, des signaux seront établis, afin de donner le même avertissement au mécanicien sur les points où il ne peut pas voir devant lui à une distance suffisante. Dès que l'avertissement lui sera donné, le mécanicien devra ralentir la marche du train. En cas d'insuffisance des signaux établis par la compagnie, le ministre prescrira, la compagnie entendue, l'établissement de ceux qu'il jugera nécessaires (Ord. 15 nov. 1846, art. 27). — Sur les usages établis pour l'espacement des trains dans les différentes compagnies, V. Picard, *op. cit.*, t. 3, p. 410.

1781. — Jugé, à cet égard, que les compagnies de chemins de fer doivent assurer le départ des trains aux heures réglementaires; que lorsqu'un train est retardé par le défaut d'exactitude d'un autre train correspondant, le délai d'attente ne doit pas excéder quinze minutes, et qu'il n'y a d'exception à cette règle qu'au cas où, à l'expiration du délai fixé, le train correspondant se trouve en vue. — Trib. Seine, 11 déc. 1891, Gondchaux, [J. *la Loi*, 23 mars 1892]

1782. — Sauf le cas de force majeure ou de réparation de la voie, les trains ne pourront s'arrêter qu'aux gares ou lieux de stationnement autorisés pour le service des voyageurs ou des marchandises. Les locomotives ou les voitures ne pourront stationner sur les voies du chemin de fer affectées à la circulation des trains (Ord. 25 nov. 1846, art. 28).

1783. — Sur la prohibition de s'arrêter en pleine voie, V. notamment Aix, 12 déc. 1887, Argentery, [S. 88.2.138, P. 88.1. 833]

1784. — Le ministre des Travaux publics déterminera, sur la proposition de la compagnie, les mesures spéciales de précautions relatives à la circulation des trains sur les plans inclinés et dans les souterrains à une ou deux voies, à raison de leur longueur et de leur tracé. Il déterminera également, sur la proposition de la compagnie, la vitesse maximum que les trains de voyageurs pourront prendre sur les diverses parties de chaque ligne et la durée du trajet (Ord. 15 nov. 1846, art. 29).

1785. — De son côté, l'art. 33, § 5, du cahier des charges porte : « Le ministre déterminera, sur la proposition de la compagnie, le minimum et le maximum de vitesse des convois de voyageurs et de marchandises et des convois spéciaux des postes, ainsi que la durée du trajet. »

1786. — On trouvera sur *la vitesse de marche* et la vitesse effective des trains, sur les variations de la vitesse effective, sur les appareils de contrôle de vitesse, des renseignements complets dans Picard, *op. cit.*, t. 3, p. 414.

1787. — Le ministre des Travaux publics prescrira, sur la proposition de la compagnie, les mesures spéciales de précautions à prendre pour l'expédition et la marche des convois extraordinaires. Dès que l'expédition d'un convoi extraordinaire aura été décidée, déclaration devra en être faite immédiatement au commissaire spécial de police, avec indication du motif de l'expédition du convoi et de l'heure du départ (Ord. 19 nov. 1846, art. 30).

1788. — Il paraît qu'il avait été question un moment de supprimer l'existence même de cette catégorie de convois. « Ne convient-il pas, portait le rapport au roi, de proscrire complètement les convois extraordinaires ? Avant de me décider sur une question aussi grave, j'ai consulté les hommes versés dans la pratique des chemins de fer ; j'ai cherché à me rendre compte de toutes les circonstances qui peuvent se présenter dans l'exploitation de ces voies de communication ; et de cet examen approfondi il est résulté pour moi la conviction que, dans plus d'une circonstance, il y aurait dommage pour le public à ne pas permettre l'expédition d'un convoi extraordinaire. Au point de rencontre de deux lignes qui se joignent, et dont le service est organisé de manière à établir une circulation continue de l'une sur l'autre, si le convoi venant de l'une de ces lignes n'arrive au point de croisement qu'après l'heure à laquelle a dû partir le train de l'autre ligne avec lequel il correspond, dans ce cas un convoi extraordinaire est indispensable, ou bien les voyageurs seront obligés d'attendre souvent plusieurs heures avant de continuer leur route ; il peut arriver encore qu'à un certain jour et par suite de quelque circonstance imprévue, il se présente dans les bureaux du chemin de fer une affluence extraordinaire de voyageurs : un seul convoi est insuffisant pour les transporter ; il faudrait alors leur faire subir un retard, presque toujours inconciliable avec leurs affaires, si l'on ne prenait le parti d'organiser un convoi extraordinaire : la limitation du nombre des voitures prescrite par l'art. 17 du règlement peut créer de temps à autre cette nécessité. Il faut remarquer, d'ailleurs, que, dans de telles circonstances, les convois extraordinaires sont véritablement sans danger, puisqu'ils peuvent être facilement annoncés sur toute la ligne par le convoi ordinaire qui les précède. Je pense donc qu'il y a lieu de ne pas proscrire un usage adopté sur les chemins de fer de tous les pays. Mais pour que les compagnies n'abusent pas de la faculté qui leur serait laissée, il leur est prescrit de rendre compte immédiatement au commissaire de police du motif de l'expédition du convoi extraordinaire. Si ce motif est insuffisant ou mal fondé, le ministre interviendra pour restreindre à l'avenir dans de plus étroites limites la faculté d'expédier un convoi extraordinaire. »

1789. — Il sera placé le long du chemin, pendant le jour et pendant la nuit, soit pour l'entretien, soit pour la surveillance de la voie, des agents en nombre assez grand pour assurer la libre circulation des trains et la transmission des signaux ; en cas d'insuffisance, le ministre des Travaux publics en réglera le nombre, la compagnie entendue. Ces agents seront pourvus de signaux de jour et de nuit à l'aide desquels ils annonceront si la voie est libre et en bon état, si le mécanicien doit ralentir sa marche ou s'il doit arrêter immédiatement le train. Ils devront, en outre, signaler de proche en proche l'arrivée des convois (Ord. 15 nov. 1846, art. 31). On peut rapprocher de ces articles l'art. 31 du cahier des charges. « La compagnie sera tenue d'établir à ses frais partout où besoin sera des gardiens en nombre suffisant pour assurer la sécurité du passage des trains sur la voie. »

1790. — Outre la surveillance ordinaire, porte de son côté l'art. 34, § 6 du même cahier des charges, l'administration déléguera, aussi souvent qu'elle le jugera utile, un ou plusieurs commissaires pour reconnaître et constater l'état du chemin de fer, de ses dépendances et du matériel.

1791. — Pour tout ce qui concerne l'entretien et les réparations du chemin de fer et de ses dépendances, l'entretien du matériel et le service de l'exploitation, la compagnie sera soumise au contrôle et à la surveillance de l'administration.

1792. — Dans le cas où, soit un train, soit une machine isolée s'arrêterait sur la voie pour cause d'accident, le signal d'arrêt indiqué en l'article précédent devra être fait à cinq cents mètres au moins à l'arrière. Les conducteurs principaux des convois et les mécaniciens conducteurs des machines isolées devront être munis d'un signal d'arrêt (Ord. 15 nov. 1846, art. 32).

1793. — Le signal d'arrêt prescrit par l'art. 32, Ord. roy. 15 nov. 1846, doit être fait non seulement lorsque le convoi se trouve complètement arrêté, mais encore lorsque le ralentissement de vitesse est assez prononcé pour amener les dangers d'un stationnement absolu, alors d'ailleurs que ce ralentissement provient d'une cause qu'on ne peut promptement faire cesser, telle que l'épuisement de la vapeur. — Cass., 20 août 1847, Blouin, [S. 47. 1.873, P. 47.2.590, D. 47.1.312]

1794. — L'art. 32, Ord. 15 nov. 1846, reproduit *suprà*, n. 1782, comprend dans l'expression *train* tout véhicule ou wagon circulant accidentellement sur un chemin de fer, lors même qu'il serait isolé et chargé de matériaux destinés à l'entretien de la voie, et qu'il serait poussé par des hommes. — Besançon, 26 août 1858, Grangier, [S. 60.2.143, P. 59.1158, D. 58.2.167]

1795. — La marche lente d'un wagon chargé de pierres et poussé par quelques hommes équivaut du reste à un stationnement, et suffit pour rendre nécessaire le signal d'arrêt dont il s'agit. — Même arrêt.

1796. — Par suite, si le conducteur d'un tel wagon omet ou néglige de faire à la distance de cinq cents mètres, lors de l'arrivée d'un convoi, le signal d'arrivée prescrit par l'article précité, il est passible de la peine portée par l'art. 21, L. 15 juill. 1845. — Même arrêt.

1797. — Sur la façon dont se couvrent les trains dans les principales compagnies, V. Picard, *op. cit.*, t. 3, p. 430.

1798. — Lorsque des ateliers de réparation seront établis sur une voie, des signaux devront indiquer si l'état de la voie ne permet pas le passage des trains, ou s'il suffit de ralentir la marche de la machine (Ord. 15 nov. 1846, art. 33).

1799. — Différentes circulaires ont prévu et réglementé certains cas d'arrêt exceptionnel. C'est ainsi qu'aux termes d'une circulaire du 23 févr. 1885 (*Rec. Lois, Ord.*, 2ᵉ sér., t. 2, p. 294), les agents qui conduisent les trains et les machines circulant sur les lignes en construction devront arrêter leur convoi aux aiguilles extrêmes des stations et ne franchir ces aiguilles qu'après vérification de la position par un agent du train ou de la machine en circulation, afin d'éviter des accidents trop souvent causés à des ouvriers sur des voies en construction.

1800. — C'est ainsi encore que deux circulaires des 16 mars 1885 (*Rec. Lois, Ord.*, 2ᵉ sér., t. 2, p. 294) et 1ᵉʳ févr. 1886 (*Rec. Lois, Ord.*, 2ᵉ sér., t. 3, p. 36) ont édicté différentes règles pour la protection des chantiers établis sous les tunnels à double voie. D'après ces circulaires, tous les trains doivent ralentir (ils devaient marquer l'arrêt sous l'empire de la circulaire de 1885) avant d'aborder le chantier et le traverser à la vitesse d'un homme marchant au pas.

1801. — Les lanternes d'avant des trains devront être allumées avant d'entrer sur les parties occupées par les ouvriers. Les agents chargés d'assurer les signaux à la main en amont et en aval du chantier devront veiller à la rigoureuse exécution de ces prescriptions.

1802. — Pour les signaux d'arrêt ou de ralentissement en usage dans les différentes compagnies, V. encore Picard, *op. cit.*, t. 3, p. 431.

1803. — Lorsque, par suite d'un accident, de réparation ou de toute autre cause, la circulation devra s'effectuer momentanément sur une voie, il devra être placé un garde auprès des aiguilles de chaque changement de voie. Les gardes ne laisseront les trains s'engager dans la voie unique réservée à la circulation, qu'après s'être assurés qu'ils ne seront pas rencontrés par un train venant dans un sens opposé. Il sera donné connaissance au commissaire spécial de police du signal ou de l'ordre de service adopté pour assurer la circulation sur la voie unique (Ord. 15 nov. 1846, art. 34).

1804. — La compagnie sera tenue de faire connaître au ministre des Travaux publics le système de signaux qu'elle a adopté ou qu'elle se propose d'adopter pour les cas prévus par le présent titre. Le ministre prescrira les modifications qu'il jugera nécessaires (Ord. 15 nov. 1846, art. 35).

1805. — Les cas prévus par ce texte sont principalement visés par les art. 27, 31, 32, 33, 35, 36, 37 de l'ordonnance.

1806. — Nous empruntons à l'excellent ouvrage de M. Picard quelques indications techniques sur l'usage des signaux.

1807. — Les chemins de fer français sont placés sous le système connu sous le nom de système de *la voie ouverte* : c'est-à-dire que l'absence de tout signal indique que la voie est libre.

1808. — On divise les signaux en trois grandes catégories, suivant le point de vue auquel on se place pour les envisager :

1° Signaux mobiles ou fixes;

2° Signaux optiques, acoustiques ou mixtes;

3° Signaux de la voie ou des trains.

1809. — En combinant ces différentes classifications, on arrive à avoir des signaux mobiles, optiques ou acoustiques, des signaux fixes, mobiles ou acoustiques, etc.

1810. — Les principaux signaux mobiles optiques de la voie sont : 1° les signaux à la main à l'aide de guidons ou de drapeaux le jour et de lanternes la nuit. Ils sont les uns et les autres de différentes couleurs. Les drapeaux sont rouges ou verts, les lanternes blanches, rouges ou vertes. En principe, le rouge commande l'arrêt, le vert le ralentissement. Le drapeau roulé indique que la voie est libre; 2° les feux signaux à l'aide de torches que laissent tomber les agents du train en marche et dont la combustion, calculée pour un certain temps, sauvegarde l'arrière du convoi en même temps que sa couleur fixe sa direction.

1811. — Les signaux optiques des trains se font à l'aide de disques rouges ou de lanternes rouges ou blanches. Les feux d'arrière servent de signaux de protection et permettent en même temps aux agents de s'assurer qu'il ne s'est pas produit de rupture d'attelage.

1812. — Les signaux mobiles acoustiques comprennent ou comprenaient des cloches, sifflets de poche, cornets et trompes, pétards et signaux détonants placés sur les rails, soit à la main, soit mécaniquement, et destinés à remplacer les signaux optiques, par exemple en cas de brouillard, de perte des lanternes à la main, d'accident sous les tunnels, etc.

1813. — Tous ces signaux ont pour but général d'ordonner l'arrêt, le ralentissement, de couvrir les trains, de commander le départ ou l'arrêt aux stations, de faire exécuter les manœuvres

1814. — Les principaux signaux fixes à indications permanentes sont : les indicateurs de bifurcation ; les indicateurs de vitesse ; signaux de limitation de vitesse, poteaux d'arrêt des machines, poteaux indicateurs de coups de sifflet, etc.

1815. — Les signaux fixes à voyants mobile, en dehors des signaux de cantonnement, comprennent, sur les lignes principales, des disques ou signaux d'arrêt simplement relatifs, c'est-à-dire qu'il est permis de franchir, sous certaines conditions, des signaux d'arrêt absolu, des signaux de ralentissement. « Le caractère commun de ces trois types, ainsi que le fait remarquer M. Picard, est d'obliger les mécaniciens à se rendre maîtres de la vitesse de leurs trains quand ils sont fermés, mais une fois le ralentissement opéré, le train doit être complètement arrêté ou peut continuer sa marche, suivant le type du signal ». Nous retrouverons ces signaux indiqués par les art. 13, 14 du Code des signaux.

1816. — Sur les voies accessoires, on retrouve également les mêmes appareils et les mêmes feux, mais avec des couleurs différentes.

1817. — Pour s'assurer si les signaux ont manœuvré, on a recours à des contrôleurs à distance : contrôleurs de la manœuvre des disques, appareils de contrôle du fonctionnement des disques, appareils pour contrôler l'éclairage des disques.

1818. — A un autre point de vue, de nombreux appareils ont été inventés pour faire manœuvrer automatiquement les signaux par les trains en marche.

1819. — Pour les aiguilles, il y a également des signaux spéciaux : signaux de direction placés aux aiguilles que les trains abordent par la pointe et où le mécanicien doit demander la voie par le sifflet de la machine ; signaux de position qui ne sont destinés qu'à renseigner les agents sédentaires sur la direction donnée par les aiguilles.

1820. — Enfin, le maintien de l'espacement des trains est assuré au moyen de conventions spéciales : 1° par le temps ; c'était le système que nous avons vu préconiser par l'ordonnance de 1846 et qui n'est plus en vigueur ; 2° par la distance, au moyen du block système, c'est-à-dire d'un système qui a pour base la division d'un réseau en plusieurs sections, et l'interdiction au train de pénétrer dans une section occupée, si le système est absolu, ou tout au moins l'obligation pour le conducteur de prendre des mesures de prudence, s'il est simplement permissif.

1821. — Pour connaître la façon dont le block système est usité dans les différentes compagnies, on consultera notamment Picard, *op. cit.*, t. 3, p. 244 et s., et des circulaires du ministre des Travaux publics en date des 25 mars 1876, 31 janv. 1877, 13 sept. 1880 et 12 janv. 1882 par lui citées.

1822. — La plupart des indications qui précèdent sont communes aux lignes à double voie et à voie unique. Ces dernières comprennent, en outre, des signaux spéciaux dont les principaux sont : les cloches électriques, l'indicateur Regnault pour voie unique, l'électro-sémaphore de voie unique Tesse, Lartigue et Prudhomme, et le bâton-pilote. Les cloches sont placées dans les stations et mises en mouvement par des courants d'induction momentanés ou continus. Elles tintent à une station dès que le train part de la station précédente et le sens du train est indiqué par un sémaphore simple ou double. C'est le système le plus simple ou système Semens ; mais il y en a de plus compliqués, notamment le système Léopolder, qui peut donner onze signaux : annonce de trains pairs ou impairs, annulation des avis relatifs à ces trains, demande de machines de secours, ordre d'arrêt des trains, etc. On peut consulter, plus spécialement, à l'égard de ces cloches, les circulaires du ministre des Travaux publics précitées des 13 sept. 1880 et 12 janv. 1882.

1823. — Les indicateurs Regnault et les électro-sémaphores n'ont, paraît-il, reçu que peu d'applications.

1824. — Le bâton-pilote est un bâton que le chef de gare doit remettre au mécanicien en présence du conducteur-chef au départ de chaque gare. Il correspond à chaque section de ligne à voie unique.

1825. — Nous avons déjà eu l'occasion de parler des signaux de bifurcation, des signaux de passage à niveau et des signaux de souterrains. Si nous ajoutons qu'il y a, en dehors de ceux que nous avons mentionnés, certaines mesures de précaution en usage pour les ponts-tournants, pour les temps de brouillard, pour mettre en communication les trains en marche avec les stations, pour contrôler la marche des trains, pour permettre aux principaux agents de l'exploitation de correspondre entre eux, pour les transports stratégiques, nous aurons donné une nomenclature à peu près complète des signaux.

1826. — Nous ajouterons qu'aujourd'hui bon nombre d'entre eux sont enclanchés, c'est-à-dire, pour nous servir de la définition de M. Picard, conjugués, solidarisés entre eux de telle sorte que l'un d'eux ne puisse occuper une position donnée si les autres appareils n'ont pas pris de leur côté une position correspondante et déterminée par l'enclanchement. — Picard, *op. cit.*, t. 3, p. 275.

1827. — Pendant longtemps, l'adoption des différents signaux fut laissée à la disposition de chaque compagnie. Ce n'est qu'après la guerre qu'on se préoccupa de les uniformiser.

1828. — Le Parlement et le Conseil d'Etat furent saisis tour à tour de la question. Enfin, le 15 nov. 1885, sur le rapport de la section du contrôle du comité de l'exploitation technique, un arrêté intervint qui imposa sous le nom de Code des signaux l'observation d'un certain nombre de règles générales.

Ces dispositions sont les suivantes :

1829. — Sont régis par les dispositions ci-après les signaux échangés entre les agents de trains et les agents de la voie ou des gares.

Les règlements spéciaux à chaque compagnie ne pourront contenir aucune disposition contraire.

Les compagnies pourront d'ailleurs être autorisées par le ministre des Travaux publics à employer, à titre d'essai, des signaux autres que ceux qui sont prévus et définis au présent arrêté (art. 1).

1830. — Les *signaux* de la *voie*, c'est-à-dire les signaux faits de la voie ou des stations aux agents des trains ou des machines, sont destinés, soit à indiquer la *voie libre*, soit à commander l'*arrêt* ou le *ralentissement*, soit à donner la *direction*.

Dans tous les cas, l'absence de signal indique que la voie est libre.

Les signaux sont *mobiles*, c'est-à-dire susceptibles d'être transportés et employés en un point quelconque, ou fixes, c'est-à-dire établis à demeure en un point déterminé (art. 2).

1831. — Le signal de *ralentissement* fait à des trains en pleine marche indique que la vitesse effective doit être réduite de façon à ne pas dépasser un maximum de 30 kilomètres à l'heure pour les trains de voyageurs, et de 15 kilomètres pour les trains de marchandises (art. 3).

1832. — Les signaux mobiles ordinaires sont faits :

Le jour, avec des drapeaux, des guidons, un objet quelconque, ou le bras;

La nuit, ou le jour par temps de brouillard épais, avec des lanternes à feu blanc ou de couleur;

Le jour, comme la nuit, avec des pétards (art. 4).

1833. — La *voie libre* peut être indiquée en présentant aux trains :

Le jour, le drapeau roulé ou le bras étendu horizontalement dans la direction suivie par le train;

La nuit, le feu blanc (art. 5).

1834. — Le drapeau rouge déployé, tenu à la main par un agent, commande l'*arrêt immédiat*.

A défaut de drapeau rouge, l'arrêt est commandé, soit en agitant vivement un objet quelconque, soit en élevant les bras de toute leur hauteur.

Le feu rouge commande l'*arrêt immédiat*.

A défaut de feu rouge, l'arrêt est commandé par toute lumière vivement agitée (art. 6).

1835. — Le drapeau vert déployé, ou le guidon vert, commande le ralentissement (art. 7).

Le feu vert commande le ralentissement.

1836. — En cas de ralentissements accidentels, comme ceux nécessités par les travaux ou l'état de la voie, un drapeau roulé, un guidon blanc ou un feu blanc indique le point à partir duquel le ralentissement doit cesser (art. 8).

1837. — Les pétards sont employés pour compléter les signaux optiques mobiles commandant l'arrêt, lorsque, soit de jour, soit de nuit, à raison de troubles atmosphériques ou pour toute autre cause, ces signaux ne pourraient pas être suffisamment perceptibles.

Dans ce cas, on doit placer deux pétards au moins, et trois par temps humide, dont un sur chaque rail, à 25 ou 30 mètres d'intervalle et à pareille distance en avant du signal optique qu'ils complètent.

L'emploi des pétards pour compléter les signaux optiques mobiles commandant l'arrêt est obligatoire, lorsque, par suite du brouillard ou d'autres troubles atmosphériques, les signaux optiques ne peuvent être distinctement aperçus à 100 mètres de distance (art. 9).

1838. — En cas de force majeure, des pétards peuvent être employés isolément et indépendamment des signaux optiques, même en l'absence d'un agent posté pour faire les signaux sur place.

Le mécanicien d'un train qui rencontre des pétards placés dans ces conditions doit se rendre immédiatement maître de la vitesse de son train par tous les moyens à sa disposition et ne plus s'avancer qu'à une vitesse suffisamment réduite pour être en mesure de s'arrêter dans la partie de voie en vue, s'il se présente un obstacle ou un signal commandant l'arrêt. Si, à partir du lieu de l'explosion, après un parcours fixé par le règlement de la compagnie, sans qu'il puisse être inférieur à 1,000 mètres, il ne se présente ni obstacle, ni signal commandant l'arrêt, le mécanicien peut reprendre sa vitesse normale (art. 10).

1839. — Les signaux fixes de la voie sont :

Les disques ou signaux ronds ;

Les signaux d'arrêt absolu ;

Les sémaphores ;

Les signaux de ralentissement ;

Les indicateurs de bifurcation et signaux d'avertissement;
Les signaux indicateurs de direction des aiguilles (art. 11).

1840. — Le *disque* ou *signal rond* peut prendre deux positions par rapport à la voie qu'il commande : perpendiculaire ou parallèle.

Le disque fermé, c'est-à-dire présentant au train sa face rouge perpendiculaire à la voie, le jour, ou un feu rouge, la nuit, commande l'arrêt.

Le disque effacé, c'est-à-dire disposé parallèlement à la voie, le jour, ou présentant le feu blanc, la nuit, indique que la voie est libre.

Dès qu'un mécanicien aperçoit un disque fermé, il doit se rendre immédiatement maître de la vitesse de son train par tous les moyens à sa disposition et ne plus s'avancer qu'à une vitesse suffisamment réduite pour être en mesure de s'arrêter à temps dans la partie de voie en vue, s'il se présente un obstacle ou un nouveau signal commandant l'arrêt. En tous cas, il ne devra jamais atteindre la première aiguille ou la première traversée de voie protégées par le signal, et ne se remettre en marche qu'après y avoir été autorisé soit par le conducteur chef du train, soit par l'agent de service à la gare ou au poste protégé (art. 12).

1841. — Le *disque* ou *signal rond* doit être suivi d'un poteau indiquant, par une inscription, le point à partir duquel le signal fermé assure une protection efficace (art. 13).

1842. — Le *signal carré d'arrêt absolu* peut prendre deux positions par rapport à la voie qu'il commande : perpendiculaire ou parallèle.

Le signal présentant au train, le jour, perpendiculairement à la voie, un damier rouge et blanc, et, la nuit, un double feu rouge, commande l'*arrêt absolu*, c'est-à-dire qu'aucun train ou machine ne peut franchir le signal, tant qu'il commande l'arrêt.

Le signal effacé, c'est-à-dire disposé parallèlement à la voie, ou présentant, la nuit, un feu blanc, indique que la voie est libre (art. 14).

1843. — Sur les voies autres que celles suivies par les trains en circulation, le *signal d'arrêt absolu* défini à l'article précédent peut être remplacé, avec l'autorisation du ministre, par un signal carré ou rond à face jaune, présentant, la nuit, un simple feu jaune (art. 15).

1844. — Le *sémaphore* est un appareil destiné à maintenir entre les trains les intervalles nécessaires.

Il donne ses indications : le jour, par la position du ou des bras dont il est muni ; la nuit, par la couleur des feux qu'il présente.

Le bras qu'on voit à gauche, en regardant le sémaphore vers lequel le train se dirige, s'adresse seul à ce train.

Le jour, le bras étendu horizontalement et présentant sa face rouge commande l'arrêt ; le bras incliné vers le bas, à angle aigu, commande le ralentissement ; le bras rabattu sur le mât indique que la voie est libre.

La nuit, le sémaphore commande : l'arrêt, par un feu donnant en même temps le vert et le rouge ; le ralentissement, par le feu vert. Le feu blanc indique que la voie est libre.

Le signal d'arrêt du sémaphore interdit la circulation au delà du poste ou de la station où le sémaphore est placé, sauf autorisation formelle d'avancer, donnée par le chef de station, ou par celui qui en fait fonctions, au poste ou à la station et dans des conditions particulières indiquées au mécanicien (art. 16).

1845. — Le *disque de ralentissement* peut prendre deux positions par rapport à la voie qu'il commande.

Le signal présentant au train, le jour, perpendiculairement à la voie, sa face verte, et, la nuit, un feu vert, commande le ralentissement indiqué à l'art. 3.

Le signal effacé, c'est-à-dire disposé parallèlement à la voie et présentant, la nuit, un feu blanc, indique que la voie est libre.

Des limitations spéciales de vitesse peuvent, dans des cas déterminés par le ministre, être indiquées par des tableaux blancs, éclairés la nuit et portant le chiffre auquel la vitesse doit être réduite.

Des tableaux portant en lettres apparentes, éclairées la nuit, le mot ATTENTION, peuvent également, dans les cas fixés par le ministre, être employés pour indiquer aux agents des trains qu'ils doivent redoubler de prudence et d'attention jusqu'à ce que la liberté de la marche leur soit rendue (art. 17).

1846. — *L'indicateur de bifurcation* est formé, soit par une plaque carrée, peinte en damier vert et blanc, éclairée la nuit par réflexion ou par transparence, soit par une plaque portant le mot BIFUR, éclairée la nuit de la même manière.

Ce signal est disposé, sauf autorisation contraire du ministre, de manière à donner constamment la même indication.

Le damier vert et blanc peut être aussi employé comme *signal d'avertissement* annonçant des signaux carrés d'arrêt absolu qui ne protègent pas des bifurcations.

Le mécanicien qui rencontre, non effacé, l'un des signaux précédents, doit se mettre en mesure de s'arrêter, s'il y a lieu, à l'embranchement ou au signal d'arrêt absolu qu'annonce ledit signal (art. 18).

1847. — Les signaux *indicateurs de direction des aiguilles* se distinguent :

En signaux *de direction*, placés aux aiguilles en pointe où le mécanicien doit préalablement demander la voie utile par le sifflet de la machine ;

Et en signaux *de position*, destinés à renseigner les agents sédentaires sur la direction donnée par les aiguilles, direction que le mécanicien n'a pas à demander par le sifflet de la machine (art. 19).

1848. — Les signaux *de direction* des aiguilles, signaux qui ne s'adressent qu'aux trains abordant les aiguilles par la pointe, sont faits par des bras sémaphoriques peints en violet, terminés à leur extrémité en flamme par une double pointe ; ces bras sont disposés, se meuvent et sont éclairés la nuit de la manière suivante :

1º Lorsqu'ils sont mus par des leviers indépendants des aiguilles, mais enclanchés avec elles, ils sont placés sur un mât, à des hauteurs différentes, en nombre égal aux directions que peut donner le poste. Le bras le plus élevé correspond à la direction la plus à gauche, le moins élevé à la direction la plus à droite, chacun étant placé de haut en bas, dans l'ordre où se trouvent les directions, en allant de gauche à droite. Les bras ne peuvent prendre que deux positions : la position horizontale, indiquant que la direction correspondante n'est pas donnée ; la position inclinée, à angle aigu, indiquant la direction qui est donnée. La nuit, les bras horizontaux présentent le feu violet; les bras inclinés, à angle aigu, le feu vert ou le feu blanc, suivant que l'on doit ralentir ou que l'on peut passer en vitesse;

2° Lorsqu'ils sont mus automatiquement par l'aiguille, le mât ou indicateur juxtaposé à l'aiguille ne présente jamais qu'un bras apparent. Le bras apparent d'un côté, le jour, ou donnant un feu violet, la nuit, indique que la direction correspondant à ce côté est fermée. Le bras effacé, le jour, ou un feu blanc, la nuit, indique le côté dont la direction est donnée. Lorsque plusieurs bifurcations se suivent au même poste, les appareils sont placés dans l'ordre des directions à prendre, et leurs indications doivent être observées dans le même ordre (art. 20).

1849. — Tout train circulant de jour, tant sur les lignes à double voie que sur celles à voie unique, doit porter, à l'arrière du dernier véhicule, un signal de queue consistant, soit en une plaque de couleur rouge, soit dans la lanterne d'arrière dont le train doit être muni la nuit (art. 21).

1850. — Tout train circulant de nuit, tant sur les lignes à double voie que sur celles à voie unique, doit porter à l'avant au moins un feu blanc, et à l'arrière un feu rouge, placé sur la face arrière du dernier véhicule; deux autres lanternes doivent être placées de chaque côté, vers la partie supérieure du dernier véhicule, ou, en cas d'impossibilité, de l'un des derniers véhicules; ces lanternes de côté doivent être disposées de façon à lancer un feu blanc vers l'avant et un feu rouge vers l'arrière.

Cette disposition n'est pas obligatoire pour les trains de manœuvre ayant à effectuer un parcours de moins de 5 kilomètres; dans ce cas, un seul feu rouge à l'arrière suffit (art. 22).

1851. — Dans tous les cas où aura été établie, en conformité des prescriptions réglementaires sur la matière, une circulation à contre-voie sur une ligne à double voie, tout train ou machine isolée circulant à contre-voie doit porter : le jour, un drapeau rouge déployé à l'avant; la nuit, un feu rouge en plus du feu blanc ou des feux blancs de l'article précédent (art. 23).

1852. — Les trains de marchandises peuvent être distingués des trains de voyageurs par l'adjonction d'un feu vert à l'avant (art. 24).

1853. — Les machines isolées circulant pour le service dans les gares portent, la nuit, un feu blanc à l'avant et un feu blanc à l'arrière (art. 25).

1854. — Les machines isolées circulant sur la ligne, hors de la protection des signaux des gares, portent, la nuit : à l'avant, au moins un feu blanc; à l'arrière, au moins un feu rouge, sans préjudice du signal d'avant spécial au cas de circulation à contre-voie sur une ligne à double voie (art. 26).

1855. — Les compagnies peuvent, en se conformant à leurs règlements spéciaux approuvés par le Ministre, distinguer la direction des trains ou machines par la position relative assignée aux feux d'avant et par l'addition de feux supplémentaires. Ces feux supplémentaires peuvent être blancs ou présenter toute couleur autre que le rouge (art. 27).

1856. — Le mécanicien communique avec les agents des trains ou de la voie par le sifflet de sa machine.

Un coup prolongé appelle l'attention et annonce la mise en mouvement.

Aux bifurcations, à l'approche des aiguilles qui doivent être abordées par la pointe, le mécanicien demande la voie en donnant le nombre de coups de sifflet prolongés correspondant au rang qu'occupe la voie qu'il doit prendre, en comptant à partir de la gauche, savoir :

Un coup pour prendre la première voie;

Deux coups pour prendre la deuxième voie;

Trois coups pour prendre la troisième voie;

Quatre coups pour prendre la quatrième voie.

Deux coups de sifflet brefs et saccadés ordonnent de serrer les freins; un coup bref, de les desserrer (art. 28).

1857. — Le train étant en mouvement, le conducteur de tête communique avec le mécanicien par la cloche ou le timbre du tender.

Un coup de cloche ou de timbre commande l'arrêt (art. 29).

1858. — Les conducteurs intermédiaires signalent l'arrêt au conducteur de tête et au mécanicien, comme aux agents de la voie, en agitant à l'extérieur de leur fourgon ou vigie un drapeau rouge déployé ou un feu rouge tourné vers l'avant.

Le conducteur de tête, sur le vu de ce signal, le répète au mécanicien en sonnant la cloche ou le timbre du tender.

Tout agent de la voie qui aperçoit à temps un pareil signal doit faire immédiatement le signal d'arrêt au mécanicien, et, si celui-ci ne l'a pas aperçu, employer tous les moyens à sa disposition pour faire présenter utilement au train le signal d'arrêt par l'agent de la voie ou le poste en avant le plus rapproché, dans le sens de la marche du train (art. 30).

1859. — L'ordre de départ d'un train est donné au conducteur de tête par le chef de gare ou son représentant, au moyen d'un coup de sifflet de poche. Le conducteur de tête commande à son tour au mécanicien la mise en marche du train, au moyen d'un coup de cornet.

Si le train mis en marche doit être aussitôt arrêté, pour une cause quelconque, le chef de gare en donne le signal par des coups de sifflet saccadés, et le conducteur de tête sonne la cloche ou le timbre du tender.

Le mécanicien doit, dans ce dernier cas, obéir aux coups de sifflet du chef de gare, dès qu'il les entend, alors même que le conducteur de tête ne les aurait pas encore confirmés comme il vient d'être dit (art. 31).

1860. — Si l'exploitation se fait sur plus de deux voies principales, les signaux destinés à chacune des voies devront être placés au voisinage immédiat et à gauche du rail de gauche de ladite voie, dans le sens de la marche des trains, ou au-dessus de cette voie, à l'exception des sémaphores dont les bras devront être tous placés de façon à être vus les uns au-dessous des autres, les bras les plus élevés s'adressant à la direction la plus à gauche, et les plus bas à la direction la plus à droite, dans le sens de la marche des trains, les bras intermédiaires s'adressant à la direction intermédiaire, s'il y en a une (art. 32).

1861. — Les délais dans lesquels les dispositions prescrites par le présent arrêté devront avoir reçu leur complète application seront déterminés, pour chaque réseau, par des décisions ministérielles spéciales (art. 33).

1862. — Ainsi que le fait remarquer M. Picard, ce Code laisse en dehors de ses prévisions :
1° Les signaux de cloches électriques de voie unique ;
2° Les signaux d'annonces de circulation extraordinaire ;
3° Les signaux de manœuvres à la machine. — Picard, *op. cit.*, t. 3, p. 266.

1863. — Depuis que ce code a été édicté, certaines circulaires ou certains arrêtés sont intervenus qui en ont interprété ou modifié certains points.

1864. — Ainsi, une circulaire du 2 juin 1886 (*Rec. Lois, Ord.*, 2ᵉ sér., t. 3, p. 104), a donné l'interprétation de l'art. 22 en décidant qu'il n'était pas applicable aux signaux d'annonce des circulations extraordinaires et qu'il demeurait loisible d'annoncer, comme autrefois, cette circulation par la substitution des feux verts à l'un quelconque des feux rouges d'arrière.

1865. — Ainsi encore, une circulaire du 4 nov. 1886 (*Rec. Lois, Ord.*, 2ᵉ sér., t. 3, p. 146), a mis à l'étude la question de savoir s'il ne serait pas possible de modifier les cloches électriques établies dans les gares et stations de façon à les faire appuyer de signaux acoustiques.

1866. — Enfin, une circulaire du 23 sept. 1888 (*Rec. Lois, Ord.*, 2ᵉ sér., p. 481), a décidé que les poteaux-limites de protection ne devront être considérés comme obligatoires que derrière les disques qui jouent le rôle de signaux avancés des gares.

1867. — Le mécanicien devra porter constamment son attention sur l'état de la voie, arrêter ou ralentir la marche en cas d'obstacles, suivant les circonstances, et se conformer aux signaux qui lui seront transmis ; il surveillera toutes les parties de la machine, la tension de la vapeur et le niveau d'eau de la chaudière. Il veillera à ce que rien n'embarrasse la manœuvre du frein du tender (Ord. 15 nov. 1846, art. 36).

1868. — A cinq cents mètres au moins avant d'arriver au point où une ligne d'embranchement vient croiser la ligne principale, le mécanicien devra modérer la vitesse de telle manière que le train puisse être complètement arrêté avant d'atteindre ce croisement, si les circonstances l'exigent. Au point d'embranchement ci-dessus désigné, des signaux devront indiquer le sens dans lequel les aiguilles sont placées. A l'approche des stations d'arrivée, le mécanicien devra faire les dispositions convenables pour que la vitesse acquise du train soit complètement amortie avant le point où les voyageurs doivent descendre, et de telle sorte qu'il soit nécessaire de remettre la machine en action pour atteindre ce point (Ord. 15 nov. 1846, art. 38).

1869. — « Le troisième paragraphe de l'art. 37, portait le rapport au roi, a pour but de prévenir le retour d'une nature d'accidents dont on pourrait citer divers exemples. Il est arrivé quelquefois que des mécaniciens inhabiles ou négligents, à l'entrée des stations, n'arrêtent pas assez tôt les machines qu'ils conduisent; ces machines sont alors dirigées violemment contre les heurtoirs qui terminent le débarcadère, et ces chocs peuvent occasionner des blessures graves. Ces événements ne sont plus à craindre du moment que la machine est complètement arrêtée avant le point où les voyageurs doivent descendre, et je dois ajouter que cette règle s'observe aujourd'hui sur les chemins de fer bien exploités. »

1870. — On devra compléter toutes ces dispositions par celles des circulaires du 7 déc. 1858 (aux termes de laquelle les mécaniciens doivent faire entendre un coup de sifflet prolongé ou trois coups de sifflet successifs suivant qu'ils se dirigent vers la voie de gauche ou vers celle de droite), des 28 juin, 12 juill. et 2 nov. 1882 précitées (relatives à l'extension des enclanchements aux bifurcations), et par les dispositions précitées du Code des signaux. — V. Picard, *op. cit.*, t. 3, p. 278.

1871. — Il a été jugé à cet égard que l'art. 37, Ord. 15 nov. 1846, sur la police et la sûreté des chemins de fer, qui prescrit au mécanicien de modérer la vitesse du convoi à cinq cents mètres du point où une ligne d'embranchement vient croiser la ligne principale, n'est pas applicable au cas de simple croisement de voies destinées seulement à faciliter des manœuvres. — Cass., 15 avr. 1853, Sevenery et Audibert, [S. 53.1.797, P. 54.1.441]

1872. — A l'approche des stations, des passages à niveau, des courbes, des tranchées et des souterrains, le mécanicien devra faire jouer le sifflet à vapeur, pour avertir de l'approche du train. Il se servira également du sifflet comme moyen d'avertissement, toutes les fois que la voie ne lui paraîtra pas complètement libre (Ord. 15 nov. 1846, art. 38).

1873. — Il a été décidé, bien qu'il ne s'agit que d'un chemin de fer en construction (V. *suprà*, n. 700, 812 et s., 1086) que la responsabilité d'une compagnie de chemins de fer, relativement à un chemin de fer en construction, est engagée par ce fait que le mécanicien a omis de siffler au moment où le train, une première fois arrêté, a été remis en mouvement, violant ainsi l'obligation qui lui est imposée par le règlement pour toute mise en marche d'un train arrêté et avant toute impulsion nouvelle après arrêt, si courte que soit sa durée. — Douai, 27 juin 1881, Ledoux [S. 84.2.7, P. 84.1.89, D. 82.2. 183]

1874. — Vainement prétendrait-on que les règlements sont exclusivement destinés aux chemins de fer en exploitation, et non à ceux en construction, la mesure dont il s'agit étant commandée par la simple prudence, en dehors de tout règlement. — Même arrêt.

1875. — V. encore, sur l'omission du sifflet et ses conséquences, *suprà*, n. 1396.

1876. — Aucune personne autre que le mécanicien et le chauffeur ne pourra monter sur la locomotive ou sur le tender, à moins d'une permission spéciale et écrite du directeur de l'exploitation du chemin de fer. Sont exceptés de cette interdiction les ingénieurs des ponts et chaussées, les ingénieurs des mines chargés de la surveillance, et les commissaires spéciaux de police. Toutefois, ces derniers devront remettre au chef de la station ou au conducteur principal du convoi une réquisition écrite et motivée (Ord. 15 nov. 1846, art. 39).

1876 bis. — La plupart des règlements des compagnies de chemins de fer contiennent des dispositions qui interdisent de monter dans le fourgon à bagages. — Féraud-Giraud, t. 3, n. 176.

1877. — La permission spéciale et écrite du directeur du chemin de fer, sans laquelle nulle personne, autre que le mécanicien et le chauffeur, ne peut monter sur la locomotive et le tender, n'est pas suppléée par l'ordre verbal du directeur donné à l'un des employés de monter sur la machine, même exécuté en sa présence — Cass., 6 août 1847, Anspach, [S. 47.1.873, P. 47.2.589] — Douai, 1er juin 1847, [D. 47.1.301]

1877 *bis*. — ... Et la prohibition dont il s'agit s'étend même aux inspecteurs de la voie de fer [Rés. impl.] — Même arrêt.

1878. — Une circulaire du 31 janv. 1848 a décidé que l'exception contenue dans l'art. 39, Ord. 15 nov. 1846, ne doit pas s'étendre aux conducteurs, gardes-mines et autres agents placés sous les ordres des ingénieurs. — V. cep. Picard, *op. cit.*, t. 3, p. 694.

1879. — Des machines dites *de secours* ou *de réserve* devront être entretenues constamment en feu et prêtes à partir, sur les points de chaque ligne qui seront désignés par le Ministre des Travaux publics, sur la proposition de la compagnie. Les règles relatives au service de ces machines seront également déterminées par le Ministre, sur la proposition de la compagnie (Ord. 15 nov. 1846, art. 40) — V. *suprà*, n. 1766.

1880. — Aux termes d'une circulaire du Ministre des Travaux publics du 26 déc. 1859 (citée par Picard, *op. cit.*, t. 3, p. 480), lorsque les machines de secours seront isolées, elles pourront marcher tender en avant à la vitesse de quarante-cinq kilomètres à l'heure.

1881. — Il y aura constamment, au lieu de dépôt des machines, un wagon chargé de tous les agrès et outils nécessaires en cas d'accident. Chaque train devra d'ailleurs être muni des outils les plus indispensables (Ord. 15 nov. 1866, art. 45). On devra rapprocher de cette disposition celle de l'art. 75 de la même ordonnance.

1882. — Aux stations qui seront désignées par le ministre des Travaux publics, il sera tenu des registres sur lesquels on mentionnera les retards excédant dix minutes pour les parcours dont la longueur est inférieure à cinquante kilomètres, et quinze minutes pour les parcours de cinquante kilomètres et au delà. Ces registres indiqueront la nature et la composition des trains, le nom des locomotives qui les ont remorqués, les heures de départ et d'arrivée, la cause et la durée du retard. Ces registres seront représentés à toute réquisition aux ingénieurs, fonctionnaires et agents de l'administration publique chargés de la surveillance du matériel et de l'exploitation (Ord. 15 nov. 1846, art. 42).

1883. — Il faut rapprocher de ces dispositions celles des circulaires des 8 et 29 déc. 1855, 30 janv. et 19 févr. 1856, 24 mars et 14 déc. 1860, 5 janv. 1866 et 25 mars 1887 (*Rec. Lois, Ord.*, 2ᵉ sér., t. 3, p. 179), qui donnent des instructions sur les obligations qui incombent de ce chef au service du contrôle. — V. sur toutes ces circulaires, Picard, *op. cit.*, t. 3, p. 432.

1884. — Des affiches placées dans les stations feront connaître au public les heures de départ des convois ordinaires de toute sorte, les stations qu'ils doivent desservir, les heures auxquelles ils doivent arriver à chacune des stations et en partir. Quinze jours au moins, avant d'être mis en exécution, ces ordres de service seront communiqués en même temps aux commissaires royaux, au préfet du département et au ministre des Travaux publics, qui pourra prescrire les modifications nécessaires pour la sûreté de la circulation ou pour les besoins du public (Ord. 15 nov. 1846, art. 43). — Circ. min. 23 et 30 juin 1863.

1885. — Dans son rapport au roi, le ministre justifiait ainsi les mesures contenues dans cette disposition. « L'art. 43, qui est relatif à l'organisation du service des convois sur les chemins de fer, au nombre et aux heures de départ de ces convois, mérite une attention particulière. En premier lieu, la sûreté publique est intéressée dans la fixation des heures de départ des convois qui doivent se succéder sur la voie; il faut que ces heures soient combinées de manière que jamais les trains, soit de voyageurs, soit de marchandises, ne puissent s'atteindre et se heurter. D'autre part, le service du chemin de fer doit être organisé de telle sorte que, chaque jour, les personnes qui ont à le parcourir soient assurées de trouver, lorsqu'elles se présentent, les moyens de transport qui leur ont été promis; il faut que, chaque jour, les compagnies donnent au public, dans chaque sens et à des heures de départ commodes, un nombre de convois en rapport avec le nombre des voyageurs qui circulent et avec l'importance des relations établies. Les compagnies, sans doute, sont le plus souvent les meilleurs juges des besoins du public à cet égard; mais quelquefois elles peuvent se tromper dans leur appréciation, et le gouvernement doit avoir le droit de pourvoir à ce que cette appréciation peut offrir d'erroné et d'incomplet. Une compagnie, par exemple, peut quelquefois chercher, dans des vues d'économie, à concentrer la circulation dans un trop petit nombre de convois journaliers : elle peut adopter des heures de départ et d'arrivée qui se combinent mal et qui même se combinent d'une manière dangereuse avec les heures de départ et d'arrivée des chemins d'embranchement ou des prolongements. Dans ces différents cas et dans tous les autres qui peuvent se présenter, le droit comme le devoir de l'administration est de prendre et d'ordonner les modifications qu'elle jugerait nécessaires à la sûreté de la circulation et aux besoins du public. »

1886. — M. Picard fait remarquer que, bien que les explications de M. Dumont ne s'appliquent qu'aux trains de voyageurs, on doit reconnaître à l'administration des pouvoirs analogues pour les trains de marchandises. — Picard, *op. cit.*, t. 3, p. 361.

1887. — Les pouvoirs que l'administration tient de ce texte ne sont pas d'ailleurs tellement stricts qu'elle ne puisse les abandonner, et le même auteur signale d'intéressantes applications de ces concessions consenties en faveur de certaines compagnies. — Picard, *eod. loc.*

1888. — Sur l'instruction des propositions des compagnies pour le service des trains, on peut consulter notamment les circulaires des 22 nov. 1872 et 21 juill. 1873, relatives au délai dans lequel doit être indiquée d'avance la marche des trains spéciaux ; 7 juin 1878, relative à la communication des ordres de service au contrôle un mois d'avance ; 19 août 1878, relative à la rédaction de graphiques à cet effet ; 27 août 1878, relative aux obligations des services du contrôle sur ce point ; 7 juill. 1884 relative au même objet, circulaire ayant principalement pour objet de faire préparer pendant l'hiver la marche du service d'été et inversement, et obligeant les compagnies à saisir de leurs propositions les service du contrôle en même temps que l'administration supérieure au moins un mois à l'avance ; 27 juill. 1884, relative à des propositions de réduction de trains ; 29 août 1884, qui réduit le délai d'avertissement à huit jours pour les trains spéciaux ; 22 oct.

1884 (*Rec. Lois, Ord.*, 2° sér., t. 3, p. 47), qui définit les pouvoirs du gouverneur de l'Algérie pour la marche des trains dans les départements algériens, et distingue à cet égard entre les modifications partielles et les ordres généraux de service; 25 févr. 1886 (*Rec. Lois, Ord.*, 2° sér., t. 3, p. 42), rappelant les termes de l'art. 43, Ord. 15 nov. 1846; 26 févr. 1886 (*eod. loc.*), relative à la marche des trains en Algérie et à l'interprétation des décrets de rattachement; 7 juin 1886 (*Rec. Lois, Ord.*, 2° sér., t. 3, p. 105), reproduisant les décisions de circulaires antérieures pour les trains spéciaux; 30 oct. 1886 (*Rec. Lois, Ord.*, 2° sér., t. 3, p. 140), fixant définitivement les règles à observer par les compagnies pour l'organisation du service d'été et d'hiver, la modification des trains réguliers en cours de saison, la transformation des trains réguliers de marchandises en trains facultatifs et de trains facultatifs de marchandises en trains réguliers; la mise en marche des trains spéciaux suivant le nombre de voitures de voyageurs qu'ils contiennent, celle des trains de ballast et de travaux; une circulaire du 20 sept. 1888 (*Rec. Lois, Ord.*, 2° sér., t. 3, p. 480), confirmative en principe de cette dernière circulaire, avec cette restriction qu'elle ne serait pas applicable aux trains extraordinaires requis par l'autorité militaire; une circulaire du 24 oct. 1891, rappelant les administrations à la stricte exécution des règlements. Pour celles de ces circulaires qui ne sont pas indiquées par leur place dans les recueils spéciaux, V. Picard, *op. cit.*, t. 3, p. 365.

1889. — Il a été jugé, sur ces différents points, que le service spécial organisé par une compagnie du chemin de fer, à l'occasion d'une foire annuelle, ne rentre pas dans la classe des services ordinaires dont l'organisation doit, d'après l'art. 43, Ord. 15 nov. 1846, être communiquée quinze jours d'avance à l'administration, et dont les heures du départ et d'arrivée doivent être affichées dans chaque station; que ce service doit être considéré comme un service extraordinaire, dont il suffit, aux termes de l'art. 70 de la même ordonnance, de donner avis immédiatement au commissaire spécial de police. — Nîmes, 23 nov. 1848, Chemin de fer de Montpellier, [S. 49.2.43, P. 49.1.341, D. 49.2.54]

1890. — Il va sans dire que la décision de l'arrêt, relative au service organisé à l'occasion d'une foire annuelle, devrait être étendue au service organisé à l'occasion d'une fête ou de toute cérémonie appelant annuellement le public dans un lieu déterminé.

5° *De la perception des taxes et des frais accessoires.*

1891. — En dehors des dispositions qui précèdent, l'ordonnance de 1846 contient encore un certain nombre de prescriptions relatives aux tarifs. Il est certain que la violation de ces dispositions entraînerait la même responsabilité que celle de toutes les autres que nous avons examinées ; il nous paraît néanmoins plus utile d'en renvoyer l'examen à l'étude des tarifs des compagnies.

6° *Dispositions diverses.*

1892. — Dans tous les cas où, conformément aux dispositions du présent règlement, le ministre des Travaux publics devra statuer sur la proposition d'une compagnie, la compagnie sera tenue de lui soumettre cette proposition dans le délai qu'il aura déterminé, faute de quoi le ministre pourra statuer directement. Si le ministre pense qu'il y a lieu de modifier la proposition de la compagnie, il devra, sauf le cas d'urgence, entendre la compagnie avant de prescrire les modifications (Ord. 15 nov. 1846, art. 69).

1893. — Aucun crieur, vendeur ou distributeur d'objets quelconques ne pourra être admis par les compagnies à exercer sa profession dans les cours ou bâtiments des stations et dans les salles d'attente destinées aux voyageurs, qu'en vertu d'une autorisation spéciale du préfet du département (Ord. 15 nov. 1846, art. 70).

1894. — Il résulte d'une circulaire du 24 mai 1884, que l'art. 70, Ord. 15 nov. 1846, sur les chemins de fer n'est pas modifié par la loi sur la liberté de la presse du 29 juill. 1881. « L'art. 70 précité, y lit-on, a eu tout spécialement pour objet de donner aux préfets les pouvoirs de police nécessaires pour assurer, d'accord avec la compagnie et les fonctionnaires du contrôle, le bon ordre dans les gares et prévenir les encombrements qui pourraient résulter au détriment de la sécurité publique du grand nombre d'individus qui viendraient exercer une industrie dans l'enceinte des chemins de fer. »

1895. — Le juge de police est incompétent pour connaître de la contravention à un arrêté préfectoral qui défend de s'introduire dans les gares pour y obséder les voyageurs, cette contravention étant placée sous la sanction correctionnelle de l'art. 21, L. 15 juill. 1845. — Cass., 17 mars 1866, Hanon, [S. 67.1.48, P. 67.74, D. 66.1.354] — Féraud-Giraud, *op. cit.*, t. 3, n. 33.

1896. — Nous avons déjà vu et nous rappelons que si, en principe, la vente accidentelle par des particuliers de billets de retour délivrés par les chemins de fer et non périmés, ne constitue par elle-même ni délit, ni contravention, il en est autrement lorsque ce trafic est exercé d'une manière habituelle dans les gares ou sur un terrain des compagnies; et qu'un tel fait tombe alors sous l'application de l'art. 70, Ord. 15 nov. 1846, qui interdit à tout vendeur d'objets quelconques d'exercer sa profession dans les cours et bâtiments des gares, sans une autorisation préfectorale. — Trib. corr. Melun, 23 mai 1878, Robert, [S. 78.2.217, P. 78.862]

1897. — Tout agent employé sur les chemins de fer sera revêtu d'un uniforme ou porteur d'un signe distinctif; les cantonniers, gardes-barrières et surveillants pourront être armés d'un sabre (Ord. 15 nov. 1846).

1898. — « Cette disposition pouvant laisser quelque incertitude sur l'étendue de l'obligation qu'elle impose, portait à cet égard le rapport au roi, je crois devoir expliquer, dès à présent, que l'administration n'a entendu parler dans cet article que des agents de la compagnie qui, à un titre quelconque, peuvent se trouver de près ou de loin en contact avec le public. »

1899. — La contravention à l'art. 73, Ord. roy. 15 nov. 1846, qui veut que tout agent employé sur les chemins de fer soit revêtu d'un uniforme ou porteur d'un signe distinctif, est passible de l'amende de seize à trois mille francs, édictée par l'art. 21, L. 15 juill. 1845, pour toute infraction aux ordonnances portant règlement d'administration publique sur la police et l'exploitation des chemins de fer. — Cass., 9 janv. 1852, Gervais, [S. 52.1.862, P. 53.1.470, D. 52.1.272]

1900. — Aux stations désignées par le ministre, les compagnies entretiendront les médicaments et moyens de secours nécessaires en cas d'accident (Ord. 15 nov. 1846, art. 75).

1901. — « D'après l'art. 75, portait encore le rapport au roi, les compagnies doivent entretenir aux stations désignées par le ministre, les médicaments et moyens de secours nécessaires en cas d'accident. Déjà cette mesure est appliquée dans quelques localités ; elle devra être étendue à toutes les stations de quelque importance ; elle sera plus nécessaire encore pour celles qui se trouvent éloignées de tout centre de population agglomérée. La désignation de ces stations devra se faire sur l'avis du commissaire de police de la circonscription ; et, quant aux moyens de secours et médicaments nécessaires, je vous adresserai ultérieurement, à cet égard, des instructions spéciales. »

1902. — Différentes circulaires ont été prises relativement à l'organisation et au contenu des boîtes de secours. Nous signalerons principalement, à cet égard, une circulaire du 12 août 1847, une circulaire du 5 juin 1866 (citées par Picard, *op. cit.*, t. 3¹, p. 480), et une circulaire du 14 déc. 1889 (*Rec. Lois, Ord.*, 2ᵉ sér., t. 4, p. 99), qui a renouvelé la composition de ces boîtes, ainsi qu'un arrêté du 9 mars 1891, qui a fixé le moment où cette dernière circulaire entrerait en application.

1903. — Il convient de rapprocher de ces dispositions celles qui sont relatives aux soins médicaux, aux mesures préventives contre les épidémies, contre les épizooties, au transport des matières infectes, etc.

1904. — C'est ainsi, notamment, qu'on peut signaler un décret aux termes duquel, dans les gares où le ministre du commerce jugera utile d'organiser un service de surveillance médicale, les médecins délégués par le préfet auront le droit d'obliger les voyageurs qui seront reconnus malades à suspendre leur route et de les faire transporter au besoin dans des locaux spéciaux aménagés à cet effet, en dehors, mais à proximité des gares (Déc. 30 juill. 1884).

1905. — C'est ainsi encore que le séjour prolongé des matières infectes dans les gares est prohibé par une circulaire du 2 juill. 1884. — V. aussi Picard, *op. cit.*, t. 3, p. 698.

1905 *bis*. — Les matières infectes ne doivent pas non plus être transportées par les trains de voyageurs; toutefois, sur les lignes qui n'ont point de trains spéciaux de marchandises, leur transport est autorisé dans les trains mixtes. Une circulaire du 18 août 1858 indique les conditions réglementaires à observer. — Féraud-Giraud, *op. cit.*, t. 3, n. 157.

1906. — Nous nous contentons de signaler, à titre général, la possibilité pour les autorités compétentes d'interrompre dans des circonstances déterminées le service régulier de la voie en temps d'épidémie. Les mesures prises en pareil cas sont tellement spéciales qu'il serait superflu de chercher à les analyser. On pourra consulter cependant au besoin, à titre de renseignement, les décrets pris au courant du mois d'août 1892, contre les provenances suspectes de Hambourg.

1907. — Il sera tenu dans chaque station un registre coté et parafé, à Paris, par le préfet de police, ailleurs, par le maire du lieu, lequel sera destiné à recevoir les réclamations des voyageurs qui auraient des plaintes à former, soit contre la compagnie, soit contre ses agents. Ce registre sera présenté à toute réquisition des voyageurs (Ord. 15 nov. 1846, art. 76).

1908. — Pour réduire les écritures, il ne sera plus nécessaire d'adresser directement à l'administration que le tableau analytique des plaintes en matière d'exploitation. Les dossiers de ces plaintes, contrairement à ce qui était décidé par la circulaire ministérielle du 23 févr. 1885, seront conservées dans les bureaux des inspecteurs généraux du contrôle.

1909. — Le registre des réclamations, dont tout voyageur peut requérir l'ouverture pour y insérer ses plaintes, est un document essentiellement secret puisqu'il n'est pas permis de prendre connaissance des plaintes antérieurement consignées par d'autres voyageurs, et ne peut devenir, entre les mains des agents contre qui plainte a été portée, la base de poursuites en diffamation contre les réclamants. — Paris, 8 juill. 1884, [*Rev. d'adm.*, 84.3.67]

1909 *bis*. — Le refus par un employé d'une compagnie de communiquer le registre des plaintes à la personne qui demande à transcrire une plainte constitue une infraction susceptible d'une répression pénale. — Trib. Fontainebleau, 8 avr. 1859. — Palaa, *op. cit.*, t. 2, p. 538; Féraud-Giraud, t. 3, n. 66. — Les agents des compagnies ne peuvent ni annoter les registres, ni y faire inscrire des témoignages ou déclarations à raison des plaintes reçues (Circ. 12 avr. 1860).

1910. — Les registres mentionnés aux art. 9, 20 et 42 ci-dessus seront cotés et parafés par le commissaire de police (Ord. 15 nov. 1846, art. 77).

1910 *bis*. — Les plaintes peuvent aussi être portées oralement aux commissaires de surveillance administrative qui les instruisent, ainsi que celles inscrites sur le registre des plaintes. De leur côté, les agents des compagnies doivent transmettre à leurs chefs copie des plaintes qu'ils reçoivent ainsi que les renseignements qu'ils ont pu recueillir à leur sujet. Des plaintes peuvent aussi être adressées aux agents supérieurs des compagnies (Déc. min. 12 mai 1873; Circ. 15 avr. 1850, 15 oct. 1881, 23 févr. 1885). — Féraud-Giraud, *op. cit.*, t. 3, n. 66.

1911. — Des exemplaires du présent règlement seront constamment affichés, à la diligence des compagnies, aux abords des bureaux des chemins de fer et dans les salles d'attente. Le conducteur principal d'un train en marche devra également être muni d'un exemplaire du règlement. Des extraits devront être délivrés, chacun pour ce qui le concerne, aux mécaniciens, chauffeurs, gardes-freins, cantonniers, gardes-barrières et autres agents employés sur le chemin de fer. Des extraits, en ce qui concerne les règles à observer par les voyageurs pendant le trajet, devront être placés dans chaque caisse de voiture (Ord. 15 nov. 1846, art. 78). — V. aussi Circ. 25 sept. 1866.

1912. — Nous signalerons enfin, parmi les dispositions diverses relatives à la police des chemins de fer, une circulaire du 24 mai 1884 qui recommande aux administrateurs de compagnies de centraliser autant que possible les objets perdus.

1912 *bis*. — Les compagnies de chemins de fer sont dans l'usage de céder à des compagnies le droit de placarder des affiches industrielles dans leurs gares et notamment dans les salles d'attente; si la concession faite à la compagnie d'affichage comportait une autorisation administrative, le retrait de cette autorisation constituant un cas de force majeure ne pourrait exposer les compagnies de chemins de fer à une action en dommages-intérêts. — Paris, 9 août 1884, Renier, [D. 85.2.47] — Féraud-Giraud, *op. cit.*, t. 3, n. 65; Picard, *op. cit.*, t. 3, p. 675.

Section IV.

Sanction des dispositions concernant la voirie, la police, la sûreté et l'exploitation des chemins de fer.

§ 1. *Notions générales.*

1913. — Il n'est pas question, dans cette section, des crimes et délits de droit commun commis sur ou à l'occasion des chemins de fer, et dont la répression est soumise aux règles ordinaires de droit, mais seulement des contraventions proprement dites.

1914. — La sanction des prescriptions qui précèdent est contenue dans les art. 11, 14, 21, 26 et 27, L. 15 juill. 1845, et 79, Ord. 15 nov. 1846.

1915. — Il résulte de ces dispositions que certaines règles sont communes à toutes les contraventions commises sur ou à l'occasion des chemins de fer et que d'autres, au contraire, sont particulières à chacune d'elles.

1916. — Parmi les règles communes, nous mentionnerons — sous réserve de certaines exceptions de délai — celles qui sont relatives à la constatation des contraventions, à l'absence d'intention coupable chez le contrevenant, aux circonstances atténuantes, au cumul, à la récidive, à la prescription. Parmi les règles particulières à chacune d'elles, nous mentionnerons la poursuite des contraventions, la compétence, la pénalité.

§ 2. *Règles communes.*

1° *Constatation des contraventions.*

1917. — Les constatations des contraventions commises par des riverains ou des tiers sur le domaine public des chemins de fer doivent être faites aux termes de l'art. 11, L. 15 juill. 1845, comme en matière de grande voirie.

1918. — Les crimes ou contraventions prévus dans les titres 1 et 3 de la présente loi, porte de son côté l'art. 23 de la même loi, pourront être constatés par des procès-verbaux dressés concurremment par les officiers de police judiciaire, les ingénieurs des ponts et chaussées et des mines, les conducteurs, gardes-mines, agents de surveillance et gardes nommés ou agréés par l'administration et dûment assermentés (L. 15 juill. 1845, art. 23).

1919. — Seront constatées, poursuivies et réprimées, conformément au titre 3, L. 15 juill. 1845, sur la police des chemins de fer, porte enfin l'art. 79, Ord. 15 nov. 1846, les contraventions au présent règlement, aux décisions rendues par le ministre des Travaux publics et aux arrêtés pris sous son approbation par les préfets pour l'exécution dudit règlement.

1920. — Nous n'avons pas besoin de rappeler ce qu'il faut entendre par officier de police judiciaire : les procureurs et leurs substituts, les juges d'instruction, les juges de paix, les officiers de gendarmerie, les maires, leurs adjoints, les commissaires de police, les gardes champêtres et forestiers.

1921. — Pour les agents ou commissaires de surveillance, V. *infrà*, n. 2167 et s., 2210 et s.

1922. — Les gardes agréés par l'administration sont des agents présentés par les compagnies, assermentés et assimilés, en vertu de l'art. 4, Décr. 20 mess. an III, aux gardes champêtres. La présentation est faite aux préfets qui, après entente avec les agents du contrôle, en transmet la liste, afin de prestation de serment, au procureur de la République.

1923. — Dans cette énonciation, on peut comprendre : un chef de district d'une compagnie de chemin de fer. — Cons. préf. Haut-Rhin, 23 juin 1867, Chemin de fer de l'Est, [Dauv., 1867, p. 295]

1924. — Le projet disait « *seront* constatés... »; on y a substitué le mot « *pourront être* », afin de faire comprendre qu'on n'avait pas entendu déroger ici aux règles du droit commun sur la preuve des crimes et délits, et que cette preuve pourrait être faite, en cette matière comme en toute autre, par toutes voies de droit, notamment par témoins, à défaut de procès-verbaux ou à leur appui (C. instr. crim., art. 23, 154 et 180).

1925. — Conformément à cette observation, on a pu se demander si, lorsque des contraventions de grande voirie sont établies par les rapports des ingénieurs et par les aveux de la partie, il y a lieu de s'attacher aux irrégularités qui sont alléguées par la partie touchant la rédaction ou l'affirmation du procès-verbal? — V. à cet égard, Cons. d'Et., 7 août 1874, Duluat et Cie, [Leb. chr., p. 850]

1926. — Pour que les agents de surveillance de l'administration puissent verbaliser, il faut d'abord qu'ils prêtent serment. Au moyen du serment prêté devant le tribunal de première instance de leur domicile, dit l'art. 23, 3e alinéa, L. 15 juill. 1845, les agents de surveillance de l'administration et des concessionnaires ou fermiers pourront verbaliser sur toute la ligne du chemin de fer auquel ils seront attachés. — V. aussi Cons. d'Et., 11 mai 1883, Colau, [Leb., 1883, p. 489]

1927. — La prestation de serment se fait différemment suivant les différentes catégories de fonctionnaires. Les agents des ponts et chaussées prêtent serment devant le préfet (L. 29 flor. an X); les agents des mines, devant le tribunal (Déc. min. fin. 2 août 1808); devant le tribunal également les commissaires de surveillance administrative et agents agréés (L. 15 juill. 1845, art. 23).

1928. — Le serment ne se renouvelle pas au cas de changement de résidence. Mais l'acte de serment primitif doit être transcrit et visé au greffe du tribunal de la nouvelle résidence. — Picard, *op. cit.*, t. 2, p. 985.

1929. — A l'égard des contraventions commises par les concessionnaires aux clauses du cahier des charges relatives à la viabilité, le nombre des fonctionnaires qui peuvent constater les contraventions est plus restreint. L'art. 12, L. 15 juill. 1845, ne nomme que les ingénieurs des ponts et chaussées ou des mines, les conducteurs gardes-mines et piqueurs dûment assermentés.

1930. — Les personnes désignées dans l'article ci-dessus pour dresser les procès-verbaux de contravention sont-elles les seules qui aient qualité pour le faire, à l'exclusion de tous autres fonctionnaires ou agents du chemin de fer? M. Gand (*op. cit.*, n. 125), pense que les désignations faites ici par la loi sont limitatives, et il semble, en effet, que cette solution doive être adoptée en présence de l'énumération beaucoup plus générale contenue dans l'art. 23 de la loi, lorsqu'il s'agit des crimes, délits ou contraventions prévus par les titres 1 et 3 de cette même loi. M. Picard enseigne le même doctrine, t. 2, *op. cit.*, p. 998.

1931. — Les mots dûment assermentés ont été inscrits dans la loi pour éviter qu'on pût confier à des étrangers (conducteurs, gardes-mines, piqueurs ou autres) le droit de dresser des procès-verbaux.

1932. — Il y a quelques règles spéciales aux différentes sortes de procès-verbaux pour les délais et les formes de clôture et de notification. Les procès-verbaux de grande voirie dressés à l'occasion de faits contraventionnels commis par les tiers ou les riverains sont adressés directement aux préfets sans aucun délai. Ils sont valables pendant un an.

1933. — Plus spécialement, les procès-verbaux dressés par les ingénieurs, les conducteurs, gardes-mines et commissaires de surveillance sont transmis au préfet par le service de contrôle (Circ. min. 15 oct. 1881, citée par Picard, t. 2, p. 986).

1934. — Ceux qui le sont par les soins des compagnies sont adressés directement au préfet qui doit les communiquer, au contraire, par avis à l'ingénieur en chef du contrôle (Circ. min. 29 nov. 1852, citée par Picard, *loc. cit.*).

1935. — Contrairement à ce qui se passe pour les procès-verbaux dressés à l'occasion des contraventions de grande voirie, les procès-verbaux des contraventions à la police, à la sûreté et à l'exploitation des chemins de fer à déférer aux tribunaux de police doivent être clos dans les trois jours en exécution des art. 15 à 18, C. instr. crim.

1936. — Lorsqu'ils sont rédigés par les commissaires de surveillance et qu'ils concernent des règlements d'exploitation, les procès-verbaux doivent être adressés directement au procureur de la République (Circ. 15 janv. 1885, citée par Picard, t. 3, p. 704), et cela en double original (L. 27 févr. 1850).

1937. — Les procès-verbaux rédigés par les autres fonctionnaires le sont dans les formes prescrites par le Code d'instruction criminelle.

1938. — Cependant des circulaires du garde des sceaux du 29 juin 1852 et du ministre des Travaux publics du 29 nov. de la même année (citée par Picard, t. 3, p. 705), ont soumis également la communication de ces procès-verbaux ou du moins de certains d'entre eux (Règlements d'exploitation, procès-verbaux rédigés en exécution de l'art. 20, C. instr. crim.) aux ingénieurs du contrôle.

1939. — Les ingénieurs du contrôle doivent remettre leurs observations au procureur dans la huitaine du jour où ils ont reçu les procès-verbaux (L. 27 févr. 1850; Circ. min. Trav. pub., 15 avr. 1850, citée par Picard, *loc. cit.*).

1940. — Les procès-verbaux dressés à l'occasion de faits reprochés aux entrepreneurs doivent, dans les quinze jours de leur date, être notifiés administrativement au domicile élu par le concessionnaire ou le fermier, à la diligence du préfet, et transmis dans le même délai au conseil de préfecture du lieu de la contravention (L. 15 juill. 1845, art. 13).

1941. — « Les procès-verbaux des délits et contraventions, porte le 2ᵉ alinéa de l'art. 23, L. 15 juill. 1845, feront foi jusqu'à preuve contraire. »

1942. — Les procès-verbaux des agents assermentés des compagnies de chemins de fer ne font donc pas foi jusqu'à inscription de faux. — Bordeaux, 9 août 1887, sous Cass., 24 juin 1890, Draud, [S. 91.1.540, P. 91.1.1307, D. 91.1.439]

1943. — Les procès-verbaux ne faisant foi que jusqu'à la preuve contraire, on a pu décider qu'ils n'étaient pas nécessairement viciés par certaines irrégularités ou certaines omissions. — V. *suprà*, n. 1295.

1944. — Il a été décidé, notamment, qu'en ce qui concerne l'introduction de bestiaux sur la voie, la circonstance que le procès-verbal ne mentionnerait pas que la voie ferrée était bordée d'une clôture continue, n'est pas de nature à faire disparaître la contravention. — Cons. d'Et., 15 févr. 1889, Dorizon, [Leb. chr., p. 229]

1945. — Le procès-verbal qui constate une contravention de grande voirie est suffisamment régulier, si, faute d'être écrit par l'agent assermenté de la compagnie, il est au moins signé par lui. — Cons. d'Et., 20 janv. 1888, Marié, [S. 90.3.2, P. adm. chr., D. 89.3.30, Leb. chr., p. 77]

1946. — Le maire, de son côté, qui n'a pas qualité pour intenter l'action résultant du fait incriminé (introduction d'animaux sur la voie), a au moins qualité pour notifier ce procès-verbal pourvu qu'il le fasse dans le délai imparti par le décret du 22 juill. 1865. — Cons. d'Et., 20 janv. 1888, précité. — *Sic*, Cons. d'Et., 14 août 1850, Gaillard, [Leb. chr., p. 792] — Laferrière, *Traité de la juridiction administrative et des recours contentieux*, t. 2, p. 626.

1947. — Au surplus, si le procès-verbal était par trop irrégulier, s'il n'était dressé par exemple que sur la déclaration d'un tiers, il pourrait n'avoir que la valeur d'un simple renseignement. — V. Cons. préf. Manche, 29 mai 1885, Préf. Manche, [Dauv., 1886, p. 245] — Cons. préf. Seine, 21 avr. 1882, Préf. Seine, [Dauv., 1882, p. 199]

1948. — Les procès-verbaux dressés en vertu de l'article précédent, porte l'art. 24, L. 15 juill. 1845, seront visés pour timbre et enregistrés en débet. — Cette disposition est commune aux différents procès-verbaux.

1949. — Ceux qui auront été dressés par des agents de surveillance et gardes assermentés devront être affirmés dans les trois jours, à peine de nullité, devant le juge de paix ou le maire, soit du lieu du délit ou de la contravention, soit de la résidence de l'agent (L. 15 juill. 1845, art. 24).

1950. — Nous avons dit qu'en matière de grande voirie, il n'existe pas de délais pour la rédaction des procès-verbaux.

1951. — Aussi a-t-il été jugé qu'un procès-verbal de contravention en matière de grande voirie est valablement affirmé dans les trois jours à partir de sa rédaction, lors même qu'il se serait écoulé plus de trois jours depuis la constatation des faits incriminés. — Cons. d'Et., 13 mars 1867, Piot, [S. 68.2.156, P. adm. chr., Leb. chr., p. 269]

1952. — La formalité de l'affirmation n'étant exigée qu'à l'égard de procès-verbaux dressés par les agents de surveillance et les gardes assermentés, on a pu décider avec raison que les procès-verbaux dressés par les maires ou adjoints, pour constater les contraventions prévues par la loi du 15 juill. 1845 sur la police des chemins de fer n'ont pas besoin d'être affirmés. — Cons. d'Et., 7 avr. 1864, Chemin de fer de l'Ouest, [S. 64.2. 175, P. adm. chr., D. 64.3.40, Leb. chr., p. 335]

1953. — ... Et qu'il fallait en dire autant des procès-verbaux dressés par les autres officiers de police judiciaire, ainsi que par les ingénieurs, conducteurs ou gardes-mines. — V. notamment, Cons. d'Et., 28 mai 1880, Masselin, [S. 81.3.78, P. adm. chr., D. 81.3.37, Leb. chr., p. 503]

1954. — Depuis que la loi du 27 févr. 1850 a conféré aux commissaires de surveillance administrative la qualité d'officiers de police judiciaire, ceux-ci se trouvent par là même dispensés également de cette formalité, qui ne pèse plus que sur les agents assermentés des compagnies. — Cons. d'Et., 6 avr. 1870, Adonis et Mulot, [S. 72.2.119, P. adm. chr., D. 71.3.32, Leb. chr., p. 420]; — 20 juin 1873, Perceau, [Leb. chr., p. 561]; — 20 juill. 1877, Renaud, [D. 78.5.94, Leb. chr., p. 730]; — 28 mai 1880, Taillebot, [Leb. chr., p. 503]; — 4 mars 1881, Filoque, [S. 82.3.51, P. adm. chr., Leb. chr., p. 267]

2° *Circonstances atténuantes*. — *Bonne foi*. — *Cumul*. — *Récidive*. — *Prescription*. — *Responsabilité civile*.

1955. — Les contraventions prévues par la loi du 15 juill. 1845 ont un caractère mixte. A certains égards, elles sont traitées comme de simples contraventions; à d'autres, comme des délits véritables. Ce caractère ambigu tient principalement à cette double circonstance que, tout en étant désignées sous le nom de *contraventions*, elles sont punies de *peines correctionnelles*. De là la qualification de *délits contraventionnels* qu'on leur donne quelquefois, ainsi qu'à certaines autres infractions prévues par des lois spéciales, comme la loi sur la chasse, par exemple, dont s'est inspirée particulièrement la loi du 15 juill. 1845 (V. not. art. 17, L. 3 mai 1844).

1956. — Nous commencerons par rechercher les conséquences tirées du caractère correctionnel des infractions qui nous occupent : nous établirons ensuite celles qui paraissent dériver de l'appellation qui leur est donnée par le Code. Dans la première catégorie, on doit ranger l'application des règles relatives aux circonstances atténuantes, à la complicité, à la durée de la prescription; dans la seconde, l'impossibilité pour les condamnés d'arguer de leur bonne foi, les règles du cumul des peines en cas de pluralité d'infractions, et celles de la récidive.

1957. — 1° L'art. 463, C. pén., lit-on dans l'art. 26, L. 15 juill. 1845, est applicable aux condamnations qui seront prononcées en exécution de la présente loi. La disposition de cet article étant générale, et n'admettant par conséquent aucune distinction, il en faut conclure que la faculté accordée aux juges d'abaisser la peine dans les limites posées par l'art. 463, C. pén., lorsqu'il existe des circonstances atténuantes, peut être exercée quelle que soit l'espèce de juridiction qui est appelée à prononcer, que ce soient les cours ou tribunaux ordinaires, ou même la juridiction administrative des conseils de préfecture.

1958. — Il s'ensuit aussi que l'abaissement de la peine peut avoir lieu même au cas de récidive, conformément à la jurisprudence de la Cour de cassation. — Cass., 1ᵉʳ févr. 1833, Lapie, [S. 33.1.319, P. chr.]; — 29 août 1833, Buttner, [S. 34.1.63, P. chr.]; — 10 oct. 1833, Montillet, [S. 34.1.687, P. chr.]

1959. — ... Ou bien encore au cas où il s'agirait de fonctionnaires ou agents qui auraient eux-mêmes participé à des délits qu'ils étaient chargés de surveiller.

1960. — 2° Bien qu'on ne trouve pas dans la loi du 15 juill. 1845 de disposition relative à la complicité analogue à celle que nous avons indiquée pour les circonstances atténuantes, la jurisprudence n'a jamais hésité d'appliquer également aux infractions dont il s'agit les règles qui la concerne. — Paris, 7 mai 1890, Laverry, [S. 90.2.171, P. 90.1.1031, D. 91.2.33] — Caen, 22 mai 1890, Chemin de fer de l'Ouest, [S. 91.2.13, P. 91.1.100] — Bordeaux, 11 mars 1891, Gaillardon et autres, [S. 91.2.164, P. 91.1.900] — Trib. Seine, 26 mars 1890, Brunner, [S. 90.2.118, P. 90.1.716] — V. aussi sur le principe, Cass., 23 févr. 1884, Hortala, [S. 86.1.223, P. 86.1.548 et la note de M. Villey, D. 86.1. 427]; — 28 févr. 1885, Paz et Cordier, [S. 87.1.41, P. 87.1.65, D. 85.1.329]; — 20 avr. 1888, D..., [S. 90.1.425, P. 90.1.1008, D. 89.1.47] — *Contrà*, Cass., 7 avr. 1870, Abrivard, [S. 71.1.258, P. 71.772] — Angers, 7 févr. 1870, Abrivard, [S. 70.2.183, P. 70. 723, D. 70.2.58] — Caen, 9 mai 1877, Jamot et autres, [S. 78. 2.49, P. 78.225 et le rapport de M. le conseiller Dupray de la Maherie, D. 79.2.41] — *Sic*, Ruben de Couder, n. 46; Féraud-Giraud, t. 3, n. 481. — V. *suprà*, n. 1538, 1546, 1569 et s.

1961. — 3° La troisième conséquence tirée par les tribunaux du *quantum* des peines dont sont frappées les contraventions prévues par la loi de 1845 est relative à la durée de la prescription, c'est-à-dire que la prescription en cette matière est de trois années et non d'une année seulement. — Toulouse, 7 févr. 1889, Brunet, [S. 91.2.13, P. 91.1.99, D. 90.2.259] — Et sur le principe, Paris, 2 déc. 1884, Lebœuf et autres, [S. 86.2.240, P. 86.1.1244] — Grenoble, 15 juill. 1886, Savary, Zielinsten et autres, [S. 86.2.241, P. 86.1.1245 et la note de M. Villey] — Paris, 22 déc. 1886, Miégeville, Savary, Tible et autres, [S. 88.2.37, P. 88.1.221] — V. cependant Cons. d'Et., 11 mai 1872, Dridoux, [Léb. chr., p. 297]; — 8 janv. 1886, de Champigny et Gautheron, [Leb. chr., p. 21] — *Contrà*, Picard, t. 2, p. 991.

1962. — 4° Contrairement aux règles qui précèdent et par analogie avec ce qui se passe dans les contraventions ordinaires, les contraventions prévues par la loi du 15 juill. 1845 sont punissables malgré la bonne foi de leur auteur. — V. *suprà*, n. 1527, 1559.

1963. — C'est ainsi qu'il a été décidé, notamment, que les infractions aux ordonnances portant règlement d'administration publique sur la police, la sûreté ou l'exploitation des chemins de fer, quoique rentrant, à raison de la peine édictée, dans la compétence de la juridiction correctionnelle, n'en conservant pas moins le caractère de contraventions, le fait matériel suffit pour les constituer, indépendamment de toute intention délictueuse. — Cass., 7 avr. 1870, précité; — 12 avr. 1889, Isamand, [S. 90.1.428, P. 90.1.1013] — Pau, 29 mai 1886, Maynard, [S. 87.2.64, P. 87.1.440, D. 87.2.245] — Aix, 26 nov. 1869, Albanès,

[S. 71.2.96] — V. cependant, en sens contraire, Rennes, 2 juin 1886, Galtier, [S. 89.2.28, P. 89.1.207, D. 87.2.245]

1964. — ... Qu'en matière de contravention, on ne saurait admettre, en principe, une excuse tirée de la bonne foi, comme au cas où des animaux s'étant introduit sur une voie ferrée, on démontrerait qu'ils ont été volés. — Cons. d'Et., 23 mars 1888, V° Charlot, [D. 89.5.87, Leb. chr., p. 322] — V. *supra*, n. 2064.

1965. — Encore faut-il mettre de côté le cas de force majeure qui, en matière de contraventions, comme en matière de crimes et délits, exclut la criminalité; toutefois, les juges ayant mission d'apprécier les faits constitutifs de la force majeure, ne peuvent l'admettre qu'autant que la preuve du fait de force majeure a été régulièrement administrée par le prévenu à l'aide des moyens autorisés par la loi. — Cass., 7 déc. 1855, Harel, [S. 56. 1.276, P. 56.2.441]; — 28 févr. 1861 (solut. implic.), Maisonneuve, [S. 61.1.671, P. 62.43, D. 61.1.141]; — 12 avr. 1889, précité.

1966. — A *fortiori*, ces infractions ne sont-elles point punissables lorsqu'il est établi qu'elles ont été commises, non seulement sans intention de fraude, ou par inadvertance, mais encore avec l'autorisation ou au vu et au su des agents de la compagnie. — Dijon, 9 mai 1877, Chaillet, [S. 78.2.5, P. 78.84, D. 79. 2.24] — Rennes, 2 juin 1886, précité. — Féraud-Giraud, t. 3, n. 225. — V. sur tous ces points, *supra*, n. 1527, 1559.

1967. — Ainsi, dans une espèce où une buvette avait été construite sur les dépendances du domaine public avec l'autorisation et sous la surveillance de la compagnie concessionnaire, mais sans que celle-ci eût, au préalable, obtenu l'agrément de l'autorité supérieure et dont *la démolition* n'avait été *ordonnée* depuis *par aucun arrêté préfectoral*, il a été décidé que l'exploitant actuel de cette buvette dûment autorisé par le préfet ne pouvait être condamné comme coupable d'une contravention de grande voirie à la démolition de sa construction. — Cons. d'Et., 7 févr. 1890, Carrière, [Leb. chr., p. 146]

1968. — Mais, en tous cas, il faut, s'il s'agit d'arrêté, que l'arrêté ait été notifié. On décide, d'ailleurs, que l'arrêté d'un préfet prescrivant certaines mesures de sûreté dans l'exploitation d'un chemin de fer, est valablement notifié au directeur représentant la compagnie concessionnaire, lequel se trouve chargé d'en donner connaissance à tous les agents de l'entreprise. Ceux-ci ne peuvent donc, en cas de contravention de leur part à l'arrêté préfectoral, s'excuser sous prétexte qu'ils en ignoraient les dispositions et que cet arrêté n'aurait pas été publié. — Cass., 9 mai 1844, Cie du chemin de fer d'Orléans et Deyme, [S. 44.1.457, P. chr.]

1969. — 5° Comme en matière de contraventions ordinaires, on décide que les peines résultant des contraventions à la loi sur la police des chemins de fer pourront être cumulées. — Cass., 2 mai 1873, Bisetzky, [S. 73.1.342, P. 73.826, D. 73.1.173] — Amiens, 29 nov. 1872, Même partie, [S. 72.2.260, P. 72.1054, D. 73.2.45] — Féraud-Giraud, t. 2, n. 180 ou 480. — *Contrà*, Riom, 14 mai 1883, Baldeyron, [S. 84.2.28, P. 84.1.199]

1970. — C'est ainsi qu'il a été jugé, notamment, que les infractions aux règles sur la police des chemins de fer ou à celles contenues dans les cahiers des charges constituant de véritables contraventions, il faut prononcer autant d'amendes qu'il y a de faits distincts. — Cons. d'Et., 4 août 1876 (solut. implic.), Cie du chemin de fer de Lille à Valenciennes, [S. 78.2.310, P. adm. chr., D. 76.3.101, Leb. chr., p. 783]

1971. — ... Qu'un concessionnaire qui a construit un certain nombre d'ouvrages dans un certain nombre de communes, à la rencontre de chemins et de cours d'eau distincts, sans leur donner les dimensions prescrites par les arrêtés préfectoraux, a commis autant de contraventions et est passible d'autant d'amendes qu'il y a d'ouvrages d'art. — Cons. d'Et., 4 mars 1858, Chemin de fer de l'Est, [P. adm. chr., Leb. chr., p. 199]

1972. — ... Que les chemins de fer faisant partie de la grande voirie, les infractions aux règlements qui en régissent la police ont le caractère de contraventions, et qu'il doit être prononcé autant d'amendes distinctes qu'il y a eu d'infractions commises. — Cass., 27 janv. 1883, Soulée, [S. 85.1.403, P. 85.1.961, D. 83.1.229]

1973. — C'est là une règle particulière aux contraventions qui nous occupent, car on sait qu'en matière de délits contraventionnels prévus par des lois spéciales, c'est la règle contraire qui est appliquée. — Cass., 13 juin 1884, Paoli, [S. 86.1.234, P. 86.1.550] — Angers, 27 août 1866, Hanion, S. 68.2.158, P. 67.678, D. 66.2.181] — Paris, 28 févr. 1868, Michaut, [S. 68.2. 72, P. 68.340]

1974. — La loi, à la vérité, ne conduit pas littéralement à cette conclusion; car elle se contente de prohiber le cumul pour les *crimes et délits* (art. 27).

1975. — Mais on a pu induire d'un argument *à contrario*, que la règle devait être différente pour les contraventions, et cet argument se trouve fortifié par cette considération que cet art. 27 n'est guère que la reproduction de l'art. 17 de la loi sur la chasse.

1976. — A la différence de ces dernières dispositions, l'art. 27, L. 15 juill. 1845 ne parle cependant que des crimes et délits prévus « par la présente loi ou par le Code pénal », il laisse de côté celles qui pourraient être prévues par des lois spéciales. On avait pensé pouvoir en conclure que le cumul des peines pourrait avoir lieu si, dans la même poursuite, se trouvaient compris l'un des crimes ou délits prévus par la présente loi, et un autre crime ou délit prévu par une loi spéciale, par exemple par la loi des douanes, par les lois relatives aux contributions indirectes, etc.

1977. — Mais cette solution serait erronée. La suppression des mots « et de lois spéciales » s'explique simplement parce que le mot « contravention » lui-même ne figure pas dans le texte, et que si on eût laissé subsister les premiers, de nombreuses lois spéciales prévoyant des contraventions, on eût pu hésiter sur la portée du texte.

1978. — En cas de récidive dans l'année, porte de son côté l'art. 21, L. 15 juill. 1845, qui semble bien faire prédominer aussi le caractère contraventionnel, l'amende sera portée au double, et le tribunal pourra, selon les circonstances, prononcer, en outre, un emprisonnement de trois jours à un mois.

1979. — Nous n'insistons pas sur le principe contenu dans le § 2 de l'art. 27 qui porte : « Les peines, encourues pour des faits postérieurs à la poursuite, pourront être cumulées sans préjudice des peines de la récidive ». Il a été introduit dans la vue d'empêcher la répétition ou récidive impunie des mêmes crimes ou délits pendant la durée de la poursuite pour un premier crime ou délit : dans ce cas, il permet, avec raison et justice, le cumul des peines. Il a, du reste, été voté dans le même esprit que l'art. 17, L. 3 mai 1844, sur la police de la chasse.

1980. — Nous terminerons, sur ces principes, par l'énoncé de quelques autres règles communes aux contraventions qui nous occupent.

1981. — Le délai de prescription court du jour où la contravention a été commise. S'il y a appel d'une décision qui relaxe le contrevenant, il ne court que du jour de la notification de l'appel. — Cons. d'Et., 8 janv. 1886, de Champigny et Gautheron, [D. 87.3.58]

1982. — Mais l'appel n'étant pas suspensif, la prescription d'une décision qui a condamné le contrevenant ne saurait courir au profit de celui-ci pendant les délais d'appel. — Cons. d'Et., 23 mai 1884, Clavé, [Leb. chr., p. 430, et les observations de M. le commissaire du gouvernement Le Vavasseur de Précourt.

1983. — L'amnistie peut effacer les contraventions comme elle pourrait effacer toute autre infraction. Mais l'amnistie accordée par le décret du 14 août 1869, pour les contraventions à la police du roulage, n'est pas applicable aux contraventions à la police des chemins de fer. — Aix, 26 nov. 1869, Albanès, [S. 71. 2.96, P. 71.326, D. 70.2.134] — V. *suprà*, n. 1340.

1984. — On ne doit point oublier que les dispositions de l'art. 66, C. pén., qui autorise les juges à acquitter les prévenus de moins de seize ans, lorsqu'ils ont agi sans discernement, s'applique aux infractions prévues et punies par les lois spéciales et, notamment, aux infractions aux lois et règlements sur la police et l'exploitation des chemins de fer. — Bordeaux, 11 mars 1891, Gaillardon et autres, [S. 91.2.164, P. 91.1.900]

1985. — Les concessionnaires ou fermiers d'un chemin de fer seront responsables, soit envers l'Etat, soit envers des particuliers, du dommage causé par les administrateurs, directeurs ou employés, à un titre quelconque, au service de l'exploitation du chemin de fer. L'Etat sera soumis à la même responsabilité envers les particuliers, si le chemin de fer est exploité à ses frais et pour son compte (L. 15 juill. 1845, art. 27).

1986. — Le principe de responsabilité écrit dans cet article n'a été l'objet d'aucune difficulté sérieuse; mais il n'en a pas été de même de la question de savoir si les personnes auxquelles la gestion ou administration du chemin de fer est confiée devaient être considérées comme des agents du gouvernement et si, par suite, pour exercer contre elle l'action en responsabilité dont elles étaient passibles, l'autorisation du gouvernement était nécessaire? Nous retrouverons cette question *infrà*, n. 2312 et 2332.

§ 3. *Règles particulières.*

1° *De la poursuite des contraventions.*

1987. — Les compagnies de chemins de fer ne peuvent pas agir en répression des contraventions de grande voirie. Ce droit n'appartient qu'à l'Etat. — Douai, 9 mars 1857, Chemin de fer du Nord, [S. 57.2.577, P. 58.623, D. 57.2.145] — Cons. d'Et., 18 août 1862, Chemin de fer de l'Ouest, [P. adm. chr., D. 63.3.27, Leb. chr., p. 708]; — 14 mars 1863, Chemin de fer de Ceinture, [S. 63.2.216, P. adm. chr., D. 63.3.27, Leb. chr., p. 257]; — 24 déc. 1863, Royer, [P. adm. chr., D. 64.3.39, Leb. chr., p. 891]; — 4 août 1864, Chemin de fer de l'Ouest, [Leb. chr., p. 735]; — 7 août 1874, Duluat, [Leb. chr., p. 850]

1988. — ... Que l'instance soit pendante devant le premier ou devant le deuxième degré de juridiction. Décidé, en conséquence, qu'une compagnie de chemin de fer est sans qualité pour déférer au Conseil d'Etat l'arrêté par lequel un conseil de préfecture a renvoyé un particulier des fins d'un procès-verbal dressé contre lui pour contravention à la loi du 15 juill. 1845. — Cons. d'Et., 12 janv. 1850, Cie du chemin de fer de Rouen au Hâvre, [S. 50.2.232, P. adm. chr., D. 50.3.17, Leb. chr., p. 40] — V. aussi Jousselin, *Servitudes d'utilité publique.*

1989. — ... Ou pour intervenir, devant le Conseil d'Etat, dans une instance *ayant pour objet la répression* d'une contravention commise par un particulier, à la loi du 15 juill. 1845, sur la police des chemins de fer. — Cons. d'Et., 12 mai 1853, Chauvin, [S. 54.2.151, P. adm. chr., D. 54.3.36, Leb. chr., p. 517]

1990. — Jugé également, en ce sens, qu'une compagnie de chemin de fer n'est pas recevable à intervenir dans un procès entre le ministre des Travaux publics et des particuliers poursuivis pour avoir laissé errer des bestiaux sur la voie publique, à l'effet de se faire rembourser une somme qu'elle aurait été condamnée précédemment à payer à un de ces particuliers pour défaut de gardiennage de sa part. — Cons. d'Et., 8 janv. 1886, de Champigny et Gautheron, [Leb. chr., p. 20]

1991. — Mais les compagnies sont recevables à intervenir pour obtenir la réparation du dommage que le fait incriminé leur aurait causé. — Cons. d'Et., 14 mars 1863, précité; — 7 août 1874, précité; — 5 févr. 1875, Cie du chemin de fer de l'Est, [S. 76. 2.305, P. adm. chr., D. 76.38, Leb. chr., p. 118] — 7 avr. 1876, Ministre des Travaux publics, [D. 76.3.83, Leb. chr., p. 386];

1992. — Elles peuvent également, si elles le préfèrent, porter directement leur demande en dommages-intérêts devant l'autorité compétente. — Cons. d'Et., 14 mars 1863, Gouy, [P. adm. chr., D. 63.3.27, Leb. chr., p. 259]

1993. — Sauf le cas d'intervention, c'est donc à tort qu'un conseil de préfecture mettrait en demeure une compagnie de chemin de fer de désigner un expert pour procéder à la vérification de l'état des clôtures. — Cons. d'Et., 28 mars 1890, Ministre des Travaux publics, [S. et P. 92.3.91, Leb. chr., p. 381]

1994. — Il faut conclure également du même principe, que les compagnies qui ne sont pas parties à l'instance ayant pour objet la répression des contraventions de grande voirie, ne sauraient être condamnées ni aux dépens de l'instance, ni à des dommages-intérêts à raison d'un procès auquel elles sont demeurées étrangères. — Cons. d'Et., 20 déc. 1872, Ministre des Travaux publics, [D. 73.3.55, Leb. chr., p. 751]; — 11 mai 1872, Dudonet, [Leb. chr., p. 297]; — 17 nov. 1876, Ministre des Travaux publics, [D. 78.5.94, Leb. chr., p. 827]; — 3 févr. 1882, Ministre des Travaux publics, [D. 83.5.70, Leb. chr., p. 130] — 23 mars 1888, Chemin de fer d'Orléans, [Leb. chr., p. 323] —

Sur le point de savoir qui doit supporter les dépens, si l'administration peut y être condamnée, si ce n'est pas le particulier auteur de l'infraction, au moins en ce qui concerne le fait contraventionnel, V. Cons. d'Et., 9 août 1851, Ajasson de Grandsagne, [Leb. chr., p. 582]; — 16 avr. 1851, dame Delier, [Leb. chr., p. 275] — Cons. préf. Seine, 29 avr. 1887, Préf. Seine, [D. 87.281]

1995. — Une compagnie ne pourrait donc pas être condamnée spécialement : 1° aux frais de l'expertise à laquelle il aurait été procédé, pour constater le mauvais état d'une clôture établie le long de la voie ferrée; 2° aux frais de mise en fourrière de vaches laissées sur la voie. — Cons. d'Et., 4 août 1864, Chemin de fer de l'Ouest, [Leb. chr., p. 735]

1996. — Mais, d'autre part, le ministre n'aura pas qualité pour demander au Conseil d'Etat la décharge de la condamnation aux frais de l'instance mise à la charge d'une compagnie de chemin de fer à l'occasion d'une contravention de grande voirie. — Cons. d'Et., 7 août 1883, Breton, [S. 85.3.51, P. adm. chr., D. 85.3.52, Leb. chr., p. 790]

1997. — Plus spécialement, lorsque, dans une contestation élevée devant le conseil de préfecture, entre une compagnie de chemins de fer et un particulier, à propos d'une contravention imputée à ce dernier, la compagnie a été condamnée aux dépens, c'est à elle et non au ministre des Travaux publics qu'il appartient de se pourvoir contre cette condamnation. Le ministre ne peut former dans ce cas qu'un pourvoi dans l'intérêt de la loi, s'il y a lieu, contre la disposition relative aux dépens. — Cons. d'Et., 23 juin 1882, Lehmann, [S. 84.3.43, P. adm. chr., et les observations de M. le commissaire du gouvernement Le Vavasseur de Précourt, D. 84.3.11, Leb. chr., p. 616]; — 22 mai 1885, Peyron, [S. 87.3.9, P. adm. chr. (2 arrêts), D. 86.3.121, Leb. chr., p. 560, et les conclusions de M. le commissaire du gouvernement Le Vavasseur de Précourt]; — même date, Podevin et Momméga, [*Ibid.*]

1998. — M. Picard (*op. cit.*, t. 2, p. 992), paraît cependant admettre l'opinion contraire avec d'autres arrêts plus anciens du Conseil d'Etat, dans le cas tout au moins où le pourvoi du ministre porterait tout à la fois sur la question de fond et sur la question des frais, parce que cette question, dit-il, est purement accessoire, et qu'elle doit nécessairement suivre le sort de la première. — Cons. d'Et., 24 déc. 1863, Boyer, [Leb. chr., p. 891]; — 17 nov. 1876, Champieux, [Leb. chr., p. 827]

1999. — Ne faudrait-il pas alors aussi distinguer entre le cas où les délais d'opposition ou d'appel seraient ou non expirés? La question ne paraît pas avoir été tranchée *in terminis*, car, en face de l'arrêt précité du 23 juin 1882 qui semble faire de la question des dépens une cause suffisante de pourvoi dans l'intérêt de la loi, nous en signalerons bientôt un autre qui paraît conçu dans un esprit tout à fait opposé. — V. *infrà*, n. 2004.

2000. — Il y a, d'ailleurs, certains cas dans lesquels il est vrai de dire que l'action de la compagnie ne peut être considérée que comme l'accessoire de celle du ministre, et c'est en se plaçant à ce point de vue qu'un arrêt a pu décider que, dans le cas où le ministre des Travaux publics a formé un recours devant le Conseil d'Etat contre un arrêté du conseil de préfecture renvoyant un particulier des fins d'un procès-verbal dressé contre lui pour contravention de grande voirie sur une voie ferrée, la compagnie du chemin de fer n'est pas recevable à intervenir dans l'instance pour réclamer à ce particulier des dommages-intérêts, en l'absence de conclusions du ministre tendant à faire ordonner la réparation du dommage. — Cons. d'Et., 8 janv. 1886, Cie du chemin de fer Paris-Lyon-Méditerranée, [S. 87.3.41, P. adm. chr., D. 87.3.58, Leb. chr., p. 20]

2001. — En principe, en effet, le recours contre les décisions des conseils de préfecture ne peut être formé que par les parties elles-mêmes ou par le ministre dans l'intérêt de la loi.

2002. — Il ne saurait être formé par la compagnie en cas de relaxe du particulier des fins du procès-verbal, soit que ce pourvoi fût basé sur la contravention elle-même, soit qu'il eût pour objet la réparation même du préjudice causé à la compagnie. — Cons. d'Et., 14 mars 1863, Chemin de fer de Ceinture, [P. adm. chr., D. 63.3.27, Leb. chr., p. 257] — Or, le droit d'intervention ne saurait être plus étendu à cet égard que le droit d'action. Par une raison analogue le propriétaire d'une ferme serait également sans qualité pour se pourvoir contre une condamnation prononcée contre son fermier. — Cons. d'Et., 17 nov. 1876, Mercier, [D. 78. 5.94, Leb. chr., p. 828]

2003. — Le pourvoi dans l'intérêt de la loi n'est pas lui-même toujours possible. Ainsi il ne saurait être fondé sur ce que le conseil de préfecture aurait mal apprécié les faits allégués. — Cons. d'Et., 17 nov. 1876, précité.

2004. — ... Ni même sur ce fait qu'une compagnie aurait été condamnée à des dommages-intérêts ou aux frais de l'instance, parce qu'alors ce serait l'intérêt privé de la compagnie, non l'intérêt public qui serait engagé. — V. observations du commissaire du gouvernement sous Cons. d'Et., 23 juin 1882, précité, et les arrêts cités *suprà*, n. 1997.

2004 bis. — Il a été jugé également que le ministre des Travaux publics n'est pas recevable à se pourvoir dans l'intérêt de la loi contre un arrêté du conseil de préfecture qui a renvoyé des fins du procès-verbal un particulier prévenu d'avoir coupé des arbres sur un terrain que le ministre soutient, contrairement à la décision du conseil de préfecture, faire partie des dépendances d'une voie ferrée, alors que la question litigieuse ne peut être résolue que par l'examen de la situation topographique spéciale à l'espèce. — Cons. d'Et., 3 janv. 1881, Ministre des Travaux publics, [Leb. 1881, p. 31]

2005. — Les recours au Conseil d'Etat contre les arrêtés des conseils de préfecture rendus en matière de contravention de grande voirie sont recevables sur papier non timbré. Il résulte, en effet, de l'art. 12, L. 21 juin 1865, qu'ils peuvent être formés sans frais. — Cons. d'Et., 13 juin 1867, Ducros, [Leb. chr., p. 568]

2006. — Pour les contraventions commises par les concessionnaires eux-mêmes aux clauses de leur cahier des charges, il va de soi qu'elles ne peuvent être poursuivies que par l'administration.

2007. — Il n'en est pas, au contraire, des contraventions aux arrêtés et règlements relatifs à la police des chemins de fer comme des contraventions de grande voirie. Les compagnies peuvent en poursuivre la répression en se portant partie civile, conformément aux règles du droit commun. — Toulouse, 17 mai 1889,

Chemin de fer du Midi, [S. 90.2.63, P. 90.1.441] — Féraud-Giraud, *op. cit.*, t. 3, n. 482. — *Contrà*, Cotelle, *op. cit.*, t. 2, n. 129.

2008. — A cet égard, nous ne pouvons que renvoyer à ces règles.

2° *De la compétence.*

2009. — Il résulte de la disposition contenue dans l'art. 11, L. 15 juill. 1845, que toutes les contraventions relevées à la charge des riverains ou des tiers par rapport au domaine public étant assimilées aux contraventions de grande voirie, sont de la compétence du conseil de préfecture.

2010. — C'est donc au conseil de préfecture qu'il appartient de connaître des anticipations, dépôts, excavations, etc., qui peuvent être effectués sur le chemin de fer ou ses dépendances ou aux environs du chemin de fer, en contravention à toutes les dispositions qui précèdent. — Cons. d'Et., 9 août 1851, Ajasson de Grandsagne, [P. adm. chr., Leb. chr., p. 583]

2011. — C'est également au conseil de préfecture, à l'exclusion du tribunal de police, qu'il appartient de connaître de l'action pour dégâts commis dans l'enceinte des chemins de fer par des animaux laissés à l'abandon et d'une façon plus générale de la contravention résultant de l'introduction d'animaux sur la voie ferrée. — Cass., 9 avr. 1858, Derbré, [S. 58.1.559, P. 58.1204, D. 58.5.59]

2012. — C'est encore à lui qu'il appartient de statuer sur une demande d'indemnité ayant pour cause la mort ou les blessures d'animaux qui ont pénétré sur la voie ferrée, en franchissant une palissade établie pour servir de jonction entre la barrière d'un passage à niveau et la haie voisine. Elles séparent, en effet, le chemin de fer non d'une propriété privée, mais d'un chemin public. — Trib. confl. (2 arrêts), 22 avr. 1882, Boulery, [S. 84.3.25, P. adm. chr., D. 83.3.60, Leb. chr., p. 382]; — même date, Martin et Merlin, [*Ibid.*]

2013. — Et il en est ainsi alors même que les propriétaires des bestiaux soutiendraient que ladite clôture était trop faible, insuffisante et sans aucune résistance, ou qu'elle était mal entretenue, ou qu'elle n'aurait pas été établie dans les conditions de solidité qui avaient été stipulées avec la compagnie, lors de la cession faite par le propriétaire des terrains nécessaires à la confection de la voie, ce qui constituerait l'inexécution d'un contrat purement civil. — Mêmes arrêts.

2014. — C'est également au conseil de préfecture qu'il appartient de connaître, par des motifs analogues, des contraventions commises par les concessionnaires. Il résulte en effet des art. 12 à 14, L. 15 juill. 1845, que les contraventions des concessionnaires de chemins de fer, aux clauses du cahier des charges et aux décisions rendues en exécution de ces clauses en ce qui concerne le service de la navigation, la viabilité ou le libre écoulement des eaux, doivent être poursuivies devant le conseil de préfecture.

2014 bis. — Jugé, en ce sens, que le conseil de préfecture est compétent pour statuer sur le fait, par une compagnie de chemin de fer, de n'avoir pas, contrairement à une clause de son cahier des charges, établi un aqueduc dont le préfet avait prescrit la construction, ou de n'avoir pas, présenté le projet des travaux à exécuter, en vertu d'un arrêté préfectoral, pour l'écoulement des eaux. — Cons. d'Et., 4 août 1876, Chemin de fer de Lille à Valencienne, [S. 78.2.310, P. adm. chr., D. 76.3.101, Leb. chr., p. 783]

2015. — On avait proposé, lors de la discussion à la Chambre des pairs, de déférer ces contraventions non au conseil de préfecture du lieu où l'acte avait été commis, mais au conseil de préfecture désigné par le cahier des charges pour le jugement des contestations entre l'Etat et la compagnie au sujet de l'exécution ou de l'interprétation du contrat. Mais cette extension de compétence n'a pas été admise. C'est donc d'après les règles ordinaires de la compétence *ratione personæ* que les conseils de préfecture seront appelés à en connaître.

2016. — Par contre, les contraventions aux dispositions qui n'ont pas le caractère de contravention de grande voirie ressortissent aux tribunaux ordinaires.

2017. — Conformément à cette distinction, il a été jugé, dans une espèce où des bestiaux s'étaient introduits sur une voie ferrée et avaient occasionné le déraillement d'un train, que la compagnie ne pouvait pas saisir le conseil de préfecture d'une demande tendant à obtenir réparation pour le préjudice subi par son matériel. — Cons. préf. Meuse, 28 mai 1881, Préfet de la Meuse, [Dauv., 1881, p. 157]

2018. — Il a été jugé également que le conseil de préfecture n'est pas compétent pour statuer sur un procès-verbal dressé à raison de l'introduction, par un passage à niveau, d'un camion attelé, sur la voie ferrée, qui avait été endommagée. Nous avons vu, en effet, que l'art. 40, L. 28 sept.-6 oct. 1791, a été abrogé par l'art. 479, § 11, C. pén., qui en reproduit les dispositions, et dont l'application appartient aux tribunaux judiciaires. Nous rappelons également à ce propos la distinction que nous avons faite entre les contraventions de grande voirie et les infractions de la loi sur la police du roulage. — Cons. d'Et., 3 févr. 1882, Ministre des Travaux publics, [Leb. chr., p. 136] — V. *suprà*, n. 1340.

2019. — Ces distinctions ont amené parfois la jurisprudence à se prononcer sur des solutions douteuses.

2020. — Ainsi il a été jugé que lorsqu'un conseil de préfecture a été saisi d'un procès-verbal de contravention à raison des dégradations que l'introduction d'un animal appartenant à un particulier sur une voie ferrée (dans l'espèce une vache), avait causées à cette voie où à ses dépendances, il ne pourrait se déclarer incompétent en se fondant sur ce qu'aux termes de l'art. 61, Ord. 15 nov. 1846, il est défendu à toute personne étrangère au service des chemins de fer, d'y introduire des animaux; que d'après l'art. 79 de la même ordonnance, les contraventions de cette nature sont poursuivies et réprimées conformément au tit. 3, L. 15 juill. 1845; et qu'aux termes de l'art. 21, L. 15 juill. 1845, leur répression est du ressort des tribunaux correctionnels. — Cons. d'Et., 18 août 1862, Dubourdonné, [D. 63.3.75, Leb. chr., p. 709]

2021. — Le conseil de préfecture doit statuer sur les contraventions de grande voirie consistant dans l'établissement d'ouvrages sur la voie ferrée, nonobstant le droit de servitude qui pourrait être invoqué par le contrevenant comme lui ayant été concédé par la compagnie concessionnaire du chemin. — Cons.

d'Et., 29 mars 1851, Chabanne et Drevet, [P. adm. chr., Leb. chr., p. 220] — V. *infrà*, n. 6319 et s.

2022. — ... Et nonobstant l'action qui aurait été introduite devant les tribunaux de commerce, par exemple par un propriétaire d'animaux en réparation du préjudice à lui causé par la mort de ces animaux au moment de leur introduction sur la voie. — Cons. d'Et., 20 janv 1888, Marié, [D. 89.3.30, Leb. chr., p. 77]

2023. — Il pourra être appelé à se prononcer alors même que des poursuites seraient intentées pour le même fait en vertu du Code pénal devant les tribunaux correctionnels. — Cons. d'Et., 9 août 1851, Ajasson de Grandsagne, [P. adm. chr., Leb. chr., p. 583] — V. d'ailleurs sur ce point, *infrà*, n. 6273 et s.

3° *Pénalités.*

2024. — Les contraventions commises au régime de la grande voirie par les tiers ou par les riverains, porte l'art. 11, L. 15 juill. 1845, seront punies d'une amende de seize à trois cents francs, sans préjudice, s'il y a lieu, des peines portées au Code pénal et au tit. 3 de la présente loi. Les contrevenants seront, en outre, condamnés à supprimer, dans le délai déterminé par l'arrêté du conseil de préfecture, les excavations, couvertures, meules ou dépôts faits contrairement aux dispositions précédentes. A défaut, par eux, de satisfaire à cette condamnation dans le délai fixé, la suppression aura lieu d'office, et le montant de la dépense sera recouvré contre eux par voie de contrainte, comme en matière de contributions publiques.

2025. — Sans vouloir entrer à cet égard dans des développements que ne comporte pas la matière, nous résumerons rapidement les principales décisions qui ont été rendues à l'occasion des chemins de fer.

2026. — La détermination d'une amende de seize à trois cents francs exclut l'application de toutes autres peines édictées par les lois ou règlements antérieurs sur la grande voirie ; du reste, elle laisse dans ces limites toute faculté aux conseils de préfecture de graduer l'amende, selon la gravité de la contravention. — Aucoc, *op. cit.*, n. 1624 ; Picard, *op. cit.*, t. 2, p. 987.

2027. — L'amende de seize à trois cents francs prononcée par l'art. 11, L. 15 juill. 1845, est-elle d'ailleurs applicable seulement aux contraventions spéciales aux chemins de fer, qui sont prévues par les art. 3 et s. de cette loi, ou bien est-elle applicable aussi aux contraventions générales pour lesquelles l'art. 2 renvoie aux lois et règlements sur la grande voirie? La question s'est posée devant le Conseil d'Etat; mais elle n'a pas été résolue. — Cons. d'Et., 9 août 1851, précité.

2028. — La peine, en principe, ne peut être prononcée que contre les contrevenants. Jugé d'ailleurs, à cet égard, que les sous-traitants d'une compagnie de chemin de fer ne sont pas fondés à prétendre que cette compagnie est seule responsable, vis-à-vis de l'Etat, d'une contravention de voirie par eux commise dans l'exécution de leurs travaux. Les poursuites sont, dans ce cas, valablement dirigées à la fois contre les sous-traitants et contre la compagnie comme civilement responsable. — Cons. d'Et., 13 mars 1867, Piot, [S. 68.2.156, P. adm. chr., Leb. chr., p. 269] — V. *suprà*, n. 1444 et 1985.

2029. — Si les contraventions commises par les concessionnaires sont assimilables, quant à la procédure à suivre, aux contraventions de grande voirie, il n'en est pas de même des pénalités édictées.

2030. — Les contraventions prévues à l'art. 12 seront punies d'une amende de 300 fr. à 3,000 fr., dit l'art. 14 de la loi.

2031. — L'administration pourra, d'ailleurs, prendre immédiatement toutes mesures provisoires pour faire cesser le dommage, ainsi qu'il est procédé en matière de grande voirie. Ce n'est que l'application ordinaire des règles applicables aux contraventions en matière de grande voirie. « Les frais qu'entraînera l'exécution de ces mesures seront recouvrés, contre le concessionnaire ou fermier, par voie de contrainte, comme en matière de contributions publiques » (L. 15 juill. 1845, art. 15).

2032. — L'art. 21, L. 15 juill. 1845, porte de son côté : « Toute contravention aux ordonnances royales portant règlement d'administration publique sur la police, la sûreté et l'exploitation du chemin de fer et aux arrêtés pris par les préfets sous l'approbation du ministre des Travaux publics, sera punie d'une amende de 16 à 3,000 fr. »

2033. — En matière de contravention de grande voirie, le conseil de préfecture ne doit pas se borner à prononcer la peine de l'infraction, il doit encore ordonner la suppression des ouvrages faits en contravention. Il est remarquable que la loi ne mentionne pas les *constructions* et *plantations* parmi les différents ouvrages que les contrevenants pourront être condamnés à supprimer; mais il n'en faudrait pas conclure que les conseils de préfecture n'aient pas le droit d'ordonner la suppression de ces constructions ou plantations, comme de tous autres ouvrages faits en contravention. Tout au contraire, c'est parce que cette suppression a paru de droit commun en matière de grande voirie, que l'on n'a pas cru devoir en parler ici. A la séance de la Chambre des pairs du 3 avr. 1844, le rapporteur, lors du vote de l'art. 11, demanda s'il ne faudrait pas ajouter dans l'article les mots *constructions* et *plantations;* le ministre des Travaux publics répondit : « Du moment qu'on a renvoyé à la législation déjà existante pour les alignements et les plantations, nous pouvons laisser le paragraphe tel qu'il est. Dans le système de la commission, où l'on faisait un code à nouveau sans renvoyer à la législation antérieure (V. *suprà*, note 2), il était indispensable d'insérer la suppression des constructions et plantations. Mais elle résulte pour nous de l'arrêté de 1765, auquel nous avons renvoyé. »

2034. — Il est bien évident, d'ailleurs, que s'il s'agit de constructions élevées sans que le riverain ait demandé l'alignement et qu'il soit reconnu après vérification que ces constructions satisfont aux conditions prescrites par les lois et règlements, il ne saurait être question d'en ordonner la suppression.

2035. — Ce sont là, d'ailleurs, les seules pénalités édictées par la loi; celles qui se trouvaient édictées par les anciens règlements, confiscation des matériaux, des bestiaux, etc., ont définitivement disparu de nos lois. — Sur le droit d'insertion dans les journaux, V. Aix, 26 nov. 1869, précité.

2036. — Les peines portées au Code pénal et au titre 3 de la présente loi, auxquelles fait allusion l'art. 11, ne sont évidemment pas de la compétence des conseils de préfecture, qui sont même tenus, aux termes de l'art. 114, Décr. 16 déc. 1811, de renvoyer aux tribunaux ordinaires la connaissance des crimes ou délits qui peuvent accompagner les contraventions de grande voirie. Les peines dont il s'agit ici (celles portées par le Code pénal et par le titre 3 de la présente loi) ne peuvent donc être appliquées que par les tribunaux de police correctionnelle, et par les cours d'assises. Du reste, ainsi que le dit l'article ci-dessus, elles peuvent être prononcées indépendamment de l'amende de 16 à 300 fr. Il n'y a là rien de contraire à la règle de l'art. 27 de la présente loi, qui défend le *cumul* des peines : cet article ne défend le cumul que pour les peines des crimes ou délits compris dans la même poursuite; mais il ne s'occupe pas des contraventions, ni des amendes auxquelles elles peuvent donner lieu, et qui sont bien plutôt des réparations civiles que des peines proprement dites. — V. *suprà*, n. 1969 et s.

CHAPITRE IV.

CONTRÔLE ET SURVEILLANCE DES CHEMINS DE FER.

Section I.

Règles générales.

2037. — Le contrôle et la surveillance des chemins de fer s'exercent par un certain nombre d'agents placés sous l'autorité des ministres des Travaux publics (contrôle technique et commercial), de l'Intérieur (commissaires spéciaux de police), et des Finances (inspection des finances) et ont pour but d'assurer :

1° Le bon établissement et le bon fonctionnement au point de vue technique des moyens de communication.

2° La régularité des opérations financières des compagnies, particulièrement dans leurs rapports avec l'Etat.

3° Le développement progressif et économique des transports commerciaux.

4° La sécurité et le bon ordre de la circulation.

2038. — Jusqu'en 1846, il ne fut pas question, à proprement parler, du contrôle de l'exploitation des chemins de fer. Les premières lignes qui avaient été créées n'ayant qu'un caractère industriel, il avait paru suffisant d'en donner la surveillance aux ingénieurs des mines et des ponts et chaussées de la région, sous l'autorité des préfets. — Picard, *op. cit.*, t. 1, p. 615.

2039. — Ce n'est qu'après l'établissement des chemins de fer de Saint-Germain et de Versailles qu'on voit apparaître la distinction de la surveillance en deux branches, surveillance de l'exploitation proprement dite et surveillance des terrassements et des ouvrages d'art; la première, confiée à un ingénieur des mines, la seconde, à un ingénieur des ponts et chaussées. —

Picard, *loc. cit.* — Instr. d'avr. 1881, sur l'organisation du service du contrôle des chemins de fer (*Rec. Lois, Ord.*, 2ᵉ sér., t. 1, p. 81.

2040. — En 1842, se trouve constituée la première commission auprès de l'administration centrale.

2041. — En 1843, on remet à la préfecture de police la centralisation des questions commerciales proprement dites, et particulièrement l'élaboration des tarifs.

2042. — En 1844, on crée un service de police proprement dit qu'on confie à des commissaires spéciaux.

2043. — En 1846 (Ord. du 15 novembre), les différents services qui constitueront désormais les bases fondamentales de l'organisation du contrôle sont l'objet d'une réglementation générale. C'est le premier règlement d'ensemble sur la matière.

2044. — A la suite de modifications de détails continuelles, nécessitées par le développement incessant des chemins de fer, il paraît utile de refondre de nouveau à certaines époques tous les documents relatifs à cet important sujet : c'est l'objet de l'arrêté du 15 avr. 1850, de la circulaire du mois d'avril 1881 (*Rec. Lois, Ord.*, 2ᵉ sér., 1 vol., p. 81), des instructions du 15 oct. 1881 (*Même rec.*, p. 346 et s.); du 20 juill. 1886 (*Même rec.*, 3ᵉ vol., p. 116); du 16 mai 1889, calquée sur celle du 15 oct. 1881 qu'elle annule et qu'elle remplace (*eod. loc.*, p. 210).

2045. — Aujourd'hui encore, on paraît être à la veille d'une réforme générale des mesures réglementaires relatives à ce sujet, et un projet de décret est actuellement soumis au Conseil d'Etat ou à l'étude au ministère des Travaux publics.

2046. — En étudiant chacun des services dont se composent le contrôle et la surveillance de l'Etat dans l'ordre que nous avons indiqué, nous nous efforcerons de retracer fidèlement les différentes phases de leur organisation et nous marquerons les tendances modernes.

2047. — D'une façon générale, c'est la compagnie qui est tenue de supporter les frais de contrôle. Les frais de visite, de surveillance et de réception des travaux, dit à cet égard l'art. 67 du cahier des charges, et les frais de contrôle de l'exploitation seront supportés par la compagnie. Ces frais comprendront le traitement des inspecteurs ou commissaires.

2048. — Afin de pourvoir à ces frais, la compagnie sera tenue de verser chaque année à la caisse centrale du Trésor public une somme de 120 fr. par chaque kilomètre de chemin de fer concédé. Toutefois, cette somme sera réduite à 50 fr. par kilomètre pour les sections non encore livrées à l'exploitation. Dans lesdites sommes n'est pas comprise une somme déterminée par l'art. 58 du même cahier des charges, pour frais de contrôle du service télégraphique de la compagnie par les agents de l'Etat.

2049. — Si la compagnie ne verse pas les sommes ci-dessus réglées aux époques qui auront été fixées, le préfet rendra un rôle exécutoire, et le montant en sera recouvré comme en matière de contributions publiques.

2050. — Les anciens cahiers des charges contenaient déjà des stipulations analogues. Mais on s'était demandé si les lois et ordonnances de 1845 et de 1846 n'avaient pas modifié ces règles. La négative a prévalu en jurisprudence.

2051. — On a pu décider, en ce sens, que l'obligation imposée aux compagnies des chemins de fer de Paris à Saint-Germain et à Versailles (rive droite) par leurs cahiers des charges, de supporter les dépenses qu'entraîne l'exécution des mesures nécessaires à la police, à la sûreté, à l'usage et à la conservation des chemins dont elles sont concessionnaires comprend celle de supporter également les frais de traitement des commissaires de police préposés par l'Etat à la surveillance desdits chemins, ainsi que ceux de leurs agents. — Cons. d'Et., 17 mai 1850, Cie des chemins de fer de Paris à Saint-Germain et à Versailles (rive droite), [P. adm. chr., Leb. chr., p. 453] — V. aussi pour la jurisprudence antérieure à 1845 : Cons. d'Et., 3 sept. 1844, Chemin de fer du Gard, [S. 45.2.122, P. adm. chr., D. 45.3.72, Leb. chr.]

2051 *bis*. — ... Que les frais de police et de surveillance des chemins de fer du Gard devaient être maintenus à la charge de la compagnie concessionnaire desdits chemins de fer et être acquittés par ladite compagnie en vertu des obligations précédemment acceptées par elle et non modifiées par les lois ultérieures qui résultaient pour elle d'un arrêt antérieur du Conseil d'Etat. — Cons. d'Et., 8 févr. 1855, Chemin de fer du Gard, [Leb. chr., p. 112]

2052. — En l'absence même de toute disposition analogue, nous avons vu *suprà*, n. 245 qu'il paraissait naturel de dire que tout ou partie des frais étant fait particulièrement dans l'intérêt des compagnies, c'était à elles qu'ils devaient incomber.

2053. — Aux termes des conventions du 11 janv. 1859 avec les grandes compagnies, il avait été stipulé que la somme de 120 fr. fixée par le cahier des charges pourrait être élevée par décret délibéré en Conseil d'Etat, la compagnie préalablement entendue, à un chiffre n'excédant pas 150 fr.

2054. — Il fut entendu, d'autre part, lors des conventions de 1883, que la redevance afférente aux lignes qui faisaient l'objet de ces contrats ne serait due que pour les lignes en exploitation et seulement à partir du 1er janvier qui suivrait leur ouverture.

2055. — Il importe de remarquer la formule employée par le cahier des charges pour caractériser le recouvrement des rôles, le cas échéant : « Le montant en sera recouvré comme en matière de contributions *publiques* ». Ces mots sont évidemment synonymes de contributions directes.

2056. — Il a été jugé, en ce sens, qu'à moins de dispositions spéciales et expresses, toutes les taxes perçues pour le compte de l'Etat devaient être recouvrées comme en matière de contributions directes et qu'aucune disposition ne prescrivant un autre mode de recouvrement pour les frais de police de chemins de fer, c'est à bon droit qu'on avait pu délivrer contre un chemin de fer une contrainte et un commandement. — Cons. d'Et., 8 févr. 1855, précité.

2057. — On ne doit transmettre au contrôle les vœux d'aucune assemblée élue (Circ. 6 nov. 1888, *Rec. Lois, Ord.*, 2e sér., t. 3, p. 510).

2058. — Les compagnies devront soumettre à l'approbation du ministre des Travaux publics leurs règlements relatifs au service et à l'exploitation des chemins de fer (art. 60, Ord. 15 nov. 1846).

2059. — Les dispositions de ces règlements pouvant se rapporter à des objets placés dans les attributions des divers ordres d'agents préposés à la surveillance de l'exploitation, il convient, avant de les envoyer au ministre, de prendre préalablement l'avis de ceux de ces agents qu'ils concernent spécialement (Instr. 31 déc. 1840).

2060. — On trouve ces dispositions reproduites et même commentées dans la plupart des cahiers des charges, dont l'article 33 est ainsi conçu : « La compagnie sera tenue de soumettre à l'approbation de l'administration les règlements relatifs au service et à l'exploitation du chemin de fer. »

2061. — Les règlements dont il s'agit sont obligatoires non seulement pour la compagnie concessionnaire, mais encore pour toutes celles qui obtiendraient ultérieurement l'autorisation d'établir des lignes de chemins de fer d'embranchement ou de prolongement, et, en général, pour toutes les personnes qui emprunteraient l'usage du chemin de fer (cahier des charges, art. 33, § 4).

2062. — Sur la force obligatoire de ces règlements, V. notamment Cass., 6 août 1879, Chemin de fer d'Orléans, [D. 80.5.57]; — 14 janv. 1880, Chemin de fer d'Orléans, [S. 80.1.315, P. 80.749, D. 80.1.160]; — 29 nov. 1881, Chemin de fer de Paris-Lyon-Méditerranée, [S. 82.1.132, P. 82.1.284, D. 81.5.52]; — 3 mai 1882, Chemin de fer des Dombes, [D. 83.1.21]; — 17 mai 1882, Chemin de fer des Dombes, [S. 82.1.478, P. 82.1.1134, D. 83.1.21]; — 23 août 1882, Chemin de fer de Paris-Lyon-Méditerranée, [D. 83.1.127]; — 17 juill. 1883, Chemin de fer du Nord, [D. 84.5.66]

2063. — Il résulte de là qu'ils doivent être strictement appliqués, et qu'on ne peut, sous prétexte d'interprétation, ajouter aux obligations imposées soit aux compagnies, soit à ceux qui traitent avec elles.

2064. — ... Et que lorsque l'autorité publique se les est appropriés, il est interdit aux compagnies d'y déroger par aucune convention, expresse ou tacite.

2065. — V. aussi un arrêt de la Cour de cassation du 4 août 1870, d'où il résulte que l'inobservation des règlements des compagnies de chemins de fer, régulièrement pris, sous l'approbation du ministre, pour l'exécution de l'ordonnance réglementaire du 15 nov. 1846, constitue une contravention réprimée par l'art. 21, L. 15 juill. 1845, et non un simple manquement à un règlement de service intérieur, affranchi de sanction pénale. — Cass., 4 août 1870, Lamouroux, [S. 71.1.259, P. 71.773]

2066. — Il en est ainsi, spécialement, de l'inobservation de la disposition du règlement d'une compagnie portant que les commissaires de surveillance seront immédiatement informés des accidents ou déraillements qui entraînent des dérangements dans le service des trains. — Même arrêt.

Section II.

Organisation du service des chemins de fer au ministère des Travaux publics.

2067. — C'est sous l'autorité principale du ministre des Travaux publics que se trouve placé, avons-nous dit, à quelques exceptions près, le service de contrôle technique et commercial de l'exploitation des chemins de fer. Il convient donc d'abord d'étudier l'organisation des chemins de fer au ministère.

2068. — Les services des chemins de fer constituent actuellement une direction unique comprenant trois divisions (Décr. 31 déc. 1883 et Circ. 20 févr. 1888 (*Rec. Lois, Ord.*, 2ᵉ série, t. 3, p. 383), qui ont supprimé la division du contrôle des comptes des compagnies et de la statistique).

2069. — La première division se subdivise en trois bureaux. Le premier a pour objet les questions générales relatives à la construction des chemins de fer et aux concessions en France et en Algérie; l'étude des lignes non déclarées d'utilité publique; l'instruction des avant-projets; la poursuite des déclarations d'utilité publique; la préparation des actes de concession; l'organisation des chemins de fer algériens, celle des réseaux secondaires et des chemins de fer d'intérêt local; la préparation du budget de la construction des chemins de fer; la surveillance des émissions d'obligations par les compagnies d'intérêt général et d'intérêt local; le contrôle de la construction des chemins de fer industriels établis par voie de concession de l'Etat; les questions relatives à la déclaration d'utilité publique, à la construction et à l'exploitation des tramways.

2070. — Dans le second se poursuivent : la vérification des comptes des compagnies et de l'imputation de leurs dépenses; les affaires relatives à la garantie d'intérêt, au partage de l'Etat dans les bénéfices, à l'exécution des clauses financières stipulées par les actes de rachat; à la statistique financière des chemins de fer français; au relevé et au classement méthodique des actes législatifs en vigueur; aux publications concernant ces différents services.

2071. — Le troisième bureau centralise et coordonne les renseignements statistiques concernant la législation, la construction, l'exploitation et la situation financière des chemins de fer d'intérêt général, des chemins de fer industriels, des embranchements particuliers et des chemins de fer d'intérêt local; il réunit et publie les documents statistiques français et étrangers relatifs aux chemins de fer, il exécute et revise la carte des chemins de fer.

2072. — La seconde division comprend deux bureaux. Dans le premier se traite la construction de toutes les lignes nouvelles sur les réseaux du Nord, de l'Est, de l'Ouest, de Paris-Lyon-Méditerranée, les travaux à exécuter sur les lignes en exploitation de ces divers réseaux et des chemins de fer de grande et de petite ceinture, les embranchements et les raccordements industriels, les questions contentieuses concernant ce service.

2073. — Au second sont dévolues les questions concernant les chemins de fer déclarés d'utilité publique et non concédés, études et travaux; celles qui touchent à la construction de lignes nouvelles sur les réseaux de l'Etat, d'Orléans et du Midi, les travaux à exécuter sur les lignes en exploitation de ces divers réseaux, les embranchements et raccordements industriels, les questions contentieuses concernant ce service.

2074. — La troisième division a, enfin, dans trois bureaux, les attributions suivantes : premier bureau : surveillance de l'exploitation commerciale; tarifs; frais accessoires; vœux des conseils généraux; réclamation des chambres de commerce et du public.

2075. — Deuxième bureau : surveillance de l'exploitation technique; actes de service relatifs à la marche des trains; règlements d'exploitation; trains extraordinaires; police des gares; accidents et contraventions; recours en grâce; vœux des conseils généraux et réclamations du public.

2076. — Troisième bureau : transports de l'administration de la guerre, de la marine, de l'intérieur, des finances, etc.; transport de matières explosibles ou inflammables; conventions internationales; traités d'exploitation entre les compagnies; embranchements particuliers; classification et réglementation des passages à niveau; services extérieurs des compagnies (omnibus, factage, camionnage); inventaire; contrôle spécial des chemins de fer de l'Etat; réclamations et affaires diverses.

2077. — Cette répartition des services est loin d'avoir été toujours uniforme. Mais il serait sans intérêt de mentionner les différentes phases par lesquelles elle a passé. Nous nous bornerons à rappeler seulement qu'à certain moment, au lieu d'une direction, il y en eut deux : exploitation et construction. — V. Décr. 29 déc. 1881 et 17 oct. 1882. — ... Qu'à d'autres moments, les services, au lieu d'être placés entre les mains d'un directeur des chemins de fer, furent confiés à un sous-secrétaire d'Etat (Décr. 29 déc. 1881).

2078. — Le ministre communique avec les compagnies, soit par voie de circulaires adressées directement aux administrateurs, soit par voie de décisions qui étaient toutes transmises autrefois par l'intermédiaire des commissaires de surveillance.

2079. — D'après une circulaire du 24 janv. 1884, les décisions ministérielles urgentes sont notifiées directement aux compagnies.

Section III.

Organes du contrôle.

2080. — Le contrôle et la surveillance de l'administration s'exercent par deux sortes d'organes :

1° Des comités et des commissions pour la plupart institués

auprès de l'administration centrale et investis d'un pouvoir de délibération.

2° Des agents actifs ou d'exécution placés auprès des différents réseaux.

§ 1. *Organes délibérants.* — *Comités et commissions.*

2081. — Le ministre est entouré de comités et de commissions diverses qui ont pour objet de l'éclairer sur les questions de son département et dont il peut ou doit, suivant les cas, prendre l'avis.

Ces commissions sont actuellement :

1° Le conseil général des ponts et chaussées pour tout ce qui a trait aux travaux et à la conservation du domaine du chemin de fer ;

2° Le conseil général des mines pour certaines questions spéciales ;

3° Le comité consultatif pour l'exploitation commerciale ;

4° Le comité de l'exploitation technique ;

5° Le comité général du contrôle ;

6° La commission des appareils à vapeur.

2081 *bis*. — Des comités régionaux dont nous ferons connaître le mécanisme *infrà*, n. 2113, complètent cette organisation.

1° *Commissions centrales.*

2082. — Indépendamment des comités et commissions institués au ministère et dont il a été question au numéro précédent, il y en eut d'autres dont nous devons dire quelques mots ; nous devons faire connaître aussi très-rapidement l'origine et le développement de chacun d'eux.

2083. — I. *Notions générales et historiques.* — Nous ne nous attarderons pas à parler du conseil général des ponts et chaussées ni du conseil général des mines. Ce sont là deux assemblées dont les attributions ne sont pas spéciales aux chemins de fer. Nous ne ferons connaître que celles de ces attributions qui les concernent plus particulièrement.

2084. — Le premier de tous les comités organisés pour l'étude des questions de chemin de fer paraît avoir été celui qui fut désigné sous le nom de *section technique des chemins de fer* par l'ordonnance du 23 déc. 1838 (S. *Lois annotées*, 2ᵉ sér., p. 509), et qui se composa d'inspecteurs généraux des ponts et chaussées et plus tard d'inspecteurs divisionnaires des chemins de fer créés par l'ord. du 22 juin 1842 (S. *Lois annotées*, 2ᵉ sér., p. 723).

2085. — Avec cette commission fut nommée, vers la même époque (22 juin, 13 août 1842, S. *Lois annotées*, 2ᵉ sér., p. 723), une *commission administrative pour la révision et le contrôle des documents statistiques sur les chemins de fer*. Ces dates indiquent suffisamment les besoins auxquels répondait cette institution.

2086. — Puis on voit apparaître en 1847, organisée par une ord. du 6 avril (S. *Lois annotées*, 1847, p. 21), une *commission générale des chemins de fer* divisée en quatre sections : 1° tracé ; 2° exploitation technique ; 3° exploitation commerciale ; 4° règlements.

2087. — Cette commission fut remplacée, le 29 juill. 1848 (cité par Picard, t. 2, p. 154), par une *commission centrale des chemins de fer*. Elle se composait de quinze membres chargés spécialement de l'étude et du choix des tracés, de l'établissement de la voie de fer et de ses accessoires, des questions relatives au matériel, à l'exploitation technique et commerciale, à l'établissement des gares et stations, aux règlements de police, aux lois et cahiers des charges des concessions.

2088. — La création de ces commissions n'enlevait rien au conseil général des ponts et chaussées, qui resta investi des questions relatives à l'expropriation des terrains, à l'exécution des terrassements et ouvrages d'art, et au règlement des comptes d'entreprise.

2089. — La commission centrale fut elle-même remplacée, le 30 nov. 1852 (Picard, *loc. cit.*), par un *comité consultatif* composé de dix-sept membres, sous la présidence du ministre, et exerçant les attributions antérieurement dévolues à cette commission.

2090. — Nous aurons l'occasion de parler bientôt d'un décret du 17 juin 1854 (S. *Lois annotées*, 1854, p. 135), qui institua des inspecteurs généraux des chemins de fer. Dès leur institution, ces fonctionnaires reçurent, avec le titre de membres du comité consultatif des chemins de fer, la mission de former une section permanente de ce comité pour toutes les questions commerciales et financières. La section devait être présidée par le ministre ou, à son défaut, par le directeur des chemins de fer.

Elle donnait son avis :

1º Sur l'état des tarifs et leur application ;

2º Sur les traités particuliers et les conventions internationales relatives à l'exploitation ;

3º Sur les émissions d'obligations par les compagnies ;

4º Sur les questions de prêt, de subvention, de garantie d'intérêt, de partage des bénéfices entre les compagnies et l'Etat.

2091. — En continuant à suivre l'ordre chronologique, on voit créer en 1864 (arrêté du 28 juin, cité par Picard, *loc. cit.*) une *commission spéciale et permanente*, ayant à sa tête un inspecteur général des mines, président, et un inspecteur des ponts et chaussées, vice-président, chargée de donner son avis sur les inventions destinées à prévenir les accidents, sur les règlements d'exploitation, ainsi que sur les diverses questions techniques qui lui seraient déférées par l'administration supérieure. — Picard, *op. cit.*, t. 2, p. 155.

2092. — Le 10 févr. 1871 (arrêté ministériel, cité par Picard, *loc. cit.*), le comité consultatif est supprimé.

2093. — Il est remplacé, le 6 janv. 1872 (Picard, *eod. loc.*), par *une commission centrale*, composée de membres de l'administration centrale, d'inspecteurs généraux, de délégués des ministères de la Guerre, des Finances, de l'Intérieur et du Commerce, d'un membre de la chambre de commerce de Paris ; les inspecteurs généraux du contrôle y avaient voix consultative dans les affaires de leur service. En mars 1872, on y admet également avec voix consultative les inspecteurs généraux des chemins de fer.

2094. — Deux arrêtés ministériels, des 11 et 16 août 1877 (Picard, *eod. loc.*), augmentent le nombre des membres de cette commission et précisent ses attributions en lui conférant les questions relatives aux taxes, aux concessions et cahiers des charges, à l'emplacement des gares, à l'exploitation technique et commerciale.

2095. — La commission centrale disparaît à son tour le 31 janv. 1878, et deux décrets rendus à cette date (S. *Lois annotées*, 1878, p. 286) mettent à sa place : 1° *un conseil supérieur des voies de communication;* 2° *un comité consultatif des chemins de fer*.

2096. — Le conseil supérieur des voies de communication, placé sous la présidence du ministre, se composait de huit membres du Sénat, de huit membres de la Chambre des députés, de seize membres de l'administration, de seize membres représentant l'industrie, le commerce et l'agriculture. Il était appelé « à délibérer sur les questions intéressant le régime des voies ferrées ou navigables, l'ouverture des voies nouvelles de communication, le transit international, etc. ». — Picard, *loc. cit.*

2097. — Le comité consultatif des chemins de fer, dont le nombre des membres ne devait pas être inférieur à douze et ne devait pas dépasser quinze, était recruté dans le sein du Conseil d'Etat, du corps des ponts et chaussées, du corps des mines, et des administrations des finances, de l'agriculture et du commerce. Il était obligatoirement consulté sur la marche générale des trains, l'homologation des tarifs, la rédaction et l'interprétation des lois et règlements, les actes de concession et le cahier des charges, les rapports des compagnies entre elles et avec les concessionnaires des chemins d'embranchement et de prolongement, les traités passés par les compagnies et soumis à l'approbation du ministre.

2098. — Un arrêté du 19 déc. 1878 (Picard, *loc. cit.*), créa au sein du conseil général des ponts et chaussées une *section de l'exploitation des chemins de fer*, composée d'inspecteurs généraux du contrôle.

2099. — Mais cette section se fond bientôt avec la commission des inventions dont il a été parlé plus haut dans le comité de *l'exploitation technique* créé par arrêté du 25 janv. 1879 (cité par Picard, *op. cit.*, p. 156). Ce comité, composé de seize membres recrutés parmi des inspecteurs généraux du contrôle, des représentants du ministre de la Guerre et des compagnies, les corps des ponts et chaussées et des mines, était chargé de donner son avis : sur les règlements généraux et spéciaux de l'exploitation, l'application et l'interprétation de ces règlements sur la police des gares et de leurs cours, ainsi que sur le classement et la réglementation des passages à niveau; sur l'entretien et le perfectionnement du matériel fixe et du matériel roulant; sur les modifications et améliorations dans le marché et dans le service des trains; sur les accidents, la recherche de leurs causes et les moyens d'en prévenir le retour; sur les inventions concernant les chemins de fer.

2100. — Lorsque nous aurons mentionné : 1° un *comité général du contrôle,* institué au ministère des Travaux publics par arrêté du 20 juill. 1886 (*Rec. Lois, Ord.*, 2ᵉ sér., t. 3, p. 116), placé sous la présidence du ministre et la vice-présidence du directeur des chemins de fer, et appelé à délibérer sur les questions générales et intéressant le service du contrôle; 2° la création d'une *commission* des chemins de fer par décret du 7 oct. 1882; 3° la fusion en une commission unique, par décret du 28 mars 1883 (S. *Lois annotées*, 9ᵉ sér., p. 734) de toutes les commissions chargées précédemment de l'examen des comptes des compagnies de chemin de fer, il ne nous restera plus, pour en terminer avec l'histoire et l'organisation des commissions, qu'à faire connaître les modifications subies par le comité consultatif des chemins de fer et le comité de l'exploitation technique.

2101. — II. *Comité consultatif des chemins de fer.* — Les textes qui ont transformé successivement la composition et les attributions de ce comité sont les suivants :

2102. — ... Un décret du 24 nov. 1880 (S. *Lois annotées*, 2ᵉ sér., p. 1), qui porte le nombre ses membres à trente, dont vingt-six nommés par décret et quatre membres de droit, et décide qu'indépendamment de ses attributions précédentes, il devra être consulté sur les demandes en autorisation d'émission d'obligations; sur les demandes d'établissement de stations ou de haltes sur les lignes en exploitation, sur l'organisation et les conditions générales de l'exploitation des chemins de fer non concédés en dehors des réseaux des chemins de fer de l'Etat. Le même décret charge ces deux comités de l'examen des affaires les moins importantes.

2103. — ... Un décret du 20 mars 1882, qui donne à chacun des ministres de l'Agriculture et du Commerce un représentant au sein de ce comité, et déclare qu'en sont membres de droit : le directeur des chemins de fer, le directeur des routes, le directeur du personnel, le chef de division de l'exploitation.

2104. — ... Des décrets du 21 févr. 1885, 10 févr. 1886 (S. Lois annotées, 10ᵉ sér., p. 323) et 28 oct. 1886 (*eod. loc.*, p. 324), relatifs à des modifications de détail et spécialement au nombre des vice-présidents, à l'effet de la mise à la retraite des fonctionnaires composant le comité, à la nomination comme membre de droit du comité du directeur général des douanes.

2105. — ... Un décret du 7 sept. 1887 (S. *eod. loc.*, p. 324), qui a réorganisé de nouveau le comité en portant à trente-six le nombre de ses membres, dont quatre de droit (Directeur des chemins de fer, des routes, du personnel au ministère des Travaux publics, des douanes), et trente-deux nommés par décret (trois sénateurs, six députés, quatre membres du Conseil d'Etat, trois membres de la chambre de commerce de Paris, deux représentants du ministère des Finances, un représentant du ministère du Commerce et de l'Industrie, un représentant du ministère de la Guerre, trois membres du corps des ponts et chaussées, un membre du corps des mines, un administrateur des compagnies de chemins de fer, deux membres de la société des ingénieurs civils, deux représentants de sociétés industrielles, un entrepreneur de travaux publics, un ouvrier ou employé des compagnies de chemin de fer), — fixé à deux ans les fonctions des membres du comité, et réglé le nombre de ses séances. — V. Bull. min. Trav. publ., 1887, t. 4, p. 208.

2106. — ... Un décret du 29 oct. 1887, augmentant le nombre des membres du comité (S. *eod. loc.*).

2107. — ... Un décret du 4 janv. 1888, donnant voix délibérative au secrétaire (*Rec. Lois, Ord.*, 2ᵉ sér., t. 3, p. 345).

2108. — ... Un décret du 14 août 1888, portant à trente-sept le nombre des membres du comité (un représentant de sociétés industrielles) (Même recueil, *eod. loc.*, p. 464).

2109. — ... Un décret du 19 déc. 1889 (Même recueil, 2ᵉ sér., t. 4, p. 103), réorganisant de nouveau le comité et portant le nombre de ses membres à quarante-cinq (quatre sénateurs au lieu de trois, huit députés au lieu de six, six membres du Conseil d'Etat, le président du tribunal de commerce de la Seine, trois représentants du ministère du Commerce au lieu d'un, un représentant du ministère de l'Instruction publique, trois représentants du commerce, un représentant de l'industrie), etc.

2109 bis. — ... Un décret du 10 mars 1892, qui a porté de quatre à cinq le nombre des membres de droit de ce comité, en y comprenant le directeur des chemins de fer de l'Etat.

2110. — III. *Comité de l'exploitation technique.* — Les principaux textes relatifs à ce comité, en dehors de ceux que nous avons précédemment indiqués, sont : 1° Arrêté du 13 févr. 1882 (cité par Picard, *op. cit.*, t. 3, p. 183), qui modifie les art. 2 et 4 de celui du 25 janv. 1879.

2111. — 2° Arrêté du 24 nov. 1887, qui réglemente à nouveau sa composition (*Rec. Lois, Ord.*, 2ᵉ sér., t. 3, p. 320).

2112. — 3° Décret du 17 oct. 1891 (*Bull. Lois*, n. 1490, 24305), qui fixe tout à la fois sa composition et ses attributions. Il nous suffira de dire qu'aux termes de ce dernier décret : 1° le comité est composé, en dehors du directeur des chemins de fer et des inspecteurs généraux des ponts et chaussées ou des mines chargés de la direction des services de contrôle, de seize membres nommés par arrêté et comprenant un inspecteur général des ponts et chaussées et des mines, vice-président, trois inspecteurs généraux ou ingénieurs en chef des mines, trois inspecteurs généraux ou ingénieurs en chef des ponts et chaussées, un représentant de l'administration de la guerre, un représentant de l'administration des chemins de fer de l'Etat, sept membres choisis parmi les personnes compétentes sur les matières qui touchent à l'exploitation des chemins de fer ; 2° une section du comité s'occupe plus spécialement des questions de contrôle ; 3° le comité doit se réunir deux fois par mois, etc.

2° *Comités de réseau.*

2113. — En principe, les comités et commissions n'existent qu'auprès de l'administration centrale. Cependant un arrêté du 20 juill. 1886 (*Rec. Lois, Ord.*, 2ᵉ sér., t. 3, p. 116), a créé auprès de chaque inspecteur général et sous sa présidence un comité de réseau.

2114. — La création de ces comités a eu pour objet de coordonner les efforts des différents agents, qui n'agissaient autrefois qu'isolément, et de mettre en contact intime et permanent le contrôle technique avec le contrôle financier.

2115. — Les comités se composent, sous la présidence du directeur du contrôle, du commissaire général du réseau, de l'inspecteur des finances chargé du contrôle financier de la compagnie, et des chefs de service du contrôle technique et commercial.

2116. — Ils délibèrent et donnent leur avis sur toutes les questions intéressant le contrôle qui leur sont soumises soit par le ministre, soit par l'inspecteur général directeur. Ils examinent les projets de budget présentés chaque année par la compagnie en exécution des décrets relatifs aux justifications financières : ils présentent chaque année à l'administration supérieure un rapport d'ensemble sur les résultats technique et financier de l'exploitation.

2117. — Une circulaire du 10 févr. 1887 (*Rec. Lois, Ord.*, 2ᵉ sér., t. 3, p. 166), rappelle que, conformément à l'arrêté ministériel du 20 juill. 1886, les comités de réseau doivent se réunir au moins une fois par mois. Les procès-verbaux des séances doivent être inscrits sur un registre spécial et signés du président et du secrétaire.

§ 2. *Agents d'exécution.*

1° *Généralités.*

2118. — Actuellement le contrôle est exercé, dit M. Picard (t. 3, p. 157), sous la haute autorité du ministre des Travaux publics (et de l'Intérieur pour une certaine part) par des inspecteurs généraux des ponts et chaussées ou des mines, placés chacun à la tête de l'un des grands réseaux et ayant comme collaborateurs :

1° Pour la partie technique du service :

a) Des ingénieurs en chef des ponts et chaussées et des mines.

b) Des ingénieurs ordinaires appartenant à ces deux corps.

c) Des conducteurs des ponts et chaussées et des contrôleurs des mines.

2° Pour la partie commerciale :

a) Des inspecteurs principaux de l'exploitation commerciale.

b) Des inspecteurs particuliers de l'exploitation commerciale.

3° Pour l'ensemble du service, des commissaires de surveillance administrative relevant des ingénieurs et des inspecteurs particuliers.

4° Pour la partie financière :

Des inspecteurs généraux des finances.

Des commissaires généraux.

5° Et plus spécialement pour la police :

Des commissaires de surveillance administrative placés à cet effet, soit sous les ordres du procureur de la République, soit sous l'autorité des ingénieurs du contrôle.

2119. — C'est à peu de chose près, avons-nous déjà fait remarquer, l'organisation adoptée par l'ordonnance du 15 nov. 1846, dont l'art. 51 porte : « La surveillance de l'exploitation des chemins de fer s'exercera concurremment : par les commissaires royaux, par les ingénieurs des ponts et chaussées, les ingénieurs des mines et par les conducteurs, les gardes-mines et autres agents sous leurs ordres ; par les commissaires spéciaux de police et les agents sous leurs ordres. »

2120. — Et l'instruction sur cette ordonnance du 31 déc. 1846 en donnait le commentaire en ces termes : « La surveillance que l'administration doit exercer dans l'intérêt public comprend tout à la fois la partie économique et la partie technique de l'exploitation : la première est confiée aux commissaires royaux ; la seconde aux ingénieurs des ponts et chaussées et aux ingénieurs des mines ; et celle-ci se divise encore en deux fractions, l'une concernant la voie du chemin proprement dite et ses dépendances de toute nature ; l'autre, le matériel roulant et ses accessoires obligés. Enfin, dans les cas où il ne s'agit que de mesures d'ordre et de police extérieure, c'est aux commissaires de police qu'il appartiendra de les étudier et de les proposer, par exemple, celles qui concernent l'entrée, le stationnement et la circulation des voitures publiques ou particulières dans les cours dépendant des stations du chemin de fer (art. 1 du Règlement), et celles qui auront pour objet de régler les passages à niveau qui devront être éclairés pendant la nuit (art. 6).

2121. — Il convient d'examiner en détail chacun de ces services.

2° *Contrôle technique.*

2122. — Malgré de nombreuses variations, le contrôle de l'exploitation technique et commerciale — car il est impossible, en réalité, de scinder d'une façon complète ces deux ordres d'opérations qui se trouvent placés, ainsi que nous l'avons dit, *suprà*, n. 2067, sous une direction unique — a toujours eu pour objet principal l'exercice d'une surveillance générale sur les opérations suivantes : entretien de la voie et des ouvrages qui en dépendent, du matériel fixe et du matériel roulant; exécution des travaux de réfection et des travaux complémentaires; composition et mouvement des trains; service intérieur des gares et toutes autres parties de l'exploitation technique; enfin, application des tarifs, perception des taxes et toutes autres parties de l'exploitation commerciale (Arrêté 20 juill. 1886).

2123. — Le premier acte relatif à l'inspection technique paraît être une ordonnance du 22 juin 1842 (S. *Lois annotées*, 2ᵉ sér., p. 723), qui divisait le territoire en cinq inspections dont chacune était confiée à un inspecteur divisionnaire choisi dans le corps des ponts et chaussées et chargé des études et de la surveillance générale des travaux. C'était là, ainsi que nous l'avons vu, la section technique des chemins de fer.

2124. — A cette organisation primitive fut substituée celle de l'ordonnance du 15 nov. 1846, qui a jeté les bases de l'organisation actuelle et qu'il importe de faire connaître en détail.

2125. — Aux termes de l'art. 55 de cette ordonnance, les ingénieurs, les conducteurs et autres agents du service des ponts et chaussées seront spécialement chargés de surveiller l'état de la voie de fer, des terrassements et des ouvrages d'art et des clôtures.

2126. — Les ingénieurs des mines, porte de son côté l'art.

56, les gardes-mines et autres agents du service des mines seront spécialement chargés de surveiller l'état des machines fixes et locomotives employées à la traction des convois, et, en général, de tout le matériel roulant servant à l'exploitation. Ils pourront être suppléés par les ingénieurs, conducteurs et autres agents du service des ponts et chaussées, et réciproquement.

2127. — Voici, à cet égard, comment s'exprimait l'instruction du 31 déc. 1846, qui peut passer, à bon droit, pour le meilleur commentaire de l'ordonnance, et qui eut le mérite de faire, pour la première fois, le partage des attributions respectives des ingénieurs des ponts et chaussées et des ingénieurs des mines :
« L'on voit déjà, d'après cette simple définition, que les ingénieurs des ponts et chaussées doivent être seuls consultés en ce qui touche l'exécution de l'art. 2 du règlement relatif à l'entretien de la voie. C'est à eux que devront être communiquées les indications fournies par les compagnies, et c'est leur avis qui devra servir de base à la décision que le ministre aurait à prendre. »

2128. — « Si la fixation des heures de départ et du nombre des convois importe essentiellement aux intérêts commerciaux et industriels du public, elle n'intéresse pas à un moins haut degré la sûreté de la circulation; il faut, en effet, que les convois soient distribués de telle sorte que des collisions soient impossibles, et il est dès lors nécessaire que les ordres de service des compagnies soient également communiqués à MM. les ingénieurs des mines, que concernent plus spécialement les faits inhérents à la circulation.

2129. — « Pour tout ce qui concerne les dispositions du tit. 2 relatives au matériel employé à l'exploitation, sur lesquelles il y a lieu à consultation, c'est encore l'avis des ingénieurs des mines que vous aurez à prendre, sauf toutefois en ce qui touche la réception des voitures des voyageurs, qui est confiée, par l'art. 13, tit. 2, à une commission spéciale dont il vous appartient de désigner les membres.

Sur tout le reste, c'est-à-dire la réception des machines locomotives, la vérification de leurs organes et les mesures propres à maintenir tout le matériel roulant en bon état d'entretien, c'est l'ingénieur des mines qui doit être nécessairement consulté.

C'est encore à l'ingénieur des mines qu'il appartient d'exprimer un avis sur la plupart des mesures relatives à la composition des convois ;

Sur le nombre de conducteurs gardes-freins dont les convois de voyageurs doivent être accompagnés ;

Sur le nombre maximum de voitures dont les convois seront composés quand elles sont à six roues ;

Sur les mesures spéciales et les conditions de sûreté à prescrire pour les convois portant à la fois des voyageurs et des marchandises (art. 18) ;

Sur la détermination des cas pour lesquels l'emploi d'une machine de renfort sera toléré (art. 20) ;

Sur le mode d'attache des voitures, et les conditions sous lesquelles peut être autorisée l'introduction des messageries dans les trains (art. 22) ;

Sur les moyens propres à établir une communication entre le mécanicien et les conducteurs gardes-freins (art. 23) ;

Et enfin, sur les dispositions à prescrire pour l'éclairage des voitures (art. 24).

Les ingénieurs des mines seront encore seuls consultés :

Sur la fixation de l'intervalle qui devra toujours exister entre deux départs successifs de convois, soit de l'une ou de l'autre des extrémités du chemin, soit des stations intermédiaires (§ 2, art. 27) ;

Sur les mesures spéciales de précaution à prendre pour l'expédition et la marche des convois extraordinaires (art. 30) ;

Sur la désignation des points de chaque ligne où les machines de secours ou de réserve doivent être placées (art. 40) ;

Et sur la désignation des stations où devront être tenus des registres mentionnant les retards des convois (art. 42).

Mais il est un assez grand nombre de dispositions qui affectent à la fois et la voie de fer et les trains en marche, et pour lesquelles, dès lors, il ne paraît pas y avoir de raison décisive de consulter exclusivement, soit les ingénieurs des ponts et chaussées, soit les ingénieurs des mines ;

Ainsi le nombre des gardiens à placer près des aiguilles des croisements et changements de voie (art. 3) ;

Le mode, la garde et les conditions de service des barrières des passages à niveau (art. 4).

La pose de contre-rails dont l'établissement pourrait être ultérieurement jugé nécessaire dans l'intérêt de la sûreté publique : tous ces objets ont des relations nécessaires et avec l'état de la voie et avec la circulation des trains; il y a donc lieu de prendre à la fois l'avis et des ingénieurs chargés de la surveillance de la voie et des ingénieurs chargés de la surveillance du matériel. Je vous prie, le cas échéant, de ne pas négliger cette double formalité; vous voudrez bien, d'ailleurs, dans chaque cas, examiner s'il convient d'inviter les ingénieurs des deux services à se réunir pour discuter de concert les questions à résoudre, ou s'il est préférable de leur demander des avis séparés.

Les observations qui précèdent s'appliquent également à une partie des mesures relatives au départ, à la circulation et à l'arrivée des trains; les mesures de précaution à imposer dans ce cas aux compagnies exploitantes; le sens du mouvement des trains sur chaque voie, quand il y en a plusieurs, ou les points de croisement quand il n'y en a qu'une (art. 25); les signaux de toute nature à placer sur la voie pour donner aux conducteurs des trains en marche les avertissements nécessaires doivent être à la fois en rapport avec l'état de la voie, les courbes, les pentes dont elle est affectée, et avec l'état du matériel, la disposition des convois, etc. Là donc encore, il est indispensable de consulter à la fois les ingénieurs des ponts et chaussées et les ingénieurs des mines.

Pour ne laisser d'ailleurs aucune incertitude à cet égard dans votre esprit, je ne crois pas inutile de mentionner explicitement chacune des dispositions pour lesquelles cette double consultation sera nécessaire. J'ai déjà cité l'art. 25, relatif au sens du mouvement des convois sur les voies du chemin de fer; j'ajouterai :

Le placement des signaux, soit à l'entrée des stations, soit à divers intervalles le long de la voie, pour indiquer si la route est ouverte ou fermée;

La détermination des mesures de précaution pour le parcours des plans inclinés et des souterrains, et de la vitesse maximum des convois de voyageurs sur les divers points du parcours, ainsi que de la durée du trajet;

La fixation du nombre d'agents à placer le long de la ligne pour la surveillance ou l'entretien de la voie, et des signaux dont ces agents doivent être munis (art. 31);

Et les signaux à placer sur la voie (art. 33), pour indiquer l'approche des ateliers de réparation. »

2130. — Le 6 nov. 1847, un décision ministérielle vint modifier l'organisation du service du contrôle. Les lignes de chemin de fer aboutissant à Paris furent partagées entre les deux ingénieurs en chef alors chargés concurremment du contrôle.

2131. — Aux termes de l'arrêté du 15 avr. 1850 (Potiquet, n. 189), les chefs de service étaient des ingénieurs en chef des ponts et chaussées et des mines. Ils devaient avoir sous leurs ordres, pour le service d'entretien des terrassements et ouvrages d'art de toute nature, de la voie de fer, du matériel, et pour le service de l'exploitation technique, des ingénieurs ordinaires des ponts et chaussées et des mines, et des conducteurs et gardes-mines.

2132. — « Les ingénieurs en chef des ponts et chaussées et des mines chargés du contrôle et de la surveillance des chemins de fer, prescrivait à cet égard l'art. 3, Arr. 15 avr. 1850, adressent directement leurs rapports et leurs propositions au ministre pour tout ce qui concerne l'exploitation proprement dite, comprenant l'exploitation commerciale et technique, la traction, l'entretien du matériel, les signaux, la surveillance et l'entretien de la voie. Ils correspondent avec les préfets des départements traversés, pour toutes les affaires qui se rattachent au § 1, art. 2 ci-dessus (mesures d'intérêt local concernant la conservation des bâtiments, ouvrages d'art, etc.). Ils leur adressent leurs rapports et leurs propositions et surveillent l'exécution de leurs arrêtés. »

2133. — Le 15 févr. 1868 (S. *Lois annotées*, 1868, p. 249), un décret survint, qui enleva aux ingénieurs en chef la direction du contrôle et la confia à des inspecteurs généraux des ponts et chaussées et des mines. Cette mesure, ainsi que le fait remarquer M. Picard, avait été déterminée, non seulement par le développement progressif des voies ferrées, mais peut-être encore plus par la considération du rang généralement élevé des ingénieurs de l'Etat placés par les compagnies à la tête de leur exploitation.

2134. — Ces inspecteurs eurent entrée au conseil général des ponts et chaussées et des mines, ainsi qu'au comité consultatif des chemins de fer avec voix délibérative pour affaires concernant leur service.

2135. — Ils furent chargés de donner au ministre un rapport annuel sur l'état de la voie, celui du matériel fixe et roulant, le nombre des agents attachés au service de la voie, etc., après avoir pris l'avis des ingénieurs intéressés.

2136. — Bien qu'investis d'une surveillance générale, les inspecteurs du contrôle continuaient à correspondre directement avec les ingénieurs ordinaires. En 1875, on organisa d'une façon générale un degré intermédiaire entre les inspecteurs et les ingénieurs ordinaires, et on créa des sections confiées à des ingénieurs en chef.

2137. — Le 21 mai 1879 (S. *Lois annotées*, 1879, p. 467), un nouveau décret abrogea celui du 15 févr. 1868, fit du titre d'inspecteur général du contrôle des chemins de fer un titre nouveau équivalent à celui d'inspecteur des ponts et chaussées et des mines, et conserva à ces hauts fonctionnaires les attributions qui leur avaient été confiées par les décrets précédents.

2138. — Une circulaire du 15 juin 1879 (citée par Picard, *op. cit.*, t. 3, p. 157), donnait le commentaire de ce dernier décret, insistant sur la nécessité pour ces inspecteurs de faire des tournées fréquentes, et annonçait l'intention de l'administration de prendre ultérieurement des mesures de décentralisation au profit des ingénieurs en chef et des inspecteurs principaux de l'exploitation commerciale. — V. Picard, t. 3, p. 152.

2139. — Le 20 juin 1879 (S. *Lois annotées*, 1879, p. 468), les fonctions d'inspecteurs généraux des chemins de fer dont il sera parlé plus loin ayant été supprimées, furent transférées aux ingénieurs du contrôle qui centralisèrent ainsi entre leurs mains le contrôle technique et le contrôle commercial.

2140. — Mais cette extension incessante des pouvoirs des inspecteurs de contrôle, en augmentant leur situation personnelle, avait diminué la réalité du contrôle. Un premier essai de décentralisation fut tenté par une décision du 15 oct. 1881 (*Rec. Lois, Ord.*, 2ᵉ sér., t. 1, p. 346), qui adjoignit à l'inspecteur général de chaque réseau l'ingénieur en chef de la section de Paris et étendit les attributions de chef de service conférées aux ingénieurs en chef et aux inspecteurs principaux.

2141. — Puis ce système fut généralisé par un arrêté du 20 juill. 1886 (*Rec Lois, Ord.*, 2ᵉ sér., t. 3, p. 118), qui décida que, au lieu des ingénieurs en chef régionaux qui existaient auparavant, il y aurait désormais à Paris, auprès de chaque inspecteur-directeur d'un service de contrôle, deux ingénieurs en chef, l'un du corps des mines, l'autre du corps des ponts et chaussées, spécialement affectés au contrôle et placés auprès du directeur, et que ce même directeur serait également assisté d'un ou deux inspecteurs principaux des chemins de fer.

2142. — Aux termes de cet arrêté, l'ingénieur des ponts et chaussées fut spécialement chargé du contrôle des travaux et du mandatement général des dépenses de contrôle. L'ingénieur en chef des mines fut chargé du contrôle de l'exploitation technique. Les inspecteurs principaux furent enfermés dans leur service d'exploitation.

2143. — Les chefs de service du contrôle purent traiter directement avec les chefs du service de la compagnie concessionnaire, toutes les affaires n'exigeant pas l'intervention personnelle de l'inspecteur général auprès du directeur de la compagnie. Le directeur du contrôle fut invité à désigner l'un des ingénieurs en chef pour le remplacer pendant ses tournées ou ses absences, soit dans la direction du service, soit au sein des commissions et des comités (art. 4).

2144. — L'important arrêté que nous venons d'analyser peut donc être considéré tout à la fois comme un acte de décentralisation et de concentration. Son principal effet fut de spécialiser pour ainsi dire complètement le service du contrôle.

2145. — Cependant, en même temps qu'il supprimait les ingénieurs en chef régionaux du contrôle qui, à égalité de grade, n'auraient pas pu convenablement se trouver placés sous l'autorité de leurs collègues du service spécial du contrôle de Paris, il confia d'autre part, par exception, de nouvelles fonctions du contrôle à des ingénieurs en chef placés hors de la résidence de Paris, et qui demeuraient placés à la tête de leur service ordinaire. Aux termes de l'art. 2 de cet arrêté, en effet, les ingénieurs en chef des services des ports de mer furent placés directement sous les ordres de l'inspecteur général-directeur pour tout ce qui touche le contrôle des voies ferrées établies sur les quais ainsi que les gares et embranchements maritimes, et il fut décidé qu'ils seraient nécessairement consultés sur les tarifs commerciaux qui intéressent les transports à destination ou en provenance des ports dépendant de leur service.

2146. — En même temps, il fut décidé que les ingénieurs en chef des mines chargés d'un arrondissement du service ordinaire seraient nécessairement consultés sur les tarifs de nature à intéresser le transport des produits mêmes de leur région (art. 3).

2147. — Entre temps, un décret du 17 nov. 1884 avait décidé que les inspecteurs généraux des ponts et chaussées et des mines chargés de la direction du contrôle d'exploitation des chemins de fer feraient partie de droit de la troisième section du conseil général des ponts et chaussées.

3° *Contrôle commercial.*

2148. — L'exploitation commerciale fut d'abord confiée à des commissaires royaux (Ord. 15 nov. 1846, art. 52).

2149. — Les commissaires royaux, portait cet article, seront chargés : de surveiller le mode d'application des tarifs approuvés et l'exécution des mesures prescrites pour la réception et l'enregistrement des colis, leur transport et leur remise aux destinataires; de veiller à l'exécution des mesures approuvées ou prescrites pour que le service des transports ne soit pas interrompu aux points extrêmes des lignes en communication l'une avec l'autre; de vérifier les conditions des traités qui seraient passés par les compagnies avec les entreprises de transport par terre ou par eau, en correspondance avec les chemins de fer, et de signaler toutes les infractions au principe de l'égalité des taxes; de constater le mouvement de la circulation des voyageurs et des marchandises sur les chemins de fer, les dépenses d'entretien et d'exploitation, et les recettes (art. 52).

2150. — Et l'instruction du 31 déc. 1846 portait, de son côté : « Quant aux mesures relatives à la partie économique de l'exploitation, et pour lesquelles, à ce titre, il y aura lieu de prendre l'avis des commissaires royaux, je dois citer en première ligne celle qui est réglée par l'art. 17, et d'après laquelle tout convoi ordinaire de voyageurs doit contenir, en nombre suffisant, des voitures de chaque classe, à moins d'une autorisation spéciale du ministre des Travaux publics. Je n'ai pas besoin de faire remarquer avec quel soin les demandes que les compagnies présenteront à cet égard devront être examinées. Il s'agit, dans les questions de cette nature, de déroger à une règle générale posée par le cahier des charges. Cette dérogation est prévue, il est vrai; mais évidemment elle ne peut être admise que sous la condition expresse que les intérêts du public n'auront point à en souffrir, et que même, à certains égards, ils pourront en tirer quelque profit. Les commissaires royaux ne sauraient mettre trop de prudence dans les avis qu'ils auront à exprimer. L'art. 43, qui concerne l'organisation du service de l'exploitation, c'est-à-dire le nombre et les heures de départ des convois réguliers de toute nature, appelle encore à un haut degré l'intervention des commissaires royaux. C'est à eux qu'il appartient de constater le mouvement journalier qui s'opère, sur toute l'étendue du chemin de fer, en voyageurs et en marchandises. Ils sont par là plus en position que personne d'apprécier, sous ce rapport, les besoins du public, et leur avis est dès lors nécessaire pour éclairer l'administration supérieure. Aussi l'art. 43 oblige-t-il les compagnies à leur adresser directement les tableaux de leur organisation de service. Enfin, c'est encore aux commissaires royaux qu'il appartient de donner un avis dans tous les cas où, d'après le tit. 5 du règlement relatif à la perception des taxes, le ministre a une décision à prendre. Lorsqu'il s'agit d'un chemin sur lequel aucune exploitation n'est encore établie, aucun délai d'affiches n'est imposé aux compagnies; mais quand une fois le chemin est livré au public, toutes les modifications que la compagnie peut réclamer doivent être affichées pendant un mois, et elles peuvent être appliquées à l'expiration de ce mois, si le ministre les a homologuées dans cet intervalle. Il est indispensable que la décision ministérielle intervienne dans le même délai; je vous serai donc obligé de m'envoyer vos observations, avec l'avis du commissaire royal, le plus promptement possible. »

2151. — « Pour l'exécution de l'article ci-dessus, portaient enfin les art. 53 et 54 de l'ordonnance, les compagnies seront tenues de représenter à toute réquisition aux commissaires royaux leurs registres de dépenses et de recettes, et les registres mentionnés à l'art. 50 ci-dessus (art. 53). — A l'égard des chemins de fer pour lesquels les compagnies auraient obtenu de l'Etat soit un prêt avec intérêt privilégié, soit la garantie d'un minimum d'intérêt, et pour lesquels l'Etat devrait entrer en partage des produits nets, les commissaires royaux exerceront toutes les autres attributions qui seront déterminées par les règlements spéciaux à intervenir dans chaque cas particulier » (art. 54).

2152. — Un arrêté ministériel du 20 mars 1848 (cité par Picard, *op. cit.*, t. 3, p. 151) supprima les commissaires royaux et les remplaça par des inspecteurs de l'exploitation qui se trouvaient placés sous les ordres des ingénieurs en chef alors préposés au service.

2153. — Les inspecteurs de l'exploitation commerciale devaient exercer des pouvoirs analogues à ceux des commissaires royaux.

2154. — « Le contrôle et la surveillance s'exercent sous les ordres de l'ingénieur en chef (aujourd'hui l'inspecteur), portait à cet égard un arrêté du 15 avr. 1850 (Picard, *loc. cit.*), pour la vérification des tarifs, la surveillance des opérations commerciales, ainsi que pour l'établissement des recettes et dépenses et du mouvement de la circulation par les inspecteurs de l'exploitation commerciale. »

2155. — Toutefois, les dispositions de l'art. 54, Ord. 15 nov. 1846, perdirent pour ainsi dire toute leur raison d'être par suite de l'organisation spéciale du contrôle financier.

2156. — Un décret du 26 juill. 1852 créa deux catégories d'inspecteurs : inspecteurs principaux et inspecteurs particuliers, et régla leurs attributions (*Bulletin des lois*, 1852, 2ᵉ sem., 10ᵉ série, n. 591, p. 767).

2157. — Le 17 juin 1854 (S. *Lois annotées*, 1854, p. 135), d'autres fonctionnaires furent nommés avec un grade plus élevé : c'étaient « les inspecteurs généraux des chemins de fer », qui avaient à la fois des attributions commerciales et financières. Ils avaient pour mission d'inspecter les lignes qui leur avaient été désignées par le ministre, et recevaient de lui une délégation pour procéder à toutes les informations ou enquêtes relatives à l'exploitation. Leur condition de nomination et de mise à la retraite sont fixées par deux décrets des 22 juin 1863 (Potiquet, n. 413) et 21 nov. 1866 (Potiquet, n. 555). — D'autres décrets des 2 mai, 6 mai, 6 juin, 6 août, 20 sept. 1863 et 12 août 1868 (S. *Lois annotées*, 1863, p. 31, 72, 97, 112, et 6ᵉ sér., p. 332), spécifiaient leurs attributions.

2158. — Ces fonctionnaires disparaissaient avec le décret du 20 juin 1879 (S. *Lois annotées*, 8ᵉ sér., p. 468), qui conféra leurs fonctions aux inspecteurs généraux du contrôle.

2159. — Jusqu'alors les conditions de nomination des inspecteurs commerciaux n'avaient fait l'objet d'aucune réglementation générale. Un arrêté du 10 févr. 1878 (cité par Picard, *op. cit.*, t. 3, p. 167) décida que dorénavant (les commissaires de surveillance étant exclusivement recrutés par la voie du concours), la moitié des places d'inspecteur particulier serait réservée aux commissaires de surveillance administrative, l'autre moitié au concours — et que les places d'inspecteur principal seraient uniquement réservées aux inspecteurs particuliers de l'exploitation commerciale. — Mais plus tard, cette dernière partie de l'arrêté fut modifiée par un autre arrêté du 29 sept. 1887 (*Rec. Lois, Ord.*, 2ᵉ sér., t. 3, p. 343), qui décida que ces inspecteurs principaux seraient pris, soit parmi les chefs de division ou les chefs de bureau de l'administration centrale des travaux publics comptant au moins vingt ans de service, soit parmi les inspecteurs particuliers de l'exploitation commerciale comptant au moins trois ans de service en cette qualité.

2160. — Les conditions de concours pour les places d'inspecteurs particuliers furent réglées par un arrêté du 1ᵉʳ mars

1878, modifié par un autre arrêté du 6 déc. 1887 (*Rec. Lois, Ord.*, 2ᵉ sér., t. 3, p. 327).

2161. — Aux termes de ce dernier arrêté, les matières du concours furent fixées : certaines d'entre elles ont été considérées comme éliminatoires, les concurrents, pour être reçus, furent soumis à la double épreuve de l'admissibilité et de l'admission.

2162. — Les conditions de nombre et de mise à la retraite des inspecteurs principaux et des inspecteurs particuliers de l'exploitation commerciale ont été successivement réglées par les décrets des 22 juin 1863, précité (retraite à 62 ans pour les inspecteurs principaux et 60 pour les inspecteurs particuliers) et 21 nov. 1866, précité (retraite à 70 ans pour les uns et pour les autres).

2163. — Relativement au contrôle commercial, nous signalerons un certain nombre de points visés par des circulaires ministérielles.

2164. — Aux termes d'une circulaire du 6 févr. 1888 (*Rec. Lois, Ord.*, 2ᵉ sér., t. 3, p. 374), il y a lieu de provoquer les observations des communes intéressées sur les propositions de suppression du service des correspondances. Les compagnies devront aviser les préfets de leurs propositions. Ceux-ci demanderont aux conseils municipaux de leur faire parvenir leur résolution dans la quinzaine. Et dans la huitaine la délibération prise à ce sujet devra être transmise à l'inspecteur principal de l'exploitation commerciale.

2165. — Aux termes d'une autre circulaire du 4 nov. 1886 (*Rec. Lois, Ord.*, 2ᵉ sér., t. 3, p. 147), le ministre doit avoir communication par la voie du contrôle de toutes les conventions conclues par les compagnies de chemins de fer français, soit avec des compagnies de chemins de fer étrangères, soit avec des entreprises de navigation. C'est le rappel des dispositions contenues dans l'art. 52, Ord. 15 nov. 1846.

2166. — La rédaction des rapports mensuels que doivent envoyer soit les ingénieurs du contrôle, soit les inspecteurs principaux de l'exploitation, est réglée par deux circulaires des 23 févr. 1885 (*Rec. Lois, Ord.*, 1ʳᵉ sér., t. 2, p. 294) et 19 oct. 1889 (*eod. loc.*, 3ᵉ sér., t. 4, p. 85).

4° *Contrôle de police.*

2167. — La police des chemins de fer est plus particulièrement exercée aujourd'hui par : 1° des commissaires de surveillance administrative ;

2° Des commissaires spéciaux de police.

2168. — Aux termes de l'ordonnance du 15 nov. 1846, la police des chemins de fer devait être exercée par des commissaires spéciaux de police et par les agents sous leurs ordres.

2169. — « Les commissaires spéciaux de police et les agents sous leurs ordres, lisons-nous dans l'art. 57 de cette ordonnance, sont chargés particulièrement de surveiller la composition, le départ, l'arrivée, la marche et les stationnements des trains, l'entrée, le stationnement et la circulation des voitures dans les cours et stations, l'admission du public dans les gares et sur les quais des chemins de fer. »

2170. — « Le soin de constater les contraventions aux prescriptions de l'ordonnance du 15 nov. 1846, portait de son côté l'instruction du 31 déc. 1846, appartient aux divers fonctionnaires et agents auxquels la loi du 15 juill. 1845 donne le droit de verbaliser. Il est facile toutefois de comprendre que les ingénieurs et leurs agents ne pouvant parcourir les chemins de fer qu'à des intervalles de temps assez éloignés, un grand nombre de contraventions, soit aux dispositions mêmes du règlement, soit aux décisions ministérielles ou aux arrêtés préfectoraux approuvés par le ministre, échapperaient à la répression, s'ils n'étaient pas secondés par les commissaires spéciaux de police et par les agents sous leurs ordres, qui, placés en permanence sur la ligne des chemins de fer, sont plus à même de suivre jour par jour tous les faits de l'exploitation. L'intervention des commissaires de police sera aussi très-efficace pour reconnaître et constater les infractions aux prescriptions concernant la partie économique de l'exploitation. La surveillance de cette partie appartient aux commissaires royaux ; il faut donc que les commissaires de police et leurs agents soient toujours prêts à donner leur concours aux commissaires royaux toutes les fois que ces derniers le réclameront pour la partie de service qui leur est confiée. »

2171. — Un arrêté du chef du pouvoir exécutif, du 29 juill. 1848 (cité par Picard, *op. cit.*, t. 3, p. 151), supprima ces agents et les remplaça par des commissaires et sous-commissaires de surveillance administrative. Mais ces commissaires et sous-commissaires avaient d'autres attributions que celles de la police et se trouvaient placés sous la direction respective des inspecteurs des ponts et chaussées, des mines, et des ingénieurs de l'exploitation commerciale. — V. relativement à cet arrêté *Annales des ponts et chaussées*, 3ᵉ série, t. 1, p. 110, et arrêté du 15 avr. 1850 (précité), art. 5.

2172. — Leurs attributions et leur mode de nomination ont été précisés par les lois des 27 nov.-5 déc. 1849 et 27 févr. 1850 (Potiquet, n. 179), et par l'arrêté du 15 avr. 1850 (Potiquet, n. 184).

2173. — D'après ces dispositions, les commissaires et sous-commissaires spécialement préposés à la surveillance des chemins de fer étaient nommés par le ministre des Travaux publics (L. 27 févr. 1850, art. 1).

2174. — Un règlement d'administration publique devait déterminer les conditions et le mode de leur nomination et de leur avancement (art. 2 de la même loi).

2175. — Ce règlement, rendu le 27 mars 1851, a été abrogé par un décret du 22 mars 1852, [S. *Lois annotées*, 3ᵉ sér., p. 91]

2176. — Puis un décret du 22 juin 1855 supprima le titre de sous-commissaire de surveillance administrative pour le remplacer par celui de commissaire de surveillance administrative de quatrième classe.

2177. — Aujourd'hui, les conditions et le mode de nomination et d'avancement des commissaires de surveillance administrative sont réglés par un arrêté du 1ᵉʳ mars 1878 (Picard, *op. cit.*, t. 3, p. 168), modifié par un autre arrêté du 6 déc. 1887, [*Rec. Lois, Ord.*, 2ᵉ sér., t. 3, p. 327]

2178. — Aux termes de cet arrêté la nomination a lieu au concours; le concours comprend deux épreuves : l'admissibilité et l'admisssion; certaines compositions sont éliminatoires.

2179. — L'âge de la mise à la retraite des commissaires de surveillance a été successivement déterminé par un décret du

22 juin 1863 (V. *suprà,* n. 2157) (soixante ans, sauf prolongation jusqu'à une durée effective de dix ans de service), 21 nov. 1866 (V. *suprà,* n. 2157) (soixante-cinq ans avec des distinctions suivant la durée du service militaire des différents titulaires), et un décret du 10 sept. 1876, à son tour abrogé par un décret du 30 juill. 1887 (*Rec. Lois, Ord.,* 2º sér., t. 3, p. 235), qui ne fait guère que reproduire l'art. 2, Décr. 21 nov. 1866, en le mettant en harmonie avec le reste de l'arrêté réglementaire du 10 févr. 1878.

2180. — Les commissaires de surveillance administrative ont, pour la constatation des crimes, délits ou contraventions commis dans l'enceinte des chemins de fer et leurs dépendances, les pouvoirs d'officiers de police judiciaire (L. 27 févr. 1850, art. 3; Arr. 15 avr. 1850, art. 5).

2181. — Ils sont en cette qualité sous la surveillance du procureur de la République et lui adressent directement leurs procès-verbaux. Autrefois, au contraire, aux termes d'une circulaire du 31 mars 1847, les procès-verbaux des délits et contraventions, dressés par les commissaires spéciaux de police ou par les agents de surveillance, devaient être adressés au préfet du département, qui était chargé de les soumettre au procureur de la République. Néanmoins, aujourd'hui encore, ces fonctionnaires adressent aux ingénieurs, sous les ordres desquels ils continuent à exercer leurs fonctions, les procès-verbaux qui constatent les contraventions de la grande voirie, et en double original aux procureurs de la République et aux ingénieurs, ceux qui établissent des infractions aux règlements de l'exploitation (L. 27 févr. 1850, art. 4). — V. *suprà,* n. 1936 et s.

2182. — Dans la huitaine du jour où ils reçoivent les procès-verbaux constatant des infractions aux règlements de l'exploitation, les ingénieurs doivent remettre au procureur de la République leurs observations sur ces procès-verbaux.

2183. — Dans le même délai ils doivent transmettre au préfet les procès-verbaux qui auront été dressés pour contravention à la grande voirie (art. 4, L. 27 févr. 1850; Rapport et Arr. 15 avr. 1850, art. 5).

2184. — Aux termes de l'art. 5, Arr. 15 avr. 1850, les commissaires de surveillance doivent résider dans les gares ou stations qui leur sont assignées et où un local leur est réservé.

2185. — Déjà l'art. 58, Ord. 15 nov. 1846 portait : « Les compagnies sont tenues de fournir des locaux convenables pour les commissaires spéciaux de police et les agents de surveillance. »

2186. — C'est donc là une véritable obligation pour les compagnies. C'est ce que faisait très-bien ressortir l'instruction du 31 déc. 1846. « Les compagnies, y lit-on, sont tenues de fournir des locaux convenables pour les commissaires spéciaux de police et les agents de surveillance. Il est évident que l'emplacement de ces locaux doit être choisi de manière qu'il soit possible aux commissaires spéciaux et aux agents sous leurs ordres d'accomplir toutes les obligations de service qui leur sont imposées. J'appelle, sur ce point, votre attention spéciale, et je vous prie de veiller avec soin à ce que la condition ci-dessus indiquée soit toujours exactement remplie. »

2187. — A leur entrée en fonctions, les commissaires de surveillance administrative sont tenus de prêter serment devant le tribunal de première instance de leur résidence (L. 15 juill. 1845, art. 23).

2188. — Ils doivent rendre visite, en arrivant à leur résidence, au procureur de la République et à son substitut, ainsi qu'aux membres du tribunal. — Circ. 18 août 1857.

2189. — Ils pourront procéder à l'arrestation des malfaiteurs, notamment au cas de flagrant délit, mais comme malgré leur qualité d'officier de police judiciaire ils ne sont pas les auxiliaires de la justice, ils sont tenus de remettre immédiatement les coupables entre les mains des autorités judiciaires locales. — Circ. 15 avr. 1850 (citée par Picard, *op. cit.*, t. 3, p. 172).

2190. — A côté des commissaires de surveillance administrative, il faut mentionner des commissaires spéciaux de police, créés par un décret du 22 févr. 1855 (Picard, *op. cit.*, t. 3, p. 174) encore en vigueur, des inspecteurs de police auxiliaires nommés par un décret du 6 mars 1875, [S. *Lois annotées*, 1875, p. 657] et un commissaire central de police des chemins de fer institué par un décret du 28 mars de la même année.

2191. — « On a souvent confondu dans le public, dit à cet égard M. Picard, les attributions des commissaires spéciaux de police avec celles des commissaires de surveillance. Cette confusion est d'autant plus excusable que l'ordonnance du 15 nov. 1846 avait créé des fonctionnaires dont les commissaires de surveillance ont pris la place, et qui portaient précisément le titre de commissaires spéciaux de police. Il n'en importe pas moins de la faire disparaître et de bien distinguer le rôle, les devoirs et la responsabilité de deux catégories d'agents qui sont juxtaposées, mais ont des attributions parfaitement distinctes. Tandis que les commissaires de surveillance administrative sont placés sous l'autorité du ministre des Travaux publics, les commissaires spéciaux actuels de police relèvent exclusivement du département de l'Intérieur. Leur mission est enfermée dans les limites de la police générale et de la sûreté de l'Etat. Leurs pouvoirs s'étendent à toute la ligne à laquelle ils sont attachés ; toutefois, ils surveillent plus particulièrement les sections qui leur sont désignées. Ils constatent les délits de droit commun. Ils rendent compte au préfet de tous les faits intéressant leur service et lui adressent en même temps copie de leurs rapports au ministre de l'Intérieur. Les commissaires de police établis dans les localités traversées par les chemins de fer exercent concurremment avec eux leur autorité sur la partie de ces lignes comprises dans leur circonscription ». — Picard, t. 3, p. 174.

2192. — Une circulaire du 1er juin 1855 (Picard, op. cit., t. 3, p. 172) recommande aux commissaires de surveillance de ne procéder aux constatations réservées aux commissaires spéciaux de police qu'après s'être bien assurés que ceux-ci sont absents ou empêchés, et de donner immédiatement avis à leurs collègues de ce qu'ils ont fait pour les mettre à même de continuer l'instruction commencée.

2193. — A l'inverse, les commissaires spéciaux de police peuvent, en l'absence des commissaires de surveillance administrative, procéder à toute enquête et prendre toutes mesures relatives aux accidents. Circ. min. Int., 21 mai 1856 (Picard, loc. cit.)).

2193 bis. — Toutes les fois qu'il arrivera un accident sur le chemin de fer, porte l'art. 59, Ord. 15 nov. 1846, il en sera fait immédiatement déclaration à l'autorité locale et au commissaire spécial de police à la diligence du chef de convoi. L'inobservation de cette règle constitue une contravention réprimée par l'art. 21, L. 15 juill. 1845. Il importe de remarquer, d'ailleurs, qu'elle s'applique aussi bien aux accidents arrivés sur la partie du chemin de fer traversant les gares qu'à ceux qui surviennent sur le surplus de la voie; que le chef de gare doit être considéré comme chef de convoi pendant le stationnement, et qu'il doit également signaler tous les accidents arrivés dans les ateliers ou dépôts situés dans les annexes de la gare à l'occasion d'un service rentrant dans leurs attributions, à l'exception de ceux qui peuvent survenir dans les ateliers de réparation ou de construction situés en dehors de leur sphère d'action. — Cass., 18 août 1859, Leroy, [S. 60.1.297, P. 60.50]; — 3 mai 1860, Leroy, [S. 60.1.823]; — 4 août 1870, Lamouroux, [S. 71.1.259, P. 71.773]

2194. — On doit renseigner aussi les commissaires spéciaux de police sur les vols commis dans les compagnies (Circ. min. Trav. publ., 12 juill. 1856 (Picard, *eod. loc.*)).

2195. — C'est devant eux et non devant les commissaires de police de la localité que doivent être conduits les inculpés à raison de délits commis dans les chemins de fer et dans leurs dépendances (Circ. min. Trav. publ., 10 mars 1857 (Picard, *eod. loc.*)).

2196. — M. Picard rappelle aussi (*op. cit.*, t. 3, p. 175) que ce sont les commissaires spéciaux de police qui ont été explicitement chargés d'assurer l'exécution de l'arrêté ministériel du 1er mars 1861 sur les compartiments réservés.

5° *Contrôle financier.*

2197. — Nous avons vu que les règlements d'administration publique intervenus en 1863 et en 1868 pour déterminer la vérification des comptes des compagnies, comportaient auprès de chaque réseau l'institution d'une commission. Cette commission était composée d'un conseiller d'Etat président et de six membres, dont trois au choix du ministre.

2198. — Les mêmes règlements avaient organisé le contrôle en conférant à l'inspecteur général des chemins de fer le droit de surveiller, dans l'intérêt de l'Etat, tous les actes de la gestion financière de la compagnie, et en chargeant de son côté l'inspecteur des finances de vérifications périodiques.

2199. — Les inspecteurs généraux des chemins de fer ayant été supprimés, comme nous l'avons vu, par décret du 20 juin 1879, leurs attributions passèrent naturellement aux inspecteurs généraux chargés du contrôle.

2200. — Un décret du 28 mars 1883 (*Rec. Lois, Ord.*, 2e sér., t. 2, p. 76) remplaça les commissions de contrôle de chaque compagnie par une commission unique, composée de deux conseillers d'Etat, de quatre membres désignés par le ministre des Finances, de trois membres à la désignation du ministre des Travaux publics, des inspecteurs généraux des finances chargés du contrôle financier des compagnies de chemin de fer d'intérêt général auxquelles l'Etat a accordé une garantie d'intérêt, et des inspecteurs des ponts et chaussées et des mines chargés du contrôle de l'exploitation de ces lignes, avec pouvoir d'adjoindre à cette commission les inspecteurs des finances ayant procédé à la vérification des comptes, et des auditeurs au Conseil d'Etat désignés par le président pour remplir les fonctions de secrétaires de la commission.

2201. — Depuis, un décret du 7 juin 1884 (*Rec. Lois, Ord.*, 2e sér., t. 2, p. 183) a institué, sous l'autorité du ministre des Travaux publics, des commissaires généraux chargés dans l'intérêt de l'Etat de surveiller tous les actes de la gestion financière des compagnies. « Ces fonctionnaires, dit M. Picard, qui a résumé ou reproduit en ces termes les dispositions du décret relatif à leur institution, ont notamment pour mission de contrôler les délibérations des conseils d'administration en ce qui touche les intérêts du Trésor, et de surveiller les opérations d'émission et d'amortissement des obligations, de placement de fonds, d'achats de valeurs, de reports, ou escomptes de papiers. Les compagnies doivent leur communiquer à toute époque, mais sans déplacement, les registres de leurs délibérations, leurs livres et écritures de comptabilité, la correspondance et tous documents nécessaires pour constater leur situation actuelle et passée. Elles leur font ouvrir, tant au siège social qu'au dehors, les bureaux de comptabilité, les ateliers, les magasins, les dépôts de matière et de valeurs de toute nature, y compris les deniers en caisse et les effets en portefeuille. Les commissaires généraux peuvent assister à toutes les séances des assemblées générales et requérir l'insertion de leurs observations au procès-verbal. Lorsqu'ils croient reconnaître que des travaux, des traités, des marchés, et tous autres faits de gestion pouvant affecter, soit la recette, soit les dépenses, sont inutiles ou nuisibles aux intérêts du Trésor, ils peuvent requérir la réunion immédiate du conseil d'administration pour délibérer sur les observations qu'ils auraient à lui soumettre, auquel cas ils assisteraient aux séances du conseil, et leurs observations seraient inscrites au procès-verbal. »

2202. — Il sera institué près de la compagnie, porte à cet égard l'art. 66 du cahier des charges, un ou plusieurs inspecteurs ou commissaires spécialement chargés de surveiller les opérations de la compagnie pour tout ce qui ne rentre pas dans les attributions des ingénieurs de l'Etat.

2203. — Un décret du 26 juin 1884 (*Rec. Lois, Ord.*, 2ᵉ sér., t. 2, p. 186) a fixé les traitements de ces commissaires généraux à 12,000 fr., en décidant que les frais de mission leur seraient remboursés en outre sur état. Puis un autre décret du 26 juin 1884 (Même recueil, *eod. loc.*) a décidé que les inspecteurs des finances nommés commissaires généraux conserveraient leurs fonctions au ministère des Finances et recevraient seulement la moitié du traitement de 12,000 fr. sus-énoncé.

2204. — Aux termes d'une circulaire du 22 janv. 1885 (*Rec. Lois, Ord.*, 2ᵉ sér., t. 2, p. 281), les commissaires nommés conformément au décret présidentiel du 7 juin 1884 doivent faire deux sortes de rapports :

1° Un rapport trimestriel ;

2° Un rapport spécial toutes les fois que dans l'intervalle ils constatent un fait de nature à porter préjudice au Trésor.

2205. — Un décret du 16 août 1886 (*Rec. Lois, Ord.*, 2ᵉ sér., t. 3, p. 129) a étendu à diverses lignes secondaires de chemins de fer les attributions des commissaires généraux des chemins de fer, telles qu'elles ont été définies par le décret du 7 juin 1884.

6° *Agents locaux ordinaires.* — *Préfets.*

2206. — En dehors des fonctionnaires dont nous venons de parler, l'ordonnance de 1846 avait conféré des pouvoirs spéciaux à certains fonctionnaires de l'ordre administratif et notamment aux préfets.

2207. — Nous avons vu notamment *suprà*, n. 1034 et s., quelles avaient été les fonctions attribuées aux préfets centralisateurs par l'art. 71 de cette ordonnance; on pourra compléter ces explications à l'aide des renseignements contenus dans une circulaire du 31 déc. 1846, [D. 47.3.102]

2208. — Conformément à ces dispositions, l'institution des préfets centralisateurs avait été appliquée à plusieurs lignes en exploitation.

2209. — Cette organisation disparut en 1850. « Le ministre des Travaux publics se réserva, dit à cet égard M. Picard, le soin de statuer directement sur tout ce qui concernerait le service général de l'exploitation et sur toutes les mesures qui s'appliqueraient à l'ensemble de la circulation; l'exécution des mesures d'intérêt local resta seule confiée au préfet de chaque département ». Voici en quels termes est conçu à cet égard l'arrêté du 15 avr. 1850 : « Le contrôle et la surveillance des chemins de fer exploités par les compagnies sont exercés directement par le ministre des Travaux publics pour tout ce qui concerne le service de l'exploitation proprement dite, l'ensemble de la circulation, les mesures générales de police et de sûreté, l'application des tarifs, la surveillance des opérations commerciales et les mesures générales d'intérêt public. Les mesures d'intérêt local concernant la conservation des bâtiments, ouvrages d'art, terrassements et clôtures, des abords des gares et stations, des passages à niveau, des ponts, rivières ou canaux traversant le chemin de fer, y compris la police des cours dépendant des stations et, en général, toutes les questions relatives à l'exécution des tit. 1, art. 11, L. 15 juill. 1845, sur la police des chemins de fer, sont dans les attributions des préfets des départements traversés. Chaque préfet prend, en outre, dans l'étendue de son département, les mesures nécessaires pour rendre exécutoires les règlements et instructions ministérielles concernant le public. Sont et demeurent rapportées les décisions précédentes par lesquelles la surveillance administrative à exercer sur divers chemins de fer a été centralisée entre les mains de l'un des préfets des départements traversés. »

7° *Agents ressortissant de l'ensemble des services.*

2210. — Indépendamment de leur pouvoir de police qui est le principal, les commissaires de surveillance administrative sont chargés de surveiller les détails de l'exploitation technique et commerciale; ils sont placés à cet effet sous les ordres des ingénieurs ordinaires et des inspecteurs de l'exploitation commerciale et des préfets, et correspondent avec eux pour tout ce qui concerne leurs attributions respectives (Arr. 29 juill. 1848; Circ. 21 oct. 1848; Arr. 15 avr. 1850).

2211. — Lors de leur entrée en fonction, ils doivent se présenter au préfet du département et au sous-préfet de l'arrondissement dans lequel leur poste se trouve situé (Circ. 15 févr. 1881).

2212. — Dans une circulaire du 15 févr. 1881 (*Rec. Lois, Ord.*, 2ᵉ sér., t. 1, p. 167), le ministre des Travaux publics a résumé les diverses obligations des commissaires de surveillance administrative.

« Les commissaires, y lisons-nous, doivent se tenir d'une manière à peu près permanente dans la gare de leur résidence, y assurer le maintien du bon ordre ainsi que dans les cours et dans leurs abords, dans les salles d'attente et sur les quais, surveiller l'application des mesures relatives à la composition, au départ et à l'arrivée des trains, constater les irrégularités d'exploitation, enfin, recevoir les réclamations du public. Ils doivent être présents au passage des trains de troupe. Ils sont chargés, indépendamment de ce service sédentaire, de la surveillance d'une circonscription déterminée. Ils doivent s'assurer de la bonne exécution des manœuvres d'aiguilles, de l'éclairage des stations et des passages à niveau, de la présence à leur poste des gardes-barrières et des agents préposés à la surveillance de la voie, de l'exécution des signaux, de la présence des machines de réserve aux lieux désignés, de l'apposition dans chaque station des tableaux de la marche des trains et des taxes à percevoir, de la tenue des registres de retard, de la bonne installation des buffets, de l'exercice régulier des diverses industries autorisées dans les gares, enfin, de l'entretien des médicaments et moyens de secours nécessaires. »

2213. — Comme ressortissant du service du contrôle, les commissaires de surveillance administrative adressent, en dehors des rapports spéciaux que peuvent nécessiter les besoins journaliers, des rapports hebdomadaires aux inspecteurs du contrôle.

2214. — Comme ressortissant des préfets, ils ont à s'assurer que les avis de retard des trains de voyageurs dépassant une heure ont été envoyés à ces fonctionnaires par le chef de la gare qui dessert le chef-lieu du département (Circ. 8 déc. 1855, 30 janv. 1856, Picard, *op. cit.*, t. 2, p. 171 ; 15 févr. 1881, précité).

2215. — Dans les circonstances exceptionnelles de guerre, d'inondation, etc., les commissaires doivent informer sans retard les préfets, par dépêche ou par exprès, des suppressions de trains, des changements dans les heures de départ, etc. (Circ. 15 févr. 1881).

2216. — L'une des principales fonctions des commissaires de surveillance est de contrôler les crimes et les accidents survenus dans les chemins de fer et d'en aviser qui de droit, et particulièrement les préfets.

2217. — Toutes les fois qu'il arrivera un accident sur le chemin de fer, prescrit à ce propos l'art. 59, Ord. 15 nov. 1846, il en sera fait immédiatement déclaration à l'autorité locale et au commissaire spécial de police, à la diligence du chef du convoi. Le préfet du département, l'ingénieur des ponts et chaussées et l'ingénieur des mines chargés de la surveillance, et le commissaire requis en seront immédiatement informés par les soins de la compagnie.

2218. — Il est naturel que les chefs de gare soient au nombre des fonctionnaires chargés de porter à qui de droit la connaissance de ces accidents. Quelques-uns des règlements des compagnies leur en font un devoir.

2219. — On a pu se demander jusqu'où s'étendait cette obligation. Il a été décidé, à cet égard, que si les chefs de gare peuvent être dispensés de signaler les accidents survenus dans les ateliers de réparation ou de construction situés loin de la gare et placés sous une autre autorité, il n'en est plus de même lorsque les ateliers ou dépôts sont une annexe de la gare dont ils font partie; alors surtout que les accidents se sont produits dans le cours et à l'occasion d'un service rentrant dans les attributions du chef de gare. — Cass., 4 août 1870, Lamouroux, [S. 71.1.259, P. 71.773]

2220. — ... Que l'art. 59, Ord. 15 nov. 1846, sur la police des chemins de fer, qui prescrit une déclaration immédiate à l'autorité locale, par le chef du convoi, de tout accident qui arrive sur un chemin de fer, s'applique aussi bien aux accidents arrivés sur la partie du chemin de fer traversant les gares, qu'à ceux qui surviennent sur le surplus de la voie. — Cass., 18 août 1859, Leroy, [S. 60.1.297, P. 60.50, D. 59.1.474]

2221. — ... Qu'au surplus, pendant le stationnement, c'est le chef de gare qui doit être considéré comme chef de convoi, et conséquemment que c'est à lui qu'incombe l'obligation de déclarer les accidents survenus dans sa station. — Même arrêt.

2222. — ... Que le chef de gare d'un chemin de fer devant, pendant le stationnement, être considéré comme chef de convoi, c'est à lui qu'incombe l'obligation de déclarer les accidents survenus dans la station : qu'on prétendrait à tort que cette obligation pèse sur le commissaire spécial de police préposé à la surveillance du chemin de fer. — Cass., 3 mai 1860, Leroy, [S. 60.1.823, P. 61.162, D. 60.1.376]

2223. — Un certain nombre de circulaires renferment des règles spéciales aux accidents. Ainsi tout accident ou tout fait d'une certaine gravité doit être porté *immédiatement* à la connaissance de l'administration centrale par voie télégraphique, sans préjudice du rapport sommaire qui doit lui être adressé en cas d'accident de trains ayant occasionné mort ou blessures, et du rapport détaillé qui doit lui être fourni dès que l'enquête administrative sera terminée, et sans que le délai puisse excéder trois semaines (Circ. 21 juin 1866, citée par Picard, *op. cit.*, t. 2, p. 469).

2224. — Les avis télégraphiques doivent être clairs et circonstanciés (Circ. 25 mai 1882, *Rec. Lois, Ord.*, 2ᵉ sér., t. 1, p. 452).

2225. — On devra fournir à la fin de chaque mois deux tableaux.

1º Pour les accidents de chemin de fer proprement dits ;

2º Pour les incidents d'exploitation et accidents autres que ceux de chemin de fer proprement dits (Circ. 8 sept. 1880 et 19 avr. 1888, *Rec. Lois, Ord.*, 2ᵉ sér., t. 3, p. 404).

2226. — Comme les accidents, les tentatives criminelles doivent être l'objet d'avis télégraphiques et de rapports sommaires et circonstanciés. Indépendamment de la dépêche au ministre, il doit en être adressé une au procureur de la République (Circ. 18 juill. 1887; 3 août 1887; 24 mai 1888 (*Rec. Lois, Ord.*, 2ᵉ sér., t. 3, p. 234, 237, 431; t. 4, p. 113); 31 janv. 1890; 3 nov. 1891; 11 nov. 1891).

2227. — Nous nous contentons de renvoyer à la même circulaire du 15 févr. 1881 pour les règles que les commissaires de surveillance administrative peuvent avoir à observer dans leurs rapports avec le public et les autorités, ainsi qu'avec les compagnies.

2228. — Comme tous les autres fonctionnaires des chemins de fer et conformément aux prescriptions de l'art. 73, Ord. 15 nov. 1846, les commissaires de surveillance administrative doivent porter un costume officiel. Ils ne sont pas d'ailleurs assujettis à le revêtir constamment. Mais ils doivent au moins porter toujours la casquette réglementaire (Circ. 14 déc. 1852, Potiquet, n. 239; 10 oct. 1860; 8 août 1861 (Picard, *loc. cit.*).

2229. — Les différentes qualités reconnues aux commissaires de surveillance administrative ont donné naissance à quelques difficultés.

2230. — On s'était demandé, notamment, si les commissaires de surveillance administrative, dans le cas où ils étaient appelés à constater des contraventions de grande voirie, étaient tenus, comme tous autres agents supérieurs, d'affirmer leurs procès-verbaux devant le juge de paix ou le maire. Un conseil de préfecture a décidé l'affirmative. — Cons. préf. Nord, 17 oct. 1881, Préfet du Nord, [Dauv., 1882, p. 18]

2231. — Mais le Conseil d'Etat, par de nombreux arrêts, a repoussé cette doctrine en s'appuyant sur cette double considération : d'une part, que l'art. 3, L. 29 févr. 1850, a donné aux commissaires de surveillance administrative les pouvoirs d'officiers de police judiciaire pour la constatation des contraventions commises dans l'enceinte des chemins de fer et de leurs dépendances... — Cons. d'Et., 6 avr. 1870, Adonis et Mulot, [S. 72.2. 119, P. adm. chr., Leb. chr., p. 420]; — 20 juin 1873, Ministre de l'Intérieur, [Leb. chr., p. 561]; — 20 juill. 1877, Ministre des Travaux publics, [Leb. chr., p. 730]; — 4 mars 1881, Kiloque, [S. 82.3.61, P. adm. chr., D. 82.3.84, Leb. chr., p. 247]; — 2 déc. 1887, Ministre des Travaux publics, [Leb. chr., p. 779] — V. Décr. 18 août 1810, 11 déc. 1811.

2232. — ... D'autre part, que l'art. 24, L. 15 juill. 1845, n'a pas compris les officiers de police judiciaire parmi les officiers publics et agents qui doivent affirmer leurs procès-verbaux. — Mêmes arrêts.

2233. — Un de ces arrêts a décidé également par des motifs analogues que ces procès-verbaux ne sont pas nuls par cela seul qu'ils n'auraient été ni enregistrés ni visés pour timbre. — Cons. d'Et., 4 mars 1881, précité.

2234. — On s'est demandé également s'il convenait d'appliquer à la liquidation de la pension d'un ancien commissaire de surveillance administrative des chemins de fer, l'art. 18, paragraphe final, L. 9 juin 1853. L'affirmative a été décidée par un arrêt du Conseil d'Etat, 29 mai 1874, Mornand, [Leb. chr., p. 513]

2235. — Dans une hypothèse où un commissaire de surveillance administrative avait été mis en congé d'office sans traitement à raison d'actes d'indiscipline, celui-ci avait contesté au ministre le droit de le suspendre de son emploi. Le Conseil d'Etat maintint cette suspension et décida qu'il n'y avait lieu pour lui de toucher son traitement pendant les mois de congé. — Cons. d'Et., 20 mars 1891, Arnault, [Leb. chr., p. 235]

§ 3. *Projets de réforme.*

2236. — En résumé, si on veut connaître par le menu l'organisation du contrôle de l'exploitation technique et commercial et les attributions des différents agents, il faut se reporter à l'instruction du 16 mai 1887 qui les énumère en détail.

2237. — Nous avons dit que d'importantes modifications étaient sur le point de s'accomplir dans l'organisation de ce service. Quelles seront-elles? Il est assez difficile de le préjuger. Les deux notes qui suivent et que nous avons relevées dans deux numéros du *Temps* des mois de juillet et d'octobre 1892, en établissant sur ce point qu'il ne paraît pas y avoir accord entre le Conseil d'Etat et l'administration centrale des Travaux publics, permettront, en tous cas, de constater les tendances de l'un et de l'autre.

2238. — « Le Conseil d'Etat, lit-on dans le *Temps*, du 1er juill. 1892, vient d'adopter en séance générale, au rapport de M. le conseiller Chauchat, un règlement d'administration publique réorganisant sur de nouvelles bases le contrôle de l'exploitation des chemins de fer. Le service sera pour chaque grand réseau dirigé par un inspecteur général des ponts et chaussées ou des mines. Il se divise en trois parties : 1° le contrôle des travaux neufs et d'entretien sur les lignes; 2° celui de l'exploitation technique; 3° celui de l'exploitation commerciale. — Le personnel préposé au contrôle des travaux comprend un ingénieur en chef, des ingénieurs ordinaires et des conducteurs des ponts et chaussées, des commissaires de surveillance administrative. — Le contrôle de l'exploitation technique est confié à un ingénieur en chef et des ingénieurs ordinaires des mines ou des ponts et chaussées, à des contrôleurs des mines ou à des conducteurs des ponts et chaussées, à des contrôleurs du travail et du matériel, à des commissaires de surveillance administrative. — Enfin, le contrôle de l'exploitation commerciale est exercé par un ou deux inspecteurs principaux, des inspecteurs particuliers et des commissaires de surveillance administrative. — Pour les deux premiers genres de contrôle, les réseaux sont divisés en circonscriptions de 1,000 à 2,000 kilomètres, ayant chacune un ingénieur ordinaire à sa tête. L'organisation nouvelle est exclusivement applicable à la France continentale, à l'exclusion de la Corse et de l'Algérie. Les deux innovations du projet sont les suivantes : la pratique traditionnelle, d'après laquelle nul agent chargé du contrôle d'une compagnie ne pouvait entrer à son service que cinq ans après avoir cessé ses fonctions, est consacrée par une disposition expresse. — D'autre part, on voit figurer dans la nomenclature des agents du contrôle, des contrôleurs du travail et du matériel; ces fonctionnaires d'institution nouvelle sont spécialement préposés à la surveillance des machines de traction et du matériel roulant; ils veillent à l'exécution des règlements rendus dans l'intérêt de la sécurité publique sur la durée et les conditions du travail des agents des compagnies. Ils sont recrutés par voie de concours et doivent avoir exercé cinq ans au moins l'emploi de mécanicien, de chef ou sous-chef de dépôt sur un réseau français; ils ne peuvent être attachés au contrôle d'une compagnie dans laquelle ils ont servi; ils sont répartis en trois classes respectivement appointées à 3,600, 3,200 et 3,000 francs; ils cessent obligatoirement leurs fonctions à 65 ans. »

2239. — Aux termes de la seconde de ces notes, le ministre des Travaux publics prépare en ce moment un arrêté réorganisant le contrôle des chemins de fer.

La sécurité de l'exploitation sera l'objet d'une surveillance plus étroite.

Le comité du contrôle de chaque réseau comprendra, outre les fonctionnaires du contrôle, trois membres nommés parmi les commerçants, les industriels et les agriculteurs de la région desservie par le réseau.

Quant aux conditions du travail des agents de chemins de fer, elles seront étudiées, sous la direction des ingénieurs, par des hommes du métier ayant l'expérience personnelle des fatigues et des difficultés du service.

Enfin la vérification des dépenses des compagnies sera faite sur place mois par mois, au fur et à mesure qu'elles se produiront, par des contrôleurs-comptables familiarisés avec les complications de la comptabilité. »

2239 bis. — Depuis que nous avons écrit ces lignes, la question de la réforme du contrôle a été portée aux Chambres accessoirement à la loi du budget. Elle y a été l'objet d'une discussion importante relative au droit du ministre de créer, par voie de simple arrêté ou de décret, des postes nouveaux rétribués sur les finances du Trésor. Après une longue discussion qui a mis un moment en conflit les deux assemblées, ce droit a été reconnu au ministre. On peut s'attendre à voir très prochainement apparaître la réforme annoncée. Nous la ferons connaître, s'il y a lieu, par voie d'appendice.

§ 4. *Règles spéciales aux chemins de fer de l'Etat.*

2240. — Le contrôle des chemins de fer de l'Etat est tout à fait analogue à celui des autres compagnies.

2241. — Cette assimilation date de l'origine même de l'organisation du réseau d'Etat. En effet, l'art. 13, Décr. 25 mai 1878 (S. *Lois annotées*, 8ᵉ sér., p. 361), portait : « Le contrôle de l'Etat s'exercera sur le réseau des lignes rachetées comme sur les autres réseaux d'intérêt général, conformément à l'ordonnance du 15 nov. 1846, par les fonctionnaires et agents du contrôle relevant directement de l'administration centrale des travaux publics.

2242. — Conformément à cette disposition, le ministre des Travaux publics avait institué, au point de vue du contrôle financier, par arrêté du 1ᵉʳ déc. 1879 (citée par Picard, *op. cit.*, t. 2, p. 25), une commission spéciale pour la vérification des comptes.

2243. — Un arrêté postérieur du 29 mars 1884 en avait modifié la composition (cité par Picard, t. 2, p. 436).

2244. — Mais un arrêté nouveau du 3 févr. 1886 (Picard, *loc. cit.*) l'a supprimée et a décidé que les comptes du réseau de l'Etat seraient vérifiés par la même commission que ceux des compagnies.

CHAPITRE V.

CARACTÈRES GÉNÉRAUX DES COMPAGNIES DE CHEMINS DE FER ET DE LEURS AGENTS.

Section I.
Les compagnies envisagées au point de vue commercial.

2245. — Quel est le caractère des compagnies de chemins de fer, sont-elles commerciales ? sont-elles civiles ? Et si elles sont commerciales, toutes les conséquences attachées à la qualité du commerçant leur sont-elles applicables ?

2246. — On sait, et nous n'avons pas besoin de le rappeler, que la qualité de commerçant est attachée par la loi à tous ceux qui accomplissent des actes de commerce et qui en font leur profession habituelle. — Les compagnies de chemins de fer ayant pour objet principal de faire le transport des voyageurs et des marchandises, et ce fait étant par lui-même essentiellement commercial, il ne nous paraît pas discutable que les compagnies de chemins de fer doivent être considérées comme commerçantes avec toutes les conséquences qui sont attachées à cette qualité : aptitude à être mises en faillite, obligation de tenir des livres de commerce, etc. — V. *infrà*, n. 2482.

2247. — Il est vrai que tous les actes accomplis par les compagnies de chemins de fer ne sont pas nécessairement commerciaux, mais ce qui constitue la qualité de commerçant, ce n'est pas le fait de ne passer que des actes de commerce, c'est le fait d'en passer habituellement un certain nombre ayant ce caractère.

2247 *bis.* — Ce n'est pas à dire que la distinction des actes civils ou commerciaux accomplis par les compagnies soit dépourvue d'intérêt. Suivant les cas, en effet, cette distinction produira des conséquences très-importantes au point de vue de la preuve, de la compétence, etc. Sans prétendre donner une énumération complète des décisions intervenues sur ce point, nous ferons connaître au moins les principales. On constatera que le caractère même du contrat de transport a été discuté lorsqu'il est accompli par l'Etat.

2248. — Ainsi, il a été jugé que le sous-traité fait avec une compagnie concessionnaire de chemins de fer pour des transports de terre constitue un louage d'industrie et non un acte de commerce. — Lyon, 5 mars 1832, Savel, [P. chr.]

2249. — ... Que le règlement de travaux de terrassement, faits par un individu pour le compte des entrepreneurs d'un chemin de fer ne constitue pas une affaire commerciale. — Cass., 26 mars 1838, Huard, [P. 38.1.401]

2250. — ... Que l'entreprise de transport quand elle n'est pas faite dans un but de spéculation, ne constitue pas un acte de commerce; que, par suite, quand l'Etat, au lieu de recourir à la voie des entreprises particulières, fait exécuter des transports à son compte et à ses risques et périls, il ne fait pas acte de commerce, puisqu'il est réputé agir dans un but d'utilité publique et d'intérêt général. — Pardessus, n. 39; Orillard, n. 326; Alauzet, n. 2978; Ruben de Couder, v° *Acte de commerce*, n. 175.

2251. — ... Par la même raison, que l'exploitation d'un chemin de fer par l'Etat ne constitue pas une entreprise commerciale, et que l'Etat n'est pas justiciable des tribunaux de commerce à raison des difficultés que cette exploitation peut soulever. — Cass. Belg., 18 nov. 1844, Etat belge, [S. 45.2.564, D. 46.2.4]

2252. — ... Qu'il faut en dire autant si l'Etat, au lieu d'exploiter lui-même, fait exploiter par un tiers qui n'est que son préposé. — Même arrêt.

2253. — Mais il a été jugé, par contre, que *l'entreprise* de la construction d'un chemin de fer est commerciale, et qu'elle constitue plutôt, à raison de sa nature et de son importance, non un acte de commerce, mais une suite d'actes de commerce donnant à l'entrepreneur la qualité de commerçant et permettant de le faire déclarer en faillite. — Cass., 2 févr. 1869, Boucarue, [S. 69.1.220, P. 69.527, D. 69.1.37]

2254. — ... Que l'engagement contracté avec un entrepreneur d'une compagnie de chemin de fer pour la confection de travaux relatifs au chemin ayant un caractère commercial, le taux des intérêts de la créance qui en résulte contre elle est de 6 p. 0/0 (aujourd'hui sans limite légale). — Cass., 27 nov. 1871, Chemin de fer d'Orléans, [S. 71.1.204, P. 71.623, D. 72.1.92]

2255. — ... Que le contrat par lequel une compagnie de chemin de fer substituée aux droits et obligations de l'Etat a consenti à devenir l'unique obligé d'un entrepreneur qui, antérieurement à la substitution, avait traité avec l'Etat, est commercial et que la preuve par suite peut en être faite par témoins ou par présomptions. — Cass., 28 mai 1866, Chemin fer d'Orléans, [D. 66.1.300]

2256. — ... Que le traité fait entre une compagnie de chemin de fer et un mécanicien conducteur de locomotive constitue un acte de commerce de la part de la compagnie; qu'en conséquence, les contestations qui peuvent s'élever à l'occasion de ce traité sont compétemment portées devant la juridiction commerciale. — Cass., 13 mai 1857, Chemin fer de Lyon, [S. 57.1.669, P. 58.702, D. 57.1.393]

2257. — D'une façon générale on a décidé : que le tiers qu exploite un chemin de fer en son propre nom et sous sa responsabilité ne peut pas être considéré comme le délégué de l'Etat, puisqu'il agit comme un entrepreneur ordinaire, et que le caractère de ses agissements ne peut être modifié puisqu'il a contracté avec l'Etat au lieu de traiter avec un simple particulier.

2258. — ... Que l'entreprise d'un chemin de fer concédé par l'Etat ayant pour objet le transport des marchandises et des voyageurs constitue une entreprise commerciale, et que, par suite, les demandes que des particuliers forment contre le concessionnaire pour obtenir l'exécution de ses obligations sont de la compétence des tribunaux de commerce. — Cass., 28 juin 1843, Cie de la Grand-Combe, [S. 43.1.574, P. 43.2.153] — Lyon, 1er juill. 1836, Durand, [P. chr.] — Nîmes, 10 juin 1840, Marme, [P. 40.2.556]

2259. — ... Que les compagnies formées pour l'exploitation des chemins de fer concédés par l'État sont donc des sociétés de commerce. — Cass., 26 mai 1857 (2 arrêts), Chemin de fer d'Orléans, [S. 88.1.263, P. 57.1211, D. 57.1.246]; — 14 juill. 1862, Van Lendin, [S. 63.1.428, P. 63.1166, D. 62.1.318]; — 27 nov. 1871, Chemin de fer de Paris à Orléans, [D. 72.1.92]

2260. — ... Qu'il faut même en dire autant de la société formée à l'effet d'obtenir la concession d'un chemin de fer, bien qu'elle ne soit pas devenue adjudicataire. — Paris, 19 nov. 1848, Pipin Leballeur.

2261. — ... Qu'en cette qualité, ces sociétés peuvent être déclarées en faillite. — Cass., 26 mai 1857, précité; — 14 juill. 1862, précité.

2262. — ... Que les engagements pris par elles pour le transport des marchandises sont commerciaux et que la preuve peut en être faite, quel que soit le montant du litige, à l'aide de présomptions graves, précises et concordantes. — Cass., 30 déc. 1857, Chemin de fer du Nord, [S. 58.1.607, P. 58.387, D. 58.1.395]

2263. — ... Que les tribunaux de commerce sont compétents pour connaître de toute demande relative au contrat de transport formé contre l'entrepreneur.

2264. — ... Que les livres et registres, créés pour le service privé d'un chemin de fer, et notamment pour la constatation de valeurs remises par un des employés de la compagnie à un autre employé de cette même compagnie, ont le caractère de livres de commerce, et que les faux commis sur ces livres constituent, dès lors, des faux en écriture de commerce. — Cass., 20 avr. 1855, Burnouf, [D. 55.5.228]

2265. — ... Que la surveillance et le contrôle administratif, auxquels ils sont assujettis, ne font pas obstacle à ces règles. — Même arrêt.

2265 bis. — ... Que l'abus de confiance commis par un employé de chemins de fer peut être prouvé par témoins même au-dessus de 150, parce que l'on se trouve en matière commerciale. — Cass., 1er sept. 1848, Ratelot, [S. 48.1.653]

2266. — Et la tendance paraît même être de ne faire plus aucune distinction, à cet égard, entre les chemins de fer exploités par les compagnies et les chemins de fer exploités par des délégués.

2267. — C'est ainsi qu'il a été jugé que l'administration des chemins de fer de l'Etat, en exploitant les lignes de son réseau, fait acte de commerce, comme les compagnies concessionnaires des autres lignes de voies ferrées. — Cass., 8 juill. 1889, Chemin de fer de l'Etat, [S. 98.1.473, P. 90.1.1124, D. 89.1.353]

2268. — ... Qu'en conséquence, le traité passé entre cette administration et une société d'imprimerie, pour la fourniture, par cette dernière, des impressions nécessaires à l'exploitation, ressortit de la juridiction commerciale. — Même arrêt.

2269. — ... Et que cette juridiction, pour statuer sur les contestations auxquelles ledit traité donne lieu, doit se référer aux règles du droit commun, sans avoir à faire application des règles du droit administratif, concernant la gestion des intérêts publics de l'Etat. — Même arrêt.

2270. — Cette jurisprudence nous paraît très-rationnelle. L'entreprise de transport est certainement l'objet principal des compagnies, et cette entreprise constitue par elle-même un acte de commerce. On ne concevrait donc pas qu'on pût dénier à cette entreprise le caractère de commercialité, même lorsqu'elle est effectuée pour le compte de l'Etat.

2271. — Il est vrai que l'ingérence de l'Etat dans ces dernières compagnies est beaucoup plus considérable que dans les premières; mais elle ne saurait, en aucun cas, dénaturer le caractère de l'entreprise.

2272. — On conçoit d'ailleurs que le caractère commercial de l'exploitation n'entraîne, en vertu de la théorie de l'accessoire, que la commercialité des actes qui s'y rattachent.

2273. — Ainsi jugé que si l'exploitation d'un chemin de fer par une compagnie constitue une entreprise commerciale, et si les fournitures relatives à la construction de ce chemin présentent le même caractère lorsqu'elles ont un rapport direct et nécessaire à l'objet de l'entreprise, il n'en est pas de même des fournitures faites pour arriver à l'expropriation ou l'achat des terrains destinés à l'établissement des chemins de fer — Nancy, 25 juill. 1876, Pierrot, [S. 77.2.262, P. 77.2.157]; — qu'en conséquence, la demande en paiement de frais d'impression de placards et d'insertion dans les journaux qui ont servi à donner aux opérations préliminaires de l'expropriation la publicité exigée par la loi est de la compétence des tribunaux civils. — Même arrêt.

2274. — Le caractère de société commerciale ne peut d'ailleurs s'appliquer qu'aux sociétés qui ont pour objet direct le transport des marchandises et des voyageurs.

2275. — Ainsi jugé qu'une entreprise n'a pas le caractère des opérations de transport, alors qu'elle a pour objet, non pas le transport des voyageurs ou des marchandises, mais la création d'une voie destinée au transport sur laquelle sont prescrits des droits de péage. — Pau, 8 mars 1889, Société du canal de Panama, [D. 90.2.233]

2276. — ... Que la faculté accordée à l'entreprise de percevoir des droits de réparàtion, pilotage, remorquage, halage, dépôts, engins, etc., n'a qu'un caractère accessoire se rattachant à l'objet principal de l'entreprise et n'en modifiant pas la nature. — Même arrêt.

2277. — ... Que l'entreprise et l'exploitation facultative d'un chemin de fer dit auxiliaire a également un caractère accessoire de l'entreprise principale de l'exploitation d'un canal et ne saurait modifier le caractère principal et essentiel de la société.

2278. — ... Qu'il en est de même de l'achat de la plus grande partie des actions d'une autre compagnie de chemin de fer alors que cette dernière conserve en propre un conseil d'administration, une comptabilité et un siège social distincts, et que son individualité juridique n'est pas absorbée par la première société. — Même arrêt.

2279. — Le transport, même effectué par la compagnie, ne constitue un acte de commerce qu'autant qu'il a lieu à titre de spéculation. C'est ce qu'a décidé spécialement la cour d'appel de Paris, le 14 nov. 1864, à propos des réductions faites par une compagnie de chemin de fer sur les prix de transport d'objets divers, comestibles, combustibles, etc., au profit de ses employés. — V. à cet égard, Lettre min., 13 avr. 1887.

Section II.

Organisation des compagnies et des chemins de fer de l'État.

2280. — Nous devons dire quelques mots de l'organisation administrative des compagnies de chemins de fer et des chemins de fer de l'Etat.

2281. — A l'exception des règles que nous avons fait connaître *suprà*, n. 280 et s., et de quelques particularités que nous allons indiquer encore, on peut dire que les compagnies de chemins de fer sont constituées comme la plupart des grandes sociétés de commerce.

2282. — Ainsi, sauf la compagnie du chemin de fer du Nord dont la direction est attribuée à un comité de sept membres, choisis parmi ceux du conseil d'administration, toutes les grandes compagnies françaises ont un directeur, placé sous l'autorité d'un conseil d'administration et nommé par ce conseil.

2283. — Nous n'insisterons pas sur les pouvoirs de ce directeur, non plus que sur ceux du conseil d'administration. Ils sont définis par les statuts de chaque compagnie, et la puissance publique n'y a aucune part.

2284. — Nous nous contenterons de signaler à ce propos une disposition de la loi du 15 juill. 1845, relative aux votes dans ces conseils, d'où il résulte que nul ne pourra voter par procuration dans le conseil d'administration de la compagnie; que, dans le cas où deux membres dissidents sur une question demanderaient qu'elle fût ajournée jusqu'à ce que l'opinion d'un ou de plusieurs administrateurs absents fût connue, il pourra être envoyé à tous les absents une copie ou extrait du procès-verbal, avec invitation de venir voter dans une prochaine réunion à jour fixe, ou d'adresser par écrit leur opinion au président; que celui-ci en donnera lecture au conseil, après quoi la décision sera prise à la majorité des membres présents (art. 12).

2285. — Les services de chaque compagnie peuvent se diviser en divers groupes principaux : services intérieurs et services extérieurs.

2286. — Les services intérieurs comprennent plus particulièrement la comptabilité, les titres, la caisse, le contentieux, le secrétariat général, le secrétariat de la direction, la caisse des retraites et le service médical, le service du domaine, les archives et l'économat. Les services extérieurs se subdivisent généralement en trois branches : 1° exploitation proprement dite (mouvement et exploitation commerciale);
2° Matériel et traction ;
3° Entretien et surveillance de la voie.

2287. — Chacune de ces branches comprend des agents placés au siège social et chargés de la direction générale des travaux, et des agents d'exécution placés sur les lieux. — V. pour plus de détails à cet égard Picard, *op. cit.*, t. 2, p. 35 ; t. 3, p. 11 et s.

2288. — Cette organisation toutefois ne s'applique rigoureusement qu'au réseau ancien. A l'égard des lignes nouvelles, des dispositions différentes sont souvent prises relativement à la construction, qui constitue un service distinct.

2289. — Les chemins de fer de l'Etat ont pour origine, nous le rappelons, la loi du 18 mai 1878, dont l'art. 4 est ainsi conçu : « En attendant qu'il soit statué sur les bases définitives du régime auquel seront soumis les chemins de fer rachetés, le ministre des Travaux publics devra en assurer l'exploitation provisoire à l'aide de tels moyens qu'il jugera le moins onéreux pour le Trésor. Des décrets détermineront les conditions dans lesquelles s'effectueront les recettes et les dépenses de l'exploitation provisoire, ainsi que le mode suivant lequel elles seront justifiées. »

2290. — On retrouve des formules analogues dans un certain nombre de lois relatives à l'exploitation provisoire de divers chemins de fer construits par l'Etat et non concédés, et notamment dans les lois des 27 et 29 juill. 1880, 7 janv. et 22 août 1881, 22 juin 1882, etc.

2291. — Suivant les cas, le ministre a été autorisé ou non à acquérir le matériel roulant, le mobilier des gares, l'outillage et les approvisionnements nécessaires.

2292. — Il était dit également, dans quelques-unes des lois précitées, que l'exploitation provisoire, en attendant un règlement définitif, serait régie par le cahier des charges des chemins de fer d'intérêt général annexé à la loi du 4 déc. 1875.

2293. — A la suite de la loi du 18 mai 1878, deux décrets principaux intervinrent à la date du 25 mai (S. *Lois annotées*, 8ᵉ sér., p. 361 et 363) de la même année, qui réglèrent : 1° l'organisation administrative et les conditions générales dans lesquelles il serait pourvu, tant à l'achèvement des travaux qu'à l'exploitation provisoire; 2° les règles à suivre dans le service financier de l'exploitation.

2294. — Telles sont les règles fondamentales de l'administration des chemins de fer de l'Etat. Nous commencerons par les résumer, et nous signalerons, chemin faisant, les modifications qui leur furent apportées par des décrets postérieurs.

2295. — La direction technique des chemins de fer de l'Etat est confiée, comme dans les autres compagnies, à un directeur assisté d'un conseil d'administration.

2296. — Primitivement, ce conseil d'administration devait se composer de neuf membres (Décr. 25 mai 1878). Mais leur nombre, d'abord porté à seize par un décret du 4 janv. 1882, fut ramené à douze par un autre décret du 18 févr. 1882 (S. *Lois annotées*, 9ᵉ s., p. 440).

2297. — Aux termes de ce décret, ils devaient être nommés par le gouvernement pour quatre années, sujets à renouvellement par quart tous les ans. Les membres sortants étaient rééligibles. Le ministre devait nommer chaque année un président et un vice-président dans le sein du conseil. Mais un décret du 28 avr. 1883 (S. *Lois annotées*, 9ᵉ s., p. 739) abrogea les art. 2, 3, 4 et 5, Décr. 18 févr. 1882, dans lesquels se trouvaient contenues ces dispositions.

2298. — Les fonctions des membres du conseil d'administration de l'Etat sont gratuites. Ils n'ont droit qu'à une indemnité.

2299. — Ils sont nommés par le ministre des Travaux publics qui doit prendre à cet effet une décision.

2300. — Les services sont répartis entre un chef d'exploitation qui a dans ses attributions le service commercial, un ingénieur en chef du matériel et de la traction, un ingénieur en chef de la voie et des bâtiments. — Picard, *op. cit.*, t. 3, p. 21.

2301. — La nomination de ces fonctionnaires rentre également dans les attributions du ministre, qui doit prendre préalablement l'avis du conseil d'administration.

2302. — Un caissier principal, nommé aussi par décret, contresigné du ministre des Finances après avis du conseil d'administration, est chargé de centraliser les recettes et les dépenses. Il est justiciable de la Cour des comptes et fournit en rentes sur l'Etat un cautionnement calculé sur le pied de cinq fois ses émoluments (Décr. 25 mai 1878, art. 11).

2303. — Les agents d'ordre inférieur sont nommés par le conseil d'administration sur la proposition du directeur.

2304. — Leur traitement est fixé par le ministre des Travaux publics.

2305. — A l'exception des agents du secrétariat et de la caisse, qui relèvent directement du conseil d'administration, tout le personnel est placé sous les ordres du directeur.

2306. — Les cautionnements des préposés de chemin de fer de l'Etat sont réglés par un décret du 1er avr. 1879 (S. *Lois annotées*, 8e s., p. 467). Ils sont sans indication de résidence et servent simplement à la garantie de la gestion. Ils sont versés en numéraire ou en rentes.

2307. — Après quelques variations, nous avons vu que le contrôle des chemins de fer de l'Etat avait été assimilé à celui des grandes compagnies. — V. *suprà*, n. 2240.

Section III.

Les compagnies envisagées au point de vue de la nationalité.

2308. — On s'est demandé d'après quels éléments on doit apprécier la nationalité d'un chemin de fer : s'il faut considérer celle de ses fondateurs, des administrateurs ou directeurs qui le dirigent, l'origine des deniers qui ont servi à l'établir, ou s'il ne convient pas plutôt de s'attacher exclusivement à la considération du pays dans lequel il est établi. Cette dernière considération a paru décisive à la cour de Douai, qui a décidé que la nationalité d'un chemin de fer, comme celle de tout autre immeuble, est absolument indépendante de la nationalité de celui qui peut en avoir, comme propriétaire ou concessionnaire, la possession et la jouissance; qu'elle se détermine par les caractères propres à l'immeuble lui-même, notamment et avant tout par son assiette sur le sol national, par la souveraineté nationale dont il relève et par le statut réel qui le régit. — Douai, 9 août 1882, Deliod de la Croix, [S. 84.2.26, P. 84.1.197]

2309. — ... Spécialement, qu'un chemin de fer étranger, bien qu'exploité par une compagnie française (dans l'espèce, le chemin de fer du Nord-Belge, exploité par la compagnie française du Nord), n'en a pas moins la nationalité du territoire dont il fait partie intégrante. — Même arrêt.

2310. — Nous estimons que cette manière d'apprécier les choses s'impose d'autant plus au point de vue français que les chemins de fer, ainsi que nous l'avons fait remarquer, font partie de la grande voirie. Mais il est clair que pour les sociétés qui se chargent de transports internationaux, il faudrait s'attacher à d'autres considérations, puisqu'elles parcourent successivement un certain nombre de pays et que, d'ailleurs, elles se contentent d'emprunter le plus généralement le réseau de chacun de ces pays. Serait-il possible d'admettre qu'une société de cette nature devînt successivement française, allemande, italienne, en d'autres termes, qu'elle changeât de nationalité suivant les pays par elle parcourus? Il nous paraît plus rationnel de décider qu'en pareille hypothèse, il faut s'attacher à la considération du siège social.

2311. — La question que nous agitons, en tant qu'elle s'applique aux chemins de fer situés en France, n'a, d'ailleurs, qu'un intérêt médiocre. Tous les biens situés en France étant soumis à la loi française, et les sociétés de commerce étrangères pouvant s'établir en France sans autorisation, elle se ramène à la question de savoir quels sont les droits qui peuvent frapper les actions ou obligations émises par ces compagnies.

Section IV.

Les compagnies envisagées comme établissements publics.

2312. — Il a été décidé qu'une société anonyme, pour l'établissement d'un chemin de fer, ne peut être considérée comme un établissement public. — Cass., 26 mai 1857, Chemin de fer d'Orléans, [S. 58.1.263, P. 57.1211, D. 57.1.246]

2313. — Cette solution, qui nous paraît indiscutable lorsque la question se pose par rapport à une société privée de chemins de fer, serait-elle également vraie s'appliquant à l'administration du réseau d'Etat? Nous ne le pensons pas. En effet, on peut dire que ces chemins de fer ne sont pas seulement comme les autres affectés à un usage public, mais qu'ils constituent comme des annexes de l'administration publique.

2314. — Cependant cette affinité ne saurait aboutir à une similitude complète, et que ces chemins de fer ne sont pas dispensés, lorsqu'ils se pourvoient, de la consignation de l'amende. M. le commissaire du gouvernement dans un arrêt du Conseil d'Etat du 10 juill. 1885, Chervet, [S. 87.3.18, P. adm. chr.], rendu sur le point de savoir si les difficultés entre l'Etat et ses employés étaient ou non du ressort de la juridiction administrative, a caractérisé ainsi la situation des chemins de fer de l'Etat : « Je crois que l'administration des chemins de fer de l'Etat constitue un établissement public. Deux conditions sont, en effet, nécessaires pour qu'une personne morale du droit administratif soit en même temps un établissement public : 1° Il faut qu'elle soit chargée de gérer un service public; 2° que la loi lui ait constitué des ressources spéciales. Or, dans l'espèce, ces deux conditions sont réunies : d'une part, l'administration des chemins de fer de l'Etat gère un service public; en second lieu, elle possède des ressources spéciales. Le décret du 25 mai 1878, sur le service financier des chemins de fer de l'Etat, rendu en exécution de la loi du 18 mai précédent, porte que les recettes et dépenses effectuées dans les gares et les stations sont centralisées entre les mains d'un comptable ayant le titre de caissier général des chemins de fer de l'Etat, justiciable de la Cour des comptes (art. 12 et 18 du même décret); en outre, le budget des chemins de fer de l'Etat est voté, comme celui de la Légion d'honneur, par le Parlement et est rattaché par ordre au budget général de l'Etat. Dès lors, s'il s'agit d'un établissement public, distinct de l'Etat, il n'est pas vrai de dire avec le ministre des Travaux publics que toutes les règles du droit commun doivent recevoir leur application dans les contestations soulevées entre les tiers et l'administration des chemins de fer de l'Etat. Dans l'espèce, nous rencontrons un texte spécial, c'est l'art. 11, Décr. 25 mai 1878, sur l'organisation des chemins de fer de l'Etat. Cet article dispose : « Les divers agents, actuellement employés sur les lignes rachetées seront, sauf le cas de mauvais service, conservés dans la situation qu'ils occupent ou dans une fonction analogue compatible avec la présente organisation. Ces agents, ainsi que ceux qui pourraient être ultérieurement attachés au service des lignes rachetées, seront, pendant la durée de leur service, considérés comme des agents temporaires de l'Etat... ». Il semble résulter de ce texte que les agents des chemins de fer de l'Etat sont assimilés aux agents de l'Etat. »

2315. — Depuis cette époque, le tribunal des conflits a décidé que l'administration des chemins de fer de l'Etat ne saurait être purement et simplement assimilée à une compagnie concessionnaire, et, d'autre part, qu'elle ne constitue pas une personne privée. — Trib. confl., 22 juin 1889, Vergnioux, [S. 91.3. 78, P. adm. chr.]

2316. — Par contre, il a été jugé que l'exemption de la formalité de l'enregistrement pour les actes d'administration publique ne s'applique pas aux actes des compagnies de chemins de fer, lesquelles ne peuvent être assimilées à l'administration publique ; qu'en conséquence, les agents et préposés d'un chemin de fer ne peuvent prêter serment sans avoir préalablement fait enregistrer les commissions à eux délivrées. — Cass., 28 déc. 1859, Chemin de fer d'Orléans, [S. 60.1.140, P. 60.632, D. 60.1.93]

2317. — Une question voisine s'est également posée, celle de savoir si les chemins de fer ne constituent pas des établissements nationaux.

2318. — Il a été jugé, qu'un chemin de fer ne peut pas être considéré comme un établissement national pour l'application d'une clause par laquelle l'Etat a réservé certaines faveurs aux établissements de cette nature, cette qualification ne convenant qu'aux établissements appartenant à l'Etat ou affectés à un de ses services. — Cons. d'Et., 16 déc. 1881, Ville d'Alger, [D. 83. 3.34]

2319. — La question cette fois ne paraît pouvoir se poser que pour les sociétés exploitant des réseaux autre que le réseau d'Etat.

Section V.

Les chemins de fer envisagés comme des lieux publics. — Vol. — Diffamation. — Attentat à la pudeur. — Hôtellerie. — Dépôt nécessaire.

2320. — On s'est demandé si les chemins de fer et leurs dépendances constituent des voies publiques. La question a de l'intérêt notamment au point de vue de l'aggravation que semblerait devoir entraîner cette qualification pour certaines infractions qui y seraient commises, le vol, la diffamation, l'attentat aux mœurs. La jurisprudence n'a pas et ne pouvait pas avoir sur ce point une règle uniforme.

2321. — Il est clair, en effet, que ce n'est pas pour des raisons identiques que la publicité est considérée comme une circonstance aggravante dans ces différents cas, et que si la nécessité d'assurer la sécurité de la voie publique, par exemple, a pu faire augmenter les peines de vol, on ne saurait dire que c'est par un motif analogue que l'injure publique a été réprimée d'une façon particulière.

2322. — On conçoit d'ailleurs qu'il puisse y avoir lieu de faire des distinctions suivant la partie des chemins de fer où ces délits sont commis, et qu'on ne puisse traiter de la même façon, par exemple, le logement d'un employé ou une salle d'attente, la voie elle-même ou un wagon circulant sur cette voie, ce wagon lui-même s'il est fermé et dépourvu de voyageurs, ou s'il est en marche au contraire et que les places en soient garnies.

2323. — Les principaux arrêts rendus sur ces différents points sont les suivants. Il a été jugé que les dispositions aggravantes de l'art. 383 ne s'appliquent pas aux voies ferrées sur lesquelles les voyageurs circulent sous la protection des agents de la compagnie. — Cass., 19 juill. 1872, Roudon, [D. 72.1. 284]

2324. — ... Spécialement, que le vol commis sur une voie ferrée en franchissant la haie qui lui sert de clôture est un vol avec escalade dans une propriété privée. — Dijon, 28 avr. 1859, X..., [D. 59.5.414]

2325. — Il a été jugé d'ailleurs, que la déclaration d'un jury portant qu'un vol commis sur un chemin de fer a été commis sur un chemin public est une décision en fait que la Cour de cassation n'a pas le pouvoir de réviser. — Cass., 9 avr. 1846, Genin, [P. 47.1.615, D. 46.4.545]

2326. — D'autre part, il a été décidé qu'à supposer qu'un wagon de chemin de fer faisant partie d'un train en marche ait le caractère de lieu public, les propos diffamatoires pour un tiers tenus dans un compartiment (spécialement, compartiment de seconde classe) n'ont pas le caractère de publicité nécessaire pour constituer le délit de diffamation dans les termes des art. 23 et 32, L. 29 juill. 1881, alors que les propos n'ont été entendus que des deux voyageurs qui se trouvaient dans ce compartiment et avec lesquels le prétendu diffamateur avait engagé conversation. — Douai, 29 juill. 1884, P..., [S. 86.2.222, P. 86. 1.16] — V. cep. Bordeaux, 25 mai 1881, Maligne, [S. 81.2.187] — Féraud-Giraud, t. 3, n. 186.

2327. — Mais il avait été décidé auparavant que les bureaux des employés de chemins de fer dans les stations devaient être considérés, ainsi que la station dont ils font partie, comme des lieux publics, au sens de la loi du 17 mai 1819, bien qu'ils ne soient accessibles cependant qu'à certaines catégories de personnes étrangères à l'administration (celles qui ont des renseignements à demander), et non au public en général. — Cass., 28 avr. 1843, Chemin de fer de Strasbourg, [D. 43.1.317]

2328. — D'après un arrêt, constituent un outrage public à la pudeur des actes obscènes commis dans un wagon de chemin de fer en marche, quand les glaces baissées ont pu permettre au public de voir les actes incriminés. — Cass., 19 août 1869, Bénaud, [S. 70.1.182, P. 70.416, D. 70.1.96] — Emion, t. 1, p. 164; Féraud-Giraud, t. 3, n. 185.

2329. — Une question qui se rattache indirectement à celle qui nous occupe est relative au point de savoir si les wagons-lits doivent être assimilés à des véhicules ordinaires, de telle façon que le caractère public de l'exploitation exerce sur les faits qui s'y passent une influence déterminante, ou bien si on ne peut pas, à certains égards, les assimiler à des auberges. La question s'est posée notamment au point de vue de l'application de l'art. 1952. Il a été jugé à cet égard, que les dispositions de l'art. 1952, C. civ., qui établissent une présomption contraire au droit commun, en matière de dépôt, sont essentiellement limitatives et ne doivent être étendues qu'aux établissements qui présentent non seulement des analogies, mais une identité absolue avec l'auberge ou l'hôtel; que le wagon-lit présente avec l'hôtel de nombreuses analogies, mais qu'il s'en sépare par des différences essentielles qui ne permettent pas de l'assimiler à un hôtel roulant; qu'à raison de l'obligation qui lui est imposée de recevoir indistinctement tous les voyageurs, de l'impossibilité où elle est placée d'exercer une surveillance efficace, la compagnie des wagons-lits ne saurait être soumise à la responsabilité édictée par les art. 1952 et s., C. civ.; qu'on ne saurait voir dans l'apport des bagages dans le wagon-lit un dépôt nécessaire au sens de la loi, et que si le voyageur s'absente de ce wagon en y abandonnant ses effets, c'est à ses risques et périls; qu'il ne peut rendre la compagnie responsable de la perte d'un objet qui n'était pas confié à sa garde et qui n'était pas enregistré. — Trib. Seine, 25 nov. 1892, Cie internationale des wagons-lits, [J. *La Loi*, 6 déc. 1892]

2329 bis. — ... Que les wagons-lits, mis en circulation sur des lignes de chemins de fer, ne pouvant être assimilés à une auberge ou à une hôtellerie, en cas de perte ou de vol d'objets conservés avec eux par les voyageurs qui ont loué des places dans un wagon-lit, la compagnie qui a mis ces wagons en circulation ne saurait être déclarée responsable, par application de l'art. 1952, C. civ.; qu'en conséquence, la compagnie des wagons-lits qui a loué à un voyageur une place dans un wagon-lit faisant partie d'un train par elle organisé, ne saurait, en tant que transporteur et en dehors de toute faute prouvée à sa charge ou à celle de ses agents, être déclarée responsable de la perte ou du vol d'objets que le voyageur avait conservés avec lui, sans les faire enregistrer comme bagages. — Trib. Seine, 14 mai 1892, Cie internationale des wagons-lits, [S. et P. 92.2.156]

2329 *ter*. — Mais les règles du dépôt nécessaire seraient applicables au dépôt fait par un voyageur de ses bagages même non enregistrés dans une gare de chemin de fer.

Section VI.

Les compagnies envisagées comme entrepôts.

2330. — Les gares de chemin de fer par lesquelles les marchandises passent directement des mains de l'expéditeur en celles du destinataire, peuvent être considérées comme des entrepôts de marchandises, et par conséquent les denrées falsifiées qui y sont saisies doivent être réputées mises en vente dans le sens de l'art. 3, L. 27 mars 1851; et il n'y a pas, à cet égard, à distinguer entre les gares de départ et celles d'arrivée. — Paris, 28 nov. 1856, Longchamps, [D. 59.5.395]; — 16 déc. 1856, Portheaux, [*Ibid.*]; — 3 avr. 1857, Ponsot, [*Ibid.*]; — 15 juill. 1858, Delacour, [*Ibid.*]

Section VII.

Caractère public des agents de chemins de fer. — Douanes.

2331. — Nous avons vu (V. *suprà*, n. 2312 et s.) que les chemins de fer, à l'exception peut-être du réseau d'Etat, ne constituent pas des établisseaents publics, et que le réseau d'Etat lui-même ne participe pas complètement des caractères attachés à l'administration publique. Cette solution est de nature à entraîner certaines conséquences. C'est ainsi qu'il a été décidé que la loi du 21 vent. an IX, qui ne déclare saisissable le traitement des fonctionnaires et employés civils que pour une fraction déterminée par cette loi, n'est pas applicable aux employés des particuliers et comme telle aux employés des chemins de fer. — Douai, 13 mai 1853, Ratel, [S. 54.2.18, P. 55.1.9, D. 54.5.666] — Bordeaux, 17 mars 1858, Laffargue, [S. 58.2.684, P. 58.781, D. 59. 2.67]; — 24 mars 1858, Cornu, [*Ibid.*]

2332. — ... Et il avait déjà été décidé antérieurement, au point de vue de l'application de l'art. 75 de la constitution de l'an VIII, que la mise en séquestre d'un chemin de fer n'a pas pour effet d'attribuer la qualité d'agents du gouvernement aux agents de la compagnie propriétaire de ce chemin; et que dès lors, ceux-ci pouvaient être poursuivis sans autorisation du Conseil d'Etat à raison des infractions par eux commises dans leur service. — Cass., 9 janv. 1852, Gervais, [S. 52.1.862, P. 53.1. 470, D. 52.1.272] — V. d'ailleurs sur la question fort délicate de savoir si, antérieurement à l'abrogation de l'art. 75 de la constitution de l'an VIII, les employés de chemins de fer devront être considérés comme fonctionnaires publics, *Moniteur*, an. 1844, p. 690, 3ᵉ col.; p. 910 et s., et an. 1845, p. 244.

2333. — Ces solutions nous semblent incontestables; nous rappelons, toutefois (V. *suprà*, n. 2314), que les employés du réseau de l'Etat étant à la nomination de l'administration, il a été décidé que les questions que pourrait soulever leur révocation, sont de la compétence de la juridiction administrative. Ces solutions sont-elles bien concordantes? On peut en douter.

2334. — En tous cas, elles ne sauraient avoir aucune influence sur la question de savoir si les agents des compagnies constituent des agents du gouvernement ou des fonctionnaires chargés d'un service public au point de vue des garanties spéciales qui peuvent être attachées à ces fonctions, et notamment de l'application des lois de 1819 et de 1881 sur la presse.

2335. — C'est ainsi qu'il a été jugé, notamment, qu'au sens des art. 16 et 19, L. 17 mai 1819, les chefs de stations et agents des chemins de fer qui ont été désignés comme surveillants par les concessionnaires agréés en cette qualité par l'administration, et assermentés devant les tribunaux, sont agents de l'autorité publique. — Paris, 17 févr. 1855, Regnier, [S. 55.2.402, P. 55. 1.457, D. 55.2.283] — Grenoble, 7 nov. 1862, Godard, [D. 63. 2.66]

2336. — ... Que les injures qui leur sont adressées publiquement à l'occasion et dans l'exercice de leurs fonctions doivent être punies conformément au § 1, art. 19, L. 17 mai 1819. — Paris, 17 févr. 1855, précité.

2337. — ... Qu'un chef de station ou de gare de chemin de fer est un *agent ou dépositaire de l'autorité publique*, protégé à ce titre contre la diffamation et l'injure par les art. 16 et 19, L. 17 mai 1819. — Toulouse, 24 déc. 1874, Blanc, [D. 77. 5.347]

2338. — ... Que les directeurs de compagnies de chemins de fer doivent être considérés comme citoyens investis d'un service public au point de vue de l'art. 31 de la loi sur la presse. Le jugement du tribunal de La Roche-sur-Yon qui a rendu cette décision s'est fondé particulièrement sur cette considération que l'Etat leur avait reconnu ce caractère en laissant aux compagnies qu'ils dirigeaient la construction et l'exploitation des chemins de fer. — Trib. Laroche-sur-Yon, 1er oct. 1877, [*Gaz. des trib.*, 3 oct. 1877]

2339. — On s'était demandé également si un sous-chef de gare non assermenté des chemins de fer de l'Etat était, dans le sens de l'art. 31, L. 29 juill. 1881, un fonctionnaire public ou un citoyen chargé d'un service ou d'un mandat public. Mais la question n'a pas été résolue. — V. à cet égard, Cass., 17 juill. 1886, Thireau, [D. 86.1.473]

2340. — Si les employés et agents des compagnies de chemin de fer n'ont pas *ipso facto* la qualité de fonctionnaires publics, cette qualité, d'ailleurs, peut leur appartenir à certains points de vue déterminés à raison des fonctions qu'ils exercent. Jugé, à cet égard, qu'ont la qualité de fonctionnaires publics ou agents de la force publique, les chefs de stations ou de gare et, d'une façon générale, ceux des agents de chemins de fer désignés par l'art. 23, L. 15 juill. 1845, auxquels cet article confère des attributions impliquant une délégation de l'autorité publique. — Paris, 17 févr. 1855, précité. — Grenoble, 7 nov. 1862, précité. — Toulouse, 24 déc. 1874, précité. — *Sic*, Barbier, *Code expliqué de la presse*, t. 2, p. 43.

2341. — Jugé également que les agents de surveillance et gardes des chemins de fer nommés par l'administration de ces chemins, et dûment assermentés, sont soumis, comme les officiers de police judiciaire au mode de poursuites et d'instruction et à la compétence exceptionnelle établis par l'art. 483, C. instr. crim., pour les délits commis par ces fonctionnaires dans l'exercice de leurs fonctions. — Metz, 4 juin 1855, Schmitt, [S. 55. 2.694, P. 55.1.449, D. 55.2.326]

2342. — ... Qu'il en est ainsi, spécialement, du garde-barrière d'un chemin de fer à l'égard d'un délit de chasse par lui commis dans les dépendances de la voie ferrée. — Même arrêt.

2343. — ... Qu'en conséquence, en un tel cas, le garde-barrière est valablement cité devant la Cour d'appel, à la requête du procureur général, et jugé sans appel par cette Cour. — Même arrêt.

2344. — ... Que les mêmes agents et gardes sont également soumis à la disposition de l'art. 198, C. pén., qui prononce une aggravation de peine contre les fonctionnaires ou officiers publics coupables d'avoir commis eux-mêmes les crimes ou délits qu'ils étaient chargés de surveiller ou de réprimer. — Même arrêt.

2345. — ... Mais que cette disposition ne leur est pas applicable, en règle générale, au cas de délit de chasse par eux commis même dans les dépendances de la voie ferrée, à moins qu'ils n'aient accompli le délit par des moyens et dans des circonstances de nature à nuire à la conservation du chemin ou à la sûreté de la circulation. — Même arrêt.

2346. — Cependant il a été jugé également, en sens contraire, que les agents de surveillance assermentés des chemins de fer ne sont pas officiers de police judiciaire dans le sens de l'art. 9, C. instr. crim., et, par conséquent, ne peuvent invoquer le privilège de la juridiction exceptionnelle établie par l'art. 483, C. instr. crim., en faveur de ces fonctionnaires à raison des délits par eux commis dans l'exercice de leurs fonctions. — Rennes, 18 août 1864, Bréant, [S. 65.2.74, P. 65.336]

2347. — Lorsque la garde nationale existait encore, la même question s'était posée à un autre point de vue. On se demandait si ces agents devaient figurer dans le service actif ou être portés seulement sur les contrôles de la réserve. — V. à cet égard Cons. d'Et., 3 sept. 1857, Forquenot, [Leb. chr., p. 752]; — 19 juin 1862, Guérin, [Leb. chr., p. 507] — Trib. Seine, 10 janv. 1855, Chemin de fer d'Orléans, [D. 55.3.79]

2348. — Jugé, d'autre part, que les agents de surveillance de la voie et de ses dépendances, doivent être assimilés, en ce qui concerne leurs fonctions de police judiciaire, aux gardes champêtres des particuliers et non pas aux gardes champêtres des communes. — Trib. Seine, 10 janv. 1855, précité. — Trib. Corbeil, 18 janv. 1855, Chemin de fer d'Orléans, [D. 55.3.79]

2349. — Dans certains cas l'employé de chemin de fer peut être considéré comme un employé des douanes. Il en est ainsi, notamment, lorsqu'il est chargé de recevoir des destinataires les droits dûs à cette administration. — Cass., 12 juin 1857, Jehly, [S. 58.1.96, P. 58.554, D. 57.1.370]

2349 *bis.* — Terminons enfin, en citant une décision d'où il résulte que les chefs de gare des compagnies de chemins de fer ne sont dispensés du logement des militaires par aucune disposition légale, qu'en conséquence le chef de gare qui refuse de loger deux sous-officiers munis d'un billet de logement délivré par le maire est passible des peines portées dans l'art. 21, L. 3 juill. 1877. — Cass., 29 avr. 1893, [*Gaz. trib.*, 1er mai 1893]

FIN DU TOME PREMIER.